Der junge Merlin
prophezeit König Vortigern,
daß sich unter den Fundamenten seiner Burg
zwei einander bekämpfende Drachen
befänden (zu Seite 18).

Handschrift aus dem 13. Jahrhundert,
im Besitz des Britischen Museums

Nikolai Tolstoy

Auf der Suche nach Merlin

Mythos und geschichtliche Wahrheit

Aus dem Englischen
übersetzt von
Andreas Vollstädt

Eugen Diederichs Verlag

Originaltitel: The Quest for Merlin
erschienen 1985 im Hamish Hamilton Verlag, London

Mit Frontispiz, 10 Abbildungen im Text und 1 Karte
Die Vignetten eingangs der Kapitel zeigen volkstümliche Szenen:
„Merlin führt zwei Könige" (7), „Merlin lehrt Nimue Magie" (15),
„Merlin erklärt einem König dessen Traum" (49), „Merlin verabschie-
det sich von Arthur" (63), „Merlin verläßt Arthur" (105), „Merlin als
Hirsch verkleidet" (123), „Merlin macht zwei Königen seine Aufwar-
tung" (171), „Merlin in Gefangenschaft" (203) und schließlich Aubrey
Beardsleys Zeichnung „Merlin, nachsinnend" (391).

CIP-Kurztitelaufnahme der Deutschen Bibliothek
Tolstoy, Nikolai:
Auf der Suche nach Merlin: Mythos u. geschichtl. Wahrheit
Nikolai Tolstoy. Aus dem Engl. übers. von Andreas Vollstädt.
3. Auflage. – München: Diederichs, 1992
Einheitssacht.: The quest for Merlin <dt.>
ISBN 3-424-00903-2

Dritte Auflage 1992
© 1985 by Nikolai Tolstoy
© der deutschen Ausgabe 1987 beim Eugen Diederichs
Verlag & Co. KG, München
Umschlaggestaltung: Tilman Michalski, München
Satz: Fotosatz Froitzheim, Bonn
Gesamtherstellung: Wiener Verlag, Himberg
Printed in Austria
ISBN 3-424-00903-2

Inhalt

Zur Einführung		7
I	Der Bretonische Sagenkreis	15
II	Merlin der Prophet	49
III	Die Könige des Nordens	63
IV	Die Schlacht von Arderydd	83
V	Der Seher in den Bergen	105
VI	Der letzte der Druiden	123
VII	Das Gottkönigtum	151
VIII	Die Kämpfenden Drachen und das Vaterlose Kind	171
IX	Das Rätsel von Stonehenge	203
X	Der Schamane vom Hart Fell und das Ritual der Erneuerung	225
XI	Die Reise in die Anderswelt und der Dreifache Tod	267
XII	Der Trickster, der Wilde Mann und der Prophet	307
Epilog	Das Orakel und die Quelle	355
Anhang	Originalzeugnisse aus dem »Black Book of Carmarthen«	392
	Quellenverzeichnis	402
	Anmerkungen zu den Kapiteln	404
	Register	472

Zur Einführung

Solange ich zurückdenken kann, hat mich das früh-mittelalterliche Britannien in seinen Bann geschlagen. Das wunderschön illustrierte Kinderbuch mit den Sagen um König Arthur sehe ich noch lebhaft vor mir. Wir lebten in einem alten Fischerdorf an der Atlantikküste, und wenn ich zwischen den Felsen am Strand spielte, blickten aus den Wolkenbildern riesenhafte Gestalten auf mich herab; dunkel zeichneten sich durch die Nebelschleier über der See die Umrisse einer Insel ab, und vom Schlafzimmer meiner Großeltern glaubte ich, das Land der ewigen Glückseligkeit auf einem grünen Hügel auszumachen. Und noch heute ergreift mich dieselbe Begeisterung, wenn ich die unnachahmlichen Worte Thomas Malorys zur Einleitung von *Morte Darthur* lese: »Es geschah in den Tagen Uther Pendragons, als er König von England war und allda regierte, daß ein mächtiger Herzog in Cornwall war, und der Herzog war der Herzog von Tintagel...«

Doch allmählich wuchs mein Interesse für die geheimnisvolle Wirklichkeit, die sich hinter dem Glanz und Glitter der Artusromane, hinter den Königshöfen und dem turbulenten Treiben der Ritterturniere verbarg. Die wichtigsten Quellen hierzu mußten in der keltischen Vergangenheit Britanniens zu finden sein. So nutzte ich meinen fünfjährigen Aufenthalt als Student am Trinity College in Dublin dazu, die ausgezeichnete Bibliothek der Schule zu erforschen und nicht zuletzt zu Streifzügen durch die reich bestückten Antiquariate der Stadt.

Die Begeisterung für die Gestalt des historischen Arthur wurde zunehmend abgelöst von der Faszination, die von dem schattenhaften Zauberer Merlin ausging. Diese Entwicklung entsprach durchaus dem Zeitgeist. Religion, Magie und Geheimnis standen in den fünfziger Jahren völlig zurück hinter den rapiden Fortschritten der Naturwissenschaften. Doch dann setzte eine Bewegung ein, die sich gegen die blinde Annahme wandte, empirische Methoden seien der einzige Zugang zum Wissen. Man erkannte, daß die fortschreitende Erhellung dunkler Wissensgebiete paradoxerweise das Ausmaß verdunkelten, in dem lebenswichtige Fragen des kosmischen Seins unerforscht blieben. Versuche, den religiösen Menschen als einen von der Evolution unabhängigen Faktor auszublenden, haben zu Vorstellungen geführt, die genauso bruchstückhaft und leblos sind wie die des sprichwörtlichen Taubstummen, der seine Eindrücke von einer Beethoven-Symphonie beschreiben soll.

Zunächst war meine Suche nach Merlin motiviert durch das schlichte Interesse, herauszufinden, ob je eine historische Person existierte, von der die Merlin-Legende sich abgeleitet hat. Es ist daraus so etwas wie eine Detektivgeschichte entstanden, die ich in den ersten fünf Kapiteln dieses Buches aufblättere. Dabei habe ich mich um eine möglichst vollständige und klare Beweisführung bemüht. Es ging mir nicht darum, lediglich eine Chronik der Ereignisse zu schreiben; vielmehr habe ich eine möglichst präzise Einschätzung der unterschiedlichsten Quellen vorgenommen. Wie alt genau ist ein bestimmtes walisisches Heldengedicht? Unter welchen Umständen und zu welchem Zweck wurde es niedergeschrieben? Ist die uns erhaltene Fassung die ursprüngliche oder spiegelt sie ein älteres Werk, eine ältere Tradition? Aus Fragen wie diesen können wir uns ein anschauliches Bild vom Leben, von der Kultur und Geschichte Britanniens im 5. und 6. Jahrhundert n. Chr. bilden. Die alten Quellen werden ausführlich zitiert, und ich habe mich bemüht, die heutige wissenschaftliche Diskussion so vollständig wie möglich zu berücksichtigen. Nur so kann der Leser zu einer eigenen Einschätzung meiner Schlußfolgerungen kommen.

Ich bin zu der Überzeugung gelangt, daß es Merlin als historische Gestalt gab. Er lebte im ausgehenden 6. Jahrhundert in dem Gebiet, das wir heute die schottischen »Lowlands« nennen. Er war ein echter Prophet, sehr wahrscheinlich ein Druide, der in einer heidnischen Enklave im Norden lebte. Viele der alten Gedichte, die ihm in walisischen Manuskripten zugeschrieben werden, speisen sich mit großer Wahrscheinlichkeit aus einer noch älteren Sammlung prophetischer Verse, die aus

Merlins eigenem Munde stammen. Als Prophet verkündete er die Thronfolge der Könige Britanniens und legitimierte damit das Gottkönigtum, dessen Aufgabe darin bestand, Natur und Gesellschaft mit der kosmischen Ordnung in Einklang zu bringen.

Bei meinen Recherchen vor Ort war der wohl aufregendste Einzelfund die Entdeckung der heiligen eisenhaltigen Quelle an einem Berghang mitten in der Wildnis des ehemaligen Caledonischen Waldgebietes. Hier hatte Merlin einst Zuflucht gesucht, hier hat er seine prophetischen Verkündigungen ausgestoßen, die später, im Mittelalter – vielgestaltig ausgeschmückt – das Denken der Menschen so machtvoll beeinflussen sollten.

Später tauche ich noch tiefer ein in die Vergangenheit Britanniens und mache dabei den Versuch, Merlins historische Rolle als letzten Erben der druidischen Tradition zu erfassen. Im keltisch-heidnischen Kontext betrachtet wird manches klarer, was auf den ersten Blick in den alten Sagen unverständlich erscheint: Merlins Bezug zu dem lichten Kulturgott Lug und andererseits zu Cernunnos, dem dunklen Herrn der Wälder. Und schließlich verweist uns druidisches Brauchtum auf schamanistische Kulte, die sich bis ins Paläolitikum und noch weiter zurückverfolgen lassen. Wie der Schamane in Trance auf seiner Seelenreise in die Anderswelt den Baum des Lebens ersteigt, so wird auch von Merlin gesagt, er habe ein rituelles Selbstopfer begangen, das Parallelen aufweist zum Tod des keltischen Gottes Lug, zum Tod des nordischen Odin, ja selbst zum Tode Christi am Kreuz.

Zugleich können wir uns Merlin als eine archetypische Gestalt vorstellen. Er verkörpert den »Trickster«, den »göttlichen Schelm«. In seiner Vergänglichkeit halb Tier, halb Mensch, und zugleich ein Erlöser, dem göttliche Erleuchtung zuteil wird. Ein Wesen, das gottähnliche Kräfte besitzt und sich dennoch wehmütig seiner Trennung von der Gottheit bewußt ist.

Der Epilog schließlich ist ein Versuch, Merlin in den kosmischen Zusammenhang einzuordnen. Ist es wirklich vorstellbar, daß der Seher in seiner prophetischen Trance befähigt war, Zeit und Raum zu transzendieren und die Vereinigung mit der Gottheit zu vollziehen? Ist die subjektive Erfahrung des Propheten und Mystikers objektiv wahr?

Die Geschichte Merlins beruht auf begründeten historischen Tatsachen. Doch neben dem geschichtlichen Merlin haben wir es zu tun mit einer mythischen Gestalt, die sich erstaunlich unverändert durch all die Jahrhunderte hindurch erhalten hat. Soll man dies darauf zurückführen, daß die ursprüngliche Merlingestalt für die Dichter ein solches Charisma besaß, daß Abwandlungen kaum in Betracht kamen? Gab es einen umfangreicheren Korpus an älteren Quellen, als wir dies aufgrund der spärlichen Überreste heute erahnen können? Oder verkörperte Merlin einen Jungschen *Archetypus*, den Dichter wieder und wieder zum Leben erweckten, indem sie aus dem »kollektiven Unbewußten« schöpften?

Der Historiker kann auf diese Fragen keine zufriedenstellende Antwort geben. Die Forschung kann uns lediglich bis zur Türschwelle führen, nicht weiter. Meine These ist, daß es einen historischen Propheten gegeben hat, der mit tatsächlichen Personen und Ereignissen in Verbindung gebracht werden kann wie auch mit archaisch-religiösen Bräuchen, die von den Verfassern und Kompilatoren der alten Merlinstoffe nicht mehr verstanden wurden.

Sollten wir nun von Merlin-Geschichte, Merlin-Sage oder vom Merlin-Mythos sprechen? Wenn wir uns klarmachen, daß Jahrhunderte zwischen den Ereignissen im sechsten Jahrhundert und der Abfassung des uns erhalten gebliebenen Quellenmaterials liegen, so finden wir darin von allem etwas und können unmöglich klare Abgrenzungen ziehen. Und selbst wenn uns Originalverse seiner Dichtung vorlägen (wie vermutet in dem Taliesin-Kanon) oder wir eine zeitgenössische Biographie besäßen (wie – beinahe – die des Heiligen Samson), selbst dann wäre es kaum leichter, das Phänomen Merlin zutreffend zu beschreiben.

Wie wir noch sehen werden, sind Parallelen zwischen

den Historien von Christus und Merlin augenscheinlich. Ein knapper Vergleich mag in diesem Zusammenhang die Problematik verdeutlichen. Das Leben Christi – so wie es uns in den Evangelien geschildert wird – präsentiert sich uns als eine zusammengesetzte Erzählung mit Elementen der vergleichenden Mythologie (jungfräuliche Geburt, Opfertod) und mit Legendenmotiven (Besuch der Drei Könige, Massaker an den Unschuldigen), die zwar in einen historischen Kontext eingebettet sind, jedoch nicht notwendigerweise historisch authentisch sein müssen; und dies verknüpft mit Geschehnissen, die im Großen und Ganzen als historisch anerkannt sind, z. B. die, welche auf den Einzug Christi in Jerusalem folgen.

In Merlins Geschichte finden wir erstaunliche Parallelen, obwohl es undenkbar ist, daß sie dem Neuen Testament entlehnt sind. So wird Merlin eine jungfräuliche Geburt attestiert, und er entkommt als Kind den Mordabsichten eines Königs. Die dramatischste Wendung in seinem Leben ist mit historisch verbürgten Ereignissen verknüpft (Schlacht von Arderydd im Jahr 573), und er stirbt auch einen, wie es scheint, rituellen Tod.

Daß Christus gelebt hat und daß Sein Lebensmuster weitgehend dem entsprach, wie es die Evangelisten darstellen, wird heute von kaum einem Historiker angezweifelt. Wie man aber Seine göttliche Rolle, Seine prophetische Mission und das mythische Muster Seiner Existenz in Bezug zu dieser Biographie setzen soll, ist eine völlig andere Sache.

Die Grenzen für die historische Forschung sind hier sehr eng gezogen. Man wird mich zu Recht fragen, ob es zulässig war, daß ich einen mythischen Aspekt in eine vornehmlich historische Untersuchung einbezogen habe. Ich bin der Ansicht, daß ich damit einem öffentlichen Interesse diene.

Das Ausmaß des wissenschaftlichen Interesses an einer Auslegung des Neuen Testaments bis in die kleinsten Einzelheiten spiegelt letztlich die Bedeutung und Nachwirkung Christi, die sie im Volksbewußtsein einnimmt. Ähnliches läßt sich von der Merlin-Legende behaupten.

Ich meine, es stellte keinen zufrieden, bei einer solchen Studie Faktoren auszuklammern, von denen ich annehme, daß sie viele Leser lebhaft beschäftigen können. Auch bin ich überzeugt, daß aufmerksame Leser die Analyse der historischen Fakten durchaus abgrenzen können von den sich daran anschließenden psychologischen, anthropologischen und theologischen Spekulationen, die in vielem, zugegebenermaßen, nur als Erklärungsversuche zu werten sind.

Die zentrale Lehre aus Merlins Prophezeiungen transzendiert die Geschichte und erlangt größere Bedeutung als das bloße »Verständnis historischer Fakten«.

Um es in den Worten des großen russischen Philosophen Nicholas Berdjadiev zu sagen: »Die Geschichte ist zum Stillstand gekommen und hat sich in der Vergangenheit niedergelassen... Nur eine prophetische Vision kann (ihren) toten Körper zu neuem Leben erwecken und den leblosen Ruhezustand mit dem inneren Feuer geistiger Bewegung beseelen.«

Nikolai Tolstoy
Berkshire, England 1987

I

Der Bretonische Sagenkreis

Britanniens erster Bestseller datiert aus dem Jahr 1136. Seiner selbst gewiß und von starkem Enthusiasmus erfüllt, scheint der Autor fest mit einem Erfolg gerechnet zu haben. Er hatte sich nicht getäuscht: Die Reaktion der Öffentlichkeit war überwiegend zustimmend, und es dauerte kaum ein paar Jahre, da wußte fast jeder Gebildete im Lande zumindest ungefähr, worum es in diesem Buche ging. Doch selbst der Verfasser ahnte wohl nicht, welch langandauernder Erfolg seinem Werk beschieden sein sollte. Auch heute noch, gut 850 Jahre nach dem Ersterscheinen, liegt Geoffrey von Monmouths »*Geschichte der Könige von Britannien*« *(Historia Regum Britanniae)* in Übersetzungen vor, und seine Historien sind Menschen auf der ganzen Welt vertraut. Man darf getrost behaupten, daß die Geschichte von König Arthur und den Rittern der Tafelrunde, falls die Menschheit weitere 800 Jahre überlebt, sich noch ebenso frisch und unverbraucht anhören wird wie heute und wie schon im zwölften Jahrhundert.

Die *Historia Regum Britanniae* ist (oder gibt dies zumindest vor) eine Geschichte der Insel Britannien, angefangen von ihrer ersten Besiedlung durch die Briten um 1170 v. Chr. bis hin zu den Leiden ihrer Nachfahren, der Waliser, nach dem Tode König Cadwalladers in Rom 689 n. Chr. Geoffrey, der das Werk in Oxford niederschrieb, war im Vorwort bestrebt, sich als Urheber zu verleugnen; er gab vor, nur der Übersetzer und Herausgeber eines »sehr alten Buches in der britischen [d. h. walisischen] Sprache« zu sein, das ihm der Erzdiakon von Oxford geliehen habe. Wie Geoffrey hervorhob, hatte die Welt bis dahin weder etwas »von jenen Königen, die hier vor dem Erscheinen Christi lebten, noch von Arthur und den vielen anderen, die nach seiner Menschwerdung folgten«, gehört. Sicherlich habe es mündlichen Vortrag und Erzähltradition gegeben, doch sei es erst jetzt möglich, eine umfassende und durchgängige Schilderung der Geschichte Britanniens vorzulegen.

Dies gelang Geoffrey mit der *Historia* in einer Art und Weise, die selbst die kühnsten Erwartungen übertraf.

Sein Bericht beginnt mit der Ankunft des Brutus, Urenkel von Aeneas dem Trojaner, in Totnes, Devonshire, zu der Zeit, als Eli Hohepriester in Israel war. Brutus trotzt Britannien den Riesen ab, die bis dahin seine unumstrittenen Herrscher gewesen waren; er begründet – wie ihm von der Göttin Diana in Griechenland geweissagt – ein Herrschergeschlecht mit der Hauptstadt Troja Nova (später umbenannt in *kaerlud*, d.h. London).

Die Geschichte von Brutus' Erben wird ähnlich ausführlich beschrieben: Könige folgen einander auf dem Thron, gründen Städte, erobern ausländische Gebiete und stellen einen Gesetzeskodex auf. Mit der Ankunft Julius Cäsars gelangte der Leser erstmals wieder in bekannte Gefilde, aber anstelle des klassischen Berichtes über die Unterwerfung Britanniens durch das Römische Reich erfahren wir von stolzen, unabhängigen einheimischen Königen, die sich weigern, den römischen Tribut zu zahlen, und denen es gelingt, das Joch ihrer Unterdrücker abzuschütteln. Damit war ein Zusammenhang hergestellt, wie es ihn in der anerkannten Geschichtsschreibung bisher nicht gegeben hatte.

Schließlich verlassen die Römer das Land, und mit ihrem Abzug beginnt der aufregendste Abschnitt des Buches. An die Spitze der Monarchie (die zumindest teilweise wählbar war) wird Konstantin, der rechtmäßige Erbe, eingesetzt. Sein Sohn Constans jedoch wird schmählich auf Betreiben des Edelmannes Vortigern ermordet, der daraufhin den Thron besteigt. Die zwei Brüder des Constans, Aurelius Ambrosius und Uther Pendragon, fliehen in die Bretagne, wo sie zur Wahrung ihrer Erbrechte vorsorglich eine Armee ausheben. Vortigern, zu Tode geängstigt von der drohenden Gefahr und auch um einen Einfall der Pikten im Norden bangend, holt zwei Söldnerführer aus Sachsen, Hengist und Horsa, und deren Gefolgsleute zur Hilfe herbei. Bei einem Trinkgelage entbrennt Vortigern in Leidenschaft zu Rowena, der Tochter Hengists; er bekommt sie zur Frau, nachdem er ihrem Vater fatale Gebietszugeständnisse gemacht hat. Daraufhin schicken sich die Sachsen, die nun in Britan-

nien fest Fuß gefaßt haben, an, das Königreich für sich zu
erobern. Der verliebte Vortigern flieht in die Einsamkeit
Snowdonias, um dort eine uneinnehmbare Fliehburg zu
errichten. Aber so sehr sich seine Arbeiter auch mühen,
stets werden die am Tage hochgezogenen Mauern über
Nacht durch einen bösartigen Zauber dem Erdboden
gleichgemacht. Vortigern ruft seine Magier *(magi)* zu sich
und fragt sie, wie man diesem Mißgeschick begegnen
könne. Ihre Auskunft lautet, die Mauern hätten keinen
Bestand, bis er einen Jüngling ausfindig mache, der nie
einen Vater gehabt habe, und sobald er das Mauerwerk
mit dessem Blut besprenge, werde sich alles zum Guten
wenden. Die vom König ausgesandten Boten finden in
Südwales einen solchen Jüngling; sein Name ist Merlin.
Seine Mutter hatte ihn eines Nachts von einem Inkubus
empfangen, einem Dämon, der in dem luftigen Raum
zwischen Mond und Erde lebt.
Merlin bietet den Magiern die Stirn, indem er sie auffor-
dert herauszufinden, was sich unter der Erde verberge,
auf der man die Fundamente errichten wollte. Verwirrt
müssen sie mit ansehen, wie er in einem verborgenen
Teich zwei sich bekämpfende Drachen aufdeckt, von
deren Existenz sie nichts geahnt hatten. Auf Verlangen
Vortigerns offenbart Merlin in einer langen Prophezeiung den tieferen Sinn dieser Erscheinung: sie deute auf
einen anfänglichen Sieg der Sachsen, auf das anschlie-
ßende Wiedererstarken der Briten und die Geschicke der
künftigen Könige hin. In allegorische und symbolische
Anspielungen gehüllt, beschwört die Weissagung eine
Endzeit, in der Gestirne, Winde und Meere wüten und in
wildem Aufruhr auseinanderjagen.
Der erste Teil der Prophezeiung sollte sich schnell
bewahrheiten. Aurelius und Uther überqueren mit ihrem
Heer das Meer, stöbern Vortigern in seinem Versteck auf
und töten ihn. Hengist ergeht es nicht anders, und Aurelius herrscht als König. Um einige britische Edelleute zu
ehren, die während einer Versammlung von Hengists
Wachen heimtückisch ermordet worden waren, beschließt Aurelius, bei Amesbury ein großes Denkmal zu

errichten. Als sich beim Bau Schwierigkeiten auftun, schickt er nach Merlin, der ihm rät, die Steine des Gigantenrings vom Killarausberg in Irland (den sog. »Tanz der Riesen«, Anm. d. Übers.) heranschaffen zu lassen, die allein ein würdiges Ehrenmal abgäben. Merlin begleitet die zu diesem Unternehmen ausgeschickten Männer, und nur dank seiner Künste können die gewaltigen Felsblöcke vom Fleck bewegt werden. So entsteht jenes eindrucksvolle Bauwerk, »das man in der englischen Sprache als Stonehenge kennt«. Kurz darauf wird Aurelius von einem Sachsen vergiftet, aber sein Bruder Uther Pendragon schlägt die germanischen Eindringlinge vernichtend und herrscht fortan als König.

Damit begann jene außergewöhnliche Chronik, die bald das ganze ritterliche Europa in ihren Bann zog.

Bei einer Siegesfeier in London verliebte sich Uther leidenschaftlich in Igerna, die Gemahlin des Gorlois, Herzog von Cornwall. Uthers Verlangen war so ungezügelt, daß Gorlois sein Weib vorsichtshalber zu der auf Klippen gelegenen Burg Tintagel brachte, während er sich selbst nach Dimilioc[1], eine in der Nähe befindliche Festung, zurückzog. Der ergrimmte Uther schickte sich unverzüglich an, die Burg zu belagern, doch mußte er nach einiger Zeit enttäuscht und verärgert einsehen, daß ihm der Zugang zu Igerna verwehrt blieb. Schließlich folgt er dem Ratschlag, den findigen Merlin kommen zu lassen. Der Magier, mit Zauberkräften begabt, verwandelt Uther und sich selbst in Gestalten, die Gorlois und einem seiner vertrauten Gefolgsleute gleichen. Geoffreys bewundernswert lakonischen, äußerst lebhaften Stil zeigt der folgende Abschnitt:

»So machten sie sich auf den Weg nach Tintagel, wo sie in der Abenddämmerung eintrafen und unverzüglich meldeten, der Herzog Gorlois sei angekommen; woraufhin das Tor geöffnet und die Männer eingelassen wurden. Wie hätte man Verdacht schöpfen sollen, da es doch so schien, als sei es Gorlois selbst? So verbrachte der König diese Nacht mit Igerna und erquickte sich an dem lang ersehnten Beilager. Igerna ließ sich von seiner Verkleidung und seinen Verführungskünsten täuschen. Er erzählte ihr nämlich, er sei aus seiner belagerten Festung entwichen, um der geliebten Frau und ihrer Burg seinen Schutz zu geben. Sie glaubte ihm alles und schlug ihm nichts ab, wessen ihn verlangte. So kam es, daß sie in dieser Nacht Arthur zeugten, dessen Name und Heldentaten zu Recht von der Nachwelt gefeiert wurden.«

In derselben Nacht noch wurde Gorlois von Uthers Männern getötet, und Uther konnte Igerna heiraten; doch verriet er nicht, daß er ihr schon einmal beigewohnt hatte.

In anderen bekannten Geschichten wird erzählt, wie Arthur – in Einlösung eines Versprechens, das Uther Merlin gegeben hatte – auf dem Schloß eines Edelmannes erzogen wird und später seine königliche Herkunft kundtut, indem er das Schwert aus dem Stein zieht. Bei Geoffrey finden wir jedoch nichts davon; er scheint davon auszugehen, daß die Vermählung Uthers mit Igerna so schnell auf die Nacht ihrer unrechtmäßigen Liebe folgte, daß weder die Königin noch sonst jemand die Täuschung durch Uther durchschaute. Merlin taucht im weiteren Verlauf der Erzählung nicht mehr auf; es wird von Arthurs glanzvollem Hof berichtet, von seinen Eroberungen auf dem Festland, von seinem Tod durch die Hand eines verräterischen Neffen 542 in der Schlacht am Camblan-Fluß in Cornwall und schließlich von seiner Fahrt zur Toteninsel Avalon, wo er von seinen Wunden geheilt werden soll.

Ausführlich wird die Herrschaft der späteren Könige und ihr Kampf gegen die wachsende Macht der Sachsen geschildert. Der letzte wahre König der Briten, Cadwallader, erfährt von einem Engel, daß die Briten eines fernen Tages den Sieg davontragen werden; daraufhin pilgert Cadwallader nach Rom. Die verbleibenden Briten werden auf das Gebiet von Wales beschränkt und nehmen die Bezeichnung »Waliser« an; das Königreich fällt an die beständigeren und arbeitsameren Sachsen unter dem großen Athelstane. Geoffrey schließt mit der Bemerkung, hier sei sein Buch zu Ende, und er überläßt es anderen zeitgenössischen Geschichtsschreibern, die späteren, auseinanderlaufenden Historien der Waliser und Sachsen zu schildern.

Geoffrey von Monmouths *Historia* hatte unmittelbare Wirkung. Gut zweihundert aus dem Mittelalter stammende Abschriften des Buches sind in Bibliotheken ganz Europas nachweisbar, und vermutlich wird man noch weitere entdecken. Die *Historia* ist nach wie vor äußerst kurzweilig zu lesen; um sich aber vorzustellen, welche Wirkung sie auf ihre ersten Leser hatte, muß man sich ins zwölfte Jahrhundert zurückversetzen. Nichts, mit Ausnahme der Bibel, hätte sich auch nur im entferntesten mit ihr vergleichen lassen. Genau wie die Heilige Schrift war sie eine Fundgrube dramatischer, heroischer, aufregender, humorvoller und tragischer Geschichten, doch besaß sie gegenüber der Bibel zwei nennenswerte Vorteile: So gut wie alle »Historien« in der *Historia* waren neu, und sie spielten in vertrauter Umgebung, in den Städten und Ländereien des Hauses Anjou-Plantagenet. Wie alle mittelalterlichen Geschichtsschreiber stellte sich Geoffrey die Vergangenheit in keinster Weise »anders« vor als die Gegenwart, so daß alle Personen des Buches, von Brutus bis Cadwallader, in einer Art und Weise sprechen und handeln, die der Leserschaft sehr vertraut vorkam.

Für am eindrucksvollsten hielt man die Geschichte von Arthur, die als klassische Tragödie einen Sonderplatz einnahm. Für Generationen von Normannen, deren Vorfahren England den Sachsen entrissen hatten und die sich einem ungewissen Ausgang des Bürgerkrieges gegenübersahen, der seit dem Tod Heinrichs I. hin- und herwogte, besaßen Geoffreys Schilderungen von höfischem Glanz und ritterlichen Umgangsformen in den Tagen König Arthurs besondere Anziehungskraft. Sie lieferten ein Verhaltensmuster, dem sie nacheifern, und ein Erbe, auf das sie stolz sein konnten. Zwölf Jahre nach Erscheinen des Buches tauften Adlige im fernen Schottland ihre Sprößlinge auf die Namen »Arthur« und »Merlin«.[2] Ein

Kult hatte sich entwickelt, der bis zum Ende des Mittelalters jede Generation aufs neue in seinen Bann zog.

Bis zum frühen zwölften Jahrhundert hatte die Geschichtsschreibung über die vorangegangenen 1000 Jahre nur aus den trockenen Eintragungen im *Anglo-Saxon Chronicle* und den flüchtigen Andeutungen einzelner römischer Historiker bestanden. (Natürlich war da auch Bedas großartige *Historia Ecclesiastica Gentis Anglorum* [»Ecclesiastical History of the English People«], doch weder von ihrem Inhalt noch von der Nationalität des Verfassers her war sie dazu angetan, die kampflustigen Edelleute im England König Stephans mitzureißen.) Mit Geoffrey endlich waren die Tore zur Vergangenheit Britanniens aufgestoßen, und alles war so klar wie lichter Tag.

Den heutigen Leser mag es verwundern, daß irgendjemand auch nur für einen Augenblick eine Schwarte als wahrheitsgetreu annehmen konnte, in der selbst lange Dialoge aus dem zwölften Jahrhundert v. Chr. wortwörtlich wiedergegeben wurden. So aufgeklärt zu denken hieße aber, das mittelalterliche Geschichtsverständnis mißzuverstehen. Auffassung und Auftrag des Chronisten waren in erster Linie religiöser Natur: Gott hatte des Menschen Dasein auf Erden bestimmt, und sein Augenmerk mußte sich vor allem darauf richten, die kurze Spanne seines Lebens so fruchtbar und nützlich wie irgend möglich zu gestalten. Die Vergangenheit lieferte Anschauungsbeispiele und reichlich Stoff für Geschichten, sie enthielt aber kein anderes Muster, keine andere Botschaft und keinen anderen erkennbaren Fortschritt als die beständige Erfüllung von Gottes Willen. Eine kritische Geschichtsschreibung kam daher nicht in Frage. Im Frühmittelalter hatte der verehrungswürdige Beda seine Quellen noch angegeben und gegeneinander abgewogen – zu Anfang des Hochmittelalters waren wissenschaftliche Ansätze dieser Art praktisch unbekannt.

Auf jeden Fall hätten selbst unter den Gebildeten am Hofe König Stephans nur wenige auf den ersten

Anschein hin einen Grund gesehen, den Wahrheitsgehalt
von Geoffreys »sehr altem Buch« in Zweifel zu ziehen.
Direkte Rede und lebendige, detailgetreue Schilderungen
wurden vom Historiker geradezu erwartet; sie waren der
Maßstab, den man an sein Können anlegte. Thukydides
und Tacitus hatten ihren Protagonisten passende Dialoge
in den Mund gelegt, und Geoffrey durfte hier nicht
zurückstehen. So läßt er auch in seiner Einleitung unmißverständlich durchblicken, daß er den Inhalt seines
Buches durchaus noch hätte »verbessern« können, wenn
ihn die Lust dazu angekommen wäre. Andererseits, auch
wenn es so etwas wie die *Historia* nie zuvor gegeben
hatte, ihr Inhalt war doch nicht so vollkommen neu, als
daß man hätte denken können, er sei gänzlich erfunden.
Der Bericht von der Landnahme Britanniens durch Brutus (daher auch der Name) war in Gelehrtenkreisen
bereits im Schwange, und auch die Namen und Heldentaten der römischen Kaiser, Arthurs und einiger britischer Könige, waren den Gelehrten mehr oder weniger
vertraut.[3]
Viele Menschen hatten triftige Gründe, die *Historia* als
einen Tatsachenbericht anzusehen. Daß Britannien von
so vielen großen Königen regiert worden war und mit
einem Male eine Landesgeschichte aufweisen konnte, die
sich an Dauer und Würde mit der Roms vergleichen ließ,
verlieh dem Inselreich ganz allgemein gesprochen beträchtlichen Glanz. Im besonderen aber lieferten die
Eroberungen Arthurs und seiner Vorgänger in Europa
den englischen Königen schlagkräftige Argumente, wenn
es darum ging, Gebietsansprüche auf dem Festland geltend zu machen. Bezeichnenderweise wurde der Erbe des
großen Reiches von Anjou in der Nachfolge Heinrichs II.
im Jahre 1187 auf den Namen Arthur getauft. Ein zeitgenössisches Geburtsregister enthält die Eintragung:
»Arthur, der Sohn Geoffreys, des Herzogs der Bretagne,
ist geboren, der Eine, den das Volk hoffnungsvoll erwartet hat.«[4]
Der letzte Satz spielt auf einen anderen wichtigen Grund
für die Popularität von Geoffreys Werk an. Das siebte

Buch der *Historia* enthält die lange Prophezeiung, die Merlin gegenüber Vortigern auf den Fundamenten von dessen Feste in Snowdonia aussprach. Diese Weissagung bestand aus einer ungewöhnlichen Mischung allegorischer Anspielungen, aus denen sich mühelos Hinweise auf Ereignisse herauslesen ließen, die sich zu Lebzeiten des Lesers zugetragen hatten. Den nachhaltigsten Eindruck hinterließ die Voraussage:

Catuli leonis in equoreos pisces transformabuntur

»Die Jungen des Löwen werden in Seefische verwandelt werden«.

Ein Leser des frühen zwölften Jahrhunderts konnte nicht umhin, hier eine Anspielung auf den tragischen Tod des Sohnes von Heinrich I. zu sehen, der am 25. November 1120 im White Ship ertrunken war. Wenige Sätze später folgte eine noch unheilvollere Voraussage:

Ue tibi neustria quoniam in te cerebrum leonis effundetur
et dissipatis membris a natiuo solo eliminabatur

»Wehe dir, Normandie, denn das Gehirn des Löwen wird auf dir verspritzt werden,
und man wird ihn mit zerschlagenen Gliedern von seiner Heimaterde vertreiben.«

Bei dem »Löwen« handelte es sich offenkundig um Heinrich I., der am 1. Dezember 1135 in der Normandie starb.
Die Prophezeiungen wurden begierig gelesen. Der Tod Heinrichs I., der mit der Veröffentlichung der *Historia* fast zusammenfiel, führte zu einem langen Bürgerkrieg, der erst zwanzig Jahre später ein Ende fand, als Heinrich II. den Thron bestieg. Es waren äußerst unsichere Zeiten für den Adel wie für das niedere Volk, und angesichts der apokalyptischen Vorstellungen, die damals

vorherrschten, nimmt es nicht wunder, daß man sich an Merlins Weissagungen als eine Art Leitfaden für künftige Ereignisse geklammert hat. Bereits im Erscheinungsjahr der *Historia* legte der normannische Historiker Ordericus Vitalis einen Abschnitt aus der Prophezeiung als »wahr« aus, weil sich dieser auf unmittelbar vorausgegangene Geschehnisse bezog; ähnlich verfuhr Suger, Abt von St. Denis, etwa ein Jahr später. Als Heinrich II. im Jahr 1171 in Irland einfiel, fanden die Zeitgenossen etliche Stellen in Merlins Aussprüchen, die dieses folgenschwere Ereignis vorausgesagt hatten. Merlins Anziehungskraft beschränkte sich aber nicht auf die britischen Inseln. Versionen seiner Prophezeiungen tauchten in so entfernten Gegenden wie Kastilien, Italien, Holland und Island auf, wurden gedeutet und verifiziert. Schließlich galt Merlin der ganzen westlichen Christenheit als ein großer Seher.[5]

Geoffrey von Monmouth schreibt, daß »Merlin, während er diese und viele andere Prophezeiungen kundtat, bei allen, die anwesend waren, Bewunderung fand wegen des Doppelsinns seiner Ausdrucksweise«. Oder, wie es eine spätere englische Fassung kunstvoll ausdrückte: »He be-gan... to speke so mystily...« (Er hub an... so verschwommen zu sprechen...) Gerade durch semantische Unbestimmtheit eigneten sich die Prophezeiungen in idealer Weise als Fundgrube für Menschen, die Licht ins Dunkel der Zukunft bringen wollten. Dem haftete nichts Zweifelhaftes an. Gott hatte den Ablauf des Menschenlebens vorherbestimmt, und es konnte durchaus sein, daß ein Seher außergewöhnliche Gaben besaß, um Ahnung vom künftigen Lauf der Dinge zu erlangen.

Unser eigenes Zeitalter scheint in dieser Hinsicht nicht viel skeptischer zu sein. Vor ungefähr drei Jahren rief die Neuveröffentlichung der Prophezeiungen des Nostradamus im kultivierten Frankreich überschwängliche Begeisterung hervor, und im historischen Determinismus eines Karl Marx läßt sich der – eher intellektuelle – Versuch erkennen, eben dieses gleiche Zukunftsgeheimnis zu durchdringen.

Die Gestalt Merlins war im mittelalterlichen Europa ein Faszinosum wie sonst nur die König Arthurs, und ebenso wie Arthurs Geschichte wurde seine Vita von Generationen nachfolgender Schriftsteller mehr und mehr ausgeschmückt.

Im Jahr 1155 übersetzte Wace (aus Jersey) Geoffreys *Historia* ins Anglo-Normannische, die Sprache der herrschenden Klasse in England. Der Handlungsverlauf seines Buches blieb eng an der Vorlage von Geoffrey; dasselbe gilt für die Fassung des Engländers Layamon, der wiederum den *Brut* von Wace (wie die neue Version hieß) um die Wende vom zwölften zum dreizehnten Jahrhundert ins Mittelenglische übertrug. Jeder von beiden verdoppelte zumindest den Text seines Vorgängers, hauptsächlich durch Ausweitung beschreibender Passagen und Ausmalen der Dialoge. Diese Methode erwies sich insgesamt als sehr erfolgreich, machte Geoffreys »sachliche« Erzählung lebendiger, griffiger und lockerte den Stoff zum Genuß des Lesers auf. Es mangelt nicht an pittoresken Einzelheiten, und Aspekte, die Geoffrey nicht für so bedeutsam gehalten hatte, sind nun in aller Breite ausgeführt. So werden bei der Szene, in der Vortigerns Boten den Knaben Merlin aus Carmarthen wegführen, bereits seine prophetischen Kräfte angedeutet:

>»Er erriet, daß man ihn wegbrachte, um ihn
>seiner Gliedmaßen zu berauben,
>Traf aber Vorkehrungen gegen
>dieses Geschick, bevor alles getan sein würde.«

Und wo Geoffrey Merlins Mutter den Inkubus, der sie verführte, einfach als »eine Person in der Gestalt eines ausnehmend gutaussehenden Jünglings« beschreiben läßt, liefert Layamon ein erotisches Bild, das das Unheil viel deutlicher ahnen läßt:

>»Dies sah ich in meinen Träumen jede Nacht
>im Schlaf:
>Dies Ding glitt vor mich hin und glänzte golden;

Teufel und Jungfrau zeugen den Merlin. Illuminierte Handschrift, überschrieben „Ici comence le merlin"
(Arnulfus de Kayo, *Plusieurs romans de la Table Ronde*, 1286)

Oft küßte es mich, und oft herzte es mich,
Oft kam es mir nah, und oft wuchs es neben mir...«
(nach der Übersetzung von Albert Gier)

Wace fügte Geoffreys Bericht nur eine einzige sachliche
Information hinzu, nach der Schilderung von Arthurs
Tod schreibt er:

»Master Wace, der dieses Buch verfaßte,
Wünscht nicht, mehr von seinem Ende zu sagen
Als es Merlin der Prophet tat;
Merlin sagte über Arthur, so hab ich's verstanden,
Daß sein Ende im Ungewissen bleiben würde:
Der Prophet sprach die Wahrheit.«

Hier scheint Wace Zugang zu einer eigenständigen walisischen Überlieferung gehabt zu haben, in der behauptet
wurde: »Das Wunder der Welt ein Grab für Arthur«.[6]
In Geoffreys Buch spielt Merlin nach der Zeugung König
Arthurs auf Tintagel keine weitere Rolle. Wace und
Layamon gestehen ihm einen weiteren Auftritt zu, als er
zu Uther befohlen wird, um ihm Rat zu erteilen. Aber
noch immer fehlt die Hälfte der vertrauten Geschichte.
Es wird mit keinem Wort erwähnt, daß Arthur als Klein-
kind Zieheltern anvertraut wurde, es gibt kein Schwert
im Stein, keine Tafelrunde, keinen Gral und keinen
Hinweis auf Merlin als Ratgeber an König Arthurs Hof.
All dies wurde von einem anderen Dichter geliefert,
Robert de Boron aus Burgund, der etwa im Jahr 1200
seinen *Merlin* schrieb. Zuvor hatte de Boron ein langes
Versepos geschrieben, gewöhnlich bekannt unter dem
Titel *Joseph d'Arimathie*, in dem die Geschichte des
Grals, des Abendmahlskelches Jesu, erzählt wird. Am
Ende dieser Dichtung erfahren wir, daß der Gral eines
Tages von einem seiner Bewacher »in das Land im
Westen... in die Täler von Avaron« gebracht werden
wird, offensichtlich eine Anspielung auf Avalon, das man
in den Ebenen Somersets bei Glastonbury vermutete.[7]
Das *Merlin*-Gedicht war eine Fortsetzung dieses Vers-

epos' und sollte wohl erklären, auf welchem Wege der Gral aus dem Heiligen Land nach Britannien gelangte und was dort weiter mit ihm geschah: ein fesselndes, von vielen Geheimnissen umranktes Thema.

De Borons *Merlin* beginnt mit einem höchst melodramatischen Bericht über Merlins Geburt und schildert genaue Begebenheiten vor dem Zeitpunkt, an dem Geoffrey von Monmouths Erzählung einsetzt. Wir finden uns in die Hölle versetzt, zwischen wutentbrannte Teufel, die sich darüber ereifern, daß Christus in die Welt gekommen ist, um Adam, Eva und alle nachfolgenden Sünder zu erlösen. Die Teufel beschließen, sich mit einem satanischen Widersacher des Heilands zu rächen, einem Propheten, der halb Mensch, halb Teufel sein wird. Einer der Teufel wird auf die Erde geschickt und sucht sich als Opfer einen begüterten Mann aus, der drei junge Töchter hat. Unter Einwirkung des Teufels begehen die Eltern Selbstmord, die älteste Tochter gibt sich einem Verführer hin und wird – als man dies entdeckt – bei lebendigem Leibe begraben; das zweite Mädchen endet als Hure. Blaise, ein hilfsbereiter Priester, nimmt sich der dritten Tochter an, der Dämon überlistet ihn jedoch und vergeht sich an ihr, während sie schlummert. Sie beichtet dem Priester alles, worauf dieser wiederum die Pläne des Teufels durchkreuzt, indem er das ungeborene Kind mit dem Zeichen des Kreuzes segnet. In ein Turmgemach eingesperrt, bringt das Mädchen Merlin zur Welt, ein ungewöhnlich frühreifes Kind, das bereits mit 18 Monaten fließend sprechen kann. Kraft dieser Beredtheit rettet Merlin seine Mutter vor der Verdammung. Er begibt sich zu dem guten Priester Blaise, der ihm erklärt, daß ihm durch seinen Teufelsvater das gesamte Wissen um die Vergangenheit verliehen sei, daß aber die Frömmigkeit seiner Mutter ihn vor dem Bösen seines Vaters gerettet habe. Außerdem heißt es: »Unser Herr hat mir die Fähigkeit verliehen, alles zu wissen, was sich in der Zukunft ereignen wird.«

Die Handlung verlagert sich ziemlich abrupt in das Britannien Vortigerns und verschmilzt dort mit dem Bericht

Geoffrey von Monmouths. Vortigern kommt wie vorhergesagt um, und Merlin wird der Berater seines Nachfolgers Pendragon. Als dieser in einer Schlacht gegen die Sachsen fällt, besteigt sein jüngerer Bruder Uther (bei de Boron eine eigenständige Figur) den Thron. Merlin läßt die Felsblöcke für die Errichtung von Stonehenge aus Irland herbeischaffen und (auch dies eine Neuerung) in Carduel (Carlisle) einen runden Tisch aufstellen, an dem 50 Ritter Platz haben – die Tafelrunde. Es folgt die bekannte Verführung Igernas durch Uther in Tintagel; doch dann gibt es Entwicklungen, die bei Geoffrey nicht zu finden sind. Merlin bringt den kleinen Arthur auf das Schloß eines Ritters namens Antor, wo er erzogen werden soll.

Die Jahre vergehen, und der inzwischen alt gewordene Uther wird in einer Sänfte in seine letzte Schlacht getragen. England braucht einen Thronfolger, und Merlin heißt alle Barone des Königreiches am Weihnachtstage nach Logres kommen, wo Gott ihnen Seinen Willen kundtun wird. Der junge Arthur beweist seinen rechtmäßigen Anspruch auf die Königswürde, indem er das Schwert aus dem Stein zieht; als uneheliches Kind hatte er ein Wunder zu vollbringen, um seine Tauglichkeit als Herrscher unter Beweis zu stellen.[8] In Geoffreys *Historia* heiraten Uther und Igerna nur wenige Stunden nach ihrem ersten Beilager, so daß die Vaterschaft des Kindes nie in zweifelhaftem Licht erscheint. Robert de Boron aber läßt ihre Vermählung 30 Tage später stattfinden und zeigt uns eine Igerna, die entdeckt, daß ihr nächtlicher Besucher nicht ihr Gemahl war, weil er in derselben Nacht getötet wurde; ihr wird klar, daß jener nicht der Vater des Kindes sein kann, da er seit Beginn der Belagerung von Tintagel von ihr getrennt war.

Die Erzählung endet, nicht sehr überzeugend, mit der Krönung Arthurs, der dem Land und dem Königreich den Frieden bewahrt. Robert de Boron fügt noch ein anderes, für die Entwicklung des Mythos wichtiges Element hinzu: Er erzählt zahlreiche Anekdoten über Merlins Fähigkeit, nach Belieben die Gestalt zu wechseln;

Merlin erteilt König Arthur seinen Rat. Miniatur aus der Handschrift *Plusieurs romans de la Table Ronde* von Arnulfus de Kayo (1286)

eine Kunst, die der Zauberer nicht nur zu wirkungsvollen Tarnungen, sondern auch zu allerlei Streichen nutzt. Gelegentlich ist sein Aufzug eher komisch – und doch nicht minder ehrfurchtgebietend. Oft beginnt er seine Prophezeiungen mit einem sardonischen Lachen, so zum Beispiel als er offenbart, daß ein Geistlicher, der gerade das Begräbnis eines Kindes vornimmt, in Wirklichkeit dessen Vater ist.

Merlins Persönlichkeit tritt uns lebhaft vor Augen: gerissen, scharfsinnig, reizbar, mephistophelisch; er hat einen beißenden Humor und ist mit übernatürlichen Kräften begabt. Doch über all dem ist er gütig und handelt zum Wohle seiner Umgebung und der größeren Gemeinschaft. Ohne seine geschickte Führung würde das Königreich zugrundegehen. Robert de Boron hatte damit Merlins Persönlichkeit in einer Art und Weise porträtiert, die sich in der Literatur durch die folgenden Jahrhunderte nur wenig ändern sollte; und das ganze Mittelalter hindurch, während die Sagenkreise und Erzählungen um König Arthur zusammengetragen, neugeschaffen und weiterverbreitet wurden, blieb er eine zentrale Figur, der unangefochtene Meister aller magischen Künste.

Es paßt durchaus, daß das volkstümliche Bild von Merlin auf Sir Thomas Malorys *Morte Darthur* zurückgeht, ein Buch, das 1485 von Caxton veröffentlicht wurde. Zu jener Zeit war die Artusepik zu höchster Vollkommenheit gelangt, und das englische Rittertum erlebte unter der Herrschaft Edward IV. eine letzte Blüte. Malory nahm buchstäblich den ganzen Sagenkreis auf und webte daraus in einer gemessenen, archaischen und doch angenehm frischen Diktion einen Wandteppich voller Wunder, ein Zauberland. Da treffen wir auf

»Feenfräulein, tief im Wald,
Ritter von Logres und von Lyonesse:
Lanzelot und Pelleas und Pellinore.«
(hier wie im folgenden nach der Übersetzung von
Hedwig Lachmann)

Da erscheint der »Magier Merlin«, um die Einigung herbeizuführen, aus der die Gemeinschaft der Tafelrunde entsteht; er treibt die Suche nach dem Gral voran und wird schließlich unentrinnbar in tragische Verwicklungen verstrickt. Wie Arthur ist er in der Anderswelt gefangen; nahe bei den Menschen, und doch unerreichbar für sie. Malory widmet Merlins Vorgeschichte keine Zeile. Er führt ihn als allgemein bekannten Zauberer ein, der von Sir Ulfius aufgesucht wird; er soll Uther Pendragon helfen, der die schöne Igrayne in Tintagel zu gewinnen trachtet.

»Wohlan, sagte Merlin, ich weiß, wen du suchst, du suchst Merlin; also suche nicht weiter, denn ich bin es.

32

Und wenn König Uther mich gut lohnen will und mir schwört, mein Verlangen zu erfüllen, wird das mehr ihm zu Ehre und Gewinn sein als mir, denn ich werde zuwege bringen, daß all sein Verlangen erfüllt wird.«
Die Auftritte des Sehers sind rätselhaft und werden nicht erklärt; er kann offen die Gedanken der Menschen lesen. Wir erfahren lediglich:
»Derweilen bemerkte Ulfius, daß Merlin draußen vor dem Zelte stand, und da wurde Merlin veranlaßt, zum König zu kommen. Als König Uther ihn sah, hieß er ihn willkommen. Herr, sagte Merlin, ich kenne Euer Herz ganz und gar.«
So beginnt es. Merlin sorgt für die Verwandlung, die zur Geburt Arthurs führt und bringt das Kind zur Pflege auf Sir Ectors Burg. Er schließt ein nicht sehr glaubwürdiges Bündnis mit dem »Erzbischof von Canterbury«, trifft Vorkehrungen für den »Schwert-im-Stein«-Test und räumt den anfänglichen Widerstand gegen Arthurs Thronbesteigung aus dem Weg. Seine Feinde beschimpfen ihn noch als »Hexenmeister« und »Traumdeuter«, doch »da verschwand Merlin«. Während des folgenden Bürgerkrieges führt Merlin Arthurs Streitmacht zum Sieg, manchmal durch Zauberei (einmal z. B. beschafft er »große Vorräte an Lebensmitteln« für 15 000 Reiter und schläfert eine feindliche Heerschar ein), manchmal durch strategischen Rat, wie man den Gegner am besten in einen Hinterhalt lockt.
Alles, was geschehen muß, wird vom Zauberer herbeigeführt oder offenbart. Er führt Arthur ein Eheweib zu und beschafft das Zauberschwert Excalibur von der Dame am See, er sorgt für die Runde Tafel und prophezeit die Suche nach dem Gral. Obwohl sich alles prächtig anläßt, warnt er den König, daß ihnen beiden vom Schicksal ihr Ende vorausbestimmt sei:
»Aber Ihr habt vor kurzem etwas getan, daß Gott erzürnt über Euch ist, denn Ihr habt bei Eurer Schwester gelegen und mit Ihr ein Kind gezeugt, das wird Euch und all die Ritter Eures Reiches vernichten... Es ist Gottes Wille, daß Euer Leib für Eure stinkenden Taten bestraft

werde. Doch ich selbst darf wohl traurig sein, sagte
Merlin, denn ich soll einen schändlichen Tod sterben,
und Ihr sollt einen ehrenwerten Tod sterben.«
Danach taucht Merlin in der Erzählung stets unerwartet
und ohne jede Erklärung auf. Robert de Borons Beschreibung der Persönlichkeit des Zauberers wird getreulich beibehalten, Merlin ist teils Magier, teils Prophet und
dann wieder ein zu derben Scherzen aufgelegter Schelm.
Sein Feind König Lot nennt ihn einen »Betrüger«, und
ein anderer verräterischer Gegner warnt seinen Mitstrei-
ter: »Hütet Euch vor Merlin... denn er weiß alle Dinge
durch Teufelskunst.« Merlin stellt mit seiner »erfin-
dungsreichen Kunst« Statuen für Arthur auf und verschafft Galahad zur rechten Zeit ein Zauberschwert.
Wieder und wieder warnt er Arthur und seine Ritter,
»daß bei Salisbury eine große Schlacht stattfinden
würde«; sagt das Erscheinen des bellenden Tieres voraus,
läßt König Marke in verhüllten Worten wissen, daß eines
Tages Sir Tristram »bei seiner erhabenen Herrin ergriffen
werden wird«. (»Du bist doch ein so grobschlächtiger
Kerl«, erwidert ihm der Monarch, »daß es dir nicht
ansteht, von solchen Taten zu reden.«) Merlin liebt den
hänselnden Ton und verschreckt gern die Leute, indem er
ohne jede Vorwarnung auftaucht, als »ein Knabe von
vierzehn Jahren«, »in Bettelkleidern« und einmal – am
Morgen nach Lichtmeß im winterlichen Sherwood
Forest: »...ganz in schwarze Schafspelze eingemummt,
mit einem großen Paar Stiefel und einem rotbraunen
Umhang, einen Bogen geschultert, Wildgänse in der
Hand.« Merlin machte es Spaß, sein Publikum zu überraschen, allerdings im Guten: »...und es gab viel Gelächter.«
Merlins Ende kam so, wie er es vorausgesehen. Da
»geschah es, daß Merlin sich in das Fräulein... heftig
verliebte. Sie war eins der Fräulein vom See und hieß
Nimue.« Es stellte sich heraus, daß das Fräulein dem
alten Zauberer in jeder Beziehung gewachsen war, und
mit der Zeit entlockte sie ihm alle Geheimnisse seiner
Kunst. Für die junge Frau war die Situation äußerst

Merlin und Vivien (Nimue). Miniatur aus der Handschrift *Plusieurs romans de la Table Ronde* von Arnulfus de Kayo (1286)

bedrängend, denn der alte Herr »ließ nicht ab von ihr und wollte immer bei ihr sein«. Und so begleitete er sie überall hin, selbst auf Reisen zum europäischen Festland. Da er Fertigkeiten besaß, die anderen bejahrten Verführern versagt waren, ließ sie ihn »schwören, nie einen Zauber auf sie zu legen, wenn sie ihm zu Willen sein solle, und das schwor er«. Aber es kam, wie es kommen mußte. Das ungleiche Paar kehrte nach England zurück. Während sie über die Feldwege Cornwalls ritten, erkannte Nimue, daß ihr Begleiter einem Zauber erlegen war, der sich als älter und mächtiger erwies als alles, was er von Blaise, dem Magier in Northumerland, gelernt hatte:

»Und immer lag Merlin der Dame in den Ohren, um ihr Magdtum zu haben, und sie war seiner immer sehr überdrüssig und wäre ihn gern losgeworden, denn sie fürchtete sich vor ihm, weil er ein Teufelssohn war, und sie konnte ihn auf keine Weise loswerden. Und so geschah es einmal, daß Merlin ihr einen Felsen zeigte, wo ein großes Wunder war und auf dem ein Zauber lag für den, der unter einen großen Stein ging. So brachte sie durch ihre besondere Kunst Merlin dahin, unter den Stein zu gehen, um sie die Wunder, die dort waren, wissen zu lassen, aber sie wirkte fort für ihn, daß er trotz aller Kunst, die er anwenden konnte, nie mehr herauskam. Und so ging sie fort und verließ Merlin.«

Damit erfüllten sich Merlins Worte: »...denn ich werde einen schmachvollen Tod sterben und lebend in der Erde vergraben werden...«

Malorys *Morte Darthur* wurde zu einem Zeitpunkt veröffentlicht, als das mediterrane Licht der Renaissance auch nach Norden zu leuchten begann, und nur eine Laune der Geschichte verhinderte, daß Merlin und Arthur nicht mit all dem anderen Trödel gotischen Ignorantentums und Aberglaubens auf den Müllhaufen der Vergangenheit geworfen wurden. William Caxton veröffentlichte *Morte Darthur* am 31. Juli 1485, keine drei Wochen später wurde Richard III. in Bosworth getötet. Sieger war natürlich Henry Tudor, ein Fürst von walisischer Abstammung. Hierin sahen nicht nur die Waliser eine Erfüllung der Prophezeiung Merlins, dereinst käme der Tag, da sie wieder über Britannien herrschen würden. Patriotische Engländer feierten zusammen mit ihren walisischen Brüdern dieses glückliche Ereignis als seit alten Zeiten vorbestimmt und sahen sich durch Geoffrey von Monmouths Bericht über die Eroberungen Arthurs auf dem Kontinent darin bestätigt, die ruhmreichen Taten ihrer Ahnherren auf französischem Boden fortzusetzen. Im Jahr darauf taufte der König seinen neugeborenen Sohn, den Erben von York und Lancaster, auf den ruhmreichen Namen Arthur. Verfasser von Preisliedern,

Dichter und Historiker rezitierten und illuminierten die englische Geschichte, und als ein unverschämter italienischer Geschichtsschreiber, Polydore Virgil, in seinen Schriften skeptische Bemerkungen über die zweifelhafte Lebensgeschichte Arthurs fallen ließ, regte sich ihr vaterländischer Zorn. Durch diesen Zufall bekamen Arthur, Merlin und selbst der Trojaner Brutus (man konnte sich seiner nicht entledigen, ohne damit auch seine Begleiter zu gefährden) genau in dem Augenblick neues Leben eingehaucht, als zu erwarten war, daß sie ihre Existenzberechtigung endgültig verloren hätten.[9]

Die Erfindung der Buchdruckerkunst machte die Historien einem größeren Publikum zugänglich. Im Jahre 1510 veröffentlichte Wynkin de Worde *A Lytel Tretys of the Byrth and Prophecyes of Merlin*, der 1529 eine zweite und 1533 eine dritte Auflage folgten. Es dauerte nicht lange, bis auch kritische Stimmen sich zu Wort meldeten, aber sie wurden von der Mehrheit der achtbaren Chronisten niedergeschrien. William Cadem ließ in der ersten Ausgabe seiner *Britannia* vorsichtig anklingen, es gäbe so gut wie keine Zeugnisse, mit denen sich die Geschichte von Brutus belegen ließe, dafür um so zahlreichere, die sie in Frage stellten. Aber erst im 17. Jahrhundert, als die Tudors König Arthur ins Grab gefolgt waren, gewannen solche Skeptiker genügend Stoßkraft, um die meisten, wenn nicht alle historischen Angaben aus Geoffreys zählebiger *Historia* von den Regalen der seriösen Wissenschaft herunterzufegen. 1675 strich die Universität Oxford den Namen König Brutus' aus ihrem Universitätsalmanach (eine bis dahin beibehaltene Geste der Loyalität Geoffrey von Monmouth gegenüber, durchaus angemessen, wenn er wie vermutet seinen Magistertitel tatsächlich mit der *Historia Regum Britanniae* erworben haben sollte). Aber wenn es den Anschein hatte, Geoffrey sei nun endgültig gestorben, so weigerte er sich doch, in seinem Grab zu bleiben. Selbst im 20. Jahrhundert haben sich immer wieder exzentrische Amateurhistoriker zu Wort gemeldet und behauptet, die *Historia* sei genau das, was sie zu sein vorgibt – eine voll und ganz verläßliche Chronik des frühen Britannien.[10]

Der Boden, den Merlin in der Geschichtswissenschaft verloren hatte, wurde in der Literatur mehr als wettgemacht. In Ariostos *Orlando Furioso* (erstmals erschienen 1532) taucht er als Prophet auf. In Spensers *Faerie Queene* (1590), einem Werk, in dem sich tiefe Kenntnis der vorhandenen Quellen niederschlägt, spielt der Seher Merlin eine entscheidende Rolle. Ihm allein haben Vergangenheit und Zukunft ihre Geheimnisse enthüllt, nur er ist in der Lage, Prinz Arthur, den Ritter mit dem roten Kreuz und Arthegal ihrer Bestimmung zuzuführen. Spenser – und mit ihm eine wachsende Zahl von Autoren – betrachtete die Geschichte als eine fabelhafte Quelle, die der Dichter nach Herzenslust plündern und umgestalten konnte. In der *Faerie Queene* hat der Zauberer seine prophetischen Visionen in einer Höhle im Dynevor Park in der Nähe von Llandeilo, Carmarthenshire, die noch heute zu besichtigen ist:

> »Dort war's, wo weiland (wie man sagt) der weise
> *Merlin* in einer Höhle wohnte, tief unterhalb
> der Erd'
> und fernab des Tageslichts, auf daß er im Kreise
> der Geister, mit denen er allda verkehrt',
> von keinem Sterblichen je aufgespüret werd'.«

Nicht alle Schriftsteller behandelten den britischen Zauberer mit ausgesuchter Höflichkeit; sie nahmen die Merlin zugeschriebenen, unzusammenhängenden und weitschweifigen Prophezeiungen zum Anlaß, ihn ins Lächerliche zu ziehen. Shakespeare z.B. hat in seine Dramen einige respektlose Bemerkungen eingestreut, obwohl die Handlung von *König Lear* und *Cymbeline* letztlich aus Geoffreys *Historia* stammt. In *König Heinrich IV.* höhnt Heißsporn über die Prahlereien des walisischen Heerführers Glendower:

> »Ich kanns nicht lassen, oft erzürnt er mich,
> Wenn er erzählt von Ameis' und von Maulwurf,
> Vom Träumer Merlin, was der prophezeit,

Von Drachen und vom Fische ohne Flossen,
Berupftem Greif und Raben in der Mause,
Von ruh'ndem Löwen und der Katz' im Sprung,
Und solchen Haufen kunterbuntes Zeug,
Daß michs zum Heiden macht.«
(hier wie im folgenden nach der
Schlegel-Tieck'schen Übersetzung)

Und im *Lear* ist es der Narr auf der Heide, der zungenfertig gegen den Anachronismus wettert,

>...wenn die Wucherer ihr Gold im Felde be-
schaun,
Und Huren und Kuppler Kirchen baun,
Dann kommt das Reich von Albion
In große Verwirrung und Konfusion,
Dann kommt die Zeit, wers lebt zu sehn,
Daß man mit Füßen pflegt zu gehn.
Diese Prophezeiung wird Merlin machen, denn
ich lebe
Vor seiner Zeit.«

Die letzten zwei Zeilen halten einige Wissenschaftler für
eine »nicht in den Kontext des Theaterstückes passende
Einfügung«,[11] offensichtlich ist, daß sich ein Großteil der
Spötteleien gegen das Fortleben volkstümlicher Äuße-
rungen richtet, die Merlin zugeschrieben wurden. Im
Jahr 1603 z.B. – nur zwei Jahre vor der mutmaßlichen
Niederschrift des *Lear* – erschien in Edinburgh eine
Ausgabe der Prophezeiungen Merlins und Thomas des
Reimers. Obwohl diese zu einem Gutteil aus leerem
Geschwätz bestehen, entbehren einige Stellen doch nicht
eines gewissen wilden Zaubers.

»Wenn die Felsspitzen von Tarbat in die See
gestürzt sind,
Im Sommer der Sorgen, die ewiglich währ'n:
Bedas Bücher schaute ich wohl, Balustraden
desgleichen,

Magiker Merling, und alles fügt sich in eins:
Magiker Merling liegt siechend darnieder;
Bei einem widrigen Weibe, wer mag sie nur sein;
Denn sie hat ihn in eine Klippe an der Küste
von Cornwel gesperrt.«

Im 17. und 18. Jahrhundert erschien eine Flut von »Merlin«-Pamphleten und -Almanachen. Oft richteten sie sich gegen politische Geschehnisse der Gegenwart, wie die Aussperrung König Karls I. aus Hull im Jahre 1642 und die Niederlage Karls II. bei Worcester im Jahre 1651; sie zielten auf das leichtgläubige und einfältige Volk.
Größeren Einfluß erlangte der Astrologe William Lilly (1602–1682) mit seinem *England's Propheticall Merline foretelling to all nations of Europe*. Ganz wie der Schöpfer der Merlinprophetie wollte auch Lilly, daß seine Leser die allegorischen Anspielungen auf zeitgenössische Ereignisse bezögen. Von Daniel Defoe wird uns bezeugt, daß im Jahre 1665, als in London die Pest wütete, unzählige neue »Merlinschriften« entstanden. Und selbst der bedeutende Mathematiker Robert Hooke befragte während der Revolutionswirren von 1688–89 das Merlinorakel.[12]
Jonathan Swift, der größte aller Pamphletisten, leitete das 18. Jahrhundert ein mit *A Famous Prediction of Merlin, the British Wizard, Written about a thousand years ago, and relating to the year 1709*. Wie zu erwarten, zog er das Thema ins Lächerliche, und das Zeitalter der Vernunft verbannte den großen Zauberer ins Reich der Burleske. 1755 erschienen *Merlin's ... predictions relating to the late contest about ... Richmond Park* und im selben Jahr kam es zu dem tragischen Tod des Dichters Stephen Duck, der einstmals im benachbarten Kew als eine Art Poet-auf-Zeit in einer, wohl Spensers Beschreibungen nachempfundenen, Merlinhöhle gehaust hatte. Almanache erschienen bis weit ins 19. Jahrhundert hinein, dienten aber, wie es scheint, zu diesem Zeitpunkt nur noch der Erbauung literarisch angehauchter Verkäuferinnen und Bankangestellter.

Merlins Zauber hatte sich jedoch keineswegs verbraucht. Wie es sich gehört, war es Walter Scott, der Magier des Nordens, der ihm als erster wieder einen Platz in der Dichtkunst einräumte. Für die neue Generation romantischer Dichter war es ganz natürlich, sich von dem größten aller Ritterepen inspirieren zu lassen, und Wordsworth schwärmte in *Arthegal and Elidure* von Geoffreys hinreißender *Historia* und des »wendigen Zaub'rers Merlin weisen Worten«.

Aber erst Tennyson, auf Malory zurückgreifend, verhalf Merlin wieder zu den literarischen Würden, die ihm mehr als 200 Jahre aberkannt gewesen waren. *Merlin and Vivien*, eine 1859 erschienene Dichtung des »Poet Laureate«, beginnt mit würdevollem Ernst:

> »Ein Sturm zog auf, die Winde aber waren still,
> Und in den wilden Wäldern von Broceliande,
> Vor einer Eiche, so hohl und hoch und alt,
> Daß einem Turm efeuumrankten Mauerwerks
> sie glich,
> Lag, Merlin zu Füßen, die verschlag'ne Vivien.«

Die Geschichte, in der sich die Sorge des viktorianischen Zeitalters um gefährdete Werte der Zivilisation widerspiegelt, erzählt, wie der verderbte König Marke von Cornwall eine Verschwörung anzettelt, um die Bruderschaft der Tafelrunde zu zerstören. Die schöne Verführerin Vivien verschafft sich Zutritt zum Hof von Camelot und:

> »...machte sich daran, ihn zu gewinnen,
> Den berühmtesten Mann all jener Zeit,
> Merlin, der den Spannkreis aller
> Ihrer Kunstfertigkeiten kannte,
> Dem König seine Häfen, Schiffe
> Und hohen Hallen hatt' erbaut,
> Und auch ein Barde war, den Sternenhimmel
> kannte;
> Zaub'rer nannte ihn das Volk...«

Der alte Mann vermag sich ihren Reizen kaum zu entziehen, in tiefer Verwirrung besteigt er ein Schiff, das ihn in die Bretagne führen soll. Vivien begleitet ihn, und in den »wilden Wäldern von Broceliande« bringt sie den »großen Zauberer der Zeit« dazu, ihr die geheimen Worte zu verraten. Geradezu prickelnd die Passage, wie Vivien den Alten anmacht:

> »Glitt auf ihn zu, rutschte sein Knie hinauf
> und setzte
> Sich rittlings dann auf seinen Schoß,
> Überkreuzte hinter dem Knöchel seines Fußes ihre
> Schlanken Waden, schlang einen Arm um
> seinen Hals,
> Klammerte wie eine Schlange sich...«

All dem zum Trotz widersteht Merlin lange ihren Verführungskünsten; letztlich aber sind alle seine Zauberkräfte machtlos gegen die Schliche einer entschlossenen Frau, und seine Kapitulation wird in einem Abschnitt beschrieben, der voll bemerkenswert freizügiger sexueller Bilder steckt.[13] Über den Wald geht ein schreckliches Unwetter nieder, und Vivien

> »...schrie lauthals:
> »O Merlin, wenn du mich auch nicht liebst,
> errette, errette mich dennoch!« klammerte
> sich an ihn und umarmt' ihn herzend fest;
> Und nannt' ihn teuren Beschützer gar in ihrer Angst,
> Vergaß darüber aber ihre Ränke nicht in ihrer Angst,
> Sondern bedrängte sein Gemüt und
> umarmt' ihn herzend fest.
> Bei ihrer Berührung nahm des Zaub'rers Blut
> fröhlichere Farben an, erwärmte sich wie ein Opal.
> Sie schalt sich selbst ob der Geschichten,
> die sie, vom Hörensagen her, erzählt:
> Sie zitterte vor Furcht, beweinte
> Ihre Fehler und Launenhaftigkeit;
> Sie nannte ihn Gönner und Gebieter,

»Zu Merlins Füßen die wilde Vivien lag«. Stahlstich aus Tennysons *Merlin and Vivien,* nach einer Zeichnung Gustav Dorés gestochen von W. Ridgway

Ihren Seher, ihren Barden, ihren
Silberumflorten Abendstern,
Ihren Gott, ihren Merlin, die eine, einz'ge Liebe,
Ihres ganzen Lebens, die in ihr je die
Leidenschaft entflammt;
Und währenddessen brüllte, hoch über ihren
Köpfen,
Der Sturm, und in der Regenfluten Rauschen
zersplitterte der morsche Ast
Über Ihnen; und in einem
Wechselspiel von Helle und von Düsternis
Bewegten ihre glänzenden Augen,
Bewegte ihr glänzender Nacken sich vor
und zurück;
Bis dann der Sturm, da seine Leidenschaft verebbt,
Klagend und aus andren Ländern rufend,
Dem verheerten Forste wieder seinen
Frieden ließ; und was nicht geschehen
hätte dürfen, war nun doch gescheh'n,
Denn Merlin, überredet und auch übermüdet,
hatte nachgegeben, ihr den ganzen
Zauberspruch gesagt, und schlief.«

Ein Zeitgenosse und Bewunderer Tennysons war der
exzentrische Vikar von Morwenstone, Robert Stephen
Hawker. Hawker baute sich auf den Klippen, von denen
aus man im Westen das ferne Tintagel von nebelverhan-
genen Felsen aufragen sieht, eine Hütte aus Treibholz
und schrieb dort an einem, leider Fragment gebliebenen,
Versepos mit dem Titel *The Quest of the Sangraal* (Die
Suche nach dem Heiligen Gral). Merlin sagt den Unter-
gang des englischen Weltreiches voraus, der nur dadurch
zu verhindern wäre, daß es sich wieder einem höheren
Sinn – symbolisiert durch den Gral – zuwende. Dann
verfällt er in Schweigen:

»Da hielt er ein: und rings um ihn war träumerische
Nacht:
Da thronte Dundagel; und die große See

Lag, ein starker Vasall vor seines Herren Tor,
Und, wie ein trunk'ner Riese, schluchzte sie
im Schlaf.«

Merlin eröffnet und beschließt Thomas Hardys 1923
erschienenes Werk *The Famous Tragedy of the Queen of
Cornwall*, und im Jahre 1938 schuf T. H. White der Welt
einen Merlin, der es zu größerer Popularität brachte als je
zuvor einer seit dem fünfzehnten Jahrhundert. In *The
Sword in the Stone* ist Merlyn eine exzentrische und an
einen zerstreuten Professor erinnernde Gestalt; er kann
sich in der Zeit vor- und zurückversetzen und unterrichtet den jungen Arthur in allen Künsten und Fertigkeiten,
die ein König braucht. Das Buch steckt voll skurriler
Anachronismen und natürlichem – gelegentlich auch
bübischem – Humor, bleibt dem Merlin der Tradition
dennoch in vielem verpflichtet. White stützt sich ganz auf
Malory, seine wichtigste und vielleicht einzige unmittelbar genutzte Quelle, und Merlins exzentrische Züge
gehören genauso selbstverständlich zu ihm wie seine
ehrfurchtgebietenden Zauberkräfte.
Im Frühling 1941, als es ganz so aussah, als breche erneut
ein finsteres Mittelalter über die Britischen Inseln herein,
schrieb der im West Country lebende Dichter Charles
Richard Cammel *The Return of Arthur*, ein Gedicht oder
vielmehr eine Prophetie – Arthur werde wiederkehren,
wenn ihn sein Land am dringendsten benötige:

»Aus angstumdräuten Träumen schreckt
Merlin, der Magier, auf,
Und Pelleas, unter dem Feensee,
Krallt seines Schwertes Knauf...
Fließt nicht der Wein von Camelot
Rot durch der Briten Land?
Arthur! sagt uns unser Herz,
Und Lanzelot unsre Hand.«

Doch die erstaunlichste Entwicklung der Merlinsage im
20. Jahrhundert liegt wohl in einer Rückbesinnung auf

die frühesten Quellen. John Cowper Powys entführt uns in seinem befremdlich erscheinenden Roman *Porius. A Romance of the Dark Ages* (1951) in ein der Phantasie entsprungenes, in vielerlei Hinsicht jedoch überzeugendes fünftes Jahrhundert. Powys Merlin wird zum Myrddin Wyllt der frühen walisischen Lyrik, der, in Tierhäute gekleidet, von seinen Vertrauten begleitet wird:

>»Der Kopf des Mannes war bis auf ein Büschel kohlschwarzen Haares kahl; und seine Ohren waren die größten Anhängsel dieser Art, die Porius je gesehen hatte... Während er sich ein wenig vorbeugte, um die Antworten des Kerls zu verstehen, die immer noch rauh klangen, konnte er auch erkennen, daß seine Augen eine unnatürlich runde Form hatten und so dicht beieinander standen, daß, wenn in ihnen ein inneres Licht aufblitzte... sie den Eindruck hervorriefen, daß sie tatsächlich ineinanderschmolzen und eins wurden...«

Dies ist der authentische Merlin der frühesten Überlieferungen, grotesk und ehrfurchtgebietend; der Roman selbst stellt eine erstaunliche *tour de force* dar, eine Forschungsreise in die dunklen Abgründe mythologischer Vorstellungen.[14]

Jüngeren Datums ist ein Roman des Dichters Robert Nye, der sich in seinem *Merlin* (1978) vor allem auf Robert de Borons Erzählung von Merlins Zeugung durch einen Dämon stützt. Das Buch beginnt vielversprechend: mit lüsternen Teufeln in der Hölle, die eine schöne Erdentochter beschlafen, woraufhin sie mit Merlin schwanger geht – leider ist es zu sehr ein Produkt seiner Zeit, um nicht unter die Gürtellinie in ermüdende Pornographie abzurutschen.

Die Zähigkeit des alten Hexenmeisters zeigt sich auch in seinem Erfolg in einem Massenmedium, dem Film. Ich kann mich noch an den MGM-Streifen *The Knights of the Round Table* erinnern, den ich, wenn ich mich recht entsinne, 1954 im Odeon Cinema am Leicester Square mir ansah. Die Bilder blieben über Monate hinweg in meinem Gedächtnis haften, während ich, in einen Nebel aus knabenhaften Träumen gehüllt, am Ufer der Themse bei Pangbourne entlangschlenderte. Augenblicke voll Glückseligkeit, als mir Frances Hitchins, die in unserem Ruderboot saß, wie das Fräulien Lile von Astolat erschien! Vor fünf Jahren begab sich John Boorman mit *Excalibur* mit beachtlichem Erfolg in ein theaterwirksames Frühmittelalter zurück, indem er an passenden nebelumschleierten Seen in den Wäldern Irlands drehte, mit Nicol Williamson als einem stets zu Scherzen aufgelegten, aber dominierenden Merlin, ganz in der authentischen literargeschichtlichen Tradition.

Merkwürdigerweise trägt der Merlin, wie ihn heute Millionen von Menschen auf der ganzen Welt kennen, einen anderen Namen. Der Philologe J.R.R. Tolkien[*] kannte die Mythen der Kelten und Germanen wie nur wenige, und es steht außer Frage, daß der Zauberer Gandalf in *The Hobbit*, 1937, und auch in der späteren Trilogie *Der Herr der Ringe* der frühen Merlinepik entnommen ist. Wie Merlin ist Gandalf ein unendlich weiser und machtvoller Zauberer, wie Merlin hat er einen Sinn für Humor, der manchmal in Boshaftigkeit und Sarkasmus umschlägt, und wie Merlin taucht er scheinbar aus dem Nichts auf, um in den Lauf der Dinge einzugreifen und einen von Gefahren bedrohten Kosmos zu retten. Selbst weniger wichtige Eigenschaften sind unverkennbar übernommen; zum Beispiel Merlins Neigung, sich völlig unangemessen als Bettler zu verkleiden, und seine Fähigkeit, einen sprühenden Feuerzauber zu inszenieren. Anhänger Tolkiens werden sich daran erinnern, wie Gandalf die Hobbits in den Nebelbergen mit verzauberten, vielfarbigen Feuerkugeln vor den Wölfen rettete. In einem Gedicht aus dem dreizehnten Jahrhundert, *Of Arthour and of Merlin*, stellt eine Gruppe aufsässiger Barone Arthurs Anrecht auf den Thron in Frage. Merlin

---

[*] Professor für angelsächsische und altnordische Literatur in Oxford (1925–59), was ihn nicht hinderte, eine neue Mythenwelt zu erschaffen.

»...zauberte
Und brachte großen Schaden
Über die Zelte, wildes Feuer,
Das so hell brannte wie
Die Flamme auf einem Kerzendocht...«

Wie es scheint, hat sich der Zauberer einen festen Platz
im Bewußtsein der Menschheit gesichert. Die Jahrhunderte kommen und gehen, literarische Moden entstehen
und veralten wieder, aber der charismatische Magier
taucht immer wieder vor uns auf: in wechselnder Gestalt
und unter verschiedenen Namen, einmal spöttisch, dann
wieder respektgebietend, im Grunde aber immer noch
dieselbe Gestalt, deren Ruhm sich vor 800 Jahren über
ganz Europa ausbreitete. Trickster, Schwindler, Philosoph und Zauberer in einem, verkörpert er einen *Archetyp*, bei dem das Menschengeschlecht Rat und Schutz
sucht.

II

Merlin
der Prophet

Ermutigt vom aufsehenerregenden Erfolg seines ersten Buches, machte sich Geoffrey daran, ein zweites zu schreiben. Die überragende Gestalt Arthurs hatte eine derartige Faszination auf ihn ausgeübt, daß er nur nach und nach in den Bann der mysteriösen Persönlichkeit Merlins gezogen wurde; ungefähr 1150, gut vierzehn Jahre nach Erscheinen der *Historia*, veröffentlichte Geoffrey seine *Vita Merlini* (»Das Leben Merlins«). In der *Historia Regum Britanniae* hatte er die Geschichten um Merlins Geburt und seine Beziehungen zu Vortigern und Uther als Nebenstränge in die eigentliche Haupthandlung eingeflochten. Sein neues Werk ist reine Biographie, ein aus 1529 Hexametern bestehendes Versepos, das in vieler Hinsicht hohen dramaturgischen und literarischen Ansprüchen genügt.

Hier ein kurzer Handlungsüberblick: Merlinus, König und Prophet der Demeter – d. h. der Bewohner Dyfeds im südwestlichen Wales – führt zusammen mit Rodarcus, König der Cumbrer, eine Schlacht gegen Guennolus, den König von Scocia (Schottland). Im Verlauf des Kampfes kommen drei von Merlins Brüdern, denen er sehr zugetan war, ums Leben; vor Schmerz halb wahnsinnig, zieht sich der Seher in die Einsamkeit des Waldes von Caledon zurück. Seine Schwester Ganieda, Rodarcus' Gemahlin, überredet ihn zur Rückkehr an den Hof, wo Merlin seine prophetischen Kräfte unter Beweis stellt. Er überführt die Königin des Ehebruchs, obwohl sie durch einen Trick versucht hatte, den Verdacht ihres Gatten zu entkräften. Angewidert vom Stadtleben beschließt Merlin, in die Wildnis der Caledonischen Wälder zurückzukehren. Kurioserweise bittet ihn ausgerechnet die Königin – zuerst allein, dann mit Hilfe seiner Frau Guendoloena –, von diesem Vorhaben abzurücken. Merlin läßt sich nicht umstimmen, drängt vielmehr seine Gattin, einen anderen zu heiraten, und sucht das Weite. Als Guendoloena sich dann tatsächlich neu vermählt, kehrt Merlin, auf einem Hirsch reitend und von einem Rudel Rotwild begleitet, zurück. In einem Anfall von Eifersucht tötet er den Bräutigam und taucht erneut im Wald unter. Was ein wenig unglaubwürdig erscheint: Seine Schwester folgt ihm in die Wälder und errichtet auf seinen Wunsch ein kunstvoll gebautes, kreisförmiges Observatorium. Von dort aus beobachtet Merlin die Bahnen der Gestirne und macht eine Prophezeiung, deren allegorische Anspielungen an die Weissagung erinnern, die sein *alter ego* in der *Historia* angesichts von Vortigerns zerstörter Burg ausgesprochen hatte.

Bald darauf wird Merlin von Telgesinus besucht, einem anderen Propheten und Philosophen. Die beiden führen gelehrte Gespräche über die Naturgeschichte und andere Wissensgebiete; nach einer Reihe weiterer politischer Prophezeiungen erklärt Merlin, daß er »lange gelebt und viel gesehen« habe und liefert eine mit den entsprechenden Abschnitten in Geoffreys erstem Buch übereinstimmende Zusammenfassung der Geschichte Vortigerns, Uthers und Arthurs bis auf die Zeit ihrer Nachfolger. Nach weiteren Wissenschaftsgesprächen und einer nochmaligen Prophezeiung weigert sich Merlin, einem Aufruf seines Landesherrn, an den Hof zurückzukehren, Folge zu leisten; er läßt sich schließlich endgültig in seinem geliebten Wald nieder, um dort für den Rest seiner Tage ein beschauliches Leben zu führen. Telgesinus, ein erleuchteter Wahnsinniger, dessen geistige Gesundheit er wiederhergestellt hatte, und seine mittlerweile verwitwete Schwester schließen sich dieser Eremitage an. Die Geschichte endet mit einer Prophezeiung Ganiedas, die offensichtlich auf Ereignisse anspielt, die sich zur Zeit von Geoffreys Niederschrift des Versepos' in England zutrugen.

Die *Vita Merlini* ist in jeder Hinsicht bemerkenswert. Was Handlung und Personen angeht, gibt es zwar einige Ungereimtheiten, aber die Geschichte selbst ist hochdramatisch und packend erzählt. Merlins Persönlichkeit, in der Wahnsinn und prophetisches Genie einander die Waage halten, ist besonders lebensnah und überzeugend getroffen, und die Empörung und Durchtriebenheit der des Ehebruchs bezichtigten Königin werden ebenso farbig geschildert wie die anrührenden Klagen der verlasse-

nen Gemahlin des Propheten. In vielen geglückten Land-
schaftsschilderungen zeigt sich ein ausgeprägtes Naturge-
fühl; die Wälder Caledoniens sind keine bloße Theater-
kulisse, sondern eine echte Wildnis, gastlich im Sommer
und unwirtlich und grausam im Winter. Wenn diese, in
der *Historia* gänzlich fehlende Seite vielleicht auch von
einer älteren literarischen Quelle herrührt, so kann doch
kein Zweifel daran bestehen, daß Geoffrey persönlich ein
stark entwickeltes Gespür für die Schönheiten der Natur
besaß. Wie etwa an folgender Stelle, in der Merlin von
einem hohen Hügel aus die Sterne beobachtet:
»Nacht war es, und klar leuchteten die Hörner des
Mondes, und alle Gestirne erstrahlten an der Himmelswölbung. Die Luft war reiner als sonst, denn ein bitterer,
eisiger Nordwind hatte die Wolken verjagt, den Himmel
blank gefegt und mit seinem trockenen Atem die Nebel
aufgesogen.« (nach der Übersetzung von Inge Vielhauer)

Natürlich trägt das Versepos viele Charakteristika des
sorglosen Umgangs Geoffreys mit literarischen Stoffen.
Der dramatische Entwurf stammt offensichtlich von ihm
selbst; dies gilt auch für einen Großteil des esoterischen
Wissens in den Disputen von Merlin und Taliesin (Telgesinus) und für die historische Substanz, die seinen und
Ganiedas Prophezeiungen zugrunde liegt. Trotzdem
sprechen gewichtige Gründe dafür, die *Vita Merlini* einer
ganz anderen Kategorie von Dichtung zuzurechnen als
die vierzehn Jahre ältere *Historia*. Während man letztere
– grob gesagt – als historischen Roman bezeichnen
könnte, läßt sich für die *Vita Merlini* zeigen, daß sie
einen bedeutenden Teil ihrer Handlung und Struktur aus
Quellen bezieht, bei denen sich Geoffrey zumindest
streckenweise um genaue Wiedergabe bemühte. Einige
dieser Stoffe waren extrem archaisch und von Geoffreys
Lebzeiten ebensoweit entfernt wie unser Jahrhundert von
seinem.
Die *Vita Merlini* wurde nicht in der Absicht geschrieben,
den Riesenerfolg des früheren Bestsellers noch einmal
»auszuschlachten«, wie wir das heute nennen würden.

Das Versepos war für einen begrenzten Freundeskreis bestimmt. Im Gegensatz zu den mehr als zweihundert erhaltenen frühen Manuskripten der *Historia* gibt es – außer sechs unterschiedlich langen Fragmenten – nur eine einzige vollständige Fassung der *Vita Merlini*. Sie ist Robert, dem Bischof von Lincoln, gewidmet, einem Prälaten mit dem Ruf der Gelehrsamkeit; und sie wurde vermutlich ihm und einem ausgewählten Freundeskreis vorgelesen. Der mittelalterliche Standard wissenschaftlicher Forschung ist nicht gerade überwältigend; dennoch kann man wohl davon ausgehen, daß Geoffrey mit aufmerksamen Fragen zur Beschaffenheit seiner Quellen rechnete.

Wie wir wissen, war Geoffrey ein äußerst geschickter Fälscher, der zweifelsohne in der Lage war, sich eine Geschichte auszudenken, die mit dem Inhalt der *Historia* kongruent gewesen wäre. Die Handlung der *Vita* weicht jedoch in auffälliger Weise von dem vorherigen Werk ab, und Geoffrey mußte beträchtliches Geschick aufbieten, um die beiden Bücher miteinander in Einklang zu bringen.

In der *Historia* macht Merlin dem Vortigern Prophezeiungen und verhilft Uther dazu, Igerna zu verführen. In der *Vita Merlini* steht er – ungefähr hundert Jahre nach diesen Ereignissen – in der Blüte seiner Jahre. Während Vortigern Mitte bzw. Anfang des fünften Jahrhunderts lebte, handelt es sich bei den Königen, deren Schlacht Merlin in den Wahnsinn trieb, um historische Gestalten aus der zweiten Hälfte des sechsten Jahrhunderts. Die damaligen Leser konnten dies vielleicht nicht wissen, aber nach Geoffreys eigener Chronologie hätten sich diese Ereignisse erst nach Arthurs Tod zutragen können, den er auf das Jahr 542 n. Chr. datiert hatte. Geoffrey blieb demnach nichts anders übrig, als die Diskrepanzen so überzeugend wie möglich wegzuerklären. Dies gelang ihm, indem er dem Propheten ein übernatürlich langes Leben zuschrieb und ihn über sich selbst sagen ließ, er sei so alt wie die allerältesten Eichen im Wald von Caledon. Und, als müsse ausdrücklich betont werden, daß es sich bei den zwei Merlingestalten um ein und dieselbe Person handelt, läßt er den Merlin der *Vita Merlini* in Erinnerungen an Dinge schwelgen, die er ihn in der *Historia* hatte erleben lassen.

Geoffrey verband seine beiden widersprüchlichen Quellen geschickt genug, um den kleinen Kreis seiner zeitgenössischen Leser zu beeindrucken. Heutige Wissenschaftler erkennen jedoch an der Verschmelzung, daß er den Merlin der Caledonischen Wälder nicht erfand, sondern sich genötigt sah, bereits existierendes Material zu berücksichtigen. Dieses Material war wohl so umfassend, daß es ihn an einer freieren Adaptation hinderte. Und schließlich dürfte sich die Atmosphäre eines kleinen Kreises von Gelehrten für das bedeutende altertümliche Sagengut als förderlich erwiesen haben, während ja die *Historia* für ein breites Publikum bestimmt war.

Aus dem Inhalt der *Vita Merlini* läßt sich folgern: erstens, daß Geoffrey kurz vor der Niederschrift Zugang zu Geschichten über Merlin erhalten hatte, die ihm vorher nicht bekannt gewesen, und zweitens, daß dieses Material bereits so umfassend und fest umrissen war, daß es dem großen Fälscher nicht gelang, es harmonisch mit seinem früheren Werk zu verbinden.

Glücklicherweise muß man sich nicht nur auf deduktive Analysen dieser Art stützen, um zu beweisen, daß Geoffrey von Monmouth die Geschichte Merlins keineswegs erfunden hat; es läßt sich vielfach belegen, daß ein großer Teil davon schon lange vor seinen Lebzeiten existiert hatte.

Die wertvollste Manuskriptsammlung früher walisischer Dichtung ist in einem Werk enthalten, das sein erster Herausgeber die »Four Ancient Books of Wales« nannte. Die Titel dieser Bücher erinnern an mirakulöse Vorzeiten: *The Black Book of Carmarthen, The Book of Taliesin, The Book of Aneirin* und *The Red Book of Hergest*. *The Black Book of Carmarthen* und *The Book of Aneirin* wurden vermutlich etwa im Jahre 1250 zusammengestellt, *The Book of Taliesin* etwas später, möglicherweise um 1275, und *The Red Book of Hergest* »wurde mit

54

wenigen Ausnahmen im letzten Viertel des 14. Jahrhunderts und im ersten Viertel des 15. Jahrhunderts geschrieben.«[1] *The Red Book* enthält eine ganze Menge Prosa, darunter auch die berühmten, unter dem Namen *Mabinogion* bekannten Geschichten, und eine walisische Fassung von Geoffreys *Historia*. Ansonsten enthalten alle vier Bücher prächtige Sammlungen walisischer Verse, von denen viele wesentlich älteren Ursprungs sind als das Manuskript, in dem sie uns zufällig erhalten geblieben sind. Die Gedichte sind oft in altertümlicher, kaum verständlicher Sprache verfaßt, und ganz offensichtlich kam es vor, daß die mittelalterlichen Schreiber nicht zurechtkamen mit dem, was sie da kopierten. Was Wunder, daß die aus dem 18. und 19. Jahrhundert stammenden Übertragungen ins Englische groteske Fehler bis hin zu purem Unsinn enthalten, selbst wenn die Übersetzer gebürtige Waliser waren. Philologen und Paläographen ist es erst während der letzten hundert Jahre gelungen, Techniken zu entwickeln, mit denen sich die Gedichte datieren und interpretieren lassen.

Da viele von ihnen voller Anspielungen auf historische Ereignisse und mythische Überlieferung aus ferner Vorzeit stecken, haben diese Untersuchungen zu höchst aufregenden Entdeckungen geführt. Die dramatischste Entdeckung: Der Kern der Gedichte in den Büchern von Taliesin und Aneirin wurde bereits im sechsten Jahrhundert n. Chr. verfaßt, also kurz nach der Entstehung des Walisischen, das aus Sprachveränderungen in Britannien während der römischen Besatzung hervorgegangen war. Dieses Versgut stellt somit die älteste europäische Literatur außerhalb des Griechischen und des Lateinischen dar. Ganz abgesehen von den vollständigen Gedichten, die heute allgemein anerkannt als authentische Fassungen aus der Feder der Dichter Taliesin und Aneirin (6. Jhdt.) gelten, enthält auch die Mehrzahl der späteren Gedichte eine Fülle archaischer Anspielungen und möglicherweise in sich geschlossener Fragmente archaischer Dichtung. Der ganze *corpus*, der sich auch in anderen Manuskripten als den vorgenannten *Four Ancient Books* findet, ist eine wunderbare Fundgrube für historische und mythologische Spekulation. Zwischen 1888 und 1911 wurden sie in herrlichen Faksimileausgaben von einem großen Verehrer, dem Waliser J. Gwenogyryn Evans, herausgegeben. Ich erstand meine Exemplare vor nahezu dreißig Jahren in zwei Refugien keltischer Bibliophilie – Griff's Bookshop am Cecil Court, London, und Hodges Figgis in der Dawson Street, Dublin. Noch heute bebe ich vor Erregung, wenn ich einen dieser exquisit gebundenen Bände aufschlage: Vor mir liegt in einer geheimnissvollen Sprache, die teilweise noch heute den hellsten Köpfen Rätsel aufgibt, der halbverborgene *detritus* des fragmentarischen Bretonischen Sagenkreises.

In dieser Sammlung gibt es eine Reihe von Gedichten, die Myrddin, dem Merlin des Geoffrey von Monmouth, zugeschrieben werden. Diese sind u. a. *Yr Afallennau* (Die Apfelbäume), *Yr Oianau* (Grüße), *Ymddiddan Myrddin a Thaliesin* (Die Unterhaltung zwischen Myrddin und Taliesin), *Cyfoesi Myrddin a Gwenddydd ei Chwaer* (Die Unterhaltung zwischen Myrddin und seiner Schwester Gwenddydd), *Gwasgargerrd Myrddin yn y Bedd* (Das Lied, das Myrddin im Grabe sang), *Y Bedwenni* (Die Birken) und *Peiryan Vaban* (Der gebieterische Jüngling). Fassungen dieser Gedichte finden sich vor allem in *The Black Book of Carmarthen* und in *The Red Book of Hergest*, aber auch in *The White Book of Rhydderch* und anderen Manuskripten. In einigen Fällen sind verschiedene Fassungen erhalten, die durch erweiternde Zusätze oft beträchtlich voneinander abweichen.

Man darf nun nicht daraus schließen, irgendeines dieser Gedichte könne in seiner überlieferten Fassung das Werk Myrddins oder eines anderen Barden aus dem sechsten Jahrhundert sein. Metrum, Orthographie und Sprache verweisen auf ein wesentlich späteres Enstehungsdatum. Noch eindeutiger zeigt sich dies in dem Umstand, daß einige der Gedichte in Prophezeiungen eingebettet sind, die sich offensichtlich auf Geschehnisse im zwölften Jahrhundert und danach beziehen. Wenn wir einmal von der Annahme absehen wollen, daß Myrddin echte pro-

phetische Gaben besaß und ein starkes Interesse für die
politischen Vorgänge im England der Plantagenets hatte,
so darf man wohl vernünftigerweise davon ausgehen, daß
das ganze Material zeitgleich mit den Geschehnissen
niedergeschrieben wurde, also rund 600 Jahre nach der
Zeit, in der Myrddin gelebt haben soll. Die Weissagungen, die den Hauptteil der Myrddin zugeschriebenen
Lyrik ausmachen, haben also keine Verbindung mit dem
historischen bzw. legendären Myrddin; sie zeigen allerdings, daß er noch in späterer Zeit als großer Prophet
galt.
Die Entscheidung, ob all diese weitschweifigen Weissagungen und schwer verständlichen Dialog-Gedichte auf
älteren Quellen fußen oder nicht, hängt hauptsächlich
von der kritischen Würdigung eines erzählerischen Kerns
ab, der sich in seiner deutlichsten Form im *Afallennau*
findet:

»Süßapfelbaum, der auf einer Lichtung wächst,
Seine eigentümliche Macht verbirgt ihn vor
den Männern Rhydderchs,
Viele Menschen an seinem Stamm, rings um ihn
ein Heer,
Er wäre ein Schatz für sie, tapfere Männer
in ihren Reihen.
Jetzt liebt Gwenddydd mich nicht und
grüßt mich nicht
– Ich werde von Gwasawg gehaßt, dem Helfer
des Rhydderch –
Ich habe ihren Sohn und ihre Tochter getötet.
Der Tod hat jeden geholt, warum ruft er mich nicht?
Denn nach Gwenddolau ehrt mich kein Herr,
Frohsinn erfreut mich nicht, keine Buhle
besucht mich,
Und in der Schlacht von Arderydd war mein
Halsschmuck von Gold,
Werde ich heute auch nicht von der einen geschätzt,
die den Schwänen gleicht...
Zehn und zwanzig Jahre lang, im Elend der Verbannung,

Bin ich im Wahnsinn und mit Wahnsinnigen
gewandert;
Nach reichen Gütern und wohlklingendem
Saitenspiel
Peinigt mich nun die Not im Wahnsinn und
mit Wahnsinnigen.
Ich schlafe nicht, ich zittere um meinen Fürsten,
Meinen Herrn Gwenddolau und meine
Stammesbrüder.
Nachdem ich Krankheit und Kummer litt
im Walde von Celyddon,
möge mich der Herr der Heerscharen aufnehmen
in die Seligkeit.«[2]

Hieraus ließe sich folgern, daß »Myrddin« ein Wahnsinniger ist, der erbarmungswürdig durch die Caledonischen Wälder irrt und die Gabe der Weissagung besitzt. Voller Bitterkeit berichtet er von der Schlacht bei Arderydd, in der er goldenen Halsschmuck trug, vor deren Ende er aber den Verstand verlor und sein Herr Gwenddolau erschlagen wurde. Nun glaubt er sich von den Männern Rhydderch Haels, offensichtlich der Sieger von Arderydd, gejagt, und er klagt darüber, daß ihn seine Schwester Gwenddydd nicht besucht. An einer Stelle erklärt er sich am Tode von Gwenddydds Sohn schuldig. Aus anderen Hinweisen scheint hervorzugehen, daß er sich vor seinen – wirklichen oder eingebildeten – Verfolgern in einem Apfelbaum versteckt, der über die Macht verfügt, ihn unsichtbar zu machen; und jede Strophe des *Afallennau* beginnt mit einer Anrufung dieses Apfelbaumes.«[3]
Die Tatsache, daß eine solche in sich geschlossene Erzählung aus dem Text ableitbar ist, könnte folgendes besagen: Entweder ist das Gedicht der einzige erhaltene Überrest eines Prosaepos über das Leben Myrddins[4], oder die – wirklichen oder fiktiven – Lebensumstände des Propheten waren einem früheren Publikum dermaßen vertraut, daß eine genaue Kenntnis seiner Geschichte vorausgesetzt werden konnte. Und es gibt noch eine

dritte Möglichkeit, nämlich die, daß die Gedichte in ihrer ursprünglichen Fassung Myrddins eigene Schöpfung waren und als solche natürlich keines Kommentares über so persönliche Angelegenheiten bedurften. Nach allem, was an früherer Stelle über die Prophezeiungen gesagt wurde, mag dies unwahrscheinlich klingen, doch es gibt noch andere Überlegungen.

Der Myrddin der walisischen Gedichte ist zweifelsfrei mit dem Merlin des Geoffrey von Monmouth identisch; daß Geoffrey bei der Übertragung ins Lateinische den walisischen Namen in *Merlinus* wandelte und nicht, wie zu erwarten gewesen wäre, in *Merdinus*, könnte damit zusammenhängen, daß er einer möglichen Verwechslung mit dem vulgär-französischen *merde* vorbeugen wollte. Auch die Namen Rhydderch, Gwenddolau, Gwenddydd und Taliesin aus der walisischen Dichtung stimmen mit Rodarcus, Guennolos, Telgesinus und Ganieda in Geoffreys Versepos überein.

In beiden Versionen nimmt der Seher an der Schlacht teil, in der König Gwenddolau eine Niederlage erleidet, und wird durch den Verlust von Menschen, die ihm nahestehen, zum Wahnsinn getrieben. Trotz gelegentlicher Abweichungen erkennt man deutlich, daß sich beide Fassungen letztlich desselben Quellenmaterials bedienen. Die walisischen Gedichte sind nicht durch Rückgriffe auf Geoffreys Werk entstanden; einige von ihnen verraten durch ihre Sprache, daß sie aus einer früheren Epoche stammen, und es läßt sich auch anderweitig belegen, daß sie in der traditionellen walisischen Literatur verwurzelt sind. In dem aus dem zwölften Jahrhundert stammenden *Life of St. Kentigern*, der Lebensgeschichte des Schutzheiligen von Glasgow, erfahren wir von einer Verbindung des Heiligen zu einem König Rederech, der mit dem Rhydderch der Myrddin-Gedichte gleichzusetzen ist. Im ersten Kapitel des *Life* heißt es, König Rederech habe an seinem Hof einen Wahnsinnigen namens Laloecen beherbergt, der nach Kentigerns Tod in tiefe Trauer sank und voraussagte, Rederech und einer seiner Edelmänner würden im gleichen Jahre sterben.

Ein Manuskript in der British Library, MS Cotton Titus A. XIX, enthält zwei weitere Berichte über diesen Laloecen bzw. Lailoken, wie er dort genannt wird. Sie weichen geringfügig voneinander ab, liefern aber ein vollständigeres Bild. Der erste Bericht erzählt, wie der heilige Kentigern im Wald einen nackten, behaarten Wahnsinnigen traf, der ihm erklärte, er sei im Verlauf einer schrecklichen Schlacht, die sich auf der Ebene zwischen dem Fluß Liddel und einem als Carwannok bekannten Ort abgespielt habe, dem Wahnsinn verfallen. Bedrohliche Kriegerscharen erschienen am Himmel, und eine anklagende Stimme verdammte Lailoken als schuldig an all dem Blutvergießen. Von einem bösem Geist getrieben, zog er sich in die wilden Wälder zurück und pflegte später die Gottesdienste des heiligen Kentigern zu unterbrechen, indem er von einem nahegelegenen Felsen aus schwer verständliche Prophezeiungen ausstieß. Einige davon, so versichert uns das Dokument, wurden damals zu Papier gebracht. Als aber die Stunde seines Todes nahte, bat der Wahnsinnige den heiligen Kentigern um das Sakrament. Zugleich sagte er voraus, er werde auf dreifache Art sterben. So unwahrscheinlich es schien, die Prophezeiung erfüllte sich, als der Unglückliche – von einigen Schäfern gesteinigt und totgeprügelt – das Steilufer zum Tweed hinabrutschte, von einem spitzen Pfahl aufgespießt wurde und gleichzeitig ertrank.

Die andere Fassung der Geschichte Lailokens ist kürzer; sie berichtet, wie der Prophet in höhnisches Gelächter ausbrach, als er den Ehebruch der Gemahlin eines gewissen König Meldreds aufdeckte (eine Episode, die Geoffrey von Monmouth König Rodarcus zuschreibt), und erzählt dann in knapperer Form von Lailokens dreifachem Tod.

Obwohl der Protagonist einen anderen Namen hat, besteht ein deutlicher Bezug zwischen der Geschichte von Lailoken und der Merlin-Geschichte. Er ist ein Prophet, der unter ähnlich unglücklichen Umständen nach einer Schlacht dem Wahnsinn verfällt, sich in die Wälder zurückzieht, wo er als Wahnsinniger und als

Prophet lebt und mit König Rhydderch in Verbindung steht (in den Lailoken-Geschichten auf dem Umweg über den heiligen Kentigern). Die Motive des dreifachen Todes und der untreuen Königin tauchen – in entsprechender Länge – ebenfalls auf, wenn sie sich auch nicht auf dieselben Personen beziehen. Der präzise Hinweis auf den Schauplatz der Schlacht in der Geschichte von Lailoken (»Zwischen Liddel und Carwannok«) – einen Ort, den der anonyme Verfasser als »allen Bewohnern dieses Landes so wohlbekannt« bezeichnet – weist auf den Austragungsort der Schlacht von Arderydd hin, der in den walisischen Myrddin-Gedichten erwähnt wird. Außerdem wird Lailoken in beiden Geschichten ausdrücklich mit Merlin gleichgesetzt. Die erste beginnt mit der Erklärung, »daß er als Lailoken bekannt war, und einige sagen, er war Merlyn, ein außergewöhnlicher Prophet der Briten; aber das ist nicht sicher.« In der zweiten Version wird implizit dasselbe behauptet, denn der Bericht über Lailokens dreifachen Tod schließt mit folgendem Zweizeiler:

Sude perfossus, lapidem perpessus, et undam;
Merlinus triplicem fertur ississe necem.

»Von einem Pfahl durchbohrt, durch Stein und Wasser sterbend,
Soll Merlin einen dreifachen Tod erlitten haben.«

Abschließend soll eine etwas entferntere Fassung erwähnt werden, die ebenfalls klare Hinweise auf einen engen Bezug zur Lebensgeschichte Merlins enthält. Die irische Sage *Buile Suibhne*, »Der Wahnsinn des Suibhne«, stammt in ihrer gegenwärtigen Form etwa aus dem Jahr 1200, scheint jedoch wesentlich älteren Ursprungs. Darin wird berichtet, wie Suibhne, der König von Dal Araidhe in Nordirland, während der Schlacht von Magh Rath (642 n. Chr.) dem Wahnsinn verfiel, für den Rest seines Lebens durch die öden Landstriche Irlands zog und sich nur von Wasser und wilder

Kresse nährte. Genau wie Myrddin, Merlin und Lailoken verflucht er wiederholte Male sein tierhaftes Dasein. Ein neues Motiv taucht auf: Als Suibhne während der Schlacht von Panik ergriffen wird, fliegt er – buchstäblich – auf einen Baum und fliegt danach ganz regulär von Baumkrone zu Baumkrone. In den britischen Sagen finden sich keine Erwähnungen von Schwerelosigkeit; da Myrddins Apfelbaum im *Afallennau* aber magische Kräfte zugeschrieben werden, die ihn vor den Männern Rhydderchs verbergen, könnte das Motiv des Fliegens früher auch dort angeklungen sein. Suibhne wie Lailoken schließlich finden den Tod durch die Hand eines Plebejers: der eifersüchtige Gatte einer Köchin, der sie des Ehebruchs verdächtigt, durchbohrt mit einem Speer die Brust des unglücklichen Wahnsinnigen.

Merlins Leben ist uns also in vier verschiedenen Fassungen überliefert, in der *Vita Merlini* des Geoffrey von Monmouth, in den walisischen Myrddin-Gedichten, den Lailoken-Geschichten und in der Erzählung von Suibhnes Wahnsinn. Trotz gelegentlicher Abweichungen und Zusätze verkörpern alle diese Fassungen – wie von anerkannten Wissenschaftlern bestätigt wird[5] – letztlich die gleiche Mythe. Und es scheint auch wenig dagegen zu sprechen, daß der Wesenskern der Myrddin-Merlin-Geschichten historischer Art ist und Myrddin wohl einer der Barden des sechsten Jahrhunderts gewesen sein muß, deren Ruhm und Lieder (wie im Falle Aneirin und Taliesin) uns aus frühester Zeit überliefert sind.[6]

Ich werde in diesem Buch die These aufstellen, daß Myrddin ein heidnischer Druide oder Barde war, der in einer überwiegend christlichen Epoche überlebt hat, und daß seine Dichtung unverkennbar heidnische Züge trug. Deswegen könnte es sein, daß sein Originalwerk nicht zufällig, sondern unter den Händen eines übereifrigen mittelalterlichen Kopisten verschwand. Die heidnischen Elemente in den Myrddin-Gedichten sind jedenfalls viel zu archaisch, um geistige Hervorbringungen des christlichen Mittelalters zu sein.

III

Die Könige des Nordens

Sowohl die walisischen Gedichte als auch Geoffrey
von Monmouths *Vita Merlini* bringen ihren Protagonisten mit zwei im Norden herrschenden Königen in Verbindung, mit Gwenddolau ab Ceidio und
Rhydderch Hael (»der Großzügige«). In den Gedichten
wird Gwenddolau als Myrddins letzter Schutzherr dargestellt, dessen Tod in der Schlacht von Arderydd der
Barde so anrührend beklagt, während er Rhydderch als
einen Verfolger fürchtet, dessen Häscher ihm selbst in
den Tiefen der Caledonischen Wälder keine Ruhe lassen.
Gwenddolau und Rhydderch sind historisch belegte Persönlichkeiten, und man weiß genügend über ihr Zeitalter,
um sich an einem Bild des Landes zu versuchen und auch
der Menschen, unter denen der wirkliche Merlin gelebt
und geweissagt hat.

Im *Hoianau*, einem Gedicht aus dem *Black Book of
Carmarthen*, findet sich folgender Vierzeiler:

> *Yd welese guendolev in perthic riev.*
> *in cynull preitev o pop eithaw.*
> *y dan vyguerid rut nv neud araf.*
> *Pen teernet goglet llaret mvyhaw.*

> »Ich sah Gwenddolau in der Spur der Könige,
> Kriegsbeute sammelnd an allen Grenzen,
> Nun allerdings liegt er unter der roten Erde;
> Das Oberhaupt der Könige des Nordens,
> unübertroffen an Edelmut.«[1]

Dies klingt nach einer frühen Elegie, wie die verbürgte,
aus dem sechsten Jahrhundert stammende Klage um
Owain ab Urien in *The Book of Taliesin*, die den Heldenmut und die Großzügigkeit des gefallenen Herrschers
preist, »den der schwere Rasen bedeckt«. Jedenfalls ist es
wahrscheinlicher, daß es sich bei dem Vierzeiler um die
Neufassung einer echten Elegie für Gwenddolau handelt,
als daß ein späterer Dichter ein Klagelied zu Ehren eines
längst verstorbenen Fürsten verfaßt haben sollte, dessen
Familie und Königreich schon lange erloschen waren.[2]

Gwenddolau, der Sohn des Ceidio, ist ein historisch nachweisbarer Fürst des nördlichen Britannien, der in der zweiten Hälfte des sechsten Jahrhunderts lebte. Eine Epoche, die später als heroisches Zeitalter angesehen wurde, in vieler Hinsicht der des homerischen Hellas und anderen halb-barbarischen Kulturen vergleichbar; sie alle waren gekennzeichnet vom Zerfall der auf Blutsver- wandtschaft beruhenden Stammesgesellschaft und deren Ersetzung durch persönlichere Bande zwischen dem Herrscher und seiner Gefolgschaft; eine Auswirkung dieses Wandels sind vermehrte kriegerische Auseinander- setzungen zwischen verwandten Herrschern, was ver- mutlich seinen Grund in der angesprochenen Neuorgani- sation der Sippe hat. Auf religiöser Ebene kann man in dieser gesellschaftlichen Übergangsphase beobachten, wie vordem traditionelle Stammes- und Lokalkulte nun universell verehrten anthropomorphen Gottheiten unter- geordnet werden.[3] In Nordbritannien ergab sich in der unruhigen Zeit nach dem Zerfall der römischen Herr- schaft eine zusätzliche Problematik durch die Ausbrei- tung des Christentums mit seinem Absolutheitsanspruch. Gwenddolaus Ahnentafel findet sich in der aus verschie- denen Beiträgen zusammengesetzten genealogischen Sammlung, die den Titel *The Lineage of the Men of The North* (Bonedd Gwyr y Gogledd) trägt. Dort wird er als der sechste in der Nachfolge Coels dargestellt, des legen- dären Ole King Cole aus englischen Kinderreimen. Wie bei so vielen Gestalten des sechsten Jahrhunderts werfen die Hinweise auf Gwenddolau mehr Fragen auf als sie lösen. Es muß einmal ein Gerüst von Gedichten gegeben haben, in denen seine Taten gepriesen wurden, und der oben zitierte, Myrddin zugeschriebene Vers ist vermut- lich der einzige Überrest davon. Ein anderer Vers aus dem *Black Book of Carmarthen* lautet:

»Ich bin dort gewesen, wo Gwenddolau
erschlagen wurde.
Sohn des Ceidio, Schutzherr der Dichter,
Als Raben krächzten überm Blut.«

Andere Anspielungen bezeugen offenkundige Verbindungen zum Heidentum und seinen Tod in der Schlacht von Arderydd; zwei Gedichte indes, das *Hoianau* und das *Afallennau*, legen nahe, daß Myrddin unter Gwenddolaus Schutzherrschaft gestanden hatte – vielleicht als einer der in den Versen des *Black Book* erwähnten Dichter.

Ein früher Vers aus *The White Book of Rhydderch* lobpreist den mächtigen Schutzherrn des Dichters Taliesin:

> »Urien von Rheged, der Großzügigste, den es gibt,
> Den es gegeben hat seit Adam, den es geben wird:
> Breitesten Schwerts – stolz in seiner Halle –
> Unter den dreizehn Königen des Nordens.«

»Der Norden«, im Walisischen *Y Gogledd*, ist eine Bezeichnung für das Gebiet zwischen »dem Wall (des Hadrian) und dem Forth«[4], das in der walisischen Überlieferung als Schauplatz der Heldentaten im sechsten und siebten Jahrhundert berühmt war. Eine frühe genealogische Liste unterteilt »die Männer des Nordens« in Gruppen von dreizehn Fürsten, unter denen auch Gwenddolau ab Ceidio aufgeführt wird. Eine Eintragung, die offenbar eine weitere Unterteilung bedeutet, erinnert an

> »die dreihundert Schwerter des Stammes von Cynfarth, und die dreihundert Schilde des Stammes von Cynnwyd, und die dreihundert Speere des Stammes von Coel: zögen sie dereinst gemeinsam ins Feld, nie würden sie eine Niederlage erleiden.«[5]

Die Gegend nördlich des Hadrianswalles wurde nie der zivilen Administration der römischen Provinz unterworfen, und die dort angesiedelten Stämme müssen eine Selbständigkeit gehabt haben, wie sie sonst nur die Clans in den schottischen Highlands unter dem Hause Stuart kannten. Obwohl uns über jene Stämme weniger Zeugnisse als über ihre Nachbarn im südlichen Britannien vorliegen, wurden sie alle vermutlich von Königen

Merlins Land: der Norden (Y Gogledd), das Gebiet zwischen
Hadrianswall und dem Forth. Weiter nördlich, jenseits des römischen
Britannien, siedelten die Pikten und Skoten. Gwyr y Gogledd wurde
das Herrschaftsgebiet der „Dreizehn Könige des Nordens" genannt

beherrscht; die römischen Militärbehörden sahen keinen Grund, sich in ihre Angelegenheiten einzumischen, außer wenn sie mit Viehraubzügen und Blutfehden die Verbindung mit dem Norden und die Sicherheit des Walles gefährdeten. Dies scheinen die Römer jedoch mit der klassischen Methode *divide et impera* verhindert zu haben; bevorzugte Stämme kamen in den Genuß der Schutzherrschaft Roms und wurden dazu überredet, auf ihre weniger verläßlichen Anrainer Druck auszuüben und sie einzuschüchtern. Von den vier großen Stammesgruppen waren die Votadinier und Damnonier vermutlich pro-römisch eingestellt, die Novanter und Selgover der Besatzungsmacht potentiell feindlich gesonnen.[6]

Nach 367 lösten die Römer ihre Stützpunkte nördlich des Hadrianswalles auf, und 410 wurde der Wall selbst aufgegeben.[7] Die Auswirkungen des Truppenrückzugs aus Britannien waren für den Süden verheerend; von inneren Streitigkeiten zerrissen, wurde er bald leichte Beute für Barbareneinfälle aus Ost und West – bis Arthur seine Landsleute zu zwölf spektakulären Siegen über die Eindringlinge führte. Nördlich des großen Walls (von den folgenden Generationen ehrfürchtig nur als *guaul*, »der Wall«, bezeichnet) waren die Auswirkungen weit weniger drastisch. Die an Selbstverwaltung gewöhnten großen Stämme, denen es erlaubt war, ausgebildete Kriegerhorden *(teulu)* zu unterhalten, waren ihren weniger »zivilisierten« Nachbarn, den Pikten und Schotten, seinerzeit mehr als gewachsen.

Die in der frühen genealogischen Überlieferung von Wales aufgelisteten drei Hauptstämme könnten durchaus direkte Nachkommen der Stämme sein, mit denen es die Römer zu tun gehabt hatten. Die »dreihundert Schwerter des Stammes von Cynfarch« (dreihundert war die traditionelle Anzahl von Recken in einem frühmittelalterlichen Kriegshaufen)[8] müssen sich auf die Armee Uriens, Sohn des Cynfarch, beziehen, des größten unter den im Norden herrschenden Königen, dessen Lob Taliesin singt. Sein Königreich hieß mit frühmittelalterlichem Namen Rheged und umfaßte – da es Carlisle mit einschloß und sich noch heute in dem Ortsnamen *Dunragit* in Wigtownshire findet – zweifellos die an den Solway Firth grenzende Küstenregion: das Stammesgebiet der Novanter.[9]

Die »dreihundert Schilde des Stammes von Coel« beziehen sich auf zwölf in der Ahnentafel angeführte, von Coel abstammende Könige, zu denen Gwenddolau ab Ceidio gehört. Es gibt keine wirklich befriedigende Methode, um die Erbteile dieser Fürsten zu lokalisieren: Clydno Eidin kam möglicherweise aus dem Tal des Eden in Cumberland[10]; Cadrawd Calchvnydd herrschte vielleicht in Kelso[11]; und die Festung Gwenddolau ab Ceidios befand sich da, wo Esk und Liddel zusammenfließen. Demnach scheint es sich hierbei um eine Liste der Fürsten der Selgover zu handeln.

Die »dreihundert Speere des Stammes von Cynnwyd« stehen höchstwahrscheinlich für die in der Gegend von Ayr und im Clyde-Becken lebenden Damnonier, da Rhydderch von Strathclyde, der Verfolger Myrddins, der Ur-Ur-Enkel von »Cinuit« war.

Man sollte die Kontinuität der Stammesgruppen von der Römerzeit bis ins Frühmittelalter nicht überstrapazieren; es gibt hierfür kaum Belege, und vermutlich wurden die alten Fürstentümer ständig wieder zu neuen umgeformt. Im großen und ganzen scheint jedoch wenig gegen die Annahme zu sprechen, daß der Stammeszusammenhalt in einer Gegend, die relativ selten mit den Römern in Berührung gekommen war, noch lange erhalten blieb. Schließlich gibt es im Süden Britanniens, wo der Einfluß Roms unvergleichlich größer war, genügend Beweise für ein Fortleben des Stammesbewußtseins bis ins sechste Jahrhundert. Namen wie Kent, Devon, Cornwall und Dyfed erinnern noch heute an die Stämme der Cantier, Damnonier, Cornivier und Demeter, und Grabsteine aus der Zeit nach der Römerherrschaft halten die Erinnerung an Männer wach, die man als Angehörige der Elmetier, Venedotier und Ordovicier identifizieren konnte.[12] Aller Wahrscheinlichkeit nach waren die frühmittelalterlichen Königreiche des schottischen Tieflandes also die Nachfolger einheimischer Stämme aus der Zeit während und vor der römischen Besatzung.

Seinen Höhepunkt erreichte Britanniens Heldenzeitalter in der zweiten Hälfte des sechsten Jahrhunderts, als die großen Könige des Nordens ruhmreich herrschten, mit ungestümer Tapferkeit gegen die Angeln und Pikten kämpften und sich gegenseitig befehdeten. Der Glanz ihrer Taten, die Pracht ihrer Höfe und ihre verschwenderische Freigebigkeit wurden von den größten Dichtern besungen. Die Nachfahren und geistigen Erben der Männer des Nordens, die Waliser des Mittelalters, blickten jahrhundertelang auf diese Zeit als ihr goldenes Zeitalter zurück. Taliesin sang von seinem größten Schutzherrn, Urien von Rheged:

> »Und bis ich im Alter sterbe
> In meines Todes arger Not
> Werde ich nicht glücklich sein
> Wenn ich Urien nicht preise.«

Und Aneirin verkündete stolz über die gefallenen Helden von Gododdin: »Dreihundert Mann, Halsschmuck tragend, schwärmten zur Verteidigung des Landes aus – und es kam zum Gemetzel. Obwohl erschlagen, erschlugen auch sie, und man wird sie bis zum Ende der Welt ehren; von allen unseren Stammesbrüdern, die auszogen, laut sei's geklagt, war nur ein einziger, der entkam.«

Das Leben konzentrierte sich auf die Höfe der Könige, die miteinander um Ruhm und Ehre wetteiferten – Urien, der in Cair Ligualid (Carlisle) herrschte, Mynyddawg Mwynfawr (»der Reiche«), der in Din Eidyn (Edinburgh) residierte, und Rhydderch Hael (»der Großzügige«), der in Alclut (Dumbarton) Hof hielt. Ihre Festungen, von denen heute nur noch wenige mit Sicherheit lokalisiert werden können, standen gewöhnlich an strategisch wichtigen Punkten, auf Hügeln oder Felsen. Da die mittelalterlichen Barone der folgenden Jahrhunderte dazu neigten, ihre steinernen Burgen an denselben Stellen zu errichten, gibt es für die Archäologen so gut wie nichts auszugraben. Aber anhand anderer, vergleichbarer Stätten läßt sich glaubwürdig rekonstruieren, welches Bild die Orte boten, an denen die Dreizehn Könige des Nordens ihre Gefolgsleute um sich scharten.

In ihrer die ganze Umgebung beherrschenden Lage war die Palast-Feste (*llys* oder *caer*) der Mittelpunkt des Landstriches. Von gewaltigen Erdwällen umgeben, war sie in der Regel auf einer natürlichen Erhebung erbaut, einem Hügel oder Gebirgsausläufer oder auf den Grundfesten eines der Schanzwerke aus der Eisenzeit. Die Brustwehr war an der Außenseite mit Steinen gepanzert und von hölzernen (möglicherweise mit Pechnasen und Gußkern bestückten) Palisaden überragt, der am meisten gefährdete Toreingang durch ein aus Holz gezimmertes Wachhäuschen gesichert. Innerhalb der Wälle ging es laut und geschäftig her. Spätere walisische Gesetze sehen neun Gebäude vor, die zu einem König gehören: Halle, Privatgemach, Küche, Kapelle, Scheune, Darre, Stall, Vorhalle und Abtritt. Es gab auch eine Schmiede, und der Lärm und das Gedränge in einer auf so engem Raum zusammenlebenden Gemeinschaft muß tagsüber ganz beträchtlich gewesen sein.

Nach dem Abzug der Römer hatte der Zahlungsverkehr mit Münzen aufgehört. Gezahlt wurde in Naturalien oder in Form von Abgaben bzw. Tribut. Auf den Feldern im Umkreis der Feste pfiffen Männer hinter ihren Ochsengespannen, während andere auf den Weiden des Hochlandes Vieh- und Schafherden hüteten. Die Dörfer bestanden aus strohgedeckten Häusern, die sich dicht aneinander drängten; so schützte man sich besser vor nächtlichen Überfällen, erhöhte aber auch das Risiko von Feuersbrünsten. Von dem niederen Volk, dessen Arbeit die fürstlichen Familien ernährte, wissen wir denkbar wenig. Das Dasein dieser Menschen war sicher hart, doch lebten sie nicht unbedingt im Elend. In einem zeitgenössischen britischen Pönitenzbuch wird Unzucht und Sodomie treibenden Hilfsgeistlichen und Diakonen eine dreijährige Fastenstrafe auferlegt:

»An Sonntagen gebe man ihm unbegrenzt Brot und ein

dünn mit Butter bestrichenes Stück Würzbrot; an den anderen Tagen eine Ration trocken Brot, dazu eine Mahlzeit, bestehend aus ein wenig Fett, Gartengemüse, etlichen Eiern und britischem Käse, sowie eine halbe römische Pinte Milch anbetracht der Schwäche des Körpers in diesem Alter, und auch eine römische Pinte Molke oder Buttermilch gegen seinen Durst, falls er ein Arbeiter ist.« Nun ist es natürlich möglich, daß Mönche besser verpflegt wurden als ihre weltlichen Brüder. Die Sünde, für die diese Fastenstrafe verhängt wurde, war freilich die ruchloseste nach dem ganzen Kanon, und man ging wohl davon aus, daß ein Arbeiter im sechsten Jahrhundert mit dieser gar nicht so knapp bemessenen Essensration ausreichend verköstigt war. Von seiner geistigen Verfassung wissen wir kaum etwas.

Anonyme walisische Barden sangen: »Der Pflug ist in der Furche, der Ochse im Joch«. Und: »Scharf bläst der Wind, Kuhherden im Freien.« Ein Arbeitstag war sicher lang, aber für alle Altersgruppen gab es Entschädigungen. »Herrlich ist es auf dem Besenginster, ein Treffplatz für Liebende. Sehr gelb sind seine buschigen Zweige ...« Wenn die Tage kürzer wurden und »der Berg kalt und naß ist, kalt und grau das Eis«, dann sind »in der Feuchte des Wintertags lodernde Feuer üblich« und »redselig die Männer in der Schenke.«

Für Edelleute war der Hof des Königs der Anziehungspunkt. Den ganzen Winter über bewirtete der Stammesfürst die Schar seiner gut bewaffneten Krieger, von denen sicherlich viele mit ihm verwandt waren. War er ein großer Mann wie z.B. Urien von Rheged, zog sein Hof auch abenteuerlustige Adlige aus anderen, weit entfernten Fürstentümern an. An den langen Winterabenden waren diese Besucher als Zechkumpane und als Vorboten der Heldentaten, die man im Hochsommer zu vollbringen erhoffte, willkommen.

Nach Einbruch der Dämmerung brannte am Wachhaus das einladende Licht einer Laterne. Heraus trat der Pförtner des Königs, um den Neuankömmling auf seine Tauglichkeit zu überprüfen: eine illustre Ahnengalerie und

Geschicklichkeit im Führen der Waffen öffneten die Tore. Man kann sich das geschäftige Treiben zwischen den eng zusammengedrängten Holzgebäuden leicht vorstellen: die Rufe der Wachposten, die in wirren Haufen beieinanderstanden, das Knurren der Kettenhunde, das Hämmern aus der Schmiede, das Glühen des Darrofens im Dunkln, das Brüllen des Viehs in der Scheune des Königs, das Gekläff seiner Schweißhunde, das harte Knirschen der Mühlsteine und Durcheinandergeplapper, Geschrei und Gesinge, das die Arbeit von einigen hundert Männern und Frauen begleitete, die wie eine riesige Familie auf einem Raum von etwa einem Dutzend Morgen lebten.

Im Regen und in der Kälte des Nordens gab es keinen Anblick, der das Herz mehr erwärmte, als den »eines gut beheizten Feuers und von Kiefernscheiten, die von Dämmerung zu Dämmerung brennen, als die Ansicht eines erleuchteten Torbogens für den in Purpur gewandeten Reisenden«. Die Halle eines Königs bot ein eindrucksvolles Bild und war häufig von riesigen Ausmaßen. In der berühmten Hügelfeste von South Cadbury, Somerset, die man für das wahre Camelot König Arthurs hält, finden sich die Spuren eines 21 Meter langen und 11 Meter breiten Gebäudes. Die Haupthalle von Castle Dore, Cornwall, war noch größer. Sie maß 30 auf 13 Meter und hatte damit etwa dieselbe Größe wie die Speisesäle der Colleges in Oxford und Cambridge. Geschickte Zimmerleute hatten die Hallen ganz aus Holz errichtet, das Dach wurde von einer Doppelreihe parallel stehender Säulen im Halleninneren getragen. Die Feuerstelle befand sich in der Mitte der Halle. Gäste und Gastgeber saßen sich gegenüber, wobei die säulengestützten Flügel eine natürliche Unterteilung boten.

Die Bardenpoesie von Aneirin und Taliesin liefert farbenfrohe Bilder des rauchigen, von flackernden Fackeln beleuchteten Raumes. Der Kämmerer »geleitete uns zum hell lodernden Feuer und zu einem Lehnsitz, der mit weißem Schaffell bespannt war«. Die Zecher saßen bzw. lehnten sich auf Liegen zurück und trugen Kleider aus

»golddurchwirktem Stoff und Purpur«, an denen Geschmeide und Broschen funkelten. Da nichts von der Kleidung und nur sehr wenig von den Kunsterzeugnissen erhaltengeblieben ist, wird das ursprüngliche »Zeitalter Arthurs« oft als roh und barbarisch dargestellt. Literarische Zeugnisse vermitteln ein ganz anderes Bild:

»Sich auf seine Kissen zurücklehnend, pflegte Blaen das Trinkhorn in seinem verschwenderisch ausgestatteten Palast herumzureichen.«

Prachtvoll verzierte Büffelhörner waren die allgemein üblichen Trinkgefäße, aber es gab auch reichlich Gläser und goldene und silberne Pokale. Man trank hauptsächlich Met, Wein und Ale; wir lesen sogar von »spritzigem Wein«, den die Connaisseure des sechsten Jahrhunderts genossen haben sollen. Wie im Mittelalter wurde bei den Banketten vor allem Rind-, Schweine- und Hammelfleisch und nur sehr wenig Gemüse gereicht. Fisch, Käse, Honig und Brot jedoch gab es im Überfluß, und die Existenz von Kräutergärten läßt vielleicht darauf schließen, daß die Kochkünste wesentlich raffinierter waren, als man vermutet hätte.

Das Fleisch wurde wahrscheinlich über der Feuerstelle in der Mitte der Halle gesotten, in einem kunstvoll ziselierten Kessel, aus dem man sich mit seiner Fleischgabel ausgewählte Stücke herausfischte. Dies geschah unter strenger Beachtung der sozialen Rangordnung, und Verstöße gegen das Protokoll konnten zu heftigem Streit und sogar zu offenem Kampf führen. Sinn und Zweck dieser Regel war es, die Bande der Loyalität zwischen dem König und seinen Kriegern zu festigen. Als Gegenleistung für den Met des Winters, der die Gastfreundschaft des Fürsten symbolisierte, schworen die Gefolgsleute feierlich, ihrem Herrn bei den bevorstehenden Feldzügen zu dienen. Die Männer »prahlten« in aller Öffentlichkeit, malten die schrecklichen Verwüstungen aus, die sie im Land des Feindes anrichten würden und zählten die Tugenden auf, die ihnen Anspruch auf aristokratischen Rang verliehen. Diese Eigenwerbung war keineswegs so unziemlich, wie das vielleicht scheinen mag, sondern ein durchaus erwartetes Ritual, das darauf abzielte, den Fürsten durch die Verdienste seiner Anhänger zu preisen und zugleich die Gefolgsleute öffentlich zu ehrenvollen Taten zu verpflichten, vor denen es dann kein Zurück mehr gab. Dies war die angemessene Erwiderung auf die überschwängliche Gastfreundschaft des Fürsten, dessen Freigebigkeit auf keinen Fall das Stigma des Geizes tragen durfte. »Wie du sammelst, so teile auch aus«, erinnerte Taliesin den Urien von Rheged.

Die ältesten walisischen Gedichte, wie auch die Gesetze und die Geschichten des *Mabinogi* lassen keinen Zweifel daran, daß ritterliches Benehmen und Wahrung der Etikette die Voraussetzungen für das Leben am Hofe waren. So wie Unbeugsamkeit und Grausamkeit als die größten Tugenden eines Kriegers in der Schlacht galten, so erhöhte sanftes und galantes Auftreten zu Hause (bei Aneirin tatsächlich als »gesittetes Betragen« bezeichnet) den Adelstatus, der nur zum Teil von illustren Vorfahren herrührte. Von einem Helden heißt es: »Er war höflich und verläßlich, er war ernst.« Und von einem anderen: »Er war ein würdevoller Mann... Seine Manieren waren so anmutig wie das Fluten des Meeres; er war großzügig und bot beim Met-Trinken einen erfreulichen Anblick.« Ein wirklicher Gentleman hatte sich vor allem den Damen gegenüber ritterlich zu verhalten. Von einem furchtlosen Stammesfürsten namens Monag bemerkte Aneirin anerkennend, daß ihm »in Gegenwart eines Mädchens der Atem stockte«. Grazie, Schönheit, Bescheidenheit und Sinn für würdevolles Auftreten sind die Eigenschaften, die man den Damen oft zuschrieb, und die walisischen Gesetze gewährten ihnen ein beträchtliches Maß an Unabhängigkeit. Von ihren Männern sitzengelassene Frauen bekamen bis zur Hälfte des gemeinsamen Besitzes zugesprochen; sie selbst konnten einen Mann mitsamt ihrer ganzen Aussteuer verlassen, wenn er sich als impotent erwies – oder wenn er nur einen schlechten Atem hatte.

Wir haben nur sehr wenig Informationen darüber, wie kultiviert es bei den gehobenen Ständen damals zuging.

Bei den Festmählern wurden die Gäste von Berufsdichtern, Geschichtenerzählern und Hofnarren unterhalten. Es gab heitere Spiele, an denen Männer und Frauen teilnahmen, Gelegenheit für Liebeleien und manch andere Zerstreuungen, aber Näheres darüber wissen wir nicht. Auch ist es kaum möglich, sich eine genaue Vorstellung vom Wissensstand der gebildeten Stände in jener Zeit zu verschaffen. Einzig erhalten geblieben sind einige Gedichte und Fragmente aus dem mythischen Liedgut der Barden; wir dürfen daraus aber nicht voreilig folgern, dies seien damals die einzigen Wissensquellen gewesen.[13]
Britanniens Heldenzeitalter unterschied sich in einem wesentlichen Punkt von anderen Epochen. Es zehrte vom Erbe Roms. Die Könige, die während des sechsten Jahrhunderts im schottischen Tiefland herrschten, müssen in irgendeiner Form mit Kaiser Justinian und seinen Nachfolgern in Berührung gekommen sein. Weinhändler aus Gallien, Afrika und den Ländern des östlichen Mittelmeeres segelten nach Nordbritannien, um ihre Waren an die verschwenderischen Fürsten dort zu verkaufen.[14] Und vor allem gab es die christliche Kirche, die dafür sorgte, daß zwischen Tintagel und Iona täglich lateinisch gesprochen wurde, und die ihre Geistlichen auf ausgedehnte Reisen durch Britannien und das europäische Festland zu schicken pflegte. Ein treffendes Beispiel hierfür ist St. Kentigern, der zunächst Bischof in Gallien gewesen war und dann zurückkehrte, um in der Zeit König Rhydderchs, Myrddins christlichem Verfolger, die Diözese Glasgow zu leiten.[15]
Das Römische Reich, das Britannien nahezu 400 Jahre lang verwaltet hatte, lebte nicht nur in der Erinnerung fort: Es gab ein Straßennetz, das sich vom Clyde bis zum Kanal erstreckte; nicht zu übersehen auch die allmählich verfallenden Überreste von Städten und Kastellen und vor allem den großen, vier Meter hohen Wall, der sich von Küste zu Küste zog.
Dies alles legt den Schluß nahe, daß parallel zur einheimischen keltischen Kultur auch eine »römische« Perspektive bzw. öffentliche Meinung weiterbestand. Dies traf

vor allem – aber nicht allein – für die Kirche zu. Der einzige unzweifelhaft zeitgenössische Geschichtsschreiber Britanniens im sechsten Jahrhundert war Gildas, ein Geistlicher, der einige Jahre vor 550 eine vernichtende Kritik über die seiner Meinung nach schlimmen Zustände in seinem Land verfaßte. Die meisten Hiebe richtete er gegen seine abtrünnigen Kirchenbrüder, aber er verschonte auch die weltliche Führungsmacht nicht.

Vor allem geißelte Gildas fünf Könige; es waren die wichtigsten Herrscher des südwestlichen und westlichen Britannien zwischen dem Kanal und Nordwales. Gildas' Hauptanklage richtet sich gegen ihre Plünderzüge und Bürgerkriege, ihre polygame Lebensweise und die Tatsache, daß sie Banden von Räubern hielten, mit denen sie gemeinsam zu Tische saßen:

»Almosen geben sie reichlich, doch demgegenüber häufen sie einen riesigen Berg von Verbrechen auf... Sie verachten die Unschuldigen und Niedrigen und loben dagegen himmelhoch die Blutrünstigen, die Stolzen, die Mordlüsternen, ihre eigenen Gefährten.«

Was hier beschrieben wird, ist nicht etwa das Beispiel extremer Tyrannei, sondern lediglich eine Gegenversion zu der vorangegangenen Schilderung einer Gesellschaft, in der die Könige, die nach einheimischem Gesetz das Konkubinat zuließen[16], als Vorspiel zu den Raubzügen des Sommers die Kriegerhorden den Winter über freizügig bewirteten.

Gildas vertritt unmißverständlich den christlichen und römischen Standpunkt: Die Briten, die Krieg gegen die Sachsen führen, werden wiederholt als *cives*, »Bürger«, bezeichnet. Der Begriff der *Romanitas* ist so tief in sein Bewußtsein eingeprägt, daß er ihn für selbstverständlich ausgibt.[17] Maelgwn von Gwyned (Nordwales), der größte unter den Königen, wird als jemand beschrieben, der »das Lob Gottes, gesungen von den klangvollen Stimmen der Anhänger Christi«, zugunsten »seiner eigenen Preislieder« vernachlässigt, die ihm »von einer Bande von Halunken dargebracht werden, die wie bacchantische Zecher gröhlen, den Mund voller Lügen und schäumendem Schleim, so daß sie ihre Tischnachbarn besudeln«. Dies bezieht sich eindeutig auf die Hausbarden des Königs und auf die ihm zu Ehren verfaßten Lieder, wie es der Brauch vorschrieb. Als Maelgwn eine Doppelehe einging, waren es diese Schmeichler, »die so laut sie konnten versicherten... daß es eine legitime Heirat war... aber unsere Zungen sagen: Es war eine unehrenhafte Ehe«.

Ganz offenkundig gab es im sechsten Jahrhundert zwei Arten von öffentlicher Meinung. Die Ansichten der Kirche und der »römischen« Gesellschaft, auf die sich Gildas berief, zum einen, und zum anderen die älteren einheimischen Gesetze und Bräuche, die von Männern wie den Höflingen Maelgwns ebenso lautstark hochgehalten wurden.[18]

Gildas macht aber deutlich, daß Maelgwn und die anderen Fürsten trotz ihrer Fehltritte keineswegs Heiden waren. Maelgwn selbst hatte Gelübde abgelegt und sich eine zeitlang in einem Kloster aufgehalten. Eine genaue Untersuchung von Gildas' Sprache zeigt, daß er normalerweise Walisisch redete, aber ein fließendes Latein schrieb. Es gab demnach im Britannien des sechsten Jahrhunderts eine gebildete Oberschicht, die Latein verstand[19] und zivilisierte »römische« Ansichten vertrat. Die sündigen Fürsten gehörten ihr eindeutig an. Gildas hoffte und erwartete vielleicht sogar, durch seine Verunglimpfung die fünf Herrscher so zu beschämen, daß sie sich auf ein gesittetes Benehmen besinnen würden. Denn einerseits betrachteten sie sich als kultivierte Bürger der größeren Welt jenseits des Kanals, nannten sich »Magistrat« und »Bürger« und datierten die Ereignisse nach dem geläufigen römischen Konsulat.[20] Andererseits führten sie ein Leben, das sich an der unveränderten Struktur der keltischen Gesellschaft orientierte, sie unterhielten an ihren Tischen »Parasiten«, wie sie Posidonius im zweiten vorchristlichen Jahrhundert beschrieben hatte, belohnten die Preis- und Loblieder ihrer Barden und rüsteten sich für Raubzüge gegen nicht minder grausame Nachbarn. Hier bietet sich ein Vergleich mit den Oberhäuptern der

Clans in den schottischen Highlands vor 1745 an. Durch die Clans hatte sich die gälische Gesellschaftsform über die Jahrhunderte hinweg fast unverändert erhalten. Jedes Oberhaupt hatte seinen Hausbarden, »der in irischen Versen den Stammvater der Sippe und die ruhmvollen Heldentaten seiner Nachfolger feiert und mit seiner eigenen Dichtung den Fürsten in den Schlaf singt«. Ihr Leben unterschied sich nur wenig von dem Urien Rhegeds oder Rhydderch Haels im frühmittelalterlichen Norden. Und trotzdem konnten diese Stammesfürsten gleichzeitig wohlerzogene Gentlemen des 18. Jahrhunderts sein wie z. B. Lochiel, Clanranald und Keppoch, die ihre Söhne an die Universität schickten und nichtsahnende Engländer »mit ihrem Taktgefühl und höflichen Benehmen überraschten«. Der berüchtigte Lord Lovat etwa führte zuhause bei den Leuten seines Fraser-Clans ein patriarchalisches, ungehemmt gewalttätiges Leben wie wenige andere. Seine Gewalttätigkeit im Privaten und seine öffentlichen Verbrechen erinnern auffällig an den von Gildas beschriebenen Lebenswandel Maelgwns. Und trotzdem, am Hofe Ludwig XIV. war derselbe Mann »der Mode gemäß und geschmackvoll gekleidet; seine Sprache war gepflegt, sein Auftreten höflich, sein Witz brilliant und sein ganzes Betragen geziemend und mannhaft. Wir können uns leicht vorstellen, daß er mit diesen Eigenschaften bei den *französischen* Morgenempfängen keine schlechte Figur machte.«[21]

Das einflußreichste und konservativste Element in der keltischen Gesellschaft waren die Barden. Klassische Geschichtsschreiber bestätigen ihre Existenz in der römischen und vor-römischen Epoche. Ihr Einfluß auf Könige und Höfe war beträchtlich. Ihre in Versen gesungenen Loblieder sicherten dem Fürsten Ruhm zu Lebzeiten und Ehre über den Tod hinaus; doch ebensogut konnten der Barden beißende Satiren den Ruf der größten Könige vernichten. In der walisischen Erzählung *Pwyll, Prince of Dyfed* beleidigt der Held den König der Anderswelt, Arawn, der ihm daraufhin androht, ihn »für den Preis von hundert Hirschen verspotten zu lassen«.

Dies war keine leere Drohung, glaubte man doch, daß bissige Schmähreden auf der Haut eines Menschen Blasen treiben könnten.[22]

Wenn der Barde vortrug, war er von seinem *awen* inspiriert, einer göttlichen Eingebung, die den Dichter über sein gewöhnliches Selbst erhob und in eine Art innerer Erregung oder Ekstase versetzte. In dieser Ekstase, die die Form einer Trance annahm, bewegte sich der Barde oft über Gegenwartsbetrachtungen hinaus und weissagte die Zukunft seines Volkes mit beeindruckender Glaubwürdigkeit, Inbrunst und Überzeugung.[23]

Gewöhnlich hatte jeder König seinen eigenen Hausbarden, dessen Pflichten in mancher Hinsicht denen des englischen »Poet Laureate« ähnelten. In den walisischen Gesetzen steht: »Wenn der König einem Lied zu lauschen wünscht, soll ihm der oberste Dichter zwei Lieder in der oberen Halle singen, eines von Gott und eines von den Königen... Wenn die Königin in ihrer Kammer ein Lied hören will, soll der Barde der Leibwache ihr dabei kunstfertige Lieder mit leiser Stimme vortragen, um die Halle nicht zu stören.«

Gern wurde zur Harfe gesungen, oft ein sehr kostbares Instrument.[24] Es gab auch Barden, die von einem Königshof zum anderen zogen. Namhafte Dichter waren lebhaft gefragt, und die Könige buhlten miteinander um ihre Dienste. Ebenso konnte sich der Barde aber auch verschätzen und mußte sich dann um Aussöhnung mit dem Monarchen bemühen, den er voreilig verlassen hatte. Die uns von Taliesin erhaltenen Gedichte preisen hauptsächlich Urien von Rheged und dessen Sohn Owain, aber andere, für echt gehaltene Texte sind Loblieder auf Gwallawg von Elmet in Yorkshire und Cynan von Powys, dessen Hof sich an den Ufern des Severn befand (möglicherweise an der Stelle, wo heute Shrewsbury liegt). Ein solcher oder ein ähnlicher »Treuebruch« inspirierte Taliesin vermutlich zu dem Gedicht *Dadolwch Uryen, Eulogy of Urien*, in dem er seinen Schutzherrn beredt darum bittet, am Hofe von Rheged empfangen zu werden:

»Keinen gab es, den ich mehr liebte, bevor ich
ihn kannte;
Jetzt, wo ich sehe, wie viel ich erhalte,
Will ich ihm so wenig abschwören wie dem
allerhöchsten Gott.«[25]

Es zahlte sich für einen mächtigen Fürsten genausowenig
aus, einen großen Dichter abzuweisen, wie für einen
Barden, seinen Schutzherrn zu vernachlässigen. Wie
Taliesins Worte nicht eben diskret andeuten, konnte die
Entlohnung erstaunlich hoch ausfallen. In Pengwern
erhielt Taliesin von Cynan Garwyn hundert Rennpferde
mit verschwenderischer Ausstattung, hundert Purpur-
mäntel, hundert Armringe, fünfzig Broschen und ein
prachtvolles Schwert. Seine Rückkehr zu Urien wurde
mit »Met aus Hörnern und Gütern ohne Makel« und
»Gold und Geschenken sonder Zahl« belohnt. Ein anderes Gedicht aus dem *Book of Taliesin* benennt an Gaben
Pferde, Vieh, Wein, Öl und Leibeigene.
Wir können uns diese stolzen Künstler vorstellen, wie sie
von Dienern, untergeordneten Gauklern, Wachen und
Packpferden begleitet, in stattlichem Zug durch die
Lande ziehen. Sie sind auf der Suche nach dem Hof eines
großen Königs, der in den Feldzügen eines betriebsamen
Sommers seine Feinde besiegt und ausgeplündert hat. Es
dürfte vielleicht August sein, und »die Bienen sind fröh-
lich, die Körbe voll«.
Während die Ernte eingebracht wird, ist keine Zeit für
Waffengänge und andere Zerstreuungen: »Die Arbeit der
Sichel ist besser als die des Bogens; Heuschober trifft
man häufiger an als Turnierplätze.«
Bald kommt der Winter, und Regen und Schnee blockie-
ren die Furten und Pässe.
An den Höfen in Cair Ligualid, Arderydd, Alclut und
Din Eidyn ertönen Beifallsrufe und erregtes Geschrei.
Nun werden die Nächte immer länger, und bis zum
Frühling läßt die Harfe Taliesins die Blicke der Krieger
von Llwyfenyd sehnsüchtig zu ihren Waffen an den
Wänden schweifen, und von den rauchgeschwärzten Bal-

ken in Gwenddolaus Halle hört man die wilden Gesänge Myrddins visionärer Vorstellungskraft widerhallen. Jenseits der Befestigungswälle liegt der regennasse, stille Wald:

>Trocken ist der Wind, naß der Pfad, rauschend der Wasserlauf,
kalt die Haine, mager der Hirsch;
Hochwasser im Fluß...
Sturm auf dem Berg, wild schäumend die Flüsse,
Hochwasser näßt die Schwellen der Dörfer;
die Welt ist wie ein Ozean anzusehn...
Gebeugt zieht der Hirsch ans Ende der geschützten Talmulde; Das Eis bricht, öd liegt das Land...
Lärmend ist das Tosen des Windes,
Man kann wahrhaftig kaum draußen stehn.«[26]

Aber im Innern der Halle gibt es Wärme und Gelächter, Kameraderie, Dichtung und Gesang. Während Regenwolken von der See von Rheged landeinwärts ziehen und der Wind über die verschneiten Höhen von Coed Celyddon heult, läßt sich Myrddin auf seinem Platz am Ende der Liege nieder. Diener schichten riesige Scheite auf die lodernden Flammen, und aus dem Kessel strömt der Duft siedenden Schweinefleisches. Soll der Regen nur auf das Schindeldach prasseln und gegen die starken Balkenwände klatschen; die Hörner sind voll Met, und die Herzen schlagen höher.

IV

Die Schlacht von Arderydd

Der lange, dunkle Winter mit seinen Gelagen, seinem Prunk und Geprahle und Pläneschmieden ist vorüber:

»Sommeranfang, lieblichste Jahreszeit;
laut sind die Vögel, grün die Wälder,
die Pflugschar in der Furche, der Ochse im Joch,
grün die See, vielfarbig ist das Land.«

Am ersten Maitag versammeln sich die Familien außerhalb der Ortschaften in den Niederungen und beginnen, Schafe und Rinder die Hänge hinauf zu den sommerlichen Weideplätzen zu treiben. An den Waldrändern rufen die Schweinehirten nach ihren Hunden, während große Herden magerer, borstiger Säue von Lichtung zu Lichtung streifen; Möwenschwärme fliegen von der Rheged-See landeinwärts, um dem Pflug zu folgen: Männer arbeiten auf den Feldern und Burghöfen, bessern Bienenstöcke und Zäune aus, erneuern die von den Hochwassern im Februar weggeschwemmten Fischreusen und richten Jagdhunde und Falken ab.[1]
Es ist ein buntes Treiben in einer großräumigen Landschaft, von der sich der Mensch vorerst nur den Saum erschlossen hat. Jenseits der bebauten Täler, der kurzgeschorenen Hügelflanken und des Geäders römischer Straßen und altangestammter Gratwege liegt der dunkle, undurchdringliche Wald, der das gesamte Binnenland von *Y Gogledd* bedeckt; an seinen Rändern erstrecken sich die Hoheitsgebiete der dreizehn Könige des Nordens. Über düsteren Mooren durchbricht nur der Schrei des Brachvogels die Stille, während Berge und Wälder des Hochlandes die unangefochtene Domäne von Rothirsch, Wolf, Wildschwein, Fuchs und Biber sind. Schreckliche Geschöpfe treiben hier ihr Unwesen, die *addanc* in den Seen, die bleichen *gwyllon*, die man durch das verfilzte Dickicht huschen sieht, und Hexen mit blutbesudelten Dreizacken; Flächen von zertrampeltem Farnkraut zeugen davon, daß vor nicht allzu langer Zeit eine Echse ihren schuppigen Leib darübergeschleift hat.

Schwerter und Schilde, bislang müßig im Feuerschein glänzend, wurden von den Palastwänden genommen, ihre Schäfte und Wehrgehänge überprüft, ihre Schneiden neu geschärft. Schmelzöfen glühten und Ambosse klirrten zur Vorbereitung auf blutigere Arbeit und ungestümere Schläge auf den Schlachtfeldern des Sommers. Was bei den Gelagen im Winter feierlich gelobt, war nun unter Beweis zu stellen. Denn mit dem Frühling kam der Krieg. »Einmal im Jahr hat der König das Heer in seinem Land gegen ein Nachbarland zusammenzurufen«, so schrieb es das Stammesgesetz vor. Dafür wurden die Männer edler Abstammung *(boneddig)* erzogen, und nur dafür erlangten sie Ehre zu Lebzeiten und unsterblichen Ruhm nach dem Tod. »Sich gegenseitig unter Scherzen anstachelnd ... auf den Kampf brennend« zogen sie in die Schlacht. Von jetzt bis zur Ernte war die Zeit der Feldzüge. Verwegener Heldenmut und unerbittliche Grausamkeit waren die Tugenden, die die Krieger am höchsten schätzten und die Barden in den schillerndsten Farben besangen.

Am vereinbarten Tag rief der König seinen Kriegshaufen zusammen; die Anzahl der Krieger belief sich auf etwa dreihundert, wie es die Tradition seit altersher vorschrieb. Wenn das Hornsignal zur Versammlung ertönte, konnte keiner der Krieger seinen Aufbruch verzögern, »nicht um einen einzigen Tag«.[2] Am vereinbarten Ort boten sie einen stattlichen Anblick, jeder der edlen Ritter hoch zu Roß (»unter den Schenkeln der schönen Jünglinge waren schnelle Pferde mit dicken Mähnen«), Kettenhemd und Wurfspieße hell zwischen blauen, buntkarierten und karmesinroten Umhängen und farbenfrohen Lanzenfähnchen glänzend. Die Sonne schien auf weißbemalte Schilde mit prächtiger Gold- und Messingzier. Der Elite der adligen Reiter folgte marschierend eine disziplinierte Phalanx von Speerträgern, dahinter rumpelte der Wagenzug bzw. Troß, der die Zelte des Stammesfürsten (einen flüchtigen Hinweis darauf enthält das Gedicht *Gododdin* aus dem sechsten Jahrhundert) und anderes Kriegszubehör mit sich führte.

Obwohl Disziplin und Taktik hochangesehene soldatische Eigenschaften waren, zählte der selbstaufopfernde Heldenmut der Anführer unendlich mehr. Hier und da erahnt man breiter angelegte Strategien, doch bestand die Kriegsführung überwiegend aus stark traditionellen, fast schon rituellen Elementen. Man forderte den Gegner heraus, trotzte dessen Gegenangriff, nahm Geiseln und tauschte Geiseln aus und stellte sich anerkannten Turniermatadoren zum Kampf, Mann gegen Mann. Auch Niederlage und Kapitulation unterlagen bestimmten Ritualen. Cäsar berichtete, wie einst die besiegten Gallier nackte Frauen losschickten, eine archaische Versöhnungsgeste, die in *Life of St David* wieder auftaucht. Eines der authentischen Gedichte von Taliesin gibt einen Moment lang den Blick frei: eine Gruppe besiegter Sachsen, die am Flußufer zum Zeichen der Kapitulation die Arme vor der Brust verschränkt halten.[3]

Von den zahlreichen Schlachten im frühmittelalterlichen Britannien, über die uns Berichte erhalten sind, heben sich besonders zwei wegen ihrer Bedeutung, ihrer Dramatik und ihrer erbarmungslosen Grausamkeit heraus. Es sind dies die Schlachten von Camlann und Arderydd, wobei letztere in den frühesten Annalen lakonisch als »Bellum armterid« vermerkt ist. Die Annale bedient sich nicht der christlichen Zeitrechnung; als Austragungsjahr gibt man für gewöhnlich 573 n. Chr. an. Dieser kurze Vermerk ist in einer anderen Fassung der Annalen erweitert, die sich auf den Vorsatzblättern des *Domesday Book* im Public Records Office, London, findet.

Bellum erderit inter filios elifer et Guendoleu
filium Keidiau;
in quo bello Guendoleu cecidit:
merlinus insanus effectus est.[4]

»Die Schlacht von Arderydd zwischen den Söhnen des Elifer und Gwenddolau, Sohn des Ceidio; in welcher Schlacht Gwenddolau fiel, Merlin wahnsinnig wurde.«

Dies ist eine Anspielung auf die entscheidende Begebenheit, auf die sich die walisischen Myrddin-Gedichte beziehen: Myrddin beklagt seinen gefallenen Herrn Gwenddolau. Es läßt sich unmöglich feststellen, wie verläßlich diese Eintragung ist[5], aber sie faßt den überlieferten Bericht treffend zusammen. Andere traditionelle, mit der Schlacht von Arderydd verknüpfte Geschichten sind uns in den walisischen Triaden erhalten, Verzeichnissen mit kurzen Wiedergaben von Berichten, die als Gedächtnisstützen dienten, und die zum Großteil verschollen sind. Die erste Geschichte berichtet vom »Kriegshaufen des Gwenddolau, Sohn des Ceidaw von Arderydd, der die Schlacht vierzehn Tage und einen Monat lang weiterfocht, nachdem sein Herr niedergemetzelt worden war«, ein Hinweis auf die außergewöhnliche Verbissenheit des Kampfes. Eine andere Triade erwähnt den »Rückzug Dreons des Tapferen auf das Bollwerk zu Arderydd«. Eine dritte trägt auf den ersten Blick burleske Züge; doch, wie sich zeigen wird, könnte es auch sein, daß sie mythologisch zu deuten ist: »Corvan, das Pferd der Söhne Eliffers, beförderte die zweite Pferdelast: auf seinem Rücken trug es Gwrgi und Peredur und Dunawd den Stämmigen und Dynfelyn den Leprösen, um auf den Schlachtennebel Gwenddolaus bei Arderydd zu sehen. Und keiner überholte ihn außer Dinogad, der Sohn des Cynan Garwyn, der auf dem schnellen Roan ritt, und er erntete Schmach und Ehrverlust von damals bis zu diesem Tage.«

Eine vierte Triade schließlich nennt Arderydd eine der »drei vergeblichen Schlachten auf der Insel Britannien, wegen einer Nichtigkeit begonnen«.

Über ein Jahrhundert lang hat man mühsam versucht, den politischen Hintergrund der Schlacht von Arderydd aus solchen Anspielungen und Hinweisen herauszufiltern.[6] Eine Vermutung geht dahin, daß er religiös oder vielmehr religiös-politisch zu verstehen sei. Auf der einen Seite die christlichen Königreiche, Erben einer möglicherweise fortlebenden römischen Tradition, auf der anderen halbheidnische Bräuche und Ansichten, genährt von den Barden, die die Erinnerung an alte Volkstradition aus der Zeit römischer Vorherrschaft vor der Christianisierung wachhielten. Demnach hat es eine christliche und gewissermaßen eine heidnische Seite gegeben, repräsentiert durch Rhydderch von Strathclyde und Gwenddolau, Sohn des Ceidio.[7] Es läßt sich nicht direkt belegen, daß Rhydderch an der Schlacht von Arderydd teilgenommen hat. Da die Myrddin-Gedichte den Seher als Barden des toten Gwenddolau zeigen, auf der Flucht vor Rhydderch, der ihm ständig nachsetzte, spricht vieles dafür, daß Rhydderch – ganz gleich, ob er an der Schlacht teilgenommen hat oder nicht – den Norden nach der Schlacht von Arderydd beherrschte.

Daran besteht kein Zweifel: Rhydderch war ein mächtiger, gegen Ende des sechsten Jahrhunderts in Strathclyde residierender König und ein Vorkämpfer des Christentums. Er taucht in den Ahnenlisten der Männer des Nordens auf und wird in einer frühen und glaubwürdigen Schrift als einer der Könige erwähnt, die in Northumberland gegen die heidnischen Angeln kämpften. Ein noch älterer Bericht ist uns von Adomnanus, dem im siebten Jahrhundert lebenden Biographen des heiligen Columban, überliefert. Er zeigt Beziehungen auf zwischen dem Heiligen und

Rodarcus filius Tothail qui in petra Cloithe regnavit

»Rhydderch, Sohn des Tudwal, der in Dumbarton herrschte«[8]

Das mittelalterliche *Life of St Kentigern*, die Lebensgeschichte des Apostels von Strathclyde und Gründers des Bistums Glasgow, weist nachdrücklich auf die enge Verbindung zwischen Kentigern und seinem Schutzherrn König Rhydderch hin. Der Heilige war zunächst von einem heidnischen König Morken verfolgt und gezwungen worden, ins Ausland zu flüchten, später aber auf Einladung Rhydderchs zurückgekehrt, um den christlichen Glauben in Strathclyde einzuführen bzw. wiederherzustellen. *Life of St Kentigern* ist in vielem ebenso unzuverlässig wie alle anderen mittelalterlichen Hagiographien; da die Lebensgeschichte des Heiligen aber in ihren Grundzügen mit glaubwürdigeren Quellen übereinstimmt, kann man davon ausgehen, daß sie in etwa den Tatsachen entspricht.

Rhydderch war, wie von einem König des sechsten Jahrhunderts nicht anders zu erwarten, ein Christ und Schutzherr des Christentums. Nun gibt es einen offensichtlich sehr alten Hinweis, der ihn als einen Christen »schlechthin« erscheinen läßt, sehr wohl abgegrenzt gegenüber heidnischen Zeitgenossen. Ein Vers im *Black Book of Carmarthen* bezeichnet ihn als *ritech hael ruyfadur fit:* »Rhydderch Hael, der Freigebige, Verteidiger des Glaubens«. Solch ein Epitheton konnte nur dann etwas besagen, wenn der Glaube auch heftig verteidigt werden mußte.[9]

Und in der Tat deuten zahlreiche Zeugnisse darauf hin, daß das keltische Heidentum in der zweiten Hälfte des sechsten Jahrhunderts noch immer eine Macht besaß, die nicht zu unterschätzen war. Zwar bezweifelt niemand, daß heidnischer Volksglaube und heidnisches Brauchtum noch während des Frühmittelalters und lange danach fortlebten; aber allgemein wird davon ausgegangen, daß das keltische Britannien im Jahre 550 ein christliches Land war. Eine Fülle von Beweisen – archäologischer, epigraphischer, literarischer Herkunft – spricht dafür, daß dies im großen und ganzen zutrifft. Als das bedeutendste Zeugnis gelten die Schriften Gildas', des einzigen zeitgenössischen Schriftstellers; er ist ein Christ, der für christliche Leser schreibt und mit furchtlosen Worten fünf große Könige anprangert, die zwischen Land's End und dem River Dee herrschen. So beredt er aber ihre Sündhaftigkeit brandmarkt und ihre Fehltritte auflistet, es findet sich darunter kein einziger Hinweis auf Heidentum. Hieraus ließe sich folgern, daß das Heidentum nicht mehr öffentlich praktiziert wurde.[10] Es gibt bei Gildas aber eine – bislang übersehene – Stelle, die dafür spricht, daß das Heidentum zu seinen Lebzeiten alles andere als tot war, und daß sich die Könige mehr aus Nachlässigkeit denn aus christlicher Moral davon zurückgehalten haben, wieder den alten Göttern zu huldigen.

Gildas geißelt die heuchlerische Praxis der Könige, die zwar die rituellen Verpflichtungen des Christentums erfüllen, gleichzeitig aber die wichtigsten Gebote Gottes verhöhnen; er versichert seinen Lesern, daß die Weigerung, den Geboten Gottes zu gehorchen, der verwerflichen Götzenverehrung gleichkommt, und fährt fort:

non sibi scelerati isti, dum nongentium diis perspicue litant, supplaudent, siquidem conculcantes porcorum more pretiosissimas Christi margaritas, idolatrae.

»Laßt es nicht zu, daß diese Sünder (die Könige Britanniens) sich selber Beifall zollen, nur weil sie den heidnischen Göttern nicht *öffentlich* opfern, denn indem sie die kostbarsten Perlen Christi unter ihren Füßen zertreten wie die Schweine, sind sie Götzendiener.«

Dies ist mit Sicherheit keine Anspielung auf ein seit langem überlebtes, seit Generationen ausgerottetes Heidentum, sondern ein Hinweis auf Riten, deren Virulenz sich die Fürsten nur mit knapper Not entziehen.

Natürlich wird sich diese Anspielung, um überhaupt einen Sinn zu ergeben, auf Personen beziehen, die einen den fünf Königen ebenbürtigen Rang bekleiden – vermutlich anderswo herrschende britische Könige. Aber wo könnten solche heidnischen Könige regiert haben, und warum hat Gildas sie – falls es sie gab – nicht in seine Anklage eingeschlossen? Die Könige, die seinen Zorn erregten, herrschten über den südlich des Penninischen Gebirges gelegenen Teil Britanniens, der nicht in die Hände der Angelsachsen gefallen war. Nördlich davon lag *Gwyr y Gogledd*, das Herrschaftsgebiet der Dreizehn Könige des Nordens. Ihre Territorien erstreckten sich bis zum River Forth, hinter dem die Königreiche der Pikten lagen. Zu der Zeit, als Gildas seine Werke verfaßte, standen die Vorgänger Rhydderch Haels und Urien Rhegeds im Norden auf dem Höhepunkt ihrer Macht. Warum hat Gildas sie nicht in seinem Sündenkatalog aufgeführt?

Vielleicht, weil sie in seinen Augen jenseits des zivilisierten Anstands lebten und ihnen ein Benehmen, wie es sich für einen ehrenwerten Christen gehörte, ebenso fremd war wie den Pikten-, Iren- und Sachsenkönigen, von denen er gar nicht erst spricht. Denn das von Gildas beschriebene *Britannia* umfaßt nicht etwa die ganze Insel Britannien, sondern nur einen kleinen Teil, einschließlich Wales und das West Country.[11] Nur dieses eingegrenzte Britannien wird von »Bürgern« *(cives)* bewohnt, und nur diesem Britannien gilt Gildas' Sorge. Er und seine Mit-»Bürger« hielten die Briten des Nordens nach wie vor für Halb-Barbaren. Die frühe walisische Überlieferung spricht von Kriegshandlungen zwischen den im Westen und im Norden lebenden Briten (im Verlauf des 6. Jahrhunderts); und von dem großen Wald nördlich des Hadrianswalles glaubte man, er wäre von umherirrenden Schatten bewohnt. Der byzantinische Historiker Procopius, ein Zeitgenosse Gildas', beschrieb Britannien als eine durch eine Mauer geteilte Insel; auf der einen (südlichen) Seite sei ein fruchtbares, blühendes Gebiet gelegen, bewohnt von Briten, Angeln und Friesen, auf der anderen hingegen befände sich ein wilder Landstrich, dessen Umgebung so menschenfeindlich sei, daß dort nur Schlangen und wilde Tiere hausten. Procopius fügte hinzu, die Bewohner (offenbar die des bewohnten Südens) erzählten sich eine Geschichte, nach der das Land jenseits der Mauer das Totenreich der Seelen sei. Dieser eigenartige Bericht greift sicherlich Erzählungen von Reisenden auf, aber er zeigt auch, in welch schlechtem Ruf die Gegend hinter den römischen Wällen bei den im Süden wohnenden Briten stand.[12]

Diese halb-barbarischen, halb-heidnischen Briten des Nordens konnte Gildas nicht einmal den liederlichsten Königen des Südens an die Seite stellen. Für die christlichen Erben Roms wäre es eine Unverfrorenheit sondergleichen gewesen, ihre eigene angeschlagene Tugend am Verhalten barbarischer Clans zu messen.

Das Zeugnis, das wir Gildas, dem einzigen zeitgenössischen Historiker, verdanken, hat einzigartige Bedeutung. Es bestätigt andere Hinweise auf ein Fortleben des Heidentums nördlich des Walls. Aber ganz so schwarz-weiß stimmt das Bild nicht. Natürlich hatte es auch im Norden seit dem fünften Jahrhundert christliche Gemeinden gegeben, und einige der Namen in den königlichen Ahnenlisten deuten an, daß das Christentum die Höfe der Könige erreicht hatte, die Rom günstig gesonnen waren.[13] Gegen Ende des sechsten Jahrhunderts scheinen alle Könige zumindest nach außen hin Christen gewesen zu sein; das Heidentum jedoch war, wie zu erwarten, keineswegs ausgestorben.

Der größte unter den Königen des Nordens in der auf Gildas folgenden Generation war jener Urien von Rheged, dessen Lob von Taliesin gesungen wurde. In einem seiner Gedichte nennt der Barde Urien ausdrücklich »den Herrn der Christenheit«. Aber einer Triade zufolge war Urien einer der »drei Stiereschützer der Insel Britannien«; sie verleiht ihm damit ein ausgeprägt heidnisches Attribut.

Eine spätere Elegie aus dem *Red Book of Hergest*, deren Text in vielem darauf hinweist, daß sie sich auf authentisches Material stützt, überliefert die Klagen eines namentlich nicht genannten Barden über Uriens Tod.[14] Er ist zu der verlassenen, von Nesseln überwucherten Festung des Königs zurückgekehrt. Bei sich trägt er eine grausige Reliquie, den Kopf des toten Herrschers, dessen »Mund vom Schaum seines Blutes bespritzt« ist. Die Kritiker haben lange über die Bedeutung dieser Geste gerätselt[15]; es könnte sein, daß die Szene den Barden bei der Erfüllung eines traditionellen heidnisch-keltischen Rituals zeigt: er bringt den Kopf des erschlagenen Fürsten heim zum Begräbnis. Als ein Beispiel von vielen mag hier die Beschreibung vom Ende eines heidnischen irischen Königs stehen, der ungefähr zur selben Zeit starb wie Urien.

»569 – König Dermot wurde von Hugh Duff mcSwyne in Rathbeg erschlagen, sein Körper wurde in Conrie begraben & sein Kopf nach Clonvicnose gebracht, wie er es selber gewünscht hatte.«[16]

Uriens Sohn Owain wird in einem frühen Gedicht mit dem keltischen Gott Mabon in Verbindung gebracht, an dessen Namen Lochmaben und der Lochmabenstane in Dumfriesshire (im Herzen Rhegeds) erinnert und der in späteren Quellen ebenfalls mit heidnischen Attributen bedacht wird.[17] Und in der darauffolgenden Generation wird Uriens Enkel Ceneu als »Ceneu mit dem Roten Hals« gekennzeichnet, »der ein Jahr lang eine Schlange um seinen Hals trug«. Dies muß sich auf einen Seher beziehen, denn nur die Seher trugen, nach einem weitverbreiteten Brauch, Schlangen (traditionell Vermittler übernatürlicher Weisheit) um den Hals.[18]

Die Vorstellung, daß heidnische Bräuche in Nordbritannien während des sechsten Jahrhunderts gang und gäbe waren, ist demnach keineswegs überraschend, und die Überlieferung hat uns finstere Erinnerungen an das heidnische Weltbild von Myrddins Schutzherr Gwenddolau bewahrt. Wie Urien war er einer der »drei Stiereschützer Britanniens«.[19] Noch eindeutiger weist eine andere Triade auf heidnische Attribute hin. Dort ist von den »zwei Vögeln des Gwenddolau« die Rede. »Und sie trugen ein goldenes Joch. Zwei Leichname der Kymrer (Briten) fraßen sie zu Mittag, und nochmals zwei zu Abend.« Dieser seltsame Bericht deutet auf einen Kult um bösartige Vögel aus der keltischen Anderswelt hin. Durch Gold- und Silberketten miteinander verbundene Vogelpaare (gewöhnlich verwandelte Menschen) tauchen in der irisch-gälischen Literatur auf.[20] In diesem Zusammenhang finden sich auch recht eindeutige Anspielungen auf Menschenopfer, so bei einem Cousin und Zeitgenossen des Gwenddolau, Gwallawg, Sohn des Lleenawg: rätselhafte Verse aus dem *Black Book of Carmarthen* verweisen auf einen offenkundig mystischen Vogel, der ihn bös entstellte[21]:

»Verflucht sei die weiße Gans,
Die Gwallawg ab Lleenawg, dem Stammesfürsten,
Das Auge aus dem Kopfe riß.«

Für die Kelten besaß die Gans göttliche Eigenschaften;
die Nordländer bezeichneten den Raben, den Aasfresser
der Schlachtfelder, als »Leichengans«, und eine piktische
Schnitzerei aus Aberlemno in Angus stellt einige dieser
plündernden Vögel dar, die gerade auf das Gesicht eines
gefallenen Kriegers einhacken. Glaubte man vielleicht,
Gwallawg habe – wie Odin – sein Auge geopfert und
gegen göttliches Wissen eingetauscht?[22]
Eine andere Triade wiederum schreibt Gwenddolau ein
magisches Schachbrett zu:
»Wenn die Figuren aufgestellt waren, pflegten sie von
alleine zu spielen. Das Brett war aus Gold, und die
Figuren aus Silber.«
Im Epos *Peredur* wird ein ähnliches Zauberschachbrett
erwähnt, das vermutlich rituelle Bedeutung besaß.
Es sieht demnach ganz so aus, als sei das Heidentum in
der zweiten Hälfte des sechsten Jahrhunderts[23] im Norden öffentlich praktiziert worden, und als hätten
Geschichten späterer Jahrhunderte besonders Gwenddolau mit heidnischen Bräuchen in Verbindung gebracht.
Es gibt also einigen Grund zur der Annahme, daß in der
Schlacht von Arderydd ein heidnischer Fürst gegen seine
christlichen Widersacher kämpfte.
Das Schlachtfeld ist schon vor längerem durch den Historiker W. F. Skene in einer Rede vor der »Society of
Antiquitarians of Scotland« am 15. Februar 1865 lokalisiert worden. Sein Vortrag dürfte für einige Aufregung
gesorgt haben. Skene begann seine Beweisführung,
indem er die zahlreichen Hinweise auf die Schlacht in den
Triaden zitierte, die ihre Bedeutung für die walisische
Überlieferung belegen. Danach trug er Übersetzungen
einiger Myrddin-Gedichte vor, in denen vom Tod des
Gwenddolau bei Arderydd und den Klagen seines flüchtigen Gefolgsmanns Myrddin im Walde von Caledon die
Rede ist. Skene schloß mit den Worten:

»Wir erkennen, daß hinter diesen ausladenden Geschichten sich die Umrisse einer der großen historischen Schlachten abzeichnen, die das Schicksal eines Landes verändert haben.«

Und er fuhr fort: »Wo wurde diese Schlacht nun geschlagen? Zuerst sollten wir bei einem der großen, ins Land führenden Pässe suchen; und eine wunderliche Stelle bei Fordun lieferte mir einen ersten Hinweis auf den wahrscheinlichen Schauplatz.«

Diese Stelle bezog sich auf die Schlacht, aus der Merlin entfloh, »auf dem Feld zwischen Liddel (Fluß) und Carwanolow«. In einem aus dem zwölften Jahrhundert stammenden Plan der Baronei von Liddel hatte Skene die Namen *Arthuret* und *Carwindlaw* entdeckt. Er erkannte, daß *Arthuret* mit Arderydd identisch und *Carwindlaw* nicht nur eindeutig das Carwanolow des Chronisten war, sondern auch eine »verunstaltete Form von Caerwenddolew (caer = Stadt), der Stadt des Gwenddolau, und so wird die Überlieferung durch die Topographie untermauert«.

Der begeisterte Altertumsforscher konnte es natürlich kaum erwarten, seine Entdeckung an Ort und Stelle zu überprüfen. Er setzte sich in Edinburgh in den Zug, und schließlich ».. . kamen wir ins Liddesdale, zuckelten vorbei an der Stelle, die sich als das Schlachtfeld erweisen sollte und passierten den Zusammenfluß von Liddel und Esk. Schließlich gelangten wir nach Longtown, wo ich ausstieg, fest entschlossen, von hier aus auf die Suche nach dem Schauplatz der Schlacht zu gehen. Longtown, die erste Etappe auf der großen Nordverbindung von Carlisle nach Edinburgh und Glasgow und früher eine geschäftige, kleine Postwagenstation, war jetzt verlassen und ausgestorben wie eine Totenstadt. Der Gasthof, an dem die Kutschen früher gehalten hatten, war geschlossen; nur ein alter Postwagenaufseher bewohnte mit seiner Frau und Familie einen Winkel des verödeten Hauses. Obwohl das Schild »The Graham Arms« noch immer am Hause hing, war die Wirtin vom Anblick eines Reisenden, der tatsächlich einen ganzen Tag bleiben wollte, so überrascht, daß sie gar nicht wußte, wie sie mich empfangen sollte. Wie sich bald herausstellte, gab es einen alten Einspänner und ein oder zwei Pferde, die sie gelegentlich vermieteten; und der alte Aufseher war zum Glück in der Gegend geboren und mit den Örtlichkeiten gut vertraut. Die armen Leute erwärmten sich bald für ihren unerwarteten Gast und taten alles, um es mir bequem zu machen und mich bei der Erforschung der Umgebung zu unterstützen.«

Skene verlor keine Zeit und machte sich zunächst einmal zu Fuß auf zu den Arthuret Knowes, einigen niedrigen Hügeln, die etwa eineinhalb Kilometer von Longtown entfernt sind. Als er sah, daß die Kuppe des höchsten dieser Hügel, der sich über den Esk neigte, mit einer kleinen Erdschanze befestigt war, die eine fast quadratische, etwa fünfzehn auf fünfzehn Meter große Fläche einschloß, ging er zum »Graham Arms« zurück.

Arderydd hatte er entdeckt, aber was war mit *Carwindlaw*? Er fragte den alten Aufseher und erfuhr, daß es in der Nähe einen Bach namens Carwinelow gab, der ungefähr fünf Kilometer nördlich von Longtown in den Esk mündete. Skene brannte darauf, dorthin kutschiert zu werden, und Minuten später trabten sie die Straße entlang, vorbei an dem stattlichen Herrenhaus der Grahams, dem romantischen Schauplatz von Walter Scotts Gedicht *Young Lochinvar*. Kurz darauf überquerte der Einspänner auf einer Brücke den Carwinelow und fuhr unterhalb einer bewaldeten Hügelkuppe weiter, zur Rechten die Bauernhöfe des Lower und Upper Moat. Genau im Norden, am Ende der Hügelkette, sei, wie Skene von seinem Führer erfuhr, ein »römisches Lager«. Mit wachsender Erregung kletterte der Altertumsforscher den steilen Hang hinauf, bis er den Rand eines riesigen Erdwalls erreichte. Er blickte in die von Bäumen überwachsene innere Einfriedung einer Festung, die einmal uneinnehmbar gewesen sein mußte. Die Schutzwälle, gut zehn Meter hoch, umschlossen »eine kleine innere Zitadelle mit einem Umfang von zwölf mal acht Metern«, in der sich auch ein Brunnen befand. Am eindrucksvollsten war der Ausblick am äußeren Ende, wo die nördliche Seite der Verteidigungsanlage aus einem Steilhang bestand, der senkrecht zum Liddel abfiel, genau über der Stelle, wo er mit dem Esk zusammenfließt.

Skene kletterte voll Begeisterung auf den Böschungen und Wällen umher. Die Vorstellung, die Schanze sei von den Römern errichtet, denen die landläufige Überlieferung so gut wie alle Bauwerke dieser Art zuschrieb, gab er sofort auf. Ihm wurde klar, daß er nach langem Suchen die Stelle gefunden hatte, wo das Heidentum seinen letzten erbitterten Widerstand geleistet und wo Merlin die schreckliche Vision am Himmel gesehen hatte, die ihn für den Rest seines Lebens in die Abgeschiedenheit der Wälder treiben sollte.

Skene fuhr in seiner denkwürdigen Rede fort: »Es tut mir leid, daß ich nicht zeichnen und Ihnen keinen Plan und keine Skizze dieses prachtvollen Forts vorlegen kann. Es ist offenkundig eine einheimische Festung, und es würde sich auf jeden Fall lohnen, dort einmal vorbeizuschauen. Die Aussicht von oben ist grandios. Wenn man am höchsten Punkt der Feste steht und nach Norden blickt, schlängeln sich der Liddel und die Eisenbahnlinie am Fuß des Felsens vorbei, auf dem man gerade steht. Wenn man nach Nordosten blickt, tut sich das schöne, bewaldete Tal des Esk vor einem auf und läßt das Auge fast bis Langholm schweifen, und in nordwestlicher Richtung erstreckt sich das Tal von Liddesdale mit seinen Viehweiden. Am Horizont zeichnet sich am deutlichsten die Kuppe des Birrenswork Hill ab, der für seine römischen Lager bekannt ist. Im Westen dehnt sich der Solway Firth aus; und wenn man den Blick nach Süden wendet, ruht das Auge auf den Arthuret Knowes, und jenseits davon säumt die Kette der Cumberland Hills den Horizont.«

Der alte Besitzer des Hofes auf dem Upper Moat, der sich Skene angeschlossen hatte, habe ihm erzählt, »daß nach der Überlieferung des Landes hier eine große Schlacht zwischen den Römern und den Pikten geschlagen worden; daß das Lager in der Hand der Pikten

gewesen und die Römer den Sieg davongetragen; daß das
Lager von dreihundert Mann verteidigt worden sei, die
sich schließlich ergeben mußten und alle durch das
Schwert hingerichtet und im Obstgarten des Upper Moat
beerdigt wurden – an einer Stelle, die er mir wies«.[24]
Abgesehen vom natürlichen Verfall und den Pflanzen,
die die Wälle überwuchern, bietet der Ort heute das
gleiche Bild wie zu Skenes Zeiten. Seit die Zugverbin-
dung eingestellt wurde, ist es dort eher noch ruhiger
geworden, und wer die Besichtigung der Stätte mit einem
reizvollen Spaziergang verbinden möchte, der lasse sein
Auto am ehemaligen Bahnhof von Scotch Dyke stehen,
folge den stillgelegten Gleisen und überquere den Esk auf
der alten Eisenbahnbrücke. Heute hoppeln da, wo Skene
einst im Zug vorbeifuhr, Kaninchen zwischen den
Büschen umher, und ein rechts abzweigender Pfad führt
hinauf zur Kuppe des Hügels. Überall liegen große
behauene Blöcke aus rotem Stein, die Überreste einer
mittelalterlichen Festung, die einst diesen strategischen
Punkt beherrschte. Aus den Quadern der eingestürzten
Burgmauern hat man irgendwann einmal malerische,
heute verlassene Hütten gebaut, die sich, vom Efeu über-
wuchert, in die Bodensenken ducken. Am liebsten hätte
ich dem Bauern eine abgekauft und renoviert, um dort in
aller Abgeschiedenheit über

> »alte unselige, längst vergang'ne Dinge
> Und Schlachten, lange her«

nachzugrübeln und zu schreiben. Doch drängte mein
Cousin, der mich begleitete, zur Rückkehr nach Longtown ins »Graham Arms«.
Skenes Ortsangaben sind von der Forschung bestätigt
worden[25], und man sollte einen Moment innehalten und
überlegen, welche Schlußfolgerungen sich hieraus ergeben. Die Geschichten des alten Bauern könnten durchaus
auf authentischen örtlichen Überlieferungen beruhen. Im
Mittelalter wurde die Schlacht, in der Merlin seinen
Verstand verlor, als »allen Bürgern dieses Landes wohl-

bekannt« bezeichnet, was darauf hindeutet, daß in der Umgebung Volkssagen darüber verbreitet waren. Der Hinweis des Bauern auf dreihundert Verteidiger machte zu Recht großen Eindruck auf Skene, da eine der Triaden die dreihundert Mannen des Dreon ab Nudd erwähnt, die an der Schlacht teilgenommen. Interessant ist auch, daß der alte Mann glaubte, das Lager sei von den Pikten gehalten und von den Römern gestürmt worden. Es ist möglich, daß der Heide Gwenddolau (der wahrscheinlich aus den Bergen im Norden kam) in der frühen Überlieferung als »Pikte« fortlebte und seine aus dem Süden kommenden christlichen Gegner zu »Römern« wurden. Lassen Sie mich einige Vermutungen anstellen. Gwenddolau war wahrscheinlich ein Fürst aus dem Stamme der Selgover, wie sie früher von den Römern genannt worden waren; die Selgover bewohnten das Hügelland, das die Wasserscheide zwischen dem Clyde und dem Tweed bildet und sich im Süden bis ins Annandale, Nithsdale, Esksdale und zu den Cheviotbergen erstreckt. Vor allem archäologische Funde legen den Schluß nahe, daß die Selgover der römischen Verwaltung und Kultur gegenüber eine durchweg feindliche Haltung annahmen und immer wieder Aufstände anzettelten. Der Name Selgover ist ein Stammesname und bedeutet »die Jäger« – was keineswegs zufällig sein dürfte, denn die Hügel von Arthuret Knowes waren das Zentrum eines bedeutenden Kultes um einen Hörner tragenden Gott, den Herrn der Hirsche. In Netherby hat man einen geschnitzten Kopf mit den Hörnern eines Widders gefunden, mit eckigen Gesichtszügen, zu Schlitzen verengten Augen und zurückgezogenen Lippen; ohne Zweifel eine örtliche Gottheit, Beschützer der Krieger des Stammes.[26] Wie sich zeigen wird, wurde Merlin in enge Beziehung zu einem Hirschkult gebracht, und sein späterer Zufluchtsort auf dem Berg Hart Fell lag mitten im Stammesgebiet der Selgover.

Der Moat of Liddel liegt an einem natürlichen Stützpunkt und ist in dieser Hinsicht mit Dumbarton und Edinburgh vergleichbar, die beide im frühen Mittelalter

Stammeshauptstädte waren. Er nahm eine einzigartige strategische Stellung ein, da er den einzigen Verbindungsweg zwischen Kumbrien und dem schottischen Tiefland beherrschte. Die römische Straße überquerte ein paar Kilometer unterhalb der Festung den Esk, und eine Nebenstraße führte bis zum Kastell in Netherby *(Castra Exploratorum)*. Weniger als eine Meile nördlich der Furt erhebt sich deutlich sichtbar die eiszeitliche Hügelkette von Arthuret Knowes am Rand der Flußebene und bietet den weithin besten Ausblick auf die Umgebung. Keine Streitmacht konnte von Carlisle aus nach Norden ziehen, ohne Gefahr zu laufen, bei Arderydd von Gwenddolau angegriffen zu werden, und man kann sich unschwer vorstellen, welche bedeutende Rolle diesem Ort bei jedem größeren Aufruhr im Norden zukam.

Wenn der Bericht des Bauern vom High Moat den wahren Ereignissen entsprach, hat sich vielleicht folgendes abgespielt. Die frühe mittelalterliche Überlieferung siedelte die Schlacht »auf dem Feld zwischen Liddel und Carwhinley« an, eine Entfernung von höchstens 600 Metern; der Austragungsort der Schlacht wird mit dieser Angabe ziemlich genau eingegrenzt. Als nächstes wird man der Stelle in einer der Triaden nachgehen, die vom »Gefolge *(gosgordd)* Dreons des Tapferen am Erdwall *(rotwyd)* von Arderydd« spricht. Noch ist unklar, auf wessen Seite dieser Dreon kämpfte; vielleicht war er ein Neffe des Gwenddolau. *Rotwyd*, was etwas verwirrend ist, kann »entweder für eine Furt oder einen Erdwall« oder auch für »einen Erdwall über einer Furt« stehen. Läßt sich diese Verteidigungslinie ausmachen? Es ist unwahrscheinlich, daß Gwenddolau von Norden her über den Liddel angegriffen wurde; in diesem Fall wäre ein Sturmangriff über den Fluß gegen das Steilufer das einzig Mögliche gewesen. Außerdem gehörten die Täler des Esk und des Liddel vermutlich zu Gwenddolaus Herrschaftsgebiet. Verschiedene Zeugnisse legen indes nahe, daß seine Feinde von Süden her kamen.[27] Trifft das zu, so ist es wahrscheinlicher, daß Dreon die südlich gelegene Hügelkette verteidigt (oder angegriffen) hat, sie gibt den Ausblick auf das Flüßchen Carwhinley frei. Die Überschrift der Triade deutet an, daß Dreon seinen hartnäckigen Widerstand an einem taktischen *point d'appui* leistete, da das Wort *adwy* »Schlucht« oder »Bresche« heißt.

Eine andere Triade erwähnt die »Gefolgsleute des Gwenddolau, Sohn des Ceidio zu Arderydd, die die Schlacht vierzehn Tage und einen Monat lang weiterfochten, nachdem ihr Herr erschlagen worden war«. Vermutlich war es diese heldische Tat, die der Schlacht von Arderydd ihre Besonderheit verlieh, da es in den Kriegen des heroischen Zeitalters nur selten passierte, daß nach dem Tod eines Königs einfach weitergekämpft wurde.[28] Die Umstände könnten jedoch außergewöhnlich gewesen sein. Während die Überlieferung des frühen Mittelalters die Schlacht auf einem Feld unterhalb der Festung ansiedelt, kämpfte man – der Geschichte des Bauern zufolge – im Lager selbst, wo die dreihundert Verteidiger niedergemetzelt und darauf im Obstgarten des Upper Moat verscharrt wurden. Wie bereits erwähnt, kann die Version des Bauern nicht völlig aus der Luft gegriffen sein, zumindest ist nicht ganz einsichtig, warum die Sieger einer Schlacht auf dem Feld unterhalb des Schanzwerks ihre Feinde oben auf der Hügelkette bestattet haben sollten. Dies ließe sich höchstens so erklären, daß Gwenddolau auf offenem Felde fiel und sich seine Leibwache daraufhin in der Verteidigungsanlage verbarrikadierte, fest entschlossen, so lange wie möglich standzuhalten. Als der letzte Mann gefallen war, wurden sie alle dicht neben den Schutzwällen begraben.

Besucher des Ortes können sich den Verlauf des Kampfes demnach etwa so vorstellen: Auf der römischen Straße, die von Carlisle aus nach Norden führt, nähern sich die Reiter von Peredur und Gwrgi, zwei Brüdern aus dem fernen York; im Wind flattert auch das Lanzenfähnchen von Dunawd dem Stämmigen, neben dem mit schmerzverzerrtem Gesicht Cynfelyn der Lepröse marschiert. Hinter ihnen auf staubigem Pfad trottet das niedere Fußvolk; in den dichtgeschlossenen Reihen der Speer-

spitzen sieht man auch Kruzifixe und Reliquien. Eben
ziehen sie an dem verlassenen römischen Kastell von
Netherby zu ihrer Linken vorbei, während vor ihnen
düster die Wälle der heidnischen Feste aufragen. Die
Marschkolonnen schlängeln sich zur Furt des Carwhinley hinunter, da – auf dem gegenüberliegenden Hang –
das Aufblitzen von Stahl. Herausfordernd blasen die
Hörner zum Kampf, und Dreon schmettert dem christlichen Heer seine Verachtung entgegen.
Peredur und Dunawd bringen das Fußvolk in Stellung,
während so manches Auge unruhig die Straße zurückblickt. Jeder einzelne Mann wird heute gebraucht – doch
wo bleibt Dinogad aus dem weit entfernten Powys, der
geschworen hatte, zu ihnen zu stoßen? Da, der Schlacht-
ruf ertönt, die Reiter galoppieren durch das seichte Wasser und schleudern ihre Wurfspieße nach Dreons Männern. Ein verbissener Kampf beginnt. Dreon fällt
schließlich, und die Christen drängen auf die grasbe-
wachsene Ebene, wo Gwenddolau seine Hauptstreit-
macht versammelt hat. Über den Köpfen der Krieger ragt
der Erdwall, der die Festung umschließt, und auf seinem
oberen Rand, abgehoben gegen den Himmel, eine grausige Schutzwehr, ein Ring von Pfählen, gespickt mit
abgehackten Menschenköpfen. Und wer ist der da, der
am Hang hockt, in Hirschhäute gekleidet, einen gezähm-
ten Wolf zu seinen Füßen, der Gewenddolaus Männer
mit wilden Gesängen antreibt, die den Heldenmut der
Ahnen preisen?
Als die Nacht anbricht, liegt euch Gwenddolau unter den
Toten, und ein schwarzer Rabe hockt auf seiner weißen
Brust. Die Überlebenden seiner Leibwache aber haben
sich in der Festung verschanzt:

»Es ist ein schlechter Platz, an dem wir
uns befinden:
Wir hören Trompeten und lautes Rufen!«
»Was ist zu tun?«
»Es gibt keinen Rat, als die Feste hinter uns
zu schließen und so gut wir können auszuharren.«

Die Palisaden und Tore sind massiv, die Wälle abschüssig, und drinnen zu allem entschlossene, todesmutige Männer. Wieder und wieder befiehlt Peredur den Sturmangriff, der in blutigem Gemetzel endet.

Nun erwähnt die Triade, in der vom Ritt der Söhne Eliffers in die Schlacht von Arderydd die Rede ist, »Gwenddolaus Schlachtennebel bei Arderydd«. In der fraglichen Triade reiten Peredur und seine Gefährten auf einem Tier, das eindeutig ein Zauberpferd ist[29], und Gwenddolaus *mygedorth* muß in diesem Zusammenhang betrachtet werden.

Eine der Eigenschaften, die man den Druiden im keltischen Irland und Britannien mit am häufigsten und beharrlichsten zugeschrieben hat, ist die Macht, zum eigenen Nutzen über Nebel und Sturm zu gebieten. In den frühen Quellen finden sich zahlreiche Beispiele für diesen Glauben. Der Druide Mac Tail zauberte einen Nebel herbei, um sich vor dem heiligen Senan zu verstecken, und in der Erzählung *The Fight of Castle Knoc* legte der Druide Tadg einen Dunstschleier um Cnucha, so verhindernd, daß der Recke Cumhail seine magischen Waffen fand. Die Druiden der *Túatha Dé Danann* ließen Sturm und Nebel aufsteigen, um die milesische Flotte zu zerstreuen, was solange erfolgreich war, bis die milesischen Druiden ihre Zauberkräfte einsetzten, um das Unwetter zu besänftigen. Der irische Held Cú Chullain besiegte einen Riesen, dessen Herrschaftsgebiet von schwarzen Nebelschwaden verhangen war. Etliche Hagiographen haben aufgetrumpft, die britischen Heiligen hätten ihre Überlegenheit über ihre heidnischen Widersacher bewiesen, indem sie sie ihrerseits mit Zaubernebeln verwirrten.[30] Im Epos *Geraint the son of Erbin* wird ein unverkennbar heidnisches Heiligtum beschrieben; es ist von einer Nebelhecke umgeben *(y cae nyδl)*, die bis hoch in den Himmel reicht und aus der zahlreiche Pfähle ragen, auf denen Menschenköpfe stecken.

Man glaubte, daß die magischen Nebel vor allem dazu benützt wurden, den Verlauf einer Schlacht zu beeinflussen. So verbarg ein wunderlicher Schlachtennebel die

Armee von Ulster in den *Táin Bó Cúailnge*, und die Druiden beschützten den Stamm der Dessier, indem sie ganz Ossory in Rauchschwaden von einem Eschenholzfeuer hüllten. Die meisten dieser Episoden beziehen sich auf ein mythisches Zeitalter, doch wird als wichtiges Beispiel auch eine Schlacht genannt, die etwa zwölf Jahre vor Arderydd stattfand; es ist die Schlacht von Cuil Dremne, die zwischen einer Gruppe christlicher Könige und dem heidnischen Diarmait mac Cerbaill im Jahre 561 in Irland ausgetragen wurde. Der Druide Fraechnan ließ durch seine Beschwörungen einen Nebel aufsteigen, der sich erst auflöste, als der heilige Columban einen Gegenzauber aussprach:

> »Oh, Gott!
> Warum verjagst du diesen Nebel nicht,
> Damit wir die Zahl der Krieger abschätzen können,
> Die mit uns ins Gericht gegangen sind ...
> Mein Druide – er wird mich nicht abweisen – ist
> Der Sohn Gottes; er wird etwas für uns tun.«

Als der heilige Columban ein paar Jahre später den König der Pikten in seiner Festung in Inverness besuchte, drohte ihm ein Druide namens Broichan den gleichen bösen Zauber an. »Ich habe die Macht, dir widrige Winde zu schicken und einen Nebel aus Finsternis heraufziehen zu lassen.« Aber wieder einmal bewiesen die Gebete des Heiligen die überlegene Macht Christi.[31]

»Der Schlachtennebel des Gwenddolau« bezieht sich also auf einen dieser Druidennebel, die man aufsteigen ließ, um den Feind zu erschrecken und zu verwirren. Dies legt die Schlußfolgerung nahe, daß die Schlacht von Arderydd tatsächlich zwischen Christen und Heiden ausgefochten wurde. Noch eindrucksvoller läßt sich diese These durch die Persönlichkeit und die Lebensgeschichte Myrddins, Barde des Gwenddolau, belegen. Davon handelt das nächste Kapitel.

V

Der Seher in den Bergen

In einer Fassung der alten walisischen Annalen heißt es, daß Gwenddolau in der Schlacht von Arderydd fiel »und Merlin verrückt wurde«. Aus den walisischen Myrddin-Gedichten scheint hervorzugehen, daß er in dem Gefecht mitgekämpft (»in der Schlacht von Arderydd war mein Halsschmuck aus Gold«) und dabei seinen Neffen und seine Nichte getötet hat. In Geoffrey von Monmouths *Vita Merlini* wird er durch den Verlust ihm nahestehender Personen zum Wahnsinn und in die Abgeschiedenheit getrieben. Diese Berichte übergehen jedoch einen früheren wichtigen Aspekt, der sich in den Lailoken-Fragmenten findet. Dort hört der Prophet plötzlich eine anklagende Stimme über sich und sieht »am Himmel Scharen von Kriegern sonder Zahl, zuckenden Blitzen gleich, mit glühenden Lanzen und glänzenden Speeren in den Händen, die sie voll Ingrimm nach mir schwangen.«

In dem irischen Gegenstück zu dieser Geschichte, *Buile Suibhne*, wird der Held auf der Höhe der Schlacht von einer schreckenerregenden Vision am Himmel verwirrt: »Seine Finger waren gelähmt, seine Füße zitterten, sein Herz pochte schnell, seine Sinne schwanden ihm, seine Sicht wurde verzerrt, seine Waffen fielen blank aus seiner Hand, so daß er... wie irgendein Vogel in der Luft, verrückt und schwachsinnig wurde.«

Und auch in dieser Überlieferung sieht er am Himmel über sich Geisterarmeen kämpfen, ein Motiv, das in vielen Volkssagen wiederkehrt und sogar von glaubwürdigen Augenzeugen bestätigt wurde.[1] Es ist durchaus denkbar, daß diese Wahrnehmung auf außergewöhnlichen Himmelserscheinungen beruht. Im April des Jahres 574 war im nördlichen Europa ein besonders heller Komet zu sehen, den ein Beobachter mit »loderndem« Feuer verglich.[2]

Durch welches Geschehen auch immer, Merlin wurde, wie alle Versionen übereinstimmend berichteten, »verrückt« und zog sich aus der Gesellschaft der Menschen zurück. (Der Einfachheit halber bezeichne ich diese komplexe, aus verschiedenen Gestalten zusammenge-

setzte Figur, wann immer es möglich ist, mit »Merlin«.)
Geoffrey von Monmouth beschreibt seine Entrückung in
wohlklingenden Sätzen:
»Immer von neuem ganz außer sich, füllte er mit lautem
Klagegeschrei die Luft, dann entwich er ungesehen in die
Wälder. So hielt er seinen Einzug im Hain und war froh,
unter den Eschen verborgen zu liegen; und er staunte
über die wilden Tiere, die in den Lichtungen weideten.
Bald lief er ihnen nach, bald eilte er ihnen voraus. Er
nährte sich von wilden Kräutern und ihren Wurzeln, er
genoß die Früchte der Bäume und die Beeren des Dik-
kichts; er wurde ein Waldmensch, gleichsam ein den
Wäldern Geweihter. Den ganzen Sommer über hielt er
sich, von keinem aufgespürt, sich selbst und seine Verwandten vergessend, in den Wäldern versteckt wie die
wilden Tiere.«
(Nach der Übersetzung von Inge Vielhauer)

Mit dem Einbruch des Winters jedoch begann ein
erbärmliches Dasein. In den Lichtungen und Wäldern
wuchsen keine Früchte mehr, und er war angewiesen auf
die Wurzeln, die Wildschweine hervorgewühlt hatten.
Einzig ein zahmer, altersschwacher Wolf war sein
Gefährte, und der litt Hunger wie er. Merlin erhob seine
Stimme und klagte laut über sein jämmerliches Los, und
dieses Klagemotiv liegt der walisischen Versdichtung zu-
grunde:
»Wenig weiß Rhydderch Hael bei seinem Festmahl heute
Abend, an welcher Schlaflosigkeit ich letzte Nacht zu
leiden hatte. Schnee bis zu meinen Hüften, unter den
Wölfen des Waldes, Eiszapfen im Haar, dahin ist meine
Pracht.« (Oianau, Strophe 10).
Wir erfahren nicht, wie es ihm gelang, diese mißliche
Lage zu überstehen, aber schließlich entdeckte er in
einem der entlegensten Teile des Waldes von Caledon, in
Wildnis und Einsamkeit, einen Zufluchtsort.
»Nun befand sich auf dem Gipfel eines Berges ein Quell,
umstanden von Haselbüschen und anderem Gesträuch.
Hier hatte Merlin sich niedergelassen und überschaute

von dort die weiten Wälder und sah den wilden Tieren zu, wie sie umherliefen und ihre Spiele trieben.« (Nach der Übersetzung von Inge Vielhauer)

Ein Bote König Rhydderchs, der ihn nach langem Suchen aufgespürt, »erblickte die Quelle und weit hinten im Grase den Mann, der klagte...« Der Bote besänftigte den Propheten, indem er seiner Gitarre *(cithara)* sanfte Töne entlockte, und überredete ihn zur Rückkehr an den Hof König Rhydderchs. Zurück bei Hofe, spürte Merlin, wie der alte Wahnsinn wieder nach ihm griff; er wies die reichen Güter, die Rhydderch ihm anbot, weit von sich und träumte sich zurück in die Wildnis:

»Mir gefallen die Wälder und mächtigen Eichen von Caledon besser und die stolzen Berge und die Triften zu ihren Füßen. Sie allein vermögen mein Herz zu erfreuen, nicht diese Gaben hier. Nimm sie alle wieder fort, König Rhydderch! Mein Wald von Caledonien, der reich ist an Nüssen, mein Wald, der mir lieber ist als alles, soll mich wieder haben.«

Rhydderch hielt ihn eine Weile mit Gewalt zurück, schließlich aber verschwand der leidende Prophet wieder in den Wäldern.

Kann man den Ort finden, zu dem Merlin Zuflucht nahm? Geoffrey von Monmouth spricht von einem konkreten Platz, an dem er sich die ganze Zeit über aufgehalten hat, und auch in dem walisischen Gedicht *Afallennau* wird er mit einem ganz bestimmten Zufluchtsort in Verbindung gebracht. Auf den ersten Blick erscheint die Hoffnung, Merlins Versteck gut 1500 Jahre nach seinem Tod ausfindig zu machen, illusorisch. Selbst zu Lebzeiten des Propheten muß es schwierig genug gewesen sein, ihn aufzuspüren! Lange Zeit fand ich mich mit dieser Einsicht ab, wenn auch mit begreiflicher Enttäuschung. Immerhin wäre Merlins Quelle einer der heiligsten Orte Britanniens, die Quelle, an der er stand, voll Trauer zurückblickte auf die vergangenen Jahrhunderte und prophetisch in künftige Zeitalter sah. Merlin ist nun einmal die zentrale Gestalt im Bretonischen Sagenkreis, und was gäbe man nicht darum, an eben der Stelle zu sitzen, wo er einst saß; wo er den wilden Tieren des Waldes zusah, den Blick hinauf zum Sternenhimmel erhob, um dessen Geheimnisse zu ergründen!

Doch dann ergaben sich unerwartete Aufschlüsse, Spuren verdichteten sich, ein genaues Bild begann sich abzuzeichnen, und schließlich fand ich mich an einem Tag im April über die zauberische Quelle gebeugt, an der der Seher seine schrecklichen Prophezeiungen ausgerufen hatte. Da mir der eine oder andere Leser vielleicht auf diesem Weg folgen möchte, werde ich erklären, wie ich dorthin gelangte.

Wie bereits gesagt, schildert Geoffrey Merlins Flucht in »die dichtbewaldeten Täler des Waldes von Caledonien«, und auch in der altwalisischen Poesie ist von einem »Wald von Celyddon« die Rede. Ganz ohne Zweifel beziehen sich die walisischen Gedichte wie auch Geoffreys Versepos auf einen real existierenden Wald, den man von Arderydd und vom Hofe König Rhydderchs in Alclut (Dumbarton) aus erreichen konnte. In der Geschichte von Suibhne Geilt, Merlins irischem *alter ego*, findet sich ein Bericht über einen britischen Wahnsinnigen; dieser Bericht weist so deutliche Parallelen zur Merlinsage auf, daß es sich dabei – wie die Forscher einmütig bekunden – um eine analoge, und zwar frühere Fassung handeln muß. Und auch dort heißt es, der Wald des Wilden Mannes habe sich in auffälliger Nähe von Dumbarton befunden.[3]

Es gilt als gesichert, daß im Frühmittelalter ein bestimmter Landstrich im »britischen« Britannien, südlich des Forth-Flusses, als »der Wald von Celyddon« bezeichnet wurde. Die aus jener Zeit stammende *Historia Brittonum* enthält eine berühmte Schlachtenliste von den Siegen Arthurs, die in ihrer bestehenden Form spätestens Mitte des achten Jahrhunderts niedergeschrieben wurde.[4] Da sich darin Andeutungen von Reimen finden und sich die Aufzählung mit anderen, verbürgten Listen deckt, die in frühen Elegien enthalten sind (einige davon aus dem sechsten Jahrhundert), wird von Wissenschaftlern die Meinung vertreten, ihr liege das Fragment eines Heldengedichts zugrunde. Die siebte Schlacht dieser Liste wird »in dem Wald von Calidon, das ist Cat Coit Celidon« angesiedelt. Man kann zu Recht davon ausgehen, daß zu Beginn des Frühmittelalters ein bestimmtes, klar eingegrenztes Gebiet existierte, das den Namen »Wald von Calidon« trug.

Diese Annahme wird von einer Eintragung des mittelalterlichen schottischen Chronisten Hector Boece erhärtet, der darauf hinweist, daß es *zwei* unter dem Namen Calidon bekannte Wälder gab:

»In Strivelingshire ist die Stadt Striveling (Stirling)... Bei dieser Stadt begann der große Wald von Calidon. Dieser Wald von Calidon erstreckte sich von Striveling über Menteith und Stratherne bis Atoholl und Lochquhabir – wie Ptolomäus in seinem ersten Verzeichnis schreibt.«

Es handelt sich hier um ein anerkanntes Dokument ältester Sagenüberlieferung, und die Vergangenheitsform des Verbums weist darauf hin, daß der Name schon lange nicht mehr gebräuchlich war. Aber an anderer Stelle vermerkt derselbe Autor: »Das Wasser des Clyde... entspringt dem gleichen Berg im Wald von Calidone, dem auch der Annand entspringt...«[5]

Dieser zweite Wald von Calidon stimmt trefflich mit Myrddins *Coed Celyddon* überein. Er liegt auf halbem Wege zwischen Arderydd und Rhydderchs Feste in Alclut und befindet sich mitten im Stammesgebiet der heidnischen, den Römern feindlich gesonnenen Selgover, weit außerhalb des Einflußbereiches der immer mächtiger werdenden christlichen Königreiche von *Y Gogledd*.[6]

Dies wird von einer anderen aufschlußreichen Quelle bestätigt. Der Artusroman *Fergus*, den Guillaume le Clerc vor 1225 verfaßt hat, erzählt die Geschichte eines Jünglings niederer Herkunft, der von König Arthur in Carlisle zum Ritter geschlagen wurde. Am Hof wird Fergus von Sir Kay verspottet, der ihn voller Sarkasmus fragt, ob er eine Aventiure zum »Nouquetran« wage, um dort einen Schwarzen Ritter zu besiegen, der an eben der Stelle hause, »wo Merlin so manches Jahr verlebte«. *(U Merlins sejorna maint an.)* Fergus nimmt die Herausfor-

110

derung ohne Zögern an, schwört bei »St. Mangon« (dem heiligen Kentigern, der in der Geschichte von Lailoken eine so wichtige Rolle spielt) und macht sich auf den Weg. Was dann folgt, besitzt außergewöhnliche Bedeutung für die Merlinsage, da Kritiker übereinstimmend bekunden, daß der Autor des *Fergus* »bemerkenswert genaue Angaben zur schottischen Geographie macht... Im ganzen Bereich der Artusepik gibt es kein Beispiel für einen ähnlich detailgetreu und realistisch beschriebenen geographischen Hintergrund.«[7]
Fergus verläßt Carlisle und gelangt am Abend zu einer mächtigen Burg, die oberhalb eines schiffbaren Wasserlaufes mit starker Strömung liegt, der den Namen Liddel trägt. Gemeint ist natürlich der Moat of Liddel, Schauplatz der Schlacht von Arderydd. Nachdem er dort bewirtet worden ist, macht sich Fergus auf zu seiner Queste. Er durchreitet eine weite, zu beiden Seiten von Bergen eingerahmte Ebene und gelangt schließlich zu einem hohen Berg, der die Wolken berührt und den Himmel zu tragen scheint:
»Kein Tier konnte da hinaufklettern, außer mit Flügeln. Nur ein einziger Weg führte bergauf, den hatte ein Riese angelegt, der im Walde lebte. Fergus erkannte ihn sofort. Er band sein Pferd an den großen Ölbaum, wo die Leute ihre Pferde anzupflocken pflegten, denn kein Pferd konnte die Anhöhe erklimmen. Dann stieg er mit gezogenem Schwert bergan. Oft glitt er aus und fiel auf die Knie und rettete sich nur, weil er an den Büschen festen Halt fand. So kletterte er auf den Nouquetran. Alle Glieder schmerzten ihm, als er den Gipfel erreichte, aber er ließ seinen Blick über die weiten Wälder bis zur irischen See schweifen, und sah England und Cornwall. Eine Kapelle aus Marmelstein mit elfenbeinernen Toren wurde von einem abscheulichen Unhold bewacht, der sich als Automat erwies. Der Löwe befand sich im Inneren – und war aus Elfenbein geschnitzt. Fergus sicherte sich Brusttuch und Horn, welches er dreimal ertönen ließ. Dann eilte er bergab und hörte einen Lärm wie von einer herannahenden Jagdgesellschaft, so daß das Wild

erschrak. Es war der Schwarze Ritter. Fergus besiegte ihn und sandte ihn zu König Arthur. Er selbst ritt zurück nach Liddel.«[8]

Dies sind ziemlich genaue Angaben, um Merlins Zufluchtsort einzukreisen, nur müßte man sie mit gesicherten topographischen Punkten koordinieren können. Es ist interessant, daß Fergus seine Queste am Moat of Liddel beginnt und von dort zu Merlins Aufenthaltsort weiterreitet. Es sieht so aus, als würde er bewußt Merlins Fluchtweg nach der Schlacht von Arderydd nachvollziehen, und dies könnte auch in der Absicht des Autors gelegen haben. Man weiß heute, daß die Merlinsage sich während des zwölften Jahrhunderts, kurz vor der Niederschrift des *Fergus*, im schottischen Tiefland allgemeiner Bekanntheit erfreute. Insbesondere Überlieferungen der Schlacht von Arderydd und vom Moat of Liddel als Schauplatz des Kampfes galten, wie schon erwähnt, »allen Bürgern des Landes wohlbekannt«.

Moat of Liddel scheint für Artus-Aventiuren im Norden Britanniens ein bevorzugter Schauplatz gewesen zu sein.[9] Da noch im zwölften Jahrhundert die Schlacht von Arderydd und ihr Austragungsort in allen Einzelheiten überliefert war, könnte es auch genaue Vorstellungen von Merlins Waldheiligtum gegeben haben. Man nimmt an, daß der *Fergus*-Roman zum Gedenken an die Vermählung von Alan von Galloway, Oberhaupt einer der mächtigsten anglo-normannischen Familien im Grenzland, mit der Nichte des Königs von Schottland im Jahre 1209 geschrieben wurde. Von seiner Anlage her weist der Roman sowohl artushafte als auch zeitgebundene Elemente auf, er arbeitet mit bekannten Motiven und Schauplätzen. Man kann sich gut vorstellen, daß es am Hof von Carlisle junge Ritter gegeben hat, denen es nicht genügte, haarsträubenden Geschichten von Expeditionen zu Merlins Quelle zu lauschen, die lieber gleich ihre Brünne aus der Rüstkammer holten und sich auf den Weg machten in der Hoffnung, ähnliche Abenteuer zu erleben.[10]

Nun, jedenfalls siedelt der Autor des *Fergus* seine

Geschichte in einer realen Landschaft an. Wir lesen, wie
der Held, nachdem er Liddel Moat verlassen, eine weite,
von Bergen umgrenzte Ebene durchquert hat. Von den
Wegen, die er dann hätte einschlagen können, scheint
weder der nach Eskdale noch der nach Liddesdale in
Frage zu kommen. Eskdale und Liddesdale sind schmale
Täler, die nach wenigen Kilometern zwischen den
Hügeln enden. Keines dieser Täler wird von einer Erhebung beherrscht, die sich in irgendeiner Weise mit dem
hochaufragenden »Schwarzen Berg« des Romans messen
könnte. Da davon auszugehen ist, daß Fergus seine Reise
von Carlisle aus in nördlicher Richtung fortsetzte, bietet
sich als Alternative das langgezogene Tal von Annandale
an, durch das einst eine römische, bis ins dreizehnte
Jahrhundert benützte Straße führte. Sie überquert etwa
eineinhalb Kilometer unterhalb des Moat of Liddel den
Esk. Wenn man von dieser Furt aus nach Nordwesten
fährt, kommt man durch eine fruchtbare Ebene am Solway Firth. Hinter Lockerbie erheben sich zuerst im
Osten, dann auch im Westen Hügel am Horizont. Allmählich steigt die Straße an, und die Hügel rücken immer
näher, bis sich, einige Kilometer südlich von Moffat, der
Annan gabelt bzw. seine Wasser mit denen des Evan und
Moffat zusammenfließen. Im Norden dieses Zusammen-
flusses versperrt ein wuchtiges Bergmassiv das Tal von
Moffat und Annan; Bergrücken türmen sich auf, zer-
furcht von Mulden und Schluchten, bis schließlich der
Gipfel des Hart Fell (808 Meter ü. M.) erreicht ist.
Hier haben wir mit Sicherheit den »Schwarzen Berg« des
Fergus. Wer die Aussicht vom Gipfel genießt, versteht,
warum sie die Phantasie des Verfassers dieses Romans
beflügelt hat. Nach allen Seiten erstreckt sich der Ettrick
Forest; weit zieht er sich über die Höhenzüge in die
Ferne, bis er am Horizont im Dunst verschwindet. Doch
nicht genug, Fergus sah hinter den Wäldern auch die
irische See, England und Cornwall. (Das mit Cornwall
ist eindeutig übertrieben, alles andere jedoch stimmt.) In
einer Schilderung aus der Mitte des 19. Jahrhunderts
heißt es:

113

»Wer den *Hartfell* besteigen will, kann fast bis ganz hinauf reiten; und von seinem grünen, flachen Gipfel aus sieht man bei schönem Wetter die Cheviotberge in Northumberland, den Skiddaw und andere Berge in Cumberland; den Corsoncone über dem Nithsdale, den Blacklarg in Ayrshire und, bei Sonnenuntergang, auch den Benlomond in Stirlingshire.«[11]

Der Hart Fell stimmt präzis mit den Ortsangaben und der Beschreibung von Merlins Zufluchtsstätte im *Fergus* überein. Die Vorstellung, der Prophet habe auf einem die Wälder überragenden Berg gelebt, taucht ebenfalls in Geoffrey von Monmouths *Vita Merlini* auf. Da heißt es: »Nun befand sich auf dem Gipfel eines Berges ein Quell, umstanden von Haselbüschen und anderem Gesträuch. Hier hatte Merlin sich niedergelassen und überschaute von dort die weiten Wälder« – (Nach der Übersetzung von Inge Vielhauer) – die Wälder, die ein paar Zeilen vorher als der »Wald von Caledonien« bezeichnet werden.

Im *Fergus* und in der *Vita Merlini* erscheint das außergewöhnliche Panorama, das sich vom Berg auf die tiefer gelegenen Wälder bietet, nur als malerisches Attribut. In früheren Zeiten hätte es rituelle Bedeutung gehabt. Máire MacNeill gelangt in ihrer umfassenden Studie über die Orte in Irland, an denen das heidnische Lughnasafest gefeiert wurde (es wird sich später zeigen, welch enger Zusammenhang zwischen Merlin und dem Gott Lug besteht), zu folgendem Ergebnis:

»Sie alle gewähren weite Ausblicke, und dies scheint ein wichtiger Gesichtspunkt bei ihrer Auswahl gewesen zu sein. Wenn einer dieser Gipfel von den Leuten in der Umgebung erwähnt wird, wird dabei meist im gleichen Atemzug die Zahl der Grafschaften genannt, die man von dort aus sehen kann... Man darf zu Recht davon ausgehen, daß die Aussicht seit alters her das Entscheidende ist und die Namen der Grafschaften frühere regionale Bezeichnungen ersetzen. Natürlich werden hervorstechende Geländepunkte, die fernen Hügel, Flüsse, Seen und das Meer mit seinen Inseln, ebenfalls erwähnt. Vermutlich lag die Bedeutung des weiten Ausblicks nicht in der Abwechslung und der Schönheit, die sich dem Auge des Betrachters bot. Die Verfasserin hatte Gelegenheit, viele dieser Anhöhen, auf denen früher die Versammlungen abgehalten wurden, aufzusuchen, und jede von ihnen gewährte eine überwältigende Aussicht auf die Landschaft der Umgebung. Es war der Ausblick, der sich von solchen Hügeln her über das Ackerland bot, der sie zu geeigneten Stätten für das Lughnasafest machte.«

Miss MacNeill war angerührt von der natürlichen Erhabenheit der Stätten und dem tiefverwurzelten Sinn für die Bedeutung, die diese Orte in der religiösen Erfahrung ihrer Vorfahren gehabt hatten.[12]

In der alten walisischen Geschichte von *Culhwch and Olwen* sieht man zwei Artusritter, Cai und Bedwyr (Bedivere), auf dem Gipfel des Plinlimmon, wo sie »im stärksten Wind, den die Welt je gesehen hatte«, auf einem für Signalfeuer gedachten Steinhaufen sitzen. In *Life of St. Cadog* hat Arthur sich auf einem anderen Berggipfel zu ihnen gesellt – zum Würfelspiel. Vermutlich ist dies ein rituelles Spiel wie etwa Gwenddolaus Zauberschachbrett (gwyddbwyll), von dem bereits die Rede war. Der Plinlimmon wurde höchstwahrscheinlich als besonders heiliger Berg angesehen, da – so sagt die örtliche Überlieferung – »aus Plinlimmons grauer Brust« drei bedeutende Flüsse entsprangen, der Severn, der Wye und der Rheidol.[13]

Es gibt also gewichtige Gründe für die Annahme, daß der Hart Fell nicht nur dem »Schwarzen Berg« aus dem *Fergus*-Roman entspricht, sondern auch der Ort ist, an dem Merlin einst Zuflucht fand. Der Berg bildet den Scheitelpunkt einer Hügelgruppe, in der die Flüsse Annan und Clyde entspringen, und diese zwei Flüsse siedelte Boece im »Wald von Calidone« an. Außerdem liegt er mitten im Stammesgebiet der Selgover, deren Herrscher, wie bereits früher angedeutet, Merlins Schutzherr Gwenddolau gewesen sein könnte.

Boece berichtet beiläufig, daß Annan und Clyde einem Berg mitten im Wald von Calidone entspringen. Er hätte wie andere Chronisten hinzufügen können, daß die Quelle des Tweed sich ebenfalls an diesem Ort befindet; in frühen Zeiten hätte man ein solches Phänomen mit Ehrfurcht betrachtet. Eine irische Parallele läßt interessante Schlußfolgerungen zu: Die Iren glaubten nämlich, daß der Boyne und der Shannon einer Quelle der Anderswelt, der Wunderquelle von Segais, entsprungen sind. Neben dieser Quelle wuchsen Haselsträucher (man erinnere sich an die *Vita Merlini* und die Haselbüsche, die Geoffrey an Merlins Quelle wachsen ließ), und die Glücklichen, die Nüsse fanden, »erlangten seherische Fähigkeiten und wurden vollendete *filid*«.[14]

An dieser Stelle sei noch einmal an den Schwarzen Ritter und seine gespenstische Jagdgesellschaft erinnert, die Fergus auf dem Nouquetran erschienen. Der Ritter verkörpert eindeutig den Gehörnten Gott, den Herrn über die Tiere, mit seiner Wilden Jagd, der sich durch die ganze Merlinsage hindurchzieht. Der Name Hart Fell (hart = Hirsch) könnte hierauf anspielen. Wie der Name andeutet, war der Berg berühmt für seinen Reichtum an kapitalen Hirschen, von denen der letzte offenbar im Jahre 1754 erlegt wurde. Natürlich wird es überall in den Wäldern reichlich Rotwild gegeben haben, aber auf einer gebieterischen Anhöhe, wie dem die Baumgrenze überragenden Hart Fell, müssen die Hirsche den unten auf der römischen Straße vorüberziehenden Reisenden wohl besonders aufgefallen sein.

Wie Geoffrey von Monmouth schreibt, lebte Merlin neben einem Quell, »umstanden von Haselbüschen und anderem Gesträuch«. Ein Bote König Rhydderchs, der »die tiefsten Täler durchforschte... über die höchsten Berge schweifte... bis ins finsterste Dickicht vordrang«, »erblickte die Quelle und weit hinten im Grase den Mann, der klagte...« Später entdeckt Merlin eine neue Quelle mit Heilkräften und hält einen langen Exkurs über »gesundheitsfördernde Wasser«. Wenn uns auch die Beweise für Geoffreys Behauptungen fehlen, so ist es doch wahrscheinlich, daß Merlin stets mit einer heiligen Quelle in Verbindung gebracht wurde. Als die Merlinsage zu Anfang des Mittelalters über den Kanal in die Bretagne gelangte, wurde aus dem Wald von Caledonien der von Brocéliande, und einer berühmten heiligen Quelle bei Barenton wurde eine besondere Verbindung zu Merlin zugeschrieben.[15] Heilige Quellen und Brunnen spielten im Keltentum eine wichtige Rolle, und Analogien zu Kulten anderer Gesellschaften legen die Schlußfolgerung nahe, daß sie häufig den Mittelpunkt für ein Orakel bildeten, dessen prophetische Kräfte vom Trinken des heiligen Wassers herrührten.[16]

Es muß viele derartige Quellen mit ähnlichen Eigenschaften gegeben haben. Zwei frühe Versepen aus dem Umkreis der Artussage, das Lai *Desiré* und *Yvain-Le Chevalier au Lion* von Chrétien de Troyes, beinhalten Geschichten, die der Episode im *Fergus* so auffallend gleichen, daß sie wohl einer gemeinsamen Quelle entspringen. Die Helden brechen von Carlisle aus zu einer Burg auf, die an die Festung am Liddel in *Fergus* erinnert. Darauf reiten sie zu einem gewissen Feenbrunnen (in dem Lai *Desiré* in der Nähe von »Calatir«), der sich unter einem Zauberbaum befindet, von einem Unhold bewacht und von einem schönen Fräulein behütet, das im allgemeinen als »Wasserfee« angesehen wird. All dies trägt sich in Lothian zu – so die in der Epik verwendete geographische Bezeichnung für das schottische Tiefland (Fergus' Gastgeberin am Moat of Liddel ist die »Dame de Lodien«). Die Kenntnis von einem berühmten »Brunnen im Lande Lothian, wo die Feen umgehen«, scheint einst weitverbreitet gewesen zu sein, und im Fergus wird dieser Brunnen mit dem Ort gleichgesetzt, »wo Merlin so manches Jahr lebte«.[17]

Die schöne Maid, die dem Ritter leidenschaftlich zu Willen ist, taucht in der *Vita Merlini* nicht auf. In dem walisischen Gedicht *Afallennau* aber finden sich Zeilen, die auf einen Zauberbaum und die wollüstige Wassernixe anzuspielen scheinen:

»Süßapfelbaum, der an einem Flußufer wächst. Ein Kämmerer (einer von Rhydderchs Offizieren?), der sich ihm nähert, wird nicht imstande sein, seiner edlen Früchte habhaft zu werden. Als ich bei Verstande war, hatte ich an seinem Fuß immer ein schönes, ausgelassenes Liebchen, eine, die schlank war und einer Königin glich.«

Für den heiligen Brunnen von Lothian kommen zwei Quellen in der Nähe des Hart Fell in Betracht. Sechs Kilometer südlich des Gipfels befindet sich die bekannte Schwefelquelle von Moffat Well; weitaus näher, an den westlichen Ausläufern des Berges, ist Hartfell Spa gelegen, eine Stahlquelle, die neben einem Bach namens Spa Well Burn der Hügelflanke entspringt. Beide Wasser haben Heilkräfte und wurden mit der Zeit von so vielen Kranken aufgesucht, daß sich dort Anfang des 18. Jahrhunderts ein kleiner Kurbadeort entwickelte. Dies entzückende Städtchen Moffat wurde im Jahr 1752 von dem jungen James Boswell besucht, dem das Wasser erstaunlich rasch zur Genesung verhalf.[18]

Von den beiden erwähnten Quellen scheint auf den ersten Blick die von Hartfell Spa am ehesten als Zauberbrunnen in Frage zu kommen. Die Schwefelquelle Moffat Well liegt nicht auf dem Berg, sondern fast am Ortsrand von Moffat. Hartfell Spa dagegen liegt an den oberen Hängen des Hart Fell und unmittelbar an dem Weg, auf dem man am schnellsten von der in westlicher Richtung vorbeiführenden römischen Straße zum Gipfel gelangt. Die Wahrscheinlichkeit, daß es sich bei Hartfell Spa wirklich um Merlins Quelle handelt, wird durch eine Stelle in Geoffrey von Monmouths *Historia Regum Britanniae* erhöht. Als Ambrosius nicht recht wußte, mit welcher Totengedenkstätte er seine hinterrücks von den Sachsen gemeuchelten Edelmänner ehren sollte, riet man ihm, er solle nach Merlin, dem Propheten Vortigerns, schicken. Es stellte sich nun als äußerst schwierig heraus, Merlin aufzuspüren; schließlich, »nachdem sie verschiedene Provinzen durchquert hatten, fanden sie ihn im Lande Gewisse, am Brunnen von Galabes, wo er allein in Einsamkeit zu leben pflegte«. Es ist unklar, welches Gebiet Geoffrey mit Gewisse meinte, vermutlich wollte er nur andeuten, daß es im Herrschaftsbereich Vortigerns gelegen war, den er an anderer Stelle den »Konsul von

Gewisse« nennt. Trotzdem spricht einiges für die Annahme, daß Geoffreys »Gewisse« für eine Region im nördlichen Britannien steht.[19] Wo lag nun Galabes? Wenn er auf bestehende Namen zurückgreifen konnte, ersparte sich Geoffrey normalerweise die Mühe, neue zu erfinden[20], und wie der Kontext nahelegt, dürfte er im Zusammenhang mit Merlin von einem Ort dieses Namens gehört haben, ohne zu wissen, wo er lag.

Könnte es sein, daß ihm etwas von einem *»fons calabeatus«* zu Ohren gekommen war, »einer eisenhaltigen Quelle«, und das *c* am Wortanfang wegen einer Lautverschiebung oder eines orthographischen Fehlers einem *g* Platz gemacht hatte? Eisenhaltige Quellen gibt es natürlich im ganzen Land, die einzige andere Stelle aber, an der Geoffrey sich auf Galabes bezieht, enthält einen Hinweis, daß er von der berühmten Quelle von Lothian gehört hatte. In einer der Prophezeiungen, die er Merlin aussprechen läßt, kommt ein »abscheulicher Vogel« vor, »der sich zum Tal von Galabes *(vallem galabes)* begeben und es emporheben wird, bis es ein hoher Berg ist«. Dies ließe sich auch so auslegen, daß Geoffrey glaubte, der Brunnen von Galabes befände sich in einem Tal, aus dem sich ein steiler Berg erhebt. Aber das ist reine Spekulation.

Folgendes kommt dem Kern der Sache wesentlich näher: In dem Abschnitt, der dem »abscheulichen Vogel« unmittelbar vorangeht, wird ein Reiher erwähnt, der »aus dem Wald von Calaterium« auffliegt *(ex calaterio nemore)*. Und in dem Lai von *Desiré* ist der heilige Brunnen von Lothian in der Nähe von Calatir angesiedelt!

Abschließend sollte ich noch bemerken, daß die Schlucht, in der die Quelle von Hartfell Spa entspringt, in die Flanke eines Berges eingeschnitten ist, der den südwestlichen Ausläufer des Hart Fell bildet und den Namen Arthur's Seat trägt. Landauf landab gibt es eine ganze Reihe von Bergen, die nach dem großen Helden Britanniens benannt sind. Und häufig geht aus den örtlichen Sagen hervor, daß man sich die Berge als hohl vorstellte und in ihrem Inneren eine Anderswelt vermutete, über die Arthur und seine Gefährten herrschten. Aus dieser Betrachtungsweise folgte ganz natürlich die Annahme, die Brunnen und Quellen an der Erdoberfläche würden aus der darunter liegenden Anderswelt gespeist und seien deshalb heilig.[21] Alles spricht also dafür, daß die Quelle von Hartfell Spa (die ja auch Heilkräfte besaß) ebenfalls als heilig galt.

Nachdem ich all diese Beweismittel zusammengetragen hatte, beschloß ich, mich an Ort und Stelle umzusehen. Zusammen mit meinem Cousin Adrian Slack, einem Botaniker, der meine Begeisterung für Schottland teilt, brach ich im April nach Norden auf und fuhr nach Carlisle. Von dort aus war der Ritter Fergus in dem gleichnamigen Roman aus dem dreizehnten Jahrhundert zu seiner Queste ausgezogen, und so begann auch unsere Expedition bei dieser Stadt, die ehedem ein römisches Kastell und eine frühmittelalterliche Feste gewesen war.

Fest entschlossen, Merlins eigenen Spuren zu folgen, begaben wir uns zuerst zum Moat of Liddel, dem Schauplatz der verhängnisvollen Schlacht von Arderydd. Auf dem Weg dorthin wanderten wir nach Gretna, um am Ufer des Solway die vor sich hindösende Gestalt des Clochmabenstane zu betrachten. Einst stand dieser große, von einer Gletscherzunge zurückgelassene Findlingsblock im Mittelpunkt von *ludi*, wenn die Angehörigen vom Stamm der Selgover das heilige Drama ihres Gottes Mabon aufführten; und vielleicht war es Merlin persönlich, der das Trankopfer auf den Stein goß und über das Mysterium wachte. Heute ist es dort ruhig und besinnlich, aber da, wo sich der Solway nach Osten schlängelt und sich die Sonne in den schneebedeckten Gipfeln des fernen Skiddaw und seiner Schwestern spiegelt, dort ist der alte Zauber noch heute zu spüren.

Nachdem wir in Longtown wieder die Grenze passiert hatten, folgten wir den Fußstapfen Skenes und Pennants zum Moat of Liddel. Auch hier hat sich kaum etwas verändert. Die riesigen Erdwälle sind von Bäumen und Brombeersträuchern überwachsen, und überall liegen wuchtige Steinblöcke umher, die Überreste einer mittelalterlichen Zwingburg, die einst am selben Ort wie Gwenddolaus stolze Feste stand. Dahinter findet man den Obstgarten des High Moat, in dem der heidnische König und seine dreihundert Getreuen ihre letzte Ruhestätte gefunden haben, hoffentlich vor neugierigen Grabplünderern geschützt.

Nach einer Nacht in »merry Carlisle« ging es nordwärts nach Moffat, und hinter Lockerbie sah ich von der Hauptstraße aus den »Schwarzen Berg«, der den Ritter Fergus so tief beeindruckt hatte und dessen düsteres Bergmassiv das Tal im Norden versperrt. Bald würde ich meinen Fuß dorthin setzen, wo ich in meiner Phantasie schon so oft gewesen war! Sechs Kilometer nördlich von Moffat, an einer Stelle, die auf der Karte als Russel's Brae verzeichnet war, ließen wir das Auto stehen und machten uns auf zur letzten Etappe unserer Reise.

Wir folgten dem Bachbett des reißenden Auchencat Burn und stiegen dann oberhalb der steilen Klammwand auf. Vor uns lag der Berg, wenn auch sein Gipfel von der breiten, schneebedeckten Flanke des Arthur's Seat verdeckt war. Im Norden tauchten nun immer mehr Berge auf, und links hinter uns gähnte der dunkle Schlund der Devil's Beef Tub, deren düstere Felsstürze sich bedrohlich gegen den strahlend blauen Himmel darüber abhoben. Bald darauf sahen wir, wie mir ein rascher Blick auf die Karte zeigte, unser Ziel: Vor uns tat sich die steilwandige, dunkle Schlucht auf, in der die Quelle von Hartfell Spa (wie mochte sie wohl aussehen?) entspringt.

Mit pochendem Herzen kletterte ich in die Felsspalte und stieg immer höher über riesige, verstreut umherliegende Gesteinsbrocken, die gewaltige Kräfte einst aus der glatten Bergflanke gesprengt hatten. Ein letzter Felsblock – und da war sie! Jenseits des aus dem Fels rieselnden Baches war eine kleine, steinerne Grotte in den Fels gebaut. Ich zwängte mich hinein und trank von dem rostfarbenen Wasser, das in ihrem Inneren munter aus dem Boden gesprudelt kam. Das Alter der ursprünglichen Grotte läßt sich wohl kaum bestimmen; einiges deutet darauf hin, daß sie einmal völlig umbaut wurde. In ihrer jetzigen Form stammt sie aus dem Jahr 1752, wie das in den Deckstein geritzte Datum beweist, daneben der Wahlspruch und der Name des Herzogs von Queensbury, einem Gönner des Kurorts Moffat Spa aus dem Hochadel der Umgebung. Reste von einer Kette, die an einem Felsen neben der Quelle befestigt war, verführten mich zu romantischen Träumereien; ich erinnerte mich an die Stelle im *Yvain* des Chrétien de Troyes, wo der Ritter Calogrant den Feenbrunnen von Lothian aufsucht und sieht, daß:

>»dort eine Schale aus Eisen hängt,
>An einer Kette lang genug
>Das Wasser des Quells zu schöpfen.«

Als ich wieder in das Sonnenlicht hinaustrat, malte ich mir das Bild aus, das sich hier zu Merlins Zeiten geboten haben muß. Ich sah den Seher mit dem finsteren Blick, wie er in seinen Federmantel gehüllt auf einem Felsen sitzt, da, wo der Bach sich in seinem steinernen Bett hinabstürzt. Kein Laut außer dem gelegentlichen Rufen einer Lerche hoch oben über der kahlen Bergkuppe. Aber es hatte Tage gegeben, an denen diese Stille durchbrochen wurde von den Weissagungen des Propheten, wenn ihn die Ekstase der Erleuchtung überkam. So wie die Quelle einer verborgenen Welt unterirdischer Geheimnisse entsprang, floß das Wissen der Anderswelt zeitweilig durch das entkörperlichte *awen* des Sehers. Der Mantel aus Raum und Zeit zerreißt, und einem Kreis von Eingeweihten wird aus den abgehackten Versen eine Ahnung zuteil, eine Ahnung des Unendlichen, dem menschlichen Bewußtsein Verborgenen, wo die Illusion der Zeit aufgehoben ist und Vergangenheit, Gegenwart und Zukunft, Mensch und Geist zu einem Ganzen verschmelzen.

VI

Der Letzte der Druiden

Höchstwahrscheinlich galt die eisenhaltige Quelle am Hart Fell schon als heilig, bevor sich Merlin dort niederließ. Er hätte sich keinen besseren Platz aussuchen können. Hier ragte der von einer Aura der Heiligkeit umgebene Berg auf, hier nahmen seine Hauptflüsse ihren Ursprung, hier führte die römische Straße – unmittelbar am Fuße des Berges – vorbei. Merlin muß Schüler und Anhänger gehabt haben, wie sonst wäre seine Dichtung der Nachwelt erhalten geblieben? Zugleich lag dieser Berg tief in den Caledonischen Wäldern, in die sich der Seher zurückziehen konnte, falls ihm von den christlichen Königen in Dumbarton oder Carlisle Gefahr drohte. Den vielleicht sichersten Schutz boten die Wälder selbst, der düstere »Schwarze Berg« und die von Gesteinsbrocken übersäte Talschlucht, in der sich der Seher verborgen hielt.[1]

Wie bereits angedeutet, hatten Merlin und sein Schutzherr Gwenddolau als Heiden unter dem erstarkenden Christentum zu leiden. Die Geschichten um Merlin enthalten eine Fülle von Hinweisen, die dem aufmerksamen Leser verraten, worin dieses Heidentum bestand. Das ist deshalb so wichtig, weil es nicht nur die Merlinsage erhellt, sondern auch hochinteressante Aufschlüsse gibt über die – sonst eher spärlich dokumentierten – religiösen Anschauungen der vorchristlichen Bewohner Britanniens.

Die walisischen Myrddin-Gedichte enthalten einige Merkwürdigkeiten, die zur genaueren Beschäftigung reizen. Worin liegt zum Beispiel die Bedeutung des »Süßapfelbaumes« – aus dem Gedicht *Afallennau* – mit seinen Zauberkräften, den Myrddin anruft (»seine Kräfte verbergen mich vor den Männern Rhydderchs«)? Magische Äpfel und Apfelbäume sind ein immer wiederkehrendes Motiv frühkeltischer Literatur, und bestimmte Orte waren für ihre heiligen Haine oder für einzelne heilige Bäume bekannt. Verzauberte Apfelbäume wurden vor allem mit Feenland und Anderswelt assoziiert. Die Fee, die Bran von den dortigen Freuden erzählte, trug einen Zweig dieser Bäume, und Äpfel und gebratenes Schwei-

nefleisch gehörten zu den Hauptfreuden der Anderswelt.[2] Als König Arthur in der Schlacht von Camlan fiel,
brachte man ihn auf die »Insel der Äpfel« (insula
pomorum). Man hat sie später bei Glastonbury angesiedelt, aber in Wahrheit ist sie jenes glückliche utopische
Eiland, das »Feldfrüchte im Überfluß und Weintrauben
wie von selbst wachsen läßt; und aus dem kurzen Gras in
seinen Wäldern sprießen die Apfelbäume«. Dort wird
Arthur ausruhen, bis er von seinen Wunden geheilt ist.[3]
Die mythische Bedeutung des Apfels beschränkt sich
nicht auf die keltischen Länder. Erinnern wir uns nur an
den Baum im Garten Eden, der demjenigen, der von
seinen Früchten aß, die Erkenntnis von Gut und Böse
zuteil werden ließ, wobei häufig übersehen wird, daß der
Baum daneben die Gabe der Unsterblichkeit verlieh.
Denken wir an die Griechen und die goldenen Äpfel der
Hesperiden; Gaia, die Erde, überreichte sie dem Zeus
nach seiner Heirat mit Hera, und bewacht wurden sie
von einem unsterblichen Drachen mit hundert Köpfen.
Der Garten, in dem sie wuchsen, lag auf dem Weg in die
glückliche Anderswelt.
Ganz allgemein galt der Apfel als eine Frucht, die eng mit
der Anderswelt verbunden ist, und heilige Äpfel verleihen die Gabe der Unsterblichkeit.[4] Der Glaube an ihre
geheiligten Eigenschaften ist fester Bestandteil des mittelalterlichen Mystizismus und Volksglaubens. In Wales
kommt den Äpfeln eine wichtige Rolle bei Orakelspielen
zu, da sich, wohl wegen ihrer Verbindung zur Anderswelt, die Weissagekraft auf denjenigen überträgt, der
davon ißt. Deshalb sollten wir uns Myrddin vorstellen,
wie er seine Prophezeiungen unter einem magischen
Apfelbaum verkündet, Weissagungen, die ihm vielleicht
die Zauberkraft seiner Früchte eingab. Und wenn Myrddin behauptet, der Baum besitze die Macht, ihn unsichtbar zu machen, bedeutet dies möglicherweise, daß seine
Seele den Körper während der seherischen Trance zeitweilig verließ. Da erwiesen ist, welche Bedeutung der
Apfelbaum für die Kelten hatte[5], ist es kaum verständlich, warum Keltologen von Rang und Namen diese

Tatsache im Kontext mit Myrddins Baum offenbar übersehen.[6]

Noch befremdlicher erscheint das geringe Interesse an den Anrufungen des »kleinen Schweins« im *Hoianau*. Jede Strophe dieses Gedichts beginnt mit einem »Oh, kleines Schwein!«, worauf dann, scheinbar ohne Zusammenhang, Klagen über Myrddins erbärmliches Leben im Walde, Prophezeiungen über bevorstehende Kriege und Kriegsgerüchte folgen.

Zunächst sollte man festhalten, daß wilde wie domestizierte Schweine eine außerordentlich wichtige Rolle im Leben der keltischen Völker besaßen. Der Eber war das Kulttier schlechthin, Schweinefleisch das Lieblingsgericht der Kelten. Die Parisier von Ost-Yorkshire, ein marnischer Stamm, legten Bratenstücke vom Schwein in ihre Gräber, zweifellos, weil der »Keltenfürst auf seiner Reise das Lieblingsessen eines jeden Kelten mit sich führen sollte«. Die Räuber, die den Heiligen Patrick entführten, opferten »ihren Götzen« vom Fleisch erbeuteter Schweine, weswegen sich der Heilige trotz seines Hungers weigerte, mit ihnen zu speisen.

Schweinen wurden Eigenschaften zugeschrieben, die uns wunderlich anmuten. Oft bediente man sich ihrer als Führer; hielten sie sich an einem bestimmten Platz bevorzugt auf, nahm man dies als Zeichen, dort Kirchen und andere Bauten zu errichten. So heißt es von der Stadt Glastonbury, sie verdanke ihre Lage den Vorlieben einer streunenden Schweineherde, und St. Dubricius wählte den Platz für seine Kirche an den Ufern des Wye nach ähnlichen Vorzeichen aus. Einige dieser Geschichten gehören sicher ins Reich der Legende, andere jedoch könnten auf tatsächlichen Ereignissen beruhen. Wenn die südafrikanischen Betschuanas eine neue Stadt gründen wollten, ließen sie einen geblendeten Bullen vier Tage lang umherziehen und begannen dann dort zu bauen, wo er am Ende dieser Zeit angelangt war.

Eine besondere Wirkung ging von ungewöhnlichen Erhebungen in der Landschaft aus, etwa den gewaltigen überwachsenen Erdwällen. Da mit der Zeit in Vergessen-

heit geraten war, daß sie ursprünglich von Menschen-
hand errichtet waren, sah man sie schließlich als das
Werk göttlicher Schweine von riesenhaftem Körperbau
an. In Nordirland findet sich eine große, unter der
Bezeichnung Black Pig's Dyke bekannte Verteidigungsanlage, und die Iren nannten den Wall des Antoninus
auch *clad na muice*, »Schweinewall«. Man dachte wohl,
halbgöttliche Schweine mit kraftvollen Schnauzen und
Hauern hätten diese Erdwälle aufgeworfen, wie zum
Beispiel der Eber *Twrch Trwyth*, den Arthur und seine
Edelmänner in der Geschichte von *Culhwch and Olwen*
jagen, oder das Zauberschwein, das in der bekannten
irischen Sage von Diarmaid erschlagen wird.

Vor allem aber glaubte man, Schweine seien »sichere
Führer in die Anderswelt« und stammten auch von dort.
Zwei der Herren der Anderswelt waren göttliche Schwei-
nehirte, und wahrscheinlich opferten die heidnischen
Kelten Schweine in dem Glauben, diese kehrten in die
Anderswelt zurück. Als Cian, der Vater des Gottes Lug,
in Irland von seinen Feinden verfolgt wurde, verwandelte
er sich mit Hilfe eines »Druidenstabes« in ein Schwein.
Von einem Speer durchbohrt, verwandelte er sich in seine
eigene Gestalt zurück und wurde zu Tode gesteinigt.[7]

Schweine wurden keineswegs nur bei den Kelten geopfert. In Griechenland mußten diejenigen, die in die Eleu-
sinischen Mysterien eingeführt wurden, am zweiten Tage
ihrer Initiation ein Schwein opfern, denn Schweineblut
wurde als ein Mittel zur Reinigung angesehen, stark
genug, um den im Menschen befindlichen unreinen Geist
in sich aufzunehmen. Christus zwang die Teufel, aus
dem besessenen Gadarener in eine Herde von Säuen zu
fahren (Markus 5, 1–16), und eine finnische Volkssage
berichtet von der rituellen Tötung eines Schweines mit
»einer Goldkeule, einem Kupferhammer, einem Silber-
fäustel«.[8]

Die Seher im frühen Irland kauten das Fleisch von
Schweinen, die sie zuvor bestimmten Göttern geopfert
hatten. Durch die Opferung wurden die Tiere in gewissem Sinne selbst zu Göttern erhoben. Man glaubte, daß

der Seher, indem er vom Fleisch des Tieres aß und sich in seine Haut hüllte, etwas vom Wissen der Gottheit erlangen konnte, das ihm übermittelt wurde, sobald er in Trance fiel.[9]

Könnten die Verse des *Hoianau* die Überreste einer Beschwörungsformel sein, die man an Merlins Schwein richtete, bevor es in vergleichbarer Art und Weise geopfert wurde? Im *Hoianau* ist aber nicht nur von einem Schwein die Rede. Es heißt dort auch, Myrddin lebe unter den Wölfen des Waldes, und in der *Vita Merlini* redete Merlin einen alten Wolf als seinen Gefährten an.[10] Diese Analogie läßt vermuten, daß es neben dem *Hoianau* eine Verssammlung gegeben hat, in der Myrddin Prophezeiungen an einen Wolf richtete. Wölfe wurden, ebenso wie Schweine, von den Kelten kultisch verehrt; man sah sie als Begleiter eines Gottes an. Und wenn es von einigen keltischen Heiligen heißt, sie hätten Wölfe gezähmt, so wollte man dadurch wahrscheinlich zum Ausdruck bringen, daß ihre Kräfte denen ihrer heidnischen Rivalen um nichts nachstanden.[11]

Apfelbaum, Schwein und Wolf – sie alle werden mit dem Merlin der Sage in Zusammenhang gebracht, und sie alle haben eine heidnische Nebenbedeutung. Nun fehlt noch einer seiner wichtigsten Gefährten: der Hirsch. Ein bedeutsamer und weitverbreiteter Kult bei den frühen Kelten galt dem Hirschgott. In der Ikonographie ist er als menschliche Gestalt mit den Ohren und dem Geweih eines Hirsches dargestellt. Auf einer in Paris gefundenen Inschrift wird eine solche Gestalt »Cernunnos«, d.h. »der Gehörnte« bzw. »der mit dem Geweih« genannt. Man weiß nicht, ob der Gott unter diesem Namen allgemein oder nur in bestimmten Regionen bekannt war oder ob es sich dabei nur um eine Art Epitheton handelte. Fest steht, daß seine Verehrung einen wesentlichen Bestandteil der keltischen Mythologie bildete.

Mit besonderer Inbrunst wurde dem Gott mit dem Geweih, wie es scheint, im Mündungsgebiet des Solway und weiter im Landesinnern gehuldigt. Sein besonderes Merkmal ist, daß er übernatürliche Macht über die Tiere

König Arthur und Merlin als Hirsch (»Gott des Waldes«).
Miniatur aus der Handschrift *Plusieurs romans de la Table Ronde*
von Arnulfus de Kayo (1286)

des Waldes besitzt und ihnen zugleich stark verbunden ist. Seine Macht erstreckt sich besonders auf Hirsche, aber auch auf Eber und Wölfe. So sieht man den Gott dargestellt auf dem berühmten Kessel von Gundestrup im Nationalmuseum Kopenhagen, wie er mit weit ausladendem Geweih im Kreis wilder Tiere sitzt, unter denen ein kapitaler Hirsch und ein Wolf hervorstechen. Auf dem Querbalken eines Kreuzes in Clonmacnois ist er mit zwei Wölfen, die er gerade am Schwanz packt, abgebildet. Ohne jeden Zweifel wurde der Gott von seinen keltischen Verehrern als ein Bewohner des Waldes betrachtet, der übernatürliche Macht über die wilden Tiere besaß und selber in vielem seinem Lieblingsgefährten, dem Hirsch, glich.[12]

Und nun wird deutlich, daß der Merlin der Sage (Myrddin, Lailoken, Suibhne) in vielerlei Hinsicht Ähnlichkeit mit Cernunnos aufweist. Wie Cernunnos lebt er allein im Wald. Wie Cernunnos bevorzugt er den Wolf und das Schwein als Gefährten. Und vor allem gleicht er Cernunnos in der bemerkenswert engen Verbindung zum Hirsch.

In den walisischen Gedichten, die ohnehin nur flüchtig auf die Lebensumstände ihres Helden eingehen, taucht dieses Tier nicht auf. Aber in der *Vita Merlini* spielen Hirsche eine äußerst markante Rolle. Erzürnt, weil seine Frau Guendoloena sich mit einem anderen zu vermählen gedenkt, versammelt Merlin ein Rudel Rotwild und reitet in Begleitung dieses Rudels auf einem Hirsch zur Hochzeit.

»Da kam Guendoloena raschen Schrittes herbei, und als sie den Mann auf einem Hirsch reiten sah, lächelte sie und verwunderte sich sehr, daß das Tier ihm gehorchte und daß er überhaupt so viel Wild um sich gesammelt und vor sich hergetrieben hatte, wie ein Schäfer, der seine Schafe auf die Weide führt. Der Bräutigam schaute hoch oben aus einem Fenster und sah mit Erstaunen den Reiter auf seinem wunderlichen Sitz; er brach in Lachen aus. Sobald aber der Prophet ihn erblickt und begriffen hatte, wer er war, riß er dem Hirsch, der ihn trug, das Geweih ab, schleuderte es nach dem Manne und zerschmetterte ihm das Haupt. So tötete ihn Merlin und versetzte seine Seele ins Jenseits.«

(Nach der Übersetzung von Inge Vielhauer)

Daraufhin floh Merlin auf seinem – doch wohl verstümmelten – Hirsch reitend in den Wald zurück. Das Gesinde kam herbeigeeilt und machte sich Hals über Kopf an die Verfolgung des flüchtigen Mörders. Merlin aber wahrte seinen Vorsprung und jagte mit solcher Geschwindigkeit dahin, daß er entkommen wäre, hätte ihm nicht ein Wasserlauf den Weg versperrt. Sein Hirsch versuchte, durch die Strömung zu setzen, doch in der

Mitte des Flusses glitt der Prophet von seinem Rücken und trieb ans Ufer, wo ihn seine Verfolger ergriffen und gefesselt zu seiner Schwester zurückbrachten.

Diese Erzählung enthält eine ganze Reihe von Aspekten, die eine nähere Betrachtung verdienen. Zunächst ist da natürlich Merlins erstaunliche, hier für selbstverständlich genommene Macht über die wilden Hirsche. Sie sind seine Diener, gehorchen aufs Wort. Dies ist der entscheidende Punkt, und darin ist der Prophet ganz offensichtlich dem heidnischen Gott sehr ähnlich. Zwei weniger auffällige Aspekte sollten noch angemerkt werden. Selbst wenn man davon ausgeht, daß Merlin die seltene Fähigkeit besaß, Macht über die wilden Tiere auszuüben, erscheint die Episode, in der er das Geweih seines Reittieres abreißt und seinem Nebenbuhler an den Kopf schleudert, als unpassend, ja lächerlich. Wie konnte Merlin dieses Kunststück vollbringen, und wie trug ihn der Hirsch scheinbar unbeeinträchtigt fort? Weil es, wie ich vermute, *sein eigener, mit einem Geweih verzierter Helm war, den er nach dem Spötter schleuderte.* Falls eine frühere Quelle Merlin im Zusammenhang mit einem Geweih erwähnt hatte, könnte sich an späterer Stelle ein Mißverständnis ganz einfach durch ein falsches Possessivpronomen ergeben haben. »Merlin riß sein Geweih ab... warf es nach dem Bräutigam.« Wessen Geweih? Die Antwort wäre unzweideutig gewesen.

Der andere interessante Aspekt ist, daß Merlin gefangengenommen wird, weil es ihm nicht gelingt, einen Fluß zu durchqueren. Es ist bekannt, daß man von bösen Geistern glaubt, sie seien außerstande, fließendes Wasser zu passieren. In dem berühmten Gedicht von Robert Burns entkommt Tam O'Shanter den Hexen, deren Tanz er gestört hatte, indem er einen Fluß zwischen sich und seine Verfolgerinnen bringt:

> »Nun spute dich, Meg, und eile fort,
> Auf die Wölbung jener Brücke dort;
> Da peitsch' die Luft mit deinem Schweife keck,
> Ein Fluß, der fließt, sperrt ihnen ihren Weg.«

Diese Vorstellung ist sehr alt und findet sich überall in der volksliterarischen Überlieferung. Plinius berichtet, die Druiden seien überzeugt gewesen, man könne sich vor Zauberschlangen in Sicherheit bringen, indem man auf einem Pferd über einen Fluß fliehe. Dieser Glaube geht vermutlich auf die Vorstellung zurück, fließendes Wasser habe reinigende Kraft. Der in Lincolnshire und Northumberland häufig auftretende Flußname Glen stammt von der britischen Wortwurzel *glanos* ab, die soviel wie »sauber, heilig, schön« bedeutet.[13] Die Passage in der *Vita Merlini* deutet also auf eine Zeit hin, in der Merlin, zumindest aus christlicher Sicht, als eine Art Dämon angesehen wurde.

Auch Suibhne Geilt ist zweifellos, wie sein *alter ego* Merlin, ein Herr der Hirsche. Er reitet auf einem Hirschkitz, spannt Hirsche vor den Pflug, thront auf deren Geweih und jagt mit den Rothirschen über die Felder. Der Hirsch als Pflugtier ist ein Motiv des keltischen Heidentums, das von der frühchristlichen Kirche übernommen wurde. Nicht wenigen Heiligen im alten Irland und in Britannien wurde die Fähigkeit zugeschrieben, Hirsche zu zähmen – ein weiteres Beispiel dafür, wie sich die Kirche festverankerte heidnische Glaubensvorstellungen angeignete, um sie ihren Zwecken dienlich zu machen.[14]

Bei der Beschreibung Merlins und Suibhnes wird ausdrücklich betont, welch bemerkenswerte Macht sie über die sonst so wilden Hirsche in den Wäldern und Bergen haben. Und noch ein weiterer Umstand verdient Beachtung: Beide besaßen die Merkmale eines Hirsches in so ausgeprägter Form, daß sie praktisch selber zu Hirschen mutierten. Besonders von Merlin heißt es, er habe wie ein Tier *(rituque ferino vivebat)* als Mitglied des Rudels *(cum grege siluestri)* gelebt. Er ernährte sich von »Wurzeln, Gräsern, wilden Früchten und Beeren« oder von Nüssen und Eicheln. Es wird ausdrücklich betont, daß seine Kost vegetarisch war; im Winter, wenn die Bäume kahl sind, leide er Hunger. Die vegetarische Lebensweise sei aber nicht frei gewählt, sondern Teil seiner Natur. Merlin rät seinem Gefährten, dem alten Wolf, der wie er großen Hunger leidet, Jagd auf wilde Ziegen und andere Beute zu machen. Für ihn selbst kommt diese Nahrungsquelle nicht in Frage, obwohl es an einer Stelle heißt, er könne schneller laufen als die Tiere des Waldes. Was er zu sich nimmt, ist auch nicht vergleichbar mit der Kost eines Walderemiten: Wenn die Bäume keine Früchte mehr tragen, ernährt sich Merlin ganz wie ein Hirsch und »lebt von gefrorenem Moose im Schnee, im Regen, im Wüten des Windes«.[15] Und während die meisten Einsiedler und Wilden Männer in der irischen Naturdichtung von Fisch und Wildpret leben, fällt an Suibhne Geilt auf, daß er sich nur von Gemüse und Früchten nährt.[16]

Hinter dem Merlin in Geoffrey von Monmouths *Vita Merlini* verbirgt sich eine Gestalt, die in den entlegensten Wäldern Caledoniens lebte, über wilde Hirsche gebot, einen mit Geweihstangen geschmückten Helm trug und die Natur eines Hirsches hatte, verbunden mit einem menschlichen (oder vielmehr übermenschlichen) Intellekt. Außerdem stand sie in Beziehung zu einem heiligen Apfelbaum und wurde von einem Schwein und einem Wolf begleitet. Ließe sich eine Emanation des keltischen Gottes mit dem Geweih, Cernunnos, noch deutlicher beschreiben? Geoffrey von Monmouth kann eine solche Gestalt, die ihre Spuren auch in anderen mittelalterlichen Fassungen der Merlinsage hinterlassen hat, nicht erfunden haben.[17]

Lange nachdem mir diese Rekonstruktion der ursprünglichen Merlingestalt, wie sie den walisischen Gedichten und Geoffrey von Monmouths Versepos zugrunde lag, aus vielen verschiedenen Zeugnissen gelungen war, fand ich das Vorhandensein einer solchen Vorstellung in der keltischen Überlieferung auf überraschende Weise bestätigt. In einer irischen Legende lädt der Prophet und Historiker Tuan mac Cairill den heiligen Finnen von Moville in seine Anachoretenklause und erzählt ihm seine Lebensgeschichte. Danach war Tuan der einzige Überlebende einer verheerenden Todeswelle, die Irland in einem früheren Zeitalter heimgesucht hatte. Nur einer hatte überlebt: Tuan. Die Fortsetzung seiner Geschichte entspricht in fast allen Einzelheiten meiner Rekonstruktion der Merlinsage.

»›Denn gewöhnlich gibt es kein Gemetzel, dem nicht irgendeiner entkommt, um die Geschichte zu erzählen. Dieser Mann bin ich‹, sagte er. ›Dann zog ich von Hügel zu Hügel und von Klippe zu Klippe und nahm mich vor den Wölfen in acht, während Irland leer war. Schließlich überkam mich das Alter, und ich war auf Klippen und in Einöden und war nicht in der Lage, mich frei zu bewegen, und ich hatte besondere Höhlen für mich. Dann fiel Nemed, Sohn des Agnoman, der Bruder meines Vaters in Irland ein, und ich sah sie von den Klippen und wich ihnen ständig aus, und ich, mit Krallen, behaart, verdorrt, grau, nackt, elend, bedauernswert. Dann, als ich eines Nachts schlief, sah ich mich die Gestalt eines Hirsches annehmen. In jener Gestalt war ich, war jung und frohen Herzens.‹«

Tuan weissagte künftige Ereignisse und schloß mit dem Vers:

»›Dann wuchsen auf meinem Kopf
Zwei Geweihstangen, an drei Stellen eingekerbt,
So daß ich grob und grau von Gestalt bin
Nachdem mein Alter die Schwäche
überkommen hat.‹

Danach, seit der Zeit, in der ich die Gestalt eines Hirsches hatte, war ich der Führer der Herden Irlands, und wohin ich auch ging, war eine große Herde von Hirschen um mich... Dann schließlich überkam mich das Alter, und ich floh vor Menschen und Wölfen. Einmal, als ich vor meiner Höhle war – ich erinnere mich noch daran –, wußte ich, daß ich von einer Gestalt in eine andere überging. Dann nahm ich die Gestalt eines wilden Ebers an... In dieser Gestalt‹, sagte er, ›war ich dann richtig, war jung und frohen Mutes.‹«

Nach weiteren Gestaltwechseln (denen immer dreitägiges Fasten vorangeht) wurde Tuan wieder ein Mensch:

134

Tungusischer Schamane, mit Hirschgeweih und Trommel.
Kupferstich 18. Jahrh.

»Ich kann mich auch daran erinnern, als die Sprache zu mir kam, wie sie zu jedem Menschen kommt, und ich wußte alles, was gerade in Irland getan wurde, und ich war ein Seher.«[18]

Der Siegeszug des Christentums bedeutete eine Niederlage für den einheimischen Herrn des Wildes, nicht aber seine Vernichtung. In den Tiefen der Wälder und auf den unzugänglichen Bergeshöhen war seine Macht auch weiterhin spürbar, und in Folklore und Literatur der Kelten lebte seine Gestalt unter dünner Verkleidung fort. Seiner

135

Hörner wegen wurde er mit dem Teufel identifiziert, mit dem er jedenfalls eines gemein hatte: Erzfeind der Christen zu sein. Im Wales des 18. Jahrhunderts war er immer noch eine Figur, die man beschwor:

»Ist es denn verwunderlich, daß der Teufel mit überkreuzten Beinen in Ogo Maen Cynmd sitzt, um die Schätze dort zu bewachen?«

Die gekreuzten Beine lassen an die Cernunnos-Figur auf dem Kessel von Gundestrup denken.[19]

Und wir begegnen ihm erneut im Epos von Owain, wo der Ritter Zeuge seiner Macht über die natürliche Schöpfung wird:

»...du mußt immer weiter gehen, bis du zu einer großen, geschützten Lichtung kommst, mit einem Erdhügel in der Mitte. Dort siehst du einen außergewöhnlichen großen Schwarzen Mann auf der Spitze des Erdhügels. Er ist so groß wie zwei gewöhnliche Männer; er hat nur einen Fuß und ein Auge in der Mitte seiner Stirn. Und er hat eine Keule aus Eisen, und es gibt keine zwei Männer in der Welt, die diese Keule tragen könnten. Und er ist kein schöner Mann, sondern im Gegenteil äußerst häßlich; und er ist der Hüter des Waldes. Und du wirst tausend wilde Tiere sehen, die um ihn her äsen.«

Als Owain zu ihm gelangte, stellte er fest, daß die Macht des Schwarzen Mannes gewaltig untertrieben worden war. Owain »fragte ihn, welche Macht er über diese Tiere besäße. Das werde ich dir zeigen, Menschenzwerg, sagte er. Und er nahm seine Keule in seine Hand und versetzte einem Hirsch damit einen fürchterlichen Schlag, so daß dieser laut brüllte; und auf sein Röhren hin kamen die Tiere in so großer Zahl wie die Sterne am Himmel zusammen, so daß ich in der Lichtung kaum genug Platz finden konnte, um zwischen ihnen zu stehen... Und er sah sie an und befahl ihnen, auf die Weide zu gehen. Und sie neigten ihre Köpfe und huldigten ihm als ihrem Herrn.«

Die Ähnlichkeit zu Merlin steht außer Frage. In einem Lied aus dem dreizehnten Jahrhundert wird erzählt, wie er in den Wäldern Nordbritanniens entdeckt wird. Diejenigen, die ihn gesucht hatten, »fanden eine große Ansammlung wilder Tiere und einen sehr häßlichen und abscheulich anzusehenden Mann, der diese Tiere bewachte.«

Es war Merlin.

An anderer Stelle taucht der gehörnte Gott als Anführer der Wilden Jagd auf, auch dies ein Motiv, das in der Merlinsage getreulich widergespiegelt ist. Die erste Erwähnung der Wilden Jagd in Britannien ist auf das Jahr 1127 datiert. Im *Anglo-Saxon Chronicle* findet sich eine entsprechende Eintragung über die Stadt Peterborough. Sie stammt von einem zeitgenössischen Bewohner dieser Stadt und ist deshalb von höchstem Interesse. Viele zu Tode erschrockene Bürger waren Augen- und Ohrenzeugen einer gespenstischen Jagd:

»Diese Jäger waren schwarz und groß und häßlich, und sie ritten auf schwarzen Pferden und Hirschen. Man sah sie mitten im Hirschpark von Peterborough und in allen Wäldern zwischen dieser Stadt und Stamford; und die Mönche hörten das Schmettern der Hörner, die sie nachts erschallen ließen. In jener Nacht wurden sie von glaubwürdigen Leuten beobachtet, die sagten, es seien etwa zwanzig oder dreißig Hornbläser gewesen.«

Die Wilde Jagd, die hier, besessenen Menschen gleich, über Waldlichtungen hetzte, dort durch einen verschlierten, blutroten Himmel tobte, war eine furchterregende Erscheinung, die überall in Europa und Britannien gesehen wurde. Einmal hatten die Reiter keine Köpfe auf ihren Körpern, ein andermal waren es ihre Rosse, denen die Köpfe fehlten. Hörte man in einer sturmdurchtosten Nacht das Gekläffe von Geisterhunden und das Heulen von Hörnern in der Luft, so war dies ein untrügliches Zeichen für einen bevorstehenden Todesfall in der Familie. Denn die Jäger waren niemand anders als die Seelen ungetaufter (d. h. heidnischer) Leichname, die für alle Ewigkeit dazu verdammt waren, hinter einem gespenstischen Hirsch durch den Nachthimmel und die mitternächtlichen Wälder zu jagen.

Bei den teutonischen Völkern sah man in dem Führer der

Wilden Jagd für gewöhnlich den Gott Odin (Wotan), und eine aus dem vierzehnten Jahrhundert stammende Quelle bezeichnet die Schar der toten Seelen als *Wutanes her*, Wotans Heer. Oft glaubte man, es handele sich hierbei um die Seelen der Gehängten, die unter dem besonderen Schutz Odins standen, oder um Männer, die in der Schlacht gefallen waren. Der Name Odin war jedoch nur einer von vielen, die man dem Gott gab, der über die ruhelosen Geister der Toten herrschte[20], und der Gott ist eindeutig älter als sein Name. Odin wird mit einem Auge dargestellt, ein Merkmal, das er mit dem keltischen Herrn des Waldes gemein hat, dem wir in dem Roman von Owain begegnet sind.

Britanniens berühmteste Erscheinung des Wilden Jägers macht ihren Auftritt im Windsor Great Park, der Theaterbesuchern aus Shakespeares *Die lustigen Weiber von Windsor* bekannt ist:

> »Man hat ein Mährlein, daß der Jäger Hern
> (Vor Alters Förster hier im Windsorwald),
> Im ganzen Winter jede Mitternacht
> Um eine Eiche geht mit großen Hörnern...
> Ihr alle hörtet von dem Spuk, und wißt
> Daß unsre schwachen, abergläub'schen Alten
> Die Mähr vom Jäger Hern' so überkamen
> Uns unsrer Zeit als Wahrheit überliefert.«
> (Nach der Übersetzung von Wolf Graf Baudissin)

Und in Harrison Ainsworths historischem Roman *Windsor Castle* (1843) treffen wir wieder auf Herne, wie er – in Hirschhäute gekleidet, einen Geweih-Helm auf dem Kopf – mit seinen satanischen Gefährten und Jagdhunden in den von Mondlicht überfluteten Alleen des Great Park hinter dem Hirsch herhetzt. Charles Richard Cammel, ein mir befreundeter Dichter, erzählte einmal, daß er vor dem Zweiten Weltkrieg während seiner Schulzeit in Eton sich mit einem alten Wildhüter zu unterhalten pflegte, der Herne auf seiner nimmer endenden Jagd hatte vorbeistürmen sehen.

Im keltischen Westen war der »Jägersmann, der die Seelen der Verstorbenen in sein Reich holt«, Gwyn ab Nudd, »ein Gott der Toten und König der anderen Welt, der die Gefallenen in sein Herrschaftsgebiet holt«. Er war oft von Höllenhunden *(cwn Wybir)* begleitet, und wenn diese schreckenerregende Meute über den Himmel stob, wußte man, daß ein Todesfall bevorstand.[21]

Die Gestalt des Wilden Jägers weist deutliche Parallelen zu Merlin auf. Die Sage von der Wilden Jagd steht in engem Zusammenhang mit der Geschichte von den am Himmel kämpfenden Geisterarmeen, und hinter beiden steckt der Glaube, daß sich die Seelen der Verstorbenen zu einer Heerschar formierten.[22] Man denke nur daran, daß Merlin (in der Lailoken-Version) über sich am Himmel eine gespenstische Armee gewahrte, daß er (in den Myrddin-Gedichten) sein Leben im Walde von Caledonien beklagte, wo ihm nur *gwyllon*, Schatten, Gesellschaft leisteten, und daß er, mit einem Geweih-Helm auf dem Kopf, hinter den wilden Hirschen durch den Tann hetzte.[23]

Es kann also kaum Zweifel daran bestehen, daß man in Merlin einst den Wilden Jäger sah, der in den Tiefen der Caledonischen Wälder über die Scharen der Seelen der Verstorbenen wachte. Man wird sich auch daran erinnern, daß der Ritter Fergus in dem gleichnamigen Roman eine Queste zu einem Berg (Hart Fell) unternahm, »wo Merlin so manches Jahr lebte«. Nachdem er den Gipfel erklommen und die atemberaubende Aussicht genossen hatte, schickte er sich an, wieder abzusteigen, als im selben Augenblick der Lärm einer herannahenden Jagd ertönte, der alle Hirsche erschreckte. Dies deutet darauf hin, daß der Glaube – oder eine entsprechende Überlieferung – örtlich begrenzt mindestens bis ins dreizehnte Jahrhundert fortlebte. Noch faszinierender ist der Gedanke, wir könnten möglicherweise auch eine *zeitgenössische* Anspielung besitzen. Denn im 6. Jahrhundert berichtete der byzantinische Historiker Procopius, zweifelsohne unter Rückgriff auf Erzählungen von Reisenden, die Seelen der Verstorbenen würden in die Gegend

139

nördlich des Hadrianswalles ziehen! Und dies war das Gebiet, in dem die Selgover wohnten, ein Stamm, dessen Name für den gehörnten Gott und seine Geisterreiter, »die Jäger«, stand.

All dies spricht wohl für sich selbst und läßt sich folgendermaßen zusammenfassen: Merlin verkörpert die gehörnte Gottheit, die über Menschen und Tiere wachte und die Seelen der Verstorbenen in ihren himmlischen Wohnsitz aufnahm. Er trug einen Helm mit einem Geweih (und kleidete sich möglicherweise in Hirschhäute) und verhielt sich in gewisser Hinsicht selbst wie ein Hirsch.[24] Er lebte neben einer heiligen Quelle auf dem Grat eines Berges tief in den Caledonischen Wäldern und konnte von seinem Gipfel die darunter ausgebreitete Welt überblicken. In der Nähe seines Zufluchtsortes wuchs ein heiliger Apfelbaum bzw. Apfelbaumhain, und seine Gefährten waren, wie man glaubte, ein Schwein und ein Wolf. Die ganze Gegend um den Berg wurde mit Ehrfurcht und Schrecken betrachtet (was der *Roman de Fergus* noch 600 Jahre später bezeugte). Trotz seiner abgeschiedenen Lage bot der Berg Ausblick auf eine der großen, vielbenutzten Straßen Nordbritanniens.

Es ist kaum vorstellbar, daß eine solche Gestalt eine spätere literarische Erfindung des christlichen Mittelalters sein könnte. Dazu hätte es schon prophetischer Gaben wie der eines Merlin bedurft, denn die Fälschung würde die Ergebnisse unserer modernen Kelten-Forschung voraussetzen. Nun scheinen sich aber die Autoren der meisten bestehenden Fassungen des Merlinstoffes gar nicht darüber im klaren gewesen zu sein, daß ihr Held überhaupt etwas Heidnisches an sich hatte. Nur in den walisischen Gedichten hatte man wohl hie und da gemerkt, daß die Verse für christliche Ohren nicht so ganz respektierlich waren. In Einschüben, die gar nicht in den Zusammenhang passen, wird der Name Christi beschworen, so daß gerade die Gedichte mit den stärksten heidnischen Bezügen häufig mit einem Tribut an das Christentum beginnen und schließen.[25]

Die Erinnerung an Merlin sollte nicht erlöschen. Seine

Persönlichkeit war zu markant, sein Ruhm zu weit verbreitet, um zu vergehen. In einem Zeitalter, das von Weissagungen beherrscht war, konnte man kaum die Eingebungen eines Propheten außer acht lassen, der – selbst wenn er diese Gabe seinem gehörnten Meister, dem Teufel, verdankte – so offenkundig die Gabe hatte, den scheinbar undurchdringlichen Schleier über der Zukunft zu durchstoßen. Vielleicht war es auch seine Persönlichkeit, die die Leute anzog und ihre Phantasie beschäftigte. In allen Fassungen seiner Geschichte tritt Merlin auf als eine tragische, gequälte Figur, als jemand, der das Opfer von Umständen wurde, die sich seiner Kontrolle entzogen und den das Schicksal seiner Überzeugungen wegen zu einem Leben voll Drangsal verdammt hatte. Es könnte sogar sein, daß ihm die Kirche, wenn auch widerwillig, einen gewissen Respekt zollte. In einem der Lailoken-Fragmente heißt es, daß er aus der Wildnis nach Glasgow kam und vom Felsen von Molendinar herab die Gebete des heiligen Kentigern und seiner Priester durch wilde Prophezeiungen unterbrach. »Denn er sagte dort viel von der Zukunft voraus, als sei er ein Prophet.« Den Mönchen erschienen die Prophezeiungen dunkel, ja unverständlich, »aber sie erinnerten sich an einige scheinbar nichtssagende Bemerkungen und schrieben sie nieder«.

Hier klingt so etwas wie eine zähneknirschende Zusammenarbeit an, und dies könnte vielleicht heißen, daß beide Seiten einander respektierten trotz der unversöhnlichen Feindschaft zwischen dem alten und dem neuen Glauben. Die Spitznamen für Heilige und Seher, *Munghu* und *Llallogan*, bedeuten beide praktisch dasselbe: »Teurer Freund«. Der Verfasser der Lebensgeschichte des heiligen Kentigern war ganz offensichtlich darum bemüht, seinen Helden mit all den beeindruckenden Kräften auszustatten, die man seinem heidnischen Rivalen zuschrieb. Kentigern konnte »kraft der gewaltigen Macht seiner Worte« wilde Hirsche zähmen und dazu bringen, ihm zu dienen; Kentigern hatte einen Wolf und einen Keiler, die seinem Zauber erlagen und fortan seine frommen Diener waren, und – Wunder über Wunder – Kentigern tat »eine Prophezeiung über die Briten und Angeln, die so genau war, daß sie ganz England dazu brachte, einen Glauben hochzuhalten, der so nachweislich wahr war«.

Die Erinnerung an den Propheten aus Caledonien war im Volk nicht auszurotten; so blieb nichts anderes übrig, als seinem christlichen Pendant, dem heiligen Kentigern, gleichwertige oder gar überlegene Zauberkräfte zuzuschreiben und dabei anklingen zu lassen, daß Merlin schließlich doch noch ein Rüchlein von Heiligkeit angenommen hatte.

Damit wissen wir nun einiges über das Umfeld des Kultes und über die Gestalt, die ihn ausübte. Aber welche Funktion hatte dieser Kult? Welchem Zweck diente er?

Seit frühester Zeit hat sich das Interesse fast ausschließlich auf Merlins Ruf als Prophet konzentriert. Die *Gododdin*-Dichtung, deren Aufzeichnung (falls es sich nicht um einen nachträglichen Einschub handelt) vielleicht aus der Zeit stammt, in der Myrddin lebte, verweist nur auf sein *awen*, seine prophetisch-poetische Eingebung. Aber in dem Gedicht *Armes Prydein* aus dem zehnten Jahrhundert beginnt ein Abschnitt mit den Worten »Myrddin prophezeit«, worauf Weissagungen über die Niederlage der Engländer im Kampf gegen die Waliser und ihre Verbündeten folgen. Das Gedicht *Ymddiddan Myrddin a Thaliesin*, das in seiner gegenwärtigen Form etwa aus dem Jahre 1050 stammt, läßt Merlin über sich selber sagen, er sei ein berühmter Prophet. Im darauffolgenden Jahrhundert weisen Giraldus Cambrensis, Geoffrey von Monmouth und die Lailoken-Fragmente alle mit Nachdruck auf seine prophetische Gabe hin, und die Erinnerung an seine Weissagekünste lebte in der walisischen Überlieferung noch über das Mittelalter hinaus fort.

Texte, bei denen es sich angeblich um Fragmente der Prophezeiungen selbst handelte, sind uns in der Volksüberlieferung und in Handschriften erhalten geblieben, allerdings weit weniger, als es einmal gegeben haben

muß. Giraldus Cambrensis, ein Zeitgenosse Heinrichs II., beschreibt eine alte Manuskriptsammlung der Prophezeiungen, die er in Nevin, Caernarvonshire, gesehen hatte; in seinen Anspielungen auf Myrddins Vision und Flucht von Arderydd verschmelzen Elemente, die nur noch als separate Lesarten existieren.[26]
Die Myrddin in den walisischen Manuskripten zugeschriebenen Gedichte bestehen fast zur Gänze aus Prophezeiungen, die gelegentlich von Beschreibungen seines elenden Daseins in den Wäldern Caledoniens unterbrochen werden. Alle Prophezeiungen weisen dasselbe Grundmuster auf. In den Texten, die sich auf das sechste Jahrhundert und das frühe Mittelalter beziehen, werden die einzelnen Könige namentlich erwähnt, wenn auch nicht immer im richtigen Zusammenhang. An den Stellen aber, wo der Verfasser von Dingen berichtet, die sich zu seinen Lebzeiten ereignet haben, sind die Aufzeichnungen verschwommen, schwer verständlich und rätselhaft, doch sollten die Leser zeitgenössische Bezüge herauslesen können. Dies dürfte zwei Gründe haben. Zum einen mußte es der Autor natürlich vermeiden, zu sehr ins Detail zu gehen, um sich den späteren Vorwurf zu ersparen, seine Voraussagen seien falsch gewesen. Zum anderen fand er wohl in den Quellen, die seinen neu »herausgegebenen« Prophezeiungen zugrunde lagen, eine ähnliche Metaphorik vor. Möglich ist auch, daß es sich bei einzelnen Prophezeiungen um echte Weissagung handelt, die sich nicht auf bestimmte Ereignisse bezog. Man findet jedoch auch unmißverständliche Anspielungen auf Geschehnisse, die sich erst im zwölften Jahrhundert oder später zutrugen, so zum Beispiel auf den Feldzug Heinrichs II. gegen Gruffudd ap Cynan im Jahr 1114, die Streitigkeiten zwischen Heinrich II. und seinen Söhnen und seinen Streit mit Beckett, die Invasion Irlands 1171 etc. In vielen Versen kommt der ungezügelte Haß gegen die englischen Invasoren zum Ausdruck. Ohne Zweifel wurden diese Verse etwa zeitgleich mit den Ereignissen verfaßt in der – erfolgreichen – Absicht, die Waliser zu entschlossenem Widerstand aufzuwiegeln.[27]

Diese Gedichte können also unmöglich das Werk des im sechsten Jahrhundert lebenden Myrddin sein. Auch ist von verschiedener Seite die Meinung geäußert worden, die Myrddin-Gedichte seien im Kern wesentlich älter als die Masse der prophetischen Verse, für die sie den äußeren Rahmen bilden. Dabei hat man auch mit unterschiedlicher Vorsicht die Möglichkeiten erwogen, daß sie aus der Zeit des echten Myrddin, dem sechsten Jahrhundert, stammen könnten. Denn jeder Fälscher braucht ein Original, das er kopieren kann, und ein Barde des zehnten Jahrhunderts konnte sich nur dann auf Myrddin als glaubwürdige Quelle berufen, wenn dieser lange genug als Prophet anerkannt gewesen war.[28] Giraldus Cambrensis macht kein Hehl daraus, daß die Dichter seiner Zeit (um 1180) »den wahren Prophezeiungen viele eigene hinzufügten«. Die verschiedenen Fassungen der uns überkommenen Weissagungen Myrddins enthalten einmal mehr, einmal weniger Verse, was beweist, daß die Prophezeiungen je nach Bedarf erweitert wurden.[29]

Die Annahme, ein späterer Fabeldichter hätte sich einen Myrddin ausdenken können, der genau in die Welt des keltischen Heidentums gepaßt hätte, ist ebenso anachronistisch wie die Vorstellung, ein im sechsten Jahrhundert lebender Myrddin hätte die Prophezeiungen, die ihm 600 Jahre später zugeschrieben wurden, selber getan.

Fest steht, daß bereits im sechsten Jahrhundert Prophezeiungen über den bevorstehenden Tod von Königen sehr gefragt waren. In Adomnanus' *Life of St. Columba* schickt König Rhydderch von Strathclyde einen Boten auf die Insel Iona mit der Frage, »ob er dereinst von seinen Feinden erschlagen werde oder nicht«. Der heilige Columban erwiderte, »daß er auf seinem eigenen Federkissen sterben werde, in seinem eigenen Haus«, und behielt damit recht. Ein christlicher König konnte sich die Zukunft nur von einem Heiligen voraussagen lassen. Bei einem heidnischen König wie Gwenddolau jedoch darf man wohl davon ausgehen, daß er sich Auskünfte dieser Art von einem Seher holte, der in der älteren einheimischen Tradition verwurzelt war.

Wie sah diese Tradition nun im einzelnen aus? Zum Thema »Druiden« wird noch immer ein Wust von spekulativem Unsinn produziert. Dennoch ist es durchaus möglich, daß Merlin ein Druide war oder zumindest einige Funktionen innehatte, wie wir sie von Druiden kennen. Ein indirekter Hinweis hierauf findet sich in der frühesten bekannten Erwähnung seiner prophetischen Gabe im *Armes Prydein*, einem Gedicht aus dem Jahr 930. Ein Abschnitt der Weissagung über die bevorstehende Vertreibung der Engländer beginnt mit den Worten: »Merlin sagt voraus«, *(dysgogan Myrdin)*, ein anderer beginnt: Die »Druiden sagen voraus« *(dysgogan derwydon)*. Dies legt den Schluß nahe, daß Myrddin eine ähnliche, wenn nicht gar dieselbe Funktion ausübte wie ein Druide.[30]

Diese und spätere walisische Verse, die Myrddin zugeschrieben werden, legen nahe, daß sich seine Prophezeiungen vor allem mit dem Aufstieg und Fall von Königen und Herrscherhäusern und dem Schicksal der Kymrer in ihrem Kampf gegen die Engländer befaßten. In einigen Versen, die sich auf Könige beziehen, die Zeitgenossen Myrddins im 6. Jahrhundert waren, könnten sich echte, zu seinen Lebzeiten geäußerte Prophezeiungen widerspiegeln, die dann den Stoff für später Zusammengebrautes abgaben.[31]

Wahrscheinlich sind die prophetischen Gedichte in ihrer gegenwärtigen Form das Palimpsest einer früheren Sammlung, deren Texte ersetzt wurden, nachdem sie ihre Bedeutung verloren hatten. Was spricht aber für meine Behauptung, die Originale könnten aus dem sechsten Jahrhundert stammen, der Zeit, in der Myrddin lebte? Da sich diese These nur mit Hilfe der authentischen Weissagungen belegen ließe, gilt es, nach entsprechenden Analogien zu suchen und die Wahrscheinlichkeiten behutsam gegeneinander abzuwägen.

Wie wir gesehen haben, spricht vieles für die – bis weit ins Frühmittelalter zurückzuverfolgende – Vorstellung, es handele sich bei Myrddin um eine historische Gestalt des sechsten Jahrhunderts, die für ihre prophetische

Gabe berühmt war. Wir besitzen eine Anzahl ihm zuge-
schriebener Gedichte, die allerdings ganz offensichtlich
erst viele hundert Jahre nach seinem Tod verfaßt wurden.
Diese Gedichte gehören ganz unterschiedlichen Ebenen
bzw. Gattungen an. Zum einen sind es »Prophezeiungen«, die sich auf den Kampf der Waliser gegen die
aggressive Politik der englischen Könige in dem auf die
normannische Invasion folgenden Jahrhundert beziehen.
Zum anderen gibt es Legenden von den Leiden des
Myrddin in seiner Verbannung, die sich ausdrücklich auf
Personen und Ereignisse des sechsten Jahrhunderts
beziehen. Hierher gehört vor allem der Vierzeiler, der
den Tod Gwenddolaus beklagt und der ganz so aussieht,
als spiegele er eine zeitgenössische Elegie wider.
In dem aus dem zehnten Jahrhundert stammenden
Gedicht *Armes Prydein* wird behauptet: »Myrddin weissagt« den zukünftigen Sieg der Kymrer. Da dieser Sieg
über die Engländer Thema des Gedichts ist, liegt die
Schlußfolgerung nahe, daß die Zuhörer Myrddin als
glaubhaften Urheber einer solchen Prophezeiung aner-
kennen. Und dies wiederum bedeutet, daß Weissagungen
der gleichen Art, die Myrddin zugeschrieben waren,
spätestens zur Zeit Alfreds des Großen bekannt waren.
Wie so oft, findet sich im gälischen Irland eine Parallele.
Zwei frühe irische Gedichte, *Baile in Scáil* (Die Verzük-
kung des Gespenstes) und *Baile Chuind* (Conns Verzük-
kung), enthalten Prophezeiungen, die im neunten bzw.
siebten Jahrhundert niedergeschrieben wurden. In ihnen
wird die Königsnachfolge in Tara in einer Weise dargestellt, die auffällig an die Behandlung des Themas im
Cyfoesi Myrddin erinnert und vermutlich mit einem der
Rituale bei der Weihe eines Hochkönigs zusammen-
hängt.[32] Wenn wir weitere hundert Jahre zurückgehen,
gelangen wir in das Jahr nach der Schlacht bei Arderydd,
als der heilige Columban Aedan mac Gabran zum König
von Schottisch-Dalriada weihte:
»Und zwischen den Worten der Weihe prophezeite er
künftige Dinge von Aidans Söhnen und Enkeln und
Urenkeln«, berichtet Adomnanus, der Biograph des Hei-

146

ligen. Das sieht doch ganz nach der vertrauten Politik der christlichen Kirche aus, sich heidnische Praktiken, die noch Wertschätzung genossen, anzueignen – in diesem Fall war es ein Brauch, der dazu diente, die Rechtmäßigkeit der Thronfolge zu untermauern.

Wenn wir in noch frühere Zeiten zurückgehen, sehen wir, daß die klassischen Autoren Prophezeiungen dieser Art den Druiden zuschrieben. Der äduanische Druide Diviciacus erzählte Cicero, er könne weissagen, »manchmal aufgrund von Vorzeichen, manchmal aufgrund von Vorahnungen«. Tacitus berichtet, wie die Gallier von ihren Druiden zum Aufstand angestachelt wurden, indem diese ein kurz zuvor aufgetretenes Feuer im Kapitol als ein Zeichen für den bevorstehenden Sieg der Völker nördlich der Alpen deuteten. Hier scheinen Verse vorweggenommen, in denen die Waliser zum Kampf gegen die Engländer gedrängt werden; in einem anderen Beispiel werden bereits Weissagungen über die Königsnachfolge gemacht, wie man sie ähnlich in dem Gedicht *Cyfoesi Myrddin* wiederfindet: Kaiser Aurelian (270–275) befragte eine Druidin, und diese verkündete seinen Nachkommen ruhmreiche Zeiten. Aurelians Nachfolger Diokletian erhielt von einer gallischen Druidin die Auskunft: »Wenn du Den Eber getötet hast, dann wirst du Kaiser sein« – eine Prophezeiung, die sich bewahrheitete, als er den Präfekten Arrius erschlug, der spöttisch »Der Eber« genannt wurde.[33]

Merlin verwendet oft eine ähnlich bildreiche Sprache. In der *Vita Merlini* prophezeit er, daß »die Stadt Dumbarton zerstört werden wird, und ein Menschenalter baut sie kein König wieder auf, bis der Schotte von einem Eber besiegt wird« usw.

Die Berichte griechischer und römischer Autoren werden durch Überlieferungen vor Ort bestätigt. Die Fähigkeit zur Weissagung war im alten Irland *die einzigartige* Gabe eines Druiden; und in Britannien, aus dem uns weit weniger Zeugnisse vorliegen, wurden Prophezeiungen sogenannten *magi* zugeschrieben, die vermutlich mit Druiden gleichzusetzen sind.[34] Nicht zuletzt bediente sich die frühe walisische Lyrik der Prophezeiung von Druiden, ganz so, als sei ihre Wirksamkeit eine allgemein bekannte Tatsache.[35]

Im ersten nachchristlichen Jahrhundert sollen die Römer verschärft gegen das Druidentum vorgegangen sein, doch sprechen zahlreiche Zeugnisse dafür, daß es in den nachfolgenden Jahrhunderten weiterlebte. So gab es im durch und durch romanisierten Gallien nachweislich »eine Wiederbelebung des Druidentums im vierten Jahrhundert«, und heidnische Bräuche, die sicher nicht frei waren von druidischen Elementen, hielten sich dort beträchtlich länger.[36] In Irland, das außerhalb des römischen Einflußbereichs lag, blieb die Macht der Druiden bis zur Christianisierung im fünften Jahrhundert unangetastet, und der unerbittliche Kampf der christlichen Kirche gegen ein schier unausrottbares Druidentum sollte noch bis weit ins achte Jahrhundert andauern. In einem altirischen Sündenregister, das im achten Jahrhundert in Tallaght aufgestellt wurde, wird der druidische Glaube als eine Sünde angeprangert, für die es keine Vergebung gibt, während ein frühes, einmal dem heiligen Patrick zugeschriebenes Gedicht Gott um Schutz »vor den Zaubersprüchen von Frauen und Schmieden und Druiden«[37] anfleht. Irische Druiden waren nicht auf Irland beschränkt. Überall an der Westküste Englands gab es irische Siedlungen, entstanden während des Niedergangs des römischen Imperiums und erst im fünften und sechsten Jahrhundert wieder in die britische Kultur integriert. Die Iren, die dort siedelten, brachten ganz sicher ihre eigenen Druiden mit; eine ungefähr aus dem Jahre 500 stammende Inschrift auf der Isle of Man scheint an den »Sohn eines Druiden« zu erinnern.[38] Nördlich der Britannier von Strathclyde lag das Herrschaftsgebiet der Pikten, deren König Bruide (ein Zeitgenosse von Rhydderch und Gwenddolau) an seinem Hof in der Nähe von Inverness einen (von Adomnanus erwähnten) Druiden hielt.[39]

Es spricht also vieles dafür, daß das Druidentum während des Frühmittelalters im Hochland des nördlichen

Britannien, einem von der römischen Kultur weitgehend unberührten Gebiet, fortbestand. Die Prophezeiungen in dem Gedicht *Armes Prydein* werden einmal Myrddin, einmal Druiden in den Mund gelegt. Könnte man von daher nicht mit Fug und Recht behaupten, daß Merlin selber einer der wenigen überlebenden Druiden war? Was über seine Zufluchtstätte in den Wäldern Caledoniens gemutmaßt worden ist, stimmt mit druidischem Brauch völlig überein. Römischen Geschichtsschreibern zufolge »treffen sie sich heimlich in Höhlen oder in abgelegenen Gehölzen« und »hausen in den innersten Hainen entlegener Wälder«.[40] Es gibt Vermutungen, wonach sie solche entlegenen Behausungen in den Wäldern allein deswegen aufgesucht hätten, weil die Römer sie verfolgt oder einfach nicht geduldet hätten. Dies traf auf Myrddin nach der Schlacht von Arderydd sowieso zu. Und wenn sich schon nicht mit Sicherheit sagen läßt, ob er ein Druide war oder nicht, seine Eingebungen entsprachen jedenfalls stark der druidischen Tradition.[41]

VII

Das Gottkönigtum

Wie das vorangegangene Kapitel gezeigt hat, steckt die Merlinmythe voller Hinweise auf Brauchtum und Anschauungen des frühen keltischen Heidentums; sie kann somit unmöglich eine Erfindung des späteren Mittelalters sein. Andererseits tritt das heidnische Element in dieser Dichtung nicht so offen zutage, so daß es von den Verfassern der uns überlieferten Gedichte offensichtlich gar nicht erkannt worden ist. Merlin ruft heilige Apfelbäume an und pflegt vertrauten Umgang mit einem Schwein und einem Wolf. Er wird in einem frühen Gedicht mit den Druiden gleichgesetzt, und er verkündet seine Prophezeiungen in einer Form, wie man sie den historischen Druiden zuschrieb. Er wird »wahnsinnig« bzw. »erleuchtet« als Vorstufe zu seinen Prophezeiungen, genau wie die walisischen Barden, die selbst in der druidischen Tradition standen.

Man schildert uns einen Merlin, der sich nach der Vernichtung seines Schutzherrn Gwenddolau in der Schlacht von Arderydd in die Wälder zurückzog, wo er die Stellung des Herrn des Waldes und der wilden Tiere einnimmt, einen Hirsch verkörpert und die Wilde Jagd der Seelen der Verstorbenen anführt. Der phantasievolle Bericht des im sechsten Jahrhundert lebenden byzantinischen Historikers Procopius und Hinweise in den walisischen Gedichten bezeichnen das Gebiet nördlich des Hadrianswalls als die Zufluchtstätte für die Geister der Verstorbenen, und dort wird in der frühen Überlieferung auch Merlins Wald von Celyddon angesiedelt.

Dies ist die eine Seite von Merlin. Er verkörpert den göttlichen Herrscher über die Natur und die Wildnis, ein elementares, chthonisches Wesen aus grauer Vorzeit. Dieser Merlin hat vieles an sich, das dunkel, befremdlich und furchterregend ist; der mit Hörnern versehene Anführer einer Schar entkörperlichter Seelen, den die christliche Mythologie schließlich mit dem Teufel gleichsetzte. Merlins Verwandlung in dieses ungebärdige Wesen soll nach dem Sieg der christlichen Sache bei Arderydd erfolgt sein.

Davor hatte er jedoch eine Zeit erlebt, da er von König

Gwenddolau geehrt wurde, goldenen Halsschmuck trug und sich »reicher Güter und wohlklingenden Saitenspiels« erfreute. Er muß am Hof des heidnischen Herrschers eine ganz andere Rolle gespielt haben, und ein wesentlicher Aspekt dieser Rolle tritt in der frühen Lyrik deutlich zutage. Wenn Merlin die Nachfolge der künftigen Könige prophezeite, stillte er nicht einfach nur die Neugier derer, die den Schleier über der Zukunft lüften wollten; er heiligte den Herrscher und seine Erben nach einem festgesetzten Ritual. Dieses Ritual stand unter der Schutzhoheit des strahlendsten Gottes im keltischen Pantheon, eines Gottes, den Merlin anscheinend anrief und zugleich verkörperte.

Der Gott, der von den Kelten auf dem Festland und auf den Britischen Inseln am meisten verehrt wurde und der einer Obergottheit am nächsten kam, hieß Lug. In den ursprünglich keltischen Gebieten stößt man allenthalben auf ihn, in Ortsnamen, Inschriften und Legenden. Lyon in Frankreich war seine Stadt – ihr römischer Name *Lugudunum* bedeutet »Festung des Lug«. Der Name der französischen Stadt Laon weist eine ähnliche Herkunft auf, ebenso Leiden in Holland und – weit im Osten – das schlesische Liegnitz. In Britannien findet man ihn im Norden; Carlisle hieß früher *Luguvalium*, »stark in Lug«. Zahlreiche Inschriften in Spanien bezeugen die Macht dieses Kultes noch im westlichsten Keltenreich.

Man weiß, daß sich das keltische Pantheon deutlich von dem der Griechen und Römer unterschied. Es gab keinen keltischen Olymp und keine fest umrissene Hierarchie, die jeder Gottheit bestimmte Fähigkeiten, Charaktereigenschaften und einen besonderen Zuständigkeitsbereich zuwies. Die Vorstellungen waren von Ort zu Ort unterschiedlich; die Götter lebten in unmittelbarer Nähe der Menschen, und ihre Wesensmerkmale und Abenteuer vermischen sich in verwirrender Weise – zumindest gilt dies für die Form, in der sie uns überliefert sind. Trotzdem weist die Gestalt des Lug innere Übereinstimmungen auf, die für einen vielerorts anerkannten, klar definierbaren Mythos sprechen.

Die Römer, denen Ordnung über alles ging, waren bestrebt, fremde Götter fein säuberlich als Entsprechungen ihrer eigenen anzusehen: ein Verfahren, das später in den vergleichenden Religionswissenschaften eine heillose Verwirrung gestiftet hat. Wenn Julius Cäsar berichtet, daß Merkur der in Gallien am meisten verehrte Gott war, so handelt es sich hierbei mit einiger Sicherheit um eine Gleichsetzung mit dem einheimischen Lug. Gedenkstätten und Inschriften für einen gallischen Merkur sind in Hülle und Fülle erhalten geblieben, und wenn Cäsar darauf hinweist, daß die Gallier ihn für »den Erfinder aller Künste halten«, so deckt sich dies genau mit dem Beinamen des irischen Lug: *samildánach*, »in den Künsten beschlagen«.

Eine berühmte irische Sage erzählt, wie sich Lug Zutritt zu einer Götterversammlung verschaffte. Auf die Frage, welche besondere Befähigung er vorweisen könne, um in die Gesellschaft aufgenommen zu werden, gibt er sich als Zimmermann aus. Ein Zimmermann ist aber bereits anwesend, und Lug erklärt, daß er auch das Schmiedehandwerk beherrsche. Auf weitere Fragen präsentiert er sich selbstbewußt als Kämpfer, Harfenspieler, Dichter, Zauberer, Arzt usw. Vertreter all dieser Künste sind zwar ebenfalls anwesend, aber es gibt keinen, der sie in einer Person vereint. Lug wird im Triumph zugelassen. Im späteren Verlauf der Geschichte wird er als Erfinder des *fidchell*-Spieles bezeichnet, eines Brettspiels auch von ritueller Bedeutung. Von Myrddins Schutzherr Gwenddolau hieß es, er habe ein solches Zauberspiel besessen.[1]

Der Name »Lug« leitet sich von einer keltischen Wortwurzel ab, die »Licht« bedeutet; man stellte sich den Gott strahlend, jugendlich und baldurgleich vor. In einer Erzählung, in der er mit seinem Heer aus der Anderswelt auftaucht, wird er in leuchtenden Farben geschildert:

»Vor jener Armee kam ein bestimmter junger Mann, der hohe Befehlsgewalt über die anderen hatte; und wie die untergehende Sonne war der Glanz seiner Züge und seiner Stirn; und sie vermochten nicht, ihm ins Antlitz zu blicken, so groß war sein Glanz.«

In seiner Erscheinung glich er der Sonne selbst – so die Beschreibung, die eine Person aus der oben zitierten Geschichte gibt:

»Dann erhob sich Breas, der Sohn des Balor, und er sagte: Es ist mir ein Rätsel, daß die Sonne heute im Westen aufgehen sollte und nicht wie an jedem anderen Tage auch im Osten. – Es wäre besser, wenn dem so wäre, sagten die Druiden. Was ist es denn? fragte er. Der strahlende Glanz des Antlitzes von Lug mit dem Langen Arm, sagten sie.«

Lug ist demnach das Inbild all dessen, was an den Menschen am bewundernswürdigsten und gottähnlichsten ist: Er ist von ätherischer Schönheit in Gestalt und Gedanken, bringt Künste und Handwerk zu fast göttlicher Vollendung, und er überwältigt die bösen Mächte, die die Menschheit bedrohen. Er führt den Vorsitz über die Göttergemeinschaft in der Anderswelt, gleichzeitig verkörpert er den Ursprung der hierarchischen Autorität auf Erden, das Gottkönigtum. Lug ist nicht *per se* ein Sonnengott; vielmehr spiegelt die Sonne, wie es an der vorher zitierten Stelle heißt, seine übernatürliche Schönheit und Pracht wider.[2]

Zwischen dem Gott Lug und dem Propheten Merlin bestehen einige bemerkenswerte Übereinstimmungen. Wir wissen, daß das irische Hochkönigtum im Mythos durch Lug legitimiert wurde, als er Conn erschien und ihm die Nachfolge der künftigen Könige in prophetischen Versen offenbarte, und daß diese Verse dem walisischen *Cyfoesi Myrddin* auffällig gleichen, darin Merlin die Königsfolge nach Rhydderch vorhersagt. Hier und in einem ähnlichen Gedicht wird ein Merlin vorgestellt, der die Prophezeiungen »in seinem Grabe« *(yn y vedd)* tut. Man stellte sich also im übertragenen Sinn oder sogar in Wirklichkeit vor, daß er aus einer Anderswelt sprach, in der er bei »Berggeistern« *(wylyon mynyd)* lebte – der Zufluchtsstätte der Toten in den Wäldern nördlich des Hadrianswalls.[3]

Zwischen beiden Gestalten gibt es noch andere auffällige Gemeinsamkeiten[4]; die erstaunlichste Parallele findet sich in den Umständen ihres Todes. Dies wird am ehesten verständlich, wenn ich meine Schlußfolgerungen an den Anfang stelle und die Gesichtspunkte dann der Reihe nach untersuche. Die unbestrittenen Übereinstimmungen rühren, wie mir scheint, von der Tatsache her, daß Merlin wichtige Aspekte des Lugmythos auf Erden wieder in Kraft setzte. Dies wiederum deutet darauf hin, daß er ein priesterlicher oder andersgearteter Vertreter des Gottes war, daß er in seinem Namen oder kraft seiner Eingebung Prophezeiungen tat und in bedeutsamen Ritualen die Wohltaten und schließlich das Selbstopfer seines göttlichen *alter ego* nachvollzog.

Die Aufzeichnungen über Rituale, die mit Lug verbunden waren, stammen im wesentlichen aus Irland, denn dort sind der Nachwelt weit mehr Zeugnisse über die geschriebenen und mündlichen Traditionen des Keltentums erhalten geblieben als in Britannien. Das Fest des Lug (Lughnasa) war im wesentlichen ein Erntefest und wurde an ausgewählten heiligen Orten abgehalten. Diese waren gewöhnlich eng verbunden mit heiligen Brunnen und lagen auf Bergen oder an den Ufern von Seen, von wo sich erhebende Ausblicke auf die Landschaft der Umgebung boten. Oft standen sie in Verbindung mit Megalithdenkmälern und anderen aufgeschichteten Steinen. In früheren Zeiten wird der Gottkönig an dem Fest selbst teilgenommen haben, da von seiner Gesundheit und Tauglichkeit das Gedeihen der Natur abhing.

Obgleich sich in Britannien nur vereinzelte Spuren eines solchen Festes finden, geht aus einem konkreten Beispiel doch zweifelsfrei hervor, daß das Lughnasafest in Britannien just in dem Jahrhundert, in dem Merlin lebte, öffentlich als heidnisches Mysterienspiel gefeiert wurde.

Das sechste nachchristliche Jahrhundert ist als Zeitalter der Heiligen berühmt, als eine Epoche, in der zu beiden Seiten der irischen See die großen Vorkämpfer der keltischen Kirche wirkten – St. David, St. Cadog, St. Teilo und viele andere, die uns hauptsächlich deshalb vertraut sind, weil zahllose Städte- und Dorfnamen und Widmungen in Kirchen ihr Andenken bis heute bewahren. Wir wissen nur weniges über sie, was historisch verläßlich ist. Ihre *Viten* wurden großenteils erst Jahrhunderte später zusammengetragen. Sie sind so durchwoben von volkstümlichen Elementen, »gelehrter« Spekulation, wechselnden Geschichten über Wundertaten und dergleichen mehr, daß sie in sachlich-biographischer Hinsicht nur wenig Vertrauen verdienen, obwohl ihnen wohl auch ein Wahrheitskern zugrundeliegt.

Unter diesen Texten, bei denen es sich eher um historische Romane als um nüchterne Biographien handelt, findet sich jedoch eine bemerkenswerte Ausnahme. Der heilige Samson war ein walisischer Bischof, der das Bistum von Dol mit seiner Abtei in der Bretagne gründete und an den auch Widmungen in den Kirchen von Golant und Southill, Cornwall, erinnern. Seine Historizität läßt sich mit Eintragungen über seine Teilnahme am Konzil von Paris um das Jahr 560 belegen.[5]

Uns ist eine frühe Lebensgeschichte dieses Heiligen, die *Vita Sancti Samsonis*, erhalten. Ihr kommt außerordentliche Bedeutung zu, da sie nachweislich sehr alt ist und sich auf Informanten stützt, die Samson persönlich gekannt haben. In seinem Vorwort erklärt der anonyme Verfasser (ein Mönch aus Dol), sein Bericht schöpfe erstens aus einer noch früheren Lebensgeschichte aus der Feder eines Vetters des heiligen Samson, die zum Teil auf Erzählungen aus dem Mund der Mutter des Heiligen beruhe; und zweitens aus mündlichen Überlieferungen, die der Biograph auf Reisen durch Wales und Cornwall selbst zusammengetragen habe. Da gewichtige Gründe für die Annahme sprechen, daß die uns überkommene *Vita* in den Jahren 610–15 verfaßt (und möglicherweise im neunten Jahrhundert neu aufgelegt) wurde, stammten diese Überlieferungen vermutlich aus erster oder zweiter Hand von Personen, die den Heiligen kannten.[6]

Eine Episode in der *Vita Sancti Samsonis* ist besonders spannend. Sie handelt davon, wie der Heilige auf seinem Weg von Wales in die Bretagne durch Cornwall reiste. In Anbetracht der Bedeutung des Textes gebe ich ihn so weit wie möglich in den Worten des Biographen wieder:

157

»Nun geschah es an einem bestimmten Tage, als sie den Landstrich durchquerten, den sie Tricuria nennen, da hörte er, daß zu seiner Linken Menschen bei einem gewissen Tempel *(phanum)* ihre Andacht nach Art der Bacchanten verrichteten: durch eine dramatische Aufführung *(per imaginarium ludum)*. Darauf stieg er, während er seinen Brüdern mit einem Zeichen bedeutete, stille zu stehen und das Schweigen zu bewahren, selbst von seinem Wagen, stand auf dem Boden und richtete einen ernsten Blick auf die, die einem Götzen *(idolum)* huldigten, vor ihnen, auf der Spitze eines Hügels, ein abscheuliches Standbild *(simulacrum)*. Ich [der Autor] bin selbst auf jenem Hügel gewesen und habe mit meiner eigenen Hand ehrfurchtsvoll das Kreuz abgetastet, das der heilige Samson mit seiner eigenen Hand mittels eines eisernen Werkzeuges in den stehenden Stein dort geritzt. – Als der heilige Samson dieses Götzenbild sah, eilte er auf sie zu (wobei er zwei seiner Brüder mit sich nahm) und machte ihnen mit sanfter Stimme Vorwürfe, weil sie den einen Gott, der alle Dinge schuf, verließen, um einem falschen Idol zu huldigen. Derweilen stand die ganze Zeit ihr Anführer *(comes)* Guedianus vor ihnen. Sie begannen sich zu entschuldigen, sagten, daß doch kein Schaden dabei entstünde, wenn sie die magischen Riten ihrer Vorfahren in Form eines Schauspiels einhielten. Einige wurden zornig, andere spotteten, während die Höflicheren ihn drängten wegzugehen. Plötzlich aber offenbarte sich die ganze Macht Gottes, als ein gewisser Junge, der an einem Pferderennen teilnahm, von einem schnellen Renner zu Boden geworfen wurde, mit dem Kopf zuerst aufschlug und mit verdrehtem Hals wie ein Toter liegenblieb.«

Natürlich rief der heilige Samson den Jüngling ins Leben zurück; als Gegenleistung ließen sich Guedianus und seine Anhänger taufen und zerstörten ihren Götzen. Danach bat Guedianus St. Samson, ihnen zu helfen und eine bösartige Schlange zu töten, die das Land verwüstete. Der Heilige überquerte einen Fluß und überwältigte das Ungeheuer in dessen »schrecklicher Höhle«, indem er es mit seinem leinernen Leibstrick einfing. Um seinen Durst zu stillen, ließ er von der Höhlendecke eine Wunderquelle herabrieseln. Dann zog er weiter seines Wegs und überquerte den Bristol Channel.

Eine Bestätigung dafür, daß diese Geschichte in ihrer ursprünglichen Form auf einen zeitgenössischen oder nahezu zeitgenössischen Bericht zurückgeht, liefert die sehr frühe Form des Namens des Anführers, Guedianus; diese findet sich in einigen Manuskripten der *Vita* und deutet daraufhin, daß die Geschichte keinesfalls später als im siebten Jahrhundert niedergeschrieben wurde. Der Name *Tricuria* (später Trigg, ein Gebiet im nördlichen Cornwall) ist ebenfalls archaisch.[7] Der Bericht darf mit einigem Recht als authentisch angesehen werden.

Die Episode ist wiederholt von Historikern untersucht worden; keiner von ihnen scheint allerdings bemerkt zu haben, daß hier in allen Einzelheiten ein Lughnasafest beschrieben wird. Die Übereinstimmungen sind so ausgeprägt, daß man sie nicht übersehen kann:

1. Das Lughnasafest fand am 1. August statt. Es wird zwar nicht gesagt, wann Samson nach Cornwall reiste, doch muß es wohl Hochsommer gewesen sein. Er hatte das Osterfest in Wales gefeiert und vieles erledigt, bevor er sich zu seiner Reise über die Severn Sea einschiffte.

2. Man rechnete beim Lughnasafest mit Regenschauern.[8] Als St. Samson sich durstig fühlte, ließ er wie durch ein Wunder einen Regenschauer von der Decke seiner Höhle niedergehen.

3. Eine mit dem Lughnasafest verknüpfte Mythe erzählt vom Tod eines Jünglings auf dem Hügel. Er wird oft als Wagenlenker oder Jäger beschrieben, und in einer Fassung heißt es, der heilige Patrick habe ihn ins Leben zurückgerufen.[9] Während der Feierlichkeiten, bei denen St. Samson zugegen war, fiel ein Jüngling von seinem Pferd und brach sich das Genick, und der Heilige gab ihm das Leben zurück.

4. Während des Lughnasafestes wurden Pferderennen

abgehalten; dies entspricht der Mythologie wie auch der Wirklichkeit.[10]

Der Jüngling, den der heilige Samson ins Leben zurückrief, hatte an einem Pferderennen teilgenommen.

5. Verschiedene Zeugnisse lassen darauf schließen, daß es bei den Lughnasafesten »den Brauch gab, einen steinernen Kopf von einem Heiligtum in der Nähe zu holen und für die Dauer des Festes auf die Spitze eines Hügels zu stellen«.[11]

St. Samson sah ein »abscheuliches Standbild auf der Spitze eines Hügels«.

6. In einer Legende, die zum Lughnasafest in Beziehung steht, überwältigt der heilige Patrick oder ein anderer Held eine zerstörungswütige Schlange und schließt sie in einer unterirdischen Höhle ein.[12]

Auf Bitten Guedianus' tötete der heilige Samson eine Schlange in einer Höhle.

Somit ist schlüssig, daß wir es bei der Begegnung des heiligen Samson mit Guedianus und seinen Glaubensbrüdern mit einem Tatsachenbericht über das Fest zu Ehren des Gottes Lug zu tun haben. Besonders interessant ist der Hinweis, die Feierlichkeiten hätten in Form eines Schauspiels (ludus) stattgefunden, was auf den gewollt rituellen Charakter der Aufführung des Lugmythos hindeutet. (Soll die Erwähnung der »Bacchanten« bedeuten, daß die Feiernden in Ekstase geraten waren?) Ungefähr zur selben Zeit prangerte Gildas verderbte Priester an, die kein Interesse an gottesfürchtigen Schriften zeigten und »Schauspiele und untaugliche Geschichten über Menschen der Welt« vorzogen. Daß diese nicht nur frivol, sondern (vom christlichen Standpunkt aus) gefährlich waren, zeigen seine anschließenden Worte: »als ob das, was den Pfad des Todes offenbart, der Weg des Lebens wäre«.

Geschichten und Schauspiele waren vermutlich heidnisch.[13]

Die Schilderung der Begegnung zwischen dem heiligen Samson und heidnischen Götzenanbetern fasziniert in zweifacher Hinsicht: Einmal, weil sie uns einen einzigartigen Einblick in heidnisches Brauchtum gibt, das noch zu einem so späten Zeitpunkt in aller Öffentlichkeit im christlichen Britannien gedieh, und auch, weil sie uns unbeabsichtigt etwas darüber verrät, wie ein Aufeinandertreffen der beiden Glaubensrichtungen verlief. Der Streit wurde auf einer Ebene der Toleranz und der Diskussion ausgetragen, wobei die Heiden sich wehmütig an die alten Riten ihrer Vorfahren klammerten, und der Heilige den unentrinnbaren Anspruch des auferstandenen Christus geltend machte.

Samsons Einschreiten gegen ein Lughnasafest in Cornwall verdient in einem weiteren Punkt Beachtung. Es ist sicher kein Zufall, daß in Morvah, bei Land's End, noch im 19. Jahrhundert an jedem ersten Sonntag im August ein volkstümliches Treffen abgehalten wurde, das deutlich Spuren des heidnischen Festes aufwies. Während der Festlichkeiten wurden Volksmärchen erzählt, die stark an abgesunkene Mythen erinnern. Wichtige Motive waren die Ankunft eines heldenhaften Riesen, »Jack the Tinkard, Meister der Künste und Geschicklichkeit«, der die Einwohner des Ortes von der Tyrannei eines finsteren Rivalen befreite, einen Hügel namens Bosprenis Croft bestieg und »dort magische Riten ausführte, die entweder nie bekannt oder in Vergessenheit geraten waren«. Die Übereinstimmung von Zeitpunkt, mythischen Elementen und anderen Faktoren macht deutlich, daß das Volksfest, das im 19. Jahrhundert in Morvah stattfand, ursprünglich ein Lughnasafest war.[14]

Es ist durchaus möglich, daß man zur Erntezeit im Frühmittelalter nicht nur an einem Ort in Cornwall das Fest des Lug feierte. Andererseits deutet einiges daraufhin, daß das Götzenfest, in das der heilige Samson an einem Sommertag des sechsten Jahrhunderts hineinplatzte, der Vorläufer des Volksfestes von Morvah war. Der Stammesfürst der Gegend, der den Feierlichkeiten vorstand, wird Guedianus genannt. Dieser Name hat sich in dem kornischen Ortsnamen Gwithian erhalten; da Gwithian aber im extremen Südwesten der Halbinsel liegt, ist es von der Geschichte abgetrennt worden. Die Region Trigg *(Tricuria)* hingegen, die der heilige Samson bereist haben soll, als er die Götzenanbeter »hörte«, liegt weit im Nordosten.

In Wirklichkeit gibt es keinen Grund anzunehmen, das heidnische Fest habe in der Gegend von Trigg stattgefunden. In der *vita* des heiligen Samson heißt es: »...da hörte er, daß zu seiner Linken Menschen... ihre Andacht verrichteten« und griff auf der Stelle ein. Die Formulierung »zu seiner Linken« stellt aber eine Fehlübersetzung des ursprünglichen lateinischen Wortlauts *in parte sinistra* dar. *Sinistra* bedeutet normalerweise »links«, doch in Übersetzungen aus dem Altwalisischen steht es regelmäßig für »der Norden«.[15] Richtig müßte der Satz also heißen: Samson hörte, »daß im Norden des Landes Menschen in einem Tempel ihre Andacht verrichteten« und beschloß, auf der Stelle einzuschreiten. Der Tempel befand sich möglicherweise in einiger Entfernung von Trigg und nicht innerhalb dieser Region, wie die Kommentatoren bis heute unisono behaupten.

Gwithian liegt zwar nicht nördlich von Trigg, aber an der Nordküste Cornwalls, und genau das könnte gemeint sein. Noch bedeutsamer ist vielleicht die Tatsache, daß Gwithian bloße 18 Kilometer von Morvah entfernt ist, dem Schauplatz des großen Lughnasafestes, das bis ins 19. Jahrhundert fortlebte. Es wäre interessant herauszufinden, ob es auf dem Bosprenis Croft immer noch einen Stein gibt, der dem »Götzenbild« entspricht, in das der heilige Samson sein Kreuz einkerbte.

Auch die bekannte, aus dem Mittelalter stammende walisische Geschichte *Geraint the son of Erbin* läßt sich auf echtes heidnisches Brauchtum zurückführen. Als der Held dieser Geschichte zu seiner Queste aufbricht, bedeutet ihm ein mysteriöser »Kleiner König«, einen der beiden Wege zu meiden, denen er sich nähert. »Unterhalb von uns«, raunte der Kleine König, »befindet sich eine Hecke aus Nebel, darin lebt verzaubertes Wild, und keiner, der dort eintritt, kehrt jemals zurück.« Geraint aber beschloß, es trotzdem zu wagen. Der Ort bot einen erschreckenden Anblick. Im Inneren der Hecke war alles von Nebel verhüllt, doch aus den Dunstschleiern, die sie umgaben, ragten hohe Pfähle hervor mit aufgespießten Menschenköpfen an den Spitzen. Geraint erfuhr, daß kein Gefährte ihn begleiten durfte, und unerschrocken drang er weiter vor.

Im Inneren des Nebelkreises mit seinem grausigen Zierat lag ein Obstgarten, und dort stand ein Zelt. Davor wuchs ein Apfelbaum, an einem seiner Zweige hing ein riesiges Horn. Geraint trat in das Zelt; drinnen saß ein Mädchen auf einem Thron, der Stuhl ihr gegenüber war leer. Geraint setzte sich und schlug die Warnung des Fräuleins, der rechtmäßige Inhaber des Platzes werde ihm dies verübeln, in den Wind. Gerade in diesem Augenblick hörte man draußen Waffengeklirr, und als Geraint ins Freie eilte, erblickte er einen Ritter hoch zu Roß, der drohend verkündete, er werde ihn wegen seiner Dreistigkeit bestrafen. Es kam zum Kampf, wobei sie nacheinander drei Speere zerbrachen. Dann stürzte sich Geraint auf seinen Gegner und übermannte ihn. »Schone mich«, rief der Fremde, »und ich werde dir einen Wunsch erfüllen!« Darauf Geraint: »Mein Wunsch ist, daß weder dieses Spiel hier, noch die Nebelhecke, noch die Magie, noch der Zauber fortbestehen soll.« Hierauf hieß ihn der Fremde in das Horn stoßen, und der Spuk löste sich, wie Geraint es verlangt hatte, in Nichts auf.

Um die Taten seines christlichen Helden zu krönen, läßt ihn der Geschichtenerzähler *(cyfarwydd)* einen Ort betreten, bei dem es sich eindeutig um ein heidnisches Heiligtum handelt, und dort dem gottlosen Ritus ein Ende setzen, dessen Faszination das Land in Ehrfurcht und Schrecken gehalten hatte. Um die Schreckensherrschaft noch peinigender erscheinen zu lassen, ist hier alles aufgeboten, was das frühmittelalterliche Wales an kultischen, vorchristlichen Bräuchen bewahrt hatte. Ein düsteres Detail wurde jedoch übergangen, wie aus der französischen Version der Geschichte, dem *Erec* des Chrétien de Troyes, ersichtlich ist. Bestand der Eindringling die Herausforderung nicht, so wurde sein Kopf neben die anderen auf einen Pfahl in der verzauberten Nebelhecke gespießt.

In *Geraint the son of Erbin* wird erwähnt, daß zwei der Pfähle keine Köpfe trugen. Der Autor geht nicht darauf ein, was dies zu bedeuten hat, doch können wir davon ausgehen, daß in der ursprünglichen Erzählung klar benannt wurde, welches Schicksal demjenigen drohte, der im Kampf unterlag.[16]

Ich habe die Vermutung geäußert, daß der heilige Samson im Cornwall des sechsten Jahrhunderts Zeuge eines Rituals geworden war, das eine britische Version des irischen Lughnasafestes darstellte, bei dem der Gott Lug den Äckern Fruchtbarkeit und dem Königreich Wohlstand bescherte. Die Geschichte von *Geraint* wurde rund sechshundert Jahre später verfaßt und bezieht ihre Glaubwürdigkeit aus ganz anderen Quellen. Und obwohl sie in ihrer bestehenden Form schon längst zur Sage geronnen ist, liegen ihre Wurzeln doch ebenso in heidnisch-mythischer Vergangenheit.

Auf die Parallelen zwischen der irischen Erzählung *Baile in Scáil* (»Die Verzückung des Gespenstes«) und den prophetischen Versen, die in der walisischen Dichtung Merlin zugeschrieben werden, habe ich schon hingewiesen. Die einleitende Geschichte, in Prosa verfaßt, erzählt davon, wie dem König Conn dessen Nachfolger prophezeit wurden. Eines Tages stand Conn, wie es seine Gewohnheit war, im Morgengrauen auf und stieg in Begleitung von drei Druiden und drei Dichtern auf den Hügel von Tara, um jenen Wesen aus der Anderswelt entgegenzutreten, deren schlimmes Treiben zur ständigen Bedrohung für die Stabilität Irlands geworden war.

Während sie so voranstiegen, trat er zufällig auf einen Stein, der einen Schrei ausstieß, so fürchterlich, daß es überall in der Umgebung zu hören war. Auf die Frage des Königs erwiderten die Druiden, dies sei der heilige Stein *Fal*, der durch die Anzahl seiner Schreie kundtue, wieviele Könige über Tara herrschen würden. Den Stein sollte man in Tailtiu (heute Teltown in der Grafschaft Meath) aufstellen und dort alljährlich Spiele abhalten;

164

von ihrem Fortbestehen hinge die Herrschaft über das Königreich ab. (Teltown war der Ort, an dem vom Zeitpunkt der frühesten Überlieferung bis ins späte 18. Jahrhundert das größte Lughnasafest stattfand.)[17]
In diesem Augenblick – so fährt die Geschichte fort – wurden Conn und seine Gefährten plötzlich von einem Zaubernebel umfangen, und man vernahm das Donnern herannahender Hufe. Der unbekannte Reiter schleuderte drei Speere nach dem König, ließ aber von ihm ab, als die Druiden seinen Namen preisgaben. Der Reiter kam näher und führte den König zu einem prächtigen Haus, vor dessen Tür ein goldener Baum wuchs. Im Inneren des Hauses fanden sie eine Jungfrau, die eine Krone trug, und vor ihr standen ein silbernes Faß mit einem »roten Trank« sowie eine goldene Kanne und ein goldener Pokal. Die Erscheinung hatte nun auf einem Thron Platz genommen, und die Herrlichkeit ihrer Gestalt und Gesichtszüge übertraf die jedes Menschensohnes.
Es dürfte dann niemanden mehr überrascht haben, als sich die Erscheinung als der Gott Lug zu erkennen gab, der gekommen war, um Conn die Namen seiner Nachfolger für das Amt des Hochkönigs von Tara aufzuzählen. Die Jungfrau war ein Sinnbild der Landeshoheit, die sich in den Königen verkörpern würde. Sie fragte so oft hintereinander, wem der rote Trank gereicht werden solle, bis der Gott die Namen der Könige der Reihe nach genannt und zu jedem eine knappe Schilderung der ihm vorbestimmten Heldentaten gegeben hatte. Darauf folgt die Prophezeiung, die so starke Ähnlichkeit zur Weissagung Merlins aufweist.[18]
Die Parallelen zu Geraints Abenteuer sind verblüffend: die verzauberte Nebelhecke, der Lärm des herannahenden Reiters, die drei Speerstöße, der magische Baum vor dem Eingang und das dienende Mädchen. Der Trank, der die Herrschergewalt verleiht, ist das zentrale Motiv des *Baile in Scáil*, und Forschungen haben erwiesen, daß das Horn, das in der *Geraint*-Fassung an dem Apfelbaum hängt und mit seinem Schmettern die ganze verzauberte Szenerie in Nichts auflöst, ursprünglich ein *Trinkhorn*

war.[19] Einige dieser Züge tauchen auch im Roman *Fergus* auf, als sich der Ritter dem Berg nähert, wo Merlin so manches Jahr zugebracht.

Die Begebenheit in *Baile in Scáil* wird von den Keltenforschern seit langem so gedeutet: Bei seiner Thronbesteigung vermählte sich der König symbolisch mit dem Land, das man sich als die Göttin Ériu (Eire) vorstellte. Ein rituelles Hochzeitsfest (*banais rígi*, das »Hochzeitsfest des Königtums«) war fester Bestandteil der Zeremonie bei der Krönung eines irischen Königs.[20]

Da die symbolische Vermählung des Königs mit seinem Land auch historisch beglaubigt ist, könnten die in *Baile in Scáil* geschilderten Ereignisse Elemente eines Krönungsrituals widerspiegeln oder, noch wahrscheinlicher, einen Mythos aufgreifen, der die Erklärung für das Ritual abgab. In der Einleitung heißt es, daß die goldenen und silbernen Trinkgefäße der Jungfrau, die Landeshoheit verkörpernd, nach der Prophezeiung »Conn überlassen wurden«. Dies erklärt wohl die Verwendung realer Gefäße, die man in Tara seit alters her zum Gebrauch bei den jeweiligen Krönungs-»Hochzeiten« aufbewahrt.

Man darf nicht vergessen, daß im alten Irland, wie anderswo auch, der König keinesfalls bloß politisches Oberhaupt oder Symbol der Amtsgewalt war. Er vertrat, ja er verkörperte geradezu die kosmische Ordnung auf Erden. Von seiner Befähigung zum Herrschen, seiner Wahrheitsliebe und Moral, von seinem Mut und seiner Größe hingen Wohlergehen und die Fruchtbarkeit des Landes ab. Mittels dieser persönlichen Eigenschaften sakraler Autorität und durch den Vollzug des Rituals, das für den Erhalt des Einklanges zwischen Himmel und Erde, Mensch und Natur wesentlich war, sicherte der König den Wohlstand und das Wohlergehen seines Volkes. Fehlte ihm eine dieser Eigenschaften – und sei es wegen eines körperlichen Makels –, so war das Gleichgewicht gestört, und die Mächte der Zerstörung entfesselten unheilvolle Kräfte über dem Land. Die Ernte verfaulte, Seuchen breiteten sich aus, und Feinde verletzten die Landesgrenzen.

Der Gedanke des Gottkönigtums bedeutet schlicht eine Spiegelung der größeren kosmischen Ordnung. In frühen Gesellschaften hingen die Menschen dem Glauben an – ähnlich dem platonischen Ideal –, jedes Element der Schöpfung sei nur ein schwacher Abglanz eines göttlichen Vorbilds, dessen Vollkommenheit das innerste Wesen seiner unvollkommenen irdischen Erscheinung ist. Doch all die geistig vollkommenen Wesen der Anderswelt sind ihrerseits die jüngeren Brüder eines Höchsten Wesens, Daseinsgrund und Ursprung all dessen, was existiert. Der König ist für den Mikrokosmos des Königreiches, was die Obergottheit für den Makrokosmos des Universums ist, und beider Funktionen sind unauflöslich miteinander verknüpft.[21] In *Baile in Scáil* stellte man sich den Gott Lug ganz offensichtlich als die Obergottheit vor, der die Vermählung des Königs mit der Göttin oblag; darin personifizierte sich die Landeshoheit Irlands. Lug war das göttliche Vorbild des Menschenkönigtums, und mit der Thronbesteigung wurde der König zur göttlichen Inkarnation auf Erden.[22]

Warum aber die prophetische Aufzählung der Namen von Conns Nachfolgern? Wir haben schon vernommen, wie der heilige Columban bei der Krönung von Aedan mac Gabran 574 n. Chr. die künftige Königsnachfolge prophezeite, und daß hierin ein Hinweis liegen könnte, daß eine solche Prophezeiung fester Bestandteil des Krönungsrituals war. Auf diese Weise wurde bekräftigt, daß die Nachfolge der von Gott vorbestimmten Ordnung entsprach. Die Prophezeiung beruhte vielleicht zum Teil auf einer scharfsinnigen Abschätzung der wahrscheinlichen Erbfolge, die anschließend als so verbindlich angesehen wurde, daß sie die Nachfolge tatsächlich bestimmte. Nun kann man sich schwerlich vorstellen, daß die 53 Nachfolger Conns die vorausgesagte Reihenfolge pflichtschuldig einhielten, und ich darf vielleicht einen Erklärungsversuch wagen. In sehr frühen Zeiten hat ein Druide verbindliche prophetische Verse ausgesprochen, in denen er die Nachfolge der Königserben darlegte. Im Lauf der Zeit muß es unweigerlich zu Fehlern gekommen sein, die entdeckt wurden und zu einer bewußten Veränderung des Systems führten. Jetzt wurde eine rückwirkende Prophezeiung rezitiert, die eine Liste oder Genealogie seiner Vorgänger seit der Begründung des Herrschergeschlechts enthielt, und die einem frühen Druiden oder Seher in den Mund gelegt wurde. Anachronistische Vorstellungen, hierbei handele es sich um die bewußte Vorspiegelung falscher Tatsachen oder um bewußte Irreführungen, sind nicht am Platze. Da man wußte, daß die Königsnachfolge von Lug vorbestimmt war, mußte ein Druide, der Zugang zu den Gedanken des Gottes erlangte, auch den künftigen Verlauf der Ereignisse gekannt haben; und so war man in dem natürlichen Glauben, die ihm zugeschriebene Prophezeiung entspräche ohne jeden Zweifel dem, was er gesagt hätte.

Mit dem Erstarken des Christentums wurden die Barden immer mehr ihrer Funktionen beraubt. Schließlich entfiel das prophetische Element ganz und wurde durch einfaches Aufsagen der königlichen Genealogie ersetzt. So trat, als Alexander III. von Schottland 1249 in Scone gekrönt wurde, »ein Ahnenkundiger aus dem Hochland vor, kniete vor dem schicksalhaften Stein nieder, huldigte ihm als dem *Ri Alban* und sagte, der Tradition des Hochlandes entsprechend, eine lange Linie gälischer Könige zitierend, die teils wirklich, teils mythologischen Ursprungs waren, seine Ahnentafel auf, bis er bei Gaithel Glass angelangte, dem Stammvater des Volkes. »Und als die Stammesfürsten der Macdonalds auf einer Insel im Loch Finlagan auf Islay zu Herren der Inseln gekrönt wurden, übte, wie verläßliche Quellen berichten, der Redner vorher eine Liste der Vorfahren ein.«[23]

Die älteste prophetische Königsliste Irlands ist das *Baile Chiund*, in dem als letzter Monarch Fínsnechta Fledach (675–695) angeführt wird. Auf ihn folgen allerdings »vier unkenntliche Namen«, was vielleicht bedeutet, daß das Gedicht bei der Krönung eben jenes Königs rezitiert wurde und die vier fast unverständlichen Namen genau die Männer bezeichneten, die man als seine Nachfolger ansah. Der unmittelbare Erbe eines Königs scheint zeit-

gleich mit dessen Wahl bestimmt worden zu sein, und da
die Nachfolger aus einer kleinen Gruppe von Blutsver-
wandten aus der väterlichen Linie gewählt wurden, fiel es
dem Oberdruiden (der bei der Einweihung des Königs
eine führende Rolle spielte) wohl nicht allzu schwer, die
Abfolge der künftigen Herrscher zu erahnen.[24]
Auf die Ähnlichkeit seherischer Gedichte aus Irland mit
denen Merlins ist bereits hingewiesen worden; die Parallele dürfte kaum auf einem Zufall beruhen. In beiden
Fällen weissagt ein Prophet oder prophetischer Gott die
Abfolge einer langen Reihe von Königen und beantwortet damit die Fragen einer Frau, und dieses Ritual wird
jedesmal wiederholt. In dem Gedicht *Cyfoesi Myrddin*
fragt seine Schwester Gwenddydd nach den Namen der
künftigen Könige, und Myrddin gibt die Antworten. Es
scheint also so zu sein, daß diesen Gedichten in ihrer
ursprünglichen Form einmal eine ähnliche Rolle wie
ihren irischen Entsprechungen zukam: Sie wurden bei
der Krönung britischer Könige rezitiert, um den vorbestimmten Erben zu legitimieren.[25]
Daß man Merlin mit dem Gottkönigtum in Verbindung
brachte, zeigt sich auch in einer archaischen Vorstellung,
auf die das Gedicht *Hoianau* hinweist:

> »Unser werden sein Jahre und lange Tage
> Mit falschen Königen und verdorrenden
> Erntefrüchten.«

Dies ist eine Anspielung auf den bereits erwähnten Glauben, dem Land drohten Hungersnöte und Seuchen, wenn
der König seine rechtmäßige Funktion (im Irischen *fír
flathemon*) nicht erfüllte.
Die Parallelen lassen vermuten, daß Merlin bei der Krönung eines Königs den Gott Lug (im Britischen *Lleu*)
verkörperte. Damit sind wir wieder am Anfang, nämlich
dort, wo der jugendliche Arthur, wie jedermann weiß,
»auf Merlins Rat« und »durch Merlins Vorsehung« zum
König von Britannien gewählt wurde – wobei seine Wahl
durch ein magisches Zeichen (verzauberte Waffe) bestä-

tigt wurde. Zuvor hatte Merlin dem sterbenden Uther Pendragon die Thronbesteigung des Knaben prophezeit. Man vergleiche einmal die im vorangegangenen Kapitel angeführten Zeugnisse, die darauf hindeuten, daß Merlins prophetischer Zug stark in der druidischen Tradition wurzelt, mit der schlüssigen Behauptung, daß es in Irland Sache des Oberdruiden war, über das Krönungsritual zu wachen.[26]

Es spricht somit alles dafür, daß Merlins Rolle, wie sie in dem frühen Arthur-Zyklus dargestellt ist, authentische Traditionen zugrundeliegen. Er trug möglicherweise den Namen, erfüllte aber mit Sicherheit die Funktion des Oberdruiden, der die Rituale überwachte – Rituale, die zur Erhaltung der Harmonie in der natürlichen Ordnung notwendig waren und deren Eckpfeiler der Gottkönig war. Durch Merlin sprach der Hochgott Lug, der den Hochkönig mit dem Land vermählte und mit den heiligen Symbolen des Amtes ausstattete. Die unveränderliche Zeremonie stellte eine Verbindung her zwischen dem König und seinen Vorgängern, die bis zum Anbruch der geschichtlichen Zeit und zur Gründung des Gottkönigtums zurückreichten, während die prophetische Verkündigung der Abfolge künftiger Herrscher die Zukunft sicherte. So flossen alle Teile, göttliche wie menschliche, zu einer Harmonie zusammen, die sich den Schattenmächten der Unordnung und Verwirrung entgegenstellte.

VIII

Die Kämpfenden Drachen und das Vaterlose Kind

Wir haben uns von dem Merlin, dem wir zuerst in der *Historia Regum Britanniae* des Geoffrey von Monmouth begegnet sind, weit entfernt. Dort tauchte er, man erinnere sich, als das Wunderkind auf, das Vortigern das Geheimnis der Kämpfenden Drachen offenbarte. Danach half er Uther Pendragon bei der Gründung des Königreiches, brachte die Steine vom Tanz der Riesen aus Irland herbei, errichtete daraus auf der Ebene von Salisbury das Bauwerk, das später unter dem Namen Stonehenge bekannt wurde, und wachte schließlich darüber, daß Arthur auf den Thron erhoben wurde.

Doch zeigt sich nun der Merlin der Geschichte als jener Myrddin Wyllt, »der Wilde«, dessen Story Geoffrey erst nach Vollendung seiner *Historia* entdeckte. Der wirkliche Merlin hat, so scheint es, hundert Jahre nach Vortigern und Ambrosius gelebt; und er verkündete seine Prophezeiungen nicht an einem Königshof im fruchtbaren Südbritannien, sondern in der unzugänglichen Wildnis des Coed Celyddons jenseits des Hadrianwalls. Muß man den Merlin der *Historia* demnach als bloßes Phantom abtun, als eine von Geoffreys reicher Einbildungskraft heraufbeschworene Gestalt, von der selbst ihr Urheber später reumütig zugeben mußte, daß sie zu einer anderen Zeit und in anderer Umgebung gelebt hatte?

Sicherlich hätte Merlin nur dann an den Höfen Vortigerns und Arthurs verkehrt haben können, wenn er sich wirklich eines längeren Lebens erfreut hätte als gewöhnliche Sterbliche. Immerhin läßt sich aus zwei Geschichtchen in Geoffreys *Historia* beträchtlich mehr über dessen Quellen in Erfahrung bringen. Es sind dies Merlins Aufdeckung der Zwei Kämpfenden Drachen gegenüber Vortigern, und der Bau von Stonehenge. Wie sich zeigen wird, hat Geoffrey hier anscheinend verstümmelte Fassungen von Überlieferungen aufgegriffen, die bis ins fünfte Jahrhundert und noch weiter in die Vergangenheit zurückreichen.

Von all den Aufzeichnungen, die uns auf die Folter spannen, weil sie nur ein schwaches Licht auf das Frühmittelalter werfen, ist keine mit steterem Interesse verfolgt und genaueren Analysen unterzogen worden als die kleine Sammlung unter dem Titel *Historia Brittonum* (*»Die Geschichte der Briten«*). Vormals einem schwer nachweisbaren »Nennius« zugeschrieben, gilt sie heute als das Sammelwerk eines unbekannten Autors aus den Jahren 829–30.[1] Ihrem Titel zum Trotz bietet sie keine zusammenhängende Schilderung, sondern eine dünne Sammlung ganz unterschiedlicher Schriften über die frühe Geschichte Britanniens. Es handelt sich ganz ohne Zweifel um eines der faszinierendsten Dokumente aller Zeiten, und niemand, der an den Anfängen der britischen Geschichte ernsthaft Interesse nimmt, kommt umhin, sich wieder und wieder hineinzuvertiefen.

Für uns ist es ein Glück, daß der Autor, im Gegensatz zu seinem verfälschenden Nachfolger Geoffrey von Monmouth, nur relativ schwache Versuche unternahm, seine Quellen zu einem harmonischen Ganzen zu verschmelzen; wahrscheinlich reihte er sie zum Großteil einfach so aneinander, wie er sie vorfand. Der Stoff scheint aus der Sammlung einer königlichen Bibliothek des frühen neunten Jahrhunderts zu stammen, da er im wesentlichen Angelegenheiten behandelt, die eher für einen Königshof als für die Kirche von Interesse sind.

Die Sammlung beginnt mit einer »gelehrten« Geschichte der Welt, die später in die Legenden über den Ursprung Britanniens und Irlands einmündet. Diesem Abschnitt, der auf Nachforschungen aus zweiter Hand beruhte, läßt die *Historia Brittonum* abrupt die Geschichte von König Vortigern folgen; wir lesen, wie er den Thron bestieg, Hengist und die sächsischen Söldner in seine Dienste stellte, mit dem heiligen Germanus stritt, fliehen mußte und schließlich sein Ende fand. Diesen lebendig erzählten Historien sind ein Bericht über die Mission des heiligen Patrick in Irland und der berühmte Verweis auf die Herrschaft König Arthurs angefügt, auch eine Liste seiner Schlachten gegen die Sachsen. Der restliche Teil der *Historia Brittonum* beschäftigt sich mit Ereignissen im Norden, *Y Gogledd*, mit den Genealogien der Könige von Northumbria und mit rätselhaften Anmerkungen zu Vorgängen des sechsten und siebten Jahrhunderts bei den im Norden lebenden Briten und Angeln.

Trotz ihres kunterbunten Nebeneinanders stellt die *Historia Brittonum* einen, wenn auch noch unbeholfenen, Versuch dar, eine Geschichte Britanniens von frühester Zeit bis ins siebte Jahrhundert zu schreiben. Was gäbe man nicht dafür, nur eine Stunde mit dem Verfasser in den Folianten von König Merfyns Bibliothek zu blättern! Denn dort befand sich vielleicht der Originaltext des alten walisischen Gedichtes, von dem die *Arthuriana* hergeleitet wurden, und vielleicht auch eine frühe Version von Myrddins *Cyfoesi*, die man später aktualisierte, so daß die Verse die Thronbesteigung von Merfyns Urenkel, Hywel dem Guten, prophezeiten. Ganz sicher aber befand sich dort, denn der Autor erwähnt es, ein Buch mit dem Titel *Liber Beati Germani* (»*Das Buch des Gesegneten Germanus*«). Diesem Werk, das von den Verbrechen und dem Schicksal König Vortigerns erzählt, gilt unser Augenmerk.

In groben Zügen stellt sich die Geschichte so dar: Die ersten vier Abschnitte beschreiben, wie der heilige Germanus einen (anscheinend heidnischen) Tyrannen, den König von Powys, seines Amtes enthob und durch einen gläubigen Christen ersetzte. Es folgt Vortigerns Einladung an Hengist und seine sächsischen Söldner; diese besiegen zwar die im Norden eingefallenen Barbaren, zeigen aber wenig Bereitschaft, ihre bequeme Stellung in Britannien zu räumen. Als Vortigern Hengist zur Rückkehr in seine Heimat drängt, gibt der Anführer der Sachsen ein Gelage, bei dem seine schöne Tochter den König so lange zum Trinken nötigt, bis dessen Lust geweckt ist. In seinem leidenschaftlichen Verlangen nach dem Mädchen läßt sich Vortigern dazu überreden, das Königreich Kent gegen sie einzutauschen. Hengist, nun Vortigerns Schwiegervater, beginnt unverzüglich, weitere Landsleute nach Britannien einzuschleusen.

Hierauf folgt eine sonderbare kleine Geschichte mit stark heidnischen Zügen über Vortigerns Inzest mit seiner

Tochter. Germanus und der »Rat der Briten« verurteilen ihn wegen dieses Verbrechens, und er schickt sich an zur Flucht. Seine *magi* (Druiden) raten ihm, sich an die äußersten Grenzen seines Königreiches zu retten und eine befestigte Zitadelle zu suchen, von wo er sich gegen die Sachsen verteidigen könne, denn sie hätten Pläne, ihn zu töten und sein Königreich in ihre Gewalt zu bringen. In Begleitung seiner Druiden reist Vortigern nach Snowdonia in Nordwales, wo sie mitten in den Bergen einen geeigneten Platz für den Bau einer uneinnehmbaren Festung entdecken. Aus den Worten der Druiden scheint hervorzugehen, daß der Ort unter magischen wie unter strategischen Aspekten ausgekundschaftet ist: »Errichte die Festung an diesem Platz, denn sie wird absolut sicher sein vor den Völkern der Barbaren für alle Zeit.«
Daraufhin läßt Vortigern Steinmetze und Zimmerleute kommen und ihr Baumaterial zusammentragen. In jener Nacht verschwinden Steine und Holz auf mysteriöse Weise, und in den zwei Nächten darauf geschieht dasselbe. In seiner Verwirrung ruft der König die Druiden zu sich und fragt sie um Rat. Die Antwort ist unmißverständlich: »Solange du nicht ein vaterloses Kind findest und es töten läßt und die Festung mit seinem Blut besprengst, wird sie nie erbaut.«
Um das Kind ohne Vater zu finden, sandte Vortigern in alle Landesteile Britanniens Boten aus; die kamen schließlich an einen Ort namens »campus Elleti« in der Gegend von Glywysing (einem Königreich in Südwales) und sahen dort zwei Jungen Ball spielen und sich streiten. »Oh, du vaterloser Mistkerl«, stieß der eine hervor, »du wirst nichts als Unheil stiften!« Voller Verblüffung suchten die Boten die Mutter des Jungen auf, die bestätigte, er sei ihr Sohn, doch sie eine Jungfrau, das stehe außer Zweifel. Der Junge wurde auf der Stelle zu König Vortigern gebracht, und man traf Vorbereitungen für eine Zusammenkunft, bei der er feierlich geopfert werden sollte.
Als der Junge erfuhr, daß die Druiden diese Idee Vortigern in den Kopf gesetzt hatten, bat er, sie herbeizuru-

fen. Sobald sie vollständig versammelt waren, fragte er, ob sie wüßten, was sich vor ihnen unter dem Pflaster verberge. Sie gestanden ein, es nicht zu wissen; darauf wies er sie an zu graben und erklärte auch, was sie finden würden. Was er vorhergesagt, trat ein: Sie stießen zuerst auf einen unterirdischen Teich. In dem Teich waren zwei Vasen, in denen sich (sie müssen Öffnung an Öffnung gelegen haben) ein gefaltetes Zelt *(tentorium)* befand.

»Was ist in dem Zelt?« fragte der Junge. Wieder schwiegen die Druiden, und als man das Zelt entfaltete, entdeckte man darin zwei schlafende Schlangen *(vermes)*. Eine war rot und eine war weiß, und sie begannen in ihrem Zelt zu kämpfen. Zuerst wurde die rote Schlange fast bis an den Rand des Zeltes gedrängt, aber nach verbissenem Kampf kam sie wieder zu Kräften und trieb ihre weiße Gegnerin aus dem Zelt hinaus. Es kam zu einer Verfolgungsjagd über den Teich, und das Zelt verschwand.

»Nun«, fragte der Junge die verdutzten Druiden, »was hat dies alles zu bedeuten?« Sie gestanden ein, verwirrt zu sein; so gab er folgende Erklärung: Das Zelt stellt Vortigerns Königreich dar, und die Schlangen verkörpern zwei Drachen. Der rote Drache (auch heute noch das Hoheitszeichen von Wales) steht für die Briten und der weiße für die Sachsen. Bisher sind die Sachsen auf der Siegesstraße, und sie würden das Land fast von Küste zu Küste erobern. Schließlich aber würden die Briten ihrer Herr und den Angreifer in seine Heimat zurücktreiben.

»Ihr aber«, schloß der prophetische Jüngling, »müßt diese Festung, die Ihr nicht erbauen könnt, verlassen und durch viele Provinzen ziehen, bis Ihr ein sicheres Bollwerk findet; dort müßt Ihr bleiben.«

»Wie heißt du?« fragte der neugierige König. Der Junge erwiderte: »Ich heiße Ambrosius« – d.h. man sah, daß er Embreis Guletic war. »Und von wem stammst du ab?« fragte Vortigern weiter. »Mein Vater ist einer der Konsuln des römischen Volkes«, antwortete der (vaterlose) Knabe. Er behielt die Festung für sich, während Vortigern und seine Druiden Richtung Norden aufbrachen.

In einem Zwischenspiel wird nun über die Siege von Vortigerns Sohn in Kent berichtet, die zur Vertreibung der Sachsen von der Insel führen. Aber es dauert nicht lange, da rücken sie wieder heran, und Vortigern (der anscheinend wieder an der Macht ist) fühlt sich genötigt, mit ihnen ein Abkommen zu schließen. Als Hengist Friedensfühler ausstreckte, stimmten Vortigern und sein Rat *(consilium)* Verhandlungen zu. Abgesandte beider Seiten sollten sich an einem vereinbarten Ort treffen, um die Bedingungen auszuhandeln, keiner der Unterhändler sollte dabei Waffen tragen. Doch der hinterlistige Hengist wußte es einzurichten, daß seine Männer Messer in ihre Stiefel steckten. Auf ein Zeichen hin (Hengists Parole wird in seiner angelsächsischen Muttersprache gegeben) zuckten die Messer hervor, und Vortigern rettete sein eigenes Leben nur, indem er Essex und Sussex an die Verräter, die ihn gefangengenommen hatten, abtrat.

Unerwartet taucht noch einmal Germanus auf, um den elenden König quer durch das Land zu hetzen. Schließlich läßt er durch Zauber ein Feuer vom Himmel herniederprasseln, das Vortigern und alle seine Gefährten verschlingt. Soweit das *Liber Beati Germani*, wobei der anonyme Herausgeber weitere Varianten über das Ende des glücklosen Tyrannen anfügt.

Im *Liber Beati Germani* müssen bereits eine ganze Reihe von Überlieferungen verschmolzen worden sein. Es weist einige eklatante Widersprüche auf; dies zeigt sich am krassesten, als der vaterlose Junge seinen Vater offenbart! Die Quellen des Buches, teils historische, teils aus dem Bereich der Legende, sind nicht erhalten. Aber die zentralen Motive werden auch so deutlich genug erkennbar: die Einstürzende Burg, die Entdeckung des Vaterlosen Knaben und die prophetische Deutung der Kämpfenden Drachen. Glücklicherweise kommen die Drachen auch in einer walisischen Geschichte vor, so daß Vergleiche Aufschluß geben können. Es handelt sich um den Bericht *Kyfranc Lludd a Llevelis (»Der Streit zwischen Lludd und Llevelys«)*, der sich in *The White Book of Rhydderch* und in *The Red Book of Hergest* findet.

177

Lludd, der König von Britannien, muß feststellen, daß
sein Land das Opfer mysteriöser Heimsuchungen geworden ist. Als er Erkundigungen einzieht, erfährt er, eine
dieser Plagen rühre vom verborgenen Kampf zweier Drachen her, von denen einer »Euer Drache« ist (d.h. er
steht für die Insel Britannien) und sich der Angriffe eines
fremden Drachen erwehren muß; dies bringe ihn dazu,
am Vorabend jedes ersten Maitages einen fürchterlichen
Schrei auszustoßen, der über die ganze Länge und Breite
der Insel zu hören sei. Lludd erfährt, wie er die Drachen
ausfindig machen kann: Er muß die Insel nach Länge und
Breite vermessen lassen, um ihren genauen Mittelpunkt
zu bestimmen. Genau dort muß er einen Graben ziehen,
ein großes Faß voll Met hineinstellen und das Faß mit
einem Stück Brokatseide abdecken. Wenn er sich dann
auf die Lauer lege, werde er die Drachen kämpfen sehen.
Zuerst erschienen sie in der Gestalt gräßlicher Bestien,
dann rängen sie als Drachen in der Luft und schließlich
fielen sie erschöpft zu Boden in Schweinegestalt. Während sie in das Faß sänken, tränken sie von dem Met und
schliefen ein. Sobald dies geschehen sei, müsse Lludd die
Tiere in das Seidentuch hüllen, zu einem Bündel ver-
schnüren und in einer Steintruhe am bestbefestigten Platz
des Königreiches begraben. »Und solange sie an jenem
sicheren Orte sind, wird keine fremde Macht die Insel
Britannien unterjochen.«
Lludd folgte dem Rat und stellte fest, daß sich der
Mittelpunkt der Insel in Oxford *(Rytychen)* befand. Alles
trat ein wie vorausgesagt, und Lludd begrub die schlafen-
den Ungeheuer an einem Ort namens Dinas Emreis
(früher als Dinas Ffaraon Dandde bekannt) in Snowdonia
(Eryri). Fortan herrschte Lludd in Frieden und Sicherheit.
Die Ähnlichkeiten mit dem Bericht in der *Historia Brittonum* springen sofort ins Auge.[2] Der Kern beider Fassungen der Geschichte von den Kämpfenden Drachen hat
sicher eine gemeinsame Quelle, und diese könnte auf
einem Körnchen historischer Wahrheit beruhen.
Vortigerns fehlgeschlagenes Unterfangen, die Sachsen als

Söldner in seine Dienste zu stellen, ihre spätere Rebellion und Invasion sind natürlich bekannt und gelten allgemein als historisch gesichert. Gildas geht zwei, drei Generationen später auf diese Ereignisse ein; für seine Zeitgenossen müssen die Raubzüge der Sachsen ebenso einschneidende Folgen gehabt haben wie die normannische Eroberung für die englische Bevölkerung im elften Jahrhundert. Gildas' Worten kommt entscheidende Bedeutung zu, und sie wollen sorgfältig gelesen sein. Nach einer Beschreibung der Invasionen, denen Britannien nach dem Abzug der Römer ausgesetzt war, fährt er fort.:

»Denn es hebt eine Beratschlagung an darüber, was am besten oder zum größeren Vorteil zu beschließen sei, um solch todbringende und in solcher Häufigkeit auftretende Einfälle und Plünderzüge der oben erwähnten Völker abzuwehren. Dann sind alle Ratgeber und mit ihnen der stolze Tyrann verblendet – indem sie sich zum Schutz wählen, was zum Verderb des Vaterlandes gereichen sollte –, so daß jene grausamen Sachsen verfluchten Namens, von Haß auf Gott und die Menschen erfüllt, auf die Insel gelassen wurden wie Wölfe in einen Schafpferch, um die nördlichen Völker zurückzuschlagen. Nie ist ihr Nachteiligeres und Schmerzlicheres widerfahren. Oh tiefste Dunkelheit der Seele! Oh hoffnungslose Dummheit! Sie luden eben das Volk zu sich ins Land, das sie – solange es fern war – mehr fürchteten als den Tod, auf daß es sich (so könnte man sagen) unter demselben Dache niederlasse! ›Närrische Prinzen von Zoan‹, wie es heißt, ›die Pharao unsinnigen Rat erteilen‹.«

Soviel zur Einladung. Gildas fuhr fort:

»... eine Brut von Welpen entsprang dem Lager der barbarischen Löwin, befördert von drei Schiffen... unter günstigen Segeln, schlugen sie ihre schrecklichen Klauen zuerst in den östlichen Teil der Insel, wobei sie so taten, als kämpften sie auf Geheiß des glücklosen Tyrannen für das Vaterland, während sie in Wahrheit an Angriff dachten. Unerschütterlich war ihr Vertrauen in das Omen und in Prophezeiungen *(omine auguriisque)*, die ihnen eine dreihundert Jahre währende Herrschaft über das Land voraussagten, worauf die Kiele ihrer Schiffe wiesen, und die ersten einhundertfünfzig würden der Verheerung geweiht sein.«

Man braucht nicht lange zu grübeln, um die enge Übereinstimmung zwischen diesem Bericht und dem in der *Historia Brittonum* zu erkennen. In letzterem läßt Vortigern auf den Rat seines *consilium* eine Einladung an die Sachsen ergehen, als Söldner für ihn zu kämpfen und die nördlichen Eindringlinge (Pikten und Skoten) zurückzuwerfen. Dann wird er Zeuge der Drachenszene und ihrer Ausdeutung, wonach anfänglich die Sachsen über einen längeren Zeitraum siegreich sein würden, schließlich die Briten die Oberhand bekämen und sie über das Meer zurückdrängten. Die wesentliche Aussage der Prophezeiung ist in beiden Fällen identisch, und man kann nur vermuten, daß der Bericht der *Historia Brittonum* eine abgeänderte oder ausführlichere Fassung der Version darstellt, auf die sich Gildas stützt; im Lauf der Jahrhunderte muß sie einen beträchtlichen Zuwachs an volkstümlichen Stoffen erfahren haben.

Es ist durchaus denkbar, daß zur Zeit der Einladung an Hengist wirklich eine Prophezeiung verkündet wurde, die eine genaue Schilderung des Kampfes von Briten und Sachsen enthielt. Diese war überdies kein zufällig in die Welt gesetztes Gerücht, sondern eine formelle Weissagung im Rahmen der damals gebräuchlichen Riten. In der Version der *Historia Brittonum* sind es *magi*, die das Ritual überwachen; die irische Fassung ersetzt diese durch das Wort *Druide*. Es scheint keinen triftigen Grund zu geben, diese Gleichsetzung anzufechten: Menschenopfer und Prophezeiungen waren im klassischen Zeitalter regulärer Bestandteil des druidischen Brauchtums; so wird in einer irischen Parallelgeschichte die Opferung eines Wunderkindes von Druiden überwacht.[3]

Vielleicht bezog das *consilium*, das die folgenschwere Entscheidung über die Einladung der Sachsen zu treffen hatte, Druiden ein, die ihren Rat in Form einer düsteren Prophezeiung gaben; die Sachsen hätten sie dann frech für ihre Zwecke eingesetzt. Es sieht aber ganz so aus, als wären die Druiden gegen die Einladung gewesen. Ihre Haltung findet eine Entsprechung in Ereignissen, die sich ungefähr zur selben Zeit in Irland zutrugen. *Life of St. Patrick* (»Die Lebensgeschichte des heiligen Patrick«), von Muirchu im siebten Jahrhundert in lateinischer Sprache verfaßt, erzählt von der Besorgnis der irischen Heiden, als Gerüchte über bevorstehende missionarische Aktivitäten aus Britannien aufkamen. Muirchu sagt, daß Druiden und Wahrsager den Zerfall und den Umsturz der alten Lebensweise prophezeiten. Ein Vers sah die Ankunft eines Bischofs mit Tonsur und Insignien und einer ganzen Gemeinde voraus:

> »Breitbeil-Kopf wird kommen
> Mit seinem krumm-köpfigen Stab
> Und einem Haus mit einer Höhlung für sein Haupt (Meßgewand).
> Gottlosigkeiten wird er singen von seinem Tisch im Osten seines Hauses.
> Sein ganzer Haushalt wird ihm erwidern: ›So sei es, so sei es.‹«

Dieser bestrickende kleine Vers bringt mit Sicherheit das zum Ausdruck, was nach der Vorstellung des Verfassers die Druiden gesagt haben könnten, und es gibt kaum einen Grund, seine Echtheit anzuzweifeln.[4] Man könnte nun einwenden, daß der heidnische König Loegaire mac Niall auf dem Hügel von Tara mit seinen Druiden Rat gehalten habe, sei zwar akzeptabel, aber eine ähnliche Situation in der überwiegend christlichen Gesellschaft Britanniens, von Rom geprägt, nicht denkbar. Aber was berechtigt uns zu der Annahme, daß Britannien Mitte des fünften Jahrhunderts ein durch und durch christliches Gemeinwesen war? Gildas bezeichnet diese Epoche als eine Zeit, in der sich die Menschen in Scharen »der Finsternis anstatt der Sonne« zuwandten, »um Satan als einen Engel des Lichts zu empfangen«: Metaphern, die für ein Wiederaufleben des Heidentums und öffentlich praktizierten Götterkult zu sprechen scheinen. Es ist auch nicht zwingend, Vortigern für einen Christen zu halten.[5] Und selbst wenn er einer war: die Zeichen der Zeit standen auf Sturm, und je verzweifelter die Menschen waren, desto eher suchten sie Trost in den Riten ihrer Vorfahren. Als dreißig Jahre zuvor Alarich und die Goten vor den Toren Roms standen, hatte Papst Innozenz persönlich dem Drängen der Heiden nachgegeben und in eine Befragung der alten Augurien eingewilligt.[6]

Vortigerns Techtelmechtel mit den Sachsen spielte sich im südlichen Britannien ab, wo auch die Befragung der Druiden stattgefunden haben dürfte. Daß die Sachsen die zweischneidige Weissagung für ihre eigenen Ziele nutzten, läßt darauf schließen, daß die Worte, wenn nicht in ihrer Hörweite, so doch an einem Ort ausgesprochen wurden, wo sie ihnen früher oder später zu Ohren kommen mußten. Als Söldner gehörten Hengist und einige seiner Spießgesellen vielleicht zu Vortigerns Gefolge. In jenen gefahrvollen Zeiten, da die Könige Britanniens einander hauptsächlich Argwohn und Haß entgegenbrachten, könnte einer solchen Leibwache eine nützliche Rolle zugefallen sein.[7]

Die Offenbarung der Kämpfenden Drachen wird im *Liber Beati Germani* in den entlegenen Bergen Snowdonias angesiedelt, eine Ortsangabe, die im Lichte des Gesamtarrangements unglaubwürdig erscheint. Tatsächlich spricht vieles dafür, daß der Vorfall in der Überlieferung durch den Geschichtenerzähler an einen neuen Ort verlegt wurde. Als das unabhängige keltische Britannien im Westen zu dem Gebiet schrumpfte, das heute Wales ist, ging man häufig dazu über, Geschehnisse aus der Zeit des gemeinsamen britischen Erbes geographisch umzuplazieren und sie in die Grenzen von Wales zu verlegen. Ferner konnte es geschehen, daß Ereignisse verdoppelt wurden, wenn ein Historiograph unterschiedliche Versionen der gleichen Episode nicht als solche erkannt hatte.[8]

»Und die Erde verschlang die anderen zwölf Götzen, bis

nur noch ihre Köpfe zu sehen waren, und so ist es zum Zeichen des Wunders noch heute.«

Der Leser wird den Ursprung dieser irischen Legende bereits erraten haben. Sie hatte sich als eine *ad hoc* Erklärung für den Zustand eines Megalithdenkmals bei Mag Slécht entwickelt.[13]

Als Analogieschluß dürfen wir wohl annehmen, daß Vortigerns Einstürzende Burg ursprünglich und traditionell ein in Verfall geratenes Monument aus längst vergangenen Tagen war, in dessen Umkreis behauene Steinquader herumlagen, so, als wären sie von Steinmetzen im Hinblick auf Bauarbeiten zusammengetragen oder von einer finsteren Macht mit magischen Zerstörungskräften dort hingeschleudert worden. Es kann sich dabei kaum um ein Bauwerk gehandelt haben, das zu Anfang des Frühmittelalters noch ständig in Gebrauch war (wie etwa eine Hügelfeste), da man es in diesem Fall als solches erkannt hätte. Vielleicht umgab die Ruine eine Aura des Zaubers oder des Grauens, was für den Megalithkreis bei Mag Slécht sicher zutraf.

Aber warum richtete der Geschichtenerzähler, als er die Sage von Vortigern nach Nordwales verlegte, sein Augenmerk ausgerechnet auf Dinas Emrys? Die Antwort hängt wahrscheinlich mit der Entdeckung einer steinernen Zisterne in jener Festung zusammen, die mit dem Drachenteich assoziiert wurde.[14] Der Autor des Berichtes in der *Historia Brittonum* hat versucht, diese Assoziation rational zu erklären und deshalb behauptet, Vortigern habe, nachdem das Schicksal seine Pläne durchkreuzte, die (nicht gebaute) Burg dem Jüngling Emrys überlassen. Der Verfasser von *Kyfranc Lludd a Llevelis* stellt sich auch der Frage, die sich vielen aufgedrängt haben muß: Wie hieß Dinas Emrys, bevor es durch den Drachenkampf zu seinem Namen kam?

»Davor war es als *Dinas Ffaraon Dandde* bekannt«, d. h. als »die Feste des Feurigen Pharao«. Dies könnte sich sogar auf Vortigern beziehen, der mit dem Pharao aus dem Buch *Exodus*, 7 (8–13) verglichen wird: Da »forderte Pharao die Weisen und Zauberer; und ... ein jeglicher warf seinen Stab von sich; da wurden Schlangen daraus« (sie wurden jedoch von der Schlange, die aus Aarons Stab entstanden war, sogleich verschlungen). Die Parallele liegt auf der Hand, wobei offen bleibt, ob Gildas hierauf anspielte, als er Vortigern mit einer Bibelstelle, in der von einem anderen Pharao und dessen törichten Beratern die Rede war, eins auswischte.[15]

Die *Historia Brittonum* läßt den Vaterlosen Knaben erklären, er heiße Ambrosius, und fügt die Bemerkung an, »man sah, daß er Embreis Guletic war«, und ferner, daß er einen römischen Konsul zum Vater hatte. Dieser Versuch, den zur Opferung ausersehenen Jüngling mit dem römisch-britischen Heerführer gleichzusetzen, dessen Siege von Gildas gerühmt werden, ist offensichtlich eine Glosse. Er ist wie eine Glosse formuliert und steht in völligem Widerspruch zu den vorherigen Aussagen des Jungen und seiner Mutter, er habe keinen Vater gehabt. Der Knabe wurde erst zu einem späteren Zeitpunkt in der Entwicklung der Geschichte mit dem berühmten Ambrosius Gildas' gleichgesetzt, der ebenfalls ein Zeitgenosse Vortigerns war. Am interessantesten daran ist der Wink, der Knabe habe womöglich Ambrosius geheißen – hätte doch sonst kein Grund bestanden, ihn später fälschlicherweise mit dem Heerführer gleichen Namens zu identifizieren.

Diskrepanzen dieser Art sind von großem Nutzen für die moderne Forschung, da sie uns wertvolle Einblicke in frühere Sagenschichten gewähren. Selbst die unselige *Historia Regum Britanniae* des Geoffrey von Monmouth, der skrupellosen Mißbrauch mit seinen Quellen trieb, kann gelegentlich mit dieser Methode auf die Probe gestellt werden. Geoffrey erzählt die Geschichte von Vortigerns Einstürzender Burg fast genauso wie die *Historia Brittonum*, allerdings mit einem gravierenden Unterschied: Bei ihm heißt der Vaterlose Jüngling nicht Ambrosius, sondern Merlin.

Geoffrey scheint noch eine andere Fassung der Geschichte gekannt zu haben, sie taucht als Duplikat an späterer Stelle in seiner *Historia* auf. Diesmal hat sie mit

Merlin Ambrosius, das Buch vom Roten Drachen lesend. In seiner Begleitung Löwe, Pferd, Bär, Hirsch, Einhorn und die Kämpfenden Drachen. Kupferstich aus Thomas Heywoods *Life of Merlin* (1641)

dem gleichen Ambrosius zu tun, der von Gildas als politischer Führer erwähnt wird. Die britischen Edelmänner, die Hengist niedermetzeln ließ, lagen »auf einem Friedhof neben dem Kloster des Ambrius, eines Abtes, der es gegründet hatte«, begraben. Nach dem Tod Vortigerns wurden die Briten unter seinem Nachfolger Ambrosius wieder vom Glück begünstigt, und dieser beschloß, den toten Edelleuten eine würdige Gedenkstätte zu errichten. Er rief Zimmerleute und Steinmetze zusammen, denen es aus einem rätselhaften Grund jedoch nicht gelang, das Vorhaben auszuführen. Der irritierte Ambrosius erhielt den Rat, nach dem Propheten Merlin zu schicken, der Zauberkräfte besaß.

Merlin kam vom Brunnen von Galabes herbei und vernahm des Königs ganze Geschichte. Er beschied ihm:

In *Kyfranc Lludd a Llevelis* werden die Drachen exakt am geographischen Mittelpunkt Britanniens entdeckt. Der Begriff des Mittelpunktes eines Landes besaß in der frühen Kosmogonie große rituelle Bedeutung. Die Griechen sahen in Delphi den »Nabel« *(Omphalos)* bzw. Mittelpunkt der Erde. Kelten hingen einem ähnlichen Glauben an: bei Cäsar steht, daß alle gallischen Druiden zu einer bestimmten Zeit des Jahres an einem Ort im Gebiet der Carnuten zusammenkamen, »das man für das Zentrum ganz Galliens« hielt, um dort Urteile über Angelegenheiten von großer Tragweite zu fällen. Das Treffen fand wahrscheinlich an der Stelle statt, an der heute die Kathedrale von Chartres steht; Zeitpunkt der Zusammenkunft war vermutlich der erste August, das Fest des Lug.

In Irland glaubte man, der *Omphalos* oder das Heilige Zentrum befände sich in Uisnech in der Grafschaft Westmeath, und es läßt sich anhand einer Fülle von Zeugnissen belegen, daß diese Zentren (die natürlich nicht die wirklichen geographischen Mittelpunkte waren) voll religiöser Bedeutung waren. Spiritueller Zusammenhalt und Sicherheit des Landes waren nur durch beständige Ausübung der vorgeschriebenen Rituale an dieser heiligen Stätte gegeben.[9]

Es wäre dies also ein angemessener Ort für ein Ereignis von so großer Tragweite, wie es eine Augurienbefragung war, von deren Auslegung das Schicksal des Landes abhängen konnte. Britannien muß, wie Gallien und Irland auch, einstmals seinen eigenen *Omphalos* besessen haben, und in dem Hinweis in *Kyfranc Lludd a Llevelis* lebt wohl die Erinnerung an seine einstige Bedeutung fort, obwohl die Quelle des Geschichtenerzählers den

Ort vermutlich nicht mehr benannte. (Die Gleichsetzung mit Oxford muß ein späterer Einschub sein; diese Stadt wurde erst spät von den Sachsen gegründet und kann in einer so archaischen keltischen Vorstellung wie der vom Heiligen Zentrum noch keine Rolle gespielt haben.) Es wird berichtet, Lludd habe eine Weisung befolgt, die Drachen nach Dinas Emrys in Snowdonia zu bringen und dort in einer Steintruhe erneut zu begraben. Diese Überführung ergibt im Kontext der Geschichte keinen Sinn und erscheint anachronistisch (da man glaubte, Lludd und Llevelys hätten lange vor Emrys gelebt); sie rührt offenkundig von dem Bedürfnis her, die Erzählung mit der entsprechenden Episode in der *Historia Brittonum* in Einklang zu bringen.[10]

Das läßt vermuten, daß in einer früheren Fassung von *Lludd and Llevelys* die Drachen bei dem britischen *Omphalos* entdeckt wurden. Die Geschichte ihrer Wanderung kann später hinzugefügt worden sein, synchron mit jener anderen Erzählung, die geltend macht, man habe sie in Dinas Emrys gefunden. Es gibt freilich Anzeichen dafür, daß auch Dinas Emrys als eine geographische Umsiedlung in die *Historia Brittonum* gelangte. Der Text enthält Aussagen, die dies sehr wahrscheinlich machen: Erstens wird Vortigerns Flucht nach Snowdonia mit seinem Wunsch begründet, den verräterischen Absichten der Sachsen, die ihr Herrschaftsgebiet über die Grenzen Kents ausdehnen wollen, zu entkommen. Ein Ausweichen nach Nordwales erscheint in diesem Zusammenhang absurd.[11] Zweitens ist Vortigerns Einstürzende Burg zu untersuchen. Dieses Motiv enthält zwei mythische oder volkstümliche Elemente, einmal den – von der Sage und von archäologischen Funden gleichermaßen bestätigten – Glauben, ein Menschenopfer (oft eines Kindes) und die Einmauerung des Leichnams in die Fundamente seien unerläßlich, um den Bestand eines Neubaus zu sichern;[12] zum anderen die ätiologische Spekulation, der Versuch, eine merkwürdige und unerklärliche Erscheinung zu deuten.

Unsere Geschichte entspann sich wohl aus dem Bedürfnis, Gründe für den Einsturz eines Bauwerks zu finden, dessen Ruine einen ungewöhnlichen, möglicherweise bizarren Eindruck machte. Dies trifft für Dinas Emrys allerdings kaum zu. Die Festung nahm zwar, hochgelegen wie sie war, eine beherrschende Stellung ein, erschien aber von ihrer Konstruktion her nie sehr eindrucksvoll. Spärliche archäologische Funde lassen darauf schließen, daß sie bis zum siebten Jahrhundert und länger in ununterbrochener Folge bewohnt war, somit auch kein Grund bestand, Spekulationen über ihren baulichen Zustand anzustellen. Zerstören und Brandschatzen von Hügelfestungen waren im Frühmittelalter überdies so alltägliche Vorgänge, daß phantasievolle Deutungsversuche über deren Ursache sich erübrigten.

Die Erklärung muß anderswo zu finden sein. Mittelalterliche irische Quellen berichten von einem heidnischen Gott namens Cenn Cróich, dem man Menschenopfer darzubringen pflegte. Die Blutstätte lag bei Mag Slécht; dort wurden die Erstgeborenen jeder Familie dem Gott übergeben. Schließlich kam nach vielen Jahrhunderten der heilige Patrick dorthin und schaffte, der Legende zufolge, den grausamen Aberglauben aus der Welt. Er versetzte dem Hauptgötzen einen Schlag mit seinem Krummstab, so daß er sich nach Westen neigte und von da an das Mal des Stabes auf seiner Seite trug.

»Wenn du es wünschst, das Grab dieser Männer mit einem immerwährenden Denkmal zu ehren, so schicke nach dem Tanz der Riesen, der auf dem Killaraus ist, einem Berg in Irland.«

Denn dort befand sich jenes erstaunliche Bauwerk aus gewaltigen Steinen, die, einmal über das Meer gebracht und an auserwähltem Orte aufgestellt, alle Zeiten überdauern sollten. Außerdem besaßen diese Steine Heilkräfte: Krankheiten und Wunden konnten in dem Wasser, das über ihre Oberfläche gelaufen war, geheilt werden. Ambrosius, der Herrscher, zeigte sich anfangs skeptisch, ließ sich aber überzeugen und schickte eine Armee auf den Weg nach Irland. Merlin, der die Soldaten begleitete, gebrauchte seine Zauberkräfte, um den Tanz der

Riesen nach Britannien zu schaffen und neben dem Kloster des Ambrius neu zu errichten. Hocherfreut setzte sich Ambrosius seine Krone aufs Haupt und ließ ein Zeremoniell an, das drei Tage dauerte. Die Steine wurden nun in genau derselben Weise angeordnet, wie sie auf dem Killarausberg gestanden hatten.

Dies ist Geoffreys berühmte Episode über die Errichtung von Stonehenge, eine Geschichte, die viel Diskussionen ausgelöst hat, seit man in diesem Jahrhundert entdeckte, daß die Blausteine tatsächlich aus riesiger Entfernung von den Prescelly Mountains in Pembrokeshire zu ihrem jetzigen Standort herangeschafft worden waren. Mehrere Parallelen lassen darauf schließen, daß es sich hierbei um ein Duplikat des Motives der Einstürzenden Burg von Dinas Emrys aus der *Historia Brittonum* handelt, denn:

1. Die Namen der Schauplätze sind identisch oder bedeuten doch fast das gleiche. *Dinas Emrys* heißt »die Feste des Embreis«. Geoffreys *Mons Ambrius* (Hügel des Ambrius) steht für Amesbury in Wiltshire, die am nächsten bei Stonehenge gelegene Ansiedlung von Bedeutung, ganze drei Kilometer entfernt. Geoffrey hat den Namen nicht (wie man es bei ihm in anderen Fällen wohl unterstellen muß) aus dem des Ambrosius zusammengebraut. Wie gesagt, hat er einen Abt Ambrius erfunden, was darauf hindeutet, daß ein anderer Name bereits vorlag. Und tatsächlich ist der Name von Amesbury beträchtlich älter als Geoffreys *Historia*; er findet sich im neunten Jahrhundert als *Ambresbyrig*, was soviel wie »die Feste des Ambres« bedeutet.[16] Es könnte also durchaus sein, daß sich in Geoffreys *Mons Ambrius* ein Name von Stonehenge widerspiegelt, der aus der Zeit vor den Sachsen stammt, und daß der »Hügel« auf die erhöhte Lage des Bauwerkes hinweist (Amesbury liegt unterhalb von Stonehenge, am Avon).

2. In beiden Fällen wird eine Person namens Ambrosius mit einem Bauvorhaben in Verbindung gebracht, das aus mysteriösen Gründen nicht vollendet werden kann. Die *Historia Brittonum* sagt, Vortigerns Arbeiter »trugen

Holz und Steine zusammen« *(et ligna et lapides congrega-vit)*; Geoffrey läßt Ambrosius »mehrere Zimmerleute und Steinmetze zusammenrufen« *(conucatis itaque undi-que artificibus lignorum & lapidum)*. Es ist völlig ausgeschlossen, daß bei der Errichtung eines Bauwerks wie Stonehenge *Zimmerleute* beteiligt waren; dies könnte also auf eine gemeinsame literarische Quelle hindeuten.
3. Die Wahrscheinlichkeit einer Motivverdoppelung wird auch durch ein Gedicht aus dem dreizehnten Jahrhundert, *Of Arthour and of Merlin*, erhärtet, in dem die Geschichte von Vortigerns vergeblichem Versuch, seine Burg zu bauen, »in der Ebene von Salisbury« spielt.

Überdies gibt es gute Gründe zu der Annahme, daß dies der historisch frühere Schauplatz war. Geoffrey gibt als Herkunftsort für den Tanz der Riesen »Killaraus« an. Es ist daher als allgemein bekannt anzunehmen, daß es in Irland einen Steinkreis (oder Teile eines Steinkreises) gleich dem von Stonehenge gab. Als sein Standort läßt sich der Hügel von Uisnech ausmachen, der eine wichtige Rolle in der irischen Sage spielt. Nun ist aber das Motiv der Einstürzenden Burg nicht nur mit Stonehenge, sondern auch mit einer Megalith-Gruppe in Uisnech eng verknüpft! Man muß wissen, daß die Steine von Uisnech vom heiligen Patrick mit einem Fluch belegt worden sind und infolgedessen jedes Gebäude zum Einsturz brachten, für das man sie gerade verwendete.[17]
Zwischen Geoffrey von Monmouths Bericht über die Herbeischaffung der Steine aus Irland und den archäologischen Funden bestehen bekanntermaßen auffällige Parallelen. Folglich ging eine Vermutung dahin, Geoffreys Geschichte von Stonehenge sei vielleicht das einzige erhalten gebliebene Fragment einer einheimischen bronzezeitlichen Literatur.[18] Es sähe so aus, als habe dieses Fragment Stonehenge mit Uisnech (Killaraus) in Verbindung gebracht oder sogar gleichgesetzt, und als habe sich um beide Orte eine Legende gerankt, wonach ein Zauber daran schuld sei, daß ihre Steine nie richtig aufgestellt werden konnten.

Bemerkenswerter noch ist die Tatsache, daß, wie Giraldus Cambrensis im zwölften Jahrhundert erwähnt, ein aufrechter Stein in Uisnech der *Omphalos* oder »der Nabel« Irlands war! Die Geschichte *Kyfranc Lludd a Llevelis* besagt, man habe die Kämpfenden Drachen am *Omphalos* oder Heiligen Zentrum Britanniens gefunden – die anderen überlieferten Berichte scheinen dieses Zentrum bei Stonehenge anzusiedeln –, und Geoffrey setzt Stonehenge mit dem *Omphalos* von Irland gleich! Ich für meinen Teil zögere nicht, daraus zu folgern:

1. daß Stonehenge der traditionelle *Omphalos* Britanniens war;
2. daß es noch im fünften Jahrhundert als ein Ort von einzigartiger Heiligkeit angesehen wurde, der einen ganz besonderen Zugang zur Anderswelt hatte; und
3. daß dies vielleicht der Ort war, wo Vortigern wegen der folgenschweren Entscheidung, die Sachsen ins Land zu rufen, seine Druiden um Rat fragte.

Hieraus kann man den Schluß ableiten, daß die Kämpfenden Drachen ein Motiv in einer Art delphischen Orakels darstellten, wahrscheinlich in Versform gehalten und prophetische Verse vorwegnehmend, wie sie Merlin in späteren Zeiten zugeschrieben wurden. Sonderbar an der Geschichte in der *Historia Brittonum* ist die Behauptung, die Drachen seien in einem Zelt gefunden worden. An der Bedeutung des lateinischen *tentorium* gibt es nichts zu rütteln, und dies hat den Gelehrten einiges Kopfzerbrechen gemacht. Denn was hat hier ein Zelt zu suchen? Schamanistische Vorstellungen könnten eine Erklärung abgeben. Sibirjaken betrachten den Himmel noch heute als ein riesiges kosmisches Zelt und die Sterne als Löcher in seiner Bespannung, die das himmlische Licht einlassen. Der Drachenkampf wäre in diesem Fall als ein Ritual unter einem symbolischen Himmel zu sehen.[19] Vielleicht auch ist der »Teich«, in dem die Drachen gefunden wurden, ein mikrokosmisches Gegenstück zum »Welt-See«, um dessen Besitz Gott mit dem Teufel gerungen hat, bevor er die Welt aus seinen Tiefen emporhob. Die Athener hielten eine heilige Schlange in einem Tempel auf der Akropolis, dem Erechtheion, wo es ebenfalls einen Wasserbehälter gab, der als »das Meer des Erechtheion« bezeichnet wurde. Es hieß von ihm, er enthalte Meerwasser und erzeuge das Geräusch plätschernder Wellen; d. h. er war ein Spiegelbild des größeren äußeren Ozeans.[20]

Oder wäre es denkbar, daß der britische »Drachenteich« von einem Paar großer Schlangen bewohnt war? Die meisten einheimischen Arten neigen dazu, an oder in der Nähe von Gewässern zu leben und über lange Zeiträume hinweg immer wieder denselben Ort aufzusuchen. Kreuzottern insbesondere führen einen exotischen »Tanz« auf, der dem in der *Historia Brittonum* beschriebenen Schlangenkampf merkwürdig ähnelt:

»Im Mai«, schreibt ein Zoologe, »wurde ich Zeuge eines eigentümlichen Tanzes, den zwei Kreuzottermännchen in einem flachen, halb überwachsenen Graben aufführten. Von raschelndem Laub dorthingelockt, sah ich die silbergrauen, schwarz gesprenkelten Körper zweier Kreuzottermännchen, die einander in einem phantastischen ›Tanz‹ umwanden und umschlangen. Die beiden zogen sich wiederholt in entgegengesetzter Richtung zurück und schwenkten dann langsam wieder um, bis ihre Körper sich trafen und kreuzten, so daß schließlich jeder von ihnen den Platz seines Gegenübers einnahm.

Nach einer Reihe dieser langsamen Bewegungen wurden die Kämpfer plötzlich aufgeregt, schnellten vor und zurück und duckten sich, bis der eine in der Lage war, seinen Gegner auf den Boden zu zwingen. Während diese geschwinden Kopfbewegungen ausgeführt wurden, bebten die miteinander verschlungenen Körper der Tiere in wellenförmigen Mustern. Sobald sie wieder zu Atem gekommen waren, richtete sich die besiegte Viper auf, näherte sich ihrem Bezwinger und stachelte ihn erneut zum Kampf an. Dies wiederholte sich, bis es der kleineren der zwei Schlangen gelang, sich zu befreien und sie das Weite suchte, die andere dicht auf den Fersen, bis beide nicht mehr zu sehen waren.«[21]

Die Ähnlichkeit könnte natürlich reiner Zufall sein, da es sich in beiden Fällen um einen Gebietskampf handelt! Und ebenso könnte es sein, daß der Drachenkampf nur in symbolischer Form in irgendeinem frühen Weissagungsgedicht ausgetragen wurde. Interessant die Bemerkung in *Kyfranc Lludd a Llevelis*, die Drachen verwandelten sich, sobald sie in das Metfaß sänken, »in zwei kleine Schweine« *(deu barchel)*. Dies läßt an das »kleine Schwein« denken, das als Myrddins Gefährte dargestellt wird und an das er seine Prophezeiungen *(Ojan aparchellan)* richtet.

Falls meine Hypothese stimmt, war Stonehenge wie Delphi der *Omphalos* oder das Heilige Zentrum Britanniens, und wie Delphi wurde es von denjenigen aufgesucht, die das Orakel befragen wollten. Ich habe bereits die Vermutung geäußert, daß sich Vortigern Mitte des fünften Jahrhunderts seiner bedient hat, um sich wegen der Einladung an Hengist Gewißheit zu verschaffen. Das muß nicht unbedingt heißen, daß es diesen Zweck auch unter den Römern erfüllte. Ein so bedeutendes und buchstäbliches Zentrum wie der *Omphalos* konnte über Jahrhunderte hinweg im Bewußtsein des Volkes haften bleiben, und seine Funktion als Orakel konnte in Zeiten außerordentlicher Krisen wiederbelebt werden.

In dem Bericht über die Prophetischen Drachen, der in der *Historia Brittonum* enthalten ist, wird nur die Prophezeiung von dem Vaterlosen Knaben erläutert, als dessen Name Embreis angegeben wird. Wer war dieser Embreis (später *Emrys*)? Einige Verwirrung entstand zweifelsohne wegen der Ähnlichkeit seines Namens mit dem des römisch-britischen Heerführers Ambrosius, der auch ein Zeitgenosse Vortigerns war.[22] Der unbeholfene Versuch des Glossenschreibers, die beiden in der *Historia Brittonum* gleichzusetzen, verfehlte seinen Zweck – er zeigt vielmehr, daß sie im Grunde völlig verschieden sind. Ich habe argumentiert, der ursprüngliche Schauplatz des Drachenkampfes sei das gleiche Stonehenge gewesen, das Geoffrey von Monmouth *Mons Ambrii*, »der Hügel des Ambrius«, nennt. Auch er unterscheidet implizit zwischen diesem *Ambrius* (nach dem das nicht erbaubare Bauwerk benannt wird, als es fertiggestellt ist) und dem historischen *Ambrosius*, der die Bauarbeiten in die Wege leitet. Somit erhärten beide Berichte unfreiwillig die Tatsache, daß das Monument bereits unter einem Namen wie »der Erdhügel (oder die Festung) des Ambrius (oder Embreis)« bekannt war.

Im Kontext betrachtet, könnte es sich bei dem Namen, mit dem der Ort in Verbindung gebracht wurde, um ein göttliches oder halbgöttliches Wesen handeln. Eine walisische Sage, wonach der Kopf des Emrys in Dinas Emrys begraben wurde, läßt darauf schließen – ganz offensichtlich eine Anspielung auf den keltischen Glauben an einen göttlichen talismanischen Kopf.[23] Der walisische Name Emrys leitet sich von dem lateinischen *Ambrosius* her, als Vorname durchaus gebräuchlich.[24] Vielleicht kommen wir der Sache näher, wenn wir unser Augenmerk auf das Adjektiv *ambrosius* richten, das »unsterblich«, »göttlich« bedeutet, was wiederum die Übersetzung eines keltischen Epitheton ähnlicher Bedeutung widerspiegelte.[25] Könnte es sein, daß die Rituale in Stonehenge von einer Reihe von Priestern (Druiden?) oder Priesterkönigen geleitet wurden, die nacheinander diesen Namen bzw. dieses Epitheton trugen? Und war es einer dieser Würdenträger, der Vortigern das Geheimnis offenbarte?

Dies sind Mutmaßungen, wenn auch substantiell genug, um nicht übergangen zu werden. Die Möglichkeit, daß Teile des archaischen Sagengutes, in dessen Mittelpunkt Stonehenge stand, bis in die Anfänge des immer noch halbheidnischen Frühmittelalters fortlebten, ist keineswegs unglaubhaft:

»Wenn wir akzeptieren, was die vorangegangene Darlegung impliziert, so müssen wir auch das Fortleben einer Literatur akzeptieren, die, wenn auch dürftig und barbarisch, doch von derselben Größenordnung wäre wie die bei Homer erhalten gebliebenen mykenischen Elemente... eine Literatur, die ebenso natürlich zu einer Heldenkultur wie etwa der des Bronzezeitalters von Wessex (oder der von Mykene, mit der es in Handelsbeziehungen stand) gehört, wie die mit goldenen Griffen geschmückten Dolche der Krieger, eine Literatur, die aber so unendlich viel vergänglicher ist. Wir haben hier vielleicht eine Geschichte über den Erbauer und über die Errichtung des großen Monuments geistiger und politischer Vorherrschaft des bronzezeitlichen Wessex, wie sie als Teil der heiligen Mythen seiner Priester so lange überliefert wurde, bis sie in den Sagenkreis um einen anderen Führer von Wessex, einen Römer des Frühmittelalters, einmündeten; so blieb die Geschichte in den Mythen des keltischen Westens bewahrt und ist schließlich unter den vermischten Schriften und Legendensammlungen eines Klerikers, der sie vielleicht für Phantasmagorie hielt, in die Sammlung schriftlicher Aufzeichnungen des Mittelalters gelangt.«[26]

Der Zusammenhang, den Geoffrey von Monmouth zwischen Merlin und dem britischen Heerführer herstellt, hat einen bezeichnenden Anachronismus zur Folge. Der von Gildas erwähnte Ambrosius dürfte in der zweiten Hälfte des fünften Jahrhunderts gelebt haben, während Merlin mit der Schlacht von Arderydd (573 n. Chr.) in Verbindung gebracht wird. Trotzdem werden die zwei Namen beharrlich und seit frühen Zeiten miteinander verknüpft. Etwa 1153/54 schrieb John von Cornwall in seiner *Prophecy of Merlin* von einem »Ambrosius Merlinuş«, und die walisischen *Stanzas of the Graves* erwähnen den »Erzzauberer Merddin Embrais«. Diese und andere Koppelungen der beiden Namen könnten unter Umständen auf Geoffreys flüchtige Anspielung »Merlin, der Ambrosius genannt wurde«, zurückgehen. Aber Geoffrey scheint selbst verwirrt gewesen zu sein; seine Unbeholfenheit verrät, wie sehr er sich der Notwendigkeit bewußt war, daß eine Gestalt, die gleichzeitig Merlin und Ambrosius bedeutete, einer Erklärung bedurfte.[27]

Doch bei Geoffrey findet sich noch ein anderer Hinweis, der in Betracht zu ziehen ist.

In der später geschriebenen *Vita Merlini* bittet Merlin seine Schwester, ihm ein seltsames Bauwerk in der Wildnis zu errichten:

»Laß mir neben anderen Gebäuden ein entlegenes Haus errichten mit siebzig Türen und ebensovielen Fenstern, durch die ich den glutatmenden Phöbus und die Venus betrachten kann und die anderen Sterne, wenn sie über den nächtlichen Himmel ziehen. Sie werden mich belehren über die künftigen Geschicke von Volk und Herrschaft.« (Nach der Übersetzung von Inge Vielhauer.) Hier wird ein rundes oder polygonales Gebäude ins Auge gefaßt, das ringsum Öffnungen zur Beobachtung des Sternenhimmels besitzt. Aber warum sind da, zusätzlich zu den siebzig Fenstern, siebzig *Türen*?

Man muß erneut an Stonehenge und seinen äußeren Trilithenkreis denken, gewaltige, durch Decksteine miteinander verbundene Sarsenblöcke. Das ungeschulte Auge sieht darin sofort riesige Türen, und man kann sich kein anderes Bauwerk vorstellen, dessen Anblick der Beschreibung von Merlins Observatorium so sehr ähnelt. In der ersten Schilderung von Stonehenge – etwa 1130 von Henry Huntingdon verfaßt – steht zu lesen, daß »Steine von erstaunlicher Größe in der Art von Türöffnungen aufgestellt sind, so daß eine Tür neben der anderen zu stehen scheint«. Und als Tess und Angel Clare in Thomas Hardys *Tess of the d'Urbervilles* im Nebel zufällig auf Stonehenge stoßen, können sie anfänglich nicht erkennen, welches seltsame Bauwerk sie da betreten haben. »Die Stätte bestand aus nichts anderem als Türen und Säulen, von denen einige oben durch zusammenhängende Architraven miteinander verbunden waren.«

Es sieht so aus, als hätte Geoffrey, ohne es zu merken, einen anderen in Umlauf befindlichen tradierten Bericht über Stonehenge aufgegriffen und seiner Geschichte einverleibt. Er kann es nicht bemerkt haben, sonst hätte er die Aussage mit seinem früheren Bericht in Einklang gebracht, wonach Merlin und Ambrosius das Monument als Gedenkstätte für die von Hengist ermordeten Edelmänner errichtet hatten. Trifft diese Vermutung zu, so hätte es sich bei der Erinnerung an Stonehenge als ein Observatorium um eine erstaunlich zählebige Überlieferung gehandelt. Es könnte sein, daß wir hier auf Zeugnisse für seinen wahren Verwendungszweck gestoßen sind, der übrigens von einer Reihe von Wissenschaftlern akzeptiert wird.[28]

Anschließend noch eines... Könnte Merlins Klage um seine neunzehn Apfelbäume an die Silberäpfel des Mondes mit seinem Zyklus von jeweils neunzehn Jahren erinnern?

Der historische Merlin kann kein Zeitgenosse Vortigerns oder des britischen Heeresführers Ambrosius gewesen sein, außer er erreichte wirklich das biblische Alter, das ihm in der frühen Überlieferung nachgesagt wird. Und es ist auf den ersten Blick eher unwahrscheinlich, daß er direkt etwas mit Stonehenge, das sich Mitte des sechsten Jahrhunderts vermutlich schon in Händen der Westsachsen befand, zu tun gehabt hat. Falls aber Embreis, Emrys oder dergleichen die Jahrhunderte hindurch ein Epitheton oder der Titel der Wächter von Stonehenge war, Merlin aber als deren Erbe angesehen wurde, könnte er sehr wohl als »Myrddin Embreis« bekannt gewesen sein.[29]

Sicherlich hat es eine Zeit gegeben, in der Merlin eine einzigartige geistige Autorität in Britannien besaß. Eine Triade in *The White Book of Rhydderch* erklärt: »Der erste Name, den diese Insel (Britannien) trug, bevor sie in Besitz genommen oder besiedelt wurde: *Clas Merdin*«, d.h. »Myrddins Einfriedung«. Eine andere Überlieferung kannte ihn als *»Annuab y Llaian«*, »der Sohn der Nonne«[30], womit man wahrscheinlich darauf anspielt, daß seine Mutter eine Jungfrau und sein Vater nicht bekannt, d.h. daß er der Sohn eines Gottes war.

Um die Geburt des heiligen David rankt sich eine ähnliche Legende. Seine Mutter war eine Nonne, die vergewaltigt wurde (ein in der Hagiographie weitverbreitetes Motiv, da es die frühere Vorstellung der unbefleckten Empfängnis rational erklärt) und danach einen Sohn empfing. Ein Besucher, der heilige Gildas, prophezeite, »der Sohn der Nonne wird in besonderer Stellung sein und für alle Zeit über sämtliche Heilige Britanniens herrschen«; und ein örtlicher Tyrann, der dies als »seine

Macht wird das ganze Land erfüllen« deutete, beschloß aufgrund druidischer Prophezeiungen *(ex magorum vaticinio audiebat)*, das Kind gleich nach seiner Geburt zu töten. Hier hat sich der Hagiograph den Mythos von Merlins Geburt angeeignet, um zu unterstreichen, daß die Kräfte seines Protagonisten denen jedes Heiden ebenbürtig sind.[31]

Dieser Mythos ist praktisch identisch mit dem Mythos um die Geburt Christi, als Herodes in seinem Zorn, weil von den Weisen betrogen, beschloß, die neugeborenen Kinder zu töten. Man erzählte sich ähnliches von dem keltischen Gott Lug und wahrscheinlich auch von Mabon, dem keltischen Apollo. Dieser britische Sonnengott hieß Maponos, Sohn der Matrona, d.h. »Sohn, Sohn der Mutter«. In einer walisischen Geschichte heißt es von ihm, er sei seiner Mutter im Alter von nur drei Tagen weggenommen worden, und er mußte wie Merlin magische Gefangenschaft erdulden.

Solche Zeugnisse deuten darauf hin, daß Merlin als Priester, Prophet oder Zauberer die Inkarnation eines Gottes war[32] oder als ein Mensch gewordener Gott angesehen wurde. Er war der Erbe einer außerordentlich reichen und mannigfaltigen mythischen Überlieferung, die als nur zum Teil verstandene Erinnerung wie durch ein Wunder so lange fortlebte, daß sie im frühen Mittelalter schriftlich festgehalten wurde.

Eine andere Überlieferung berichtet, wie Merlin in den Besitz der Dreizehn Schätze der Insel Britannien gelangte »und mit ihnen zu dem Glashaus ging, und dort bleiben sie für immer«. Die Dreizehn Schätze (der frühesten Version nach »im Norden« gelegen) werden an anderer Stelle in unterschiedlicher Form aufgelistet und bestehen aus diversen Gegenständen, die Wunderkräfte besitzen.[33]

Das Glashaus *(Tŷ Gwydr)* steht für eine – gewöhnlich unter dem Meer angesiedelte – Vorstellung von der Anderswelt. Eine Anspielung hierauf hat man in Merlins walisischem Namen entdeckt (Myrddin ‹ Moridunon = »Festung des Meeres«), ein weiterer Anklang an die Vorstellung, *Clas Merdin* stehe unmittelbar für die Inselfestung Britannien, einen von den durchsichtigen Wällen des Ozeans eingefriedeten Bezirk.[34] Inseln standen bei den Kelten in dem Ruf der Heiligkeit, und Britannien selbst wurde mitunter mit der Anderswelt gleichgesetzt. Schon im sechsten Jahrhundert hatten Bretonen den Glauben, die Seelen ihrer Toten würden in unbemannten Booten über den Kanal dorthin überführt. An der britischen Küste sahen sie niemanden, hörten aber eine Stimme, die sie beim Namen rief, eine nach der anderen.[35] Es scheint, als hätten die Briten, wie Shakespeares Johann von Gent, ihre Insel von alters her als

> »Diese kleine Welt,
> Dies Kleinod, in die Silbersee gefaßt,
> Die ihr den Dienst von einer Mauer leistet,«

angesehen. Wenn dies zutrifft, war der Name Myrddin schlicht ein Homonym für Britannien, das die Bedeutung von *Clas Merdin* erklärte: »Einfriedung der Seefestung«. Wahrscheinlich wurde Britanniens Küstenverlauf in frühen Zeiten vielfach in ähnlich mystischem Licht betrachtet wie Stadtmauern und andere Verteidigungswälle; lange bevor sie zu militärischen Anlagen wurden, bildeten sie einen magischen Schutzschild, der die Mitte eines »chaotischen«, von Gespenstern und Dämonen bewohnten Raumes absteckte; eine Einfriedung, einen Ort, der planmäßig geordnet war, der, mit anderen Worten, ein »Zentrum besaß«.[36] Es könnte sein, daß »die schönste Insel auf der Welt« (wie sie in der Erzählung *The Dream of Macsen* genannt wird) als ein besonders heiliger Platz angesehen wurde, als Mikrokosmos der größeren Welt. Zeitgenössische Dokumente legen nahe, daß man zu Merlins Zeiten von der Insel Britannien glaubte, sie liege genau auf der *axis mundi*, die den Nagel des Himmels (Polarstern) mit der Erde und der Unterwelt verband. Gildas, der in der Mitte des sechsten Jahrhunderts schrieb, eröffnet sein Geschichtswerk mit der wunderlichen Bemerkung, Britannien »befindet sich in dem göttlichen Gleichgewicht, das die ganze Erde im Lot hält«.

Viele Menschen haben erahnt, daß es mit der Insel Britannien etwas »Besonderes« auf sich habe; daß etwas daran sein könnte an William Blakes Versen in *Jerusalem*: »Alle Dinge beginnen und enden an Albions altberühmter Felsenküste der Druiden.« In seiner Beschreibung der Zusammenkunft gallischer Druiden an ihrem Heiligen Zentrum im Gebiet der Carnuten merkt Julius Cäsar an: »Man glaubt, daß die Lehre *(disciplina)* der Druiden aus Britannien stammt und nach Gallien herübergebracht worden ist. Daher gehen die, die tiefer in die Lehre eindringen wollen, meist nach Britannien, um sie dort zu studieren.«

Eine ähnliche Vorstellung von Britannien als dem Ursprungsland der seherischen Künste kommt auch im alten irischen Epos vom Rinderraub, *Táin Bó Cuailnge*, zum Ausdruck. Dort trifft die Königin von Connacht, Medb, auf die Prophetin Fedelm, die ihr mitteilt, sie sei in Britannien, um prophetische Fähigkeiten zu erlernen. Dieses und andere Zeugnisse haben zu der Vermutung geführt, die Kelten hätten das Druidentum von den Völkern, die Britannien vor ihnen bewohnten, übernommen. Plinius schrieb im ersten Jahrhundert n. Chr., daß Britannien wie keine andere Provinz des Römischen Reiches magischen Zeremonien verfallen sei, und ein halbes Jahrtausend später zeichnete Gildas eine mündliche Überlieferung auf, wonach im vorchristlichen Britannien so viele Götzenbilder standen, daß »sie diejenigen Ägyptens an Zahl fast übertrafen«.[37]

Zur Zeit des Hochmittelalters rührte die Aura der Heiligkeit oder Jenseitigkeit hauptsächlich von dem Artuszyklus »Der Bretonische Sagenkreis« her. Der magische Gral wurde, nach Robert de Boron, aus dem Heiligen Land in die *vaus d'Avaron* (Avalon, in Somerset) gebracht; und Merlin fiel die Aufgabe zu, die Gnade zu verkünden, die denen zuteil würde, »die in der Gesellschaft jenes Gefäßes sind, das sie den Gral nennen«. Der Gralskelch oder -pokal weist große Ähnlichkeit mit dem Kelch der Landeshoheit auf, der König Conn in Tara gereicht wurde, als Lug der Reihe nach jeden seiner

Nachfolger vorherbestimmte. Desgleichen läßt der Speer, den Chrétien de Troyes und andere mit dem Gral assoziierten, an Lugs magischen Speer denken.[38] Die schlüssigste Erklärung führt diese geheimnishaften Symbole auf keltische Motive zurück, und diese wiederum sind unauflöslich mit der Geschichte von Merlin und verwandten Mythen eines göttlichen Selbstopfers verknüpft.

Hinter dem Dunkel der Geschichte und unter dem Mantel der Legende können wir vage einen heiligen Ort erkennen, »das schönste Eiland, das es auf der Welt gibt«. Es ist abseits im Meer gelegen und »befindet sich in dem göttlichen Gleichgewicht, das die ganze Erde im Lot hält«.[39] Ein Ort von seltener Schönheit, gleichzeitig eine Theophanie – *Merlins Einfriedung* – mit seinen Dreizehn Schätzen, archetypischen Symbolen für die verschiedenen Formen der Vollkommenheit und des Überflusses der Anderswelt. Und in seinem Zentrum stand Merlin: als Trickster und Gebieter der wilden Tiere, als Herr der Wilden Jagd, Psychopompos und Teufel; und, aus dem Chaos der Wildnis hervortretend, menschgewordene Gottheit, Hüter des Grals und sich selbst opfernder Erlöser.

IX

Das Rätsel von Stonehenge

Stonehenge, so habe ich dargelegt, wurde in früheren Zeiten als der *Omphalos*, d. h. als der Nabel oder Heilige Mittelpunkt Britanniens angesehen und von alters her mit Merlin verknüpft. Man sah darin das Observatorium des Propheten mit seinen siebzig Türen und Fenstern. Außerdem trug Merlin ein Epitheton, *Embreis*, identisch mit dem des Mons *Ambrius*. Da es auf den ersten Blick unwahrscheinlich anmutet, den nördlichen Merlin der Geschichte direkt mit Stonehenge in Verbindung zu bringen, habe ich die Vermutung geäußert, *Embreis-Ambrosius* sei vielleicht in beiden Fällen ein ehrendes Epitheton.

Ganz abgesehen von seiner Bedeutung scheint mit *Embreis* sowohl Stonehenge selbst als auch der Tempeldiener, der der heiligen Stätte vorstand, gekennzeichnet: vermutlich eine schamanistische Figur, ein Oberpriester oder Druide. Daß es sich bei Stonehenge um ein Heiliges Zentrum handelte, erhellt Merlins Rolle als dessen ausersehener Wächter, und die Geschichte der versuchten Opferung des Vaterlosen Kindes wird von den archäologischen Funden in verblüffender Weise bestätigt (was auch für verwandte Motive in Mythe und Sage gilt).

Wie bereits im vorangehenden Kapitel erwähnt, ist der *Omphalos* eine Stätte einzigartiger Heiligkeit und Macht. Alle großen Kulturen hatten ihren Weltmittelpunkt. Für die Babylonier befand er sich in Eridu, am Kopfende des persischen Golfes, wo der Himmelsgott Anu den ersten Menschen aus Lehm formte, und Enki, der Wassergott, ihm den Lebensodem einhauchte. Dort standen ein Tempel und ein heiliger Hain, in dem der heilige *kiskana*-Baum wuchs. Seine Wurzeln reichten bis zu den unterirdischen Wassern hinab, und Enki hatte dort seinen Wohnsitz; von seinem Stamm und seinen Ästen stellte man sich vor, sie berührten den Himmel. In Nippur gab es ebenfalls einen Nabel der Erde, Ägypten besaß einen »Urhügel aus Sand«, auf dem der Sonnengott Atum-Re-Kepri als erster den Tiefen des Wassers entstieg.

Wir finden Zeugnisse für Heilige Zentren in Syrien (bei Hierapolis), auf den Bergen Tabor und Gerizim in Israel und an einem unbekannten Ort in Phönizien. In der mediterranen Welt gab es natürlich das berühmteste aller *Omphaloi*, das von Delphi in Griechenland. Weiter im Westen lagen Rom und jenseits davon die keltischen Länder, alle mit ihrem eigenen Mittelpunkt. Und selbst im fernen China der Shang-Dynastie, im Indien der Upanishaden, selbst in der Khmerstadt Ankor Tom und in der Mayakultur Zentralamerikas besaß jedes Kaiser- und Königreich seinen eigenen Nabel.[1]

Der *Omphalos* war gedacht als der Urpunkt, an dem die Welt erschaffen wurde und von dem sie sich ausbreitete, gewissermaßen ein Nabel im wörtlichen Sinn: »Der Heilige schuf die Welt wie einen Embryo. So wie der Embryo vom Nabel nach außen wächst, begann Gott die Welt vom Nabel aus zu erschaffen, und von dort wurde sie in die verschiedenen Himmelsrichtungen ausgebreitet.«

Von jenem Augenblick an bildete er eine Art spirituellen Pol oder spirituelle Achse, die die Hauptbestandteile des Kosmos miteinander verband: Nach unten bestand, wie in Eridu, die Verbindung zur Unterwelt, zum Reich der Toten und zu den Wassern des Chaos, die der Schöpfung vorangingen; nach oben verband sie die Welt mit dem Himmel, weshalb man Heiligtümer in Babylonien als *Dur-an-ki* bezeichnete, »Band zwischen Himmel und Erde«. An diesem Punkt reichte die Erde am nächsten an den Himmel heran. In frühen Zeiten galt, daß, wenn ein Pilger den *Omphalos*-Berg erklimmt, »er nahe an den Mittelpunkt der Welt kommt und auf des Berges höchstem Gipfel in eine andere Sphäre eindringt; er transzendiert den profanen, heterogenen Raum und betritt eine ›reine Erde‹«.

Wenn eine Kultur ihren *Omphalos* in Reichweite benötigte, wurden künstliche Berge – babylonische Zikkurate und aztektische Pyramiden – als rituelle Substitute errichtet. Entscheidend war für den Menschen, dorthin aufzusteigen, wo das Zentrum den Himmel berührte. Die Königreiche dieser Welt, was waren sie anderes als Spiegelungen der größeren, himmlischen Welt, deren

Herrlichkeit sich offenbart hatte, als der Sonnengott einst den Himmel verließ. Städte in Babylon und China wurden bewußt nach Plänen angelegt, die vom Himmelsschema vorgegeben waren. Als Sennacherib (gelegentlich auch: »Sanherib«; Anm. d. Übers.) Ninive gründete, beschrieb er es als jene »Gründung aus alter Zeit, deren Dauer für ewig ist, deren Form in fernen Zeitaltern in der Schrift des Sternenhimmels vorgezeichnet war«. Und nach Erbauung der chinesischen Stadt Glak-diang verkündete man, daß »der König... der diese große Stadt errichtet hat und von dort aus herrscht, eine Entsprechung des Erhabenen Himmels sein... und von dort als dem zentralen Drehpunkt regieren wird«.

Zentraler Drehpunkt des Himmels und Pendant zum irdischen *Omphalos* war der Polarstern. Mit seinen Wurzeln in der Anderswelt verankert, stellte der kosmische Baum ein symbolisches Bindeglied zwischen irdischem und himmlischem *Omphalos* dar. Diesem Baum, dem Baum des Lebens, entströmten all die Gaben, die die Götter den Menschen verleihen. Der Baum des Lebens wurde neben dem *Omphalos*-Tempel sehr oft durch einen wirklichen Baum oder eine Säule verkörpert. Von seinem Fuß war die erschaffene Erde ausgegangen, und um seine Krone kreisten in glitzernder Prozession die Gestirne.[2]

Im vorigen Kapitel wurde deutlich, wie unterschiedliche Anhaltspunke auf Stonehenge als Heiliges Zentrum Britanniens hinweisen. Diese Anhaltspunkte beziehen sich auf ein Ereignis, das im fünften Jahrhundert stattfand, als Stonehenge schon ein beträchtliches Alter besaß. War es schon immer das Zentrum gewesen? Jedes Jahr zieht es Tausende von Menschen aus der ganzen Welt an, die seine gewaltigen, einst unter großen Mühen aufgerichteten Pfeiler bestaunen und sich fragen, welche Rätsel dort verborgen liegen. Die alten Monolithe geben ihre Geheimnisse nicht ohne weiteres preis; es gibt jedoch gute Gründe zu der Annahme, daß Stonehenge seit alters her mit dem britischen *Omphalos* gleichgesetzt und vielleicht von Anfang an als der Mittelpunkt dessen betrachtet wurde, was einmal als »Merlins Einfriedung« bekannt war.

Die früheste nachweisbare Anlage in Stonehenge ist der Wall über dem äußeren Graben, der die erst später aufgestellten Steine in einem Kreis von etwa 96 Metern Durchmesser umgibt. Er wird auf das Ende des dritten Jahrtausends v. Chr. datiert.[3] Zahlreiche Pfostenlöcher bezeugen das einstige Vorhandensein hölzerner Strukturen; es läßt sich aber nicht mehr abschätzen, wie sie aussahen und welchen Verwendungszweck sie hatten. Wall und Graben könnten durchaus die Eingrenzung des heiligen Ortes bezeichnen; und von ihm aus war es möglich, die Kräfte des Chaos, welche die Stabilität bedrohten, einzudämmen und unter Kontrolle zu halten. Bei bestimmten festlichen Anlässen pflegte vielleicht der König auf die Umgrenzung zu steigen und sie abzuschreiten, und bei diesen und anderen Gelegenheiten wurde gleichzeitig der Gott (in einem Bildnis) zur Schau getragen. Die Hindus kannten diesen Schutzkreis als *Mangalavithi*, den Glückverheißenden Weg oder Pfad der Segnungen. In Tara stieg Conn, der mythische Hochkönig Irlands, jeden Tag auf die Brustwehr zur Feier eines Rituals, das die allgegenwärtige Bedrohung durch die Heere der Anderswelt abwenden sollte. So wurde das Gleichgewicht der Kräfte in einer ihrem Wesen nach unausgeglichenen Welt wieder ins Lot gebracht und die vier Himmelsrichtungen, in die die Welt aufgeteilt war, in dem Gleichmaß bewahrt, das auf dem Gottkönig gründete.[4]

Die Vorstellung vom Mittelpunkt der Welt mit seiner Weltsäule bzw. seinem Weltbaum, der sich zum Himmel erhebt, ist fester Bestandteil des Schamanismus in der nördlichen Hemisphäre, der Glaube an die Zentrale Säule ein charakteristisches Element im Leben der Naturvölker der Arktis und Nordamerikas. Er findet sich bei den Samojeden und den Ainu, bei den Stämmen Nord- und Zentralkaliforniens (den Maidu, den östlichen Pomo und den Patwin) und bei den Algonkin. Der Weltberg, von dem die Säule oder der Baum aufragte, wurde von den

Mongolen, Burjäten und Kalmücken Sumbur genannt und irgendwo in Zentralasien angesiedelt. Berg und Baum hatten jedoch grundsätzlich Symbolcharakter, und wo immer der Schamane in seine seherische Ekstase fiel, befand sich auch das Zentrum der Welt. Der Baum wuchs durch ein zentrales Loch im kosmischen Gewölbe; dieses war durch den Polarstern markiert, den man als den Zapfen oder Nagel des Himmels kannte.[5]

Der Schamanismus scheint eine religiöse Entwicklungsstufe bzw. Ausdrucksform zu repräsentieren, die nahezu der gesamten Menschheit gemein war; bei den Jäger- und Sammlervölkern der nördlichen Wälder, der Taiga und Tundra des zirkumpolaren Nordens lebt er in ungewöhnlich reiner Form fort. Dies hat vermutlich ökologische Gründe. Während die alte Lebensweise dort bis vor kurzem so gut wie unverändert erhalten geblieben ist, überlagerten in gastlicheren Gebieten die Ackerbaurevolution des Neolithikums und die in der Folge entstehenden Hochkulturen den »reinen« Schamanismus mit anderen Vorstellungen.[6]

Vielleicht war es ein Bewußtsein vom Verlust an »Reinheit« und »Unschuld«, das das religiöse Denken nach Norden schweifen ließ, in unberührte Urwälder und Küstenstriche, wo sich im fernen Lederzelt die Vogelseele des Schamanen vom Menschsein löste und an der Weltsäule emporschwang zu dem Ort, wo, jenseits des leuchtenden Himmelsnagels, Gott ihrer harrte. Dort oben, über dem Treibeis in der Polarnacht, war auch der Nagel selbst der Erde am nächsten.

In solch entlegene »hyperboreische« Region lenkte Aristeas von Proconnesus im siebten Jahrhundert v. Chr. seine Schritte, als er dem Quell der apollinischen Weissagungskräfte nachspürte. Der griechische Satiriker Lukian machte 500 Jahre später geltend, ein hyperboreischer Zauberer habe alle Zweifel an der Möglichkeit eines Aufstiegs zum Himmel beseitigt. Selbst vom Apollo-Orakel in Delphi mit seinem Zugang zum Wissen der Anderswelt glaubte man, es habe seinen Ursprung bei den Hyperboreern. Und irische Überlieferung lehrte, daß das mythische Göttergeschlecht, die Túatha Dé Danann, »auf den nördlichen Inseln der Welt waren, wo sie sich in Geheimlehren und Zauberei, druidische Künste und Hexerei und magische Fertigkeit vertieften, bis sie die Weisen der heidnischen Künste übertrafen. Sie erlernten Geheimlehren und teuflische Künste in vier Städten: Falias, Gorias, Murias und Findias.«[7]

Alles in allem sprechen also gewichtige Gründe für die Annahme, daß der Begriff des Weltmittelpunkts *(axis mundi)* oder Nabels in Britannien früh bekannt war und vielleicht auf schamanistische Anschauungen zurückging, wie sie bei den Völkern der Paläo-Arktis vor dreitausend Jahren und mehr vorherrschten. Zeugnis hierfür liefert die Erklärung in der *Historia Brittonum*, das von König Vortigern befragte Orakel der Kämpfenden Drachen habe sich in einem Zelt offenbart. Wie bereits dargelegt, könnte dies durchaus darauf hindeuten, daß noch sehr lange die schamanistische Vorstellung vom Himmel fortbestand, die ihn als ein gewaltiges Zelt *(yurt)* und die Sterne als das Licht erklärten, das durch die Risse in seiner Lederspannung schimmerte.

Das Fortleben einer archaischen Denkweise bei Völkern, die zeitlich und räumlich so weit von der Jäger- und Fischerkultur der nördlichen Tundra entfernt waren, hat nichts Außergewöhnliches an sich. Am anderen Ende der eurasischen Landmasse wurde Korea in der prähistorischen Epoche von altaischen Stämmen aus Zentralasien kolonisiert. Jahrhunderte, nachdem ihre nomadischen Ursprünge in Vergessenheit geraten waren, wurde (und wird) der schamanistische Glaube bewahrt. Und noch im sechsten Jahrhundert n. Chr. trugen koreanische Könige im alten Silla stilisierte Rentiergeweihe und besaßen Pferdegeschirre aus Birkenrinde – Überreste einer Vergangenheit in den Steppen Zentralasiens.[8]

Archäologisch gesehen, gruppieren sich um Stonehenge außergewöhnlich viele Grabstätten aus der Bronzezeit, und im Tempel selbst liegen an etwa 55 Stellen die Überreste eingeäscherter Toter. Die Heiligkeit des Tempels übte offenbar einen starken Anreiz aus; es könnte

209

aber auch seine Stellung als der *Omphalos* Britanniens gewesen sein, die ihm solche Anziehungskraft als Begräbnisstätte verlieh. So wie der Nabel der Punkt war, von dem sich die Welt im Augenblick der Schöpfung ausgebreitet hatte, galt er gleichfalls als der Ort, der über der Flut bleiben würde, wenn die Welt unterginge.[9]

Die heilige Insel Iona, Schauplatz der Mission des heiligen Columban auf den westlichen Inseln, muß auch ein solches Zentrum gewesen sein. Ein überlieferter Vers enthält die Weissagung:

»Sieben Jahre vor dem Jüngsten Gericht
Wird eine Springflut über Erin jagen,
Und über das blaugrüne Islay,
Die Insel Columbans aber
Wird über den Wassern schwimmen.«

Es sieht so aus, als wäre Iona der *Omphalos* der Hebriden gewesen; ob er aus diesem Grund von Columban ausgewählt wurde oder die Heiligkeit der Insel auf dessen Mission zurückgeht, läßt sich nicht ergründen. Zahlreiche schottische Könige, Herren der Inseln und andere große Männer wurden dort begraben, »denn es war der ehrenvollste und älteste Platz, den es in ihren Tagen in Schottland gab, wie wir lesen«. Man ist zu dem durchaus vernünftigen Schluß gelangt, daß die Prophezeiung von Ionas Fortbestehen nach der großen Flut bei den Fürsten und Stammesoberhäuptern den Wunsch wachgerufen hat, ihre sterblichen Überreste dort bestatten zu lassen[10]; möglicherweise wurden die Adligen im Wessex der Bronzezeit von ähnlichen Überlegungen getrieben.

Die Vorstellung von Stonehenge als einer *axis mundi* oder einem Weltzentrum liefert vielleicht auch eine Erklärung für die erstaunlichste Episode während seiner Errichtung. Wie heute allgemein bekannt, wurde Stonehenge im Jahre 177 v. Chr. erweitert, indem man in einem unglaublichen Kraftakt gut 80 Blausteine, von denen jeder bis zu vier Tonnen wog, aus den Prescelly Mountains in Pembrokeshire dorthin transportierte. Der

Beweggrund hierfür muß von überragender Bedeutung gewesen sein. Nach der plausibelsten Theorie wurden die Steine auf Schlitten oder Rollen von den Höhen der Prescellys hinunter ans Meer bei Milford Haven geschafft; von dort verschiffte man sie auf Flößen entlang der Küste von Südwales in westlicher Richtung, bis sie über den Meerarm des Severn zur Mündung des Bristol Avon bugsiert waren. Dann brachte man sie den Avon flußaufwärts, schleppte sie wieder auf Schlitten über Land, bis der Wye erreicht war, schaffte sie über diesen Fluß und den Avon aufwärts bis Amesbury und beförderte die Steine schließlich auf das Hochplateau, auf dem sie sich heute noch befinden. Es war ein Unterfangen, das eine gewaltige Zahl von Menschen über einen langen Zeitraum hinweg beschäftigte, und es dürfte die Mittel des mächtigsten Monarchen der Bronzezeit erheblich strapaziert haben. Prescelly-Steine waren sicher von einer ganz besondern, unvergleichlichen Aura der Heiligkeit umgeben, und es gab einen besonderen Grund, warum sie ausgerechnet in Stonehenge sein mußten.[11]

Stonehenge als der Nabel Britanniens könnte sehr wohl die Lösung des Rätsels sein, das die Forscher irritiert hat, seit man 1923 herausfand, woher die Blausteine stammen. Am östlichen Ende der Prescelly-Kette liegen sie zutage, als Brocken basaltischen Eruptivgesteins in einem begrenzten, ca. eineinhalb Quadratkilometer umfassenden Gebiet zwischen den Gipfeln des Carn Meini und des Foel Trigarn. Dort sieht man noch heute die übereinandergestürzten Massen der verbliebenen Felsbrocken (bekannt als Dolorit), deren Zahl durch die Einwirkung winterlicher Fröste auf den harten Fels des Berges allmählich zunimmt. Sie können sich alle mit den Steinen messen, die in Stonehenge aufgetürmt sind.

Die Bergkette beherrscht die südwestliche Halbinsel von Wales; ihre höchste Erhebung ist der Prescelly Top mit 536 Metern über dem Meeresspiegel. Was dem Prescelly seine geheiligte Eigenschaft verlieh, war vielleicht der Ausblick, der sich einem Pilger von seinem Gipfel bot. Wenn der müde Reisende von diesem Aussichtspunkt in

die Runde blickt, sieht er zu seinen Füßen das ganze
Vorgebirge des südwestlichen Wales aufgefaltet (einst das
Königreich Dyfed), und wenn er die Augen hebt und in
die Ferne blickt, gewahrt er den langgezogenen Bogen
der Cardigan Bay, der in den düsteren Felsstürzen von
Snowdonia gipfelt. In Richtung der untergehenden
Sonne sieht er auf die weite, offene See, im Westen und
Süden von den dunklen Küstenlinien Irlands und der
Halbinsel von Dumnonia umschlossen. Zahlreiche Inseln
sind zu erkennen, darunter Grasholm und Lundy, die als
Gefilde der Anderswelt gelten.

Ein Vorläufer des heutigen Bergwanderers sah also im
18. Jahrhundert den Hauptteil des Gebietes, das von den
Megalithbauern entlang der Atlantikküste während des
Neolithikums und der frühen Bronzezeit erschlossen
worden war.[12] Auf der gesamten Länge der sich gegenüberliegenden Küsten Irlands und Englands stößt man
auf Menhire, Kromlechs, Dolme und andere mächtige
Relikte einer vergessenen Religion, die einmal einen großen Teil Europas beherrschte.

Von keinem anderen Ort bietet sich ein so spektakulärer
Ausblick über diese »Kulturprovinz«, und man darf
wohl zu Recht annehmen, daß er den *Omphalos* für das
Gebiet der Irischen See bildete. So wie Iona mutmaßlich
die *axis mundi* des in der See gründenden Königreiches
Dalriada (und eventuell auch seines piktischen Vorläu-
fers) darstellte, war hier der Mittelpunkt des meergebore-
nen »Reiches« der Megalithbauer an der Irischen See. Die
Bedeutung des weltumspannenden Ausblicks von einem
Berggipfel aus wurde bereits erwähnt, und der Gipfel des
Prescelly bietet sich für ein heiliges Zentrum geradezu an.
Die Wahrscheinlichkeit dieser Annahme nimmt zu, wenn
man sich die Umstände vergegenwärtigt, unter denen die
Blausteine nach Stonehenge geschafft wurden. Falls näm-
lich der bronzezeitliche Herrscher von Wessex, der mit
Stonehenge schon seinen *Omphalos* besaß, den Einfluß
auf das südwestliche Wales erlangt hatte – für den Erwerb
der Blausteine beinahe unerläßlich –, dann mußte es ein
Hauptanliegen sein, den *Omphalos* Prescelly dem größe-

212

ren von Stonehenge einzuverleiben. Innerhalb ein und derselben Machtsphäre durfte es keine rivalisierenden Weltzentren geben, und deswegen wurde der Prescelly innerhalb des Heiligen Zentrums Stonehenge symbolisch neu errichtet.

Wenn in früheren Zeiten ein chinesischer Kaiser eine neue Provinz eroberte, wurden Gegenstände, die das unterworfene »Zentrum« versinnbildlichten, in die Kaiserstadt gebracht, womit man kundtat, daß der ganze Staat in die Hände des Siegers gefallen war. So umfaßte die *axis mundi* des koreanischen Tempelberges 49 Türme, die für die Provinzen des Reiches von König Jayavarman VII. standen.[13]

Möglicherweise bildete der Prescelly selbst den *Omphalos*, von dem man Felsblöcke, die das Ganze symbolisierten, abtrennte. Wahrscheinlicher ist jedoch, daß die an der Irischen See wohnenden Megalithbauer einen Nabel auf dem Berg errichtet hatten; an einem Punkt, der verständlicherweise nicht mehr auszumachen ist. Man hat eindeutig nachgewiesen, daß die Blausteine von Stonehenge neu aufgestellt wurden, nachdem sie aus einer früheren Anlage, vielleicht irgendwo auf der Prescelly-Kette, entfernt worden waren. Ebenso könnte ihre Anordnung auch erst nach ihrer Ankunft in Stonehenge *in situ* geändert worden sein, eine Möglichkeit, die von einigen archäologischen Funden gestützt wird. Wenn die Verlegung des *Omphalos* jedoch bloß eine symbolische Versetzung des Berges war, hätte man sie in weitaus weniger verschwenderischer Art und Weise bewerkstelligen können, ohne die Mittel des Herrschers von Wessex in solchem Ausmaß zu strapazieren.

Um eine triftige Bestätigung der These zu erhalten, daß es ein bereits bestehendes Monument war, das abtransportiert wurde, brauchen wir nur noch einmal in Geoffreys *Historia* nachzublättern. Im zehnten Kapitel des achten Buches lesen wir, wie Ambrosius den Beschluß faßte, den heimtückisch von Hengist ermordeten Edelmännern eine würdige Gedenkstätte zu erbauen. Als es seinen Arbeitern nicht gelang, das Vorhaben auszuführen, rief er Merlin von seiner fernen Zufluchtsstätte am Brunnen von Galabes zu sich.

»Wenn du es wünschst«, erklärte der Zauberer, »das Grab dieser Männer mit einem immerwährenden Denkmal zu ehren, so schicke nach dem Tanz der Riesen *(chorea gigantum)*, der auf dem Killaraus ist, einem Berg in Irland. Denn dort ist ein Bauwerk aus Steinen, das keiner dieses Zeitalters ohne profunde Kenntnis der mechanischen Künste heben könnte *(nisi ingenium arte subnecteret)*. Es sind Steine von gewaltigem Ausmaß und einzigartiger Beschaffenheit. Wenn es gelingt, sie in derselben Weise wie dort aufzustellen, rund um diesen Flecken Erde, werden sie für ewig stehen.« Bei diesen Worten Merlins rief Ambrosius erheitert: »Wie ist es möglich, solch gewaltige Steine aus einem so fernen Lande wegzuschaffen, als ob es in England nicht sowieso genügend Steine gäbe, die diesem Zwecke angemessen sind?« Worauf Merlin erwiderte: »Lasse sich der König nicht fälschlich zum Lachen hinreißen; was ich sage, ist alles andere als leichtfertig. Die Steine besitzen mystische Kraft *(Mistici sunt lapides)* und sind für viele Heilungszwecke von Nutzen. Die Riesen brachten sie einst von den fernsten Grenzen Afrikas und stellten sie in Irland auf, als sie dort lebten. Denn sie hatten die Absicht, dazwischen Bäder zu nehmen, wann immer sie an einer Krankheit litten. Denn sie übergossen die Steine und setzten ihre Kranken in das Wasser, das ihnen ohne Ausnahme Heilung brachte. Gleichermaßen heilten sie Wunden, indem sie auch Kräuter auflegten. Es gibt dort keinen einzigen Stein, der nicht große Heilkraft besitzt.« Diese Worte überzeugten die Briten, die mit einer Kriegsflotte und 15 000 Bewaffneten in See stachen, überdies von Merlin persönlich begleitet. In Irland stellte sich ihnen der jugendliche König Gillomanius entgegen, wurde aber nach hitziger Schlacht besiegt. Dann marschierten sie zum Killarausberg, wo sie den Tanz der Riesen bestaunten. Merlin forderte die Gefährten in seiner gewohnt ironischen Art auf, sich an den Abbau der Anlage zu machen. So sehr sie sich aber mit Seilwinden

Merlin errichtet Stonehenge. Aus einem französ. Merlinroman des 14. Jahrh.s, im Besitz des Britischen Museums

und Leitern mühten, ihre Anstrengungen blieben ohne Erfolg.
»Merlin lachte ob ihrer vergeblichen Mühen und schickte sich dann an, seine eigenen Maschinen *(machinationes)* herzurichten. Als er diese in der richtigen Weise aufgestellt hatte, riß er die Steine leichter aus der Verankerung, als man es glauben kann, und leitete ihre Verfrachtung an Bord der Schiffe; und so segelten sie frohen Mutes zurück nach Britannien.«
In diesem Bericht findet sich vieles, das trotz des anrüchigen Rufes seines Autors, ein Fälscher zu sein, Beachtung verdient. Geoffrey weiß, daß die Steine auf dem Seeweg

aus »Irland« herangeschafft wurden; eine verständliche Paraphrase zu Pembrokeshire, das immer irischen Einflüssen ausgesetzt war. Der Hinweis auf den Killaraus geht auf eine Verbindung von Stonehenge mit Uisnech, seinem Pendant, dem irischen *Omphalos*, zurück. Die wirkliche Usprungsstätte geriet vielleicht in Vergessenheit, weil es nun nichts mehr gab, das sie gekennzeichnet hätte. Die Erwähnung Afrikas könnte eine schwache Erinnerung an die Tatsache widerspiegeln, daß die Megalithbauer tatsächlich aus Spanien und Nordafrika kamen. Nun wird die Kraft deutlich, die hinter Merlins Vorschlag stand, und der Grund, warum die Briten sich nur durch einen Krieg in die Lage versetzen konnten, den Tanz der Riesen in ihre Gewalt zu bringen. Denn erst nach einer militärischen Eroberung konnte die Verlegung eines nationalen *Omphalos* ins Auge gefaßt werden. Ganz gleich, aus welcher Quelle sie auch herrührt, Geoffreys Geschichte scheint die genaue Überlieferung eines 3000 Jahre zurückliegenden Ereignisses bewahrt zu haben. Die Überlieferung berichtete von einem ungeheuer mächtigen König von Wessex (die Mittel, die zum Transport der Blausteine erforderlich waren, bezeugen dies eindeutig genug), dessen Armeen Südwales bis zum St. George's Channel eroberten. Das einst so stolze »Reich« der Völker der Inneren See wurde zerschlagen und ihre Unterwerfung durch die – an ein Wunder grenzende – Verlegung ihres Heiligen Zentrums in den Machtkreis des britischen *Omphalos* ein für alle Male besiegelt.

Stimmig und einleuchtend ist auch die Art und Weise, in der das Unternehmen von einem Priester-Zauberer überwacht wird, vielleicht ein Vorgänger des Merlin Ambrosius späterer Zeiten. Es deutet nichts darauf hin, Merlin habe übernatürliche Kräfte verwandt, um den Abtransport zu bewerkstelligen. Wie ausdrücklich gesagt wird, waren es seine überlegenen Ingenieurskünste, die diese Meisterleistung ermöglichten. In Anbetracht dessen, daß Geoffrey offenbar Zugang zu frühen Überlieferungen hatte, sollten wir vielleicht auch anderen seiner Ausführungen Aufmerksamkeit schenken, etwa der Heilkraft, die er den Steinen zuschreibt.

Es mag nun Leser geben, denen es schwerfällt, die Vertrauenswürdigkeit eines mündlichen Berichtes anzuerkennen, der angeblich 2800 Jahre lang bewahrt blieb. Dies ist verständlich, doch selbst dem hartgesottensten Skeptiker steht es vielleicht nicht an, ein weiteres Beispiel aus dem gleichen Kontext einfach von der Hand zu weisen. Das achte Kapitel erzählt die Geschichte vom Vaterlosen Kind (das mit Ambrosius und später mit Merlin gleichgesetzt wurde) nach der *Historia Brittonum*. Nur durch Opferung eines solchen Kindes, so erklären die Druiden dem König, könne die Sicherheit seines Bauwerkes gewährleistet werden. Bei diesem Bauwerk handelt es sich, wie ich dargelegt habe, um Stonehenge.

Nun gibt es keine drei Kilometer von Stonehenge entfernt eine nicht minder rätselhafte Anlage, die als Woodhenge bekannt ist. Im Jahre 1925 bei Luftaufnahmen entdeckt, war alles, was man davon fand, die Spuren eines Grabens und eines Walls, die kreisförmig angeordnete Pfostenlöcher umschlossen, Anzeichen dafür, daß dort einmal ein großes Holzbauwerk gestanden hat. Keramikfunde, die auf das »Sekundäre Neolithikum« (zeitgleich mit den ersten Spurenelementen von Stonehenge) datiert werden, und seine Nähe und Affinität zu Stonehenge lassen darauf schließen, daß zwischen beiden Stätten eine Verbindung besteht, die eine womöglich der Prototyp der anderen ist. Fast genau im Zentrum von Woodhenge hat man bei Ausgrabungen eine Grabstätte mit den sterblichen Überresten eines etwa drei Jahre alten Kindes gefunden, dessen Schädel vor der Bestattung eingeschlagen wurde. Es handelte sich offenbar um eine Weihe- oder Opfergabe. Außerdem ist dies eines der ganz wenigen Zeugnisse für ein Menschenopfer im prähistorischen Britannien.[14] Könnte nicht in Stonehenge ebenfalls ein winziges Skelett begraben liegen, das eine Gewähr dafür bot, daß keine böse Macht jenes mächtige Bauwerk zum Einsturz bringen würde, das den heiligen

Ort markiert, wo Gott und Mensch einander begegnen können?

Wir haben ein eindrucksvolles Beispiel dafür, wie die Archäologie die Sage erklärt und die Sage archäologische Funde erhellt. Aus der Geschichte von Ambrosius und Vortigern in der *Historia Brittonum* (neuntes Jahrhundert n. Chr.) läßt sich ableiten, daß das Skelett von Woodhenge das eines Knaben war, dessen Vater unbekannt geblieben und von dem man daher annahm, er habe ein göttliches oder zumindest übernatürliches Elternteil gehabt. Die Grabstätte von Woodhenge zeigt deutlich, welches Schicksal den jungen Ambrosius erwartet hätte, wäre er weniger scharfsinnig gewesen.

Mit dem Opfer verfolgte man sicherlich jenen in der *Historia Brittonum* genannten Zweck: den Fortbestand des Bauwerkes zu sichern. Einige Beispiele für Anschauungen und Bräuche dieser Art wurden im letzten Kapitel aufgezeigt. Es kann noch einen anderen, damit in Zusammenhang stehenden Grund gegeben haben, den Leichnam des Vaterlosen Kindes im Zentrum der *axis mundi* zu bestatten: Wie bereits erwähnt, gehörte der Weltbaum bzw. die Weltsäule nahezu unabdingbar zum Weltnabel. Der Baum wurzelte im *Omphalos*, er hatte die Funktion einer Leiter oder Brücke zu Himmel und Hölle: die Zentral- oder Nabelschnur des Kosmos. In den Worten eines finnischen Volksgedichtes war er

»eine Brücke zu einem zeitlosen Ort
auf der ein Reisender gehen kann
ein Mann unterwegs nach dem dunklen Pohjola
dem männerfressenden Dorf
dem Dorf das Helden ertränkt.
Der hat eine ewige Brücke
der ohne Grund gefressen wurde
der ohne Krankheit starb
der ohne Zutun des Schöpfers
getötet wurde, im dunklen Pohjola
in dem männerfressenden Dorf:
dort gibt es Fleisch ohne Knochen

dort gibt es Kalb ohne Knorpel
für den Hungrigen zu essen
einen Bissen für den in Not.«

In der nordischen Mythologie wurde der Baum durch die berühmte Weltesche Yggdrasil verkörpert, deren Zweige sich über die ganze Welt breiteten und zum Himmel hinaufreichten. Unter einer ihrer Wurzeln lag Mimirs Brunnen, der Quell des Wissens, das Odin erlangte, nachdem er ein Auge dafür geopfert hatte. Bei den Jakuten Sibiriens gab es den Glauben, daß dem Weltnabel ein Baum mit acht Zweigen entwuchs. Dort wurde der erste Mensch geboren, gesäugt von der Milch einer Frau, die aus seinem Stamm hervortrat. Kann diese Vorstellung mit Merlins »Süßapfelbaum« in Verbindung gebracht werden, »dessen Eigenart ihn vor den Männern Rhydderchs verbirgt« und an dessen Fuß einst eine »schöne, ausgelassene Buhle« war, eine, »die schlank war und einer Königin glich?«[15]

Um auf den britischen *Omphalos* zurückzukommen: könnte auch Stonehenge, wie die anderen »Zentren der Welt«, einen Weltbaum in seiner Mitte gehabt haben? Man hat die Vermutung geäußert, daß das ursprüngliche Kultobjekt im Inneren des Hufeisens der Trilithe ein Baum war[16], und es gibt in der Tat Anzeichen dafür. Jedenfalls sieht es so aus, als habe sich *irgendetwas* in der Mitte von Stonehenge befunden; die präzise und symmetrische Anordnung des Bauwerks scheint auf dieses Ziel hin ausgerichtet zu sein.[17] Zum Glück findet sich in einer irischen Heldensage ein Bericht, aus dem genau hervorgeht, was man im Inneren eines Megalithkreises erwartete. Die Geschichte erzählt, wie Held Diarmait an einen Ort gelangte, mit dem ganz offensichtlich eine Anderswelt gemeint war.

Dort »sah er ein schönes Land, das sich vor ihm ausbreitete: unmittelbar vor ihm lag eine liebliche, blumenreiche Ebene, umgeben von sanften Hügeln und beschattet von Hainen aus vielerlei Arten von Bäumen. Alle Sorge und Traurigkeit wurde aus dem Herzen verbannt, sobald man dieses Land erblickte und dem Tirilieren der Vögel lauschte, dem Summen der Bienen zwischen den Blumen, dem Rascheln des Windes in den Bäumen und dem munteren Plätschern der Bäche und Wasserfälle. Ohne zu säumen, brach Diarmait auf, die Ebene zu durchqueren. Er war noch nicht lange gegangen, als er unmittelbar vor sich einen großen Baum gewahrte, der sich unter der Last seiner Früchte neigte und alle anderen Bäume der Ebene überragte. Er war in einiger Entfernung von einem Kreis aus Säulensteinen umgeben; ein Stein, größer als die anderen, stand in der Mitte neben dem Baum. Neben diesem Säulenstein stand ein Quellbrunnen mit einem großen, runden Becken, klar wie Kristall; und das Wasser kam in seiner Mitte hochgesprudelt und floß als ein schmaler Bach auf die Mitte der Ebene zu.«

Hier haben wir den Weltbaum, der sich in der Mitte des Steinkreises erhebt. Ob innerhalb eines Megalithkreises ein wirklicher Baum gepflanzt wurde, läßt sich nicht mehr in Erfahrung bringen. Der Weltbaum selbst ist eine kosmische Mythe, vielleicht wurde er von dem »einen Stein, größer als die anderen«, der in der Mitte stand, symbolisiert. Ein vielversprechender Anwärter dafür wäre in Stonehenge der sogenannte Altarstein, der jetzt neben der Mitte lagert und 4,80 Meter mißt.[18] Dies wiederum führt zu der Erwägung, daß das Vaterlose Kind vielleicht geopfert wurde, um die Stabilität des Weltbaumes und der Säule, die ihn symbolisierte, sicherzustellen. Durch seinen göttlichen Vater hätte es jederzeit Zugang zu der oberen und unteren Anderswelt gehabt.

Um aber auf die Geschichte von Diarmait zurückzukommen: Der Held, der Durst verspürte, schickte sich an, aus dem Brunnen neben der Säule in der Mitte des Steinkreises zu trinken:

»... doch bevor seine Lippen das Wasser berührten, hörte er die schweren Schritte einer Horde von Kriegern und lautes Waffengeklirre, als ob sich ein ganzes Heer direkt auf ihn zu bewegte. Er sprang auf die Füße und blickte sich um; aber im selben Augenblick hörte der Lärm auf, und er konnte nichts sehen.«

Er trank erneut, hörte das gleiche Geräusch, sah wiederum nichts. Verwirrt hielt er inne, sah auf und erblickte ein prachtvolles, goldenes Trinkhorn, das auf der Oberkante des Säulensteines neben dem Brunnen lag. Von einer plötzlichen Eingebung ergriffen, nahm er es herunter, tauchte es in den Brunnen und trank daraus.

Unmittelbar darauf sah er einen Riesen in einer Rüstung und mit einer goldenen Krone, der von Osten her auf ihn zueilte. Der Riese zürnte mit Diarmait, er sei in sein Land eingedrungen und habe aus seinem Brunnen getrunken. Die beiden fochten erbittert den ganzen Tag, bis bei Anbruch des Abends der Fremde im Brunnen verschwand. Dieselbe Begegnung wiederholte sich Tag für Tag, bis Diarmait beim vierten Male seinen Gegner fest packte und mit ihm unter die Erde hinabstieg. Dort fand er sich in dem Land unter den Wogen – möglicherweise dem Meer, auf dem die Erde ruht.[19]

Der bewaffnete Fremde ist eindeutig der Wächter des Brunnens aus der Anderswelt; vielleicht ein boshaftes Wesen, von dem man glaubte, daß es an einem solchen Ort herumspuke, viel eher als die Gottheit oder Macht, unter deren Schutzhoheit der Brunnen stand. Der Brunnen entspricht dem von Mimir unter Yggdrasils Wurzeln in der nordischen Mythologie; er ist ein Quell der Weisheit und des Wissens der Anderswelt, der den Zugang zur Anderswelt selbst ermöglicht. Das berühmteste Beispiel für einen solchen Brunnen im keltischen Irland war der Brunnen von Segais. Er war von Haselsträuchern umstanden, deren Nüsse ins Wasser fielen und jedes siebte Jahr Mitte Juni den Boyne hinunterschwammen: sie enthielten das *imbas*, das dem Seher seine prophetische Gabe verlieh. Der Brunnen von Segais ist mit keiner realen Quelle identisch. Aber da man von ihm sagt, er sei die verzauberte Quelle sowohl des Boyne als auch des Shannon, bildet er die Entsprechung zu Merlins Quelle am Hart Fell, an dessen Fuß die Flüsse Clyde, Tweed und Annan entspringen. Das Horn könnte man mit dem berühmten *Gjallarhorn* vergleichen, mit dem Mimir aus seinem Weisheitsbrunnen am Fuße des Yggdrasil trank.[20]

Die ganze Heldenepisode in *Diarmait and Grainne* weist eine Parallele zu einer Stelle im Roman *Fergus* am *Nouquetran* auf, als der Ritter zu dem Berg gelangt, »wo Merlin so manches Jahr lebte«. Zwei gemeinsame Elemente sind zu erkennen: Zum einen das verzauberte Horn, das den Lärm einer Geistergesellschaft (die Wilde Jagd) heraufbeschwört und den grimmigen *genius loci* auf den Plan ruft, der den vorwitzigen Besucher zur Rechenschaft zieht. Zum anderen der große Welt-Frucht-Baum, der wiederum an Merlins Apfelbaum mit seiner »eigentümlichen Macht« erinnert.

Hiermit liegen genügend Belege für die These vor, daß Stonehenge wahrscheinlich seit frühesten Zeiten als der *Omphalos* Britanniens galt; daß seine Sicherheit durch das Opfer eines Vaterlosen Kindes gewährleistet wurde, daß es einen rivalisierenden megalithischen *Omphalos* auf den Prescelly Mountains absorbierte, daß in seinem Mittelpunkt ein Weltbaum stand, der möglicherweise durch den (damals noch stehenden) Altarstein verkörpert wurde, und daß er ein Mittelpunkt numinoser Macht bis zu Beginn des Frühmittelalters blieb, als Vortigern dort das Orakel befragte. Natürlich erschöpft sich darin nicht die ganze Bedeutung von Stonehenge. Seine Funktion als heiligster Ort des südlichen Britannien machte es zu einer geeigneten Stätte für die höchsten rituellen Feierlichkeiten und zu einem nie versiegenden Quell des Wissens und der Macht. Man könnte sich zum Beispiel vorstellen, daß innerhalb des Steinkreises ein »Spiel« des Gottes Lug stattfand und die frühen Könige Britanniens dort gekrönt wurden.

Es trifft zu, daß Stonehenge ebensowenig am geographischen Mittelpunkt Britanniens liegt wie Chartres sich im Zentrum Frankreichs oder der Berg Tabor sich im Zentrum Israels befinden. Das Bild ist symbolisch zu verstehen. Vielleicht verdankt dieser Ort seine Bedeutung als *Omphalos* seiner besonderen Lage an der Stelle, wo drei der größten Wege des prähistorischen Britannien aufeinandertrafen – der South Downs Ridgeway, der Harroway und der Icknield Way. Insbesondere die Kreuzung

des in ost-westlicher Richtung verlaufenden Harroways
mit dem von Nord nach Süd führenden Icknield Way legt
nahe, genau dort den Knotenpunkt Britanniens zu sehen,
den Punkt, an dem sich buchstäblich jedermann traf. Der
Name Harroway geht unter Umständen auf das Altenglische *hearg-weg*, »Tempelstraße«, zurück; was aber
zuerst da war, das Heiligtum von Stonehenge oder die
Wegkreuzung, dürfte nur schwer zu ermitteln sein.[21]
Im alten Irland gab es einen Glauben, wonach bei der
Geburt von König Conn Céadcathach auf magische
Weise fünf große Straßen auftauchten, die strahlenförmig
von dem heiligen Zentrum in Tara ausgingen. Die Achse,
wo sie ihren Anfang nahmen, hatte numinose Eigenschaften.[22] Auf der Isle of Man zum Beispiel hörte Sir
John Rhŷs von einem der Einheimischen, er habe eine
Hexe getroffen, »die am Verbindungspunkt der Kreuz-
wege oder dem Ort, wo drei Grenzlinien aufeinandertreffen, ihrer verruchten Beschäftigung nachging«. Ein
andermal sah sie der Mann, »wie sie sich an vier Kreu-
zungen, irgendwo in der Nähe von Lezayre, zu schaffen
machte. Rings um sich, sagte er, hatte sie einen Kreis
freigefegt, so groß wie der, den Pferde beim Dreschen
des Getreides ziehen.«[23]
Stonehenge ist eindeutig nach der aufgehenden Sonne
ausgerichtet, und da die richtige Wahl des Zeitpunkts für
die Abhaltung von Festen äußerst wichtig war, lag in der
Beobachtung der zyklischen Laufbahnen der Gestirne
wahrscheinlich einer der Hauptgründe für seine Erbauung. Da muß der Polarstern für die Wächter des Tempels
gewiß von besonderem Interesse gewesen sein, war doch
das Heiligtum über den Weltbaum – der dem Seher die
einzige »Aufstiegsmöglichkeit« zum Himmel bot – direkt
mit dem Polarstern verbunden.
Die Funktion von Stonehenge als *Omphalos* wird in
keiner Quelle erwähnt; sie ist aus einer Vielzahl übereinstimmender Zeugnisse rekonstruiert worden, deren Wert
der Leser selbst einschätzen muß. Das Heilige Zentrum
war vielleicht ein ebenso geheimer wie heiliger Ort.
Das Persien des Altertums hatte seinen *Omphalos* in der

herrlichen Stadt Persepolis, die von Darius 518 v. Chr. begonnen und von Alexander dem Großen mehr als 200 Jahre später geplündert wurde. Trotz der unvergleichlichen Pracht ihrer Bauten und ihrer immensen Bedeutung im Leben des persischen Volkes »war sie außerhalb von Persien kaum bekannt. Es gibt keinen Hinweis auf die Stadt im Alten Testament, auch nicht in babylonischen, assyrischen oder phönizischen Dokumenten.«[24] Es gibt eben Dinge, von denen neugierige Fremde am besten nichts erfahren sollten.

Mit der Eroberung Englands durch die Angelsachsen und der Bekehrung zum Christentum muß die Bedeutung von Stonehenge dem öffentlichen Bewußtsein entschwunden sein. Die christliche Welt kannte nur einen einzigen *Omphalos*, Jerusalem, das von einem frühen Zeitpunkt an als der Nabel Palästinas betrachtet wurde. Mit der Kreuzigung Christi gewann dieser Ort des Mysteriums zusätzlich an Bedeutung. Von nun an war Golgatha der Mittelpunkt der Welt und das Kreuz der Baum des Lebens. In einer Beschreibung des Baumes aus dem dritten Jahrhundert n. Chr. heißt es, er sei im Kalvarienberg verwurzelt, habe einen sprudelnden Quell an seinem Fuß und besäße Zweige, die sich so weit ausbreiteten, daß sie die ganze Welt umfaßten. Es entwickelte sich eine Legende, wonach Gott Adam genau an der Stelle geschaffen habe, wo das Kreuz stand, und das Blut des Heilands, das auf seinen Schädel tropfte, den ersten Menschen augenblicklich erlöste.[25] Die Schlußfolgerungen, die aus dieser Entwicklung zu ziehen sind, bleiben einem anderen Kapital vorbehalten.

X

Der Schamane vom Hart Fell und das Ritual der Erneuerung

Die beiden vorangegangenen Kapitel koppeln sich vom eigentlichen Thema ab, das hier neu aufgegriffen werden soll. Verschiedene Zeugnisse ließen uns darauf schließen, daß Stonehenge eine archaische *axis mundi*, der Mittelpunkt oder Nabel Britanniens war. Eine entstellte Überlieferung dieser Funktion und des Menschenopfers, das ihre Wirksamkeit erneuerte, blieb bis ins Frühmittelalter erhalten. Die zentrale Rolle des Knaben Embreis (Ambrosius) läßt vermuten, daß der Priester oder Wächter des Heiligtums einen ähnlichen Namen bzw. Titel getragen hat. Die Verbindung zwischen Merlin und dieser nur in Umrissen bekannten Gestalt ist keineswegs gesichert. Anzeichen für einen möglichen Zusammenhang ergeben sich aus der frühen Verknüpfung der Namen Ambrosius und Merlin in der Geschichte der Einstürzenden Burg und einer Stelle in der *Vita Merlini*, die Stonehenge als Merlins Observatorium auszuweisen scheint. Die rätselhafte Bemerkung, Britannien habe ehedem *Clas Merddin*, »Merlins Einfriedung«, geheißen, deutet sicher darauf hin, daß ihm im britischen Heidentum eine führende Rolle zukam.

Die frühe walisische Lyrik kennt eine Reihe von »Verwandlungs-« oder »Gestaltwechsel«-Versen, in denen man den Dichter sich seiner zahlreichen Leben in anderer Gestalt oder in anderen Zeiten rühmen läßt:

> »Ich bin ein blauer Lachs gewesen,
> Ich bin ein Hund, ein Hirsch, ein Rehbock auf
> dem Berg gewesen,
> Ein Baumstrunk, ein Spaten, eine Axt in der Hand,
> Ein Hengst, ein Stier, ein Bock...«
> »Ich war bei meinem Herrn im Himmel,
> Als Luzifer in die Tiefen der Hölle fiel;
> Ich trug ein Banner vor Alexander;
> Ich kenne der Sterne Namen von Nord nach Süd,
> Ich war in der Feste Gwydions,
> Im Tetragrammaton...«

Diese Lyrik wird gewöhnlich dem Dichter Taliesin aus

dem sechsten Jahrhundert zugeschrieben, und manches davon scheint in eine Erzählung über den Knaben Taliesin am Hofe von Maelgwn Gwynedd in Nordwales Eingang gefunden zu haben. Die Sage spielt durchweg auf keltische Magie und Götterglauben an und steht in auffälligem Gegensatz zu der Figur des historischen Taliesin, einem *christlichen* Barden. Natürlich kann eine solche Sage auf vielerlei Weise entstanden sein; man darf sich jedoch fragen, ob die Geschichte nicht ursprünglich mit der Gestalt Myrddins verknüpft war und später Taliesin zugeschrieben wurde?

Die klugen Antworten des Kindes Taliesin auf König Maelgwns Fragen erinnern an den Auftritt des Knaben Merlin vor König Vortigern, und die Zuspitzung am Ende der Geschichte ist mit Merlins Prophezeiung identisch: Er weissagt, daß die Briten zunächst gegen eine Schlange aus Deutschland (die Sachsen) unterliegen, letztendlich aber siegreich sein werden. Und als Maelgwn den Jüngling nach seinem Namen befragt, läßt man »Taliesin« doch tatsächlich erwidern:

»Der Prophet Johannes nannte mich
Merlin *(Merddin)*,
Aber jetzt kennen mich alle Könige als Taliesin.«

Folglich muß es einmal eine frühere Fassung gegeben haben, in der Merlin der Protagonist der Geschichte war.[1] Die Existenz einer solchen Version könnte durch die Tatsache bestätigt werden, daß Taliesin als Säugling von Maelgwns Sohn Elphin in einem Ledersack, den die Strömung im Mündungsgebiet des Conwy an ein Wehr getrieben, entdeckt wurde. Elphin schlitzte den Sack auf, erblickte die leuchtende Stirn des Knaben und rief: »Sehet die leuchtende Stirn!« (d. h. *tal iesin*). So kam das Kind zu seinem Namen. Da aber die erste Silbe von Myrddins Name zweifellos »Meer« bedeutete, wird klar, wieviel treffender er in diese Episode gepaßt hätte. Es sei darauf hingewiesen, daß Merlins *alter ego* Lailoken von dem Pfahl eines Fischwehrs aufgespießt wurde.[2]

Solche Gedichtpassagen über Verwandlungen werfen ein Licht auch auf den Jenseitsglauben der heidnischen Kelten, auf die Seelenwanderung. Sie finden sich nicht nur in der soeben erwähnten späten Taliesinsage *(Hanes Taliesin)*, sondern auch in anderen Gedichten des *Book of Taliesin*. Das interessanteste dieser Gedichte trägt den Titel *Cad Goddeu*, »Die Schlacht der Bäume«. Es beginnt mit einem typischen Vers über die Verwandlung:

»Ich hatte viele Gestalten, bevor ich erlöst wurde:
Ich war ein schmales, verzaubertes Schwert...
Ich war Regentropfen in der Luft, ich war der
Sterne Strahl;
Ich war ein Wort aus Buchstaben, ich war
ursprünglich ein Buch;
Ich war Laternen voll Licht, ein Jahr und
ein halbes lang;
Ich war eine Brücke, die sich über sechzig
Flußmündungen spannte;
Ich war ein Pfad, ich war ein Adler, ich war ein
Boot auf Meeren...«

Es kommt hier plötzlich zu einem dramatischen Szenenwechsel. Der Dichter weilt gerade in einer Festung *(kaer nefenhir)*, als sich ihm der gleiche erschreckende Anblick bietet wie Macbeth in Dunsinan: ein Wald bewegt sich drohend auf ihn zu. Sogleich schwingt der Magier Gwydion seinen Zauberstab und hebt – dabei etwas unpassend den Namen Christi beschwörend – eine Gegenarmee von Bäumen und Büschen aus. Es kommt zu einer furchtbaren Schlacht, in der Kirschbäume, Birken, Eschen und Ulmen kein Pardon kennen; »Blut bis zu unseren Hüften«. Jeder der Bäume wird in seiner Eigenart geschildert, und das Aufeinanderprallen der gegnerischen Heere wird kraftvoll und mit einigem Humor beschrieben.
Noch einmal wechselt ohne Vorwarnung das Thema, der Dichter berichtet wieder über sein früheres Leben. Diesmal erklärt er, wie er ursprünglich geschaffen wurde:

228

Seite aus dem *Book of Taliesin* (um 1275): Sie beginnt mit dem Gedicht
Cad Goddeu, „Die Schlacht der Bäume"

»Nicht von Vater oder Mutter bin ich geboren;
Über meine Erschaffung ist zu sagen, ich wurde
aus neun Arten von Elementen gemacht:
Aus der Frucht der Früchte, aus der Frucht
Gottes am Anfang;

Aus Primeln und Blumen des Hügels, aus den
Blüten der Wälder und Bäume;
Aus der Krume des Bodens wurde ich gemacht,
Aus den Blüten der Nesseln, aus dem Wasser
der neunten Welle.«

Der Akt der Schöpfung aus diesen natürlichen Elementen
wurde von den Zauberern Math, Gwydion und anderen
vollbracht:

Gwydion erschuf mich, großer Zauber aus dem
Zauberstab...
Von fünf mal fünzig Magiern und Lehrern wie
Math wurde ich erzeugt...
Der Zauberer der Zauberer erschuf mich
vor der Welt...«

Das Gedicht zählt nochmals die Daseinsformen und
Lebensstufen auf, die der Dichter seit jenem ersten verzauberten Augenblick geschaut und gelebt hat, als der
Stab des Magiers Boden und Vegetation miteinander
verband und zu menschlicher Gestalt formte.

»Ich verbrachte Zeit im Morgengrauen, ich schlief
in Purpur;
Ich war auf der Brustwehr mit Dylan Eil Mor,
In einem Umhang in der Mitte zwischen Königen...
Ich war eine Schlange, auf einem Hügel verzaubert,
ich war eine Viper in einem See...
Ich werde ein Feld voll Blut bewirken,
auf ihm einhundert Krieger...
Lang und weiß sind meine Finger, lang bin ich
kein Schäfer gewesen;
Ich lebte als ein Krieger, bevor ich ein Dichter war;
Ich wanderte, ich zog meine Kreise, ich schlief
auf hundert Inseln, ich lebte in hundert Forts.«[3]

Das Gedicht *Cad Goddeu* wird Taliesin nicht direkt
zugeschrieben, obwohl man ihn an anderer Stelle prahlen

läßt, daß er »mit Lleu und Gwydion in der Schlacht von Goddeu war«. Anzeichen sprechen dafür, daß es in jene frühere Phase gehört, als der Dichter – wie Taliesin dem König Maelgwn erklärt – unter dem Namen Myrddin bekannt war.

Zunächst sei festgehalten, daß *Goddeu*, »der Wald«, wahrscheinlich als Eigenname gedacht ist. Die echten Gedichte des historischen Taliesin aus dem sechsten Jahrhundert erwähnen ein Gebiet im Norden, das an Uriens Königreich Rheged grenzte und mit Goddeu bezeichnet wurde. Daraus hat man geschlossen, es handele sich um das wilde, von niemandem beanspruchte Gebiet zwischen dem Hadrianswall und dem Forth. Diese Ortsangabe wurde in der Folge durch die Forschung präzisiert und Goddeu mit der dichtbewaldeten Gegend in Selkirkshire gleichgesetzt, die im Mittelalter ganz einfach »Der Wald« hieß. Schließlich gelangte man zu dem Schluß, daß Goddeu mit jenem anderen berühmten Wald identisch sei, den die walisische Überlieferung an derselben Stelle ansiedelte, dem Coed Celyddon.[4]

Falls Goddeu und Coed Celyddon übereinstimmen, ist es allerdings nur schwer vorstellbar, daß mit dem Erzähler des *Cad Goddeu* jemand anderer als Myrddin gemeint gewesen sein sollte.[5] Läßt er seinen Blick vom Gipfel des Hart Fell in die Runde schweifen, so wie einst Cai und Bedwyr von einem Steinhaufen auf dem Plinlimmon aus die weite Landschaft überschauten, »im stärksten Wind, den die Welt je gekannt«? Rings um ihn her, fast so weit das Auge reicht, erstreckt sich der mächtige Wald. Der Sturm rüttelt an den Ästen und peitscht sie in wellenförmigen Bewegungen erst in die eine, dann in die andere Richtung. Die Bäume biegen sich, und während ihre Kronen hin- und herwogen, gleichen sie einer Armee von Riesen, deren Marschkolonnen bald vorstürmen, bald zurückweichen. Hier und da ertönt splitterndes Krachen, wenn ein großer Ast oder sogar ein ganzer Stamm auf den Boden schlägt; die wilden Elemente toben im Dickicht, sie schleudern Zweige und Laubwerk umher. Als der Sturm am Abend abflaut und Ruhe einkehrt, stößt der

Barde bei seiner Wanderung durch den Wald unterhalb des Berggipfels auf die Spuren der Verwüstung, vergleichbar der Zerstörung, die sich seinen Augen bot, als er in der Schlacht von Arderydd dem Wahnsinn verfiel. Noch immer aufgewühlt vom Orkan, den Geist erfüllt von Sorge um das, was gewesen ist und was sein wird, schleppt er sich mühsam zurück zu seiner Hütte neben der heiligen Quelle. So, wie er die räumliche Welt von ihrem Zentrum auf dem Gipfel des Hart Fell aus vor sich ausgebreitet sieht, so erfaßt er mit seiner visionären Kraft die Ewigkeit, den Brückenschlag von der Schöpfung bis zum Jüngsten Tag.

Natürlich ist dies nur der Versuch einer Rekonstruktion, aber das Gedicht enthält Abschnitte, die sie zum Teil untermauern:

> »Ich werde ein Feld voll Blut bewirken; auf ihm
> einhundert Krieger;
> Geschuppt und rot mein Schild, golden mein
> Schildbuckel.«

In diesen Zeilen könnte sich Myrddins Schuldbewußtsein wegen des Gemetzels bei Arderydd widerspiegeln und seine stolze Erinnerung an militärische Tapferkeit, die nun dahin war. Auch folgende Stelle

> »Lang und weiß sind meine Finger, lang bin ich
> kein *Schäfer* gewesen;
> Ich lebte als ein Krieger, bevor ich ein Dichter war;«

weist keinen erkennbaren Bezug zu Taliesin auf, paßt aber haargenau zu Myrddin. Myrddin war Soldat wie auch Mann des Hofes gewesen, bevor er sich als Prophet in die Wildnis zurückzog. Das Wort, das in der Übersetzung mit »Schäfer« wiedergegeben wird, ist das walisische *heussawr*; bei »Herdenbesitzer« oder »Hirte« kommt besser zum Ausdruck, was damit gemeint ist. Eine Episode in der Geschichte von *Culhwch and Olwen* schildert, wie Cai und andere einem hühnenhaften Hir-

232

ten namens Custenin begegnen. Er sitzt auf einem Erdhügel, ist in Tierfelle gekleidet und bewacht eine unüber-
sehbare Herde von Schafen, die über die Ebene mit ihm
zieht. Er wird als *heussawr* bezeichnet, und da mit ihm
ganz offensichtlich der göttliche Herr der Tiere gemeint
ist, sollte die Übersetzung »Waldhüter« oder »Hirte«
lauten.[6] Die Gedichtzeilen könnten also in dem Sinn
verstanden werden, daß der Dichter einstmals ein Soldat
und Mann von Kultur gewesen, nun aber zugleich Barde
und Wächter der (wilden) Tiere ist.

Ob das *Cad Goddeu* mit Myrddin in Zusammenhang
steht, bleibt ungewiß. Daß es fortwirkende heidnische
Anschauungen in sich einschließt, darf angenommen
werden. In seiner gegenwärtigen Form ist es natürlich
keine Schöpfung des sechsten Jahrhunderts, was sich
allein schon durch die Anrufungen Christi verrät, die gar
nicht in den Zusammenhang passen (abgesehen von
Metrum und Sprache). Unstimmigkeiten ziehen sich
durch den ganzen Text, was darauf schließen läßt, daß
der christliche Verfasser dieser Version nicht etwa eine
nach Belieben knetbare Masse heidnischer Relikte vor
sich hatte, sondern ein Werk, dessen Struktur und
Gedankenwelt bereits in bestimmter Form festgelegt
war. Es beinhaltet klar verständliche Ausführungen zur
Lehre der Metempsychose oder Seelenwanderung, in
einer Art, wie sie ein christlicher Dichter des zehnten
Jahrhunderts unmöglich hätte erfinden können.[7]

Das *Cad Goddeu* erzählt, daß der Barde aufgrund seiner
übernatürlichen Macht nach Belieben die Gestalt wechseln und ein wildes Tier, ein Mensch oder ein Element
der Natur werden kann. Seine Seele löst sich vom Körper
und bewegt sich frei; ohne Begrenzung durch Zeit und
Raum kann sie die Jahrhunderte durchstreifen, kann
nacheinander zu großen Gestalten der Vergangenheit
»werden« und so aus erster Hand alles verfügbare Wissen
erwerben.

Sinn und Zweck dieser Erkundungszüge außerhalb des
Körpers ist es gewesen, Fragen zu beantworten, die dem
Barden von ernsthaft Ratsuchenden gestellt wurden.

Einige dieser Fragen sind zum Teil auch in Versform erhalten:

»Warum ist eine Nacht mondhell und eine andere (so dunkel), daß du deinen Schild im Freien nicht siehst? ... Warum ist ein Stein so schwer? Warum ist ein Dorn so spitz? ... Wer ist (im) Tod besser daran, der Junge oder der Grauhaarige? Weißt du, was du im Schlafe bist, ob Körper oder Seele oder ein strahlender Engel gar? Kunstfertiger Spielmann, warum tust du mir dies nicht kund? Weißt du, wo die Nacht des Tages harrt? ... Was stützt des Erdballs Gefüge in Ewigkeit? Die Seele ... wer hat sie geschaut, wer kennt sie?«[8]

Der Barde weiß eine Antwort auf diese esoterischen Fragen, weil er tatsächlich ein Adler, eine Schlange, ein Wassertropfen gewesen ist; weil er selber Dylan Eil Mor auf der Brustwehr war.

Die Dichtung, in der solche Antworten gegeben werden, ist im allgemeinen weitschweifig, reich an Anspielungen und nur zum Teil zusammenhängend. Bestimmt wurden Gedichte dieser Art nicht wegen ihrer lyrischen Qualitäten mündlich tradiert und schließlich niedergeschrieben, selbst wenn sie hie und da eine unerklärliche Größe erreichen. Wahrscheinlich waren sie kaum mehr verständlich, als sie zum ersten Male ausgesprochen wurden. Im zwölften Jahrhundert verfaßte Giraldus Cambrensis eine Schilderung von gewissen Wahrsagern, die im Wales seiner Zeit wohlbekannt waren:

»Menschen gibt es in Kambrien, die man nirgends sonst findet, *awenyddion* oder Erleuchtete geheißen; befragt man sie in einer zweifelhaften Angelegenheit, stoßen sie ein lautes Gebrüll aus, geraten außer sich und wirken wie vom Geist besessen. Sie geben keine zusammenhängende Antwort auf das Gefragte; aber jemand, der ihnen aufmerksam zuhört, wird die gewünschte Erklärung nach vielen Vorreden, vielen zusammenhanglosen und ausgeschmückten Reden in irgendeiner Wendung, irgendeinem Wort entdecken; sie werden dann aus ihrer Ekstase wachgerüttelt, wie aus tiefem Schlaf, und fast mit Gewalt dazu gezwungen, wieder zur Besinnung zu kommen.

Nachdem sie die Frage beantwortet haben, kommen sie erst wieder zu sich, wenn sie von anderen Leuten mit aller Kraft geschüttelt werden; sie können sich nie an die Antworten erinnern, die sie gegeben haben. Falls man sie ein zweites oder drittes Mal in derselben Sache befragt, bedienen sie sich ganz anderer Wendungen; vielleicht sprechen sie durch aufgereizte und einfältige Geister. Diese Gaben werden ihnen gewöhnlich im Schlaf verliehen: einigen scheint süße Milch oder Honig auf ihre Lippen geträufelt worden zu sein; bei anderen (scheint es so), als sei ein geschriebenes Dokument an ihre Münder gedrückt worden, und unmittelbar, nachdem sie ihre Verkündung beendet haben und aus dem Schlaf auffahren, erklären sie öffentlich, daß sie dieser Gabe teilhaftig geworden... sie rufen während ihrer Prophezeiungen den wahren und lebendigen Gott an und beten, sie mögen von ihren Sünden nicht daran gehindert werden, die Wahrheit zu finden.«

Der Bericht des Giraldus liefert ein Zeugnis dafür, daß die prophetischen Verkündungen der *awenyddion* in seinen Tagen niedergeschrieben wurden. Die Textstelle »bei anderen (scheint es so), als sei ein geschriebenes Dokument an ihre Münder gedrückt worden, und unmittelbar, nachdem sie ihre Verkündung beendet haben und aus dem Schlaf auffahren, erklären sie öffentlich, daß sie dieser Gabe teilhaftig geworden sind...« deutet darauf hin, daß Texte der »Verkündung« am Ort der Befragung ausgegeben wurden.

Hiermit liegt uns aus erster Hand ein Beweis dafür vor, daß es damals Brauch war, die Prophezeiungen aufzuschreiben, worauf auch in dem Bericht über Merlins *alter ego* Lailoken hingewiesen wird, der »dort viel von der Zukunft voraussagte, als sei er ein Prophet. Weil er aber nie wiederholte, was er weissagte (obwohl seine Äußerungen sehr dunkel und praktisch unverständlich waren), fühlte sich niemand bemüßigt, ihm Glauben zu schenken. *Aber sie erinnerten sich an einige scheinbar nichtssagende Bemerkungen und schrieben sie nieder.*«[9]

Tatsächlich vergleicht Giraldus die Prophezeiungen der

awenyddion seiner Zeit mit denen Merlins, der ebenfalls, wie Giraldus versichert, »außer sich geriet«, wenn er weissagte. Dies ist der Myrddin der walisischen Lyrik (Geoffrey von Monmouth geht mit keinem Wort darauf ein, daß sein Merlin sich in einem Zustand der Ekstase befand, wenn er prophezeite), dessen Weissagungen Giraldus in Form einer Manuskriptsammlung auf der entlegenen Halbinsel Lleyn selbst gesehen hatte.

Giraldus befand sich demnach in einer beneidenswerten, ja einzigartigen Lage – er hatte Gelegenheit, die Myrddin zugeschriebenen Verse mit denen zu vergleichen, die die *awenyddion* seiner Tage verfaßten. Dabei stellte er offensichtlich frappierende Übereinstimmungen fest, was ihn zu der Annahme führte, Myrddins Prophezeiungen seien in ähnlicher Weise verkündet und festgehalten worden.

Es besteht nun eine enge Beziehung zwischen dem keltischen Barden, dem seine prophetische Eingebung in ekstatischer Trance oder Raserei zuteil wird, und schamanistischen Praktiken, wie sie in Sibirien und anderswo erhalten geblieben sind. Der Vergleich fördert eine Fülle von Erkenntnissen über die seherische Tradition der keltischen Druiden und Barden im allgemeinen und über die Geschichte Merlins im besonderen zutage.

»Schamanismus« (der Name stammt von den sibirischen Tungusen) ist eine Bezeichnung, die man der Einfachheit halber verwendet, um gewisse religiöse Bräuche zu beschreiben, die man erstmals eindeutig in Sibirien nachgewiesen hat. Er ist keine Religion, sondern »eine archaische Ekstasetechnik«. Der Schamanismus kann neben einer anderen Religion oder anderen religiösen Überzeugungen und Praktiken bestehen, oder er kann Bestandteil eines Komplexes religiöser Bräuche sein. Tatsächlich haben so gut wie alle »fortschrittlichen« Religionen einmal schamanistische Vorstellungen beinhaltet, oft als Erbe einer früheren Stufe in der religiösen Entwicklung. Der Schamane ist ein Spezialist, der die Aufgabe hat, Kontakt zur Anderswelt herzustellen. In dieser außergewöhnlichen Eigenschaft dient er seinem Volk als Vermittler und Bittsteller vor Gott.[10]

Der Schamanismus ist zweifellos ein Brauch aus grauer Vorzeit. Sein genaues Alter läßt sich unmöglich feststellen, doch ist so gut wie sicher, daß er schon von den Menschen des Paläolithikums praktiziert wurde, die sich in ihrer Lebensweise nur wenig von den sibirischen Stämmen unterschieden haben dürften, bei denen man den Brauch erstmals entdeckt hat. Das wohl früheste in Frage kommende Zeugnis für die Existenz eines »professionellen« Schamanen dürfte die berühmte Figur des »Magiers« sein, eine Wandmalerei in der Trois-Frères-Höhle in Südfrankreich. Das Bild, das sich im tiefsten Höhleninneren befindet, zeigt einen vornübergebeugten Mann mit großen, runden Augen wie die eines Nachtvogels (oder eines Löwen oder eines »Geistes«), mit dem Geweih eines Hirschtieres auf dem Kopf und den Ohren und Schultern eines Rens oder eines Hirsches. Der untere Teil seines Rückens ist mit einem Pferdeschwanz ausgestattet, unter dem man die Geschlechtsteile sieht; sie erinnern ihrer Form nach an die eines Menschen, befinden sich aber an der Stelle, wo normalerweise die Genitalien eines weiblichen Vierfüßlers sind. Die Figur scheint zu hüpfen oder zu tanzen, und obwohl es sich wahrscheinlich um einen Gott handeln soll (den Herrn der Tiere), verdeutlicht das Bild, daß der Schamane in seiner Ekstase zu einem Teil mit dem Gott identisch wurde.

Was Merlin betrifft, fällt es zeitweilig schwer, zwischen Gott und einem Anbeter Gottes zu unterscheiden. Bei Star Carr in Yorkshire, einer Fundstätte aus dem Mesolithikum (ca. 7000 v. Chr.), hat man eine ganze Anzahl der Stirnpartien von Hirschschädeln ausgegraben, deren Innenseiten ausgehöhlt worden waren, »damit man sie als eine Art Maske tragen konnte«, höchstwahrscheinlich während einer rituellen Aufführung.[11]

Wenn man auch vermuten kann, daß fast alle menschlichen Gesellschaften eine mehrere tausend Jahre währende Periode schamanistischer Praxis durchlaufen haben, muß man sich vor dem Gedanken hüten, der Schamanismus im heutigen Sibirien sei notwendigerweise ein »fossiles« Überbleibsel ähnlicher Bräuche etwa aus dem Europa der Altsteinzeit, oder es habe je so etwas wie einen »reinen Schamanismus« gegeben. Jedoch sind bestimmte Techniken über Zeit und Raum hinweg gleichgeblieben, besonders die im Zusammenhang mit Initiation und Ekstase. Es bestehen hier so enge Parallelen zur Merlinsage, daß dies kein Zufall sein kann.

Auswahl und Aufgaben eines Schamanen lassen sich, kurz gesagt, folgendermaßen beschreiben: Der durch Erbfolge oder durch den Zufall erwählte Novize legt urplötzlich ein gestörtes Verhalten an den Tag, das man gewöhnlich als eine Art neurotisches Leiden, als »Wahnsinn« ansieht. Irgendwann zieht er sich in die Wildnis zurück, wo er allein lebt und ein tierhaftes Dasein führt; er ernährt sich von Wurzeln, Beeren und den wilden Tieren, die es ihm zu fangen gelingt, bis er nach einiger Zeit zu seinem Stamm zurückkehrt. Sein Verhalten weist ihn als Schamanen aus, und er beginnt, als ein solcher zu wirken. Dem Beruf geht jedoch oft eine rituelle Verstümmelung, Bestattung und Auferstehung voraus, welche die Wiedergeburt des Sehers symbolisiert.

Er kleidet sich in besondere Gewänder, die sich mit Tieren oder Vögeln assoziieren lassen. Tanzend und meist auch die Trommel schlagend, steigert er sich in Ekstase. Während ihn in einem Anfall die Sehergabe überkommt, besteigt er den Weltbaum, der die diesseitige mit der Anderswelt verbindet; er ist durch einen wirklichen Baum, eine eigens hierfür zugerichtete Holzsäule oder durch den Mittelpfosten eines Zeltes (*yurt*) symbolisiert. In einem immer rasanteren, nur halbwegs zusammenhängenden Singsang erklärt er die lange und beschwerliche Reise seiner Seele (die man sich gewöhnlich in Form eines Vogels vorstellt). Er begegnet vielen Gefahren und Schwierigkeiten, die nicht immer gemeistert werden können. Der Schamane, der seinen Vogelflug, sein Überqueren der Brücke zur Anderswelt und ähnliches in der Bewegung simuliert, wird bei seiner Aufgabe von Hilfsgeistern in Gestalt von Hunden, Wölfen, Pferden usw. unterstützt. Schließlich, wenn seine Reise sicher beendet ist, wacht der Schamane erschöpft aus seiner Trance auf, im allgemeinen ohne Erinnerung an das, was geschehen oder enthüllt worden ist.

Die Geschichte von Merlin stimmt in ihren verschiedenen Ausprägungen (Myrddin-Lailoken-Suibhne) mit der Berufung und der ekstatischen Vision des Schamanen sehr genau überein. Die Übereinstimmungen sind so groß, daß nicht der geringste Zweifel daran besteht: die ursprüngliche Merlinsage enthält die Geschichte einer britischen Schamanengestalt.

1. Die »Berufung« des Schamanen

Die Berufung kann auf ganz unterschiedliche Weise erfolgen; am häufigsten geht sie einher mit jäher Gemütsverwirrung und zeitweiligem Rückzug in die Wildnis. Bei den Jakuten Sibiriens beispielsweise zeigt sich die Berufung in einem plötzlichen Ausbruch von Raserei. Der junge Schamane wird zu einem Besessenen; er zieht sich in den Wald zurück, lebt von Baumrinde, wirft sich in Wasser und Feuer und bringt sich mit Messern Verletzungen bei. Daraufhin begibt sich die Familie zu einem alten Schamanen, der die Unterweisung des verwirrten Jünglings übernimmt, ihm die verschiedenen Arten von Geistern erklärt und ihn lehrt, wie man sie herbeiruft und sie beherrscht. Ähnlich verhält es sich bei den Tungusen der Mandschurei; auch hier ist das Verhalten des jungen Novizen entscheidend und führt zu seiner Initiation. Er flieht in die Berge und bleibt dort für einen Zeitraum von etwa einer Woche, ernährt sich dabei von Tieren, »die er mit seinen eigenen Zähnen fängt«, und kehrt verdreckt und blutend zu seinem Dorf zurück, mit zerrissenen Kleidern und zersaustem Haar, »wie ein wilder Mann«. Erst nach ungefähr zehn Tagen bricht er in unzusammenhängendes Gestammel aus. Dann folgt die eigentliche Initiation.[12]

Daß dieser Brauch im keltischen Britannien fortbestanden hat, wird durch die Volksüberlieferung in Wales bestätigt. Dort glaubte man, daß ein Mann, der eine Nacht auf dem Cader Idris verbringe, am nächsten Morgen entweder als Barde oder als Wahnsinniger herabstei-

gen würde. Auch auf dem Snowdon gab es eine Stelle, wo
man über Nacht zu einem anderen werden konnte; es
war dies eine Bodenmulde unter dem großen Felsblock,
der als der Black Stone of the Arddu bezeichnet wird und
sich neben dem Black Tarn (= kleiner Bergsee; Anm. d.
Übers.) of the Arddu befindet. Eine andere Überlieferung wiederum bewahrt die Erinnerung an den Glauben,
daß immer am Halloweenstag die Wilde Jagd am Himmel
über dem Cader Idris vorübereile.

Das Wort *arddu* bedeutet »schwarz«, »dunkel« im Sinne
von »aufragend, bedrohlich, schreckenerregend« und
taucht in *The Book of Taliesin* als ein Name für die
Andersweltgottheit auf. Der Schwarze Mann, dem
Owain in der Erzählung von der Dame vom Brunnen
begegnete, ist zweifellos mit dem gehörnten Gott der
Kelten gleichzusetzen, dem die Rolle des »Herrn der
wilden Tiere« zukam; »Schwarzer Mann« war gewiß ein
ehrfurchtsvoller Euphemismus, mit dem man einen Gott
benannte, dessen Name Unglück brachte, wenn man ihn
offen aussprach.[13]

Die Bedeutung von Geoffrey von Monmouths Bericht
über Merlins »Wahnsinn« ist offenkundig:
»Und er klagte ... streute Staub in sein Haar, zerriß die
Kleider und wälzte sich auf der Erde ... Immer von
neuem ganz außer sich, füllte er mit lautem Klagegeschrei
die Luft, dann entwich er ungesehen in die Wälder. So
hielt er seinen Einzug im Hain und war froh, unter den
Eschen verborgen zu liegen ... Er nährte sich von den
wilden Kräutern und ihren Wurzeln, er genoß die
Früchte der Bäume und die Beeren des Dickichts; er
wurde ein Waldmensch, gleichsam ein den Wäldern
Geweihter. Den ganzen Sommer über hielt er sich, von
niemandem aufgespürt, sich selbst und seine Verwandten
vergessend, in den Wäldern versteckt wie die wilden
Tiere.« (Nach der Übersetzung von Inge Vielhauer)
Merlins *alter ego* Lailoken berichtete ähnliches: »Ich
wurde meiner selbst entrissen, und ein böser Geist ergriff
von mir Besitz und wies mich den wilden Kreaturen der
Wälder zu.«

Kaum anders wird die Raserei ihres irischen Pendants, Suibhne, geschildert; es wird lediglich hinzugefügt, daß er nach seiner Flucht durch Ebenen, Sümpfe und Dikkicht »Ros Bearaigh in Glenn Earcain erreichte, wo er die Eibe bestieg, die in dem Tal wuchs«. Die unglaublich schnelle Flucht des gerade erst von der Besessenheit Ergriffenen wie auch sein Aufstieg auf die – eindeutig den Weltbaum symbolisierende – Eibe haben Parallelen im schamanistischen Brauchtum.

In Ghana etwa treibt es einen zum Schamanen ausersehenen Novizen »mit solcher Geschwindigkeit in den Busch, daß er seinen Verfolgern davonlaufen kann«; und bei den Nias auf Sumatra »verschwindet der, dem es bestimmt ist, ein Priester-Prophet zu werden, ganz plötzlich, von den Geistern entführt (höchstwahrscheinlich wird der junge Mann in den Himmel gebracht); er kehrt nach drei oder vier Tagen ins Dorf zurück; sonst machen sie sich auf die Suche nach ihm und finden ihn im allgemeinen im Wipfel eines Baumes, wo er mit den Geistern spricht. Er scheint den Verstand verloren zu haben, und Opfer sind vonnöten, um ihn wieder zu Sinnen zu bringen«.[14]

Aus all dem wird deutlich, daß die Beschreibung von Merlins Wahnsinn und seiner Flucht in die Wildnis nichts anderes ist als eine mißverstandene Schilderung seiner »Berufung« zum Seher.[15] Wie ich in einem früheren Kapitel gezeigt habe, befand sich seine Zufluchtsstätte auf dem Hart Fell in Dumfriesshire. Der mittelalterliche Roman *Fergus* bezeichnet diesen Berg als den Ort, »wo Merlin so manches Jahr gelebt« und führt aus, er habe unter der Obhut eines »Ritters, so schwarz wie eine Maulbeere« gestanden – vage Erinnerung an den Schwarzen Mann der walisischen Überlieferung. Den Cader Idris assoziierte man mit dem Schwarzen Mann wie auch mit der Wilden Jagd, und Fergus sah (im gleichnamigen Roman) die gleichen Erscheinungen auf dem Nouquetran, wo Merlin sich aufhielt. Der Autor des *Fergus* griff also offensichtlich auf örtliche Überlieferungen und Volkssagen zurück, die sich um den Hart Fell rankten.[16]

2. Das Federkleid des Schamanen

Nachdem der Schamane Gott und den Geistern allein gegenübergetreten, kehrt er nach Hause zurück, um seine Berufung auszuüben. Doch zuvor stattet man ihn mit einem besonderen Schamanengewand aus. Es ist im allgemeinen äußerst kunstvoll angefertigt und über und über mit Gegenständen benäht oder behangen, die allesamt Symbole für die verschiedenen Geschöpfe sind, die er als Helfer bei seiner spirituellen Reise braucht. Oft trägt er einen Vogelmantel aus Federn, der seine Verwandlung in die Vogelseele darstellt, die sich während der ekstatischen Trance vom Körper loslöst und in den Himmel fliegt.[17]

Die Ähnlichkeit der menschlichen Seele mit einem Vogel entsprang einem im frühen Europa und insbesondere bei den Insel-Kelten stark ausgeprägten Glauben. Alte Beschreibungen des druidischen Brauchtums in Irland weisen keinerlei Unterschiede zu Schilderungen des sibirischen Schamanismus auf. Im *Glossary of Cormac* aus dem neunten Jahrhundert heißt es, die Kleidung *(tugen)* eines Barden bestehe »aus den Bälgen weißer und vielfarbiger Vögel; bis in die Höhe seines Gürtels aus den Hälsen von Stockenten, und von seinem Gürtel bis zum Hals aus ihren Schöpfen«. Welche Verwendung dieses Gewand fand, geht aus einer einzelnen, höchst bedeutsamen Episode hervor, die Himmelfahrt eines machtvollen Druiden wird hier beschrieben:

»Dann brachte man Mog Ruith die Haut des hornlosen, rotgelben Stieres und sein gesprenkeltes und geflügeltes Vogelkleid *(enchennach)* und überdies seine Ausrüstung als Druide. Und er erhob sich zusammen mit dem Feuer in die Luft und in den Himmel.«

Näher an der eigentlichen Merlinsage und beachtenswert ist die Stelle, wonach Suibhne, das irische *alter ego* des Sehers, nicht nur hoch über den Wolken und Bäumen dahinfliegt, sondern ihm auch wirkliche Federn wachsen. Ganz offensichtlich wird Suibhne hier als jemand betrachtet, der die Gestalt »der sich mühenden Vogelseele« annimmt.[18]

Ebenso bedeutsam sind die in der frühen Artusepik enthaltenen Hinweise auf eine besondere und bislang unerklärte Begleiterscheinung von Merlin selbst. Zwei mittelalterliche Schriftsteller erwähnen die Verbindungen des Zauberers zu einem »*esplumoir*«, einem Wort rätselhaften Ursprungs, dessen Bedeutung man nur aus dem Kontext erraten kann. Im *Didot-Perceval* heißt es von Merlin, er habe ein Gebäude *(abitacle)* namens »*esplumoir Merlin*« betreten, wonach ihn kein Sterblicher mehr zu Gesicht bekommen hätte. Der andere Hinweis legt nahe, daß sich das *esplumoir* auf einer Felsspitze befand, »*la plus haute dou mont*«: »die höchste der Welt«. Der deutsche Philologe Nitze hat den Begriff aus einem angenommenen lateinischen Verbum, *ex-plumare*, »Federn rupfen«, abgeleitet; und die unterschiedlichsten, mehr oder weniger phantastischen Erklärungen wurden bemüht, um die Anspielung zu erhellen. Es war »ein Ort, wo man Vögel einschließt, wenn sie in der Mauser sind«, eine Feenbehausung, ein verzaubertes Gefängnis – oder gar der Ort, wo Merlin seine Chroniken mit einer *pluma* zu Papier brachte![19]

Hätten die Kritiker auch nur einen Blick auf die Geschichte von Suibhne Geilt geworfen, wäre ihnen die Parallele zu Suibhnes Federn sofort aufgefallen. Ganz gleich, aus welcher Quelle der Hinweis auf das *esplumoir* nun ursprünglich herrührt: gemeint war damit gewiß ein Merlin, der sich in seine »Federn«, d. h. seinen gefiederten Umhang hüllte. Das walisische *plufawr*, »Federn«, stammt von dem römischen *pluma* ab, und man erkennt ohne Schwierigkeiten, wie es bei einer Übersetzung in beiden Fällen zu Mißverständnissen kommen konnte. Der Zauberer kleidete sich in ein gefiedertes Gewand, möglicherweise auf dem Gipfel eines hohen Berges, und entschwand den Blicken der Menschen im Fluge. Da dem Dichter sowohl die ungewöhnliche Bekleidung wie auch der ganze Vorgang fremd waren, stellte er sich vor, Merlin sei in ein mysteriöses »gefiedertes« Gebäude verschwunden.

Dieser unverhüllte Hinweis darauf, daß Merlin ein

Druide und Schamane war, deutet auf eine archaische Schicht hin, die auf authentischem keltischen Hintergrund beruht; in der auf uns überkommenen walisischen Lyrik wird er freilich nur zu einem Teil erhellt.

3. Fasten als Initiation des Schamanen

Einer der wichtigsten Begleitumstände bei der Initiation eines Schamanen war strenges Fasten, das im allgemeinen mehrere Tage dauerte. Bei den Jakuten »›stirbt‹ der zukünftige Schamane und liegt drei Tage lang in seinem *yurt*, ohne zu essen oder zu trinken«. In ähnlicher Weise bleibt bei den Samojeden »ein Schamane... drei Tage lang bewußtlos auf der Schwelle des Todes«, bevor er sich erholt und ganz zu einem Initianden wird. Ähnlich war es bei den Winnebago in Nordamerika, wo der Initiation gewöhnlich ein dreitägiges Fasten voranging; ein detaillierter Bericht über die Prüfung eines Schwarzfußindianers zeigt, was dabei geschah:
»Diejenigen, die sich dieser Tortur unterwarfen, durften vier Tage und Nächte lang nichts essen oder trinken... Man hielt es für wesentlich, daß der Ort, an den sich der Mann zu diesem Zweck hinbegab, entlegen war, ein Ort, den nur wenige oder gar keine Menschen je betreten hatten... Es konnten Berggipfel sein oder schmale Grate auf steil abfallenden Felsen... In jedem Fall baute sich der Mann dort eine kleine Hütte aus Reisig, Moos und Blättern, um den Regen abzuhalten; und nachdem er seine Gebete in Form heiliger Lieder an die Sonne gerichtet hatte, kroch er in die Hütte und begann zu fasten... Oft erschien dem Mann am Ende des vierten Tages im Traum ein geheimer Helfer – gewöhnlich, doch keineswegs immer, in Gestalt eines Tieres – und sprach mit ihm, gab ihm Ratschläge, zeichnete den Verlauf seines Lebens vor und verlieh ihm Macht.«
Den gleichen Verlauf nahm die Initiation bei vielen anderen Indianerstämmen.[20]
Das Fasten war auch bei den Kelten als ein Mittel anerkannt, um ekstatische Trancen und Visionen herbeizuführen; dem Zeitraum von drei Tagen und drei Nächten

wurde sowohl in Britannien als auch in Irland besondere sakrale Wirksamkeit zugeschrieben. In Irland bezeichnete man das dreitägige Fasten, nachdem die Kirche diesen Brauch übernommen hatte, als *triduan*.[21] Nun ist es sicher nicht ohne Bedeutung, daß auch von Merlin gesagt wird, er habe drei Tage lang gefastet, bevor er sich in die Wildnis zurückzog und ein prophetischer »Wahnsinniger« wurde:

»Drei Tage lang hatte er nun schon geweint und alle Speisen verweigert, so groß war der Schmerz, der ihn verzehrte. Immer von neuem ganz außer sich, füllte er mit lautem Klagegeschrei die Luft, dann entwich er ungesehen in die Wälder.« (Nach der Übersetzung von Inge Vielhauer)

Auch von Lailoken heißt es, daß »er drei Tage lang fastete«, bevor er König Meldred weissagte. Die Episode ist von den Verfassern der gegenwärtigen Version, die den Stoff, den sie der Nachwelt überlieferten, nur zum Teil verstanden, vernunftgemäß gedeutet worden; die eigentliche Bedeutung ist jedoch evident.[22]

4. Verwandlung in ein Tier

Häufig kleidet sich der Schamane bei seiner Tätigkeit in einen Vogelumhang. Nicht selten schlüpft er auch in Tierhäute und trägt das Fell und das Geweih eines Hirschs oder Rentiers. Als personifizierter Hirsch übernimmt er die Rolle des totemischen Ahnen; man stellte sich nämlich den mythischen Tier-Ahnen als das unzerstörbare Urbild des Lebens der Gattung vor, ein Urbild, das durch das Gewand des Schamanen symbolisiert wird. Hauptziel des Schamanen ist, selbst zu dem personifizierten Tier zu *werden*, um so den Zugang zur Anderswelt zu erlangen. Die Schamanen sprechen wie Tiere, ernähren sich wie diese und tragen ihre Pelze, ein Vorgang, der für den Menschen der Vorzeit dasselbe bedeutete wie eine Verwandlung in jenes Tier.[23]

Indem man die Gangart eines Tieres nachahmt, in dessen Haut man sich gekleidet hat, erlangt man die Fähigkeit, über sein Menschsein hinauszugehen. Es geht dabei nicht darum, sich in eine einfache »Tierexistenz« zurückzuversetzen: das Tier, mit dem man sich identifiziert, gehört bereits in den Bereich der Mythologie; es ist ein mythisches Tier, ein Ahne oder Demiurg. Indem der Mensch zu diesem Tier wird, wird er etwas, das viel größer und mächtiger ist als er selbst. Diese Projektion auf ein mythisches Wesen, das gleichzeitig Focus des Lebens und universeller Erneuerung ist, könnte jenes Gefühl der Euphorie hervorrufen, das, bevor es zur Ekstase führt, die Kraft dieses Wesens erahnen läßt und den Menschen mit der kosmischen Existenz zusammenbringt. Wir brauchen nur daran zu denken, wie gewisses Tierverhalten vorbildlich war für die mystischen Techniken des Taoismus, um zu verstehen, welch spiritueller Reichtum schamanistischen Erlebens sich hinter dem Denken der alten Chinesen verbirgt. Wem es gelingt, sich in das Verhalten der Tiere zurückzuversetzen – sich ihren Gang, ihr Atmen, ihre Rufe anzueignen – und darüber die Grenzen zu vergessen, die ihm das Menschsein auferlegt, der gewinnt dem Leben neue, unerwartete Seiten ab: er findet zurück zu Spontaneität und Freiheit; er ist im Einklang mit dem Rhythmus des Kosmos und erlangt Glückseligkeit.[24]

Wie so viele andere schamanistische Vorstellungen lebte auch diese bei den Insel-Kelten mit unverminderter Kraft fort. Ich habe an früherer Stelle aufgezeigt, daß Geoffrey von Monmouth – durch Umarbeitung einer Quelle, die er nur zum Teil verstanden hatte – einen Merlin darstellt, der ganz und gar das Leben eines Hirsches führt; im Sommer nährt er sich von Beeren und Gras, im Winter von Moos, und er jagt wie selbstverständlich im Rudel mit anderen Hirschen über die Waldlichtungen. Die Episode mit dem spöttisch lachenden Bräutigam deutet darauf hin, daß Merlin einst selbst ein Hirschgeweih trug, und Suibhne Geilt wird ähnliches zugeschrieben.

In der irischen Erzählung von Tuan mac Cairill ist die Verwandlung (bei aller Kürze) so lebendig skizziert, daß man das seherische Erlebnis fast spüren kann. Tuan beschreibt seine Flucht in die Wildnis:

»Dann zog ich von Hügel zu Hügel und von Klippe zu Klippe und nahm mich vor den Wölfen in acht, zweiundzwanzig Jahre lang... und ich mit Krallen, behaart, verdorrt, grau, nackt, elend, bedauernswert. Dann, als ich eines Nachts schlief, sah ich mich die Gestalt eines Hirsches annehmen. In jener Gestalt war ich, war jung und frohen Herzens.«

Angesichts der an früherer Stelle untersuchten Zeugnisse ist es besonders aufregend zu erfahren, daß Tuan sich vor seiner Verwandlung genau an den schamanistischen Brauch gehalten hatte, der Merlin und Lailoken zugeschrieben wird: »Ich fastete drei Tage lang, wie ich es immer getan hatte. Ich hatte keine Kraft mehr.«[25]

5. Schutzgeister aus dem Tierreich

Wenn der Schamane während seiner ekstatischen Trance die gefahrvolle Reise in die Anderswelt unternimmt, wird er fast immer von Schutzgeistern begleitet, die ihm beistehen und ihm den Weg weisen. Im allgemeinen werden sie in Gestalt von Tieren, Vögeln und Fischen dargestellt. Bei sibirischen und altaischen Schamanen etwa »können sie in der Gestalt von Bären, Wölfen, Hirschen, Hasen und aller Vogelarten auftreten«. Der Schamane ruft sie mit seinem rhythmischen Gesang nacheinander an:

> »Dreh dich im Kreis! Dreh dich im Kreis!
> Dreh dich im Kreis!«

schreit ein tungusischer Schamane:

> »Nach oben! Nach oben! Jetzt geht es nach oben!
> Meine Hunde, meine Schnellen,
> fallt nicht zurück!
> In Richtung des Lichts
> Rennt ihr, ohne euch zu zerstreuen...
> Kleines Geschöpf – mein Schutz
> Quappen (eine Fischart) – mein Schutz...
> Schlange – meine Ahnin –
> Zeigt mir

Im Licht brennender Birkenrinde
Den Ort, den ich erreiche,
Beleuchtet vom Schimmer der Birkenrinde.
Die Schlange – meine Ahnin...
Fuchsjunges – junges Wild
Nun sind die Seelen dort!«

Die Beschreibung eines Reisenden zeigt, wie lebhaft diese
Schutzgeister aus dem Tierreich in Erscheinung traten:
»Plötzlich begann der Schamane sanft die Trommel zu
schlagen und mit klagender Stimme zu singen; das Trom-
meln schwoll an, wurde lauter und lauter, und es war, als
käme sein Gesang, der zuweilen klang wie das Heulen
des Wolfes, das Schnarren des gehaubten Steißfußes oder
die Stimmen anderer Tiere, die seine Schutzgeister
waren, mal aus der Ecke nahe meinem Sitzplatz, mal vom
entgegengesetzten Ende, dann wieder von der Mitte des
Hauses, und im nächsten Augenblick wie von der Decke
herab. Die wilden Ekstaseanfälle, die ihn während seiner
Vorführung schüttelten, erschreckten mich.«
So trug es sich beim Stamm der Koryak auf Kamtschatka
zu. Ein anderer Bericht schildert die ähnlich ehrfurchtge-
bietende Vorstellung eines jakutischen Schamanen:
»Allein der sanfte Klang der Stimme der Trommel, der
dem Schwirren einer Mücke gleicht, kündet an, daß der
Schamane zu spielen begonnen hat... Kaum wagt das
Publikum zu atmen, und nur das unverständliche
Gemurmel und Gestammel des Schamanen ist zu hören;
allmählich versinkt er in tiefes Schweigen. Dann wird die
Musik lauter und lauter und – Donnerschlägen gleich –
zerreißen wilde Schreie die Luft; die Krähe ruft, der
Seetaucher lacht, die Sturmmöwen jammern, Schnepfen
pfeifen, Adler und Falken stoßen gellende Schreie aus.
Die Musik schwillt und steigt an, bis sie die höchsten
Lagen erreicht. Unzählige Glöckchen (auf dem Gewand
des Schamanen) tanzen auf und ab und erklingen... Eine
ganze Kaskade aus Klängen und Geräuschen zieht die
Zuhörer in ihren Bann... Und nun singt die Stimme des
Schamanen schwermütig die dunklen Worte:

Mächtiger Bulle der Erde... Pferd der Steppen!
Ich, der mächtige Bulle, brülle!
Ich, das Pferd der Steppen, brülle!
Ich, der Mann, der über allen Dingen steht!

In den nun folgenden Gebeten wendet sich der Schamane an seinen *amagyat* und andere Schutzgeister; er spricht mit den *kaliany*, stellt ihnen Fragen und beantwortet sie in ihrem Namen. Manchmal muß der Schamane lange Zeit beten und die Trommel schlagen, bevor die Geister erscheinen; häufig treten sie mit solcher Plötzlichkeit und Vehemenz auf, daß der Schamane überwältigt zu Boden stürzt.

Wenn der *amagyat* zu einem Schamanen herabsteigt, erhebt er sich und beginnt zu hüpfen und zu tanzen... und schlägt ununterbrochen die Trommel. Diejenigen, die ihn an den Lederriemen halten (er ist festgebunden), haben mitunter große Schwierigkeiten, seine Bewegungen unter Kontrolle zu halten. Der Kopf des Schamanen ist geneigt, seine Augen halb geschlossen; sein Haar ist zersaust und hängt ihm wirr ins schwitzende Gesicht, sein Mund ist seltsam verzerrt, Speichel läuft ihm über das Kinn, oft schäumt er aus dem Mund.«[26]

Die Verwandlungen sollen dem Schamanen dabei helfen zu »sterben«, aus dem Gefängnis seines Körpers herauszutreten und so in die Anderswelt überzuwechseln. In Wirklichkeit erfüllen die Tiere nicht so sehr die Funktion von Helfern, als vielmehr von Empfängern für die Seele des Schamanen, die in ihre schattenhaften Gestalten einfließt, um die schreckliche Reise zu unternehmen, die anzutreten den sterblichen Menschen verwehrt ist.[27]

Schweinen kam in schamanistischen Ritualen eine besonders wichtige Rolle zu. Bei den Goldi trank der Schamane das Blut eines Schweines; »nur der Schamane hatte das Recht, es zu trinken, der Laienstand durfte es nicht anrühren«. Bei den Initiationsriten »singen und tanzen (wobei mindestens neun Tänzer erforderlich sind) er, seine Familie und Gäste, und neun Schweine werden geopfert; die Schamanen trinken ihr Blut, fallen in ek-

249

statischer Trance zu Boden und ›schamanisieren‹ eine lange Zeit.«[28]

Es sieht so aus, als spiegele die Dichtung des *Hoianau* aus dem *Black Book of Carmarthen* eben diesen Hintergrund wider. Darin ist ein Myrddin dargestellt, der lange und verworrene prophetische Strophen an sein »kleines Schwein« richtet; ganz offensichtlich wird das Schwein als sein Vertrauter und als Quell seherischer Eingebung angesehen. Und in der *Vita Merlini* redet Merlin einen Wolf als seinen »teuren Waldgefährten« an, dessen Gegenwart ansonsten im Dunklen bleibt. Merlin fastet, ist mit Riemen gebunden, »wird« zum Hirsch und prophezeit mit Hilfe eines Schweines und eines Wolfes. Dies ist Schamanismus in reinster Form.

6. Bestattung und Verstümmelung

Andere schamanistische Initiationsrituale schlossen Begräbnis und Verstümmelung ein, die zeigen sollten, daß der Körper des Schamanen gestorben, vollkommen zerstört und in spiritueller Form wiederauferstanden war. Der Schamane konnte in das Land der Toten nur reisen, indem er »starb«. Das Ritual war häufig erstaunlich realistisch und scheint tatsächlich so stattgefunden zu haben, wie in glaubwürdigen Augenzeugenberichten bekräftigt wird.[29]

In dem Gedicht *The Conversation between Myrddin and Gwenddydd his Sister* wird erwähnt, daß Merlin unter der Erde begraben, später aber wieder befreit wurde und daher das Wissen um die Bücher der Offenbarung (*awen*) besaß. Das Gedicht ist nur schwer verständlich, läßt aber – falls die Interpretation richtig ist – vielleicht auf weitere Spuren von Schamanismus in der Merlinsage schließen.[30]

Die Verstümmelung, das Brechen des Körpers in Vorbereitung auf ein erneutes Zusammenfügen war eine weitverbreitete Methode, um die frühere *persona* aufzulösen und damit sicherzustellen, daß ein völlig neues Wesen auferstand. Manchmal wurde sie nur symbolisch ausgeführt; bei anderen Gelegenheiten jedoch kam es zu schrecklichen Selbstverstümmelungen, die die Schamanen – zum Erstaunen europäischer Reisender – anscheinend unversehrt überstanden.[31]

Eine Szene in *Buile Suibhne* stellt möglicherweise eine Erinnerung an diesen Ritus dar – Suibhne ist von einer grausigen Ansammmlung abgetrennter Gliedmaßen, Rümpfe und Köpfe umgeben und steigt aus ihrer Mitte zum Himmel empor.

7. Das sexuelle Element

Mehrere Völkerschaften im nördlichen Skandinavien und Sibirien haben sich den Glauben an ein »junges Mädchen des Waldes« bewahrt, das eine Beschützerin der Vögel und in gewisser Hinsicht eine Hüterin der Tiere ist. Es heißt von ihr, sie erscheine manchmal des Nachts, um mit dem Schamanen, der sich glücklich preisen kann, zu schlafen. In verschiedenen Versionen erscheint diese Beziehung in einem melancholischen Licht:

»Im nächsten Abschnitt des Liedes ist das Treffen des Schamanen mit dem Geist (eine Art Flitterwoche) vorüber. Der Geist zeigt sich launisch, und der Schamane verzehrt sich in Liebeskummer, wandert umher und wartet vergeblich auf die Rückkehr der Geliebten.«

Im *Afallennau* klagt Myrddin:

> »Süßapfelbaum, der an einem Flußufer wächst...
> Während ich bei Verstande war, pflegte ich an seinem Fuß eine schöne, ausgelassene Buhle zu haben, eine, die schlank war und einer Königin glich.«

An früherer Stelle wurde durch zahlreiche Indizien belegt, daß Myrddins Zufluchtstätte eine *axis mundi* und sein Apfelbaum ein Baum des Lebens war. Die Jakuten glaubten, der erste Mensch sei am Fuß des Lebensbaumes von einer Frau, die aus seinem Stamm hervorgetreten, gesäugt worden.[32]

8. Die Besteigung des Weltbaumes

Über den Begriff des Weltbaumes im schamanistischen Glauben wurde bereits einiges gesagt. Der Baum, der im

Weltmittelpunkt wuchs, verband die Erde mit dem Himmel und ermöglichte dem Schamanen den Aufstieg in die Anderswelt. Während seiner seherischen Ekstase erklomm der Schamane rituell einen Baum oder einen Zeltpfosten, die stellvertretend als Weltbaum dienten.[33] Wahrscheinlich handelt es sich bei den von Myrddin angerufenen Bäumen – dem Apfelbaum und der Birke[34] – um eben solche Weltbäume. Der Apfelbaum hat offenkundig göttliche Eigenschaften; obwohl an seinem Fuß Sterbliche sich Myrddin nähern, können sie ihn nicht sehen. In *Buile Suibhne*, dem irischen Pendant dieser Geschichte, kommt dies noch deutlicher zum Ausdruck. Als Suibhne nämlich gleichermaßen auf einem Baum von seinen Feinden umringt wurde, »stieg er von dem Baum auf zu den Regenwolken am Firmament, über alle Gipfel und über die Firste aller Länder«. Wie der Schamane trug er Federn, ein Abbild der Vogelseele, die den Körper verläßt.

Die Merlinsage enthält zu viele schamanistische Elemente, als daß dies auf Zufall beruhen könnte. Auffällig ist vor allem der plötzliche Anfall von seherischem Wahnsinn, der ihn in die Wildnis treibt; sein gefiederter Mantel; das drei Tage währende Fasten und das Gebundenwerden mit Riemen, das seinen Prophezeiungen vorangeht; seine Verwandlung in einen Hirsch; die Tatsache, daß er sich wie dieses Tier ernährt und noch andere seiner Verhaltensweisen annimmt; seine Vertrauten oder Psychopompoi, das Schwein und der Wolf, die er in seiner Ekstase anspricht; sein Vogelflug und die Besteigung des Weltbaumes. Andere mögliche Übereinstimmungen finden sich in der Verbindung mit dem »jungen Mädchen des Waldes« und in den Ritualen der Bestattung und Verstümmelung, obwohl diese Parallelen nicht so deutlich hervortreten. Es bleiben somit kaum Zweifel, daß Myrddins »Wahnsinn« ganz einfach die Ekstase des Schamanen und seiner walisischen Pendants, der *awenyddion*, war.

Alles deutet darauf hin, daß Merlin (Myrddin) ein herausragender Vertreter der prophetischen Kunst war.

Bereits gegen Ende des sechsten Jahrhunderts (vorausgesetzt, daß die Stelle im *Gododdin* kein nachträglicher Einschub ist) wurde seine Muse als Inbegriff der geistigen Kraft im Lande angerufen. Im neunten Jahrhundert galt es als ausgemacht, daß er die ganze Zukunft des englischen Volkes vorausgesehen und vorhergesagt hatte, und seine echten bzw. die ihm zugeschriebenen Prophezeiungen wurden immer wieder abgeändert, erweitert und den augenblicklichen Geschehnissen angepaßt. Wertvolle Manuskriptsammlungen seiner Verse wurden ehrfürchtig aufbewahrt und zu Rate gezogen. Natürlich ist im Lauf der Jahrhunderte vieles davon abhanden gekommen, und die uns erhaltenen Fragmente können nur ein kleiner Überrest sein. Vermutlich kannte man zu Beginn des Mittelalters eine aufgebauschte Sammlung »pseudo-merlinischer« Lyrik, Bearbeitungen von und Zusätze zu Versen, die der Barde höchstwahrscheinlich selbst verfaßt hatte; sie werden von Jüngern oder denen, die bei ihm Rat suchten, in Umlauf gebracht worden sein.

Das Gedicht *Cad Goddeu* in *The Book of Taliesin* enthält eine Vielzahl von Anspielungen auf die Merlinsage, es könnte letztlich sogar auf Verse aus dem Mund des Propheten zurückgehen. So wie es die ganze Schöpfung und die pantheistische Lehre von der überweltlichen Stellung umfaßt, die der erleuchtete Prophet in der Natur einnimmt, ist das Gedicht unverkennbar eine Weltentstehungshymne, die in der eschatologischen Vision der drei großen Kataklysmen (geziemend christianisiert) endet. Die historische Zeit wird eingegrenzt in »die Geschichte der Sintflut und der Kreuzigung Christi, und dann das Jüngste Gericht«. Der Erzähler behauptet, er habe »ein großes, schuppiges Tier verwundet«. Das erinnert an die kosmische Meeresschlange, die Jahwe im Alten Testament verwundete, an Thors Angriff auf die Midgardschlange, die die Erde umschlungen hielt, und an andere Varianten eines weltweiten Mythos.[35] In Irland spielte das Ritual der Tötung einer Schlange oder eines Drachen-Dämons eine wichtige Rolle bei der Feier des Lugnasafestes, dem Gott Lug gewidmet.

Die Rezitation eines Gedichtes solch kosmogonischen Inhalts bildete einen wesentlichen Bestandteil der wohldurchdachten Rituale, die alljährlich zelebriert wurden, um den »*Beginn eines neuen Lebens inmitten einer neuen Schöpfung*« zu sichern. In Babylonien feierte man das Neujahrsfest im Esagila-Tempel des Gottes Marduk; er stand an der Stelle, wo sich der *Omphalos* befand. Eines der Hauptrituale bestand darin, am vierten Tag das babylonische Schöpfungsepos *Enuma Elish* zu rezitieren; es erzählte davon, wie Marduk das Ungeheuer Tiamat (Mutter der Götter, die das uranfängliche Chaos verkörpert) erschlägt, Himmel und Erde voneinander trennt und den Menschen erschafft. In Ägypten fanden recht ähnliche Riten in Heliopolis statt, wo sich der Urhügel erhob, der bei der Schöpfung aus Nun, dem Urwasser, aufgetaucht war. Im antiken Jerusalem gehörte zum Neujahrsfest das Rezitieren des Welterschaffungsmythos, in dem erzählt wird, wie Jahwe den Schlangen-Dämon Rahab verwundete, wie Er die Erde und die Menschheit erschuf; es wird erzählt von den Katastrophen des Sündenfalls und der Sintflut und – auf dem Höhepunkt des Vortrages – von Seinem ständigen Eingreifen in die Geschichte (136. Psalm), um sich so in der Menschheit zu verwirklichen.[36]

Im alten Irland wurden ähnliche Zeremonien kosmischer Erneuerung am *Omphalos* (Uisnech) und an bestimmten Nabelpunkten in den Provinzen abgehalten. Am ausführlichsten ist die zeremonielle Versammlung von Carmun dokumentiert, die zum selben Zeitpunkt wie Lugnasa, das Fest des Gottes Lug, stattfand. Das Abhalten dieser Zusammenkunft sicherte den Bewohnern von Leinster einen Überfluß an Korn und Milch, bewahrte sie vor Überfällen, sorgte für eine gerechte Anwendung der Gesetze und für Prosperität in den Häusern, für Früchte sonder Zahl auf den Feldern und Fischreichtum in den Seen, Flüssen und Mündungsgewässern. Es war ein Fest, das die kosmische Erneuerung bewirkte; sein Nichteinhalten hätte den Zerfall der Gesellschaft und eine abnehmende Fruchtbarkeit der Erde zur Folge gehabt. In einem mittelalterlichen Gedicht, das die Zusammenkunft beschreibt, werden die Bestandteile des Universums angerufen:

»Himmel, Erde, Sonne, Mond und Meer,
Früchte der Erde und des Meeres,
Münder, Ohren, Augen, Güter,
Füße, Hände, Kriegerzungen.«

Auch ein Überblick über die Geschichte wurde darin gegeben:

»die Chronik der Frauen,
Geschichten von Armeen, Kämpfen,
Herbergen, Verbote, Invasionen...«[37]

Es ist nicht sicher, wo genau die Versammlung von Carmun stattfand; im allgemeinen aber waren zwei Faktoren ausschlaggebend, wo ein Lugnasafest abgehalten wurde – der Ort sollte ein Heiliges Zentrum sein und einen weiten Ausblick auf die Landschaft der Umgebung bieten. Bei den Überlegungen lag die gleiche Vorstellung zugrunde: die Regeneration der Erde mußte an der Stelle stattfinden, wo sie einst erschaffen; und die weite Aussicht ließ die Festteilnehmer möglichst viel von der Schöpfung sehen, die vor ihnen ausgebreitet lag.

Die grandioseste aller Stätten, die in Irland mit der Abhaltung des Lugnasafestes in Zusammenhang gebracht werden, ist der Mount Brandon auf der Halbinsel Dingle in der Grafschaft Kerry. Mit seinen 953 Metern ist er der zweithöchste Berg Irlands, und der Anblick des Ozeans, der Klippen und Berge, der sich dem Betrachter von seinem Gipfel bietet, ist unbeschreiblich feierlich und ehrfurchtgebietend. Genau dort befinden sich eine Steinsäule (ein symbolischer Baum des Lebens?) und die Ruinen einer kleinen Kapelle, die dem heiligen Brendan zugeschrieben wird. Zur Zeit des Lugnasafestes stiegen die Pilger über eine alte Straße zum Gipfel hinauf. Dort beteten sie, gingen neunmal um die Kapelle und die

Steinsäule und tranken aus der heiligen Quelle, die sich in unmittelbarer Nähe befand. Eine alte Überlieferung berichtet von einer dämonischen Schlange, die in einem kleinen See am Fuß des Berges eingeschlossen ist. Die *Viten* des heiligen Brendan aus dem Mittelalter bewahren in unverfälschter Reinheit ein heidnisches Motiv: Der Heilige besteigt den Berg, auf dem er drei Tage lang betet und fastet. Darauf wird ihm ein seherischer Traum zuteil, und ein Engel verspricht, ihm den Weg zu einer wunderbaren Insel zu weisen. Der Heilige bricht zu seiner berühmten Reise über den westlichen Ozean auf, dahin, wo sich nach alter Tradition die keltische Anderswelt befindet.[38] Zu dieser Fahrt rät ihm auch ein »Abt« Barinthus, der in der *Vita Merlini* des Geoffrey von Monmouth neben Merlin als ein keltischer Charon auftaucht, der König Arthur zur Insel der Äpfel in der Anderswelt übersetzt (auf der die irische Sage den Geburtsort Lugs ansiedelte).

Man kann sich unschwer vorstellen, daß im sechsten Jahrhundert auf dem Hart Fell in Dumfriesshire ebenfalls Zeremonien dieser Art stattfanden. Merlins Verbindungen zu diesem Berg und das Ineinandergreifen seiner Sage mit dem Mythos von Lug lassen es als glaubhaft erscheinen, daß zur Zeit des Lugnasafestes in *Y Gogledd* Riten zelebriert wurden, wie sie der heilige Samson zu nämlicher Zeit auf einer Hügelkuppe in Cornwall erlebte. Die schriftlichen Aufzeichnungen aus Britannien sind dürftig im Vergleich zu der Literatur, die sich in Irland erhalten hat; doch läßt das Überlieferte darauf schließen, daß bedeutende Riten auf Berggipfeln abgehalten wurden. In dem *Mabinogi* von *Culhwch and Olwen* sitzen Arthurs Gefährten Cai und Bedwyr auf einem Steinhaufen auf dem Plinlimmon, von alters her ein Heiliges Zentrum, während die *vita* eines walisischen Heiligen sie auf der Kuppe eines Hügels in Glasmorgan zeigt, wo sie – diesmal in Gegenwart Arthurs – »würfeln« *(cum alea ludentes)*. Der Kontext legt nahe, daß die Volkssage, der diese Episode entnommen war, sich auf *gwyddbwyll* bezog, ein altes keltisches Brettspiel, von dem es in manchen

Quellen heißt, man benötige Würfel dazu. In der Geschichte *The Dream of Rhonabwy* spielt Arthur mit Owain ab Urien *gwyddbwyll*. Spiele dieser Art wurden zum Vergnügen gespielt, konnten aber auch einen bedeutsamen rituellen Charakter annehmen.

Merlins Schutzherr Gwenddolau besaß solch ein magisches *gwyddbwyll*-Brett: »Wenn die Figuren aufgestellt waren, pflegten sie von alleine zu spielen. Das Brett war aus Gold, die Figuren aus Silber.« Das Spiel muß einst eng mit dem Gott Lug verbunden gewesen sein, denn nach irischer Überlieferung galt er als sein Erfinder. Als Lug bei einer Versammlung des Göttergeschlechtes der Túatha Dé Danann auftauchte, eroberte er sich seinen Platz, indem er alle im *fidchell*-Spiel schlug (der irische Name für *gwyddbwyll*). Dann machte er »den *Cró* des Lug«, »Lugs Einfriedung«[39], was wohl bedeutet, daß feindliche Kräfte auf rituelle Weise abgewehrt und die zentrale Figur auf dem *fidchell*-Brett vor jeder Gefahr bewahrt wird – ein Symbol für den Schutz, unter den der Gott ganz Irland stellte.

Der *Fergus*-Roman aus dem dreizehnten Jahrhundert beschreibt, wie sein Held den Schwarzen Berg *(Nouquetran)* besteigt, wo »Merlin so manches Jahr lebte«, und den ich als Hart Fell identifiziert habe. Fergus' Aufgabe bestand darin, ein Horn und ein Brusttuch zurückzuerlangen, die am Hals eines Löwen hingen, und dann den Schwarzen Ritter *(»chevalier noir«)* zu besiegen, der den Ort bewachte. Er kletterte auf den hohen Berg, betrachtete das unvergleichliche Panorama und betrat eine Kapelle aus Marmelstein, die auf dem Gipfel lag. Es stellte sich heraus, daß der Löwe aus Elfenbein war, Fergus nahm ohne weiteres Horn und Brusttuch an sich, er überstand auch die Gefahren der Wilden Jagd, übermannte den Schwarzen Ritter und kehrte zum Moat of Liddel zurück. Wie bereits an früherer Stelle gezeigt, geht dieses Abenteuer eindeutig auf einen tradierten Bericht zurück, in dem der Besuch eines Heiligtums der heidnischen Kelten geschildert wurde.

Verschiedenes Beweismaterial, auf das ich im nächsten

Kapitel näher eingehen werde, zeigt eine so enge Parallele zwischen der Merlinsage und dem Mythos von Lug, daß die beiden entweder identisch waren oder daß – so meine Argumentation – Merlin eine Inkarnation dieses Gottes war. Nach dem bereits Erörterten ist es denkbar, daß der Gipfel des Hart Fell einst die Stätte einer britischen Lugnasaversammlung gewesen ist. Der walisische Name für das irische *Lug* ist *Lleu*, er wird häufig mit dem Wort *llew*, »ein Löwe«, verwechselt.[40] Könnte es demnach sein, daß es sich bei dem Löwen, den Fergus genau an der Spitze des Schwarzen Berges antraf, um eine Verwechslung mit einer frühen Tradition handeln, die den Berg unter die Schutzherrschaft des Gottes Lug gestellt hatte? In diesem Fall könnten Horn und Brusttuch Attribute der Jungfrau sein, die Conn in dem irischen *Baile in Scáil* antraf: in ihr verkörperte sich die Landeshoheit Irlands.

Guillaume le Clerc, der Autor des *Fergus*, kannte (entweder aus erster Hand oder durch Erzählungen von Berichterstattern) den südwestlichen Teil des schottischen Tieflandes genau. Bei der Abfassung seines Romans scheint er auf eine örtliche Geschichte gestoßen zu sein, in der der hoch aufragende Schwarze Berg als ein Ort vorkam, der in zweifelhaftem Ruf stand, von Zauberspuk umwoben war und häufig von Merlin, dem Hexenmeister, aufgesucht wurde. Der Berg wurde von einem dunklen *genius loci (arddu)* bewacht, die Seelen der Verstorbenen hatten hier ihren Schlupfwinkel. Sein Gipfel, hoch über die Wolken ragend, war dem Glauben nach Heiligtum »des Löwen« – in Wirklichkeit aber das des Gottes Lleu –, den man im Verlauf der Überlieferung mit dem Gattungsnamen *Llew* verwechselt hatte. Wenn in den Hallen der Wehrtürme entlang der schottisch-englischen Grenze die Fackeln niederbrannten und vor den Feuerstellen die Wolfshunde im Schlaf knurrten, muß vielen Zuhörern ein Schauer über den Rücken gelaufen sein, wenn sie sich Fergus' Aufstieg auf den Gipfel ausmalten, den man von der Straße, die von Glasgow nach Norden in die Wildnis des Hochlandes jenseits des Annandale führt, über dem Wald aufragen sieht.

Versetzt man sich weitere 600 Jahre zurück, so läßt sich im Geist das Geschehen vorstellen, das sich hinter der Sage verbirgt. Zur Erntezeit steigen König Gwenddolau und seine Hierophanten (Druiden?) in würdevoller Prozession auf den Hart Fell, das Lugnasafest zu begehen. Oben angekommen, befinden sie sich genau auf der Nadel des *Omphalos* im Norden, am Mittelpunkt aller Schöpfung. Rings um sie herum bis zur schimmernden See in der Ferne liegt die ihnen bekannte Welt: *Lleuddiniawn*, »das Land der Festung des Lug«. Nun beginnen die Mysterien, Riten, die bewirken, daß die fruchtbare Schöpfung ihre abnehmenden Kräfte im Augenblick der Wiedergeburt erneuert. Das *gwyddbwyll*-Brett wird aus dem Beutel geholt, und der König führt die Pflöckchen in den Löchern solange hin und her, bis die feindlichen, zerstörerischen Kräfte des Kosmos schachmatt gesetzt sind und der Berggipfel wieder zur Einfriedung des Lug wird; ein Mikrokosmos der größeren Welt, in deren Zentrum gelegen, eine Stätte des Gleichgewichts, *Merlins Einfriedung*.

Der Prophet stellt sich in die Mitte und singt mit erhobenen Armen die Liturgie vom Werden und Vergehen der Welt. Während die Welt sich wieder in das uranfängliche Chaos aufzulösen beginnt, stellt er sich in den Mittelpunkt des Geschehens und offenbart den zyklischen Ablauf der Zeit. Seine Geschichte ist die Historie der Welt: ihre Erschaffung, die Ereignisse im Zeitablauf, ihre Zerstörung.

Die eschatologische Entwicklung ist ein *konstruktives* Thema, denn obwohl es von dem bevorstehenden Ende der Welt in Feuer, Flut und kosmischer Verheerung kündet, schließt es mit der Weissagung, die erschöpfte Erde werde sich im vollen Grün, in all der Frische und Lebenskraft eines ersten Frühlingstages erneuern. So wie das Neujahrsfest Zeuge der Zerstörung des alten und zugleich der Geburt eines neuen, aus dem Chaos heraustretenden Jahres wird, genauso wird die alternde Erde schließlich in schrecklichem Tumult untergehen – nur um dann grün und frisch wie am Anfang wiederzuerstehen.

Eschatologische Prophezeiungen vom Weltuntergang können durchaus auch die Hoffnung auf Erneuerung in sich tragen.[41]

Es sollte uns im 20. Jahrhundert nicht schwerfallen, den Wert des alljährlichen Rituals und des damit verbundenen Endzeit-Mythos anzuerkennen. Mit jedem Jahr, das vorübergeht, fragen wir uns, ob nicht das nächste die endgültige Vernichtung der Menschheit bringen wird – eine Apokalypse aus gleißendem Licht, aus Hitze und Staub und Kaskaden von Detonationen. Wir erschrecken zutiefst und hoffen zugleich, daß der alternde Planet noch ein wenig weiterkämpft, trösten uns gelegentlich mit dem Gedanken, *wir* könnten solange überleben, bis die Welt geläutert und sicherer geworden ist. Im übrigen mühen wir uns ab, blind und bar jeder begründeten Hoffnung, doch unfähig, der Tretmühle zu entkommen. Für uns gibt es kein Leben außerhalb der Gegenwart, keine alljährliche Läuterung und Reinigung, kein kathartisches Ritual von Tod und Wiedergeburt. Der Aufklärungsmythos äußert sich nur in chiliastischen Bewegungen, deren Anhänger sich in der Erwartung, sie gehörten zu den auserwählten Überlebenden, zu einem sonst unerklärlichen Zerstörungswahn hinreißen lassen.

Im nordischen Altertum fand diese Auffassung von zyklischer Zerstörung und Erneuerung ihren erhabensten und reinsten Ausdruck in dem isländischen Götter- und Heldenlied *Völuspá*. Etwa an der Wende des ersten Jahrtausends verfaßt, wird die Prophezeiung einer Seherin in den Mund gelegt, die offenkundig wie Merlin aus ihrem Grab herbeigerufen wird. Am Anfang war die Leere, in der eine Göttertrias, Odin und seine zwei Brüder, die Erde und die Menschen erschufen. Dem folgte eine paradiesische Traumzeit; die jugendlichen Götter waren fleißig, fröhlich und unschuldig, sie spielten Schach auf goldenen Brettern. Doch fand das unbeschwerte Leben in diesem archetypischen Frühling jäh sein Ende, als böswillige Mächte auf den Plan traten und Krieg, Geiz und Verderbtheit um sich griffen, ohne daß die wohlwollenden Götter dies verhindern konnten. Die Menschen wurden grausam, mißachteten die heiligsten Familienbande, indem sie sich der Unzucht und dem Ehebruch hingaben und das Blut ihrer eigenen Verwandten wahllos vergossen. Diese schlimmen Vorzeichen künden vom nahen Ende, von *Ragnarök*. Wölfische Ungeheuer werden geboren, die darauf brennen, Göttern und Menschen den Garaus zu machen. Es kommt zu schrecklichen Szenen. Von seinen Ketten befreit sich der Wolf Garmr und verschlingt Odin selbst. Die Sonne verfinstert sich, die Sterne verlöschen, und der widerwärtige Drache Nidhoggr fliegt mit trägen Flügelschlägen über Felder voller Leichen. Das Schlachten und das Chaos werden immer grauenvoller, bis endlich die Erde unter den Meeren versinkt und nichts zurückbleibt als wirbelnder Rauch und eine riesige Flamme, die direkt zur Sonne emporlodert.

Es folgt eine tiefe Stille, und eine neue Erde taucht aus dem Ozean auf, ein Ort voll grüner Auen zwischen Wasserfällen, in denen es von Fischen wimmelt. Die Götter kehren in all ihrer jugendlichen Reinheit zurück, entdecken im Gras die magischen Schachbretter und leben fortan in ewiger Glückseligkeit.

Wenn auch die *Völuspá* selbst nicht während der Rituale der kosmischen Erneuerung rezitiert worden sein dürfte, so spiegelt sie vielleicht doch mythische Stoffe wider, die in früheren Zeiten einem solchen Zweck dienten. In diesem Zusammenhang ist es interessant, sie mit dem walisischen Gedicht *Cad Goddeu* und den Prophezeiungen Merlins zu vergleichen. Was letztere betrifft, war die Ähnlichkeit so frappierend, daß der Isländer Gunnlaugr, der im zwölften Jahrhundert die *Prophetia Merlini* des Geoffrey von Monmouth in isländische Verse *(Merlinússpá)* übertrug, sich dabei häufig der *Völuspá* als zweitem Vorbild bediente.[42]

Das Gedicht *Cad Goddeu* liest sich in mancher Hinsicht wie das Fragment einer walisischen *Völuspá* und weist alle Charakteristika einer kosmogonischen Dichtung auf. Es enthält Hinweise auf die Erschaffung des Menschen durch den Magier Gwydion, den Zauberer aus der

Anderswelt, nach dem die Milchstraße benannt wurde, und erzählt von der Verwundung des Urdrachen; es enthält Andeutungen zum bevorstehenden Kampf gegen die Mächte des keltischen Hades, *Annwfn*, und es zählt zweimal den kataklysmischen Zyklus auf, »die Sintflut und die Kreuzigung Christi, und dann das Jüngste Gericht«. Das Gedicht schließt mit einer schwer verständlichen Bemerkung voller Zuversicht:

> »Golden, goldhäutig, werde ich mich mit
> Reichtümern zieren,
> Und mir wird Wohlleben zuteil werden
> wegen der Prophezeiung des Vergil.«

Dem griechischen Ethnographen Posidonius zufolge glaubten die Kelten, ähnlich wie die meisten anderen Völkerschaften, an eine zyklische Erneuerung und Wiedergeburt der Erde:
»Sowohl diese Männer (die Druiden) als auch andere Männer von großem Ansehen haben verkündet, daß die Seelen der Menschen und das Universum unzerstörbar sind, auch wenn zuweilen das Feuer oder das Wasser (vorübergehend) die Herrschaft haben sollten.«
Diese Vorstellung blieb – zum Teil christianisiert wie im *Cad Goddeu* – im keltischen Westen bis zum Beginn des Mittelalters erhalten. Geoffrey von Monmouth hat die Prophezeiung, die er Merlin in den Mund legt, nicht erfunden; sie ist vielmehr Ausdruck einer beachtlichen Sammlung walisischer und kornischer Weissagungsverse, die Merlin zugeschrieben wurden und im frühen zwölften Jahrhundert im Westen in Umlauf waren.[43]
Inzwischen wurden viele der Prophezeiungen auf damals aktuelle politische Erwägungen umgemünzt und das eschatologische Element auf ein Versprechen reduziert, die britische Monarchie werde in all ihrer einstigen Pracht wiedererstehen. Geoffrey seinerseits läßt Merlin mit einer Strophe schließen, in der das Chaos sich auf die Erde senkt, die Sterne und Planeten auf fürchterliche Weise aus ihren Bahnen geworfen werden und die Tier-

kreiszeichen sich bis zur Unkenntlichkeit verkehren. Der allerletzte Satz könnte auf eine Restauration hindeuten:

In ictu radii exurgent equora & puluis
ueterum renouabitur.

»Die Meere werden im Nu anschwellen, und der Staub der Ahnen wird wiederhergestellt werden.«

Wahrscheinlich handelt es sich hierbei eher um die Nachahmung eines echten prophetischen Motives der Kelten als um reine Erfindung.[44]
Goddeu existierte als eine geographische Region, die identisch war mit dem Wald von Celyddon, in dem Merlin seine Zuflucht fand. Sie wurde überlagert von einem mythischen Gebiet gleichen Namens.[45] Diese Dichotomie zwischen spiritueller und irdischer Region zeigt sich auch in dem aus dem sechsten Jahrhundert stammenden Glauben, das Bergland zwischen den zwei römischen Wällen sei die Zufluchtsstätte der Seelen der Verstorbenen. *Cad Goddeu* bedeutet »Die Schlacht der Bäume«, und in dem Gedicht sind die Bäume beseelt und zu Soldaten geworden, die sich auf Leben und Tod bekämpfen. Die Vorstellung, die Menschen seien von der Gottheit ursprünglich aus Bäumen erschaffen worden, ist archaisch; man findet sie in der nordischen Überlieferung und in Hesiods *Theogonie*. Die *Völuspá* beginnt mit dem Bild der heiligen Esche *Yggdrasil*, dem nordischen Baum des Lebens; und auch bei den Hinweisen im *Cad Goddeu* nimmt man an, daß sie »auf Überlieferungen von heiligen Bäumen und heiligen Hainen zurückgehen«.[46]
Angesichts der Verknüpfungen des wirklichen Waldes von Goddeu (Celyddon) mit Merlin könnten wir uns den Magier vielleicht vorstellen, wie er eine frühere Fassung des *Cad Goddeu* auf dem Gipfel des Hart Fell rezitiert, während sein Blick über die wogenden Baumwipfel schweift. Wir unterstellen weiter, daß dieses Ritual, das im wesentlichen im Vortragen eines Erderschaffungs-

Mythos bestand, zu einem Lugnasafest gehörte, das Anfang August stattfand. Natürlich muß man zugeben, daß wir, was die Belege hierfür angeht, gleichsam nur Treibgut in Händen halten. Je genauer eine Rekonstruktion sich gibt, desto geringer ist leider die Wahrscheinlichkeit, daß sie zutrifft.

Analogien und Rückschlüsse lassen indes viele Möglichkeiten zu. Zwei Dinge scheinen recht gesichert. Erstens: Der Berg Hart Fell war die Stätte, an der Merlin in der zweiten Hälfte des sechsten Jahrhunderts viele Jahre lang als Prophet in der Verbannung gelebt hat. Diese Ortsangabe beruht auf einer Reihe übereinstimmender Zeugnisse, jedes für sich von Gewicht. Sie fügen sich zu einem Beweis zusammen, der schwer zu widerlegen sein dürfte.

a. Der *Fergus*-Roman siedelt Merlins Zufluchtstätte auf dem Schwarzen Berg an; die Beschreibung des Weges, den der Ritter von Liddel Moat aus dorthin einschlägt und auch der einzigartige Ausblick, der sich vom Gipfel des Berges bietet, deutet darauf hin, daß der Hart Fell gemeint ist.

b. Der Hart Fell liegt mitten im Wald von Celyddon, den die walisische Lyrik als Merlins Zufluchtstätte ausweist.

c. Der Hart Fell war durch seine Lage in idealer Weise dazu prädestiniert, eine *axis mundi* zu sein: er gewährte eine außergewöhnliche Fernsicht und befand sich an einem Punkt, wo drei große Flüsse entspringen, die durch das schottische Tiefland dem Meer zufließen.

d. Merlins *fons Galabes* wird am plausibelsten als eine eisenhaltige Quelle erklärt; eine dieser Quellen befindet sich an einer besonders großartigen Stelle auf einem der Ausläufer des Berges.

e. Der Ausläufer heißt Arthur's Seat, ein Name, der traditionell darauf zurückgeht, daß man sich in seinem Inneren eine Anderswelt vorstellte, in der heilige Quellen ihren Ursprung hatten ebenso wie die Wilde Jagd der Seelen der Verstorbenen, die Fergus an sich vorüberpreschen hörte.

f. Der Hart Fell befindet sich mitten im Stammesgebiet

der Selgover, bei denen der heidnische Glaube noch sehr lange in Blüte stand.

g. *Lleuddiniawn*, der nordbritische Name für die Ländereien Lothians, läßt (wie sich zeigen wird) auf eine lokale Verehrung des Gottes Lug schließen.

Zweitens zeigen die ältesten Berichte einen Merlin, der bei seinen Prophezeiungen viele charakteristische Merkmale jener Ekstasetechnik aufweist, die als Schamanismus bekannt ist. Sein »Wahnsinn« (die anfallartig auftretende Sehergabe), der jähe Rückzug in die Wildnis, die Identifikation mit einem Hirsch, die Helfer aus dem Tierreich, der Federumhang und die prophetischen Äußerungen sind schamanistischen Praktiken zu ähnlich, als daß es sich um einen Zufall handeln könnte.

Man könnte einwenden, die Geschichte von Merlin habe ihren Ursprung in Erinnerungen an eine allgemeine Tradition keltischen Schamanentums, und dieses zusammengesetzte Bild sei zu irgendeinem Zeitpunkt in einer angenommenen Gestalt namens Myrddin oder Lailoken personifiziert worden. Da es jedoch eine eigenständige Überlieferung zu einem Propheten oder Barden namens Myrddin gibt, die sich mit Sicherheit bis ins zehnte und vielleicht sogar bis ins sechste Jahrhundert zurückverfolgen läßt und die Geschichte ausdrücklich am Hart Fell angesiedelt wird, kommt dieser These wenig Wahrscheinlichkeit zu. Es sieht zumindest so aus, als seien politische Prophezeiungen der Art, wie sie Merlin zugeschrieben werden, zu der Zeit, in der ein historischer Merlin gelebt haben dürfte, gang und gäbe gewesen. Wie ein französischer Keltologe von Rang und Namen zu den Merlin später zugeschriebenen Prophezeiungen bemerkte:

»In ständig neuen Auflagen wurden die alten Texte, deren ältester bis ins sechste Jahrhundert zurückgehen könnte, dem Geschmack des Tages, den Mißgeschicken und Hoffnungen, angepaßt. Procopius (der byzantinische Historiker aus dem sechsten Jahrhundert, der mit Reisenden aus Britannien zusammentraf) berichtet uns, daß er die Prophezeiungen der Sibylle gelesen habe: ›Und gleichzeitig mit ihren Vorhersagen über das Schicksal der Römer sagt sie die Leiden der Briten voraus.‹«[47]

Nach dem Lehrsatz des Wilhelm von Ockam – daß eine Erklärung auf so wenig Annahmen wie möglich gegründet sein sollte – kann man mit Fug und Recht annehmen, daß Merlin tatsächlich gelebt hat und daß er ein Prophet und Dichter war.

XI

Die Reise in die Anderswelt und der Dreifache Tod

Als Prophet und Avatara der Obergottheit war Merlin ein Bindeglied zwischen dem Göttlichen und dem Menschlichen und schließlich ein Führer auf dem Weg in die Anderswelt. Die Kelten besaßen ein ausgeprägtes Gefühl für die Vergänglichkeit des irdischen Daseins; entsprechend groß war die Bedeutung des Lebens nach dem Tod:

> »Wir sind in einer Welt schmerzlicher Willkür;
> Wie Blätter von den Kronen der Bäume
> wird sie vergehen;«

klagt ein walisisches Gedicht aus dem *Black Book of Carmarthen*. Ein Ire formulierte denselben Gedanken noch schicksalschwerer:
»...diese Welt ist ohne Lohn, unsicher, ein vergängliches Etwas, das jeder der Reihe nach besitzt, jeden Tag. Jeder, der gewesen ist, jeder, der sein wird, ist gestorben, wird sterben, ist verschieden, wird verscheiden.«[1]
Die Anderswelt war allgegenwärtig. Sie existierte am nächtlichen Sternenhimmel, wo man über die Milchstraße *(Caer Gwydion)* zu den Wohnsitzen der Götter aufsteigen konnte – nach Caer Arianrhod, wo die Göttin Arianrhod (Corona Borealis) lebt, und nach Llys Don, zum Palast der Ahnengöttin Don (Cassiopeia). Der Himmel selbst kreiste um den Polarstern wie ein riesengroßes Mühlrad, dessen Achse durch den Erdmittelpunkt oder -nabel verlief.[2]
Doch die Anderswelt war nicht nur über den Menschen, sondern auch unter ihren Füßen. Aus der Erde sprangen Bäche und Flüsse hervor, deren Quellen im Reiche Arawns, des Königs von Annwfn, lagen. Jeder alte Grabhügel, jede verlassene Hügelfeste war ein Ort der Feen und Elfen. Gelegentlich geschah es einem unbedachten Reisenden, daß er in ihre Welt verschleppt wurde; ein anderes Mal konnte es geschehen, daß ein despotischer König seine Untertanen mit Spaten graben hieß, um in die Feenfestung einzubrechen. Mädchen von hinreißender Schönheit lockten glückliche Jünglinge in Paläste am

Grunde von Seen; zuweilen erschien der ätherische Palast dreist auf der Erde, in vertrauter Umgebung, einzig durch Zaubernebel geschützt. Sehr oft lag die Anderswelt auf dem Meeresgrund oder auf einem fernen Eiland.

Das Überraschendste an der keltischen Anderswelt war, daß sie so dicht an die Welt der sterblichen Menschen grenzte. Verlockend und bedrohlich in einem war sie in unmittelbarer Nähe, ließ sich aber so wenig greifen wie die Spiegelung eines Seeufers im Wasser. Die Trennlinie, die zugleich auch die Verbindungsstelle zwischen beiden Welten bildete, war – zeitlich und räumlich betrachtet – ein Gebiet, das zum Unheimlichen neigte. An Furten, Berggraten, den Grenzen zwischen Königreichen – sogar an Zauntritten – vermochten die Mächte des Guten und des Bösen verstärkt in die irdischen Angelegenheiten einzugreifen. Morgen- und Abenddämmerung, zunehmender und abnehmender Mond, der Neujahrstag, Sommer- und Wintersonnenwende (*Seltaing* und *Samain*) waren die Zeitpunkte, da die unsichtbaren Mächte besänftigt und abgewehrt werden mußten. Jeder von ihnen stellte einen gefährlichen kosmischen Wendepunkt dar, an dem es geschehen konnte, daß übernatürliche Kräfte die geordnete Abfolge der Ereignisse störten. Bei jeder Wende drohten die Mächte der Finsternis, die in Irland von den *síd* oder den *Fomoire* verkörpert wurden, in diese gefährdete Welt einzubrechen und das uranfängliche Chaos wiederherzustellen, aus dem sie einst hervorgegangen war.[3]

Die Glückliche Anderswelt war ein sicherer Zufluchtsort jenseits dieser nie endenden Unsicherheit, jenseits des ewigen Kampfes:

»Es gibt an der westlichen Tür,
An dem Ort, wo die Sonne untergeht,
Ein Gestüt von Rossen mit graugefleckten Mähnen,
Und ein anderes rotbraun.

Es gibt an der östlichen Tür
Drei uralte Bäume aus karmesinrotem Kristall,

Von denen unaufhörlich sanftstimmige Vögel singen
Für den Jüngling aus dem königlichen *Rath*.

Es gibt dort einen Baum vor dem Hof;
Nichts kommt ihm an Ebenmaße gleich;
Ein Baum aus Silber, den die Sonne bescheint,
Wie aus Gold ist sein großer Glanz.

Es gibt dort ein gewaltiges Faß voll
Ergötzlichen Metes,
Das dem Haushalt Labsal spendet,
Noch ist es vorhanden, beständig die Bräuche,
So daß es immer gefüllt ist, immer und ewig.«

Es gibt zwei als *echtrai* und *immrama* bekannte Gattungen irischer Geschichten, in denen sich die Helden auf den Weg machen, um die Glückliche Anderswelt zu finden. In *immram Brain* (*»Die Reise des Bran«*) umsegeln Bran und seine Gefährten die Insel der Freude, deren Einwohner sie zwar sehen, mit denen sie sich aber nicht unterhalten können. Danach jedoch gehen sie an Land und kosten die Wonnen des Landes der Frauen aus: »Hierauf gingen sie in ein großräumiges Haus, in dem ein Bett für jedes Paar stand, sogar dreimal neun Betten. Das Essen, das auf jeden Teller gegeben wurde, verschwand nicht davon. Ein Jahr, so schien es ihnen, verbrachten sie dort – doch waren es viele Jahre.« Bei der Rückkehr zur irischen Küste sprang einer aus der Schiffsbesatzung übereilt an Land, doch »sobald er die Erde Irlands berührte, war er fortan ein Häufchen Asche, so, als wäre er für viele hundert Jahre in der Erde gewesen.«[4]
Auch der heilige Brendan segelte in Richtung der untergehenden Sonne aufs Meer hinaus und gewahrte dabei mancherlei Wunder; einige davon rein phantastischer Natur, andere (wie etwa eine vulkanische Insel) beruhten wohl auf den Erzählungen von Reisenden. Von Zeit zu Zeit haben schwärmerische Geister in dem Glauben, es habe sich um eine wirkliche Entdeckungsreise gehandelt, den Versuch gemacht, die Atlantikfahrt des Heiligen

nachzuvollziehen. Tatsächlich aber ist sie eine Queste in die Anderswelt, wie die des Bran; sie gipfelt in der Ankunft des Schiffes auf einer Insel, die in einem Zaubernebel liegt. Dort wurden die Pilger von einem Jüngling von prachtvoller Erscheinung begrüßt, der Brendan und seinen Gefährten folgendes erzählte:

»Der große Fluß, den ihr hier seht, teilt dieses Land in zwei Hälften. So wie es jetzt vor euch erscheint mit seinem Überfluß an reifen Früchten, so wird es sein für alle Zeit; kein Gifthauch und kein Schatten vermögen es zu trüben.«[5]

Man hat überzeugend dargelegt, daß es sich bei diesen Berichten um eine »geographische« Darstellung der Reise der Seele nach dem Tod handelt. Dies war zweifellos der Hauptzweck, doch wie bereits erwähnt, verspürten die Kelten – wie andere sehr alte oder primitive Völker auch – das Verlangen, sich nicht nur im nächsten, sondern auch schon in diesem Leben auf die Reise in die Anderswelt zu begeben. Obwohl *Die Reise des Brendan* ganz ohne Zweifel eine Legende ist, die auf mythologische Anschauungen der Kelten zurückgreift, gab es also in historischen Zeiten Menschen, die es zu einer solchen wirklichen Pilgerfahrt drängte. Adomnanus beschreibt im siebten Jahrhundert die Abenteuer eines gewissen Cormac, eines Freundes des heiligen Columban, der, »beseelt von dem Wunsch, einen verlassenen Ort im Meer zu finden, über den man nicht hinausgelangen kann«, auf einer *immram* in die Gewässer jenseits der Orkney-Inseln segelte.[6]

Vielleicht hatte Cormac – ähnlich wie einige zeitgenössische Journalisten – irgendeine alte *immram* zu wörtlich genommen und als das Logbuch einer wirklichen Reise aufgefaßt. Viel gebräuchlicher war es hingegen, die zukünftige Reise in die Anderswelt als eine Art *rite de passage* in bewußt ritueller Form zu inszenieren. Eine der dramatischsten Aufführungen vollzog fast buchstäblich einen schamanistischen Aufstieg zum Himmel nach. Gut zwölf Kilometer von Bolus Head in der irischen Grafschaft Kerry ragt die unheimliche Klippe des Skellig

Michael mehr als 200 Meter hoch über den Atlantik. Von ihrer Spitze glaubte man, sie sei ein Versammlungsplatz der Toten, deren Seelen man in mondhellen Nächten am Himmel vorbei ins Land der Jugend flattern sehen könne:

»Bis vor kurzem pflegten die Leute eine dieser steil aufragenden kleinen Inseln aufzusuchen, um ein Bergbesteigungsritual zu zelebrieren, dessen Symbolgehalt offenkundig aus vorchristlicher Zeit stammt. Neben heiligen Brunnen am Fuß des Berges ließ der Pilger Votivgaben zurück, dann stieg er über einen schmalen Pfad auf, zwängte sich durch einen Felskamin, genannt ›Nadelöhr‹, überquerte den »Stein des Schmerzes«, der gefährlich auf das Meer vorragte, und kletterte auf die schwindelerregende Felsspitze, bekannt als ›Das Adlernest‹, wo ein Steinkreuz stand. Die Prüfung erreichte ihren Höhepunkt, wenn der Pilger, rittlings auf einem (mehr als 200 Meter) die See überragenden Gesims sitzend... ein Kreuz küßte, das ein verwegener Abenteurer in den Fels geritzt hatte. Man glaubte, die Seele des Pilgers, der diese Pilgerfahrt zu Lebzeiten unternahm, gelange nach dem Tod schneller durch das Fegefeuer.«

Es ist wohl erwähnenswert, daß buddhistische Schamanen noch heute einen fast identischen Brauch pflegen, wenn sie den Berg Omine in Japan besteigen.[7]

Andere verwandte Rituale fanden vielleicht in Labyrinthen und Irrgärten statt, symbolischen Darstellungen des verwickelten Pfades, den die Seele des Toten einschlägt; bei diesen Ritualen »versuchten die Menschen mit allen ihnen bekannten Mitteln den Tod zu überwinden und das Leben zu erneuern«. Es gibt Vermutungen, daß die in konzentrischen Mustern angelegten Terrassen auf den Hängen des Glastonbury Tor (dem legendären Heim des Gwynn ab Nudd und des Volkes der Elfen) unter Umständen als riesiges, dreidimensionales Labyrinth gedacht waren.[8]

Solch eine vorwegnehmende Inszenierung der Reise in die Anderswelt kann tiefgreifende Wirkungen zeitigen.

St. Patrick's Purgatory, eine Höhle auf dem Lough Dearg, war ein berühmter Eingang in die Unterwelt. Eine Sage aus dem Mittelalter berichtete von einem Ritter, der in das Paradies hinabstieg und es nach Überwindung vieler Gefahren und Schrecken schaffte, von dort zurückzukehren. Bis in die ersten Jahrzehnte dieses Jahrhunderts war es bei Pilgern Sitte, in der Höhle eine Nacht im Gebet zu verbringen; seither wird die Höhle durch eine nahegelegene Kapelle ersetzt:

»Die Schatten der Nacht hatten sich herniedergesenkt, und abgesehen von zwei dünnen Wachskerzen war es in der Kapelle bedrohlich finster. Ungewohnt und sonderbar, ohne seinesgleichen auf Erden war es, die Reihen weißer, abgehärmter Gesichter zu betrachten, die in das schwache Kerzenlicht starrten. Generationen von Gälen haben hier eine Nacht im Gebet verbracht... denn nur wenige Iren wollen sterben, ohne vorher einen flüchtigen Blick auf das getan zu haben, was sie erwartet. Die ganze Nacht hindurch wachten wir in unserem Gefängnis und rezitierten dabei vorwegnehmend die Stationen des nächsten Tages... Mit dem Einbruch der Nacht entschwand die Welt. Es schien, als stünden wir an einem düsteren Ort, an dem zwei Welten aufeinandertreffen.«[9]

Wenn man sich, quasi zur Probe, auf die letzte Reise der Seele begibt, insbesondere wenn die Reise auf wirklichen Pfaden stattfindet, die den Weg in die Anderswelt symbolisch darstellen, so kommt diesem Akt eine weitaus tiefere Bedeutung zu, als bloße Nachahmung dies nahelegen würde. Die Reise selbst führt nach den dazugehörigen Gefahren und Hindernissen (realer oder begrifflicher Natur) zu ihrem symbolischen Höhepunkt, oft dem Aufstieg auf einen Berg. Der Pilger klettert auf den Gipfel, wo er, falls ihm das Glück hold ist, in ekstatische Verzückung gerät und einen visionären Aufstieg zum Himmel erlebt.[10] Der wichtigste Aspekt der Pilgerfahrt ist die Abtrennung vom irdischen Leben. Wie bei einer ekstatischen Trance wird der Neuling in den Stand gesetzt, zeitweilig auf einer anderen Ebene zu leben. Ein gutes Beispiel für eine solche *rite de passage* liefert

Wordsworths Wanderung durch die Ebene von Salisbury.[11] Im Juli oder August des Jahres 1793 fand sich Wordsworth allein am Rand der großen Ebene. Nachdem ihn eine Kutschenpanne dazu gezwungen hatte, die mit einem Freund geplante Reise durch das West Country aufzugeben, entschloß er sich an Ort und Stelle, das weite Ödland zu Fuß zu durchqueren. Wie das Gedicht von Anfang an klarmacht, bemächtigte sich seiner immer mehr das Gefühl, vom Alltagsleben abgetrennt zu sein, was nicht zuletzt dadurch bestärkt wurde, daß die Landschaft buchstäblich grenzenlos war:

> »Als des Abendrots Flammenzunge über den
> Himmel leckte,
> Blieb der Reisende, von Hunger und Durst
> gepeinigt, stehn,
> Aber so sehr er, um sich blickend, seinen Hals
> auch reckte,
> Konnt' er von Menschen doch kaum eine Spur
> erspähn:
> Nur eine Wüstenei von Korn, die Sarums
> Ebene bedeckte
> Und sich gleichsam grenzenlos erstreckte;
> Wo aber der Sämann wohnte, das war nirgendwo
> zu sehn.«

Im nächsten Vers wird das Gefühl der Abtrennung von der Wirklichkeit noch stärker hervorgehoben, wenn er gegen die Einsamkeit anschreit:

> »Seine schwache Stimme zu erheben hält er ein;
> Es antworten ihm nur die Winde, die in
> der Nähe heuln'd,
> Die dünne Grasnarbe peitschen und im
> Vorüberwehn wild klagend schrein;«

eine Metaphorik, die unbewußt und verblüffend genau die Beschreibung eines sibirischen Schamanen von seinem Seelenflug heraufbeschwört:

»Nichts ist zu sehen, und nur der Wind heult laut.«[12]

Kurz darauf ging die Sonne unter, und die Wanderung wurde zu einer schrecklichen Prüfung. Der Anblick des fernen Stonehenge weckte eine grauenvolle Vision von den blutigen Riten längst vergangener Zeiten:

> »Wenn ein verheerender Feuerbrand
> Jenes machtvollen Kreises sich rötendes Gestein
> enthüllt.«

Mit Einbruch der Dunkelheit setzte heftiger Regen ein; drei Stunden lang irrte der Reisende »durch tosenden Regen und Sturm«, in einer Landschaft, so konturlos »wie des Ozeans schifflose Fluten«. Eine geisterhafte, hohltönende Stimme beschwor grausige Szenen von Gemetzeln herauf und ließ die Wilde Jagd auf »feurigen Rossen inmitten teuflischer Finsternis« vorbeisprengen. »Schließlich ging, in Wolken tief verborgen, der Mond auf«, und Wordsworth fand in einer verfallenen Schutzhütte Zuflucht. Zu seiner Überraschung trifft er dort auf eine Leidensgenossin, deren Leben nur Gewalt und Unterdrückung gekannt hatte. Empört erhebt der Dichter seine Stimme zu einem trotzigen Crescendo gegen »das einem abscheulichen Irrtum entsprung'ne Volk von Ungeheuern« – Schrecken, die immer aufs neue von »jenem ewiglichen Bauwerk, das finster über Sarums Ebene blickt«, verkörpert werden.
Im *Präludium* erinnerte sich Wordsworth an jene drei sonderbaren Tage seiner sommerlichen Pilgerfahrt:

> »Als ich dort nach Belieben durch die grünen
> Weiden und Hügel zog, ganz ohne Pfad
> Und ohne Eile; oder auf den weißen
> Baumlosen Straßen meines Weges ging,
> Die sich in langer, öder Linie weit
> Und immer weiter in die Ferne dehnen,
> Da floh die Zeit den Weg zurück, den sie
> Gekommen ist, und mit ihr floh der Troß

Ihrer Jahrhunderte; und ihre Flucht
Kam nicht zum Stillstand, bis ich schließlich
Unsere uralte Vergangenheit
In einer klaren Vision erblickte.«

Insbesondere Stonehenge prägte sich seinem Bewußtsein
ein:

»...da fühlt ich mich – wo immer auf der Heide
Sich Kreise, Linien oder Bodenwälle
Abzeichneten, die aus der Vorzeit stammen
Und die, wie manche glauben, von Druiden
Als Zeugnis ihres Wissens um den Himmel
Und Abbild astronomischer Aspekte
Dort hinterlassen worden sind – bezaubert
Und sanft in einen wachen Traum versetzt...«

Nach dieser Wanderung voller Schrecken wandte sich der
Dichter in Richtung Westen, bis er, dem Tal des Wye
folgend, nach Nordwales gelangte. Höhepunkt der Pilgerreise war ein nächtlicher Aufstieg auf den Snowdon,
wo ihm auf dem Bergesgipfel eine ekstatische Erfahrung
zuteil wurde:

»...'s war eine drückend schwüle Sommernacht –
Kein Windhauch regte sich im fahlen Grau,
Das trotz des Dunkels heimlich schimmerte;
Ein dicker, feuchter Nebel hing bis tief
Herunter und verdeckte ganz den Himmel.
Doch focht uns das nicht an, und unbeirrt
Begannen wir den Aufstieg. Bald umgab
Uns dichter Dunst, und nach den üblichen
Gesprächen, wie sie ein Reisender mit seinem
Führer zu wechseln pflegt, versanken wir
In tiefsinniges Schweigen, darin jeder
Sich ganz mit seinen eigenen Gedanken
Beschäftigte. In dieser Art bezwangen
Wir einen großen Teil des Aufstiegs...
...und – o Wunder! –,

Als ich den Blick nach oben hob, da hing
Der nackte Mond in einem Firmament
Azurner Bläue, die kein Wölkchen trübte,
Und unter mir, da ruhte unbewegt
Ein stilles Meer aus silbergrauem Nebel.
Wohl hundert Hügel hoben ihre dunklen
Rücken empor aus dieser ruhigen See,
Und weit, weit über das Gebiet hinaus
Erstreckte sich der dichte Dunst in Zungen
Und Vorgebirgen und noch andren Formen
In den Atlantik, der zurückzuweichen
Und seine Rechte abzutreten schien –
Ganz einer fremden Herrschaft unterworfen,
Soweit ich sehen konnte. Anders
Erging's in dem ätherischen Gewölbe:
Dort gab es keinen Übergriff in fremdes
Reich, keinen Verlust; einzig die kleinern
Und unbedeutenderen Sterne waren
Verschwunden oder strahlten schwächer in
Der klaren Gegenwart des vollen Mondes,
Der weit aus seiner herrscherlichen Höhe
Herabsah auf das wogende Gebrodel,
Wie es, gebändigt und in tiefem Schweigen,
Unter ihm hingebreitet ruhte – lautlos,
Bis auf das Brausen vieler Wasser, Quellen
Und Felsenbäche, das durch einen Riß
Im Nebel (unweit von dem Ort, an dem
Wir standen, einer überm Abgrund in
Den Berg hineingeschnittnen Kanzel, einem
Düster-erhabnen Platz zum Atemholen)
Heraufdrang: Tosen ungezählter Ströme
Vereint zum Liede einer einz'gen Stimme,
Das über Erd' und Meer hinscholl und das
In dieser Stunde – so erschien es mir –
Auch von dem Sternenzelt empfunden wurde.«

Man fühlt sich unwillkürlich an Merlin erinnert, wie ihn
uns Geoffrey von Monmouth auf dem Gipfel seines
Berges schildert, wo ihn eine Vision überkommt:

»Nacht war es, und klar leuchteten die Hörner des Mondes, und alle Gestirne erstrahlten an der Himmelswölbung. Die Luft war reiner als sonst, denn ein bitterer, eisiger Nordwind hatte die Wolken verjagt, den Himmel blank gefegt und mit seinem trockenen Atem die Nebel aufgesogen.« (Nach der Übersetzung von Inge Vielhauer)

Das Gefühl einer nicht beschreibbaren universellen Macht ist auf dem Gipfel eines Berges seltsam stark, wie Wordsworth es auf dem Gipfel des Snowdon erlebte:

»Als die Vision – dies ungeheure
Gesicht, geschenkt den Geistern jener Nacht
Und drei zufällig dort wandernden Menschen –
Zum Teil in Luft zergangen war, da schien
Es mir, bei ruhiger Betrachtung, das
Symbol eines erhabnen Intellekts:
Seiner Betätigung und seines Reichtums,
Des was er hat, und des, was er benötigt,
Dessen, was er sich selber ist, und dessen,
Was er zu werden strebt. Hier schaute ich
Das Sinnbild eines Geistes, dessen Nahrung
Unendlichkeiten sind; der überm Dunkel
Des Abgrunds brütet, ewig darauf bedacht,
Die Stimmen aus der Tiefe zu vernehmen,
Die von da unten in die Höhe dringen
In einem dauerhaften Strom – herauf
Ins Schweigen und ins Licht; ja: eines Geistes,
Welcher aus dem Erkennen transzendenter
Kraftquellen lebt – aus einer Art Erkenntnis,
Die durch die Sinne zu idealer Form
Hinführt und die an seelischem Gewinn
Mehr mit sich bringt, als es der Sterbliche
Sich für gewöhnlich zu erhoffen wagt.«

Dichter vermögen, wie Wordsworth betont, diese transzendenten Kräfte in besonderer Weise einzufangen und die Erfahrung anderer zu vermitteln, die weniger empfindsam sind:

»In einer Welt voll Leben leben sie,
Nicht sklavisch ihren Sinnen ausgeliefert,
Und doch durch die belebenden Impulse
Der sinnlichen Empfänglichkeit bereiter
Und tauglicher gemacht für angemeß'nen
Umgang und Austausch mit der geist'gen Welt
Und zahllosen Geschlechtern auch der Menschheit
Durch alle Zeiten hin: Vergangenheit
Und Gegenwart und Zukunft – von Äonen
Zu weiteren Äonen, bis die Zeit
Zum Ende aller Zeit gekommen ist.
Desgleichen Geister stammen wahrlich aus
Der Gottheit, denn sie sind gleich wie die Engel:
Himmlische Mächte ...«

Wordsworths beschwerliche Odyssee über die verlassene, bedrohlich von Stonehenge überschattete Ebene, die allgemeine Vision einer Welt des Leids und sein dramatischer Aufstieg auf den Snowdon spiegeln erstaunlich genau die ekstatische Reise des Schamanen in die Anderswelt wider.[13]
Wenn man in alten Zeiten den Nouquetran (Hart Fell) bestieg, den Ort, wo Merlin als Zauberer wirkte, so vielleicht in der Absicht, eine Reise in die Anderswelt nachzuahmen, um sich auf eine *rite de passage* zu begeben, wie ich sie weiter oben beschrieben habe. Es fällt auf, daß der Held des *Fergus*-Romans aus dem dreizehnten Jahrhundert seine Aventiure mit einer Nacht in Liddel beginnt, wo Merlin nach der Schlacht von Arderydd dem Wahnsinn verfiel.
Der Weg, den er dann einschlägt, ist vermutlich derselbe, auf dem Merlin zum Schwarzen Berg flüchtete. Obwohl es nicht zu den hervorstechenden Freizeitvergnügungen des Mittelalters gehörte, die Aussicht von einem Berg zu bewundern, kletterte Fergus hinauf bis zum Gipfel, von wo aus er

»Den Blick über des gewalt'gen Waldes grünes Vlies
Bis zur fernen See von Irland schweifen ließ.«

Danach überlebte er die Schrecken der Stätte des Grauens, holte ein magisches Horn aus einem Heiligtum, hörte die Wilde Jagd und übermannte den Schwarzen Wächter jenes Ortes. Es sieht ein wenig so aus, als trage oder habe die Pilgerreise des Fergus einmal einen rituellen Charakter getragen: Man denke nur daran, daß er Merlins Spuren folgte, den Berg bestieg,

»Der, da er des Himmels hohe Wölbung trägt,
Sein Haupt so hoch als wie die Wolken reckt,«

und mit dessen übernatürlichem Wächter kämpfte.[14]
Etwa eine Generation vorher pilgerte am anderen Ende der keltischen Welt ein Dichter zu einem verzauberten Ort, um den sich im Zusammenhang mit dem Propheten Merlin verschiedene Sagen rankten. Es war der Brunnen von Barenton in der Bretagne, zu dem Master Wace in der vergeblichen Hoffnung reiste, dort Elfen anzutreffen oder den Stein zu sehen, der ein Gewitter aufziehen ließ, wenn man ihn mit Wasser besprengte. Im zwölften oder dreizehnten Jahrhundert waren solche Reisen möglicherweise zu touristischen Sehenswürdigkeiten oder zu ritterlichen Heldentaten verkommen, in früheren Zeiten jedoch hatten sie eine tiefere Bedeutung.[15]
Merlin selbst erscheint in Malorys *Morte Darthur* augenfällig als ein Führer in die Anderswelt. Als die edlen Brüder Balin und Balan einander im Zweikampf auf einer gewissen Insel erschlugen, trat Merlin auf den Plan und machte ein Heiligtum daraus:
»Ferner sorgte Merlin dafür, daß eine Brücke aus Eisen und Stahl zu der Insel gebaut wurde, und sie war nur einen halben Fuß breit, und niemand sollte den Mut haben, über die Brücke zu gehen, wenn er nicht ein untadeliger Mann und wackerer Ritter ohne Verrat und Bosheit war.«
Die Vorstellung, man könne nur über eine schmale und gefährliche Brücke in die Anderswelt gelangen, war bei den Kelten und anderen Völkern weit verbreitet.
Ein reizendes kleines Gedicht, der aus dem achten oder

280

neunten Jahrhundert stammt und Merlins irischem *alter ego*, Suibhne Geilt, zugeschrieben wird, läßt uns einen kurzen Blick in die Anderswelt selbst tun:

>»Meine kleine Hütte in Tuaim Inbhir,
ein Herrenhaus wäre nicht klüger erdacht,
mit ihren Sternen nach meinem Wunsch,
mit ihrer Sonne, mit ihrem Mond.

Es war Gobban, der sie erbaute
– damit euch die Geschichte erzählt werden möge –
mein Liebster, Gott des Himmels,
war es, der sie mit einem Strohdach versah.

Ein Haus, in dem kein Regen fällt,
ein Ort, an dem man Speere nicht fürchtet,
so offen wie in einem Garten
und von keiner Mauer umgeben.«

Gobban ist der irische Schmiedegott, und hier scheint, wie Professor O'Rahilly bemerkte, »das Haus, das Gobban erbaute, das Himmelsfirmament zu sein«. Es ist vielleicht von Bedeutung, daß er (unter seinem walisischen Namen) in einem frühen Gedicht aus dem *Black Book of Carmarthen* mit Myrddin und der Schlacht von Arderydd in Verbindung gebracht wird, einem Gedicht, das von Kriegern spricht, die »die sieben Speere des Gofannon« tragen, wobei Gofannon das walisische Äquivalent von Gobban ist.[16]

Merlin paßt allzu genau in das Bild, das wir von den schamanistischen Zügen in der keltischen Religion besitzen, als daß er eine Schöpfung der erzählenden Literatur des Mittelalters gewesen sein könnte. Er war ein »verletzter Heiler«; seine Eingebung bezog er aus dem Urwald und von dem kahlen Berg, der den Wald überragte, aus den Bahnen, die die Gestirne um den Pol ziehen, und aus dem Wechsel der Jahreszeiten. Er hängt zwischen Menschheit und Natur und schmäht sein Schicksal. Doch was die Bedeutsamkeit seiner Rolle als Prophet am eindrucksvollsten illustriert, sind die Begleitumstände des legendären Berichtes über seinen außergewöhnlichen Tod.

Merlins Tod trug sich, den unterschiedlichen Berichten zufolge, auf seltsam tragische Weise zu. Weder Geoffrey von Monmouth noch die walisische Myrddin-Lyrik liefern einen Hinweis auf Merlins Ende. Aber in beiden Lailoken-Fragmenten und auch in der irischen Geschichte von Suibhne Geilt wird sein Ende geschildert. In der einen Version sagt Lailoken dem heiligen Kentigern die Umstände seines eigenen Todes voraus, und in der anderen verkündet er vor einem König namens Meldred eine ähnliche Prophezeiung. Kentigern verspottete den armen Wahnsinnigen, der sich selbst drei – offenkundig widersprüchliche – Todesarten prophezeit. Er werde, sagte er das eine Mal, zu Tode gesteinigt und geprügelt werden. Ein anderes Mal verkündete er, daß sein Körper von einem spitzen Pfeil durchbohrt würde, und bei einer dritten Gelegenheit gab er an, er würde sein Ende durch Ertrinken finden. Er wurde natürlich als falscher Prophet verlacht, zum Schluß aber kam alles genau so, wie er es vorausgesagt hatte. Eines Tages nämlich schlugen ihn die Schäfer König Meldreds bis aufs Blut und steinigten ihn dann. Im Augenblick des Todes rutschte er die Uferböschung zum Tweed hinunter, wurde von einem im Flußbett steckenden Pfahl aufgespießt und ertrank zur gleichen Zeit, da sein Kopf unter Wasser geriet.

Es wurde Suibhne geweissagt, er werde durch einen Speerstoß umkommen. Als er nach seiner Flucht ein rastloses Leben in den Wäldern führte, erbarmte sich die Frau eines Schweinehirten seiner und hinterließ ihm jeden Tag in einem napfartig vertieften Kuhfladen ein Läckchen Milch (ein Zug ins Groteske, der vielleicht von einem Wortspiel mit der latinisierten Form von Myrddins Name, *Merdinus*, herrührt). Unglücklicherweise wurde der Schweinehirt von einer Zwietracht säenden Schwester ungerechtfertigt zur Eifersucht angestachelt: »Als der Hirte das hörte, wurde er eifersüchtig, und er erhob sich plötzlich und zornig und ergriff einen Speer, der im Innern der Hütte auf einem Gestell lag, und stürzte auf den Wahnsinnigen los. Der hatte ihm die Seite zugedreht, da er sich hingelegt hatte, um aus dem Kuhfladen zu essen. Der Hirte stieß mit dem Speer aus seiner Hand nach Suibhne und verletzte ihn an der linken Brustwarze, so daß die Spitze ihn duchbohrte und dabei seinen Rücken entzweibrach. (Manche sagen, daß es die Spitze eines Hirschgeweihes war, die der Hirte hingelegt hatte, wo er aus dem Kuhfladen zu trinken pflegte, so daß er auf diese fiel und so ums Leben kam.)«

Es scheint außer Frage zu stehen, daß diese Schilderung eine ältere Version überlagert hat, die Suibhne, ebenso wie Lailoken, seinem *alter ego* aus Nordbritannien, eine Spielart des Dreifachen Todes zuschrieb. Das Motiv selbst taucht an anderer Stelle in früheren Fassungen der Geschichte auf und findet sich desgleichen in den Erzählungen um Lailoken[17], d.h. es war den Verfassern bewußt, daß das Motiv einen wesentlichen Bestandteil der Geschichte bildete. Wie sich unschwer erkennen läßt, liegt der bestehenden Fassung von *Buile Suibhne* eine Version zugrunde, in der der Wahnsinnige gleichzeitig von einem Speer durchbohrt und – nach vorne fallend – von dem verborgenen Hirschgeweih aufgespießt wurde und mit dem Gesicht nach unten in der Milch ertrank. Wenn man meinen Erklärungsvorschlag für den Ursprung des Kuhfladenmotives akzeptiert, könnte dies den eigentümlichen Schauplatz und die besonderen Umstände der Tragödie in gewissem Maße verständlich machen.

In den unterschiedlichen Fassungen der Geschichte wurde also Lailoken und Suibhne ein Dreifacher Tod zugeschrieben. Man darf wohl getrost davon ausgehen, daß es ursprünglich auch von Merlin (der im wesentlichen dieselbe Figur ist) hieß, er sei gleichzeitig auf drei unterschiedliche Arten gestorben. Das Motiv findet sich als ein Nebenthema in den Geschichten von Suibhne und Lailoken. In ähnlicher Form taucht es als Prophezeiung auf, die Merlin über jemand anderen verkündet, in Geoffreys *Vita Merlini* und in dem *Merlin* von Robert de

Boron. Merlin selbst wird der Dreifache Tod in einem Zweizeiler zugeschrieben, der in dem zweiten Lailoken-Fragment zitiert wird, offensichtlich aber unabhängig davon entstanden ist:

>»Von einem Pfahl durchbohrt, durch Stein und Wasser sterbend,
Soll Merlin einen dreifachen Tod erlitten haben.«

Schließlich noch eines: Gewisse Anspielungen in der walisischen Lyrik des Mittelalters deuten darauf hin, daß vielleicht einmal eine Geschichte existiert hatte, wonach Myrddin wie sein *alter ego* Lailoken von einem Pfahl durchbohrt wurde.[18]

Man hat die These aufgestellt, der Dreifache Tod verkörpere eine weit verbreitete Volkssage, die zu einem bestimmten Zeitpunkt auf die ursprüngliche Geschichte des Wilden Mannes aufgepfropft wurde. Die Geschichte war bestimmt allgemein beliebt, da sie in verschiedenen Formen nicht nur im keltischen Irland und Britannien, sondern auch in anderen Teilen Europas auftaucht. Ihre allgemeine Beliebtheit wurde zweifellos durch ihren Erfindungsreichtum genährt.[19] Doch läßt diese Erklärung einen wesentlichen Punkt außer acht. Es gibt eine Fülle von Zeugnissen dafür, daß alte religiöse Bräuche noch lange, nachdem ihre religiöse Funktion in Vergessenheit geraten ist, fortbestehen und daß ein mythologisches Motiv, das auf einem Opferritual beruht, als literarische Vorlage weiterlebt. Im Falle des Motives vom Dreifachen Tod scheint genau dies geschehen zu sein.[20]

Im Kommentar zu Lukan wird erklärt, daß die Gallier den Göttern Menschenopfer in drei verschiedenen Formen darbrachten: durch Erhängen, Verbrennen oder Ertränken in einem Bottich. Der berühmte Kessel von Gundestrup zeigt eine, wie es scheint, eine Gottheit verkörpernde Gestalt, die einen Mann in ein großes Faß taucht; und für das Bestehen der unterschiedlichen Formen ritueller Opferung gibt es eine Vielzahl von Belegen. Von allen drei Formen wird die Tötung mit einer Waffe

(für gewöhnlich einem Speer) oft durch den Tod durch
Verbrennen ersetzt. So enthält z.B. die irische Erzählung
vom Tod des Königs Muirchertach mac Erca eine Schilderung, wonach der König gleichzeitig durch einen
Speerstoß umkommt, verbrennt und in einem Kessel
ertrinkt. Das Motiv des Dreifachen Todes ist sowohl als
bezeugte Tatsache wie auch als Beschwörungsvorwurf in
der irischen Literatur weitverbreitet.[21]
Der Merlinsage am nächsten kommt die Geschichte vom
Tod des keltischen Gottes Lug, dessen Riten noch im
sechsten Jahrhundert n. Chr. in Cornwall öffentlich in
Ehren gehalten wurden. Die ausführlichste Fassung fin-
det sich in der walisischen Erzählung *Math vab
Mathonwy*. Darin wird Lleu (die walisische Form von
Lug), der Neffe des Magiers Gwydion, als »der schönste
Jüngling« bezeichnet, »den je ein Mensch gesehen hatte«.
Mit seinen Zauberkräften schuf Gwydion aus den wilden
Wald- und Wiesenblumen ein Mädchen namens Blodeu-
edd, das Lleu an Schönheit ebenbürtig war und sich mit
ihm vermählte. Eines Tages aber, als ihr Gatte in der
Ferne weilte, betrog ihn Blodeuedd mit dem Stammes-
fürsten Gronwy Pevr, Herr von Penllyn, der ihr einen
Besuch abstattete. Gronwy entbrannte in so heftiger
Liebe, daß er seine Gespielin dazu überredete herauszu-
finden, wie Lleu ums Leben gebracht werden könne.
Und so trachtete Lleus Frau danach, ihrem Gemahl nach
seiner Rückkehr das Geheimnis zu entlocken: »Wenn
nicht Gott mich tötet, ist es nicht leicht, mich zu töten.«
Nach weiterem Drängen erläuterte er die besonderen
Umstände, die seinen Tod herbeiführen würden.
»Es ist nicht leicht, mich zu töten«, sagte er, »ohne einen
Schlag zu tun, und es wäre vonnöten, ein Jahr auf die
Anfertigung des Speeres zu verwenden, mit dem man
nach mir stieße, und es darf nur etwas daran getan
werden, wenn sie am Sonntag in der Messe waren.«
Ferner fügte er hinzu: »Ich kann nicht in einem Haus und
auch nicht außerhalb eines Hauses getötet werden; ich
kann nicht auf einem Pferd und auch nicht dann, wenn
ich zu Fuß bin, getötet werden.«

Was also war zu tun? Vertrauensvoll erklärte Lleu:
»Ich werde es dir sagen: indem du mir am Ufer eines
Flusses einen Badezuber bereitest und über dem Bottich
ein rundes Dach anbringst, das sorgfältig und dicht mit
Stroh bedeckt ist, und indem du einen Ziegenbock her-
beischaffst. Den stelle neben den Bottich, und ich stelle
einen Fuß auf den Rücken der Ziege und den anderen auf
den Rand des Bottichs. Jeder, der mich in dieser Stellung
träfe, würde mich töten.«
Die verräterische Delilah teilte all dies unverzüglich
ihrem Geliebten mit. Ein Jahr lang arbeitete Gronwy
unter Einhaltung des vorgeschriebenen Rituals an der
Herstellung des Speers. Als er seine Arbeit beendet hatte,
fragte Blodeuedd ihren Gemahl, ob er ihr denn nicht
zeigen könne, in welcher Positur er genau stehen müsse,
um dem Todesstoß ungeschützt ausgesetzt zu sein? Lleu
tat ihr den Gefallen, und Blodeuedd richtete ihm wie
geheißen den überdachten Bottich und trieb am Flußufer
eine Ziegenherde zusammen. Lleu »erhob sich aus dem
Bad« (was, ohne daß dies explizit gesagt wird, heißt, daß
er vorher in das Badewasser getaucht war), zog seine
Hosen an und stellte sich mit einem Fuß auf den Rand
des Zubers und mit dem anderen auf den Rücken der
Ziege. Da sprang der verräterische Liebhaber aus seinem
Versteck und schleuderte seinen Speer. Die Waffe drang
Lleu in die Seite; er stieß einen furchtbaren Schrei aus
und flog in Gestalt eines Adlers davon.
Die Kunde dieses Verbrechens wurde Gwydion über-
bracht, und er beschloß, nicht eher zu ruhen, bis er
seinen Neffen gefunden hatte. Nach einiger Zeit stieß er
auf die Spur einer streunenden Sau, die ihn zu einem
ungewöhnlichen Ort führte. Das Tier hatte in einem Tal
am Ufer eines Flusses haltgemacht und begann, am Fuße
des Baumes zu fressen. Als Gwydion näher herantrat,
bemerkte er, daß es verfaultes Fleisch und Maden verschlang, die aus der Baumkrone herabfielen. Er blickte
auf und sah »einen Adler im Wipfel des Baumes, und
wenn der Adler sich schüttelte, fielen Würmer und das
faulige Fleisch von ihm ab«. Gwydion erkannte, daß es

286

niemand anderer als Lleu war, und er sang einen Vers:

> »Ein Eichbaum wächst zwischen zwei Seen,
> Dunkel breitet er sich über Himmel und Tal;
> Falls ich nicht die Unwahrheit spreche,
> So sind dies die Glieder Lleus.«

Langsam begann der Adler herabzusteigen und hielt auf halber Höhe des Baumes inne. Gwydion hob erneut an zu singen:

> »Ein Eichbaum wächst auf einer
> hochgelegenen Lichtung,
> Regen näßt ihn nicht, und auch die Hitze
> kann ihm nichts anhaben.
> Neun mal zwanzig Widrigkeiten war er ausgesetzt,
> In seinem Wipfel ist Lleu Llaw Gyffes.«

Das bedeutet »Lleu mit der Sicheren Hand«. Mit einem letzten Vers bewegte Gwydion den Lleu dazu, sich auf seinem Knie niederzulassen. Der Magier berührte die Adlergestalt mit seinem Zauberstab, und auf der Stelle war Lleu wieder ein Mensch. Aber er befand sich in einem erbärmlichen Zustand, »er war nichts als Haut und Knochen«. Mit der Zeit jedoch gesundete er wieder und sann auf Rache an der treulosen Gattin und ihrem Liebhaber.

Wie sich zeigen wird, enthält diese Geschichte deutliche Übereinstimmungen mit den Berichten über die Tode von Lailoken-Suibhne (Merlin). Lleu ist das Opfer eines »schicksalhaften Todes« (im Walisischen *dihenydd*)[22], d.h. eine Person ist dazu verurteilt, auf eine ganz bestimmte Weise – und nur so – zu sterben. Außerdem stellt Lleus *dihenydd* offenkundig eine Variante des Dreifachen Todes dar. Er kann nur durch einen auf besondere Art hergestellten (magischen) Speer getötet werden; weder innerhalb noch außerhalb eines Hauses; weder zu Pferde noch zu Fuß. Die Episode enthält zwei der bekannten Elemente des Dreifachen Todes: Lleu wird von einem Speer durchbohrt und steht auf einem Bottich. Die vorausgegangenen Umstände sehen eigentlich keinen Bottich vor, und gesicherter keltischer Überlieferung zufolge darf man wohl annehmen, daß Lleu in einer früheren Fassung in dem Bottich ertränkt wurde. Wahrscheinlich wurde er früher auch gehängt, als er über den Rand des Zubers glitt; hiervon findet sich jedoch nichts in der gegenwärtigen Version der Erzählung. In Irland ist die Anspielung unmißverständlich: Lug (Lleu) wurde am Heiligen Zentrum (Uisnech) von einer Götter-*Trias* getötet.

Abgesehen davon, daß Lleu und Merlin der Dreifache Tod gemein sein dürfte, lassen noch zwei andere Elemente auf einen Zusammenhang zwischen ihrem Ende schließen. Beide kamen an einem Fluß um. Im Falle Merlins (Lailokens) ist es natürlich der Fluß, in dem er ertrinkt, aber im Falle Lleus wird nicht begründet, warum sich die Szene an einem Flußufer zuträgt. Noch auffälliger ist das Auftauchen der Ziege, auf die Lleu sich zu stellen hat. Der Grund hierfür liegt auf der Hand: Nur so kann er die Bedingung erfüllen, weder zu Pferde noch zu Fuß zu sein.[23]

Dieses Element taucht auch in den verschiedenen Fassungen der Merlinsage auf. Suibhnes Mörder z.B. »ist abwechselnd ein Kuhhirte, ein Schweinehüter oder ein Schäfer«.[24] Und in der Lailoken-Geschichte lesen wir, daß der prophetische Wahnsinnige nahe einem Flußufer von einigen Schäfern gesteinigt und totgeprügelt wurde. Der erste Bericht geht nicht darauf ein, was sie zu der Tat trieb; der zweite erklärt, was nicht sehr wahrscheinlich klingt, eine ruchlose Königin habe die Schäfer zu dem Verbrechen angestachelt, da das Opfer sie einige Jahre zuvor beleidigt hätte.

Schließlich enthalten spätere walisische Quellen dunkle Hinweise auf ein paar Schäfer von König Rhydderch (in der walisischen Lyrik Myrddins Verfolger), dem Urheber jener Schlacht von Arderydd, die Merlin in den Wahnsinn trieb und in den Wald von Celyddon flüchten ließ.[25] Was dies zu bedeuten hat, ist keineswegs klar, doch ist man versucht, die mordlüsternen Schäfer am Tweed mit der Ziegenherde in Verbindung zu bringen, die am Flußufer der Stätte von Lleus Todesqual zusammengetrieben wurde. Und die Ziege, auf deren Rücken Lleu seinen Fuß stellte, bevor er in Gestalt eines Adlers auf den Baum des Lebens flog, könnte wiederum an die Ziegen erinnern, die in verschiedenen Mythologien vom Baum des Lebens fressen.[26] Ganz gleich, welche Erklärung man heranzieht, zwischen den Erzählungen vom Tode Lleus und Lailokens scheint ein deutlicher Zusammenhang zu bestehen.

So wie uns die Geschichte Lleus in der Erzählung *Math vab Mathonwy* erhalten ist, spiegelt sich darin ein Euhemerismus, und ganz offensichtlich hat der Erzähler die Figuren seiner Geschichte als Menschen betrachtet, wenn auch als Menschen mit Zauberkräften. Tatsächlich ist Lleu ein Gott, und viele Elemente der Episode lassen sich mythologisch deuten.[27]

1. Der verzauberte Speer

Lleu besaß in seiner irischen Gestalt als Gott Lug einen wundersamen Speer und war gelegentlich unter dem Namen »Lugaid mit dem Speer« bekannt. Aufgrund ausgeprägter Ähnlichkeiten der jeweiligen Begleitumstände ist man zu der Auffassung gelangt, daß Lugs Speer mit der Blutenden Lanze identisch ist, die Parzival in der Gralsburg gewahrte und die in anderen Berichten als der Speer gilt, den der legendäre römische Soldat Longinus Christus bei der Kreuzigung in die Seite stach.[28]

2. Die Ziege

Lleus gefährliche Stellung, in der Schwebe zwischen Ziege und Bottich, läßt an eine rituelle Pose denken. In der nordischen Mythologie wird Thors Wagen von zwei Ziegen über den Himmel gezogen, und eine Ziege und ein Hirsch nähren sich vom Blattwerk der Weltesche Yggdrasil.[29]

3. Der Adler

Als Lleu von Gronwys Speer durchbohrt wird, fliegt er in Gestalt eines Adlers davon. Dies kann nur eines heißen, nämlich, daß Lleus Seele seinen Körper in dieser Form verließ; die Vorstellung von einer Vogelseele war bei den Kelten – wie bei anderen Völkern – tief verwurzelt. Ein Silberbecher aus Lyon trägt Darstellungen von einem heiligen, mit Misteln bewachsenen Baum, von einem Gott (»wahrscheinlich Lugus selbst«) und von einem Adler.[30]

4. Der Adler auf dem Baum

Noch interessanter ist der nächste Abschnitt der Geschichte, wo Gwydion den Lleu in seiner Adlergestalt auf dem Wipfel einer Eiche entdeckt. Wie nämlich Gwydions Beschwörungsverse eindeutig erkennen lassen, ist dies keine gewöhnliche Eiche, sondern der Weltbaum selbst. Er breitet sich über den Himmel und die Erde darunter und weist Eigenschaften auf, die charakteristisch für die Anderswelt sind: »Regen näßt ihn nicht, und auch die Hitze kann ihm nichts anhaben.« Der Adler, der auf ihm nistet, ist ebenfalls ein mythologischer Vertrauter. Ein Adler, »der um viele Dinge weiß«, saß auf den Zweigen des nordischen Weltbaumes Yggdrasil; und bei dem tatarischen Stamm der Kara-Kirgisen beschreibt die Geschichte von *Er Toshtuk* einen Weltbaum mit zwei Adlern in seiner Krone.[31]

Man hatte offenbar die Vorstellung, daß Lleu von einem Speer durchbohrt wurde, als er sich in einen Adler verwandelte. Aufgehängt am Weltbaum, begann seine sterbliche Hülle »zu vergehen« und fiel als faulendes Fleisch von den Knochen, um von den Schweinen unten gefressen zu werden (Schweine galten als Andersweltwesen *par excellence*[32]). Sein Onkel, der Zauberer Gwydion, brachte den zerfallenden Körper auf den Boden zurück und erweckte ihn mit seinen magischen Künsten wieder zum Leben.

Der Gott Lug (im Walisischen Lleu) wird allgemein als Pendant zu Odin (Wotan) aus der germanischen Mythologie anerkannt.[33] Ein berühmter Abschnitt in dem nordischen Gedicht *Hávamál* liefert eine besonders augenfällige Parallele zu der Episode in *Math vab Mathonwy*, in der Lleu in Gestalt eines Adlers an dem Baum hängt. Die Verse (angeblich von Odin selbst gesprochen) lauten wie folgt:

»Ich weiß, daß ich hing
am windigen Baum
neun Nächte lang,
mit dem Ger verwundet,
geweiht dem Odin,
ich selbst mir selbst,
an jedem Baum,
da jedem fremd,
aus welcher Wurzel er wächst.

Sie spendeten mir
nicht Speise noch Trank;
nieder neigt ich mich,
nahm auf die Stäbe,
nahm sie stöhnend auf,
dann stürzte ich herab.

Neun Hauptlieder
lernt ich vom hehren Bruder
der Bestla, dem
Bölthornssohn;
aus Odrörir
vom edelsten Met
tat ich einen Trunk.

Zu wachsen begann ich
und wohl zu gedeihn,
weise ward ich da;
Wort mich von Wort
zu Wort führte,
Werk mich von Werk
zu Werk führte.«

Odin ist wie Lug von einem Speer verwundet und hängt an einem Baum. Die »neun Nächte«, die er dort hing, spiegeln sich in Gwydions Aussage wider, Lugs Baum habe »neun mal zwanzig Widrigkeiten« standgehalten. Zusätzlich hierzu erfahren wir aus einem Vers in einem anderen Abschnitt des *Hávamál*, daß Odin, als er den kostbaren Met aus Odrörir, d. h. aus der Quelle der (poetischen) Inspiration trank, sich in einen Adler verwandelte und davonflog.[34]

Die nordische Mythologie ist beträchtlich reichhaltiger dokumentiert als die walisische, und so läßt sich Odins Hangen an dem Baum zum Großteil mit Hinweisen auf andere Quellen erklären. Als erstes sollte man anmerken, daß Odin, wie Lug auch, an *dem* Weltbaum hängt, der den Nordmännern unter dem Namen *Yggdrasil* bekannt war. Diese Bezeichnung setzt sich aus zwei verschiedenen Wörten zusammen: Aus *Yggr*, einem an anderer Stelle aufgezeichneten Spitznamen Odins, und aus *drasil*, einem poetischen Ausdruck für ein Pferd. In der Dichtkunst kannte man aber auch den Galgen als ein Pferd, auf dem sein Opfer »ritt«, so wie das Pferd ein Todessymbol war, da es die Menschen in eine andere Welt trug. Wie andere Weltbäume wurzelte *Yggdrasil* in der Anderswelt und stützte die ganze Erde und den Himmel.[35]

Auch die Art des Opfers findet einen deutlichen Widerhall in anderen Quellen. Odin

> »... hing
> am windigen Baum
> neun Nächte lang,
> mit dem Ger verwundet,
> geweiht dem Odin ...«

Wie Lug besaß Odin einen magischen Speer; er hieß Gungnir und war von Zwergen geschmiedet worden.[36] In der *Ynglinga Saga* heißt es von Odin, er sei auf seinem Totenbett mit einer Speerspitze gebrandmarkt worden, bevor er ins Reich der Götter aufbrach. Eine andere Sage beschreibt den Tod eines gewissen Königs Vikar, der

Odin geopfert wurde; man erhängte ihn an einem Baum, wo er von dem Recken Starkadr mit den Worten: »Nun weihe ich dich dem Odin!« mit einem Speer durchbohrt wurde. Dies spiegelt genau Odins eigene Worte wider, als er ausrief, daß er selbst sich selbst, d. h. dem Odin, geweiht habe. An anderer Stelle wird Odin oft als der Herr des Galgens dargestellt, der von den Erhängten okkulte Geheimnisse erfährt. Odin selbst verkündet:

»Ich kann dies für den Zwölften tun, wenn ich den Leichnam eines Erdrosselten vom Galgen baumeln sehe, schnitze und färbe ich die Runenstäbe, so daß der Mann wieder zum Leben erwacht und mit mir spricht.«

Folglich war er der Herr der Geister, der Führer der Armee der Erschlagenen. Er war es, den man bis weit ins Mittelalter an der Spitze eines geisterhaften Heeres, der Wilden Jagd *(Wutanes her)*, durch sturmzersauste Himmel brausen sah.[37]

Unklar bleibt, ob Odins Selbstopfer, das dazu diente, ihm das Wissen der Anderswelt zu verschaffen, als eine Spielart des Dreifachen Todes betrachtet werden kann, was auf das Selbstopfer Lugs zuzutreffen scheint. Wenn er auch gleichzeitig aufgehängt und von einem Speer durchbohrt wird, fehlt doch das dritte Element. Dennoch könnte man die Frage stellen, ob es nicht ursprünglich einmal vorhanden war; es gilt nämlich als sicher, daß es bei den germanischen Völkern im allgemeinen drei Arten gab, um den Göttern ein Menschenopfer darzubringen: durch Erhängen, Ertränken oder Durchbohren.[38]

In dem heiligen Hain neben dem heidnischen Tempel von Uppsala in Schweden wurden die zum Opfer bestimmten Menschen genau wie Odin getötet; man hängte sie auf und ließ sie neun Nächte lang hängen. Eine mittelalterliche Quelle fügt dem folgende Auskunft hinzu:

»Neben diesem Tempel steht ein sehr großer Baum mit weit ausladenen Zweigen, die in Winter und Sommer immer grün sind. Niemand weiß, was für eine Art Baum es ist. Es gibt dort auch eine Quelle, und die Heiden pflegen den Brauch, ihre Opferungen dort vorzunehmen und einen lebenden Menschen hineinzustoßen. Und wenn er nicht mehr aufgefunden wird, geht der Wunsch des Volkes in Erfüllung.«

Der Baum ist offensichtlich ein örtlicher Weltbaum, und die Opfer wurden sowohl an seinen Ästen aufgehängt als auch neben ihm ertränkt.[39]

Die Berichte von Lugs und Odins Hangen am Weltbaum sind trotz ausgeprägter Ähnlichkeiten zu tief in ihren jeweiligen Mythologien verwurzelt, um voneinander entliehen worden zu sein. Die keltischen und germanischen Sprachen stammen von einem gemeinsamen Vorläufer ab, einer indo-europäischen Ursprache, die (so glaubt man heute) im vierten und dritten Jahrtausend v. Chr. gesprochen wurde; höchstwahrscheinlich entstammen die verwandten Motive des Dreifachen Todes und des göttlichen Selbstopfers einer gemeinsamen Überlieferung, die dreitausend Jahre und älter ist. Der magische Speer beispielsweise, der bei der Opferung eine so wichtige symbolische Rolle spielt, ist ein bedeutsames Motiv in der indo-europäischen Mythologie.[40]

Velinas, der Gott der heidnischen Litauer, scheint eine dem Odin verwandte Figur gewesen zu sein; er besaß nur ein Auge, hatte prophetische Eigenschaften und war ein Gott des Erhängens und der Gehängten. Weit im Osten, aber immer noch im Bereich indo-europäischer Kulturtradition, gab es im vedischen Indien eine Überlieferung von der *axis mundi* (dem Mittelpunkt der Welt) als der höchsten Opferstätte. Der Tod wurde durch Erdrosseln herbeigeführt, was dem Brauch der Nordmänner entsprach, und Odins indisches Pendant Varuna wurde mit einer heiligen Schlinge in Verbindung gebracht. Der Begriff des Dreifachen Todes findet sich auch bei Völkern, die keine indo-europäische Sprache sprechen[41], so daß der Glaube an das göttliche Opfer am Weltbaum zweifellos nicht nur sehr alt, sondern auch weitverbreitet ist.

Es läßt sich nicht feststellen, wie weit das Motiv des Lebensbaumes in die Vergangenheit zurückreicht. Fest steht nur, daß der Lebensbaum schon in ältesten Zeiten eng mit dem Tod des Erlösergottes verknüpft wurde, dessen Opfer zur Erlangung der Unsterblichkeit führt.[42] Dieses Symbol ist nirgendwo tiefer verwurzelt als in der Erde Palästinas, und eben dort finden wir die bemerkenswerteste Parallele zu den dreifachen Opfertoden Lugs und Odins in den windgepeitschten Wäldern des Nordens.

Ebenso wie ihren Nachbarn in den Ländern des nahen Ostens war den Israeliten in alttestamentarischen Zeiten die Vorstellung vom Weltbaum vertraut. Und bereits vor ihrer Ankunft in Palästina wurde dort heiligen Bäumen und – stellvertretend – heiligen Säulen in Verbindung mit der kanaanäischen Göttin Astarte gehuldigt. Obwohl die Anhänger Jehovas sich den alten Kulten gegenüber unversöhnlich feindselig zeigten, nahmen sie, wie dies im allgemeinen so geschieht, bedeutende Elemente in ihr eigenes Brauchtum auf. Die Verehrung von Bäumen wurde aufgegeben, als das Volk Israel aus der Gefangenschaft in Babylon zurückkehrte; als religiöses Symbol aber gedieh der Baum des Lebens auch weiterhin: »Die Frucht des Gerechten ist ein Baum des Lebens« (Sprüche 3, 13–18; 11, 30).[43]

So überrascht es nicht, daß das Kreuz bald nach der Kreuzigung mit dem Baum gleichgesetzt wurde. Es war der Baum des Lebens im Garten Eden, und Legenden entwickelten sich, um zu erklären, wie er von dort nach Golgatha gelangt war:

»Der Baum des Lebens, der im Paradies verborgen war,
wuchs in Marjam, wo er dem Boden entsproß,
und in seinem Schatten ruht die Schöpfung,
und er breitet seine Früchte über jene nah und fern;«

hieß es in einer syrischen Hymne, und ein anderer Abschnitt sagt es noch deutlicher:

»Der Baum des Lebens ist das Kreuz,
das unserem Volk strahlendes Leben verlieh.
Auf der Kuppe Golgathas teilte Christus

das Leben an die Menschen aus.
Und hinfort gab Er uns auch
das Versprechen des ewigen Lebens.«

Der Hügel von Golgatha wurde auch mit dem *Omphalos* bzw. dem Nabel der Erde gleichgesetzt und als der höchste Punkt des kosmischen Berges angesehen. Die alten Mythen von Baum und Weltmittelpunkt hatten ihren Zweck erfüllt, und die ältere Vorstellung wurde durch das *historische* Ereignis der Kreuzigung ersetzt und sublimiert.[44] Noch bemerkenswerter im Kontext dieser Studie ist die außerordentliche Ähnlichkeit zwischen dem Leiden und Tod Jesu und dem Ende der Götter Odin und Lug.
Wenden wir uns zuerst vielleicht dem Tode Odins zu, da hier die Zeugnisse eine deutlichere Sprache als im Falle Lugs sprechen.

Odin stirbt aufgehängt am Weltbaum wie Christus.
Während er an dem Baum hängt, wird Odin »mit dem Ger verwundet«; auch Christus wird mit einem Speer die Seite geöffnet.
Odin hängt »neun Nächte lang«, ein Vielfaches der Drei, die für die drei Tage steht, die zwischen Kreuzigung und Auferstehung Christi vergingen.
Odin verspürte während seines Leidens brennenden Durst; so auch Christus (Johannes 19, 28).
Odin stieß im Augenblick der Wahrheit einen Schrei aus, wie auch Christus »laut« schrie (Matthäus 27, 46).
Vor allem wurde Odin Odin geopfert, »ich selbst mir selbst«.

Ein Nordist von Rang und Namen hat dazu betont:

»Das Opfer Odins an sich selbst darf wohl als die erhabenste Form eines Opfers angesehen werden, die überhaupt denkbar ist, in der Tat als so erhaben, daß sie, wie so manches Rätsel der Religion, unsere Vorstellungskraft übersteigt. Es ist das Opfer, nicht eines Königs an Gott, sondern Gottes an Gott, von der Art wie das Opfer Christi, über das uns die Heilige Schrift berichtet... Wie Christus ist Odin von den Toten auferstanden, nun mit dem okkulten Wissen gewappnet, das er Göttern und Menschen zukommen ließ. Diesen Gedanken übermitteln die letzten Zeilen des *Runatal*, wo es heißt: »So ritzte *(reist)* Thund (Odin) vor der Lage Beginn; dort erhob er sich, von wo heim er kam.«[45]

Verständlicherweise wurde früher geltend gemacht, daß diese Aspekte des Odin-Mythos – höchstwahrscheinlich von Wikingern, die in England siedelten – dem Christentum entliehen wurden. Sachkundige Wissenschaftler sind sich jedoch seit langem einig, daß *alle* weiter oben aufgeführten Aspekte des Opfers von Odin viel zu tief in der germanischen Mythologie verankert sind, um anderswo als im Heidentum des Nordens, wie es sich lange vor der Christianisierung darstellte, heimisch zu sein. Schon der Name des Weltbaumes, *Yggdrasil* (Odins Pferd), ist unauflöslich mit Odin verknüpft. Er wurde wahrscheinlich von der heiligen Säule Irminsul verkörpert, die den heidnischen Sachsen als Stütze des Himmels galt und von Karl dem Großen 772 zerstört wurde. Menschenopfer an Odin sind ebenso wie die rituelle Verbindung von Erhängen und Speerstößen glaubwürdig bezeugt. Die Anzahl der Nächte, die Odin an dem Baum hing, nämlich neun, war eine Zahl, der die Nordländer größte Bedeutung beimaßen und die insbesondere mit Odin und Opferhandlungen in Verbindung gebracht wurde.[46]

Es liegt natürlich im Bereich des Möglichen, daß die Geschichte der Kreuzigung den Mythos von Odins Selbstopfer in gewissem Maße beeinflußt hat; wenn dies zutrifft, so nur deshalb, weil sich die christlichen und heidnischen Motive dermaßen ähnlich waren, daß es zwangsläufig zu Verwechslungen kommen mußte. Die Ähnlichkeit ist wirklich frappierend, und man hat darin den Grund für die relativ mühelose Bekehrung des Nordens zum Christentum gesehen. In der christlich-angelsächsischen Lyrik, die den Tod des Heilands beschreibt, finden sich unbewußt allenthalben odinische Wendungen: Christus hängt »im Winde wild« am Wurzelbaum; der Baum Christi hatte keine Wurzeln, wie sie Odins Baum besaß, und entspringt dem Kosmischen Berg *(an berge)*. Die angesprochenen Verwechslungen werden vielleicht am deutlichsten in einem Volkslied von den Shetland-Inseln aus dem 19. Jahrhundert. Es handelt von Christus, doch passen die Einzelheiten eher zu Odin:

»Neun Tage hing er   am wurzellosen Baum;
denn er war gut,   doch das Volk war es kaum.
Eine blutende Wunde   in seiner Seite war –
mit einer Lanze
gestochen –   und aller Haut bar.
Neun lange Nächte,   im beißenden Frost,
mit nackten Gliedern   hing er dort.
Manche, die lachen;
aber andere weinen.«[47]

Obwohl die Geschichte vom Tode Lugs in aller Ausführlichkeit nur in *Math vab Mathonwy* enthalten ist, habe ich erschöpfend dargelegt, daß auch die Kelten bestens mit einer Erzählung vertraut waren, die eine Parallele zur Kreuzigung Christi darstellte. Von einem Speer in der Seite durchbohrt, hängt Lug am Baum des Lebens. Seine Seele war in Gestalt eines Vogels (des Adlers) zum Wipfel des Baumes aufgestiegen. Zurückverwandelt in den Körper eines Menschen, ist er bei seinem Abstieg »nur Haut und Knochen«. Trotzdem wird er wie durch ein Wunder zu neuem Leben erweckt. Beide Versionen, die keltische und die germanische, müssen auf einen gemeinsamen indo-europäischen Mythos zurückgehen[48], obwohl sich daraus natürlich noch immer kein einleuchtender Bezug zur Kreuzigung Christi ergibt.

Ich habe in diesem Kapitel an früherer Stelle behauptet, daß der Tod Lugs und Odins ebenso wie der Tod Merlins eine Spielart des keltischen und germanischen Mythos vom Dreifachen Tod darstellt. Und hier stoßen wir erneut auf eine ausgeprägte Parallele zum Tode Christi. Christus hing natürlich an einem Baum, und dies war die eigentliche Ursache seines Todes. Im Evangelium des Johannes heißt es (19, 31–35):

»Die Juden aber, dieweil es der Rüsttag war, daß nicht die Leichname am Kreuze blieben den Sabbat über (denn desselben Sabbats Tag war groß), baten den Pilatus, daß ihre Beine gebrochen und sie abgenommen würden.
Da kamen die Kriegsknechte und brachen dem ersten die Beine und dem andern, der mit ihm gekreuzigt war.
Als sie aber zu Jesus kamen und sahen, daß er schon gestorben war, brachen sie ihm die Beine nicht;
sondern der Kriegsknechte einer öffnete seine Seite mit einem Speer, und alsbald ging Blut und Wasser heraus.
Und der das gesehen hat, der hat es bezeugt, und sein Zeugnis ist wahr; und dieser weiß, daß er die Wahrheit sagt, auf daß auch ihr glaubet.«

Obwohl Jesus bereits tot war, als ihn der Soldat in die Seite stach, macht der Zusammenhang deutlich, daß hinter dem Speerstoß die Absicht stand, einen durch das Hangen am Kreuze verursachten, sich eher in die Länge ziehenden Tod zum Abschluß zu bringen. Hier geschieht eindeutig etwas, das man als Zweifachen Tod bezeichnen könnte; gab es noch ein drittes Element?
Wenn auch höchste Vorsicht geboten ist, die Ähnlichkeit gewaltsam herbeizuzwingen, so ist ein drittes Element vielleicht doch zu entdecken. Als Christus um die neunte Stunde laut vor Schmerz aufschrie, geschah folgendes:

»Und alsbald lief einer unter ihnen, nahm einen Schwamm und füllte ihn mit Essig und steckte ihn auf ein Rohr und tränkte ihn.
Aber Jesus schrie abermals laut und verschied.«
(Matthäus, 27, 47–50)

Die Bedeutung dieses Vorgangs ist nicht ganz klar und unter den Exegeten des Neuen Testaments umstritten. Es gibt jedoch guten Grund anzunehmen, daß es sich bei dem »Essig« um Gift handelte und daß man »diesem

Trank die Herbeiführung eines vorzeitigen Todes zuschrieb«.[49] Wenn das zutrifft, könnte die Szene das übliche dritte Element im Motiv vom Dreifachen Tod bei den Germanen und Kelten sein, der Tod durch »Ertränken«?

Eines ist gewiß: Die Kreuzigung ist geradezu überladen mit Symbolen der Zahl Drei. Jesus sagte wahrheitsgemäß voraus: »Ich will nach drei Tagen auferstehen« (Matthäus 27, 63; Markus 8, 31). Nach Matthäus (27, 45–46) und Lukas (24, 44) herrschte von der sechsten Stunde an Finsternis, und Jesus verschied »um die neunte Stunde«, Markus (15, 25–34) sagt, daß Jesus um die dritte Stunde gekreuzigt wurde und nach der sechsten Stunde Finsternis über das ganze Land ward und er um die neunte Stunde starb. Schließlich wurde Christus zwischen zwei anderen Opfern gekreuzigt, ein Umstand, der vermutlich kein Zufall war, sondern rituelle Bedeutung besaß.[50]

So klang vielleicht in den Begleitumständen der Kreuzigung Christi vieles an, das tief in den mythologischen Anschauungen und Bräuchen des Nahen Ostens verwurzelt war. Wie kommt es aber, daß die Kreuzigung einerseits einen bedeutenden mythologischen Aspekt aufweist, andererseits aber auch wirklich stattgefunden hat, also fest in Raum und Zeit verwurzelt ist? Denn es findet sich heute kaum ein ernsthafter Geschichtswissenschaftler, der die Kreuzigung nicht als ein über jeden Zweifel erhabenes, historisches Ereignis betrachtet.[51]

Nehmen wir einmal an – obwohl dies unwahrscheinlich, wenn nicht gar unmöglich ist –, die Erzählungen vom Tode Lugs und Odins bildeten wirkliche Geschehnisse ab, bei denen eine Gottheit geopfert wurde, die menschliche Gestalt angenommen hatte. Dann wäre es durchaus denkbar, daß das Opfer gemäß einem rituellen Präzedens ausgeführt wurde. Im Falle Christi ist dies jedoch kaum möglich. Weder die römischen noch die jüdischen Behörden hatten irgendeinen Grund, einem verurteilten Rebellen und Gotteslästerer eine Sonderbehandlung angedeihen zu lassen, die gewollt den höchsten Erwartungen seiner Anhänger entsprochen hätte. Die Kreuzigung war eine Form der Todesstrafe, die regelmäßig von den Römern gegen Aufwiegler verhängt wurde und die der Erniedrigung diente.[52] Die Öffnung der Seite Jesu mit einer Lanze geschah – obwohl es, wie so oft, hierzu im Alten Testament eine prophetische Parallele gibt – eigentlich aus einem denkbar prosaischen Grund: man wollte den Leiden Jesu ein Ende setzen. Außerdem gibt es keinen Anlaß, dem ausdrücklichen Hinweis zu mißtrauen, ein Augenzeuge habe das Ganze beobachtet.

Im Dreifachen Tod findet sich vielleicht die uralte, weitverbreitete Vorstellung von einer dreieinigen Gottheit wieder. Osiris, Isis und Horus bildeten die ägyptische Göttertrias, und bei den Indo-Europäern herrschte allgemein eine Dreiteilung der Gottheiten. Der Glaube an die Dreieinigkeit ist unter Umständen ebenso alt wie das religiöse Denken überhaupt.[53] Als der auferstandene Christus die Lehre von der Dreifaltigkeit verkündete, geschah dies auf einem Berg in Galiläa (Matthäus 28, 16–20), bei dem man versucht ist, ihn mit dem Berg Tabor gleichzusetzen. Er war die *axis mundi*, von der die Schöpfung ausgegangen war, der Punkt, auf den sie am Ende der Zeiten sich wieder zusammenziehen würde. »Und siehe, ich bin bei euch alle Tage bis ans Ende der Welt.«[54]

Das Selbstopfer Gottes ist von Symbolen begleitet – Baum, Speer und Wasser –, über deren Bedeutung man nur Mutmaßungen anstellen kann. Sinn und Zweck von Symbolen liegt aber gerade darin, das zum Ausdruck zu bringen, was seinem Wesen nach nicht verstehbar ist. Indem die Symbole aus dem Unterbewußtsein aufsteigen, bilden sie jenes Mysterium ab, von dem der Mensch zu sehr ein Teil ist, um es in seiner Gesamtheit erkennen zu können. Der Archetypus des Erlösergottes, des Helden, der durch seinen Tod und seine Wiedergeburt die Menschheit erlöst, ist tief in der menschlichen Psyche verankert. Nach C. G. Jung entstammt dieses Motiv »einer Zeit, als der Mensch noch nicht wußte, daß er einen Heldenmythos besaß, das heißt einem Zeitalter, als er noch nicht bewußt über das nachdachte, was er sagte. Die Heldenfigur ist ein Archetypus, der seit undenklichen Zeiten existiert«.[55] Bei den keltischen und germanischen Zweigstämmen der indo-europäischen Völker drückte sich dieser Archetypus in den Mythen um den Dreifachen Tod von Lug (Lleu) und Odin aus, die sich parallel zueinander entwickelten. Die Bedeutung der Kreuzigung liegt darin, daß sie das kosmische Ereignis in die lineare historische Zeit eingeführt hat.

Aus all dem wird deutlich, daß das Motiv vom Dreifachen Tod, wie es Merlin zugeschrieben wird, den Mythos vom Erlösergott widerspiegelt, dessen Selbstopfer dem Glauben nach in dieser zutiefst rituellen Form stattgefunden hatte. Obwohl das Motiv zweifellos mythologischen Ursprungs ist, fand es, wie so viele andere Mythen, große Verbreitung im Volkstum. Es läßt sich heute nicht mehr mit Sicherheit feststellen, ob Merlins Ende als Spiegelung oder Nachahmung des Todes des Gottes gedacht war, oder ob die im Umlauf befindliche Volkssage zu einem bestimmten Zeitpunkt seiner Legende angefügt wurde. Insgesamt gesehen scheinen die Zeugnisse jedoch dafür zu sprechen, daß man ursprünglich von Merlin glaubte, er sei einen Opfertod gestorben. Das Motiv vom Dreifachen Tod findet sich in allen Fassungen der Merlinsage (Merlin, Lailoken, Suibhne), woraus wir schließen können, daß es bereits in einem frühen Entwicklungsstadium der Sage vorhanden war. Andere Überlegungen deuten ebenfalls daraufhin, daß das Motiv untrennbar mit der Geschichte Merlins verbunden ist.

Höchstwahrscheinlich wurden die Verehrer Lugs nicht nur als Verkörperungen der Gottheit angesehen, sondern unterzogen sich auch gelegentlich einer Opferhandlung, mit der sie das Opfer ihres Gottes nachvollzogen. Dies scheint bei Lugs teutonischem *alter ego* Odin der Fall gewesen zu sein.[56] Ich habe in einem der vorangegangenen Kapitel auf die ausgeprägten Ähnlichkeiten zwischen Lug und Merlin hingewiesen. Man kann daraus durchaus folgern, daß der Dreifache Tod, der Merlin zugeschrieben wird, eine Opferhandlung darstellt, ähnlich wie sie König Vikar dem Odin darbrachte. Man muß dazu – wie an früherer Stelle angedeutet – einen Vergleich anstellen zwischen einer Passage aus *The Life of St. Samson*, die eine heidnische Versammlung in Cornwall schildert, ungefähr zu der Zeit als Merlin im Norden wirkte, und dem ausführlich dokumentierten Lughnasafest im heidnischen Irland. Da dieses Fest insbesondere den »Tod« und die Auferstehung eines Jünglings mit einschloß, könnte es sein, daß zu der Zeremonie irgendwann einmal auch ein Opfer an den Gott Lug gehörte, in dem sein eigener Tod nachgeahmt wurde.

Es gibt noch weitere Erwägungen. Schauplatz des Gedichtes *Cad Goddeu* in *The Book of Taliesin* ist der Wald, in dem sich Merlin während seiner Verbannung aufhielt, und es gibt verschiedene Gründe zu der Annahme, daß dieses Gedicht eine Bearbeitung oder Wiederaufnahme von Aussprüchen aus des Barden eigenem Munde darstellt. Wie wir wissen, war ein Großteil der unechten Geschichte Taliesins *(Hanes Taliesin)* in einem früheren Stadium Merlin zugeschrieben worden, und so gut viele der Anspielungen des *Cad Goddeu* zu Merlin passen, so fehl am Platz wirken sie in Zusammenhang mit dem historischen Taliesin. Seine Inkarnationen in wechselnde Gestalten; sein Leben als Krieger, bevor er zum Hüter der wilden Tiere wird; und der abschließende Befehl an die Druiden, dem Arthur weiszusagen: all dies trägt doch sehr das Siegel der Merlinsage.

Bemerkenswert ist auch eine parallele Gleichsetzung mit Lleu (Lug). Der Sprecher im *Cad Goddeu* erklärt, er sei von Math geschaffen, der – nach der Erzählung *Math vab Mathonwy* – der mutmaßliche Vater des Lleu war. Und er fügt hinzu, seine Erschaffung verdanke er Gwydions Zauberstab; in der Erzählung verliert ihn Lleus Mutter Arianrhod in Form einer Nachgeburt, als sie über den Stab des Magiers Gwydion steigt. In einer rätselhaften Anspielung erklärt der Dichter, er sei »mit Dylan Eil Mor auf der Brustwehr gewesen«, in der Erzählung war Dylan Eil Ton der Bruder des Lleu. Wieder erwähnt der

Dichter zwei verzauberte Speere aus dem Himmel – ein magischer Speer war die besondere Waffe des Gottes Lug. Höchst bedeutungsvoll bestätigt er, niemand außer »Gronwy von Doleu Edrywy« habe gewagt, ihn anzugreifen. Natürlich war dies der gleiche Gronwy Pevr, der Lleus Frau verführte und ihn später mit einem magischen Speer durchbohrte.[57]

Das Gedicht *Cad Goddeu* ist dunkel in seinen Anspielungen und von der Sprache her schwer verständlich; aber vieles darin ergibt einen Sinn, wenn wir Merlin als eine Inkarnation Lugs an die Stelle des Sprechenden setzen. In seinem Auge spiegelt sich die Ewigkeit. Er sieht Gwydion, den Urzauberer, der mit einer Berührung seines Stabes Bäume in Soldaten verwandelt. Im Geiste durchläuft er die endlose Zahl von Inkarnationen, seine und die der ganzen Menschheit; sieht alle Dinge in Vergangenheit, Gegenwart und Zukunft, die Flut, die Kreuzigung und das Jüngste Gericht. Die Vision gipfelt in Ekstase, als sich der Prophet schließlich im goldenen Licht der Herrlichkeit in den Himmel erhoben sieht.

Diese Apotheose wurde durch den Aufstieg über den gefährlichen Pfad erreicht, der aus dem Wald zu der heiligen Quelle in der Felsspalte auf dem Hart Fell führte, jenem Mittelpunkt der Welt im Herzen Goddeus, der am Fuße des Lebensbaumes liegt, welcher hinaufreicht bis zu dem leuchtenden Nagel im Zentrum des strahlenden Himmelsgewölbes. Was Merlin betrifft, so war sein Schicksal nichts geringeres als ein Opfer, bei dem er als der Mensch gewordene Gott den Dreifachen Tod des wahren Gottes – symbolisch oder wirklich – durchlitt.

Die Überlieferung siedelt den Ort seines Sterbens und der Grablegung kaum 18 Kilometer entfernt von seiner Zufluchtsstätte auf dem Berg an. Weder Geoffrey von Monmouth noch die walisischen Gedichte befassen sich mit Merlins Tod, doch in den Lailoken-Fragmenten steht, er stürzte »über ein Steilufer des Tweed in der Nähe der Feste Dunmeller« in den Tod. Diese Anspielung wurde lange auf das Dorf Drumelzier am Tweed bezogen, wo die Dorfbewohner immer noch die Stelle zeigen, an der Merlin begraben liegt. Diese Stelle befindet sich durchaus innerhalb des Gebietes, das einst der *Coed Celyddon* und *Goddeu* bedeckte.

Auf der anderen Seite läßt die Analogie vermuten, daß man die Vorstellung hatte, die Opferhandlung habe auf dem Scheitelpunkt der *axis mundi*, dem Gipfel des Hart Fell, stattgefunden. Es könnte von Bedeutung sein, daß der einzige Hinweis auf Merlins Tod in der walisischen Lyrik eine Anspielung auf sein Grab in den Bergen ist. Ein Vers in den »Stanzas of the Graves« lautet:

Bedd Ann ap lleian ymnewais fynydd,
luagor llew Ymrais,
Prif ddewin Merddin Embrais.

Ich übersetze dies so:

»Das Grab des Sohnes der Nonne auf dem Berge Newais:
Herr der Schlacht, Lleu Embreis;
Oberhaupt der Zauberer, Myrddin Embrais.«[58]

Dieser Vers scheint uns Hinweise auf Merlins jungfräuliche Geburt und seine Gleichsetzung mit Lleu (Lug) zu liefern; beide tragen das Epitheton *Embreis*. Wo sich aber der Berg Newais befindet, bleibt ebenso im Dunkeln wie gegenwärtig noch die Stelle, wo Merlin bestattet wurde.

Diese Rekonstruktion von Merlins Rolle als Prophet und Führer in die Anderswelt und von seiner Beziehung zu dem Gott Lug beruht auf einer Vielzahl verschiedener Zeugnisse, findet sich aber nirgends in einer einzigen Erzählung ausgedrückt. Doch gibt die Geschichte einer Schamanenfigur aus dem alten Griechenland eine Entsprechung. Orpheus (der auf jeden Fall mit Merlin-Lug verknüpft ist[59]) soll laut Plutarch unter der Ägide Apollos zum Weltnabel in Delphi gereist sein. Dort betrat er »den großen *krater*, aus dem die Träume ihre Mischung aus Wahrheit und Falschheit schöpfen«, und so gelang es ihm, der Unterwelt einen Besuch abzustatten und auf die Erde zurückzukehren.[60] Wir halten mit dieser Geschichte ein bemerkenswertes Gegenstück zur Merlinsage in Händen, und die Gewichtigkeit des Beweismaterials läßt den Schluß zu, daß es sich bei den vorhandenen Hinweisen auf Merlin um überkommene Fragmente einer britischen Sage handelt, die mit der Orpheus-Sage vergleichbar ist.

XII

Der Trickster, der Wilde Mann und der Prophet

Nur wenige mythologische Gestalten können sich einer so weitverzweigten Herkunft rühmen wie ein durchtriebener Sonderling, der als ›Der Trickster‹ bekannt ist: Eine facettenreiche, komplexe Persönlichkeit, deren Charakterzüge sich zum Bild einer abgerundeten und erkennbaren Einzelgestalt fügen – der vielleicht ersten, die als »literarische« Vorstellung in Erscheinung trat. Seine wesentlichen Eigenschaften hat der amerikanische Anthropologe Paul Radin eindrücklich zusammengefaßt:

»Offensichtlich befinden wir uns hier vor einer Gestalt und einem Thema oder Themen, die einen besonderen und dauernden Reiz und eine ungewöhnliche Anziehungskraft für die Menschheit seit den Anfängen der Zivilisation besitzen. In der Form, die sich bei den nordamerikanischen Indianern erhalten hat und die als seine früheste und archaischeste Erscheinung betrachtet werden muß, ist der Schelm in ein und derselben Zeit Schöpfer und Zerstörer; spendend und verweigernd, ist er der Betrüger, der selbst immer betrogen wird. Und doch strebt er nie bewußt nach irgendetwas. Jederzeit ist er durch Impulse, die er nicht zu beherrschen vermag, gezwungen, sich so zu benehmen, wie er es tut. Er kennt weder Gut noch Böse, ist jedoch für beides verantwortlich. Er kennt weder moralische noch soziale Werte, ist seinen Lüsten und Leidenschaften ausgeliefert, und doch werden alle Werte durch seine Taten ins Leben gerufen.« (Nach Paul Radin, Der göttliche Schelm, Seite 7).

Die Geschichten, die sich um den Trickster ranken, tragen stark pikarische, ja, anarchische Züge und schwelgen oft geradezu in skatologischer Unbotmäßigkeit. Doch hinter diesen thematischen Eskapaden steckt eine klare Absicht. Wie läßt sich eine Figur vereinbaren, die Wohltäter, Possenreißer und hämischer Quälgeist in einem ist, leibhaftiger Geist des Unheilstifters, gleichzeitig aber auch ein Kulturheld, der die Menschen den Gebrauch des Feuers und die Kunst des Pflanzenanbaus lehrt, Ungeheuer tötet und die Jahreszeiten voneinander trennt?

Der Trickster verkörpert ein wunderliches Elementarwesen, das nur zum Teil in die menschliche Gesellschaft integriert ist. Seine zweigeteilte Natur hindert ihn daran, sich zur Gänze von seinen chaotischen, noch seinem Ur-Ich angehörenden Wesenszügen zu befreien. Er verstößt gegen die heiligsten Tabus der Gesellschaft in einer Art und Weise, wie sie für gewöhnlich nicht einmal im Mythos in Betracht kommt. Er wirkt als Zerstörer, wird gelegentlich gar zum Mörder; und doch bringt ihn bei anderer Gelegenheit seine rasche Auffassungsgabe dazu, seinen Mitmenschen zu zeigen, wie man den Feuerstein benutzt oder Unterkünfte baut. Auf seinen unersättlichen Hunger, sein rastloses Umherschweifen und seine ungezügelte Sexualität wird immer mit Nachdruck hingewiesen.

Zahlreiche komische Episoden illustrieren dieses letztgenannte Thema. Der Trickster der Winnebago-Indianer, Wakdjunka, erwacht und vermißt seine Decke — dann sieht er sie auf der Spitze seines riesenhaften, eregierten Gliedes in der Luft schweben. Er reckt seinen Penis über einen See, um ein badendes Mädchen zu schwängern, stattdessen treibt eine alte Frau eine Ahle in sein Fortpflanzungsorgan. Die ganze Darstellung schwelgt in sexuellen Bildern, aber es handelt sich um eine völlig desorganisierte, noch keinem sozialen Zweck dienende Sexualität. Er muß sich sogar von einem Backenhörnchen darüber belehren lassen, wo Penis und Hoden an seinem Körper ihren Platz haben sollten! Dann beißt das Bakkenhörnchen solange immer wieder ein Stück von seinem riesigen Penis ab, bis die weggebissenen Teile überall im Umkreis verstreut liegen und sein Glied auf menschliche Maße zurechtgestutzt ist. Auf einer rein skatologischen Ebene läßt er seinem Rektum einen Wind entstreichen, der die Umstehenden bis ans Ende der Welt katapultiert, dann steigt er auf einen Baum und scheidet eine solche Menge Kot aus, daß dieser sich auf der Erde zu Bergen türmt und er sich durch seine eigenen Exkremente quälen muß, bis er endlich Wasser zum Waschen findet.

So komisch solche Schilderungen für sich betrachtet auch

sein mögen, bergen sie doch eine tiefere Bedeutung. In einer Welt ohne Anfang und Ende wird uns ein nie alternder, einem Phallus gleichender Protagonist geschildert, der, rastlos von Ort zu Ort schweifend, durch die Szenerie stolziert und mit wechselndem Erfolg versucht, seinen unersättlichen Hunger zu stillen und seinen hemmungslosen Geschlechtstrieb zu befriedigen. Obwohl er keinen bestimmten Zweck zu verfolgen scheint, zeigt sich uns am Ende seines Wirkens eine neue Gestalt; es hat eine seelisch-geistige Neuorientierung stattgefunden, und eine neue Umwelt ist entstanden. Hier ist nichts *de novo* geschaffen worden. Alles Neue wurde entweder durch Abstreifen und Umordnen des Alten oder, im negativen Sinne, dadurch erreicht, daß vorgeführt wurde, wie bestimmte Verhaltensweisen unweigerlich zu Spott und Erniedrigung führen und in Leid und Schmerzen, wenn nicht gar im Tod enden.

Was aber, könnte man mit gutem Grund fragen, hat diese ursprüngliche Fabel zu bedeuten? Nun, hierüber dürfte so gut wie kein Zweifel bestehen. Sie enthält die nebelhaften Erinnerungen an eine archaische und uranfängliche Vergangenheit, als es noch keine klar umrissene Unterscheidung zwischen dem Göttlichen und dem Nicht-Göttlichen gab. Für diesen Zeitabschnitt ist der Trickster das Symbol. Und tatsächlich nimmt man an, daß der Mythos aus jener im Dunkeln liegenden, prähistorischen Vergangenheit stammt, in der sich menschenähnliche Geschöpfe unmerklich in unsere frühesten Ahnen wandelten.[1]

Es liegt auf der Hand, daß die Gestalt Merlins genau auf den archetypischen Trickster paßt. Im Mythos der Winnebago wird Hare (der Trickster) von einer menschlichen Jungfrau zur Welt gebracht; sein Vater ist nicht bekannt.[2] Im *Merlin* des Robert de Boron verhält es sich ähnlich: Der Prophet wird von einer Jungfrau empfangen. Wir erinnern uns: Die Teufel in der Hölle schicken einen aus ihrer Mitte los, damit er mit einer Sterblichen ein Kind zeuge, das, halb Mensch, halb Teufel, die Vernichtung der Menschheit herbeiführen wird. Die Verschwörung wird durch den heiligen Einsiedler Blaise teilweise vereitelt, da er über der Mutter das Kreuzzeichen schlägt. Dies hat zur Folge, daß Merlin mit zwei verschiedenen Naturen geboren wird. Von den Teufeln empfängt er die Gabe, die gesamte Vergangenheit zu überblicken (»alle Dinge, die je gewesen und getan und gesagt worden und vergangen waren«), desgleichen den haarigen Balg eines Tieres. Von Gott jedoch wird ihm die Macht gegeben, in die Zukunft zu sehen. Er war also ein halb tierhaftes, halb geistiges Wesen:

»Er hielt es mit jedem, nach dem ihm der Sinn stand, denn er sah, daß er den Teufeln das Ihre geben konnte und unserem Herrn, was Unseres Herren war: denn die Teufel schufen nur seinen Körper, und Unser Herr hauchte seinem Körper die Seele ein...«

Fortan vereinte Merlin – wie der Trickster – »die Doppelfunktion von Wohltäter und Possenreißer« in einer Person. Der göttlich erleuchtete Merlin enthüllt Vortigern die Zukunft, erbaut Stonehenge, sorgt dafür, daß Arthur auf den Thron folgt und erzählt von der Geschichte jenes machtvollen, wenn auch mysteriösen Palladiums, des Grals. In all dem ähnelt er dem Trickster in seiner Rolle als Wohltäter, der durch die Welt streift und danach trachtet, sie zu verbessern und das Leben der Menschen erträglicher zu machen.[3] Die dämonische Seite in seiner Natur tritt in dem sardonischen Gelächter des Propheten zutage, in das er immer ausbricht, wenn er aus einer Laune heraus seine übernatürliche Wahrnehmungsgabe zur Schau stellt. Er lacht beim Anblick eines Mannes, der beim Begräbnis seines Kindes weint – er allein nämlich weiß, daß der Priester, der die Zeremonie leitet, der wirkliche Kindesvater ist. Er taucht unerwartet in lächerlichen Verkleidungen auf, um seinen Mitmenschen boshafte Streiche zu spielen, und macht den Kuppler, damit Uther Igerna verführen kann. Alle diese Episoden enthalten ein gutes Maß an Komik; doch der Haarpelz, der sein teuflisches Erbe darstellt, erschreckt seine Mutter und andere Frauen.

Ein Motiv, das in fast keiner dieser schelmischen Eskapaden fehlt, ist das sarkastische Lachen, mit dem Merlin auf die unbeabsichtigte Verwirrung reagiert, die sein Wissen bei den Menschen um ihn herum stiftet. Es ist das gleiche typische Lachen des Tricksters aus dem Winnebago-Zyklus, das zum Entsetzen aller erschallt, denen er übel mitgespielt hat.[4]

Symbolisch für das vergebliche Bemühen des Tricksters, sich der rohen und tierhaften Seite seiner Natur zu entledigen, sind gewalttätige Kämpfe, die er mit sich selbst austrägt, etwa wenn seine linke Hand mit seiner rechten ringt. Oft ist er der Geprellte seiner eigenen Gerissenheit; so kommt es vor, daß er sich in der Astgabel eines großen Baumes verfängt, den er zu überlisten suchte, daß er sich den Hintern verbrennt, weil er ihn für den Mund eines geistlosen Dieners hält, und daß er sich von einigen Fliegen dazu verleiten läßt, seinen Kopf in einen Elchschädel zu stecken, aus dem er ihn nicht mehr herausziehen kann.[5]

Merlins tragisches Ende, bei dem ihm ein magisches Gefängnis, das er selbst ersonnen hatte, zur Falle wird, spiegelt dieses Muster genau wider. Betört vom Liebreiz der Dame Nimue, zog der Zauberer mit ihr nach Cornwall. Was weiter geschah, wird am treffendsten von Malory wiedergegeben (wobei er sich auf die frühere *Suite du Merlin* bezieht):

»Und so geschah es einmal, daß Merlin ihr einen Felsen zeigte, wo ein großes Wunder war und auf dem ein großer Zauber lag für den, der unter einen großen Stein ging. So brachte sie durch ihre besondere Kunst Merlin dahin, unter den Stein zu gehen, um sie die Wunder, die dort waren, wissen zu lassen, aber sie wirkte fort für ihn, daß er trotz aller Kunst, die er anwenden konnte, nie mehr herauskam. Und so ging sie fort und verließ Merlin.« (Nach Hedwig Lachmann)

Die dämonische Seite von Merlins Wesen verkörpert demnach einen Archetypus, der sich bis zur Zeit der Erschaffung des Menschen fortentwickelt und der dann als animalischer Schatten weiterlebt und ständig mit allem, was ihm an anarchischer Unordnung und Bösem zur Verfügung steht, hinter dem gottgleichen Bild des Menschen auf der Lauer liegt. Der Mythos ist einst entstanden, um die ständig in unserem Unbewußten schwelende Erinnerung daran auszutreiben, daß der Mensch im Grunde genommen nichts anderes ist als ein wildes Tier, das aufrecht auf seinen Hinterbeinen geht und über die Macht des Sprechens und des Denkens verfügt. Die Austreibung geschieht durch das bekannte Mittel der Verspottung, so daß Merlin trotz seiner Weisheit immer wieder in der scheinbar unpassendsten Weise zum Narren gestempelt wird. Er kommt mit einem Haarpelz auf die Welt und erscheint später als Holzfäller verkleidet, mit »einem kurzen, zerlumpten Kittel und langem, zerzaustem Haar und einem sehr langen Bart«, so daß er wahrscheinlich einem wilden Manne glich (*home sauvaige*). Der Ausdruck »Wilder Mann« bezieht sich auf eine weitverbreitete mittelalterliche Vorstellung, die wiederum auf eine noch viel ältere Anschauung zurückgeht.

Wilde Männer wurden als halbmenschliche Wesen angesehen, die in abgelegenen Wäldern ein tierhaftes Dasein fristeten und sich von Wurzeln, Beeren, Nüssen und dem rohen Fleisch wilder Tiere nährten. Sie hausten in Höhlen oder primitiven Unterkünften und waren ständig gezwungen, sich anderer wilder Bewohner der Wälder zu erwehren. Man stellte sie sich als unendlich machtvoll vor, als bärbeißig und aggressiv und unfähig, mehr als ein rudimentäres Gestammel zu äußern. Sie glaubten an keinen Gott, da sie zu rückständig waren, um solche Vorstellungen zu hegen, und hatten deshalb keine Seelen; sie waren völlig ihren fleischlichen Lüsten verfallen, die sie zügellos befriedigten, und wurden oft als schwachsinnig angesehen. Was ihr äußeres Erscheinungsbild angeht, so waren sie am ganzen Körper mit dichtem Fell bedeckt (außer an Händen und Füßen und im Gesicht) und trugen häufig eine gewaltige, unbearbeitete Keule als Waffe.[6]

In der bildenden Kunst und der Literatur des Mittelalters gibt es eine Vielzahl Wilder Männer, und die Vorstellung läßt sich bis in die älteste bestehende Literatur zurückverfolgen. Das *Gilgamesch-Epos,* jene großartige akkadische Dichtung, die irgendwann im dritten Jahrtausend v. Chr. verfaßt wurde, enthält einen ausführlichen Bericht über Enkidu, den allerersten Wilden Mann. Das Epos erzählt die Geschichte von Gilgamesch, dem König von Uruk. Trotz leuchtenden Ruhmes und großer Macht schickt er sich an, seine Untertanen zu unterdrücken; so flehen jene die Götter um Beistand an. Diese machen sich ans Werk, einen Rivalen für Gilgamesch zu erschaffen, der seine Überheblichkeit zügeln soll; es ist der heldenmütige Enkidu, der in der offenen Steppe geboren wird:

»Mit Haaren *bepelzt* am ganzen Leibe;
Mit Haupthaar versehen wie ein Weib:
Das *wallende* Haupthaar, ihm wächst's wie der Nisaba!
Auch kennt er nicht Land noch Leute:
Bekleidet ist er wie Sumukan!
So verzehrt er auch mit den Gazellen das Gras,
Drängt er hin mit dem Wilde zur Tränke,
Ist wohl seinem Herzen mit *des Wassers Getümmel!*«

Gilgamesch schickt eine Tempelhure los, die Enkidu verführen soll. Nach einer Woche sexueller Ausschweifung findet sich Enkidu zwar körperlich geschwächt, doch im Besitz neuen Wissens. Er verläßt die Wildnis und sucht Gilgamesch auf. Nach einem hitzigen Ringkampf, aus dem Gilgamesch als Sieger hervorgeht, werden die beiden enge Freunde und machen sich auf den Weg, den gefürchteten Herrn des Waldes, Huwawa, töten. Danach aber kommt es zu einem Streit mit den Göttern, der zu Enkidus Tod führt, und Gilgamesch wird vor Kummer selbst zu einem Wilden Mann. Er bricht zu einer vergeblichen Pilgerfahrt auf, um das Geheimnis der Unsterblichkeit zu erfahren. Soweit in den gröbsten Zügen der Inhalt des Epos, wie es uns in fragmentarischen Tafeln erhalten geblieben ist.[7]
Offenkundig verkörpert Enkidu die Menschheit vor der

Zivilisation. In der Steppe lebt er in Gemeinschaft mit den wilden Tieren; diese Gemeinschaft zerbricht, als er einer Frau begegnet, Wissen erwirbt und zum Menschen wird:

»Frei ward sein Inneres und heiter,
Es frohlockte sein Herz, und sein Antlitz erstrahlte!
Mit Wasser wusch er ab seinen haarigen Leib:
Er salbte sich mit Öl und wurde dadurch
ein Mensch.
Ein Gewand zog er an, wie die Männer er nun.
Seine Waffe nahm er, gegen die Löwen anzugehen;
Es legten sich nachts schlafen die Hirten!
Er erschlug die Wölfe, verjagte die Löwen.
Es ruhten die *alten* Hüter:
Enkidu ist ihr Wächter...«

Wie andere Wilde Männer verkörpert Enkidu den Menschen in einem primitiven, tierhaften Zustand, da sein ungeschlachter, zottelhaariger Körper noch nichts von den verzärtelnden Einflüssen von Kultur und Moral wußte. Der Wilde Mann ist das leibhaftige Verlangen, und er ist stark, gewitzt und verschlagen genug, um seine Gelüste voll und ganz auszuleben. Sein Charakter und seine Lebensweise sind dementsprechend unbeständig. Er ist ein Vielfraß, der sich heute den Wanst vollschlägt und morgen darbt; er ist lüstern und wechselt wahllos die Gespielinnen, ohne sich dabei irgendeiner Sünde bewußt zu sein.[8]
Im Gegensatz zu anderen Fabelwesen, die man sich in fernen Zeiten oder Ländern vorstellt, wird der Wilde Mann gewöhnlich als jemand dargestellt, der stets gegenwärtig ist und unmittelbar an den Rändern der Gesellschaft lebt. Er ist nur eben außer Sichtweite, jenseits des Horizonts, in den nahegelegenen Wäldern, Wüsten, Bergen oder Hügeln.[9] Was dies zu besagen hat, liegt auf der Hand; der Wilde Mann verkörpert nicht nur den Menschen in seinem frühen, unzivilisierten Zustand, sondern

auch jenen »wilden« Zug in seiner Natur, der sich als ein Überbleibsel des primitiven Zustandes erhalten hat. In der mittelalterlichen Ikonographie wird Adam manchmal als Wilder Mann gezeigt (ein schönes Beispiel hierfür ist eine Schnitzerei auf einem Paneel in einer Kirche aus dem fünfzehnten Jahrhundert in Ambierle, Frankreich), und es war Adams Sündenfall, der bewirkte, daß der als Ebenbild Gottes geschaffene Mensch auf ewig mit einem Makel behaftet blieb.

So wird deutlich, daß der Begriff des Wilden Mannes eine Variante des Trickster-Motives ist, mit vielleicht einem Unterschied: Während die Geschichten um den Trickster den ewigen Kampf des Menschen darstellen, sich von seinem animalischen Erbe zu befreien, steht das Bild des Wilden Mannes einfach für eine frühere Entwicklungsstufe, als der Mensch noch in einem Zustand ungetrübt primitiver Barbarei lebte. (Es ist übrigens interessant, daß dieses unbewußte Wissen um die Vorfahren des Menschen, Hominide und Prähominide, in praktisch allen Mythen enthalten ist, die eine von der übrigen Schöpfung getrennte Erschaffung des Menschen geltend machen.)

Nun wird man auch verstehen, warum zahlreiche Wissenschaftler die Merlinsage, insbesondere die frühe Form, die in den Lailoken-Fragmenten erhalten geblieben ist, als eine Spielart des primitiven Motivs vom Wilden Mann aus den Wäldern ansehen.[10] Es gibt gute Gründe, diese Ansicht nicht zu teilen und hervorzuheben, daß das Motiv des Wilden Mannes zwar zweifellos ein Bestandteil der Geschichten um Lailoken, Merlin und Suibhne ist, darin aber eine untergeordnete und nebensächliche Rolle spielt.

Erstens wird der traditionelle Wilde Mann immer als großer Jäger dargestellt, ein Wildbeuter, der seine Mitgeschöpfe in der Wildnis tötet und ihr rohes Fleisch verschlingt. Die Gestalt Merlins in ihren verschiedenen Ausprägungen ernährt sich – in starkem Gegensatz hierzu – rein vegetarisch.

Zweitens geben sich Wilde Männer den sinnlichsten Ausschweifungen hin; wie die wilden Tiere kennen sie keinerlei moralische Einschränkung und treiben es hemmungslos. Die Figur Merlins ist eher keusch; der Prophet beklagt die erzwungene Trennung von seiner Frau.

Drittens – und daran gibt es keinen Zweifel – sind Lailoken, Merlin und Suibhne Persönlichkeiten von außergewöhnlicher Intelligenz und Sensibilität; die beiden letztgenannten führen häufig Klage, daß ihnen die Annehmlichkeiten kultivierter Gesellschaft verweigert sind. Dem wahren Wilden Mann fehlen, definitionsgemäß, diese Wesenszüge völlig.

Niemand könnte weiter von dieser Vorstellung entfernt sein als der Philosoph und Astronom, den uns Geoffrey von Monmouth zeigt; als der an Leib und Seele gebrochene Verbannte, der um sein früheres Leben am Hofe klagt und dessen Selbstgespräche uns die walisische Myrddinlyrik überliefert; oder selbst als der bekümmerte Prophet aus den Lailokengeschichten. In Wahrheit steht Merlin dem Prospero viel näher als Caliban – eine Verbindung, die auf wesentlich mehr als auf einer Analogie beruht. Shakespeare hat seinen Prospero, wie es scheint, dem berühmten Alchemisten Dr. John Dee nachempfunden, der sich nicht nur selbst als ein – zeitversetztes – Pendant zu Merlin betrachtete, sondern auch in weiten Kreisen als *alter ego* des Zauberers angesehen wurde! Wahrscheinlich geht auch Spensers Bild von Merlin in *The Faerie Queene* – zumindest teilweise – auf Dr. Dee zurück.[11]

Es steht also völlig außer Frage, daß Merlin in seiner ursprünglichen Gestalt alles andere als ein Wilder Mann war. Dies heißt wiederum nicht, daß er im Laufe seiner Entwicklung nicht einige Wesenszüge des Wilden Mannes angenommen hätte. Da er allein im Walde hauste, konnte es kaum ausbleiben, daß sein entbehrungsreiches Leben mit dem anderer Bewohner der Wildnis verglichen wurde. Glücklicherweise läßt sich diese Entwicklung in den uns vorliegenden Texten nachvollziehen.

In der *Vita Merlini* trifft Merlin auf einen Wahnsinnigen, der »viele Jahre wie ein Tier des Waldes gelebt hat und jeder Vernunft bar verwildert umherlief«. Merlin überredete den Unglücklichen nach seiner Heilung dazu, an seiner Zufluchtstätte im Walde bei ihm zu bleiben. Es sieht so aus, als hätte sich Geoffrey von Monmouth, da ihm die Ähnlichkeiten im äußeren Erscheinungsbild auffielen, darum bemüht, einen Wilden Mann in die Geschichte einzuführen.

Diese Entwicklung läßt sich in den älteren Lailokengeschichten noch deutlicher erkennen. Die Verfechter der Theorie, die Geschichte sei ursprünglich eine bloße Spielart der Mär vom Wilden Mann gewesen, haben viel Aufhebens um einen Abschnitt gemacht, in dem Lailoken als »ein nackter Wahnsinniger, behaart und völlig hilflos« (*quidam demens nudus et hirsutus*) geschildert wird. Der Haarpelz ist zwar zweifellos das charakteristische Merkmal des Wilden Mannes, doch können die Kritiker, die dies als Beweis dafür ansehen, daß Lailoken selbst ein Wilder Mann war, die nachfolgenden Sätze nicht mit voller Aufmerksamkeit gelesen haben. Nach seiner ersten Begegnung mit dem heiligen Kentigern eilt Lailoken zurück in den Wald. Angerührt von seinem offenkundigen Elend betet Kentigern für ihn in folgenden bedeutsamen Worten:

»Herr Jesus, dies ist der unglücklichste aller unglücklichen Männer, mit dem Leben, das er in dieser schlimmen Wildnis führt, wie ein wildes Tier unter wilden Tieren, ein nackter (*nudus*) Flüchtling, der sich nur von Pflanzen nährt. Tiere der Wildnis haben Borsten und Haare als ihre natürliche Körperbedeckung und Felder von Gras und Wurzeln und Blattwerk, um sich zu nähren, wie es ihnen ziemt. Unser Bruder hier ist wie einer von uns mit seiner nackten Gestalt und seinem Fleisch und Blut und seiner Gebrechlichkeit (*formam nuditam carnem sanguinem et fragilitatem sicut unus habens ex nobis*), doch fehlt ihm alles, wessen die menschliche Natur bedarf, außer der gemeinen Luft. Wie also lebt er unter den Tieren des Waldes im Angesicht des Hungers, der Kälte und beständigen Fastens?«

Könnte man es mit noch größerem Nachdruck, noch deutlicher sagen? Lailoken ist nackt und *nicht* wie die

Tiere der Wildnis behaart. Es ist tatsächlich so, daß er sich nur durch sein Unglück von seinen Mitmenschen unterscheidet. Der einleitende Hinweis, in dem er als »behaart« (*hirsutus*) beschrieben wird, muß ein nachträglicher Einschub sein; das Gebet hätte nicht mit diesem Nachdruck auf der unbehaarten Nacktheit des Propheten formuliert werden können, wäre *hirsutus* schon in der ursprünglichen Version vorgekommen. Mit einiger Sicherheit ist das Adjektiv erst eine gewisse Zeit nach Vollendung der Erstfassung von einem Bearbeiter in den Text eingefügt worden. Dieser hatte wohl erkannt, daß die Lebensumstände Lailokens größtenteils mit denen des Wilden Mannes der Überlieferung übereinstimmten, und ihn daher mit dem traditionellen Haarpelz versehen. Die Beweise hierfür sind kaum zu widerlegen. Der Lailoken der ursprünglichen Geschichte war in *erster Linie* ein Prophet, der in der Wildnis lebte, wohin ihn ein traumatisches Erlebnis getrieben hatte. Wie in einigen der vorangegangenen Kapitel bereits gezeigt wurde, trifft auf eine solche Gestalt genau das zu, was wir über prophetische Barden und andere Erleuchtete in der schamanistischen Tradition der Kelten und der Völker vor ihnen wissen. Nichts berechtigt dazu, ihn willkürlich zu etwas anderem zu machen, ganz gleich, welche flüchtige Mode gerade in der volkstümlichen Deutung vorherrscht. Hätte Giraldus Cambrensis nicht als ein Augenzeuge geschrieben, dann wären die *awenyddion,* denen er begegnete, sicherlich auch als Wilde Männer oder ähnlich pittoreske Gestalten eingestuft worden.

Letzten Endes aber können wir den sich aufdrängenden Wilden Mann doch nicht ganz aus unseren Überlegungen ausschließen. Die Neubearbeiter der Texte, die annahmen, Lailoken müsse behaart gewesen sein und Merlin hätte den natürlichen Gefährten eines echten Wilden Mannes abgegeben, fanden offensichtlich, daß ihre Protagonisten in mehr als einer Hinsicht zum Bild des Mythos paßten. Tatsächlich ist der Begriff des Wilden Mannes nicht hermetisch von anderen Vorstellungen zu trennen, und häufig tragen Wilde Männer deutlich schamanistische Züge. Die Vorstellungen vom Schamanen, Wilden Mann und Trickster haben sich auf vielfache Weise wechselseitig beeinflußt.[12] Wenn Lailoken auch kein Wilder Mann war, so wurde er doch als eine Gestalt entworfen, die in starkem Maße Elemente des Wilden Mannes enthielt. Schließlich ist dies nicht anders zu erwarten. Es ist deutlich geworden, wie eng die Beziehung zwischen der Gestalt von Merlin und jener populären mythologischen Gestalt des Trickster ist. So wie der Trickster eine unauslöschbare Epoche in der Menschheitsentwicklung verkörpert, gilt dies auch für den Wilden Mann. Beide Begriffe sind eng miteinander verknüpft.

Der Wilde Mann ist das »Tier« im Menschen, das in das Unterbewußtsein verbannt ist. Da es aber nicht vollständig verbannt werden kann, kommt das »Tier« von Zeit zu Zeit als der archetypische Wilde Mann an die Oberfläche. Bedrohlich, lächerlich und bemitleidenswert in einem, dient er zur Warnung wie auch als lehrreiches Beispiel. Demnach steckt in jedem Menschen ein Wilder Mann; er schlummert, läßt sich jedoch nie vollständig verdrängen. In Merlins Wesen tritt er in den dämonischen Charakterzügen des Propheten in Erscheinung: in seiner Rolle als Führer der Wilden Jagd, in seiner Zufluchtsstätte an den dunklen Orten der Erde, in seiner Neigung zur Boshaftigkeit, seinem spöttischen Gelächter und darin, daß er den gesamten Ethos der Zivilisation zurückweist.

All dies steht in ausgeprägtem Gegensatz zu jenem anderen Merlin, der eine beherrschende Stellung an den Höfen von Vortigern, Ambrosius, Uther und Arthur einnimmt. Er ist es, der sich wieder und wieder ins Mittel legt, um die britische Monarchie in der Stunde der Gefahr vor Schaden zu bewahren, die Tafelrunde begründet (den Dreh- und Angelpunkt bzw. *Omphalos* zivilisierter Ordnung), und der die Ritterschaft Britanniens zu ihrer eigenen Vervollkommnung auf die Suche nach dem Heiligen Gral schickt. Der Ablauf der künftigen Ereignisse ist zwar festgelegt und dem Propheten im voraus bekannt, doch darf dies kein Grund sein, im eigenen Bemühen nachzulassen:

>>Also sprach *Merlin*; fürwahr,
die Schicksalsmächte ziehen
Ruhig ihres vorbestimmten Wegs, selbst wenn
die Erde bebt:
Und dennoch sollte sich der Mensch
darum bemühen,
Daß die himmliche Fügung, von ihm gelenkt,
ihrem Ziel zustrebt.<<

So Spenser in *The Faerie Queene*. Ein Auge, das vergangene und zukünftige Jahrhunderte überblickte, hatte ständig die Erinnerung an ein älteres, dicht unter der Oberfläche der Gegenwart liegendes Britannien vor sich:

>>Tief im Landesinneren aber herrschten Riesen
Und halbvertierte Menschen, greulich anzuseh'n,
Die nie Güte oder Gnade gar obwalten ließen,
Dem Raubzeug gleich, Höhlen ihre
Heimstatt hießen
Und schnell wie der Rehbock rasten
durch den Fehn.
Gewalt'gen Wuchses, und auch von kühnem
Mute strotzend,
Zogen sie auf Jagd- und Plünderzügen
durch die Au'n
Und bewogen, in schamloser Nacktheit
der Kälte Unbill trotzend,
So manchen Menschen zu verwundertem Geraun.<<

Eine kürzlich veröffentlichte Studie über Robert de Borons *Merlin*-Roman aus dem dreizehnten Jahrhundert schildert ausführlich die bemerkenswert engen Parallelen in den Charakterzügen und Lebensläufen von Merlin, dem Antichrist, und sogar Christus selbst. Die Gestalt des Antichrist war im frühen Mittelalter äußerst machtvoll, und wenn Robert de Boron in seiner Behandlung

der Gestalt Merlins vielleicht auch von der Legende
beeinflußt worden ist, so kann man doch annehmen, daß
bereits genügend Ähnlichkeiten bestanden, um die Übereinstimmung zu bemerken.

Die Parallelen werden am ehesten deutlich, wenn man sie
in tabellarischer Form darstellt:

Merlin	*Antichrist*
Kind eines Teufels und einer Jungfrau.	Kind eines Teufels und einer Jungfrau.
Mentor von Königen und Edelleuten.	Nimmt das Gefolge von Königen und Fürsten für sich ein.
Schafft Wunderdinge (Vortigerns Turm, Schwert im Stein.)	Wirkt erstaunliche Wunder.
Wechselt die Gestalt.	Täuscht die Menschen in unterschiedlicher Verkleidung.

Die Ähnlichkeiten zum Leben und zur Sendung Christi
sind nicht weniger auffällig (s. S. 323).

Professor Micha zieht eine Vielzahl anderer, ins einzelne
gehende Vergleiche, die die Ähnlichkeit der beiden
Gestalten bekräftigen.[13] Ferner wird man sich erinnern,
wie eng die Übereinstimmung zwischen dem prophezeiten Tod Christi und dem Ende Merlins in der Geschichte
von Lailoken ist.

Und nun endlich können wir die Bedeutung der widersprüchlichen Elemente im Aufbau der Merlingestalt
erkennen, die in den vorangegangenen Kapiteln zwar
erwähnt, aber nicht erklärt worden sind. Wir haben

Merlin	*Christus*
Frühreifes Kind einer Jungfrau und eines Wesens aus der Anderswelt.	Frühreifes Kind der Jungfrau Maria und Gottvaters.
Wird von Mutter im Verborgenen aufgezogen.	Wächst in bescheidenen Verhältnissen und im Verborgenen auf.
Vortigerns *magi* suchen nach ihm und wollen das Kind töten.	Von den *magi* gewarnt, versucht Herodes vergeblich, das Christuskind zu töten.
Zwingt den Briten seinen Willen durch Zurschaustellung übernatürlicher Macht auf.	Wirkt Wunder, um seine göttliche Sendung unter Beweis zu stellen.
Hebt übernatürliche Natur seiner Sendung hervor.	Ist von Seinem Vater im Himmel gesandt.
Sucht häufig Zuflucht in den Wäldern Northumberlands.	Sucht Zuflucht in der Wildnis.
Wählt die Ritter der Tafelrunde aus, die einen göttlichen Auftrag erfüllen sollen.	Wählt Jünger aus, die ihm beistehen und seine Sendung fortführen sollen.

Merlin als einen keltischen Herrn der Tiere gesehen; als Cernunnos, den mit dem Geweih, der in den Tiefen der Wälder haust, Tier und Gebieter über die Tiere, Führer verstörter Seelen, die als die Wilde Jagd auf ewig am

Himmel umherirren; Wilder Mann und hinterlistiger
Kobold, Kind eines Höllenteufels. Doch in der Doppel-
funktion, die er als Trickster erfüllt, ist er auch eine
Inkarnation des ewig strahlenden und jugendlichen Got-
tes Lug, jungfräulich geboren, Herr aller Künste und
Handwerksarten, Prophet, der das Gottkönigtum vor-
aussieht und überwacht und dazu verurteilt ist, die vom
Elend heimgesuchten Menschen schließlich durch sein
Selbstopfer am Weltbaum zu sühnen. Diese doppelte
Natur (Merlin als Lug-Christus und als Cernunnos-
Satan) spiegelt die doppelte Natur der Gottheit wider.
Während seiner vierzigtägigen Initiation in der Wildnis –
vergleichbar der eines Schamanen – stand Christus unter
der Vormundschaft des Teufels, des Herrn der unge-
formten, wilden Erde. Indem er dessen Reich ver-
schmähte, wurde er schließlich zum Erlöser der Menschheit. Auf einer früheren und einfacheren Entwicklungsstufe wurden die beiden einander bekämpfenden Elemente oft in zwei getrennten Gestalten verkörpert, wie
etwa in der Geschichte von Esau und Jakob. Esau war ein
echter Wilder Mann; er »war rötlich, ganz rauh wie ein
Fell« und wurde »ein Jäger und streifte auf dem Felde«.
Diese Legende berichtet, wie Esau es trotz seiner Kraft
und Verschlagenheit nicht mit seinem Bruder Jakob aufnehmen konnte, der war »ein sanfter Mann und blieb in
den Hütten« (Genesis 25, 25–27). Schließlich wurden die
beiden Brüder versöhnt. Jakob gelangte zur Meisterschaft durch angeborenen Scharfsinn und den Umstand,
daß er (durch Segnung seines Vaters) Gott geweiht war.
Die Betrachtung dieses Motives kann dazu beitragen,
einen wichtigen Aspekt der Merlinsage zu erhellen. In
der Geschichte von *Kentigern and Lailoken* lesen wir von
dem sonderbaren Verhältnis zwischen dem Heiligen und
dem wahnsinnigen Propheten, der wie ein Wilder Mann
in den Wäldern lebt. Sie ist uns in einem Manuskript
(Cotton MS. Titus A. XIX) im Britischen Museum erhalten. In demselben Manuskript finden sich auch das Vorwort und die ersten acht Kapitel von *Life of St. Kentigern,* was zu der einleuchtenden Vermutung führt, daß

die Geschichte von Lailoken ebenfalls einen erhalten
gebliebenen Auszug aus dem gleichen Werk darstellt.
Nach dem Vorwort zu schließen, wurde es von dem
anonymen Autor auf Bitten Herberts, des Bischofs von
Glasgow (1147–64), geschrieben.[14]
Der Abschnitt aus der Lebensgeschichte des Heiligen
behandelt seine Empfängnis und Geburt. Seine Mutter
war die Tochter »eines gewissen Königs Leudonus, eines
Mannes, der zur Hälfte ein Heide war« (*Rex...Leudo-*
nus, vir semipaganus). Das Mädchen wurde gegen seinen
Willen von einem jungen Fürsten verführt, den man mit
Owain ab Urien, dem berühmten Helden des Nordens,
gleichgesetzt hat. Der Autor ist jedoch bemüht hervorzuheben: Obwohl das Mädchen daraufhin schwanger
wurde, ging die Vergewaltigung auf so gewagte Weise
vor sich, daß man davon ausgehen kann, daß sie keusch
und im Geiste eine Jungfrau blieb. Als ihr Vater, der
König, ihren Zustand entdeckte, befahl er, außer sich vor
Wut, sie und einen Schweinehirten, in dessen Obhut sie
gelebt hatte, zu töten. Wie durch ein Wunder entkam das
Mädchen und gebar ein Kind, Kentigern; dem Schweinehirten aber gelang es, dem König aufzulauern und ihn zu
töten, indem er ihm mit einem Wurfspieß den Rücken
durchbohrte.
Diese Geschichte enthält viele archetypische Elemente
der keltischen Mythologie. Die Erklärung für die Geburt
des Helden geht auf eine frühe Fassung zurück, in der er
jungfräulich geboren wurde. Dies ist ein Motiv, das auch
in den Lebensgeschichten anderer Heiliger immer wieder
auftaucht (so zum Beispiel beim heiligen David), und das
wahrscheinlich (wie ich an früherer Stelle dargelegt habe)
darauf abzielte, die bei den heidnischen Kelten weit
verbreiteten Geschichten von jungfräulicher Geburt
abzulösen. In diesem Falle könnte man argwöhnen, daß
ein heidnischer Mythos vollständig übernommen wurde.
Der Vater des Mädchens wird nicht nur als jemand
beschrieben, »der zur Hälfte ein Heide war«; er trägt
auch einen Namen (*Leudonus*), der zweifellos auf den
Namen *Lleu*, d. h. auf den Gott Lug zurückgeht.[15]

Höchstwahrscheinlich erzählte die Originalgeschichte von einem Helden, den eine Jungfrau von dem Gott Lug empfangen hatte. Der »zur Hälfte heidnische« Leudonus stirbt nämlich genau den Tod, der Lleu in *Math vab Mathonwy* zugeschrieben wird: Ein Feind lauert dem Ahnungslosen auf und schleudert einen Speer in seinen Leib. Und genau wie der Tod des Lug dem Ende Merlins in wichtigen Aspekten ähnelt, weist auch der Tod König Leudonus' ein Motiv auf, das mit dem gewaltsamen Ende der beiden anderen Gestalten übereinstimmt. Der Mörder des Königs ist ein Schweinehirt, und ein Schweinehirt war auch der verräterische Mongan, der Suibhne Geilt, Merlins irischem *alter ego*, einen Speer in die Seite stach. Des weiteren fühlt man sich an die Schäfer erinnert, die Lailoken ermordeten.[16]

Soviel zur Geburt des heiligen Kentigern. Wenden wir uns nun dem anderen erhalten gebliebenen Fragment aus dem alten Manuskript *Life of St. Kentigern* zu, der Geschichte von *Kentigern and Lailoken*. Das Fragment beginnt mit den Worten: »Während der Zeit, da der heilige Kentigern in die Wildnis zu gehen pflegte...« Es deutet also implizit daraufhin, daß dies häufig geschah. Dort trifft er Lailoken (»manche sagen, er war Merlyn«) und wurde von der mißlichen Lage des Wahnsinnigen, den er seinen »Bruder« nennt, zu Tränen gerührt. Lailoken folgte Kentigern wie dessen eigener Schatten und unterbrach ständig die Messen und Gebete des Heiligen durch seine unbeherrschten Prophezeiungen. Er war ein vom Schicksal Verfluchter; es trieb ihn dazu, »den wilden Tieren des Waldes Gesellschaft zu leisten«, und er war von »einem bösen Geist« und »den Engeln Satans« besessen. Er klagt bitterlich über seine Lage und fleht Kentigern um die Erlaubnis an, das Heilige Sakrament zu empfangen. Kentigern willigt ein und nimmt Lailoken, unter Tränen, in die Kirche auf. Hierauf stirbt Lailoken den vorausgesagten Dreifachen Tod.

Unausgesprochen durchzieht die ganze Geschichte ein tiefes Band der Bruderschaft zwischen den beiden so grundverschiedenen Gestalten. Es läßt sich unschwer erkennen, daß Lailoken eine außerordentlich wichtige Rolle im Leben des Heiligen spielte; der Autor des Fragments erwähnt den Umstand, daß es, was die Beziehung zwischen den beiden Männer betrifft, »weit mehr gibt, als in diesem kurzen Buch aufgeschrieben ist«. Somit tritt hier, wie im *Gilgamesch-Epos,* ein strahlender Held von göttlicher Abkunft als Überbringer des Lichtes der Zivilisation in dem Gebiet auf, über das er herrscht. Er trifft auf einen Wilden Mann aus der ungezähmten Wildnis. Nach anfänglicher Feindschaft werden die beiden zu Freunden; das Geschöpf aus der Wildnis fühlt sich stark zu dem kultivierten Leben des Helden hingezogen. In Wirklichkeit aber sind die beiden zwei Aspekte ein und derselben Persönlichkeit. Kentigern ist das von Gott erleuchtete Wesen, Überbringer von Wahrheit und Kultur. Lailoken verkörpert das dunkle Element in seinem Unterbewußtsein, das »wilde Tier«, das für den Menschen in seinem früheren unerlösten, affenähnlichen Zustand steht. Außerdem ist es schon ein sehr seltsamer Zufall, daß Kentigern unter dem Epitheton »teuerster Freund« bekannt war, was praktisch dieselbe Bedeutung hat wie ein Name, der Myrddin in *The Red Book of Hergest* zugeschrieben wird. Liegt hier nicht noch ein weiterer Hinweis auf die Wechselbeziehung zwischen den beiden Personen vor?[17]

Hinter all dem verbirgt sich mehr als die bloße Andeutung einer Einzelgestalt manichäischen Zuschnitts, einer Gestalt, die Mensch und Tier, Lug und Cernunnos, Gott und Teufel in einem ist und in deren Inneren der Kampf um die Aussöhnung zwischen Kultur und Barbarei, zwischen dem Bewußten und dem Unbewußten tobt. Das »Tier« muß aus dem Dunkel des Unterbewußtseins (der Wildnis) hervorgeholt und zu einem Teilhaber am Neuen Menschen gemacht werden.

Jede Untersuchung des britischen Frühmittelalters muß ausgehen von den spärlichen dokumentarischen Quellen (von denen nur wenige in ihrer gegenwärtigen Form zeitgenössisch sind); sie muß sich bei der Quellenkritik und Quellenrekonstruktion der Analogien und Interpretationen bedienen, die sich auf die Vielzahl wissenschaftlicher Abhandlungen stützen, welche uns heute zur Verfügung stehen. Angesichts einer Flut von Material, das von der akkadischen bis zur altnordischen Literatur reicht, und aufgrund der Berufung auf so verschiedene akademische Disziplinen wie Vergleichende Religionswissenschaft, Indo-Europäische Philologie und Tiefenpsychologie wird der lesende Laie wie auch der Fachwissenschaftler mitunter in starke Zweifel geraten. Der Laie fragt sich vielleicht, ob nicht die ganze abwechslungsreiche Vorführung eine zu Täuschungszwecken erdachte Übung in der Kunst des Zauberns ist: Man vermenge ein farbenfrohes Destillat aus mythologischen und historischen Elementen, rühre das Ganze gut durch und lasse es auf kleiner Flamme köcheln; und während sich die Rauchschwaden über der brodelnden Oberfläche verziehen, taucht – sieh einer an – niemand anderer als Merlin persönlich in Fleisch und Blut herauf! Der professionelle Wissenschaftler stellt die gleiche Frage, nur präziser. Ist es wirklich möglich, derart unterschiedliche Materialien so zu meistern, daß das Resultat eine gewisse Gültigkeit beanspruchen kann? Und vermögen die Beweise den Überbau der Theorie wirklich zu tragen?

Auf den ersten Einwand kann ich nur erwidern, daß ich es, so weit irgend möglich, vermieden habe, einem Wissenschaftler auf seinem Spezialgebiet zu widersprechen. Wo ich mich gezwungen sah, dies doch zu tun, habe ich immer versucht, meine Argumentationskette vollständig darzulegen. Mein Ziel war es, im Rahmen des Möglichen dem Leser bestehende Unterschiede aufzuzeigen und ihm so eine Unterscheidung zu ermöglichen zwischen dem, was kontrovers ist, und dem, was den Wissenschaftlern auf ihrem eigenen Gebiet als akzeptabel erscheint.

Was nun den zweiten Punkt betrifft, so würde es mich allerdings überraschen, wenn nicht viele Fachleute bedenklich die Köpfe wiegten. Was will Tolstoy überhaupt? Erwartet er wirklich, daß wir ihm glauben, es habe einen historisch belegbaren, heidnischen Zauberer und Propheten gegeben, der im sechsten Jahrhundert, einem überwiegend christlichen Zeitalter, lebte, und den große Teile der Bevölkerung wegen seiner Weisheit als Seher und als Prophet aufsuchten? Könnte selbst im Dunkel des sechsten Jahrhunderts eine so überragende Gestalt gelebt haben, deren Existenz die Wissenschaft über Generationen hinweg angezweifelt hat? Ist der Merlin der mittelalterlichen Schriftsteller nicht eher eine pittoreske Erfindung, die eher die Bedürfnisse ihrer eigenen, von Unsicherheit geprägten Zeit widerspiegelt als die Wirklichkeit einer entfernten Vergangenheit?

Gerade hinter diesem Einwand, so mein Verdacht, liegt ein wenig von dem, was Sir John Morris-Jones den Skeptizismus genannt hat, »der zuviel weiß, um sich von der Wahrheit beeindrucken zu lassen«. Er rührt von einer instinktiven Abneigung her, irgendetwas so wie es ist zu akzeptieren, vor allem, wenn es sich dabei zufällig um eine volkstümliche Vorstellung handelt. Gerade *weil* die Geschichte von Merlin eine starke Anziehungskraft auf Romantiker und schrullige Hobbyforscher ausübt, muß ihr jegliche historische Authentizität abgesprochen werden. In Zusammenhang mit der Artussage läßt sich der gleiche Mechanismus beobachten. Gefühle dieser Art, besonders heimtückisch – da meist unbewußt –, müssen der Suche nach der historischen Wahrheit ebenso abträglich sein wie die Einstellung, die sie hervorgerufen hat.

Auf solche Einwände gefaßt, habe ich das vielleicht bedeutsamste Zeugnis überhaupt bis zu diesem späten Abschnitt meiner Abhandlung aufbewahrt. Bis jetzt wurden die Beweise größtenteils breit und ausführlich vorgelegt. Ich habe die These aufgestellt, daß es einerseits keinen vernünftigen Grund gibt, den frühen mittelalterlichen Glauben zurückzuweisen, ein bedeutender Prophet namens Merlin habe im sechsten Jahrhundert n. Chr. in Nordbritannien gewirkt; und daß andererseits ein so großer Teil der ihm zugeschriebenen Bräuche und Anschauungen schamanistische Züge des keltischen Heidentums widerspiegelt, daß es folgerichtig und vernünftig sei, anzunehmen, die späteren Berichte beruhten auf authentischen historischen Überlieferungen.

Nun gibt es aber ein *fast zeitgenössisches Dokument,* das so weitgehend wie irgend möglich die Existenz, wenn nicht der Person Merlins, so doch die einer ihm dermaßen ähnlichen Gestalt beweist, daß es die ganze These rechtfertigt. Ich habe in einem der vorangegangenen Kapitel das in Latein verfaßte *Life of St. Samson* erwähnt. Es ist dies die Lebensgeschichte des heiligen Samson, eines keltischen Heiligen aus dem sechsten Jahrhundert, der von Wales nach Cornwall und von Cornwall in die Bretagne zog, wo er das Bistum Dol gründete. Das *Life* wird von den Keltologen allgemein als ein Buch akzeptiert, das aufgrund seines Alters und seines allgemein authentischen Hintergrundes außergewöhnlichen historischen Wert besitzt. Der Einleitung des anonymen Autors zufolge stammt das darin enthaltene Wissen von einem Cousin des heiligen Samson, der wiederum von einem anderen Cousin wie auch von Samsons Mutter Material für sein Werk erhalten hatte. Eine sorgfältige Untersuchung der geographischen Bezeichnungen und Eigennamen hat die Philologen dazu geführt, die Zuschreibung als echt zu akzeptieren und daraus zu schließen, daß das Dokument vermutlich im ersten Viertel bzw. der ersten Hälfte des siebten Jahrhunderts verfaßt wurde.[18]

Life of St. Samson beginnt mit einem Bericht über die Geburt des Heiligen, einem Bericht, der, wie wir gesehen haben, letztlich auf seine Mutter Anna zurückgeht. Anna und ihr Gatte Amon lebten in Südwales. Obwohl sie keineswegs zu alt war, um Kinder zu haben, sorgte sich Anna, daß sie noch keines geboren hatte (ihre Schwester hatte bereits drei Söhne). Was weiter geschah, sagt am besten der Text selbst:

»Nun geschah es, daß sie an einem Festtag gemeinsam zur Kirche gingen, und dort, unter den vielen Leuten, über die noch zu reden sein wird, hörten sie ein Gespräch über einen gewissen *librarius,* der in einem fernen Land im Norden lebte, ein Mann, der aus vielen Gegenden aufgesucht wurde, da alle, die ihn um Rat gefragt hatten, von der Wahrheit all dessen, was er zu ihnen gesprochen hatte, überzeugt waren. Es begab sich, daß viele in der

Versammlung beschlossen, selbst zu ihm zu reisen, um ihn um Rat zu fragen, und so geschah es, daß Amon, der das, was sie sagten, mit großer Erregung hörte, mit Anna beschloß, mit ihnen zu eben jenem Meister zu reisen.«
Dieser Abschnitt enthält zwei nennenswerte Punkte. Das lateinische Wort *librarius,* mit dem der Wahrsager bezeichnet worden war, bedeutet »Schreibkundiger« oder »Hüter von Büchern«. Sein walisisches Derivat und Äquivalent *llyfrawr* aber bedeutet *»ein Zauberer, der die Gabe der Weissagung besitzt«.*[19] Dies heißt vermutlich, daß er sein Wissen aus Büchern bezog oder darin verwahrte. Zweitens kann »ein fernes Land im Norden« (er war *quendam librarium versus aquilonem longinquam terrem habitantem*) sich kaum auf Nordwales beziehen. Es ist unwahrscheinlich, daß man Nordwales als »fern« von Dyfed oder Gwent ansah, und es wäre wahrscheinlich sowieso als *Venedotia* (Gwynedd) bezeichnet worden. Der Hinweis muß sich also auf das Land der Nordbriten jenseits des Hadrianwalles beziehen, das einfach als *Y Gogledd,* »der Norden«, bekannt war.
Außerdem war es eine lange Reise:
»Und es begab sich, daß sie am Ende des dritten Tages, als die Mühen der Reise vorüber waren, den Ort erreichten, wo der Meister, der *librarius,* seinen Wohnsitz hatte, und dort fanden sie besagten Meister, der inmitten vieler Menschen saß und zungenfertig über besondere Fälle sprach.«
Vielleicht sollten wir die »drei Tage« nicht allzu wörtlich nehmen; sie können sowieso nicht als sichere Entfernungsangabe dienen. Römische Eilboten schafften im Durchschnitt gut 75 Kilometer pro Tag, aber einmal reiste der Kaiser Tiberius in vierundzwanzig Stunden etwa 300 Kilometer![20] Die Bedeutung ist klar: Man wollte zeigen, daß es sich um eine lange und beschwerliche Reise handelt; dennoch ist es interessant festzustellen, daß sie offenbar ohne Schwierigkeiten von einer Gruppe friedfertiger Pilger gegen Ende des fünften Jahrhunderts bewältigt werden konnte.
Der Prophet unterbrach seine Fragestunde, um den ban-

gen Fragen des von der Reise erschöpften Ehepaares zu lauschen. Doch sie hatten kaum zu reden begonnen, da bedeutete er ihnen, er wisse sehr gut, warum sie gekommen seien. Gegen einen Silberstab »von gleicher Länge wie deine Frau« als Entgelt versicherte er Anna, ihr Wunsch werde in Erfüllung gehen. Entzückt versprach ihm Amon drei Stäbe, worauf sie der Prophet »bei ihm im Gastzimmer bleiben hieß, bis sie ihren geschwächten Körpern in der folgenden Nacht eine Rast nach der ermüdenden Reise gegönnt hatten«. In dieser Nacht wurde Anna ein Traum gewährt, in dem ein Engel ihr verhieß, sie werde tatsächlich einen Sohn gebären, der eine ehrbare Laufbahn vor sich habe. Am nächsten Morgen wurden sie und Amon vom Meister besucht, der bereits genau über das Wesen des Traumes unterrichtet war und seine eigene Prophezeiung hinzufügte. Sie lautete, »daß es im britischen Volk keinen wie ihn je gegeben habe oder geben werde, nämlich einen Priester, der vielen viel Gutes tun wird«. Das Paar kehrte hocherfreut nach Hause zurück, und zu gegebener Zeit erfüllte sich die Prophezeiung.[21]

Auch dieser Abschnitt ist von großem Interesse. Annas Traum war keineswegs ein zufälliges Gesicht. Er bildete ganz offensichtlich einen wesentlichen Bestandteil des prophetischen Rituals des Meisters. Die Einzelheiten folgen einem Muster, das in der keltischen und altnordischen Literatur allgemein geläufig ist und bei dem solche Träume bezeichnenderweise in besonderen Schlafgemächern herbeigeführt wurden, die an Tempel angrenzten.[22]

Neben dem berühmten römisch-keltischen Tempel in Lidney, Gloucestershire, entdeckte Sir Mortimer Wheeler ein schmales, etwa 60 Meter langes Gebäude, das aus gut einem Dutzend kleiner Räume bestand, die sich zur Veranda hin öffneten. Vor den Türen lief ein mit Steinen gepflasterter Korridor vorbei, aber jeder Raum hatte einen ornamentierten Mosaikfußboden. Wheeler hat nachdrücklich argumentiert, daß dieses Gebäude aus Tempelschlafgemächern bestand, wo alle, die gekommen waren, um das Orakel zu befragen, schliefen, wenn sie prophetische Anleitungen in Form von eigens herbeigeführten Träumen erhielten. Neben dem Tempel des Asklepios in Epidaurus, Griechenland, wurde ein ähnliches Gebäude entdeckt. Auf dieses Gebäude scheint sich der griechische Schriftsteller Pausanias zu beziehen; er schreibt, daß »jenseits des Tempels der Ort ist, an dem die Bittsteller schlafen«. Wheeler gelangte zu folgendem Schluß: »Es könnte sein, daß das lange Gebäude als eine Ergänzung zu den »Kapellen« im Tempel selbst benützt wurde, um jenen Tempelschlaf herbeizuführen, mit dem der heilende Gott und seine Priesterschaft zu arbeiten pflegten«.[23]

Höchstwahrscheinlich also lebte der Meister, den Anna und Amon besuchten, in einem Tempel, der ähnliche Ruheräume besaß. Vollends faszinierend wird der ganze Bericht, wenn wir uns klarmachen, daß es von vielen der in *Life of St. Samson* enthaltenen Mitteilungen glaubwürdig heißt, sie stammten von Anna, der Mutter des Heiligen. Der Schilderung des Besuches bei dem im Norden wohnenden Meister kommt – von allen Abschnitten des Buches – die größte Wahrscheinlichkeit zu, direkt auf Annas Zeugnis zu beruhen; und wirklich glaubt man ihre verständliche Erregung und Erleichterung aus der eher steifen Prosa des Hagiographen herauszuhören.

Um es noch einmal zu sagen: Mit dem *Life of St. Samson* besitzen wir, höchstwahrscheinlich aus erster Hand, einen Bericht über eine Pilgerreise zu einem berufsmäßigen Wahrsager, der zu Anfang des Frühmittelalters lebte und dessen Prophezeiungen man für außergewöhnlich zutreffend hielt. Er war keine Gestalt, die nur lokale Bedeutung besaß; sein Ruhm war so weitverbreitet, daß Menschen aus vielen Provinzen lange und beschwerliche Reisen auf sich nahmen, um ihn zu befragen. Falls sich sein Tempel, was wahrscheinlich ist, irgendwo in *Y Gogledd* befand, dann reisten die Eltern des heiligen Samson drei- oder vierhundert Kilometer, um ihn zu befragen. Aus dieser Tatsache und aus der Wendung, die das Gespräch nahm, das erstmals ihre Aufmerksamkeit auf ihn lenkte, wird deutlich, daß er ein einzigartiges Ansehen genoß — möglicherweise in ganz Britannien.

Es steht außer Frage, welche Bedeutung diese historische Gestalt für Merlin hat. Die Chronologie erlaubt uns zwar auf den ersten Blick nicht, den *librarius* als Merlin selbst anzusehen, so verlockend dies wäre. Der heilige Samson nahm am Konzil von Paris teil, kurz nach der Mitte des Jahrhunderts,[24] während es von Merlin heißt, er sei nach der Schlacht von Arderydd im Jahr 573 »erleuchtet« worden.

In jeder anderen Hinsicht aber ist die Ähnlichkeit erstaunlich. Die literarische und historische Überlieferung in Wales kannte Merlin als den großen Propheten des britischen Volkes, der in der Mitte des sechsten Jahrhunderts im Norden (*Y Gogledd*) lebte. Aus dem *Life of St. Samson,* einer Quelle, die sehr verläßlich zu sein scheint, erfahren wir, daß in demselben Jahrhundert und in derselben Gegend ein Prophet lebte, der dieselbe Funktion erfüllte. Ausgehend von dieser Grundlage kann man sich nur schwer einen zwingenden Grund vorstellen, die Authentizität der walisischen Überlieferung nicht anzuerkennen, von der man weiß, daß sie viele außergewöhnlich archaische Züge bewahrt hat. Insbesondere ließe sich damit ein Hinweis in den Triaden erklären, der besagt, daß Britannien einst als »Merlins Einfriedung« (*clas Merddin*) bekannt war. Außerdem gäbe es dann auch keinen Grund dafür, die Authentizität des Verses aus dem *Gododdin,* eines Gedichtes aus dem sechsten Jahrhundert, anzuzweifeln, in dem erzählt wird, wie ein Krieger »die Muse von Merlin verteidigte«.

Der *librarius* aus dem *Life of St. Samson* ist offenkundig ein früher walisischer *llyfrawr* bzw. ein Prophet und Zauberer. In diesem Zusammenhang ist es interessant festzustellen, daß in *The Book of Taliesin* ein Vergleich zwischen diesen *llyfyrion* (Plural) und den göttlichen Zauberern Lleu (Lug) und Gwydion gezogen wird:

> *»neu leu agoydyon a uuant geluydyon neu awdant lyfyryon.«*

»Wissen Lleu und Gwydion (die kunstfertige Zauberer waren), oder wissen die *llyfyrion*, was sie tun werden, wenn die Nacht anbricht und ein Sturm aufzieht?«

Ich habe an früherer Stelle Gründe dafür angegeben, Merlin mit dem Gott Lleu (Lug) und seinem Onkel, dem Magier Gwydion, in Verbindung zu bringen. Ich habe die Hypothese aufgestellt, daß Merlin als Inkarnation oder Avatara Lleus angesehen wurde, und die zitierte Verszeile kann eigentlich nur bedeuten, daß die *llyfyrion* tatsächlich als irdische Entsprechungen jener göttlichen Zauberer angesehen wurden, mit denen man sie in eine Gruppe einstufte.

Ich behaupte, daß es weitaus einfacher ist, in Merlin einen historischen Propheten des sechsten Jahrhunderts zu sehen, als in ihm eine illusorische Gestalt zu vermuten, die das Ergebnis genialer Fälschung oder zufälliger Spekulation wäre. Der *librarius*, den die Eltern des heiligen Samson aufsuchten, war zweifellos sein Vorgänger, denn vieles spricht dafür, daß Merlin der Erbe einer außerordentlich alten Tradition war. Hinter seiner Gestalt in den Nebeln der Vergangenheit fällt der Blick auf die Hierarchie der Druiden, und in noch entfernterer Vergangenheit liegen die schamanistischen Kulte des Oberen Paläolithikums, die zwanzig und dreißig Jahrtausende ins Dunkel zurückreichen. Und auch sie sind nicht der Anfang, wenn es in Wahrheit auch so aussieht, als gäbe es weder Anfang noch Ende, sondern nur ein Mysterium. Mit den Worten des Gelehrten Heinrich Zimmer:

»Was ist die Welt dem Walde? Was ist das Bewußte dem Unbewußten? Dies ist eine Frage, die nur Merlin stellen, die nur er beantworten kann. Was ist die Geschichte, in Raum und Zeit, dem Abgrund? ... Die Antwort hierauf ist, daß er es dem Wald, dem Abgrund erlaubt, ihn wieder zu verschlingen, daß er wieder zu dem Zauberwald und allen seinen Bäumen wird...«[25]

Nun wird deutlich, hoffe ich, daß Merlins Rückzug in

den Wald nicht nur mit mythologischen Begriffen erklärbar ist, sondern – wie die Kreuzigung auch – in der historischen Zeit verwurzelt ist. Die Entwirrung der Beweisstücke machte die mühselige Rekonstruktion, die den Hauptteil dieses Buches bildet, unvermeidlich. Der Leser kann das vorgelegte Material nur dann selbst beurteilen, wenn er die Art der Beweisführung nachvollziehen kann. Nachdem dies nun abgeschlossen ist, schlage ich vor, die Ergebnisse dieser Untersuchung in rekonstruierter, erzählender Form darzulegen.

Als die römische Besatzungsmacht in Britannien am Anfang des fünften Jahrhunderts n. Chr. zusammenbrach, hatte dies wahrscheinlich nur einen geringen direkten Einfluß auf den äußersten Norden der Provinz. Es war das Gebiet zwischen dem Hadrianswall und dem River Forth, das als *Y Gogledd*, »der Norden«, bekannt war. Die großen Stämme dort hatten die römische Vorherrschaft nur nominell anerkannt. Mehr als ein Jahrhundert später waren sie zu einem großen Teil immer noch Heiden, Erben jenes machtvollen Stammes der Selgover, der die bergige Wildnis im Herzen des schottischen Tieflands bewohnte und sich als besonders widerstandsfähig gegen den wachsenden Einfluß des Christentums erwiesen hatte.

Irgendwo in diesem Gebiet wirkte der berühmte *llyfrawr*, der Prophet, den die Eltern des heiligen Samson aus dem fernen Dyfed etwa im Jahr 500 aufsuchten. Er stand in einer Reihe großer prophetischer Gestalten, möglicherweise ein Oberdruide, dessen berühmtester Nachfolger und Abkomme – falls das Amt erblich war – Merlin war. Dieser *llyfrawr* wurde, wie man uns berichtet, von zahlreichen Menschen aus ganz Britannien um Rat gefragt, und er lebte ganz offenkundig in einem der wichtigen heidnischen Tempel Britanniens.

Dieser Tempel ist vielleicht mit dem *locus maponi* aus der Kosmographie von Ravenna gleichzusetzen, der, wie die Wissenschaftler heute einstimmig bekunden, in Lochmaben, Dumfriesshire, stand. Von den in der Kosmographie von Ravenna aufgelisteten Tempeln war er derjenige, der von der römischen Zivilprovinz aus am leichtesten zu erreichen war; er lag an einer der römischen Hauptstraßen, die von Lockerbie nach Nithsdale führten. Man hat in Nordbritannien fünf römische Altarsteine entdeckt, die Widmungen für den Gott Maponos tragen; das läßt den Schluß zu, daß sein Kult besondere Anziehungskraft auf ranghohe Offiziere ausübte.[26] Genau von einer solchen geheiligten Stätte könnte der Ruhm auf die Art nach Südwales gelangt sein, wie sie in *Life of St. Samson* beschrieben wird; insbesondere da Maponos, ein keltischer Apollo, ausdrücklich mit der Vorstellung des Heilens in Verbindung gebracht wurde.[27] Es könnte durchaus sein, daß man dem Tempel des Maponos eine besondere Wirkung auf unfruchtbare Frauen zugeschrieben hat, da der Gott Maponos selbst aus einer jungfräulichen Geburt hervorgegangen war.

Ich habe an früherer Stelle in diesem Buch die These vertreten, daß Merlin eng mit dem Gott Lug (im Walisischen Lleu) verknüpft war. Wie bei Lug heißt es von ihm, er sei von einer Jungfrau empfangen worden; wie Lug war er ein Trickster; und wie Lug starb er den Dreifachen Tod. Dies könnte den Eindruck erwecken, als würde dadurch jede Verbindung mit dem Heiligtum des Maponos ausgeschlossen, aber es gibt Grund zu der Annahme, daß Maponos einfach ein Beiname von Lug ist.

Maponos war offensichtlich ein Gott von beträchtlicher Bedeutung. Für gebildete Römer hatte er das Charisma und viele der Attribute des großen Gottes Apollo. Und doch wissen wir, abgesehen von spärlichen Anzeichen seines Kultes in Gallien, bemerkenswert wenig von ihm. In der walisischen Überlieferung ist er als Mabon, Sohn der Modron, bekannt, d. h. als Maponos, Sohn der Matrona, was »Sohn, Sohn der Mutter« bedeutet. Ein anderer Mabon heißt Mabon, Sohn des Mellt; letzterer Name bedeutet wahrscheinlich »Blitz«. Dies bezieht sich offensichtlich auf eine Gottheit, die jungfräulich empfangen wurde, wobei Matrona die Mutter-Gottheit ist.

Wenn, was wahrscheinlich ist, die beiden Mabons der walisischen Literatur identisch sind, dann deutet *Mellt* wahrscheinlich auf einen Aspekt des keltischen Himmels-Gottes hin. In *Culhwch and Olwen,* einer der *Mabinogi*-Geschichten, werden dem einige weitere, sonderbare Einzelheiten angefügt: Mabon wurde möglicherweise als ein großer Jäger gefeiert; er war so alt wie die ältesten Geschöpfe auf Erden – d. h. unsterblich; und er wurde, als er drei Tage alt war, seiner Mutter weggenommen und in eine Festung jenseits der Wasser gesperrt, aus der ihn Arthur und seine Krieger retteten.[28]

Wie Maponos war Lug das Kind einer Jungfrau und wurde hauptsächlich mit der Dichtkunst und der Musik in Verbindung gebracht – wie dies auch in Altarinschriften für Maponos zutrifft. Ich habe bereits auf die Übereinstimmungen zwischen der Geburt und dem Tod Lugs und Christi aufmerksam gemacht, und Mabon wird tatsächlich in einem Gedicht aus *The Book of Taliesin* mit Christus gleichgesetzt; darin steht zu lesen, die Weisen seien in Bethlehem zu dem Kindlein Mabon gekommen. Schließlich scheint es, als würden Mabon und Lug in den walisischen »Stanzas of the Graves« direkt gleichgesetzt:

>»Das Grab auf dem Gipfel des Nantlle,
>niemand kennt seine Eigenschaften, –
>Mabon, Sohn von Mydron, dem Schnellen.«

Nantlle nämlich bewahrt *Lleu,* Lugs walisischen Namen, und wird in der Geschichte von *Math vab Mathonwy* als der Ort angegeben, an dem man Lleu vom Baum des Lebens hängen sah.[29]

Es scheint gesichert, daß die Mythen von Lleu (Lug) und Mabon, wenn nicht identisch, so doch so ähnlich waren, daß dies zwangsläufig zu Verwechslungen führte. Die zuerst genannte Erwägung ist am wahrscheinlichsten. Die Namen *Mabon,* »Sohn«, und *Modron,* »Mutter«, lassen viel eher an ehrende Epitheta als an die wirklichen Namen von Gottheiten denken, und sie sind vielleicht Umschreibungen für die Namen von Göttern, deren wirkliche Namen man nicht aussprechen durfte.[30] Für diese besondere Art der Verehrung hat es vielleicht einen örtlich bedingten Grund gegeben. Mit Sicherheit paßt diese Erklärung am besten zu dem Umstand, daß überall in der keltischen Welt des jungfräulich empfangenen Lug mit seinem Namen gedacht wurde, während ein eigenständiger Kult in Nordbritannien eine wichtige, aber örtlich begrenzte Verehrung des nicht mit Namen genannten Sohnes, Sohn der Mutter, aufrechterhielt. In der gleichen Art wurde Christus schließlich sowohl unter seinem eigenen Namen als auch als Sohn des Vaters, von einer Jungfrau geboren, verehrt. Aufgrund dieser Analogie können wir wohl davon ausgehen, daß der Kult des Maponos ein besonders frommer Ausdruck des Lug-Kultus war und nicht eine davon abweichende Vorstellung. Eben dies legen die Zeugnisse nahe.

Lochmaben und der Clochmabenstane, ein riesiger Granitblock, der bei Gretna am Ufer des Solway liegt, bezeugen den Kult des Mabon im südlichen Dumfriesshire. Dies ist ein Teil jenes Gebietes, das zu Anfang des Frühmittelalters als Rheged bekannt war und von dem berühmten Urien und seinem Sohn Owain beherrscht wurde. Anspielungen in einem frühen Gedicht aus *The Book of Taliesin* deuten daraufhin, daß Mabon als die Schutzgottheit dieses Gebietes angesehen wurde, und es gibt eine Erwähnung des »Landes von Mabon« (*Gôlat vabon*), das anscheinend mit Rheged gleichgesetzt wird. Gleichzeitig ist dies genau die Gegend, von der es in *Life of St. Kentigern* heißt, sie sei als »Leudonia« bekannt gewesen, ein Name, der im mittelalterlichen Walisisch als »Lleudinyawn« auftaucht.[31] Die wohl wahrscheinlichste Bedeutung dieses Namens ist »Land der Festung des Gottes Lleu«; gewiß ist zumindest, daß es sich hierbei (wie an früherer Stelle bereits gesagt wurde) um einen Gebietsnamen handelt, der das Wortelement *Lleu* enthält. So scheint also ein und dieselbe Gegend den Namen Lleus getragen zu haben und als ein Gebiet betrachtet worden zu sein, das unter dem besonderen Schutz Mabons, »des Sohnes«, stand.

Ebenso läßt sich nachweisen, daß die Dynastie, die im späten sechsten Jahrhundert über das Solway-Becken herrschte, sich in einer besonderen Beziehung zu dem Gott Lleu-Mabon wähnte. Man ist zu dem Schluß gelangt, »daß die Heldenüberlieferung von Urien Rheged und seinem Sohn Owain einen frühen Ableger in einem Urien-Mythos hervorgebracht haben könnte, wonach Urien der örtlich verehrten Göttin *Modron* beigewohnt hatte, und sein Sohn Owain die Frucht ihrer Vereinigung war«. Gleichzeitig schob eine untergeordnete genealogische Überlieferung in Uriens Stammbaum den Namen des Gottes Lug als den seines Bruders ein; wieder ein Hinweis darauf, daß die Überlieferungen von Mabon und Lleu in solchem Maße austauschbar waren, daß man sie billigerweise als identisch betrachten kann.[32]

Man hat überzeugend dargelegt, daß die heilige Stätte des Maponos, der *locus maponi* aus der Kosmographie von Ravenna, mit jenem Vorgebirge am Loch Maben gleichzusetzen ist, auf dem Lochmaben Castle stand; und daß die Geschichte der jungfräulichen Geburt dort aufbewahrt wurde. Von einer Böschung und einem Graben, die scheinbar älter als die Überreste der mittelalterlichen Burg sind, nimmt man an, sie seien die verbleibende Einfriedung des *temenos* des Gottes.[33]

Wenn wir die Beweismittel noch einmal zusammenfassen, stellen wir fest:

1. Es gab in römischen Zeiten eine bedeutende Stätte, die dem von einer Jungfrau geborenen Gott Maponos geweiht war, und zwar nördlich des Hadrianwalls. Sie ist mit Lochmaben gleichzusetzen, genauso wie Maponos mit Lug-Lleu identisch ist.

2. Aus *Life of St. Samson* erfahren wir, daß es um das Jahr 500 n. Chr. einen berühmten Tempel in Nordbritannien gab. Die Eltern des Heiligen statteten diesem Tempel einen Besuch ab; daraufhin kam es zu einer wundersamen Geburt.

3. Später heißt es von dem König (Owain) genau dieses Gebietes, er sei aus der Vereinigung seines sterblichen

Vaters (Urien) mit der Mutter des Mabon, der Göttin Modron, hervorgegangen, und die Mythen um Lleus wundersame Geburt und seinen Opfertod gehen mit der Gestalt des örtlichen Heiligen Kentigern eine Verbindung ein.

All dies scheint darauf hinzudeuten, daß es bis ins späte sechste Jahrhundert n. Chr. in Lochmaben einen Tempel gab, wo der Kult und das Ritual des Gottes Lleu-Lug, des Sohnes einer jungfräulichen Muttergottheit, aufrechterhalten wurde. Dorthin begaben sich Gläubige aus ganz Britannien, um (wie es in *Life of St. Samson* heißt) geheilt zu werden und Prophezeiungen zu hören, die von den »Priestern« des Tempels getan wurden, die – wie man wohl zu Recht annahmen darf – immer noch als Druiden bezeichnet wurden.

Die Beziehung zwischen dem durch Urien und seinem Sohn Owain verkörperten Herrscherhaus und dem Gott Mabon und seiner Mutter Modron spricht deutlich für einen Kult des Gottkönigtums, wie er in der keltischen und praktisch in allen anderen früheren Gesellschaften universell üblich war. Im frühen Irland wurde die Krönung eines Königs in Form einer symbolischen Vereinigung des neuen Königs mit der örtlichen Erd-Göttin vollzogen; der berühmteste dieser königlichen Fruchtbarkeitsriten war das Tara-Fest (*Feis Temro*), das ursprünglich eine rituelle Vermählung des neuen Königs von Tara mit der Göttin Medb war. Das letzte Tara-Fest wurde von König Diarmait mac Cerbaill immerhin noch im Jahre 560 n. Chr. abgehalten. König Diarmaits Zeitgenosse in Nordbritannien, Urien Rheged, lebte in einer Gesellschaft, die um nichts christlicher war, und der Gedanke an einen ähnlichen Ritus in dem *temenos* bei Lochmaben ist durchaus plausibel.[34]

Ein bedeutender Bestandteil dieser »Krönungen« war (wie ich in Kapitel VII aufgezeigt habe) die Prophezeiung des Oberdruiden, in der er die Königsnachfolge verkündete. Für diese Rolle kann man sich keinen geeigneteren Exponenten vorstellen als den *llyfrawr*, von dem es in

341

Life of St. Samson heißt, er habe über den Tempel gewacht. Genauso passend ist natürlich der Prophet *par excellence*, Myrddin, Sohn des Morfryn.

In dem Gedicht *Cyfoesi Myrddin a Gwenddydd ei Chwaer* (»Die Unterhaltung zwischen Merlin und seiner Schwester Gwenddydd«) wird ein Myrddin dargestellt, der die künftige Königsnachfolge jeweils als Antwort auf die nacheinander gestellten Fragen seiner Schwester Gwenddydd weissagt. In seiner gegenwärtigen Form datiert das Gedicht vielleicht aus dem zehnten, elften oder sogar einem noch späteren Jahrhundert, und es liegt ihm offensichtlich die Absicht zugrunde, die Ansprüche der Dynastie des Hywel Dda zu legitimieren und zu lobpreisen, eines großen walisischen Königs aus dem zehnten Jahrhundert, der in dem Gedicht namentlich aufgeführt wird. Man zeigt uns einen Myrddin, der in prophetischer Form die Nachfolge des Herrscherhauses, ausgehend von seiner eigenen Zeit bis zu der Hywels und darüber hinaus, darlegt. Die Genauigkeit der Liste wird durch einen frühen höfischen Stammbaum bestätigt, der die Ahnentafel von Hywels Familie bis hin zu Maelgwn Gwynedd zurückverfolgt, einem großen König von Wales aus dem sechsten Jahrhundert, von dem der Verfasser des Gedichtes gewußt haben dürfte, daß er in etwa ein Zeitgenosse Myrddins war.[35]

Man würde erwarten, daß die Prophezeiung hier einsetzt; tatsächlich aber beschäftigt sich der Anfang des Gedichtes nicht nur mit der bekannten Geschichte des folgenschweren Todes von Gwenddolau bei Arderydd und dem darauffolgenden Triumph von Myrddins Feind Rhydderch, sondern auch mit der Thronfolge Morgans des Großen, Sohn des Sadwrnin, auf den Urien Rheged folgen sollte. In den Stammbäumen taucht kein Morgan ab Sadwrnin auf; vielleicht ist er mit einem König Morken gleichzusetzen, der den heiligen Kentigern verfolgte und der deswegen eine Rolle in der ursprünglichen Merlinsage gespielt haben könnte. Was aber haben Fürsten Nordbritanniens am Kopf eines Stammbaumes nordwalisischer Könige zu suchen? Dem Verfasser des *Cyfoesi*

342

war das genealogische Material vertraut; er muß ziemlich genau gewußt haben, wer die wirklichen Nachfolger Maelgwn Gwynedds waren und daß Rhydderch, Gwenddolau, Morgan und Urien alle mehr oder weniger Zeitgenossen waren.

Die wahrscheinlichste Erklärung für diesen merkwürdigen Umstand ist, daß der genealogische Bericht über Maelgwn und seine Nachkommen gesondertem Material angeheftet war, das sich mit den Ereignissen des sechsten Jahrhunderts im Norden beschäftigte. Von daher spricht vieles dafür, daß der erste Abschnitt des *Cyfoesi* eine Umarbeitung einer echten Prophezeiung aus dem sechsten Jahrhundert darstellt, in der die Nachfolge der Könige im südwestlichen Schottland vorhergesagt wurde. Ich habe diese Frage bereits in einem der vorangegangenen Kapitel angeschnitten, indem ich die ausgeprägten Übereinstimmungen zwischen der Form des *Cyfoesi* und der frühen irischen Erzählung *Baile in Scáil,* »die Raserei des Gespenstes«, aufgezeigt habe. In dieser Erzählung betritt Conn ein Gebäude der Anderswelt, wo er auf ein *Scáil* von wunderbarem Aussehen in Gesellschaft einer Jungfrau trifft. Darauf weissagt das *Scáil* die Nachfolge der Könige, die nach Conn über Tara herrschen werden, und zwar in derselben Form, wie sie sich im *Cyfoesi* findet: als eine Reihe von Fragen und Antworten zwischen ihm und der Jungfrau. Mehr noch: Das *Scáil* gibt sich als der Gott Lug zu erkennen, während die Jungfrau »die Landeshoheit über Erinn auf ewig war«, d. h. die Mutter-Königin des Königreiches, mit der sich der König bei seiner Krönung rituell vermählen mußte.

Wir können nun zweierlei glauben. Entweder, daß es im Mittelalter in Wales Fälscher mit erstaunlichen Fähigkeiten und Talenten gab oder, daß die walisische Überlieferung, wie auch die irische, Fragmente heidnischen Sagengutes bewahrte, dessen traditionelle Autoriät in späteren Zeitaltern benützt wurde, um politische Interessen zu fördern. In Anbetracht all der Zeugnisse spricht mehr für die zweite Erklärung.

Man könnte versuchsweise einmal unterstellen, der erste

Teil der Unterhaltung zwischen Myrddin und Gwenddydd, der uns im *Cyfoesi* erhalten ist, fuße auf einem
Anrufungstext, der bei der Krönung eines Fürsten Nordbritanniens im sechsten Jahrhundert rezitiert wurde.
Myrddin, der den Gott Lleu (Lug) verkörpert, prophezeit die künftige Königsnachfolge in einem rituellen Austausch mit der Mutter-Gottheit Modron (Matrona).
Wurde sie von einer Priesterin, Gwenddydd, personifiziert, die in Wirklichkeit oder kraft ihres Amtes Myrddins »Schwester« war? Ich darf vielleicht einen anderen
Erklärungsversuch wagen. Die walisische Überlieferung
berichet, daß Gwenddydd auch der Name war, den der
Morgenstern trug, der Planet Venus. Bei den Nordmännern war die Venus als der Stern der Frigg bekannt; und
das lateinische *dies veneris* (»Tag der Venus«) wurde zu
Frigedaeg, Freitag. Frigg war die Gemahlin Odins, der
wiederum allgemein mit dem römischen Gott Merkur
verglichen wurde, und Merkur seinerseits wurde von
römischen Autoren mit dem keltischen Gott Lug gleichgesetzt. Nun ist auffallend, daß der Planet Venus bei
asiatischen Völkerschaften eine einzigartige Verehrung
als Quell der prophetischen Eingebung eines Schamanen
genießt, ja, daß man von ihm sagt, er verleihe erst dem
Schamanen seine Macht. Darstellungen der Venus finden
sich häufig auf Schamanentrommeln.[36]
In Geoffrey von Monmouths *Vita Merlini* bittet Merlin
seine Schwester, ihm ein Observatorium mit siebzig Fenstern und Türen zu errichten:
»...durch die ich den glutatmenden Phöbus und die
Venus betrachten kann und die anderen Sterne, wenn sie
über den nächtlichen Himmel ziehen. Sie werden mich
belehren über die künftigen Geschicke von Volk und
Herrschaft.«[37] (Nach der Übersetzung von Inge Vielhauer)
Man kann einer wörtlichen Deutung von Geoffreys Text
nur wenig Vertrauen schenken, aber es ist doch eigenar-
tig, daß ausgerechnet seine Schwester ihm ein astrologi-
sches Observatorium erbauen soll und sich Merlin als
Prophetin anschließt. Dagegen ist die Vorstellung verlok-

344

kend, daß Myrddin bei der heiligen Vermählung von König und Land die Mutter-Göttin anruft, die mit der Venus, dem hellsten Stern am Firmament, identisch ist und als Prophetin Gestalt angenommen hat. Durch ihre Inspiration war ihm die Prophezeiung möglich, die den König einer fruchtbaren Herrschaft versicherte und die gebührende Nachfolge seiner Erben gewährleistete. Es ist ein bewegendes Gefühl, heute in der Einfriedung des Heiligtums zu stehen, auf die ruhigen Wasser des Loch Maben[38] zu blicken, in denen sich der funkelnde Morgenstern spiegelt, und über die Möglichkeiten nachzusinnen, daß hier vor mehr als vierzehn Jahrhunderten feierliche Zeremonien abgehalten wurden.

Vielleicht war Myrddin der am Tempel des Lleu oder Mabon bei Lochmaben ansässige *llyfrawr*. Er war der Erbe einer sehr alten Tradition, und seine Funktionen können heute mit ziemlicher Genauigkeit beschrieben werden. Er war Prophet und Heiler; er war der Oberdruide, der über die Krönung von Königen wachte. Eine undeutliche Erinnerung an diese letzte Aufgabe hat vielleicht ihren Niederschlag in der bedeutenden Rolle gefunden, die ihm später bei der Thronbesteigung Arthurs zugeschrieben wurde. Er war es, der dafür sorgte, daß Arthur das Schwert aus dem Stein zog – eine magische Prüfung seiner Eignung zum Herrscher –, und er war es, der über die Krönung des Königs wachte.

Von einer Jungfrau geboren und dazu bestimmt, den Dreifachen Tod zu sterben, war Merlin eine Inkarnation bzw. der Avatara des göttlichen Lleu. Er trug das Epitheton *Embreis*, ein Epitheton von unklarer Bedeutung, das auch der größte aller megalithischen Tempel in Stonehenge trug. Er wachte über die offiziellen Augurien und über die heiligen Spiele des Lleu an den Ufern des Solway. In einem zunehmend christlichen Land behielten die alten Riten ihre Macht, und Verehrer von nah und fern begaben sich zu dem Tempel bei Lochmaben. Er war ein Mann von Reichtum und Macht, stand er doch unter dem besonderen Schutz König Gwenddolau ab Ceidios, dessen Festung am Esk die Mündung des Solway über-

345

blickte und die heiligen Steine des Clochmabenstane bewachte.

Dann kam es zu der Krise des Herrscherhauses, die in dem großen Gemetzel von Arderydd und dem Tod Gwenddolaus gipfelte. Nun herrschte Rhydderch Hael, »der Verteidiger des Glaubens«, über den westlichen Teil des schottischen Tieflands, und den Anhängern des alten Glaubens wurde strengstens verboten, ihre Riten in der Öffentlichkeit zu zelebrieren. Dem aus dem zwölften Jahrhundert stammenden *Life of St. Kentigern* des Joceline von Furness zufolge war der Heilige durch das schändliche Heidentum eines König Morken (möglicherweise Morgan der Große aus Myrddins Prophezeiung) gezwungen worden, sich ins ausländische Exil zu begeben. Jetzt lud ihn der christliche Rhydderch zur Rückkehr und zum Aufbau des Glaubens ein. Kentigern kam zurück und gründete zuerst in Hoddom, dann in Glasgow einen Bischofssitz.[39] Hoddom liegt bloße zwölf Kilometer südöstlich von Lochmaben, was den Verdacht aufkommen läßt, daß es in der Absicht gegründet wurde, den rivalisierenden Tempel bei Lochmaben zu übertreffen und auszuschalten.

Der Übergang vom Heiden- zum Christentum wurde vermutlich durch Traditionen erleichtert, die beiden Glaubensrichtungen zugrunde lagen. Wie wir gesehen haben, stand der Mythos von Lug dem Christus-Mythos sehr nahe; in einem Gedicht aus *The Book of Taliesin* werden Christus und Mabon tatsächlich gleichgesetzt.[40] Der Mythos von Lleu, der von der Priesterschaft in Lochmaben bewahrt worden war, wurde vom Mythos Christi aufgesogen. In den *Lives of Kentigern* finden wir eine komplette Nacherzählung der Geschichte vom Tod Lleus und auch die Übernahme der Unbefleckten Empfängnis. Hieran sollten die Frommen späterer Generationen großen Anstoß nehmen, da sie instinktiv den heidnischen Charakter dieser Geschichte erkannten und sie als »pervers und dem Glauben zuwiderlaufend« ansahen.[41] Auf die gleiche Art und Weise wurden Kentigern die magischen Kräfte von Lleus Oberdruiden zugeschrieben:

Wie Myrddin herrschte er über die Hirsche und andere wilde Tiere und »tat eine Prophezeiung über die Briten und Angeln, die so wahr war, daß sie in ganz Britannien Zeugnis für den Glauben ablegte.«

Inwieweit diese Verwirrung einen bewußten Versuch der Kirche darstellt, die Anhänger des älteren Glaubens für sich zu gewinnen, oder das Ergebnis einer volkstümlichen oder literarischen Vermischung der Überlieferungen im sechsten oder einem der nachfolgenden Jahrhunderte ist, läßt sich heute unmöglich feststellen. Wir können wohl annehmen, daß zu jener Zeit zwischen den beiden Glaubensrichtungen nicht nur Feindschaft bestand, sondern auch Kompromisse geschlossen wurden. Joceline beschreibt, wie Kentigern die Heiden in Hoddom in hellen Scharen bekehrte und gleichzeitig eine große Zahl Unbelehrbarer davonjagte, die unverzüglich in Gestalt riesiger, schrecklicher Gespenster das Weite suchten. Dies könnte auf eine noch lebendig gebliebene Überlieferung von einer historischen Auseinandersetzung zwischen den rivalisierenden Tempeln in Hoddom zurückgehen, könnte aber auch einer beabsichtigten hagiographischen Konvention entsprechen.

Im Falle Myrddins können wir wohl davon ausgehen, daß er traurig und wütend den Annan flußaufwärts zog, um an den Hängen des heiligen Berges Hart Fell im Inneren der Caledonischen Wälder Zuflucht zu suchen. Nachdem er nun nicht mehr der Begleiter und Mentor von Königen war, überkam ihn der prophetische »Ruf«. Er verschwand in die Tiefen der Wälder und kehrte in wilder, aber eindrucksvoller Aufmachung als erleuchteter Prophet zurück, der größte aller *awenyddion*. Aus dem Zustand des bewußten Menschen, verkörpert durch den Gott des Lichts und der Kultur, Lug, ist er in die ältere Sphäre des Unbewußten zurückgefallen, in die Welt der Natur, des Waldes und der wilden Tiere. Jetzt steht er Cernunnos nahe, dem Herrn über die Tiere und Führer der Wilden Jagd. Gleichzeitig sitzt er, als ewiger Trickster, rittlings auf beiden Welten.

Der Myrddin-Sage zufolge lebte er in Angst vor den

Männern Rhydderchs. Dies könnte seinen guten Grund gehabt haben, da es einen Hinweis gibt, daß der Seher zumindest einmal den Versuch unternahm, den Tod Gwenddolaus bei Arderydd zu rächen. Das walisische Gedicht *Peiryan Vaban* ist eines aus dem kleinen *corpus,* der Myrddin zugeschrieben wird. Es ist uns nur in einem Manuskript aus der ersten Hälfte des 15. Jahrhunderts erhalten, zusammen mit Kopien der berühmteren Myrddin-Dichtung. In einem Punkt unterscheidet es sich deutlich von den anderen Gedichten: Es scheint sich nur auf Personen und Ereignisse zu beziehen (soweit wir in der Lage sind, sie zu identifizieren), die zu Myrddins Zeit lebten bzw. aktuell waren.

Die Sprache und die Anspielungen des *Peiryan Vaban* sind schwer verständlich, sein eigentliches Thema aber ist offenkundig: *Peiryan Vaban,* was soviel wie »Der gebieterische Jüngling« heißen könnte, ist eine Gestalt, die von Myrddin in Versen angerufen wird, die wirkliche Leidenschaft und Entschlußkraft atmen. Aedan mac Gabran, der König von Dalriada (der schottischen Siedlung in Argyllshire), ist mit einer Armee im Anmarsch, um Krieg gegen Rhydderch zu führen. Einst lebte Myrddin in einer Königshalle und war in prächtige Gewänder gekleidet, nun aber droht dem Land der Krieg. Bald wird es zu einer schrecklichen Schlacht kommen und Gwenddolau gerächt werden. Gwenddydd hat Myrddins prophetischer Stimme die Inspiration verliehen, und dem *Peiryan Vaban* wird versichert, daß auf die Trauer der Triumph folgen wird.[42]

Es gibt Hinweise darauf, daß das Gedicht die überarbeitete Fassung einer echten prophetischen Verkündung aus dem sechsten Jahrhundert ist. Außerhalb des Kontextes jener Zeit hat es weder Sinn noch Bedeutung. Es beschäftigt sich lebhaft mit aktuellen Ereignissen, deren Ausgang aber noch nicht bekannt ist. Der Kampf zwischen Aedan und Rhydderch, auf den das Gedicht anspielt, wird von der eigenständigen walisischen Überlieferung bestätigt. Eine der Triaden berichtet, wie Aedan an Rhydderchs Hof in Alclut (Dumbarton) kam und ihn verwüstete.

Falls dies eine Anspielung auf die Auseinandersetzung ist, die im *Peiryan Vaban* noch aussteht, so weiß man in dem letztgenannten Gedicht nichts davon; alles hängt noch in der Schwebe.

In seiner Verbindung von Prophezeiung und Ermutigung könnte das *Peiryan Vaban* sehr wohl ein Vorbild gewesen sein, nach dem spätere Prophezeiungen (wie etwa *Armes Prydein*) modelliert und Myrddin zugeschrieben wurden. Wir können somit davon ausgehen, daß eine frühere Fassung des Gedichtes im Jahr 573 oder danach verfaßt worden ist. Nach dem Debakel bei Arderydd stachelte Myrddin die in der Region verbliebenen Mächtigen auf, zu intervenieren. Da Aedan in dem Jahr nach Arderydd auf den Thron von Dalriada folgte und man von Rhydderch weiß, daß er sich angesichts drohender Gefahren an den Apostel und Bischof von Dalriada, den heiligen Columban, wandte, ließe sich durch weitere Mutmaßungen der politische Hintergrund erhellen.

Das *Peiryan Vaban* enthält ein Element, das es wert ist, näher betrachtet zu werden. Wer war dieser Titelheld, an den Myrddin den ganzen Interventionsplan richtet und dem er versichert, daß die Zeit der Trauer vorbei, daß eine Ära lieblichen Friedens anbrechen wird? *Maban* heißt »Jüngling« oder »Knabe« und stimmt mit dem Namen des jugendlichen Gottes Mabon überein.[43] Es ist nicht ganz einsichtig, warum Myrddin seine Ermunterungen an einen anonymen, wenn auch mitfühlenden Teenager gerichtet haben soll; nichts jedoch wäre passender als eine Anrufung des Gottes Mabon. Sein Ruhm und der Glaube an ihn wurden vielleicht von dem Christen Rhydderch beeinträchtigt, aber die Rache, in Gestalt der Flotte und Armee Dalriadas, war auf dem Weg!

Man sollte sich natürlich davor hüten, eine genaue chronologische Geschichtsschreibung aus Materialien rekonstruieren zu wollen, die schließlich und endlich nur die mühsamen Überreste einer Sage bilden. Im Fall eines Gedichtes wie dem *Peiryan Vaban* – ebenso wie dem *Cyfoesi*, *Hoianau*, *Afallennau* und *Cad Goddeu* (Gedichte, die, wie ich dargelegt habe, direkte Bedeutung für die originale Myrddin-Geschichte haben) – sind Sprache und Metrum so verändert oder umgearbeitet worden, daß damit jedes brauchbare Mittel entfällt, mit dem man auf den Zeitpunkt seiner ersten Fassung hätte schließen können.[44] Andererseits läßt sich nur schwer verstehen, welche Bedeutung der Inhalt des *Peiryan Vaban* für den Barden, der es rezitierte, oder den Kopisten, der es später zu Papier brachte, gehabt haben könnte: es sei denn als ein Werk, das man als die wahre Verkündigung des Protopropheten aus dem sechsten Jahrhundert betrachtete. Auch läßt sich nur schwerlich ein Dichter in einem späteren Zeitalter vorstellen, der die Intention – wie auch die Kunstfertigkeit – gehabt hätte, ein Gedicht zu verfassen, das so sehr den Geist einer zeitbezogenen Krise beschwört und den Hörer bzw. Leser gleichzeitig in atemloser Spannung hält, wie die Sache denn nun ausgeht.

Welchen Sinn hätte eine solche rückblickende Poesie? Man könnte nun einwenden, daß sie vielleicht in Nachahmung früherer Werke verfaßt wurde; dies würde aber eine unnötige Komplikation einführen, da es einfacher ist, davon auszugehen, daß das *Peiryan Vaban* selbst eines dieser früheren Werke widerspiegelt. Im allgemeinen konnten spätere Rezitatoren, wie die übrige Myrddin-Lyrik bestätigt, nicht der Versuchung widerstehen, Verse oder Anspielungen anzufügen, die auf Ereignisse ihrer eigenen Zeit anwendbar waren. Kurzum: Wie weit man die Abfassung von Pseudoprophezeiungen auch zurückverlegt, es muß einmal einen anfänglichen Grund für den Wunsch gegeben haben, sie einem Propheten namens Myrddin zuzuschreiben. Die wahrscheinlichste Erklärung dafür ist, daß es eine fortlebende Sammlung früheren echten Weissagungsmaterials gegeben haben muß.

Die in der walisischen Lyrik erhaltene Myrddin-Sage erzählt eine in sich geschlossene Geschichte von der Furcht des Propheten vor Rhydderch Hael und seinem Haß auf diesen König. Seit der Schlacht von Arderydd war er gezwungen, in den Caledonischen Wäldern zu leben und dort all die Entbehrungen eines Lebens in der rauhen Wildnis zu ertragen, während Rhydderch in seiner hell erleuchteten Halle tafelte. Es könnte sein, daß dieser Aspekt von Myrddins Verbannung zum Teil einem Mißverständis bezüglich seiner mißlichen Lage entsprang und daß »der Ruf der Wildnis« mehr mit den Umständen seherischer Inspiration zu tun hatte als mit bloßer Flucht und einem Leben im Exil. Die Verse des *Afallennau*, die die deutlichsten Hinweise auf Myrddins Notlage enthalten, vermitteln auf den ersten Blick den Eindruck, daß der Verbannte als jemand dargestellt wird, der von Rhydderch und seinen Anhängern gejagt wird bzw. sich von diesen verfolgt glaubt. Folgende Zeilen aber:

> »Süßapfelbaum, der auf einer Lichtung wächst,
> Seine Eigenart verbirgt ihn vor den Männern
> Rhydderchs;
> Viele Menschen an seinem Stamm, rings um ihn
> ein Heer,
> Er wäre ein Schatz für sie, die Tapferen in Reihen.«

lassen eher vermuten, daß der Wald ein Rätsel birgt, das sich um den Apfelbaum rankt, dessen Geheimnis Rhydderch nie erfahren wird. Und es ist eher Zauberkraft als die Unzugänglichkeit von Merlins Zufluchtsstätte im Wald, die die Männer des Königs daran hindert, ihr Ziel zu erreichen.

Geoffrey von Monmouths *Vita Merlini* wie auch die Legende vom heiligen Kentigern deuten auf ein zwiespältiges Verhältnis zwischen dem Propheten aus den Wäldern auf der einen, dem König und Heiligen auf der anderen Seite. In der *Vita Merlini* unternimmt Rhydderch jeden nur möglichen Versuch, Merlin dazu zu bringen, am Hof zu wohnen, und ist in jeder Weise bestrebt, sich seine prophetischen Gaben zunutze zu machen. Glaubt man dem *Life of St. Kentigern* von Joceline, so ließ sich der Seher tatsächlich als Mitglied des königlichen Haushalts nieder; in dieser Quelle wie auch in den Lailoken-Fragmenten (die Auszüge aus einem früheren *Life* des Heiligen darstellen) wird die Genauigkeit seiner Prophezeiungen nachdrücklich hervorgehoben.

Mutmaßlich hat Kentigerns Kirche in Hoddom viel von der Verehrung und dem Ansehen auf sich gezogen, welche vorher dem Tempel bei Lochmaben gegolten hatten. Dies würde gewiß erklären, warum der Mythos von Lleu in die spätere Geschichte von der Geburt des heiligen Kentigern eingeflossen ist.

Man fühlt sich an den Rat erinnert, den Papst Gregor I. dem heiligen Augustin ein paar Jahre später gab, indem er den Bischof anwies, die heidnischen Engländer sanft und ganz allmählich zu bekehren. Der Papst hob hervor, daß die heidnischen Bräuche dem christlichen Ritus angepaßt werden sollten:

»so, daß sie, ihre Herzen ändernd, einen Teil des Opfers ablegen, einen anderen aber beibehalten sollten. Während sie dieselben Tieropfer wie vorher darbrachten, opferten sie die Tiere nun Gott anstelle von Götzen, was aus ihnen andere Opfer machen würde.«[45]

Wieviel wirkungsvoller wäre dieses überlegte Vorgehen im Falle Kentigern in Hoddom gewesen! Denn er war selbst ein Nordbrite, ohne Zweifel seit seiner Kindheit mit dem so geschätzten heidnischen Mythos vertraut, der eine verblüffende Ähnlichkeit zu dem des Weißen Christus aufwies. Es war Merlin, der sich vom Kult des Mabon lossagte und zu dem des Cernunnos übertrat. Und der Gott der Wildnis mit seinen Hörnern kam nahe an die christliche Vorstellung vom Teufel heran; dies nicht nur wegen seiner Attribute, den Hörnern, dem Haarpelz und der Wohnstatt in den Wäldern, sondern auch in seiner älteren und tieferen Gestalt als Herr des Waldes und der Tiere, als Hüter des menschlichen Geistes vor der Erlangung des Bewußtseins. In Wahrheit war Merlin Cernunnos *und* Lleu, Teufel *und* Christus. Das hämische Lachen, das im Dickicht des *Coed Celyddon* zu hören ist, ist das des Tricksters, eines Wesens, dessen Natur sowohl das Fleisch als auch die Seele umschließt, die diesem eingehaucht worden ist...

»Was meine Erschaffung angeht, so wurde ich
aus neun Arten von Elementen erschaffen;
Aus der Frucht der Früchte, aus der Frucht
Gottes am Anfang,
Aus Primeln und Blumen des Hügels, aus den
Blüten der Wälder und Bäume;
Aus den Grundbestandteilen der Böden
wurde ich gemacht...
Druiden, o Weiser, prophezeit dem Arthur;
Es ist, was zuvor ist, sie sehen, was gewesen ist.
Und einer taucht in der Geschichte der Flut auf
Und die Kreuzigung Christi und dann
das Jüngste Gericht...«

Epilog

Das Orakel und die Quelle

Singe, himmlische Muse, die du
Auf dem geheimen Gipfel Horebs oder Sinais
Den Schäfer unterwiesen,
Der den erwählten Samen zuerst gelehrt hat,
Wie der Himmel und die Erd' am Anfang
Aus dem Chaos entsprungen seyn...«
(Milton, *Das verlorene Paradies*)

Wie es seiner Rolle als archetypischer Trickster ziemt, bleibt Merlin ein Rätsel.

Er war, so meine These, ein echter Prophet, dessen Orakel bei einer heiligen Quelle auf jenem zentralen Berg lag, an dessen Ausläufern die großen Flüsse des Nordens entsprangen. Zwischen all den Ergänzungen, die eine spätere Dichtung ihm zugeschrieben hat, schimmert immer wieder seine unglückliche Lebensgeschichte hindurch. Seine Prophezeiungen befaßten sich aller Wahrscheinlichkeit nach mit den Leiden und dem schließlichen Sieg des britischen Volkes sowie mit der künftigen Abfolge von Königen, von deren göttlicher Befähigung zum Herrschen das Schicksal des Landes abhing. Eine solche Gestalt lebte und starb vermutlich in der zweiten Hälfte des sechsten Jahrhunderts n. Chr.

Dann war da aber noch ein anderer Merlin; eine Gestalt, die die Jahrhunderte transzendiert; ein Merlin, der sich in der *Vita Merlini* rühmt, ebenso alt zu sein wie die verehrungswürdigste Eiche in den Caledonischen Wäldern, und der von sich sagt:

»Ich war mir selbst entfremdet, und gleich einem übermenschlichen Wesen wußte ich die Taten vergangener Völker und sagte das Künftige voraus. Ich kannte das Verborgene aller Dinge, den Flug der Vögel, die schweifende Bahn der Sterne und die Züge der Fische.«

(Nach der Übersetzung von Inge Vielhauer)

Dies war der Merlin, der den Herrn der Tiere verkörperte, Schäfer (*heussawr*) der Geschöpfe der Wildnis und Hüter der ungezähmten Materie; dunkler Geist der Erde, bevor Gott sie mit seiner Gegenwart durchtränkte. Aber

Merlin verkörpert auch eben diese Gegenwart Gottes. Er ist Lug, das Licht, das die heraufdämmernde Selbst-Erkenntnis (self-awareness) bringt, die Kultur und die Annäherung des Menschen an Gott. Und schließlich stirbt er den Opfertod des Lug, das letzte Selbstopfer Gottes, der stellvertretend leidet und den als Sein Ebenbild erschaffenen Menschen aus seinem Elend erlöst.

Die Gestalt Merlins hat die Menschen über mehr als neun Jahrhunderte fasziniert. Während die einzelnen Schichten abgetragen werden, blickt uns der Trickster in immer neuer Verkleidung entgegen. Es ist ein wohlbehütetes Geheimnis, und wahrscheinlich werden wir den wahren Merlin in seiner ganzen Komplexität nie erfassen. Doch es wäre unmöglich, eine Studie über den Mythos abzuschließen, ohne vorher zumindest versucht zu haben, seine umfassende Bedeutung herauszustellen. Wenn Christus Gott ist, der dem Menschen die Hand reicht, dann dürfen wir in Merlin ein Spiegelbild des Menschen sehen, der sein Bewußtsein zu kosmischer Erkenntnis erhebt. Zwar läßt sich ein Mysterium mit den Begriffen der Tatsachenforschung nicht wirklich enthüllen, aber im Licht all des Vorangegangen kann man sich an einem allgemeinen Bild versuchen.

Die Gestalt des Merlin in der Gralsepik des Mittelalters stimmt in vieler Hinsicht überraschend mit dem überein, was in den älteren keltischen Quellen eher in Form von Anspielungen enthalten ist. Ob dem so ist, weil dieses Material letztlich aus authentischen Überlieferungen stammt oder weil archetypische Wahrheiten sich in der Dichtung wiederholen, läßt sich nicht in Erfahrung bringen. Es ist ein machtvolles Bild.

Merlin ist der Schutzherr des Schreibens, einer Gabe, die in sich selbst Zauberkräfte besitzt. Denn das Schreiben ist zugleich Erhalten und Zerstören von überliefertem Sagengut. Das Dasein wird durch die Kunst des Schreibens auf Raum und Zeit eingegrenzt. Merlin legitimiert Genealogien, ist Historiker und Wächter über die Literatur und setzt der Geschichte Grenzen – in der gleichen Weise, wie seine magischen Diagramme, die über das

357

Königreich von Logres verstreut sind, dessen geographische Grenzen festlegen.

Das walisische Wort für Zauberer, *llyfrawr*, stammt von dem lateinischen *librarius* ab; und Merlins Allwissenheit, die in seinen Zauberbüchern als Heiligtum bewahrt wird, verleiht ihm die Macht der Kontrolle über alles, was in Britannien gesagt und getan wird. Vergeblich wird man versuchen, seiner Macht zu entkommen – eine Warnung, die er wiederholt ausspricht –, denn seine Allwissenheit bewirkt, daß alles innerhalb seiner Einflußsphäre liegt. Als Dichter zeichnet Merlin die historischen Ereignisse auf, an denen er Anteil hat, während er als Prophet kühn außerhalb der Geschichte steht; einerseits bestätigt er den Königen ihr Recht auf den Thron, indem er ihre Genealogien enthüllt, andererseits besitzt er, der vaterlose, keine eigene Genealogie. Seine eigene Kunst wird ihm zum Verhängnis, denn durch Wiederholung seines eigenen formelhaften Zauberspruches erlangt Vivien die Macht, ihn in dem verzauberten Raum einzuschließen.

Merlins Gaben versetzen den Menschen in die Lage, sich selbst zu sehen. Als er in die Erzählung eintritt, löst der Umstand, daß das Weise Kind den Boten Vortigerns seinen *Namen* nennt, die ganze Folge von Ereignissen aus, die den Bretonischen Sagenkreis bilden sollten. Indem er dafür sorgte, daß sich die historischen Geschehnisse mit der Genealogie deckten, reihte er den Menschen in den linearen Zeitablauf ein. Gleichzeitig besteht der Sinn der Genealogie darin, die Menschheit in einer zyklischen »Wiederkehr zu den Anfängen« zu läutern.

Merlin hatte die Aufgabe, über Ordnung und Sinn in der menschlichen Gesellschaft zu wachen. Er half Uther Pendragon dabei, die Monarchie neu zu begründen; er sorgte für den magischen Test, mit dem Arthur seine Fähigkeiten unter Beweis stellte und zeigte, daß er Uthers legitimer Nachfolger war; er gründete die Bruderschaft der Tafelrunde, die die gestörte Gemeinschaft der Edelmänner wiederherstellte; und er stiftete die Suche nach dem Heiligen Gral, die der Gesellschaft ein höherstehendes edles Ziel setzte.

Gleichzeitig warnt Merlin aber auch immer wieder vor den schwerwiegenden Folgen, die jeder Bruch mit den magischen Zeremonien und Abläufen, die die Gemeinschaft zu einem Ziel vereinen, nach sich ziehen würde.

>>Unser werden sein Jahre und lange Tage
Mit falschen Königen und verdorrenden
Erntefrüchten<<,

weissagt er unheilvoll in dem walisischen Gedicht *Hoianau*. Die falschen Könige werden die *Ursache* der Mißernte sein, da der Bruch in der herrscherlichen Legitimität ein Zeichen für das Auseinanderbrechen der Gesellschaft ist. Der Gegensatz zu legitimer Ordnung ist Unordnung, Unfruchtbarkeit und Chaos. Alles fällt in seinen vor-kulturellen Zustand zurück, und die moralischen und physischen Landschaften werden zu dem Wüsten Land der arthurischen Epen.[1]
Merlin ist also der Hüter der Kultur und der zivilisierten Ordnung, der Dichtkunst und des Königtums, des Schreibens und der Genealogie. In dieser Eigenschaft stößt er häufig prophetische Warnungen aus über die Folgen, die jede Störung der sozialen Harmonie mit sich bringen wird. Mehr noch: Er wacht als Hüter der Tiere auch über das Wüste Land selbst. Im *Merlin* des Robert de Boron taucht der Zauberer ohne Vorwarnung unter den zivilisierten Menschen auf, um ihnen einen Rat zu erteilen oder sie zu ermahnen, und kehrt dann ebenso plötzlich zu seiner Zufluchtsstätte in der Wildnis zurück. Dieses Verhalten weist Merlin als den archetypischen Trickster aus. Mit einem Bein in jedem Lager, steht er an der Nahtstelle von Kultur und Natur, von Bewußtsein und Unterbewußtsein, von Gott und Mensch. Er umspannt die Zeitalter vor und nach der Schöpfung, und um seine wirkliche Bedeutung zu verstehen, muß man sich Gedanken über den tieferen Sinn dieses vorgeschichtlichen Anfangs machen.
C. G. Jung legte in *Antwort auf Hiob* nahe, daß der Sinn und Zweck der Schöpfung eine >>Objektivation Gottes<<

war. Hierzu kam es, weil Gott sich selbst in keiner anderen Weise befriedigend erfüllen konnte:

»So laut seine Macht durch die kosmischen Räume dröhnt, so schmal ist die Basis ihres Seins, das nämlich einer bewußten Widerspiegelung bedarf, um wirklich zu existieren. Gültig ist das Sein natürlich nur, sofern es jemandem bewußt ist. Darum bedarf ja der Schöpfer des bewußten Menschen...«[2]

Ferner: Da die Liebe (ebenso wie ihr verwandte Gefühlsregungen ästhetischer Verzückung) der sublimste und am wenigsten erklärbare Faktor in der menschlichen Psyche ist, können wir wohl davon ausgehen, daß die Schöpfung des bewußten Menschen dem Verlangen Gottes entsprang, zu lieben und geliebt zu werden. Oder, wie William Blake es ausgedrückt hat: Die Ewigkeit ist in die Hervorbringungen der Zeit verliebt, weil die Ewigkeit aus sich selbst nichts hervorbringen kann. Die Zeit wiederum, während sie ihr wunderbares Werk von höchster Schönheit hervorbringt, sehnt sich danach, in der Ewigkeit zu ruhen.[3]

Die Tatsache, daß das Göttliche nicht anders kann, als in der Menschheit seinen Ausdruck zu suchen, und daß daher der Mensch seinerseits sich von der unbewußten Schöpfung abgrenzen muß, hat in der menschliche Psyche einen unauslöschlichen Abdruck hinterlassen. Eine »Erinnerung« an diesen Prozeß des Auftauchens aus dem Unbewußten wird in Träumen bewahrt, die jeder einzelne Mensch jeder Generation träumt; diese Träume verfolgen einen therapeutischen Zweck und dienen dazu, die Psyche im Gleichgewicht zu halten, die immer wieder durch Erinnerungen an die »Anfänge« aufgeschreckt wird.[4] Wie wir gesehen haben, versucht die primitive Mythologie den gleichen Heilungsprozeß dadurch zu erreichen, daß sie eine Gestalt schafft, die die ursprüngliche Umwandlung in ihrer Person verkörpert. Mit den Worten des Anthropologen Paul Radin:

»Warum sollte es Bestreben einer Gottheit sein, der Menschheit die Kultur zu bringen? Ich glaube, darauf antworten zu können, daß dies nicht ihr erstes Ziel ist, denn was die Gottheit wünscht, ist sich zu äußern oder sich zu entfalten. Dies kann sie im leeren Raum nicht erreichen und versucht daher, den leeren Raum in sich zu scheiden. Hierdurch will sie die eigene Differenzierung vollziehen. Hier beginnt die Rolle des Menschen. Der Mensch kann der Gottheit diese Differenzierung nur dann gewähren, wenn auch seine eigene damit gewährleistet wird, was von seinem Gesichtspunkt aus vollkommen richtig ist. So schiebt sich der Mensch in das Gesamtbild hinein; er wird mit den Göttern vereint und die Götter mit den Menschen, und die Unterscheidung und Erziehung ist gleichzeitig die des Menschen. Am Anfang ist der Mensch rein instinktiv, unsozial und wild und nur vom Geschlecht und vom Hunger beherrscht; auch die Götter haben so zu beginnen oder, besser gesagt, sie werden gezwungen, so zu beginnnen.«[5]

Die Differenzierung findet ihren Ausdruck im Mythos durch die schwankende, halb-menschliche, halb-göttliche Gestalt des Tricksters, der in die Zeit zurückblickt, in der sich der Mensch über die Entwicklungsstufe eines Hominiden erhob und zum Bewußtsein gelangte.[6] In den höherstehenden Mythologien wird er durch Gestalten wie Hermes-Merkur und Loki verkörpert; und vor allem durch die archetypische Gestalt Merlins. Diese entscheidende Rolle wurde von Spenser instinktiv erfaßt, der uns in *The Faerie Queene* seine Helden als Personen zeigt, die sich von unbekannten Ursprüngen zu einem verborgenen Schicksal durchkämpfen und dabei nur von dem Propheten Merlin geleitet werden, der die Vergangenheit und die Zukunft kennt.

Dem Menschen der Frühzeit galt es als sicher und keiner Hinterfragung bedürftig, daß die Intelligenz der elementaren Psyche durch göttliche Vermittlung auferlegt worden war. Die Schöpfungsmythen liefern ein erstaunlich überzeugendes Bild von dem »Ereignis«, das im kollektiven Unbewußten bewahrt und weitergegeben wird. Seine grundlegende Wahrheit offenbart sich, wenn man es gegen die wissenschaftlichen Erklärungen der Griechen und ihrer rationalistischen Erben hält, die hauptsächlich

361

auf ätiologischer Spekulation beruhten.[7] Heute behaupten progressive Geistliche, es sei unbedingt notwendig, sich der »abergläubischen«, »entzweienden« Elemente der Religion zu entledigen, um den wahren Kern ans Tageslicht zu holen, der unter einem Wust kultischer Beigaben liege, die ein kultivierter Mensch des 20. Jahrhunderts nicht mehr brauche. Wie die meisten einseitig rationalen Anschauungen ist diese Betrachtungsweise ebenso falsch wie gefährlich.

Tatsächlich ist die Religion ein Produkt des Unbewußten und offenbart sich fast ausschließlich in Symbolen, liturgischer Sprache und Ritualen, die ein Mysterium wieder in Kraft setzen, das seinem Wesen nach unbeschreibbar ist.[8] In gewissem Sinne ist es blanker Rationalismus, die Einpflanzung des Bewußtseins in die menschliche Psyche mit einem Akt der Gottheit gleichzusetzen. Die Menschheit wurde transformiert, auf eine Ebene außerhalb der übrigen Schöpfung gestellt, und besaß von da an Kräfte, die – bei aller Begrenztheit – mit denen vergleichbar sind, die man Gott zuschreibt. Der Vorstellungskraft des Menschen sind kaum Grenzen gesetzt, und wenn man sich einen Begriff von der Geistigkeit Gottes machen will, die den materiellen Kosmos transzendiert, dann muß man sie sich, wie Aristoteles erkannte, in der Form reinen Geistes und Intellekts vorstellen, als die höchste Art zu sein – und als das einzige Wesen, von dem man sich vorstellen kann, daß es unabhängig von der Materie existiert.[9] Es ist unwahrscheinlich, daß das Bewußtsein aus sich selbst entsprungen ist, und es spricht mehr für als gegen den Glauben, daß die rationale Intelligenz dem Menschen von Gott gegeben wurde, als Spiegel seiner Allwissenheit. Denn das Universum läßt sich am besten als die Schöpfung Gottes erklären; die Tatsache, daß es durch den menschlichen Verstand erfaßbar ist, legt nahe, daß es nicht nur erschaffen wurde, sondern auch, daß es die Schöpfung eines Wesens ist, das sich nur darin vom Menschen unterscheidet, daß es frei von allen Begrenzungen ist. Das *Erleben* Gottes ist eine psychische und biologische Tatsache, und seiner objektiven Realität kommt größere Wahrscheinlichkeit zu als allen anderen Erklärungen, vorausgesetzt, daß sie nicht von anderen kosmologischen Daten widerlegt wird. Da diese Daten per Saldo nahelegen, daß es eine erste Ursache und immanente kosmische Intelligenz gibt, werde ich für die Zwecke dieser Abhandlung die Existenz Gottes als gegeben voraussetzen; ferner, daß Er die Erde geschaffen und den Menschen nach seinem Ebenbild gemacht hat, indem er ihm einen Funken Seiner eigenen Allwissenheit in Form des bewußten Denkens verlieh.[10]

Obwohl sich in der Bewußtwerdung des Menschen der Wille Gottes erfüllt, wurde das Ereignis mit Zweifel, Bedauern, ja sogar mit Widerwillen aufgenommen. Es war der Sündenfall. Daher wird das Bewußtsein ständig von einem Verlangen bedrängt, die unerwünschte Gabe loszuwerden und mit tiefster Zufriedenheit ins Unbewußte zurückzusinken. Dies manifestiert sich im einzelnen Menschen in verschiedenen psychischen Ausprägungen, die vom »Todestrieb« Freuds[11] bis zur tiefsten Sehnsucht nach der entschwundenen Welt der Kindheit reichen.

Der Kampf zwischen den rivalisierenden Ansprüchen des Unbewußten und des Bewußtseins findet sich klar ausgedrückt in dem didaktischen Medium des Mythos. Bei vielen Naturvölkern ist die Vorstellung vom *deus otiosus* verbreitet, der höchsten Schöpfergottheit, dem Himmels-Gott, der die Erde schuf und sie mit Menschen bevölkerte. Bei den Dinka etwa, die längs des Nils im Sudan leben, erzählte ein Mythos davon, daß Gottheit und Erde einander einst berührten. »Sie waren durch ein Seil miteinander verbunden... Mittels dieses Seils konnten die Menschen nach Belieben zur Gottheit hinaufklettern. Zu dieser Zeit gab es keinen Tod«. Später jedoch fühlte sich die Gottheit von den Menschen beleidigt, und das Seil wurde durchtrennt. Davor, sagen die Dinka, »pflegte die Gottheit bei den Menschen zu bleiben und war gut zu ihnen«. Beweggrund für die Trennung zwischen Gottheit und Mensch war, daß der Mensch ein Selbst-Bewußtsein geltend machte. »Die vollständige

Integration gab Sicherheit, aber eben diese Sicherheit
schloß eine Nähe zur Gottheit mit ein, die der Mensch als
unangenehme und beengende Abhängigkeit empfand...
Der Mensch... machte sein eigenes Leben und seinen
eigenen Willen geltend, was ihn und seinen Schöpfer in
Gegensatz brachte.« Wie zu erwarten, stellen die Rituale
der Dinka eine genaue Parallele zum ursprünglichen Sündenfall dar; in diesen Ritualen durchläuft jeder Jüngling
des Stammes die Zeit von der Kindheit bis zum bewußten
Mannestum. Die Lieder der Dinka drücken eine tiefe
Sehnsucht nach Wiederherstellung der vormaligen Harmonie aus.[12]
Dieses fundamentale Verlangen kommt in dem weltweiten *Mythos der Ewigen Wiederkehr* zum Ausdruck, wie
er in einem berühmten Buch gleichen Titels von Mircea
Eliade treffend genannt wird. Eliade zeigt anhand einer
reichen Auswahl von Beispielen, daß »die periodische
Erneuerung der Welt das häufigste mythisch-rituelle Sze-
narium in der religiösen Geschichte der Menscheit gewesen ist«. Dahinter steht ein tief empfundener Glaube,
»daß der Kosmos vielleicht *ab integro* erneuert wird, und
diese Erneuerung schließt nicht nur die ›Errettung‹ der
Welt mit ein, sondern auch die Rückkehr zu jener paradiesischen Daseinsstufe, die sich durch einen Überfluß an
Nahrung auszeichnet, der ohne mühselige Plackerei zuwege kommt. Der Mensch fühlte sich einst auf mythische
Weise eins mit dem Kosmos und wußte auch, daß die
Erneuerung durch rituelle Wiederholung der Kosmogonie herbeigeführt werden kann, die entweder alljährlich
aus Anlaß kosmischer Wendepunkte oder bei historischen Ereignissen rezitiert wird«.[13] Diese Riten entfalten
ihre größte Wirksamkeit, wenn sie im heiligen »Zentrum
der Welt« zelebriert werden, einem Treffpunkt der drei
kosmischen Regionen (Himmel, Erde und Unterwelt);
der gleiche Punkt, von dem aus sich die Erde bei der
Schöpfung ausdehnte und auf den sie am Ende der Welt
zusammenschrumpfen wird. In seiner frühesten Form
war dies der heilige Berg, dessen Gipfel Mittelpunkt der
Erde ist und zugleich über sie hinausreicht. Von seinem

Gipfel erhob sich der Baum des Lebens, Symbol der kosmischen Erneuerung, in den Himmel, während von seinem Fuß Flüsse bis an die Ränder der Erde flossen. Im Mittelpunkt, dem *Omphalos,* verkörpert der »Priester« die Unsterblichen »und darf als solcher weder angesehen noch berührt werden. Er vollzieht die Riten abseits der Menschen, in völliger Einsamkeit. Denn als die Unsterblichen sie zum ersten Male zelebrierten, gab es auf der Erde die Menschen noch nicht«.[14]

Jene Zentralgestalt war in frühesten Zeiten der Schamane. Vor mehr als vierzig Jahren zeichnete der russische Ethnologe N. P. Nikuljshin an den Ufern des Sym, im entlegenen Inneren Sibiriens, das Lied eines Schamanen auf. Einen Monat zuvor hatte die deutsche Wehrmacht mit der Invasion Rußlands begonnen. Der Schamane sang:

»Kommt her, meine Kinder!
Jetzt, wo eine Seele
Auf dem spitzen Gipfel [des Berges] der Erde ist
Treffen wir uns dort
An der Erde elendem Ort
Dort, wo der spitze Gipfel
Genau in der Mitte der Erde [steht] . . .
Man vermeinte in alten Zeiten
Als [alles lebendig wurde]
Nachdem die Erde aufgetaucht war.
Es war immer so
Als [alles] zu leben begann.
Nach dem innersten Wesen des Erfolges
Beginne ich zu fragen.
Sagt etwas!
Neben dem Lagerfeuer will ich schamanisieren. . .
Zu dem Mittelpunkt der Erde
Zu der Mutter Morgenröte.
Mit der Suche von Tieren
Zeigt euch in irgendeiner Form!«[15]

Das Alter des Schamanentums ist gar nicht hoch genug

einzuschätzen; die früheste Darstellung ist die des berühmten »Hexenmeisters« in der Trois-Frères-Höhle in Südfrankreich. Er hat den Kopf eines Hirsches, von einem Geweih gekrönt, er hat das Gesicht einer Eule, die Ohren eines Wolfes, den Bart einer Gemse, die Tatzen eines Bären und einen Pferdeschweif. Nur seine Beine und seine tanzende Haltung sind menschlich; die tierhaften Attribute zielen eindeutig darauf ab, ihm die Kräfte der verschiedenen Tiere zu verleihen, die als Seelenführer dem Tänzer dabei helfen, wieder eins mit der Schöpfung zu werden. Die Gestalt ist etwa 60 Zentimeter groß und auf einer hohen Felskanzel, knapp drei Meter über dem Boden, auf die Höhlenwand gemalt. Überall tragen die Wände dieses Heiligtums wunderbar realistische Darstellungen von Bisons, Mammuten, Hirschen, Wollnashörnern und anderen Tieren des Oberen Paläolithikums, die alle von dem gebieterischen Blick des Hexenmeisters beherrscht werden. Um das Heiligtum zu erreichen, muß man fast eine halbe Stunde lang durch verwinkelte Gänge und Kammern tappen, entlang vieler prachtvoller Fresken von Tieren, Vögeln und rätselhafter Zeichen. Man glaubt, daß die Wandmalereien etwa aus dem Jahr 12.000 v. Chr. datieren.[16]
Die plausibelste Erklärung für den »Hexenmeister« ist, daß es sich dabei um die Darstellung des Urschamanen handelt, der, nach einer Zeit des vor-bewußten Träumens, als erster die Verbindung zwischen Gott und dem Menschen wiederherstellte. Denn der Erste mußte den Weg gefunden haben, wie man zum Anfang zurückkehren konnte, indem man den kosmogonischen Mythos wieder in Kraft setzte; eine Zeremonie, die hauptsächlich in der fackelbeleuchteten Höhle stattfand. Der Schamane ist ein Experte. Ursprünglich gab es, so erzählen verschiedene Mythen, eine Zeit, in der Himmel und Erde durch ein Seil, einen Baum oder einen Berg miteinander verbunden waren. Mensch und Gott waren vereint. Dann kam es zu der fatalen Trennung. Von da an war die Verbindung unterbrochen; der Himmels-Gott entzog sich den Belangen der Menschen, und der Mensch kehrte

nur im Tod zum Göttlichen zurück. Von diesem Zeitpunkt an hatten nur gewisse begnadete Wesen die Macht bewahrt, zum Himmel aufzusteigen, unter ihnen Könige und heilige Männer. Vor allem aber war es der Schamane, der sich mittels seiner ekstatischen Trance von der Welt bewußter Sterblichkeit löste und sich an den nunmehr gefährlichen Aufstieg zum Himmel machte. Diese Vorstellung hat sich in der Mär vom indischen Seiltrick erhalten.[17]

Viele Menschen kennen das Gefühl, ihre Seele löse sich von ihrem Körper unter bestimmten traumatischen Umständen, die in gewisser Hinsicht eine Ähnlichkeit zu der objektiven Erfahrung aufweisen, die jeder Schamane bestätigt. In jüngster Zeit hat man viel Forschungsarbeit darauf verwendet, die empirischen Erfahrungen des Aus-dem-Körper-Weichens zu untersuchen, die so vielfach belegt sind und in wesentlichen Punkten sich dermaßen ähneln, daß sie nicht auf bloßer Sinnestäuschung beruhen können. Man kann diese Erfahrung unter fast allen Bedingungen machen, am häufigsten aber auf der Schwelle zum Tod. Ein Armeeoffizier, dessen Fahrzeug von einer Granate aus einer Panzerabwehrkanone getroffen wurde, gab zu Protokoll: »Ich war mir bewußt, daß ich zu zwei Personen geworden war; die eine lag auf dem Boden...das andere »Ich« (»Doppelgänger«) schwebte in der Luft, etwa sechs Meter über dem Boden...« Ein Patient im Lazarett »hörte die Ärzte sagen, daß ich tot war, und dann überkam mich das Gefühl zu stürzen, vielmehr, nun, zu schweben, durch diese Schwärze zu schweben, die eine Art Einfriedung war. Es gibt einfach keine Worte, mit denen sich das beschreiben läßt. Alles war sehr, sehr schwarz, außer, daß ich, weit weg von mir, da dieses Licht sehen konnte. Es war ein sehr, sehr helles Licht, aber nicht allzu groß am Anfang. Es wurde größer, als ich ihm näher und näher kam... Ich sagte mir: ›Wenn es das jetzt ist, wenn ich sterben soll, dann weiß ich, wer da hinten auf mich wartet, dort in diesem Licht.‹«

Vielfach hatten die betroffenen Personen »ein Gefühl des

Friedens, der Ruhe, des Verschwindens aller Sorgen«, ebenso hatten sie die Empfindung, zu etwas Vertrautem zurückzukehren, »von einer überwältigenden Liebe, überwältigendem Mitgefühl« umgeben zu sein. Allen, die diese Erfahrung gemacht haben, ist klar, daß die Seele unabhängig von dem Körper existiert, mit dem sie verbunden ist, und daß sie, wenn der Augenblick dazu gekommen ist, ohne Bedauern aus dem Körper schlüpft.[18] Im Normalfall ist der Tod dieser Augenblick, in dem sie freigelassen wird, und aus diesem Grund steht im Mittelpunkt der Initiation eines Schamanen ein Ritual von Tod und Wiederkehr.

In dem berühmten paläolithischen Höhlenheiligtum von Lascaux gibt es eine Darstellung, auf der, nach den Angaben einiger Prähistoriker, ein toter Schamane mit dem Kopf eines Vogels oder einer Vogelmaske abgebildet ist, der neben einem erlegten Bison liegt. Daneben findet sich die Abbildung eines Vogels, der auf einer Stange sitzt, eine Verkörperung der Vogelseele des Schamanen, die zum Weltbaum hinaufsteigt.[19] Dieses Bild und ähnliche Darstellungen datieren aus einer Epoche, in der der Mensch, obwohl schon in vielem ein *homo sapiens,* dem spontanen Dasein eines wilden Tieres noch nicht völlig entwachsen war. Kleine Jagdgemeinschaften standen wahrscheinlich in einer symbiotischen Beziehung zu den Rentieren, denen sie nachstellten und in deren Häute sie sich kleideten.[20] Im Wales des Mittelalters beschrieb man den keltischen Herrn der Tiere (in *Culwhch and Olwen*) als jemanden, der in Tierhäute gekleidet war; und wenn Geoffrey von Monmouth Merlin beschreibt, wie er das Leben eines Hirschen lebt, muß sich diese Schilderung aus einer früheren Quelle speisen, in der sich der Seher in Hirschhäute kleidete und einen mit Geweihstangen geschmückten Helm trug.

Der Mensch der Frühzeit, der in kleinen, zusammengewürfelten Horden von bis zu fünfhundert Männern, Frauen und Kindern[21] den Fährten der Rentiere folgte, wohnte in einer Welt, die von rätselhaften Kräften bestimmt war. Sie stand noch unter der Herrschaft der

Tiere, unter denen er sich immer mehr zu einem Außenseiter entwickelte. Nur seine bemerkenswerte Geschicklichkeit, Energie und Anpassungsfähigkeit ermöglichten es ihm, eine Umwelt in den Griff zu bekommen, die so voller Gefahren steckte und sich so wenig um sein Überleben kümmerte. Er lebte in einer unsicheren Nische, in Höhlen und auf Lagerplätzen, sah, erstarrt in Ehrfurcht, wie sich Mammut und Wollnashorn mit unaufhaltsamer Wucht ihren Weg durch Dickicht und Buschwerk bahnten, und brach eilends seine Lager ab, wenn riesige Bison- oder Rentierherden nahten. Mit seinen immer ausgeklügelteren Waffen konnte der Jäger die ahnungslosen Pflanzenfresser in die Falle locken und erlegen. Seinerseits aber wurde ihm von Wölfen, Tigern und anderem Raubzeug nachgespürt, das es an Gerissenheit mit ihm aufnehmen konnte und ihm in puncto Körperkraft überlegen war. Vor allem war da der furchterregende Schatten des Höhlenbären, einer Gestalt, die mit ihrer Fähigkeit, aufrecht zu stehen, ihrem Gesichtsausdruck und ihrem häuslichen Habitus mit Weib und Kind fast menschlich zu nennen war, jedoch gigantische Körpergröße und Kraft besaß, auch eine fast schon übernatürliche Gerissenheit; der Bär durfte nur in versteckten Anspielungen erwähnt werden.

Jenseits der Tundra und der grasbewachsenen Steppen lag das Unbekannte; undurchdringliche Wälder, hochaufragende, vergletscherte Berge, die grenzenlose See. Im Norden endete die bewohnbare Welt vor einem Wall aus Eis. Darüber wölbte sich, unermeßlich hoch und nahe zugleich, die Himmelskuppel. Da der Himmels-Gott sein Gesicht abgewandt hatte, wandten sich seine Geschöpfe einer unmittelbar erfahrbaren Gottheit zu. Dies war der Herr des Waldes, ein Wesen mit menschlichen und tierhaften Eigenschaften, das über die Tiere und Vögel wachte, die dem Menschen als Jagdbeute dienten und von denen er abhängig war. Er war ein Wesen, das mit hoher, verzerrter Stimme sprach, ein grausiges Gelächter ausstieß und um einiges größer als gewöhnliche Sterbliche war. Er war nicht Gott, sondern der

Wächter der Jagdkultur. Er kümmerte sich um das Wohlergehen der Tiere und teilte den Jägern, die seiner Wohltätigkeit würdig waren, das Wild zu.[22]

Wie der Schamane trug er ein Geweih und Tierhäute, und man stellte sich vor, daß er eine besondere Beziehung zu den wilden Hirschen hatte. Als Hüter der Tiere wachte er darüber, daß – obwohl des Menschen Überleben von den Tieren abhing – keines von ihnen ohne rituelle Vorbereitungen und Sühneopfer erlegt wurde. Dem lag der Gedanke einer harmonischen natürlichen Ordnung zugrunde, die nur entweiht werden durfte, wenn es unumgänglich war. Danach hatte man dem Gott, der das Gleichgewicht aufrechterhielt, ein Opfer darzubringen; mit den Worten eines Eskimo-Schamanen: »Die ersten Menschen opferten aus Liebe zur allumfassenden Harmonie, aus Liebe zu großen, zu unermeßlichen, zu unauslotbaren Dingen.«[23] Ungeachtet der Tatsache, daß das Wild auf der Erde überreichlich vorhanden war, hatten die Menschen einen erleuchteten Sinn für das, was man heute das ökologische Gleichgewicht nennen würde. Der Gedanke einer die Einheit herstellenden Moral und natürlichen Ordnung lebte bis in die frühen zivilisierten Gesellschaften fort. Den alten Ägyptern war diese Vorstellung als *maat* bekannt, den Indern als *rta,* den Griechen als *themis* und den frühen Iren als *fir flatha.* Bei der Schöpfung bestieg Gott den Urhügel. Aus dem Chaos erschuf er Ordnung, indem er Sich und Seine Schöpfung an das Gesetz band, das fortan diese Ordnung bewahren sollte. Danach bedeutete jede Übertretung eine große Gefahr. Herrschte ein König ohne Rücksicht auf Wahrheit und Gerechtigkeit, so drohten dem Land Seuchen, Hungersnöte und Einfälle von Fremden.[24]

Auf die Erkenntnis, daß die ganze Natur an ein kosmisches Gesetz gebunden war, folgte, daß der Mensch seine eigene Sterblichkeit entdeckte. Am Anfang des bewußten Menschen stand der Tod als das Prinzip, durch das er definiert war. Und dem Schamanen oblag es, dem Tod seine Endgültigkeit zu nehmen. Er half dem Menschen, der mit der Erbsünde behaftet war, indem er der Seele das

Verlassen des Körpers erleichterte und sie bei ihrem Aufstieg in die Anderswelt begleitete. Dabei dienten als Brücke der Weltbaum, die Leiter, Treppe, Pfeilkette oder ähnliches, welche die ursprüngliche Verbindung zwischen Erde und Himmel symbolisierten. In diesem Zusammenhang müssen wir die »Brücke aus Eisen und Stahl« sehen, die Merlin als Zugang zu der magischen Insel (in der Anderswelt) bauen ließ:

»...und sie war nur einen halben Fuß breit, und niemand sollte den Mut haben, über die Brücke zu gehen, wenn er nicht ein untadeliger Mann und wackerer Ritter ohne Verrat und Tücke war.«

In eben dieser Funktion als Seelenhelfer hat Merlin den verwundeten Arthur auf dem Schiff begleitet, das ihn zu der paradiesischen keltischen Insel der Äpfel brachte.[25]

Sterblichkeit war die notwendige Bedingung des Menschseins; sonst wäre der Mensch selbst ein Gott gewesen. Indem er von Gott abgetrennt wurde, wurde sich der Mensch einer dritten, damit verbundenen Realität bewußt: der Gegenwart Gottes. Diese Gotteserfahrung gab es zu allen Zeiten. In seinem Buch *Das Heilige* hat der deutsche Theologe Rudolf Otto den Begriff des »Numinosen« geprägt, um dieses unvergleichliche Gefühl zu bezeichnen, das als objektiv und außerhalb des Ich empfunden wird. Das »Numinose« gilt ihm als »der tiefste und fundamentalste Bestandteil jeder stark und von ganzem Herzen empfindenden religiösen Regung... wie wir sehen werden, haben wir es mit etwas zu tun, für das es nur einen zutreffenden Ausdruck gibt, das *mysterium tremendum*. Dieses Gefühl kann einen zuweilen wie eine sanfte Flutwelle mit sich fortreißen und den Geist mit einer heiteren Stimmung tiefster Verehrung erfüllen. Es kommt vor, daß es in eine gefestigtere und anhaltende Verfassung der Seele übergeht, sozusagen vibrierend und widerklingend fortbesteht, bis es schließlich verebbt und die Seele wieder ihre ›profane‹, nicht religiöse Alltagsstimmung annimmt. Es kann plötzlich mit Krämpfen und Zuckungen aus den Tiefen der Seele hervorbrechen oder zu den sonderbarsten Aufregungszuständen führen, zu berauschter Tollheit, zur Entrückung und zur Ekstase. Es kann in wilder und dämonischer Form auftreten und sich bis zu grausigem Entsetzen und Erschaudern steigern. Es hat rohe, barbarische Frühformen und doch kann man es zu einer Schönheit, Reinheit und Herrlichkeit entfalten. Es kann sich in der eingeschüchterten, zitternden und sprachlosen Demut der Kreatur äußern, in Gegenwart von – wem oder was? In Gegenwart eines Mysteriums, das unbeschreiblich ist und über allen Geschöpfen steht«.[26]

Eine bezeichnende Nachwirkung dieser Erfahrung des Numinosen ist ein verzweifeltes Gefühl des »Anders-Seins«, der Trennung von einer Erhabenheit, von der der Mensch spürt, daß sie immer nah ist und sich ihm dennoch entzieht.

Mit den Worten Eliades ist er »entzweigerissen und abgetrennt«. Es fällt ihm oft schwer, sich das Wesen dieser Trennung zutreffend zu erklären, manchmal hat er das Gefühl, abgeschnitten zu sein von *etwas* Mächtigem, *etwas,* das völlig andersgeartet ist als er; dann wieder fühlt er sich abgeschnitten von einem undefinierbaren, zeitlosen *Zustand,* an den er keine genaue Erinnerung hat, der ihm in den Tiefen seines Seins aber doch im Gedächtnis haftet: ein Urzustand, in dem er sich vor aller Zeit, vor aller Geschichte einmal befunden hat.

Die Kraft dieses Urzustandes läßt sich unter gewissen äußeren Bedingungen wieder hervorrufen: In der *Leere* einer weiten, einsamen Landschaft; in der *Stille* wahrer Einsamkeit, und im *Halbdunkel* einer Sternen- oder Mondnacht, einer Waldlichtung oder eines Gewölbes. Dies sind die Bedingungen, die den Menschen aus seiner Hülle heraustreten und ihn das *mysterium tremendum* erschauen lassen.[27]

Instinktiv müssen die Menschen im Paläolithikum dies gespürt haben, als sie ihre Mysterien in Höhlen zelebrierten, tief unter der Erdoberfläche und schwer zu erreichen.[28] Und nicht zufällig drückten sie ihre Empfindung für das Numinose durch die wunderbaren Höhlenmalereien aus, wie wir sie in Frankreich und Spanien finden.

Trotz Institutionalisierung und Säkularisierung bleiben wahre Kunst und Religion ihrem innersten Wesen nach die zwei Spiegelungen einer als Einheit empfundenen Wahrheit, so, wie schon vor 20.000 Jahren in den Höhlen von Lascaux und Almira.

Die Sendung des Künstlers ist, man denke an Orpheus in der Unterwelt, nicht von der des Propheten zu unterscheiden. Das Privileg göttlicher Eingebung ermöglicht es beiden, sich Gott zu nähern und andererseits dem bewußten Menschen einen Teil von Gott zu überbringen. Die »große Aufgabe«, die William Blake sich stellte, war: »Die Ewigen Welten aufzutun, dem Menschen seine unsterblichen Augen zu öffnen und nach innen, auf Welten der Gedanken, zu richten; die menschliche Phantasie aber auf die Ewigkeit, die sich im Busen Gottes entfaltet.«[29]

Wordsworth sah sich, wie Merlin, als jemand, der »Das Vorher und Nachher sieht«, und nach Schamanenart benützte er seine ekstatische Vision, um hinauszugelangen über die »engen Grenzen des menschlichen Daseins, die Grenzen von Zeit, Raum und körperlicher Wirklichkeit«. Er war sich der Gefahren bewußt. So, wie der materialistische Anthropologe den Schamanen als jemanden ansieht, »der an einer Psychose leidet, die ständig schlimmer wird«, und Merlin in der mittelalterlichen Überlieferung als *wyllt* (»der Wilde«) und *insanus* bezeichnet wurde,[30] blieb auch Wordsworth von Spott nicht verschont:

> »Verrücktheit nannten's manche – und das war es,
> Wenn kindliche Bereitschaft zum Erfreutsein,
> Wenn stille und gedankenvolle Stimmung,
> Die zur Erleuchtung reift, so heißen soll;
> Wenn Prophetie Verrücktheit ist. Wenn Dinge,
> Die einst die Dichter sah'n der alten Welt
> Und früher noch, die ersten Erdbewohner,
> In dieser aufgeklärten Zeit nicht ohne
> Verstörten Sinn gesichtet werden...«[31]

Schließlich – wenn ich den einen modernen Dichter anführen darf, der der Tradition Merlins näher steht als alle anderen – sah Yeats die Funktion des Dichters als eine schamanistische:

»Ich weiß jetzt, daß die Offenbarung aus dem Ich kommt, aber aus jenem die Zeitalter umfassenden, im Gedächtnis haftenden Ich, das der kunstvoll geformten Schale der Moluske ihre Gestalt gibt und dem Kind im Mutterleib die seine; das die Vögel lehrt, ihr Nest zu bauen... Es gibt tatsächlich Geister, die in Gestalten schlüpfen. Wir sollten sie als reine Pforten oder aber als Türöffner bezeichnen, da sie durch ihre gesteigerte Kraft unsere Seelen dem Höhepunkt zuführen...«[32]

Historische Überlieferung wie auch linguistische Forschung haben gezeigt, daß in der frühen keltischen Gesellschaft eine ähnliche Verbindung von prophetischer und dichterischer Gabe existiert haben muß. Das alte irische Wort für »Dichter«, *fili*, ist mit dem mittelwalisischen *gwelet*, »sehen«, verwandt; ursprünglich bedeutet es »Seher, weiser Mann«. In ähnlicher Art und Weise ist die zweite Silbe des walisischen Wortes für »Druide«, *derwydd*, mit dem lateinischen *videre*, »sehen«, verknüpft. Dichter und Druiden waren Männer mit einer besonderen Wahrnehmungsgabe. Das alte irische Verbum *canid*, »singen«, »psalmodieren«, »rezitieren«, wird nicht nur in der Dichtung verwandt, sondern auch in Zaubersprüchen und -formeln, sogar in Gesetzesproklamationen. Seine Entsprechung im Lateinischen, *canere*, »singen«, und *carmen*, »ein Lied«, sind eng mit prophetischen und magischen Anrufungen verknüpft. Ebenso findet sich das irische Wort für »Dichtkunst«, *creth*, in dem walisischen *prydydd*, »Dichter«. Wörter aus demselben Stamm in verwandten indo-europäischen Sprachen machen deutlich, daß die Wörter für »Dichter« und »Dichtkunst« im ursprünglichen Zusammenhang unauflöslich mit Magiern und Magie verbunden waren.

Eine andere Gruppe verwandter Wörter ist nicht minder erhellend. Im Altirischen stehen die Wörter *fáth, fáith* für »Prophezeiung«, »Prophet«. Die walisische Entsprechung hierzu ist *gwawd,* »Dichtkunst«, und beide Formen sind mit dem lateinischen *vates* verwandt, das ebenfalls »Prophet« heißt (von daher auch das englische Wort für »Weissagung«, *vaticination*). In den germanischen Sprachen existiert ein Wortstamm gleichen Ursprungs: das angelsächsische *wóth*, »Klang«, »Melodie«, *wódnes,* »Wahnsinn«; das althochdeutsche *wuot*, »verrückt«, »wahnsinnig«; das deutsche *wüten*. Sie alle stammen aus einer indo-europäischen Wortwurzel, die »blasen« bedeutet; im metaphorischen Sinne also »inspirieren« (vgl. das lateinische *spiro*, »ich atme«). Hinter diesem gemeinsamen Wortgebrauch steht die Vorstellung, daß der Dichter ein ekstatischer Prophet ist, dem seine *Inspiration* von einer Gottheit *eingehaucht* wird.[33] Da diese Vorstellung zum gemeinsamen indo-europäischen Erbe gehört, liegen ihre Ursprünge aller Wahrscheinlichkeit nach irgendwann im dritten Jahrtausend v. Chr.

Die frühe irische Überlieferung hat, dank der Insellage am Rande Europas, ohne viel Berührung mit der römischen Kultur, archaische Züge der indo-europäischen »Ur«-gesellschaft bewahrt. Aus ihnen können wir ableiten, welche Vorstellungen sich in frühen Zeiten mit einem Dichter verbanden. Sein esoterisches Wissen rührte von der höchsten aller Wissensquellen her, der Anderswelt. Sie war für den Menschen gewöhnlich unerreichbar, doch konnten Spezialisten unter besonderen Bedingungen einen schwachen Abglanz ihrer Weisheit erlangen. Den mythischen Erzählungen können wir entnehmen, in welcher Form sich der Quell des Wissens offenbarte: bestimmte Quellen und Brunnen ließen okkultes Wissen aus dem Inneren der Erde hervorsprudeln.[34]

In der Anderswelt selbst gab es einen wunderbaren Kessel, der sich im Besitz des Obersten Göttervaters befand, des Dagda (»guter Gott«). Aus einem frühen walisischen Gedicht in *The Book of Taliesin*, das eine Expedition Arthurs in die Anderswelt (*Annwn*) beschreibt, erfahren wir, daß der Kessel von neun Jungfrauen in Gang gehalten wurde. (Neun Jungfrauen erwarteten Merlin auf der

375

Insel der Äpfel in der Anderswelt, als er Arthur dorthin geleitete). Aus diesem Kessel, dessen Inhalt unerschöpflich war, nährten sich die Bewohner der Anderswelt, und er war auch ein Quell poetischer Inspiration:

>»Mein ist der besondere Kessel von *Goiriath*,
voll Wärme hat Gott ihn mir gegeben aus den
Mysterien der Elemente;
ein erlauchtes Privileg, das die Brust adelt,
ist der edle Redefluß, der ihm entströmt.«[35]

Zu der Zeit, da dieser Vers niedergeschrieben wurde, war der Kessel zu einer Metapher für poetische Inspiration geworden. Der Bildung dieser Methapher kam wohl zugute, daß der Kessel der Anderswelt ursprünglich als ein Kopf angesehen wurde. Odins prophetische Kräfte rührten vom Haupt des Mimir her, das er in einem heiligen Brunnen aufbewahrte. Der Kessel in der Anderswelt, zu dem Arthur auf dem Schiff Pryden seine Expedition unternahm, war als *peir pen annδfyn* bekannt, »der Kessel des Kopfes der Anderswelt (*Annwn*)«. Der ursprüngliche Gedanke, daß die prophetische Inspiration dem Seher aus der Anderswelt »eingehaucht« worden sei, könnte sich mit der Zeit zu der Vorstellung gewandelt haben, die Inspiration rühre vom Sitz des Wissens her, vom Kopf des Urpoeten. Die Orpheussage, deren Held ursprünglich offensichtlich ein Gott der Dichtkunst war, berichtet, wie der Orpheus-Kopf am Heiligtum des Dionysos auf der Insel Lesbos begraben wurde, wo er großen Ruhm als Orakel erlangte. *Orpheus* wird als »der Kunstfertige« erklärt und mit dem Namen *Rivros* auf einem alten gallischen Kalender gleichgesetzt; und dieser *Rivros* wiederum ist niemand anderer als der keltische Gott Lug, Schutzherr aller Künste und Fertigkeiten.[36]
Die Erwähnung des Gottes Lug, der keltischen Gottheit, die über alle kreativen Künste und Fertigkeiten waltete, führt uns zu einem weiteren Aspekt des frühen prophetischen Dichters als einer göttlich erleuchteten, »wahnsinnigen« Gestalt. Das altenglische Wort *wód*, »wahnsin-

nig«, ist, wie wir gesehen haben, artverwandt mit dem altirischen *fáth*, »Prophezeiung«, und anderen Wörtern indo-europäischen Ursprungs, deren Bedeutung von »Prophezeiung« und »Dichtkunst« bis zu »Wahnsinn« und »Raserei« reicht. Eine Ableitung von *wód* ist der Name des germanischen Gottes Wotan, Odin. Es läßt sich passender kaum vorstellen, ist doch Odin in der altnordischen Mythologie der Gott der Dichtkunst. Von ihm heißt es sogar, daß er ausschließlich in Versen spricht, die er aus der Anderswelt mitgebracht habe, um sie den Menschen zu übermitteln. Seine Funktion als Quell prophetischer Kraft ist, wie die Wortwurzel seines Namens verrät, sehr archaisch. Vieles am Odin-Mythos ist Schamanismus in reinster Form.[37]

Mythologen sind sich darin einig, daß der altnordische Odin dem Gott Lug der Kelten, dem Hermes der Griechen (für die Römer Merkur) und dem Gott Varuna im vedischen Indien entspricht.[38] Die archetypische Gestalt, die in diesen parallelen Mythen verkörpert wird, ist der göttliche Erleuchter jener beiden Künste, die es dem Menschen augenblicksweise gestatten, sich dem Göttlichen wieder zu nähern. Er ist das Medium, das es Mensch und Gott ermöglicht, zueinander in Beziehung zu treten. Und drittens ist er Dieb und Schwindler; er benützt seine Geschicklichkeit und Schläue, um den Menschen zu helfen, dann wieder, um sie zu täuschen.

All diese Wesenszüge finden sich in der vollständigsten Fassung des Hermes-Mythos. Er ist »der unsterbliche Führer« in die Anderswelt, ein Überbringer von Träumen, ein Prophet, der seine Sehergaben von drei jungfräulichen Schwestern erwirbt – was an die neun Jungfrauen erinnert, die im keltischen Mythos das Feuer unter dem Anderswelt-Kessel besorgen. Er erschafft die Lyra aus dem Panzer einer Schildkröte, singt hinreißende Lieder zu ihrer Begleitung, er erfindet die Reibhölzer und das Feuer. Er stiehlt aber auch den Göttern das Vieh, läßt es rückwärts über eine Sandfläche gehen, um seine Verfolger zu täuschen, und verschafft sich ein Alibi, indem er sich seitlich durch ein Schlüsselloch in sein eigenes

Schlafgemach zwängte. »So gehe denn«, rief seine Mutter, die ihn entdeckte; »dein Vater Zeus hat dich soweit gebracht, daß du den sterblichen Menschen und den unsterblichen Göttern ein großes Ärgernis bist.« Hermes bleibt unverbesserlich: »Er pflegt mit allen Sterblichen und Unsterblichen Umgang: ein wenig zieht er daraus Gewinn, während der dunklen Nacht aber betrügt er ständig die Stämme der sterblichen Menschen.« Man findet ihn dann, »wie er in seinem Herzen über nichts als Bubenstücke nachdenkt – Taten wie sie nur Gauner im nächtlichen Dunkel ausführen«.[39]

Als Seelenführer, Bote der Anderswelt, als jemand, der Propheten und Dichter inspiriert und die Menschen zur Kunst anstiftet, erfüllt diese Hermesgestalt, die unter so verschiedenen Namen wie Merkur, Odin, Lug und Varuna bekannt ist, eindeutig die Funktion eines Schamanen. Als Gott und Erleuchter sterblicher Schamanen jedoch ist er offenkundig mehr – nämlich der Urschamane, der im Mythos von der Entstehung der Welt zum Vorbild wird für das Geschlecht der sterblichen Schamanen.[40]

Er ist sogar noch mehr: Symbolhistorisch geht der Schamane auf den ältesten aller Archetypen, den Trickster, zurück. Verkörpert der Schamane die Brücke zwischen Mensch und Gott, zwischen dem Bewußten und dem Unbewußten, so steht der Trickster am ursprünglichen Scheideweg. Wie bereits dargelegt, verkörpert der Trickster-Mythos eine »Rückkehr« zu einem früheren Bewußtseinszustand, als das Bewußtsein zum ersten Mal aus dem Unbewußten »auftauchte«. Der Trickster erfüllt die Doppelfunktion von Wohltäter und Possenreißer, Kulturbringer und Auflöser von Ordnung; einerseits ist er der Erlöser, der über die Erde wandert, »um die Menschen ein besseres Leben zu lehren«, andererseits ist er ein »Nachäffer Gottes«, eine »umgekehrte« Gestalt, nämlich der Teufel. Seine Beziehung zum Schamanen geht aus seiner Bekleidung – Waschbärenfelle und Geweihstangen – hervor wie aus seiner Beziehung zum Erlöser; der an seiner Verwundung Leidende bewirkt

Heilung, der Leidende schafft das Leiden aus der Welt.[41]
Die Geschichte des Hermes ist in einem Punkt von besonderem Interesse; sie bewahrt überwiegend die ältere Form. Er war sowohl Kulturheroe wie auch zerstörender Schelm. Zeus hat ihn ernannt zum »Herrn über alle Vögel, die gute oder schlechte Vorzeichen bringen, über die Löwen mit grimmigen Augen und die Bären mit schimmernden Reißzähnen, und über Hunde und alle Herden, die die Erde nährt, und über Schafe«.[42] Somit war er der Gebieter der Tiere oder Herr des Waldes, Beschützer der Tiere, Vögel und Fische, und im erweiterten Sinn eine Gottheit, die Macht über »Dinge dieser Erde« hatte. Bei archaischen Jägervölkern war der Gebieter der Tiere ein Wesen, das die Wildnis beherrschte; um bei der Jagd Erfolg zu haben, mußte es besänftigt werden. Häufig wurde es mit dem unbehauenen Wald selbst gleichgesetzt.[43]

Bei den Kelten ist das Pendant zu Hermes Lug, der strahlende Gott, der der Menschheit die Kultur brachte und selbst Meister aller kulturfördernden Künste und Fertigkeiten ist. Die Rolle des Herrn der Tiere wird einem anderen Gott zugeschrieben; auf einer Inschrift wird er Cernunnos, »der mit dem Geweih«, genannt. Geweih oder Hörner gehören seit sehr frühen Zeiten zu den typischen Kennzeichen des Herrn der Tiere. Ein elamisches Zylindersiegel aus Mesopotamien zeigt einen massigen Stier in aufrechter Haltung, der durchaus ein Herr der Tiere sein könnte, da ihm zwei Löwen gezwungenermaßen Gehorsam zollen. Möglicherweise ist dieser Stier der schreckliche Chumbaba, der in dem akkadischen Epos von Gilgamesch erschlagen wird:

»Zu bewahren die Zeder hat Enlil ihn
Als Schrecknis bestimmt für die Leute!
Chumbaba – sein Brüllen ist Sintflut,
Ja, Feuer sein Rachen, sein Hauch der Tod!–
Und wer hinab in den Wald steigt – Lähmung packt ihn!«

In Europa datieren Darstellungen des Gebieters der Tiere in Gestalt eines Gottes mit Hörnern aus dem Paläolithikum.[44]

Ich habe an früherer Stelle erwähnt, daß die Gestalt des Hermes einer Epoche zugehörig zu sein scheint, in der die Funktionen von Kultur-Heroe und Erlöser auf der einen, Herr der Tiere auf der anderen Seite sich noch nicht zu eigenständigen, separaten Gottheiten aufgespalten hatten. Möglicherweise hatte Hermes eine so ausgeprägte Persönlichkeit entwickelt und um sich einen so geschlossenen Kult, daß er unversehrt überlebte. Spuren des Umwandlungsprozesses zeigen sich vielleicht anderswo: Die helle Seite von Hermes' Wesen, seine Meisterschaft in der Musik, seine Gaben als Prophet und Schicksalsdeuter verkörpert fast in jeder Hinsicht auch Apollo – ein Gott, der das griechische Pantheon verhältnismäßig spät betrat. Es scheint, als ob das ambivalente Naturell des Hermes mit der Zeit erklärungsbedürftig geworden sei.

Man könnte auch eine Verbindung zwischen Hermes, dem dunkleren, irdischeren, und einer zweitrangigen Gestalt postulieren: seinem Sohn Pan, dessen Syrinx oft in schrillen Tönen aus dem Schilfdickicht ertönte oder schwach von den Wänden einer Felsschlucht widerhallte. Als Kind der Wildnis war er selbst ein halbes Tier, mit seinen Bocksfüßen und -hörnern und seinem gefleckten Umhang aus dem Fell eines Luchses. Er ist ein typischer Herr des Waldes und in dieser Eigenschaft praktisch nicht von dem gehörnten keltischen Gott, Cernunnos, zu unterscheiden.[45] So läßt sich seine Rolle auch mit der des britischen Herrn des Waldes vergleichen, etwa mit dem Braunen Mann von den Muirs, den zwei junge Männer in der Nähe von Edson in der Grafschaft Durham getroffen haben wollen. Der Braune Mann war »ein Zwerg von sehr kräftiger und gedrungener Statur, sein Kittel war braun wie verdorrtes Farnkraut, sein Kopf mit krausem, roten Haar bedeckt, sein Gesicht wutverzerrt, und seine Augen glühten wie die eines Stieres. Nach kurzer Unterredung, in der der Fremdling dem Jäger Vorhaltungen

machte, weil er in seine Domäne eingedrungen und die
Geschöpfe getötet, die seine Untertanen waren, und er
dem anderen erklärte, er selbst lebe nur von Heidel-
beeren, Nüssen und Äpfeln, lud er ihn zu sich nach
Hause ein«.[46]

Die Tatsache, daß sich der Braune Mann mit der Wildnis
identifiziert und über sie gebietet, Vegetarier ist und
fließendes Wasser nicht überqueren kann, erinnert wiederum an Merlin. Man könnte noch einen Schritt weiter
gehen, Merlin als ein keltisches Pendant zu Pan ansehen
und seine Beziehung zu dem Gott Lug als Entsprechung
von Pans Verwandschaft mit Hermes betrachten. Bei
Pans Geburt etwa, »als die Amme sein ungeschlachtes
Gesicht und seinen Vollbart sah, bekam sie es mit der
Angst und sprang auf und ließ das Kind allein«, und bei
Merlins Geburt ereignete sich ähnliches: Die Frauen, die
seiner Mutter bei der Entbindung halfen, waren beunru-
higt beim Anblick seines Haarpelzes, »wie sie ihn nie bei
einem anderen Kind gesehen hatten«.[47]

Was Wunder, daß die christliche Kirche den Hörner
tragenden Gott in frühen Zeiten mit dem Teufel aus der
Bibel gleichsetzte. Tatsächlich, könnte man nun argu-
mentieren, besaß die Kirche, ohne es zu wissen, eine
Rechtfertigung für diese Gleichsetzung, da ja der Teufel
die fleischliche Natur des Menschen, die er mit den
Tieren der Wildnis gemein hat, verkörpert.[48] Robert de
Boron macht Merlin in seinem gleichnamigen Roman
zum Sohn eines Teufels, den dieser mit einer Sterblichen
zeugt; an früherer Stelle habe ich zu zeigen versucht, daß
dieser Bericht auf eine ältere Version zurückgeht, in der
der Prophet als Sohn eines Gottes von einer menschlichen Jungfrau empfangen wurde.

Wie Pan und Merlin ist der Mensch halb Tier und halb
Gott, und vieles in der Mythologie ist Ausdruck des
Bemühens, die unvereinbaren Teile seines Erbes miteinander zu versöhnen. Dieses Ringen um Aussöhnung
zeigt sich im pythagoräischen und gnostischen Dualismus; in Vergils Ansicht, es sei die der Erde zugehörende
Natur des Menschen, die ihn nach unten ziehe; in der

Weltsicht des »Primitiven«, der glaubt, die Erde habe niedrigere, eher materielle Eigenschaften, im Gegensatz zu dem oberen, entfernteren Himmel: und in der dualistischen Lehre, wie sie vielen religiösen Anschauungen zugrundeliegt.[49]

Dieser unauflösliche Dualismus wurde mit der Zeit von einer Reihe von Trickster-Figuren versinnbildlicht: dem ägyptischen Gott Seth, dann Samson, Prometheus, Loki, Lug oder Merlin. Er ist der Sohn Gottes wie auch dessen Gegner, er ist der Demiurg (Weltbaumeister) und der Rivale des Göttlichen. Am Ende erleidet er ein schreckliches Schicksal; aber – und dies zeigt die Geschichte von Prometheus am deutlichsten – er hat aus dem Himmel das Feuer gestohlen und damit den Irdischen ein Stück Ewigkeit vermacht.[50] Er verkörpert Kampf und Aussöhnung.

Wie der Schamanismus ist auch der Trickster-Mythos weltweit verbreitet. C.G. Jung schreibt dazu:

»Im Charakter des Schamanen und Medizinmannes selber liegt etwas vom Trickster, indem er ebenfalls den Leuten bösartige Streiche spielt, um dann seinerseits wieder der Rache des Geschädigten zu verfallen. Sein Beruf ist aus diesem Grunde manchmal lebensgefährlich. Abgesehen davon bereiten schon die schamanistischen Techniken dem Medizinmann häufig erhebliches Ungemach, wenn nicht geradezu Qual. Auf alle Fälle bedeutet ›the Making of a medicine man‹ vielerorts eine derartige körperliche und seelische Tortur, daß, wie es scheint, dauernde psychische Schädigungen dadurch verursacht werden. Demgegenüber ist die ›Annäherung an den Heilbringer‹ offenkundig, in Bestätigung der mythischen Wahrheit, daß der Verwundete und Verwundende heilt und der Leidende das Leiden behebt.«

Der Trickster ist also ein »Vorläufer des Heilbringers« und: »Wenn sich der Heilbringer zu Ende des Schelmenmythos anzeigt, so bedeutet diese tröstliche Ahnung oder Hoffnung, daß ein Unheil eingetreten bzw. bewußt eingesehen worden ist. Nur aus der Verlorenheit im Heillosen kann sich die Sehnsucht nach dem Heilbringer erheben, d. h. die Erkenntnis und die unvermeidliche Integration des Schattens erzeugen eine dermaßen bedrängte Situation, daß gewissermaßen nur noch ein übernatürlicher Heilbringer den verworrenen Schicksalsknäuel lösen kann.«[51]

Der Heilbringer ist gleichzeitig Gott und Mensch und ein Vermittler zwischen beiden. Beim Stamm der Mandari, der in den Flußniederungen des Nils im Sudan lebt, heißt er Logobong. Logobong wird als jemand angesehen, der »im Himmel beim Schöpfer« ist und auch als »der erste Mensch, das Kind des Schöpfers«. Er ist der als Vermittler fungierende Dritte in einer Dreiheit; die beiden anderen sind das Prinzip der »Männlichkeit« (Kulun) und der »Weiblichkeit« (Agoya). Die Mandari sagen, daß »Logobong anwesend ist, und auch Kulun oder Agoya«, wenn ein Mann und seine Frau in ihre Hütte treten, was an die symbolische Anwesenheit Christi bei der Trauungsliturgie erinnert. Logobongs Funktion ist, Elemente verschiedener Ordnung zu verbinden. Jeden Monat zelebrieren die Mandari ein Ritual, das darauf abzielt, sie von der Sünde reinzuwaschen und neue Hoffnung für die Zukunft zu bringen. Logobong machte dies durch sein Einschreiten möglich. Wie die Mandari sagen: »Logobong trägt die Sünde mit sich nach Westen, weil seine Reise in ost-westlicher Richtung unternommen wurde, einmal und für alle Zeit: Logobong kehrte nicht zurück.«[52]

Bei den Dinka heißt der Heilbringer und Vermittler Aiwel Longar. Nach dem Dinka-Mythos wurde Aiwel von einer sterblichen Mutter geboren, die eine Fluß-Gottheit geschwängert hatte, als sie durchs Wasser watete. Der Säugling erwies sich als außerordentlich frühreif und besaß prophetische Kräfte. Es kam eine Zeit, da rief er die Dorfältesten zusammen und bot ihnen an, sie zu den wunderbaren Weiden von Lual Aghony zu führen, dem gelobten Land der Dinka. Die Leute wiesen sein Angebot zurück; darauf verließ Aiwel Longar die Dinka, und die Gottheit errichtete zwischen sich und ihnen eine Schranke aus Bergen und Flüssen. Trotzdem machten sich die Leute auf den Weg und kamen an einen Fluß, den man unausgesprochen mit dem Fluß von Aiwels Empfängnis assoziierte. Es stellte sich heraus, daß die einzige Möglichkeit zum Überqueren ein schmaler Damm war, den die Gottheit aus Schilfrohr gebaut hatte. Als die Leute versuchten, diese schwankende Brücke zu überschreiten, stieß Aiwel Longar mit dem Fischspeer nach ihnen, den er als Hoheitszeichen trug. Dieses Hindernis wurde schließlich von einem Helden des Stammes überwunden, der einen Ringkampf mit Longar austrug. Longar unterwarf sich und lud den Stamm ein, ungefährdet überzusetzen. Während die Dinka rings um ihn in den elysischen Gefilden saßen, legte ihnen Longar die Mythen und Stammesbräuche dar, nach denen die Dinka fortan sich selbst regierten. Hierauf entschwand er mit der Erklärung, er werde sich nun nicht mehr in ihre Angelegenheiten einmischen, außer bei besonderer Gelegenheit.

Einem anderen Bericht der Dinka zufolge wurde Aiwel Longar von seinem Vater, dem Göttlichen, geopfert: »Er nahm den Fischspeer des Mondes und bohrte ihn Aiwel durch den Kopf und durch den ganzen Körper, so daß er am Boden festgenagelt war. Erde und Himmel waren durch diesen Fischspeer verbunden, und Aiwel war nicht imstande, sich von ihm zu lösen, indem er sich auf und ab bewegte... Und wo Aiwel war, wurde die Erde verdunkelt. Sie nahm die Farbe von Sturmwolken an, und Aiwel verschwand... Die Leute fanden *mac* (Feuer/Fleisch) in einem Kürbis an der Stelle, wo Aiwel durchbohrt worden war, und diejenigen, die es fanden, nahmen es mit, und es wurde zur Gottheit ihres Clans. Alle Leute fürchteten sich davor, die zu verärgern, die Fleisch und Feuer zur Clan-Gottheit hatten. In der Vergangenheit pflegte Fleisch wie Feuer zu glühen, und es ist dasselbe wie Feuer.«[53]

Dies ist eindeutig eine Version nicht nur des Prometheus-Mythos, sondern auch des Selbstopfers einer Gottheit zum Frommen der Menschheit. Prometheus wurde bestraft, indem man ihn an eine Felsspitze im Kaukasus schmiedete oder nagelte (Lukian sagt, daß er gekreuzigt wurde) und einen Schaft durch seine Mitte trieb. Jeden Tag verschlang ein Adler seine Leber, die während der Nacht wieder nachwuchs.[54] Prometheus wurde bestraft, weil er das Feuer aus dem Himmel gestohlen hatte, während es im Falle Aiwel Longars so aussieht, als hätte er das Feuer durch sein Leiden für die Menschen gewonnen. Ein südamerikanischer Indianer-Mythos berichtet, wie der göttliche Held Kumaphari das Urfeuer von einem Geier stahl. Nachdem er beobachtet hatte, daß der Vogel sich von Aas nährte, starb er und verfaulte. Nach zwei vergeblichen Versuchen, bei denen die Geier sein Fleisch erbeuteten, legte sich Kumaphari auf einer Steinplatte nieder und starb erneut. Er breitete seine Arme aus, und sie drangen wie Wurzeln in den Boden und traten in Form zweier Büsche wieder hervor, von denen jeder fünf Äste hatte, die alle aus einer Stelle im Stamm wuchsen. Als der Geier kam, um den verfaulenden Leichnam zu fressen, sprach er zu sich selbst: »In diesen Astgabeln ist ein hübscher Platz für mein Feuer.« Mit diesen Worten legte er den Feuerbrand in Kumapharis Hand. Der Held ergriff ihn und sprang auf: jetzt war das Feuer in seinem Besitz.[55]

Diese Versionen beruhen auf der Anschauung, daß Leiden und Tod die Mittel sind, um das höchste Ziel zu erreichen; in diesem Fall das Feuer. Angesichts der Häufigkeit, mit der jener Archetyp des erlösenden Leidenden, der Trickster, als Überbringer des Feuers und des Lichts für die Menschheit dargestellt wird, darf man wohl davon ausgehen, daß dies der ältere Glaube ist und Prometheus in einer früheren Fassung des griechischen Mythos eine göttliche Figur war, deren Leiden der Menschheit das Feuer brachten.[56]

Wir können also feststellen, daß ein übereinstimmender Mythos über verschiedene Kontinente und Jahrhunderte verbreitet war. Die Trennung *ab initio* von Himmel und Erde führt dazu, daß ständige Entbehrung und Leid zum gewöhnlichen Los der Menschheit werden. Schließlich erscheint Gott in menschlicher Gestalt auf Erden.

Dadurch, daß er einen schrecklichen Tod stirbt und »sich sich selbst« zum Opfer bringt, erlöst er die Menschheit und stellt die frühere Verbindung mit dem Himmel wieder her.[57] Der Mythos entspringt vielleicht der unbewußten Erkenntnis, daß Gott, indem er sich durch die Erschaffung des Menschen nach seinem Ebenbild in den materiellen Kosmos ausgedehnt hat, den Preis des Leids zur unvermeidbaren Bedingung für das Bewußtsein erhob.

Aber gleichwie es sich damit verhält – etwas, was im wesentlichen jenseits aller menschlichen Erkenntnis liegt, kann nur über Symbole erfahren werden, und das Opfer des Heilbringers ist reich an Symbolen.

Am häufigsten wird das höchste Opfer dort dargebracht, wo Himmel und Erde sich zu berühren scheinen. Prometheus wird an eine Felsspitze im Kaukasus geschmiedet, »die am höchsten aufragende Bergkette«, deren »Gipfel bis zu den Sternen reichen«, und man kann davon ausgehen, daß der jeweils gemeinte Gipfel auch als »das Zentrum der Welt« angesehen wurde.[58] Wie wir gesehen haben, hieß es von Odin, Lug und Christus, sie seien am Weltbaum gestorben, der Himmel und Erde verbindet, und Golgatha wurde zum *Omphalos*. Im Mythos der Dinka wird Aiwel Longar von einem göttlichen Speer aufgespießt. Dann heißt es: »Die Erde und der Himmel waren durch diesen Fischspeer verbunden, und Aiwel war nicht imstande, sich von ihm zu lösen, wenn er sich auf und ab bewegte.«

Was auch immer diese symbolischen Elemente im einzelnen bedeuten – Grundmotiv ist der Tod als das Tor zum Leben. Dabei darf man nicht vergessen, daß der Tod in frühen Zeiten nicht die düstere Endgültigkeit besaß, die er für den Neurotiker der Neuzeit angenommen hat. Er war für die Menschheit eine Art Initiation, vergleichbar den *rites de passages* von Geburt, Erwachsensein und Vermählung.[59]

Am klarsten trat der Mythos in dem krönenden Augenblick zutage, als er zur Wirklichkeit wurde. Die Geburt Christi war ein historisches Ereignis und doch von all den vertrauten Umständen des Mythos begleitet. Seine Sendung begann mit einer schamanistischen Initiation; vierzig Tage lang fastete er in der Wüste »bei den Tieren« (Markus 1, 13). Dort versuchte ihn der Teufel und bot ihm »alle Reiche der Welt und ihre Herrlichkeit« an (Matthäus 4, 8). Nicht von ungefähr kam die Versuchung in der Wüste, denn hier verkörpert der Teufel eine Seite des Hüters der Tiere; die des Herrn der irdischen Schöpfung aus einer Zeit, als der Mensch die Gabe göttlichen Bewußtseins noch nicht erlangt hatte. Christus muß das Angebot jedoch ausschlagen, da seine Aufgabe genau darin besteht, den Menschen aus seinen irdischen Fesseln zu befreien. Vielleicht spielt er darauf an, als er zu den Siebzig sagt: »Ich sah wohl den Satanas vom Himmel fallen wie einen Blitz« (Lukas 10, 18).[60]

Der Mythos des Heilbringers, des Erlösers, der selbst geopfert wird, um die Erlösung zu bringen, ist mit seinem entsprechenden Symbolschatz immer wieder aus der menschlichen Psyche aufgetaucht. Christus selbst erfüllte in vieler Hinsicht die Funktion des Tricksters.[61]

In der Person Christi ging der Mythos in Erfüllung, in ihr fand er seinen geschichtlichen Ausdruck. Diesem Kern verdankt das Evangelium seine Überzeugungskraft und die Fähigkeit, allem Zerklauben der Exegeten zum Trotz unversehrt fortzubestehen.[62] Lassen Sie mich noch ein letztes Mal C. G. Jung zitieren, seine *Antwort auf Hiob,* die das *mysterium* auf klare und bündige Weise zum Ausdruck bringt:

»Der Mythos ist keine Fiktion, sondern besteht in beständig sich wiederholenden Tatsachen, die immer wieder beobachtet werden können. Er ereignet sich am Menschen, und Menschen haben mythische Schicksale so gut wie griechische Heroen. Daß das Christusleben in hohem Grade Mythos ist, beweist daher ganz und gar nichts gegen seine Tatsächlichkeit; ich möchte fast sagen, im Gegenteil, denn der mythische Charakter eines Lebens drückt geradezu die menschliche Allgemeingültigkeit desselben aus. Es ist psychologisch durchaus möglich, daß das Unbewußte bzw. ein Archetypus einen

Menschen völlig in Besitz nimmt und sein Schicksal bis ins kleinste determiniert. Dabei können objektive, d. h. nichtphysische Parallelerscheinungen auftreten, welche ebenfalls den Archetypus darstellen. Es scheint dann nicht nur, sondern ist so, daß der Archetypus sich nicht nur psychisch im Individuum, sondern auch außerhalb desselben objektiv erfüllt. Ich vermute, daß Christus eine derartige Persönlichkeit war. Das Christusleben ist gerade so, wie es sein muß, wenn es das Leben eines Gottes und eines Menschen zugleich ist. Es ist ein *Symbolum*, eine Zusammensetzung heterogener Naturen...«[63]

Und so kehren wir zu den Anfängen zurück. Denn ich meine in der Tat, wir müssen die Gestalt Merlins in diesem Licht sehen. Gleich Christus, zu dessen Menschwerdung er eine so klare Entsprechung bildet, lebte der britische Prophet ein nachweislich historisches Dasein, während zugleich in ihm der Mythos Gestalt annahm, der für die Existenz des Menschen von zentraler Bedeutung ist: die Objektivierung Gottes, der Aufstieg vom Unbewußten zur gespiegelten Klarheit göttlichen Bewußtseins.

Der historische Merlin hat eine schattenhafte, aber in Umrissen erkennbare Rolle inmitten der Ereignisse im Nordbritannien des sechsten Jahrhunderts gespielt. Ihm kam eine entscheidende Rolle in den weltlichen Angelegenheiten zu, und er hat über das Schicksal der britischen Monarchie gewacht,[64] die der Oberhoheit Gottes auf Erden entsprach. Er war Dichter und Prophet. Als sein Schutzherr Gwenddolau im Jahr 573 in der Schlacht von Arderydd getötet wurde, floh Merlin in die trostlose Einöde des Waldes von Celyddon, wo er die Verfolgung durch Rhydderch von Strathclyde mit gutem Grund fürchten mußte. Dies war der historische Merlin, in späteren Jahren als schlechthin der Prophet des britischen Volkes verehrt.

Dieser Merlin wird überlagert durch das Palimpsest einer archetypischen Gestalt, die eine mythische Funktion besitzt. Wie bei Christus – so in der Terminologie von

Jung – »erfüllt sich der Archetypus nicht nur psychisch im Individuum, sondern auch objektiv außerhalb des Individuums«. Es ist also miteinander vereinbar festzustellen, daß wesentliche Züge von Merlins Existenz zur Biographie eines außergewöhnlichen Individuums gehören und zugleich die Verkörperung eines Mythos sind. Wenn seine Mutter eine Sterbliche war, so war sein Vater der Gott Lug, überragend unter den Gottheiten des keltischen Pantheon, Schutzherr jener Künste, die den Menschen der Göttlichkeit am nächsten bringen, eine Gestalt, deren Epitheton *Lamfhada* (»der mit dem langen Arm«) die Transzendenz des indischen Gottes Savitar, »der mit der breiten Hand«, der mit einer Hand die Gestirne kontrolliert und die Abfolge von Tag und Nacht reguliert, widerspiegelt.[65]

Alles deutet darauf hin, daß Merlin als eine Inkarnation Lugs angesehen wurde und daß seine Eingebung (*awen*) der Ausdruck göttlichen Bewußtseins war. Dann kam der Augenblick von Gwenddolaus Sturz, der Merlin in ekstatischen »Wahnsinn« tauchte, ihn in das verborgenste Dunkel des Waldes flüchten ließ. Der Wald ist hier sowohl real, ein mit Dickichten und Bergen durchsetzes Gebiet in der historischen Region Goddeu mit dem Hart Fell als Mittelpunkt, als auch ein Symbol des immanenten Unbewußten. Als Gebieter über die Tiere und Herr des Waldes erscheint Merlin ein anderes Mal – Verkörperung von Cernunnos (»dem mit dem Geweih«), der über die bewußtlose Schöpfung wacht, die Wildnis, die jenseits der lichten Regionen des erweckten Menschen liegt.

Dieser doppelte Aspekt der Wildnis als geographische Einheit und Schwelle zum Unbewußten geht zumindest bis auf die Zeit des historischen Merlin zurück, wie Procopius' Bericht über die Gegend nördlich des Hadrianswalls deutlich macht.[66] In ähnlicher Weise erkennen wir in der walisischen Überlieferung von Merlins Ende, dem Abstieg in das rätselhafte *tŷ gwydr* bzw. Glashaus,[67] die Vorstellung von der keltischen Anderswelt.

Daß dies wesentliche Züge der Merlinsage sind, erscheint

zumindest mir offenkundig. Aber vieles bleibt noch im Ungewissen. Die Rekonstruktion fast aller Vorgänge der Geschichte beruht, wie dem Leser schmerzlich bewußt sein dürfte, auf komplexen Problemen der Quellenkritik. Die Forschung entwickelt sich ständig weiter, und sicher werden Keltologen meine Interpretationen oder Schlußfolgerungen anfechten wollen. Es ist wichtig, sich immer wieder klarzumachen, daß kein Argument mehr wert ist als das Zeugnis, auf dem es basiert. Der Bretonische Sagenkreis lebt nur in verstreuten Bildern und Bruchstücken fort; eine Ruinenstadt, wie man sie in den dunklen Tiefen eines Bergsees ausmacht.

Vierzehn Jahrhunderte sind vergangen, seit Merlins spöttisches Lachen in der Felsenschlucht am Hart Fell verstummte, aber in den Felsstürzen darüber hallt noch immer sein Echo. Er ist zurückgekehrt in das Dunkel des Waldes, aus dem er einst kam. Die schmerzlichen Melodien seiner seherischen Ekstase leben fort; wir hören sie durch die Verkrustungen der Jahrhunderte hindurch in den Gedichten des *Afallennau* und *Hoianau*. Die Eichen der Caledonischen Wälder sind längst gefallen, aber zwischen ihren verfaulten Stämmen drängen neue Schößlinge ans Licht. Auch jener andere Merlin lebt weiter, dessen inneres Auge die Jahrhunderte durcheilte, die britische Monarchie legitimierte und das Schicksal der Insel den Mächtigen weissagte. Züge seines Mythos – die jungfräuliche Geburt, seine Sehergabe, seine Macht über die Geschöpfe der Wildnis und die Tatsache, daß er den Dreifachen Tod des Lug starb – wurden mehr oder weniger in die Legenden um David und Kentigern, die Begründer es Christentums in Wales und Schottland, eingewoben. Es gab keine Rückkehr zur Dunkelheit, es hat nie eine Dunkelheit gegeben; nur eine Ahnung des Lichts.

Anhang

ORIGINALZEUGNISSE
AUS DEM »BLACK BOOK OF CARMARTHEN«

Die folgende Übersetzung einiger Abschnitte aus dem walisischen Myrddin-Poem ins Englische verdanke ich Professor A. O. H. Jarman. Es sind die ältesten erhaltenen Dokumente, die sich auf Myrddin-Merlin beziehen. Sie sind dem *Black Book of Carmarthen* entnommen.

I. Zwiegespräch zwischen Myrddin und Taliesin

Myrddin: Wie traurig ich bin, wie traurig,
　　　　Wegen dem, was Cedfyw und Cadfan widerfuhr!
　　　　Die Schlacht war aufflammend und stürmisch,
　　　　Schilde waren blutbefleckt und zertrümmert.
Taliesin: Es war Maelgwn, den ich im Kampf sah,
　　　　Das Gefolge schweigt nicht vor dem Heer.
Myrddin: Vor zwei Männern, in zwei Gruppen
　　　　versammeln sie sich,
　　　　Vor Errith und Gwrrith auf fahlweißen Rossen,
　　　　Schlanke Braune, zweifelsohne, werden sie bringen,
　　　　Bald wird das Heer mit Elgan zu sehen sein,
　　　　Ach, er ist tot, sie haben eine weite Reise
　　　　hinter sich.
Taliesin: Einzähniger Rhys, dessen Schild eine
　　　　Spanne maß,
　　　　Dir wurde die Segnung der Schlacht zuteil.
　　　　Cyndur ist gefallen, über alle Maßen werden sie
　　　　sich grämen,
　　　　Großzügige Männer, während sie lebten, sind
　　　　erschlagen worden,
　　　　Drei Männer von Bedeutung, hochgeachtet von
　　　　Elgan.
Myrddin: Wieder und wieder, Schar auf Schar kamen
　　　　sie heran,
　　　　Von da und von dort beschlich mich die Furcht
　　　　um Elgan;
　　　　In seiner letzten Schlacht erschlugen sie Dywel,
　　　　Den Sohn des Erbin, und seine Mannen.

Seite aus dem *Black Book of Camarthen* (um 1250): sie enthält Verse
der beiden – Myrddin zugeschriebenen – Gedichte *Afallenau*
und *Hoianau*

Taliesin: Maelgwns Heer, geschwind kamen sie heran,
Schlacht-Krieger im Glitzern des Gemetzels.
Es ist die Schlacht von Arfderydd, welche
den Anlaß liefert,
Ihr ganzes Leben hindurch bereiten sie sich vor.

Myrddin: Ein Heer von Speerträgern im Blutbad
    der Schlacht,
    Ein Heer mächtiger Krieger, tot- und verderben-
    bringend werden sie sein,
    Ein Heer, wenn gebrochen, ein Heer, wenn in
    die Flucht geschlagen,
    Ein Heer auf dem Rückzug, Angriffen ausgesetzt.
Taliesin: Die sieben Söhne des Eliffer, sieben
    erprobte Krieger,
    Werden sieben Speeren nicht entrinnen, in ihren
    sieben Schlacht-Abschnitten.
Myrddin: Sieben lodernde Feuer, sieben
    gegnerische Armeen,
    Bei jedem ersten Ansturm wird Cynfelyn
    unter den sieben sein.
Taliesin: Sieben spitze Speere, sieben Flüsse voll,
    Vom Blute der Stammesfürsten werden sie
    anschwellen.
Myrddin: Sieben mal zwanzig Männer von Rang,
    verfielen dem Wahnsinn,[1]
    Im Walde von Celyddon kamen sie um:
    Da ich es bin, Myrddin, nach Taliesin,
    Dessen Prophezeiung zutreffen wird.

II. Afallennau (»Apfelbäume«)

  1. Süßapfelbaum mit süßen Zweigen
     Fruchttragend, von großem Wert, berühmt, mir
     gehörend...
  2. Süßapfelbaum, ein hochgewachsener, grüner Baum,
     Fruchttragend seine Zweige und
     wohlgestalter Stamm...
  3. Süßapfelbaum, ein gelber Baum,
     Der am Ende eines Hügels wächst, um den das Land
     ringsumher nicht bestellt ist...

---

1 gwyllon

4. Süßapfelbaum, der jenseits von Rhun wächst,
   Ich hatte an seinem Fuß gekämpft, einem Mädchen
   zu Gefallen,
   Meinen Schild auf der Schulter und am Schenkel
   mein Schwert,
   Und im Walde von Celyddon schlief ich allein;
   O! kleines Schwein, warum dachtest Du an Schlaf?
   Lausche den Vögeln, ihr Flehen wird erhört...
5. Süßapfelbaum, der auf einer Lichtung wächst,
   Seine eigentümliche Macht verbirgt ihn vor
   den Männern Rhydderchs;
   Viele Menschen an seinem Stamm, rings um ihn
   ein Heer,
   Er wäre ein Schatz für sie, tapfere Männer
   in ihren Reihen.
   Jetzt liebt Gwenddydd mich nicht und
   grüßt mich nicht
   – ich werde von Gwasawg gehaßt, dem Helfer
   des Rhydderch –
   Ich habe ihren Sohn und ihre Tochter getötet.
   Der Tod hat jeden geholt, warum ruft er mich nicht?
   Denn nach Gwenddolau ehrt mich kein Herr,
   Frohsinn erfreut mich nicht, keine Buhle
   besucht mich;
   Und in der Schlacht von Arfderydd war mein
   Halsschmuck von Gold,
   Werde ich heute auch nicht von der Einen geschätzt,
   die den Schwänen gleicht.
6. Süßapfelbaum mit sanften Blüten,
   Der verborgen in den Wäldern wächst;
   Kunde habe ich vernommen seit früh am Tag,
   Das Gwasawg, der Helfer von ... erzürnt
   gewesen ist
   Zwei-, drei-, viermal an einem Tag.
   O Jesus! hätte mich doch mein Ende ereilt,
   Bevor ich die Schuld am Tod des Sohnes
   von Gwenddydd trug.
7. Süßapfelbaum, der an einem Flußufer wächst,
   Dem Kämmerer, der sich nähert, wird es nicht

gelingen, seiner edlen Früchte habhaft zu werden;
Während ich bei Verstande war, pflegte ich an
seinem Fuß eine schöne, ausgelassene Buhle zu
haben, eine, die schlank war und einer Königin glich.
Zehn und zwanzig Jahre lang im Elend der
Verbannung,
Bin ich im Wahnsinn und mit Wahnsinnigen
gewandert.[1]
Nach reichen Gütern und wohlklingendem
Saitenspiel
Peinigt mich nun die Not im Wahnsinn und
mit Wahnsinnigen.[1]
Jetzt schlafe ich nicht, ich zittere um meinen
Fürsten,
Meinen Herrn Gwenddolau, und meine
Stammesbrüder.
Nachdem ich Krankheit und Kummer litt
im Walde von Celyddon
Möge mich der Herr der Heerscharen aufnehmen
in die Seligkeit.

8. Süßapfelbaum mit sanften Blüten,
   Der in der Erde wächst, mit Zweigen unterschiedlicher Länge,
   Der wilde Mann[2] sagt die Kunde, die mich
   erreichen wird, vorher...

9. Süßapfelbaum, ein Baum mit roten Blüten,
   Der verborgen im Walde von Celyddon wächst,
   Suchte man ihn auch, wird es ob seiner Eigenart
   vergebens sein,
   Bis Cadwaladr zu seinem Treffen mit den
   Schlachtheeren kommt...

1 gan willeith a gwyllon
2 Disgogan hwimleian

III. Oianau (»Grüße«)

1. O kleines Schwein, ein glückliches Schwein,
Grabe Dir Deine Lagerstatt nicht auf dem Gipfel
des Berges,
Grabe an einem verborgenen Platz in den Wäldern,
Denn Du hast die Jagdhunde Rhydderch Haels
zu fürchten, des Verteidigers des Glaubens,
Und ich prophezeie, und wahr wird es sein...
2. O kleines Schwein, es wäre vonnöten,
Vor die Rüdemänner des Hofes zu treten, wenn man
es wagte,
In der Befürchtung, wir würden verfolgt und
gesehen,
Und falls wir entkommen, werden wir nicht
über unsere Müdigkeit klagen,
Und ich prophezeie vor der neunten Welle...
3. O kleines Schwein, ich schlafe unruhig,
So heftig drückt der Kummer auf mein Gemüt;
Zehn und zwanzig Jahre lang habe ich Schmerzen
erduldet,
Einen bejammernswerten Anblick biete ich nun.
Möge ich von Jesus den Beistand erhalten
Der Könige des Himmels aus edelstem Geschlecht!
Der wurde nicht unter einem glücklichen Stern
geboren, von den Kindern des Adam,
Der nicht am letzten Tage an Gott glaubt.
Ich habe Gwenddolau gesehen, einen glorreichen
Prinzen,
Kriegsbeute sammelnd an allen Grenzen;
Unter der braunen Erde still liegt er nun,
Das Oberhaupt der Könige des Nordens, der größte
an Freigebigkeit.
4. O kleines Schwein, ein Gebet wäre vonnöten
Aus Furcht vor fünf Herrschern aus der
Normandie...
5. O kleines Schwein, sei nicht schläfrig,
Traurige Kunde wird uns erreichen...
6. O kleines Schwein, ein unglückliches Schwein,

Der wilde Mann[1] berichtet mir sonderbare
Neuigkeiten,
Und ich prophezeie...
7. O kleines Schwein, ein gescheites Schwein
Der wilde Mann[1] berichtete mir Neuigkeiten,
die mich erschrecken...
8. O kleines Schwein, heil, Grüße!
Falls nötig, würde Gott die Dinge verkehren.
Das Schwein, das am Leben ist, wird mein sein,
Und jenes, das tot ist, er soll es suchen.
9. O kleines Schwein, es ist hellichter Tag,
Lausche dem Ruf der Wasservögel mit ihren lauten
Schreien,
Für uns werden es Jahre und lange Tage sein...
10. O kleines Schwein, mit spitzen Klauen,
Ein ungehobelter Bettgenosse, als es ans Liegen ging.
Wenig weiß Rhydderch Hael heute abend
bei seinem Festmahl
Welche Schlaflosigkeit ich letzte Nacht litt,
Schnee bis zu meinen Hüften unter den Wölfen
des Waldes,
Eiszapfen im Haar, verblaßt ist meine Pracht...
Und sofern mir mein Herr nicht ein gnädiges
Los zuteilt
Weh für mich, daß es mir widerfuhr, erbärmlich
mein Ende.
11. O kleines Schwein...
12. O kleines Schwein, ein gescheites Schwein,
Schlafe nicht des Morgens, grabe nicht im Dickicht,
Fürchte, daß Rhydderch Hael mit seinen
abgerichteten Hunden kommt:
Bevor Du noch die Wälder erreichst, wirst du
schweißüberströmt sein!
13. O kleines Schwein, ein gescheites Schwein,
Hättest Du ebensoviel grausame Gewalt gesehen wie
ich sie gesehen,

1 hwimleian

398

Dann würdest Du nicht des Morgens schlafen,
Dann würdest Du nicht auf dem Hügel graben,
Dann würdest Du nicht die Wildnis aufsuchen, von
einem verlassenen Teiche aus (?)...

14. O kleines Schwein, höre jetzt zu...

15. O kleines Schwein, der Berg ist grün,
Mein Mantel ist dünn, er reicht mir nicht aus,
Mein Haar ist grau, Gwenddydd besucht
mich nicht...

16. O kleines Schwein, ein lebhaftes Schwein,
Grab nicht an Deiner Lagerstatt, verzehre nicht
immer mehr,
Verlange nicht nach der Wiese, gib Dich nicht
dem Spiele hin...

17. O kleines Schwein, die Dornen sind am Blühen,
Die Berghänge sind grün, die Erde ist schön,
Und ich prophezeie...

18. O kleines Schwein, ein großes Wunder
Wird in Britannien sein, aber es wird
mich nicht betreffen...

19. O kleines Schwein, wie seltsam,
Daß die Welt nicht für einen Augenblick
die gleiche ist!...

20. O kleines Schwein, lausche den Hirschen,
Und dem Gezwitscher der Vögel in der Nähe
von Caer Rheon...

21. O kleines Schwein, die Welt wird in Bedrängnis
sein...

22. O kleines Schwein, schmächtig und gefleckt,
Lausche dem Ruf der Meeresvögel,
von großer Kraft...
Ein wilder Mann[2] von weit her berichtete mir,
Daß Könige mit seltsamen Beziehungen,
Goidelen und Briten und Römer,
Mißgeschick und Aufruhr verursachen werden...

2 gwyllon

23. O kleines Schwein, schmächtig, doch mit starken
    Beinen,
    Lausche dem Schreien der Meeresvögel, laut ist
    ihr Gekreisch...
24. O kleines Schwein, ich finde keinen Sinn darin,
    Das Rufen der Wasservögel zu hören, groß ist
    ihr Lärm,
    Das Haar auf meinem Haupt, es ist dünn, mein
    Mantel nicht warm,
    Die Triften sind meine Scheune, Getreide habe ich
    nicht reichlich genug.
    Meine Sommervorräte nähren mich nicht...
25. O kleines Schwein, ein lüsternes (?) Schwein,
    Mein Mantel ist dünn, er reicht mir nicht aus.
    Seit der Schlacht von Arfderydd kümmerte es
    mich nicht,
    Sollte der Himmel einstürzen und die See
    überfließen...

Zur Übersetzung von »Gwyllon« und »Gwyllt«

Professor Jarman hat die Worte *gwyllon* und *hwimleian* an den gekenn-
zeichneten Stellen mit »Wahnsinnige«, »Wahnsinniger« übersetzt. Frühere Gelehrte wie Thomas Stephens und Edward Anwyl zogen die
Bedeutung »Schatten« im Sinne von »Seelen«, »Geister« vor. Jarmans
Wortwahl beruht auf der Tatsache, daß *gwyllt* in der walisischen Lyrik
scheinbar unverändert in dem geläufigen Sinne von »wild«, »wahnsinnig« auftaucht; er folgert daraus, die *gwyllon* seien deshalb Wahnsinnige, d. h. die Wilden Männer der mittelalterlichen Folklore. *Hwimleian* übersetzt er mit »bleicher Wanderer« und nimmt aufgrund des
Kontextes an, daß es gleichbedeutend mit *gwyllon* ist.
Es gibt jedoch Gründe dafür, Anwyls Interpretationen den Vorzug zu
geben und die *gwyllon* als Wesen mit übernatürlichen Attributen anzusehen, die weit von der Vorstellung des Wilden Mannes der mittelalterlichen Überlieferung entfernt sind.
1. Die *gwyllon* aus dem *Hoianau* und dem *Afallennau* sind eine
wichtige Quelle von Myrddins prophetischer Inspiration. Dies kann
eigentlich nur eines bedeuten, nämlich, daß sie Zugang zum Wissen der
Anderswelt haben – einen Zugang, der dem Propheten selbst verwehrt
ist – und damit Wesen völlig anderer Natur sind.
2. Ein immer wiederkehrendes Motiv in der Dichtung ist die quälende
Einsamkeit, unter der Myrddin in seinem Schlupfwinkel im Walde
leidet und die im *Afallennau* zu der ergreifenden Klage führt: »Der Tod
hat jeden geholt, warum ruft er mich nicht?«

Und doch läßt man ihn zwei Verse später klagen, daß er dreißig Jahre lang unter den *gwyllon* gelebt habe, die immer noch bei ihm sind. Ganz offensichtlich wurde Myrddin von dem Dichter als jemand gesehen, der sich durch seine Art von den *gwyllon* unterschied, und diese sollten nicht als (menschliche) Gefährten betrachtet werden.

3. Wenn sich über den genauen Sinn eines so dunklen Gedichtes wie des »Zwiegesprächs zwischen Myrddin und Taliesin« auch nicht allzuviel in Erfahrung bringen läßt, scheint aus dessen letztem Vers doch hervorzugehen, daß man sich die *gwyllon* als die Geister der Erschlagenen von Arderydd vorstellte. Die Aussage »Sieben mal zwanzig Männer von Rang verfielen dem Wahnsinn, Im Walde von Celyddon kamen sie um« wirkt ein bißchen wie ein *non-sequitur;* die zwei Sätze »... *a aethan y gwyllon ... y daruuanan*« ergeben viel eher dann einen Sinn, wenn sie übereinstimmen: »... sie wurden zu *gwyllon* ... sie kamen um.«

4. Procopius zufolge beschrieben die Einwohner Britannias das Gebiet zwischen den römischen Wällen als eine Wildnis, in der nur wilde Tiere hausten, und die allgemein als die Heimat der Seelen der Verstorbenen angesehen wurde. Dies ist genau das Gebiet, in dem die Überlieferung den *Coed Celyddon* ansiedelte, und sicher bewahrt sich in den *gwyllon* der Myrddin-Dichtung eine fortlebende Erinnerung an diesen Glauben, über den Reisende aus Britannien dem byzantinischen Historiker berichteten.

In dem Gedicht *Ymddiddan Myrddin a Thaliesin* lesen wir, daß »sieben Flüsse voll vom Blute der Stammesfürsten« waren ...

»Sieben mal zwanzig Edle wurden zu *gwyllon,*
Im Walde von Celyddon kamen sie um.«

Diese *gwyllon* entsprechen den *gealta* der verwandten Geschichte von Suibhne Geilt, und es sieht auch hier so aus, als sei es das Schicksal der erschlagenen 140 Edelleute gewesen, (für einen bestimmten Zeitraum?) in dem nahegelegenen Wald von Celyddon als wandernde Schatten bzw. Geister umzugehen. Sie waren vermutlich die Anhänger von Myrddins besiegtem Schutzherrn Gwenddolau, und sie oder ähnliche *gwyllon* waren es, von denen Myrddin prophetische Auskünfte erhielt. Da sie in das Reich der Toten eingegangen waren, hatten sie Zugang zu dessen okkultem Wissen.

Das von Myrddin selbst getragene Epitheton *gwyllt* verweist auf die Raserei des erleuchteten Propheten (wie Giraldus Cambrensis erkannte), der von einer schamanistischen Ekstase besessen wird, die es seiner Seele ermöglicht, den Körper zu verlassen und sich auf die Suche nach dem Wissen der Anderswelt zu begeben. Es ist dies die herbeigeführte und vorübergehende Raserei des Gespenstes in *Baile in Scáil,* jener irischen Prophezeiung, deren Format eine so enge Parallele zu dem Gedicht *Cyfoesi Myrddin a Gwenddydd Chwaer* aufweist.[10]

Demnach wird durch den Kontext nahegelegt, daß die *gwyllon* des Waldes von Celyddon Wesen aus der Anderswelt waren, vielleicht die Geister der Erschlagenen, die sich im Besitz prophetischen Wissens befanden, das sie dem in der Verbannung lebenden Seher zukommen ließen.

QUELLENVERZEICHNIS

Im Folgenden findet sich eine Übersicht über die Ausgaben der Primärtexte, auf die in diesem Buch – und in den nachfolgenden Anmerkungen – Bezug genommen wird. Eingearbeitet sind auch deutschsprachige Ausgaben, allerdings ohne jeden Anspruch auf Vollständigkeit.

Adomnan 1961 Alan Orr Anderson and Marjorie Ogilvie Anderson (Hrsg.), *Adomnan's Life of Columba.* Edinburgh 1961

Black Book of Carmarthen 1906 J. Gwenogvryn Evans (Hrsg.), *The Black Book of Carmarthen.* Pwllheli 1906

Book of Taliesin 1910 J. Gwenogvryn Evans (Hrsg.), Facsimile and Text of the *Book of Taliesin.* Llanbedrog 1910

Boron 1980 Alexandre Micha (Hrsg.), Robert de Boron, *Merlin* – roman du XIIIe Siècle. Genf 1980
Deutsch u.d.T. Merlin – Der Künder des Grals. Aus dem Altfranzösischen übersetzt von Konrad Sandkühler. Stuttgart ²1980

Fergus 1872 Ernst Martin (Hrsg.), *Fergus.* Roman von Guillaume le Clerc. Halle 1872

Geoffrey of Monmouth 1929 Acton Griscom (Hrsg.), The *Historia Regum Britanniae* of Geoffrey of Monmouth. New York 1929
Englische Ausgabe: History of the Kings of Britain.Translated by Sebastian Evans. Revised by Charles E. Dunn. London 1963.
Deutsche Ausgaben: Historia regum Britanniae, übersetzt und herausgegeben von Albert Schulz. Halle 1854. – Teilübersetzung in: König Artus und seine Tafelrunde, Hrsg. Karl Langosch, Stuttgart 1980, S. 5–71

Gildas 1894 Theodor Mommsen (Hrsg.), Gildae Sapientis *De Excidio et Conquestu Britanniae* (Monumenta Germaniae Historica, XIII Chronica Minora, Bd. 3). Berlin 1894

Giraldus Cambrensis 1861/91 J. S. Brewer u. a. (Hrsg.), Giraldi Cambrensis, Opera. London 1861–1891

Gododdin 1908 J. Gwenogvryn Evans (Hrsg.), Facsimile and Text of the *Book of Aneirin.* Pwllheli 1908

St. Kentigern 1874 Alexander Penrose Forbes (Hrsg.), *Lives of S. Ninian and S. Kentigern.* Compiled in the Twelfth Century. Edinburgh 1874

Lailoken 1893 H.L.D. Ward,*Lailoken* (or Merlin Silvester). In: Romania (Paris 1893), XXII., Seite 504–26

Layamon 1963 G. L. Brook and R. F. Leslie (Hrsg.), Layamon, *Brut.* Oxford 1963

Mabinogion 1887 John Rhŷs and J. Gwenogvryn Evans (Hrsg.), The Text of the *Mabinogion* and Other Welsh Tales from the Red Book of Hergest. Oxford 1887

Mabinogion 1907 J. Gwenogvryn Evans (Hrsg.), *The White Book Mabinogion.* Welsh Tales and Romances Reproduced from the Peniarth Manuscripts. Pwllheli 1907
Teilübersetzung von Martin Buber (Die vier Zweige des Mabinogion, Leipzig 1914) und Frederic Hetmann (acht Texte, in : Märchen aus Wales, Düsseldorf/Köln 1982)

Malory 1893/94 Thomas Malory, The Birth, Life and Acts of King
Arthur. (*The Morte Darthur*, 1469). With many original designs
by Aubrey Beardsley. Zwei Bände. London 1893/94
– Deutsche Übertragung von Hedwig Lachmann u.d.T. Dies edle
und freudenreiche Buch heißet *Der Tod Arthurs* obzwar es han-
delt von Geburt, Leben und Taten des genannten Königs Arthur /
von seinen edlen Rittern vom Runden Tische / und ihren wunder-
baren Fahrten und Abenteuern. . .Drei Bände. Leipzig 1913
Malory 1948 Eugene Vinanver (Hrsg.), The Works of Sir Thomas
Malory. Oxford 1948
Nennius 1894 Theodor Mommsen (Hrsg.), *Historia Brittonum cum
Additamentis Nennii* (Monumenta Germaniae Historica, XIII
Chronica Minora, Bd. 3). Berlin 1894
Of Arthour and of Merlin 1973/79 O. D. Macrae-Gibson (Hrsg.), *Of
Arthour and of Merlin*. Oxford 1973–79
Red Book of Hergest 1911 J.Gwenogvryn Evans (Hrsg.), The Poetry
in the *Red Book of Hergest*. Llanbedrog 1911
Die Sagen von Merlin 1853 San-Marte (Hrsg.: d.i.Albert Schulz), *Die
Sagen von Merlin*. Mit alt-wälschen, bretagnischen, schottischen,
italienischen und lateinischen Gedichten und Prophezeiungen
Merlins, der Prophetia Merlini des Geoffrey von Monmouth und
der vita Merlini. Halle 1853 – Reprint Hildesheim 1979
St. Samson 1912 R. Fawtier (Hrsg.), *La vie de Saint Samson*. Essai de
critique hagiographique. Paris 1912
Suibhne 1913 J. G. O'Keefe (Hrsg.), *Buile Suibhne* (The Frenzy of
Suibhne) Being The Adventures of Suibhne Geilt. A Middle-Irish
Romance. London 1913
Triads 1961 Rachel Bromwich (Hrsg.), *Trioedd Ynys Prydein – The
Welsh Triads. Cardiff 1961*
Vita Merlini 1964 Inge Vielhauer (Hrsg.), *Das Leben des Zauberers
Merlin*. Geoffrey von Monmouth, *Vita Merlini*. Erstmalig in
deutscher Übertragung. Amsterdam 1964
Vita Merlini 1973 Basil Clarke (Hrsg.), *Life of Merlin*. Geoffrey of
Monmouth, Vita Merlini. Cardiff 1973
Wace 1966 I.D.O. Arnold and M.M. Pelan (Hrsg.), La Partie Arthu-
rienne du *Roman de Brut*. Paris 1966
Eine deutsche Übersetzung des *Roman de Brut* findet sich in:
König Artus und seine Tafelrunde, Hrsg. Karl Langosch, Stutt-
gart 1980, S. 72–161

Eine gute stoffliche und bibliographische Übersicht
bieten:

Elisabeth Frenzel, Merlin, in: E. F., Stoffe der Weltliteratur. Ein
Lexikon dichtungsgeschichtlicher Längsschnitte, Stuttgart 1962,
S. 428–32 (Sammlung Kröner, Bd. 300)
Karl Otto Brogsitter, Artusepik, Stuttgart [2]1971 (Sammlung Metzler,
Bd. 38)
König Artus und seine Tafelrunde. Europäische Dichtung des Mittelal-
ters. In Zusammenarbeit mit Wolf-Dieter Lange neuhochdeutsch
herausgegeben von Karl Langosch. Stuttgart 1980 (Reclams Uni-
versal-Bibliothek, Nr. 9945)

Eine »Biographie« des Zauberers Merlin zeichnen nach:

Heinrich Zimmer, Merlin, in: Corona, Zürich 1939, Jahrg. IX, Heft 2, Seite 133–155. – In Buchform erschienen innerhalb: Heinrich Zimmer, Abenteuer und Fahrten der Seele, Zürich 1961, S. 189–209. Neuausgabe Köln 1987 (Diederichs Gelbe Reihe, Bd. 67)

Frederik Hetmann, Merlin – Porträt eines Zauberers, in: T. H. White, Das Buch Merlin, Düsseldorf/Köln 1980, S. 165–237

ANMERKUNGEN

Kapitel I Der Bretonische Sagenkreis (S. 16 bis 48)

1 Zu Dimiloc und Tintagel siehe W. Howship Dickinson, King Arthur in Cornwall, London 1900, S. 51–70

2 R. L. Graeme Ritchie, Chrétien de Troyes and Scotland, Oxford 1952, S. 16

3 T. D. Kendrick, British Antiquity, London 1950, S. 1–4; Austin Lane Poole, From Domesday Book to Magna Carta, Oxford 1951, S. 247–50. Geoffrey von Monmouth hat Britannien zweifellos mit einer »glorreichen Vergangenheit« ausgestattet, doch hat er sich mehr mit Gegenwartsfragen befaßt, und »sein Hauptanliegen war es zu unterhalten« (Antonia Gransden, Historical Writing in England c. 550 to c. 1307, London 1974, S. 204–8).
Zur eschatologischen Geschichtsbetrachtung im Mittelalter siehe S. G. F. Brandon, History, Time and Deity – A Historical and Comparative Study of the Conception of Time in Religious Thought and Practice, Manchester 1965, S. 208. Das Erscheinen der Historia Regum Britanniae fiel in eine Zeit intensiver, doch ziemlich fruchtloser Erforschung der britischen Frühgeschichte (R. William Leckie jr., The Passage of Dominion – Geoffrey of Monmouth and the Periodization of Insular History in the Twelfth Century, Toronto 1981, S. 41).
Geoffreys probritische Einstellung kennzeichnet das Übergewicht des Normannischen: er zeigte die Sachsen in einem schlechten Licht, hob die Waliser gegenüber ihren britannischen Vorfahren stark hervor und schrieb den Bretonen – von denen viele 1066 mit Wilhelm dem Eroberer nach England gekommen waren – große Verdienste zu (ebd., S. 69–71).

4 E. K. Chambers, Arthur of Britain, London 1927, S. 112.

5 Chambers a.a.O., S. 258–60; A. B. Scott and F. X. Martin (Hrsg.), Expugnatio Hibernica – The Conquest of Ireland by Giraldus Cambrensis, Dublin 1978, S. 64, 92, 96, 106, 174, 226–28; John J. Parry and Robert A. Caldwell, Geoffrey of Monmouth, in: R. S. Loomis (Hrsg.), Arthurian Literature in the Middle Ages, Oxford 1959, S. 79

6 Thomas Jones, The Black Book of Carmarthen »Stanzas of the Graves«, in: The Proceedings of the British Academy, London 1967, LIII, S. 127

7 William A. Nitze (Hrsg.), Robert de Boron. Le Roman de l'Estoire dou Graal, Paris 1927, S. 112

8 Eugène Vinaver, The Rise of Romance, Oxfort 1971, S. 104

9 Siehe Kendrick, British Antiquity a.a.O., S. 34–38; ferner Edmund Reiss, The Welsh Versions of Geoffrey of Monmouth's Historia, in: The Welsh History Review (Cardiff 1968) IV, S. 98. Die walisischen »Prophezeiungen« von der Herrschaft des »Henri« und der »Virgine Queene« behandelt J. G. Evans (Hrsg.), Report on Manuscripts in the Welsh Language, London 1898–1902, I, S. 580 f.; das *cywyddau brud* bezog sich noch auf eine ältere und breitere Tradition als die *Historia Regnum Britanniae* (Glanmor Williams, Proffwydoliaeth, prydyddieth a pholitics yn yr oesoedd canol, in: Taliesin (Llandybie) XVI, S. 31–39). Über das wiederbelebte Ansehen Geoffreys siehe Sydney Anglo, The British History in early Tudor propaganda, in: The Bulletin of the John Rylands Library (Manchester 1961) XLIV, S. 17–43; und zu Merlin als volkstümlichem Propheten in Elisabethanischer Zeit siehe Keith Thomas, Religion and the Decline of Magic. Studies in popular beliefs in sixteenth and seventeenth century England, London 1972, S. 394, 397–403, 405 etc.

10 Vgl. meine Besprechung von Robert B. Stoker's The Legacy of Arthur's Chester, London 1965, in: Irish Historical Studies, Dublin 1966, XV., S. 82

11 E. K. Chambers, William Shakespeare. A Study of Facts and Problems, Oxford 1930, Bd. 1, S. 466. Merlin war kurz darauf der Held eines mäßigen Stückes von William Rowley, The Birth of Merlin, veröffentlicht 1662 – vgl. E. J. Miller, Wales and the Tudor Drama, in: The Transactions of the Honourable Society of Cymmrodorion, 1948, S. 174

12 Bernard Capp, Astrology and the Popular Press. English Almanacs 1500–1800, London 1979, S. 190

13 *Vivien* hat, wie man sich denken kann, seinerzeit Anlaß zu einigen schockierten Kommentaren gegeben, siehe J. Philip Eggers, King Arthur's Laureate. A Study of Tennyson's Idylls of the King, New York 1971, S. 83–85.
Einen umfassenden Überblick über das Merlin-Motiv in der modernen Literatur gibt, was die angelsächsische Tradition anlangt, Beverly Taylor und Elisabeth Brewer, The Return of King Arthur. British and American Arthurian Literature since 1800, Cambridge 1983. Über die entsprechende deutsche Tradition informieren E. A. Schiprowski, Merlin in der deutschen Dichtung, Diss. Breslau 1933; H. Wallner, Moderne deutsche Merlindichtungen, Diss. Wien 1936; Inge Vielhauer
Karl August Brogsitter, Artustradition, in: Enzyklopädie des Märchens, hrsg. Kurt Ranke, Bd. 1, Berlin 1970, S. 828 ff. und schließlich Klaus Günzel, Im Banne Merlins oder Der Prophet und die Romantiker – Nachwort zu: Dorothea & Friedrich Schlegel, Geschichte des Zauberers Merlin, Köln 1984, S. 150–59

14 Vgl. Morine Krissdottir, John Cowper Powys and the Magical Quest, London 1980, S. 127–70

Kapitel II Merlin der Prophet (S. 50 bis 62)

1 Zur Beschreibung und Datierung der Manuskripte siehe J. G. Evans (Hrsg.), Report on Manuscripts in the Welsh Language, London 1898–1902, Bd. 1, S. 297–99, 300–2; Bd. 2, S. IV, 1–29; dann auch Ifor Williams (Hrsg.), Canu Aneirin gyda Rhagymadrodd a Nodiadau, Cardiff 1938, S. XII–XIV; A. O. H. Jarmann (Hrsg.), Llyfr Du Caerfyrddin gyda Rhagymadrodd Nodiadau Testunol a Geirfa, Cardiff 1982, S. XIII–XXIV (Bericht von Dr. E. D. Jones). Über walisische Übersetzungen der *Prophetia Merlini* siehe Brynley F. Roberts, Copiau Cymraeg o Prophetiae Merlini, in: Cylchgrwan Llyfrgell Genedlaethol Cymru, Aberystwyth 1977, XX., S. 14–39

2 Übersetzung von A. O. H. Jarman, The Cynfeirdd. Early Welsh Poets and Poetry, Cardiff 1981, S. 109–10

3 A. O. H. Jarman, The Legend of Merlin, Cardiff 1960, S. 16

4 Rachel Bromwich, The Character of the Early Welsh Tradition, in: N. K. Chadwick (Hrsg.), Studies in Early British History, Cambridge 1959, S. 125–26

5 H. M. Chadwick and N. K. Chadwick, The Growth of Literature, Cambridge 1932–40, Bd. 1, S. 105–14, 123–32; P. L. Henry, The Early English and Celtic Lyric, London 1966, S. 25–26; A. O. H. Jarman, Early Stages in the Development of the Myrddin Legend, in: Rachel Bromwich and R. Brinley Jones (Hrsg.), Astudiaethau ar yr Hengerdd, Cardiff 1978, S. 343-45; Kenneth Jackson, The Motive of the Threefold Death in the Story of Suibhne Geilt, in: Féil-sgribhinn Eóin mhic Néill (Hrsg. Eóin ua Riain), Dublin 1940, S. 546; Patrick Sims-Williams, The evidence for vernacular Irish literature influence on early mediaeval Welsh literature, in: Dorothy Whitelock u.a. (Hrsg.), Ireland in Early Mediaeval Europe, Cambridge 1982, S. 237

6 J. Lloyd-Jones, The Court Poets of the Welsh Princes, in: The Proceedings of the British Academy, London 1948, XXXIV., S. 3–4. Vgl. Rachel Bromwich, Y Cynfeirdd a'r Traddodiad Cymraeg, in: The Bulletin of the Board of Celtic Studies, Cardiff 1966, XXII., S. 30–37

Kapitel III Die Könige des Nordens (S. 64 bis 82)

1 Gwelais, »ich sah«, ist hier nicht wörtlich zu verstehen, sondern als Ausdruck der visionären Kraft des Dichters (Sir Ifor Williams, Lectures in Early Welsh Poetry, Dublin 1944, S. 7)

2 Triads 1961, S. 380 und 471

3 H. M. Chadwick, The Heroic Age, Cambridge 1912, S. 365, 425

4 Sir John Morris-Jones, Taliesin, in: Y Cymmrodor (London 1918) XXVIII., S. 196

5 P. C. Bartrum (Hrsg.), Early Welsh Genealogical Tracts, Cardiff 1966, S. 72–73

6 I. A. Richmond (Hrsg.), Roman and Native in North Britain, Edinburgh 1958, S. 56, 64, 76, 88–89

7 David J. Breeze, The Northern Frontiers of Roman Britain, London 1982, S. 159–60; J. C. Mann, Hadrian's Wall – the last phases, in: P. J. Casey (Hrsg.), The End of Roman Britain, Oxford 1979, S. 159–60

8 Ifor Williams (Hrsg.), Canu Aneirin, Cardiff 1938, S. LIII–LVIII; K. H. Jackson, The Gododdin – The Oldest Scottish Poem, Edinburgh 1969, S. 13–16

9 vgl. Kenneth Jackson, Angles and Britons in Northumbria and Cumbria, in: Angles and Britons, Cardiff 1963, S. 68

10 Früher hat man »Eitin« auf Edinburgh bezogen – vgl. H. M. Chadwick, Early Scotland. The Picts, the Scots and the Welsh of Southern Scotland, Cambridge 1949, S. 144 f. –, doch scheint es heute wahrscheinlicher, daß Cynon und sein Vater aus der Gegend von Rheged kamen. Vgl. Rachel Bromwich, Cynon fab Clydno, in: Rachel Bromwich and R. Brinley Jones (Hrsg.), Astudiaethau ar yr Hengerdd, Cardiff 1978, S. 159

11 W. F. Skene, The Four Ancient Bocks of Wales, London 1868, Bd. 1, S. 172–73; Bd. 2, S. 406; Y Cymmrodor, XXVIII., S. 74–75. Natürlich gibt es hierüber keine Gewißheit, vgl. die vorsichtige Äußerung von K. H. Jackson, in: The Welsh Historical Review, Cardiff 1963, I., S. 84

12 V. E. Nash-Williams, The Early Christian Monuments of Wales, Cardiff 1950, S. 14. – A. C. Thomas hat überzeugend dargelegt, daß die subrömischen Diöszesen in den Lowlands die vier großen Stammesgebiete spiegeln, vgl. The Evidence from North Britain, in: M. W. Barley and R. P. C. Hanson (Hrsg.), Christianity in Britain 300–700, Leicester 1968, S. 111–16

13 Dieses ausgiebige Zeitgemälde aus dem Frühmittelalter Britanniens speist sich aus verschiedenen Quellen, von denen einige in der auf uns überkommenen Fassung gegen 6. Jahrh. zu datieren sind; ich glaube jedoch, daß sie als durchaus repäsentativ für eine ausgesprochen archaische, konservative Gesellschaft gelten können. – Zu den Wallanlagen eines *din* oder *llys* siehe Leslie Alcock, By South Cadbury is that Camelot...The Excavation of Cadbury Castle 1966–1970, London 1972, S. 175–78; ders., Arthur's Britain. History and Archaeology 367–634 n. Chr., London 1971, S. 222–25. – Das lodernde Feuer, die hell erleuchtete Halle finden sich in: Jackson, The Gododdin a.a.O., S. 138, und zum Bau der Halle vgl. Arthur's Britain a.a.O., S. 225–27; »By South Cadbury is that Camelot . . .«, a.a.O., S. 177–80; Journal of the Royal Institution of Cornwall, Appendix 1951, S. 61–64. Irische Parallelen hierzu bei Kenneth Jackson, The Oldest Irish Tradition. A Window on the Iron Age, Camgbridge 1964, S. 20–21. – Die besonderen Sitzordnungen werden sehr gut erklärt von Proinsias Mac Cana, Branwen Daughter of Llyr. A Study of the Irish Affinities and of the Composition of the Second Branch of the Mabinogi, Cardiff 1958, S. 74. – Hinweise auf die verschiedenen Nahrungsmittel gibt Jackson, The Gododdin a.a.O., S. 33–37; Leslie Alcock, Dinas Powys. An Iron Age, Dark Age and Early Medieval Settlement in Glamorgan, Cardiff 1963, S. 36–40, 50–52; Melville Richards (Hrsg.), Cyfreithiau Hywel Dda. O Lawysgrif Coleg yr Iesu Rhydychen LVII, Cardiff 1957, S. 53, 66–67.
Zur Bedeutung der sozialen Funktion winterlicher Gastfreundschaft vgl. Ifor Williams (Hrsg.), Canu Taliesin a.a.O., S. 51; Melville Richards (Hrsg.), Cyfreithiau Hywel Dda a.a.O., S. 93; Jackson, The Gododdin a.a.O., S. 39–40, 120, 132; T. M. Charles-Edwards, The Authenticity of the Gododdin. An Historian's View,

in: Astudiaethau ar yr Hengerdd a.a.O., S. 46–47, 57–61. – Einige
Poeme aus der Feder eines irischen Dichters des 16. Jahrhunderts
vermitteln einen hübschen Eindruck von den Vergnügungen des
keltischen Hoflebens, siehe James Carney, The Irish Bardic Poet,
Dublin 1967, S. 29

14 C. A. Ralegh Radford, Imported Pottery found at Tintagel, Corn-
wall. In: D. B. Harden (Hrsg.), Dark-Age Britain, London 1956,
S. 59–70; Charles Thomas, Britain and Ireland in Early Christian
Times, London 1971, S. 85–88

15 Der verstorbene John Morris scheint hier mit einer bemerkenswert
scharfsinnigen Beobachtung den Nagel auf den Kopf getroffen zu
haben, vgl. Dark Age Dates, in: M. G. Jarrett and B. Dobson
(Hrsg.), Britain and Rome. Essays Presented to Eric Birley on his
Sixtieth Birthday, Kendal 1965, S. 184

16 Anne Ross, Everyday Life of the Pagan Celts, London 1970, S. 113

17 Thomas D. O'Sullivan, The De Excidio of Gildas. Its Authenticity
and Date, Leiden 1978, S. 28, 78

18 Y Cymmrodor, XXVIII., S. 13–14; J. E. Caerwyn Williams, Gil-
das, Maelgwn and the Bards, in: R. R. Davies u. a. (Hrsg.), Welsh
Society and Nationhood. Historical Essays Presented to Glanmor
Williams, Cardiff 1984, S. 19–34

19 F. Kerlouégan, The Latin du De Excidio Britanniae de Gildas, in:
Barley and Hanson (Hrsg.), Christianity in Britain a.a.O.,
S. 151–76

20 V. E. Nash-Williams, The Early Christian Monuments of Wales
a.a.O., S. 92, 93

21 S. Burt, Letters from A Gentleman in the North of Scotland to His
Friend in London, London 1754, Bd. 2, S. 161–62, 276; Archibald
Arbuthnot, The Life, Adventures, and Many and Great Vicissitudes
of Fortune of Simon, Lord Lovat, London 1747, S. 58–59

22 John Strachan and J. G. O'Keefe (Hrsg.), The Táin Bó Cúailnge
from the Yellow Book of Lecan, Dublin 1912, S. 79. Es könnte sich
um mehr als bloße Übertreibung handeln: »Ein häufig herangezoge-
nes Beispiel für die Auswirkungen der geistigen auf die körperliche
Verfassung sind die Pusteln, die an ganz bestimmter Stelle durch
hypnotische Suggestion entstehen« (J. B. Rhine, New World of the
Mind, London 1954, S. 31, 215–6)

23 Ifor Williams, Lectures of Early Welsh Poetry a.a.O., S. 9–11

24 Melville Richards (Hrsg.), Cyfreithiau Hywel Dda a.a.O., S. 17–18

25 Canu Taliesin, S. XVII–XXXV; Y Cymmrodor XVIII., S. 182

26 Kenneth Jackson, Studies in Early Celtic Nature Poetry, Cambridge 1935, S. 52, 74

Kap. IV Die Schlacht von Arderydd (S. 84 bis 104)

1 Kenneth Jackson, Studies in Early Celtic Nature Poetry, Cam-
bridge 1935, S. 50, 53–55, 73; Melville Richards (Hrsg.), Cyfrei-
thiau Hywel Dda. O Lawysgrif Coleg yr Iesu Rhydychen LVII,
Cardiff 1957, S. 57, 73, 75, 76–83; Leslie Alcock, Dinas Powys. An
Iron Age, Dark Age and Early Medieval Settlement in Glamorgan,
Cardiff 1963, S. 37, 40–42.
Zu den jahreszeitlich bedingten Migrationen siehe Frederic See-
bohm, The Tribal System in Wales, London 1904, S. 46–47; Mel-

ville Richards (Hrsg.), The Laws of Hywel Dda (The Book of Blegywryd), Liverpool 1954, S. 139–40. »Wintertag, die Hirsche abgemagert...die Sommerbehausung (*hauot*) liegt verlassen« (Kenneth Jackson (Hrsg.), Early Welsh Gnomic Poems, Cardiff 1935, S. 28). Zur Ausgrabung einer später datierten *hafotai*, jedoch wahrscheinlich von unverändertem Typus, siehe C. B. Crampton, Hafotai Platforms on the North Front of the BreconBeacons, in: Archaeologia Cambrensis, Cardiff 1966, CXV., S. 99–107. Soweit ich weiß, ist bisher nicht darauf hingewiesen, daß Gildas den Brauch im 6. Jahrh. belegt: »campis late pansis collibusque amoeno situ locatis, praepollenti culturae aptis, montibus alternandis animalium pastibus maxime convenientibus« (Gildas 1894, S. 28)

2 Melville Richards (Hrsg.), Cyfreithiau Hywel Dda a.a.O., S. 52; Kenneth Jackson, The Gododdin. The Oldest Scottish Poem, Edinburgh 1969, S. 118; Ifor Williams (Hrsg.), Canu Taliesin, Cardiff 1960, S. 58–59, 69

3 Ebd., S. 33; J. Vendryes, Saint David et le roi Boia, in: Revue Celtique, Paris 1928, XLX., S. 141–72. Professor Jackson gibt eine Zusammenfassung der Erkenntisse über die Kriegsführung im 6. Jahrh., wie sie dem vollständigsten »zeitgenössischen Bericht« zu entnehmen sind (The Gododdin, S. 28–33, 37–41). Vgl. auch H. M. Chadwick and N. K. Chadwick, The Growth of Literature, Cambridge 1932, Bd. 1, S. 85–95; und A. O. H. Jarman, The Heroic View of Life in Early Welsh Verse, in: Robert O'Driscoll (Hrsg.), The Celtic Conciousness, New York 1982, S. 161–68

4 M. Miller, The Commanders at Arthuret, in: Transactions of the Cumberland and Westmoreland Antiquarian and Archaeological Society, Kendal 1975, LXXV., S. 96–98; Rev. John Williams ab Ithel, Annales Cambriae, London 1860, S. 5

5 Prof. Jarman argumentiert, »die hier gebrauchte Form *Merlinus* leitet sich ab aus Geoffreys *Historia*, doch die Information, die in dieser Aussage enthalten ist, findet sich vollständig in keinem der Werke Geoffreys« (Early Stages in the Development of the Myrddin Legend, in: Rachel Bromwich and R. Brinley Jones (Hrsg.), Astudiaethau ar yr Hengerdd, Cardiff 1978, S. 337–38). Die Annahme, daß Geoffrey die Form *Merlinus* geprägt hat, läßt sich jedoch auf nichts stützen. Bei der Version im Domesday-Buch (*Annales Cambriae*) kann es sich um eine synchronistische Glosse aus der Zeit vor oder nach Geoffrey handeln; sie könnte sogar aus jener früheren Chronik stammen, die – nach Kathleen Hughes – ab dem späten 8. Jahrh. in St. David's erstellt worden ist (The Welsh Latin Chronicles. Annales Cambriae and Related Texts, in: The Proceedings of the British Academy, London 1973, IX., S. 11–12). Die »Domesday«-Annalen enthalten unabhängige und, wie es scheint, echte Eintragungen aus dem 6. Jahrh., und sie beziehen sich nicht auf Geoffrey (ebd., S. 13–15), doch die Details lesen sich tatsächlich wie eine Glosse – von unbekannter Herkunft und Zeitbestimmung. Diese Passage in den *Annales Cambriae* könnte ebensogut als Quelle oder als Inspiration zu Geoffreys *Vita Merlini* gedient haben, und dem Mönchschronisten ist bei der Transkription *Merdinus* wahrscheinlich noch ein Fehler unterlaufen. Der Name *Merlinus* taucht tatsächlich schon in einem italienischen Dokument von 1128 auf, acht Jahre vor dem Erscheinen von Geoffreys *Histo-*

ria (John J. Parry and Robert A. Caldwell, Geoffrey of Monmouth, in: Roger Sherman Loomis (Hrsg.), Arthurian Literature in the Middle Ages. A Collaborative History, Oxford 1959, S. 91

6 William F. Skene, Celtic Scotland, A History of Ancient Alban, Edinburgh 1876, Bd. 1, S. 157–59; J. Rhŷs, Celtic Britain, London 1884, S. 145; R. Cunliffe Shaw, Post Roman Carlisle and the Kingdoms of the North-West, Preston 1964, S. 29–30; John Morris, The Age of Arthur. A History of the British Isles from 350 to 600, London 1973, S. 218–19, 232; Transactions of the Cumberland and Westmoreland Antiquarian and Archaeological Society LXXV., S. 101–17: Kenneth Jackson, 'O Achaws Nyth yr Ychedydd, in: Ysgrifau Beirniadol, Cardiff 1977, X., S. 45–50

7 W. F. Skene, Celtic Scotland a.a.O., S. 157

8 H. M. Chadwick, Early Scotland. The Picts, the Scots and the Welsh of Southern Scotland, Cambridge 1949, S. 145

9 Vgl. J. Loth, Une généalogie des rois de Stratclut remontant de la fin du IXe au Ve siècle, in: Revue Celtique, 1930, XLVII., S. 180

10 W. H. Davies, The Church in Wales, in: M. W. Barley and R. P. C. Hanson (Hrsg.), Christianity in Britain, 300–700, Leicester 1968, Maelgwn »wird der Sünde bezichtigt, aber nicht der Gottlosigkeit« (Thomas D. O'Sullivan, The De Excidio of Gildas. Its Authenticity and Date, Leiden 1978, S. 115

11 A. W. Wade-Evans, The Emergence of England and Wales, Cambridge 1959, S. 23–26

12 Sir John Morris-Jones, Taliesin, in: Y Cymmrodor, London 1918, XXVIII., S. 46–48; Edward Anwyl, Celtic Religion in Pre-Christian Times, London 1906, S. 61; Jakob Haury (Hrsg.), Procopii Caesariensis Opera Omnia, Berlin 1963, Bd. 2, S. 596–97

13 Barley and Hanson (Hrsg.), Christianity in Britain a.a.O., S. 97–111; J. E. Lloyd, A History of Wales from the Earliest Times to the Edwardian Conquest, London 1911, S. 119

14 Das *englynion* siedelt Uriens Tod in Aber Llew an (»yn aber llad uryen«, lt. J. Gwenogvryn Evans (Hrsg.), The Poetry in the Red Book of Hergest, Llanvedrog 1911, S. 13) – identisch mit dem kleinen Bach von Ross Low, gegenüber von Lindisfarne, wo die *Historia Brittonum* Uriens Tod ansiedelt. Eine so ephemere Überlieferung muß mit Sicherheit auf einer sehr frühen Quelle basieren: wahrscheinlich ein *marwnad*, der das Fehlen Uriens im *Taliesin*-Kanon erklärt und der – nach glaubwürdiger Ansicht von Sir Ifor Williams – hinter dem Bericht der *Historia Brittonum* stehen könnte (Lectures of Early Welsh Poetry, Dublin 1944, S. 51)

15 Zu den verschiedenen, insgesamt nicht befriedigenden Erklärungen für die Enthauptung der Leiche Uriens siehe The Growth of Literature, Bd. 1, S. 94; The Proceedings of the British Academy XVIII., S. 23; Patrick K. Ford, The Poetry of Llywarch Hen and the Finn Cycle, in: Astudiaethau ar yr Hengerdd, S. 250–59. Vor fast zweihundert Jahren hat Owen Pughe sehr richtig die Frage gestellt: »Ist dies nicht eine Anspielung auf einen spezifisch britannischen Brauch?« (The Heroic Elegies and Other Pieces of Llywarc Hen, Prince of the Cumbrian Britons, London 1792, S. 25)

16 Rev. Denis Murphy (Hrsg.), The Annals of Clonmacnoise being Annals of Ireland from the Earliest Period to 1408 n. Chr., Dublin 1896, S. 88; vgl. William M. Hennessy (Hrsg.), Chronicum Sco-

torum. A Chronicle of Irish Affairs from the Earliest Times to 1135 n. Chr., London 1866, S. 56; Standish H. O'Grady (Hrsg.), Silva Gadelica, Bd. 2, London 1892, S. 88
Dieser Diarmait mac Cerbaill war der letzte König, der das heidnische »Fest von Tara« (*Feis Temro*) abgehalten hat, »woraus wir den Schluß ziehen können, daß die Tara-Monarchie nicht christianisiert, zumindest nicht vollständig christianisiert war« (D. A. Binchy, Celtic and Anglo-Saxon Kingship, Oxford 1970, S. 11). Auf dem Ahenny-Kreuz findet sich die Darstellung eines enthaupteten Leichnams, der in einer Prozession zu Pferde getragen wird, wobei ein Begleiter den Kopf mitführt (Séan P. O. Riordáin, The Genesis of the Celtic Cross, in: Séamus Pender (Hrsg.), Féilscríbhinn Torna, Cork 1947, S. 111 und Abb. 2.
Ein weiteres irisches Beispiel ist das von Cormac mac Cuilennán; wir erfahren, daß es »Brauch der siegreichen irischen Könige« war, den Kopf »unter seinen Oberschenkel« zu legen (Whitley Stokes [Hrsg.], Three Irish Glossaries, London 1862, S. XI). Verblüffenderweise wird auch dem Barden des Urien-*englynion* der Ausdruck »Ich trage einen Kopf an meinem Schenkel« in den Mund gelegt (*Penn aborthaf tu mordwyt*). Für Irland gilt, daß »der Kopf eines begrabenen Helden eine Sicherheit für das Land ist« (A. C. van Hamel, Aspects of Celtic Mythology, in: The Proceedings of the British Academy, London 1934, S. 7). In Britannien handelt eine der bekanntesten mythischen Erzählungen vom Tod des Bendigeid Vran in Irland; er hieß seine Nachfolger, seinen Kopf nach Britannien zurückzubringen und ihn dort, als schützenden Hort, zu begraben (J. Gwenogvryn Evans [Hrsg.], The White Book of Rhydderch, Pwllheli 1907, S. 29–30). Dieser Brauch war nicht auf die keltische Welt beschränkt, vgl. Sir James Frazer, The Dying God, London 1923, S. 202–3

17 Y Cymmrodor XXVIII., S. 198–99; vgl. R. S. Loomis, Arthurian Tradition and Chrétien de Troyes, New York 1949, S. 269–70. Andere Möglichkeiten für Owains heidnische Bezüge finden sich bei Anne Ross, Everyday Life of the Pagan Celts, London 1970, S. 253, 331; The Growth of Literature, Bd., S. 224–25, 439

18 *keneu menrud a vu neidyr vlb· ydyn am y vanbgyl,*« nach J. G. Evans (Hrsg.), Pedigrees from Jesus College MS 20, in: Y Cymmrodor, 1887, VIII., S. 88. Vgl. Alfred Anscombe, Indexes to Old-Welsh Genealogies, in: Archiv für Celtische Lexicographie, Halle 1906, III., S. 101; Gwilym Peredur Jones, A List of Epithets from Welsh Pedigrees, in: The Bulletin of the Board of Celtic Studies, Cardiff 1926, III., S. 34.
Der Brauch, sich eine Schlange um den Hals zu legen, wird uns aus weiten Teilen Südafrikas berichtet, vgl. Rev. Joseph Shooter, The Kafirs of Natal and the Zulu Country, London 1857, S. 191; S. G. Lee, Spirit Possession among the Zulu, in: John Beattie and John Middleton (Hrsg.), Spirit Mediumship and Society in Africa, London 1969, S. 139; im antiken Griechenland leckten Schlangen die Ohren des Melampus und verliehen ihm damit prophetische Kräfte, siehe Hugh G. Evelyn-White (Hrsg.), Hesiod. The Homeric Hymns and Homerica, London 1914, S. 262; Sir James Frazer (Hrsg.), Apollodorus. The Library (London 1921, Bd. 1, S. 86; Bd. 1, S. 49). Und aus dem China der Shang-Dynastie existieren

»viele Belege dafür, daß der Schamane sich Schlangen um ein oder beide Ohren windet« (K. C. Chang, Art, Myth and Ritual. The Path to Political Authority in Ancient China, Harvard 1983, S. 73, 114)

19 Vgl. Anne Ross, Pagan Celtic Britain. Studies in Iconography and Tradition, London 1967, S. 167, 306

20 Ebd., S. 266. Vgl. E. Anwyl, The Value of the Mabinogion for the Study of Celtic Religion, in: Transactions of the Third International Congress for the History of Religions, Oxford 1908, II., S. 241; Rachel Bromwich (Hrsg.), Trioedd Ynys Prydein. The Welsh Triads, Cardiff 1961, S. 69

21 J. Vendryes, L'oiseau qui arrache les yeux, in: Revue Celtique, Paris 1928, XLV., S. 334–37; Brynley F. Roberts, Rhai o Gerddi Ymddiddan Llyfr Du Caerfyrddin, in: Astudiaethau ar yr hengerdd, S. 309–11

22 Anne Ross, Pagan Celtic Britain a.a.O., S. 270–73; E. O. G. Turville-Petre, Myth and Religion of the North. The Religions of Ancient Scandinavia, London 1964, S. 58; Isabel Henderson, The Picts, London 1967, Tafel 41. Zu Gänsen als schamanistische Seelenführer siehe Joan Halifax, Shaman. The Wounded Healer, London 1982, S. 86. Odin gab sein Auge für einen Schluck Weisheitswasser aus Mimirs Brunnen, vgl. Anthony Faulkes (Hrsg.), Snorri Sturluson, Edda, Prologue and Gylfaginning, Oxford 1982, S. 17.
Bei den Maya in Zentralamerika gab es einen Ausdruck *colop u ich*, »Herausreißen des Auges«; er kam im Ritual der Bacabs genauso häufig vor wie der Anruf eines Gottes (J. Eric S. Thompson, Maya History and Religion, Norman/Oklahoma 1972, S. 337)

23 Das Gebiet um die Solway-Mündung scheint bis in späte Zeiten eine halbheidnische Enklave geblieben zu sein. Noch bis ins 18. Jahrh. überlebte in der Nähe von Langholm der primitive Brauch des *couvade* (Thomas Pennant, A Tour in Scotland and Voyage to the Hebrides, London 1776, Bd. 1, S. 90–91; vgl. dazu die Kommentare von Marie-Louise Sjoestedt, Gods and Heroes of the Celts, London 1949, S. 27–28; und Sir John Rhŷs, Celtic Folklore, Welsh and Manx, Oxford 1901, S. 654)

24 William Forbes Skene, Notice of the Site of the Battle of Arderydd or Arderyth, in: Proceedings of the Society of Antiquaries of Scotland, Edinburgh 1866, VI., S. 91–98. Liddel Moat war fast ein Jahrhundert vor Skene von dem Topographen Thomas Pennant (a.a.O., Bd. 1, S. 85) besucht und beschrieben worden

25 J.E. Lloyd, A History of Wales from the Earliest Time to the Edwardian Conquest, London 1911, S. 167; A.O.H. Jarman, The Legend of Merlin, Cardiff 1960, S. 20; Rachel Bromwich (Hrsg.), Trioedd Ynys Prydein – The Welsh Triads, Cardiff 1961, S. 379. Den Angaben der Chadwicks zufolge ging der Name Gwenddolau in den Ortsnamen Carwinley ein, fast noch zu Zeiten lebendiger Erinnerung an die Schlacht von Arderydd, da das Gebiet Anfang des siebten Jahrhunderts in die Hände der Engländer fiel; vgl. The Growth of Literature, Cambridge 1932–40, Bd. 1, S. 134. Zur Geschichte der später am selben Ort errichteten mittelalterlichen Festung, deren Ruinen in Liddel Moat noch heute zu sehen sind, vgl. T. Thornton Taylor, »Liddel Strength«, in: Dumfriesshire and

Galloway Natural History and Antiquarian Society...Transactions, 1931, XVI, S. 12–19

26 Zum Beweis der feindseligen Haltung der Selgover gegenüber Rom siehe H.M. Chadwick, Early Scotland – The Picts, the Scots and the Welsh of Southern Scotland, Cambridge 1949, S. 153; I.A. Richmond (Hrsg.), Roman and Native in North Britain, Edinburgh 1958, S. 76, 94; S.N. Miller (Hrsg.), The Roman Occupation of South-Western Scotland, Glasgow 1952, S. 226; Eric Birley, Roman Britain and the Roman Army, Kendal 1961, S. 40; Sheppard Frere, Britannia – A history of Roman Britain, London 1967, S. 58, 107–8, 121–22, 126, 129, 150, 164; Myles Dillon und N.K. Chadwick, The Celtic Realms, London 1967, S. 21; M.W. Barley und R.P.C. Hanson (Hrsg.), Christianity in Britain, 300–700, Leicester 1968, S. 112 f. Daß Selgover soviel wie Jäger heißt, wird von den größten Autoritäten anerkannt. Vgl. Edmund McClure, British Place-Names in their Historical Setting, London 1910, S. 99; William Watson, The History of the Celtic Place-Names of Scotland, Edinburgh 1926, S. 27–28; Kenneth Jackson, Language and History in Early Britain, Edinburgh 1953, S. 467. Zum Lokalkult des gehörnten Hauptes siehe Anne Ross, Pagan Celtic Britain – Studies in Iconography and Tradition, London 1967, S. 81–82, 155–56, 162, 181, ferner die Karte auf S. 370 und Bildtafel 21 a

27 Transactions of the Cumberland and Westmoreland Antiquitarian and Archeological Society, LXXV, S. 104–15

28 Rachel Bromwich (Hrsg.), Trioedd Ynys Prydein – The Welsh Triads, Cardiff 1961, S. 29–60; D.A. Binchy, Celtic and Anglo-Saxon Kingship, Oxford 1970, S. 17; » nach dem Fall des Stammesfürsten ist Verteidigung nicht üblich«, zitiert nach: Nessa ní Shéaghdha (Hrsg.), Tóruigheacht Dhiarmada agus Ghráinne, Dublin 1967, S. 44. Wie mir Dr. Bromwich erklärt hat, ist »vierzehn Tage und einen Monat lang« ein herkömmlicher Ausdruck, der z. B. im Mabinogi Branwen auftaucht

29 Anne Ross, Pagan Celtic Britain – Studies in Iconography and Tradition, London 1967, S. 331

30 Whitley Stokes (Hrsg.), Lives of Saints from the Book of Lismore, Oxford 1890, S. 68–69; W.J. Gruffydd, Math vab Mathonwy, Cardiff 1928, S. 123; Eugene O'Curry, Lectures on the Manuscript Materials of Irish History, Dublin 1861, S. 447–48; M.A. O'Brien, »Fled Bricrenn«, in: Myles Dillon (Hrsg.), Irish Sagas, Dublin 1959, S. 70–72; Alwyn und Brinley Rees, Celtic Heritage – Ancient Tradition in Ireland and Wales, London 1961, S. 74.
Auch nordische Zauberer und Hexen besaßen die Macht, Zaubernebel aufsteigen zu lassen; vgl. Venetia Newall (Hrsg.), The Witch Figure, London 1973, S. 23, 169. Zur Aneignung dieser Kunst durch frühe walisische Heilige siehe J.W. James (Hrsg.), Rhigyfarch's Life of St. David, Cardiff 1967, S. 9–11; J. Vendryes, »Saint David et le roi Boia, Revue Celtique, 1928, XLV, S. 155–56; A.W. Wade-Evans (Hrsg.), Vita Sanctorum Britanniae et Genealogiae, Cardiff 1944, S. 8, 74

31 John Strachan und J.W. O'Keefe (Hrsg.), The Táin Bó Cúailnge from the Yellow Book of Lecan, Dublin 1912, S. 106; K. Meyer, »The Expulsion of the Dessi«, in: Y Cymmrodor, 1901, XIV, S. 120; William M. Hennessy (Hrsg.), Chronicum Scotorum – A

Chronicle of Irish Affairs from the Earliest Times to A.D. 1135, London 1866, S. 52–54; Whitley Stokes (Hrsg.), Lives of Saints from the Book of Lismore, Oxford 1890, S. XXVIII; Alan Orr Anderson und Marjorie Ogilvie Anderson (Hrsg.), Adomnan's Life of Columba, Edinburgh 1961, S. 404–6

Zu Kapitel V Der Seher in den Bergen (S. 106 bis 122)

1 Wie mein alter Freund James Carney hervorgehoben hat, ist die geisterhafte Schlacht am Himmel implizite in *Buile Suibhne* enthalten; vgl. »Suibhne Geilt« und »The Children of Lir«, beide in: Eigse, Dublin 1950, VI, S. 89–90. Nach der Schlacht auf den Katalaunischen Feldern im Jahre 451 hieß es, Geisterarmeen hätten den Kampf drei ganze Tage und Nächte lang fortgeführt; vgl. E.A. Thompson, A History of Attila and the Huns, Oxford 1948, S. 142. Zu anderen Beispielen siehe A.W. Wade-Evans (Hrsg.), Vita Sanctorum Brianniae et Genealogiae, Cardiff 1944, S. 232; Jennifer Westwood, Albion: A Guide to legendary Britain, London 1985, S. 317–18; Alexander D. Murdoch (Hrsg.), The Grameid – A Heroic Poem Descriptive of the Campaign of Viscount Dundee in 1689, Edinburgh 1888, S. XXXVIII–IX, 17–19; Peter Young, Edgehill 1642 – The Campaign and the Battle, Kineton 1967, S. 162–64.

2 D. Justin Schove, »Visions in North-West Europe (A.D. 400–600) and Dated Auroral Displays«, in: The Journal of the British Archeological Association, London 1950, XIII, S. 42. Verschiedene Völker des arktischen Nordens glauben, die Aurora Borealis sei eine Erscheinung toter Krieger, die am Himmel miteinander kämpfen; vgl. Ivar Paulson, Åke Hultkrantz und Karl Jettmar, Les Religions Arctiques et Finnoises, Paris 1965, S. 258

3 Kenneth Jackson, »The Motive of the Threefold Death in the Story of Suibhne Geilt«, in: Eóin ua Riain (Hrsg.), Féil-sgríbhinn eóin mhic néill, Dublin 1940, S. 547–48; James Carney, Studies in Irish Literature and History, Dublin 1955, S. 151–52. Eine brauchbare allgemeine Abhandlung findet sich bei Basil Clarke, »Calidon and the Caledonian Forest«, in: The Bulletin of the Board of Celtic Studies, Cardiff 1969, XXIII, S. 191–97

4 Thomas Jones, »Datblygiadau Cynnar Chwedl Arthur«, ebd., 1958, XVII, S. 239–42. Vgl. Kenneth Jackson, »Once Again Arthur's Battles«, in: Modern Philology, Chicago 1945, XLIII, S. 48–49

5 The History and Chronicles of Scotland: written in Latin by Hector Boece, Canon of Aberdeen; and translated by John Bellenden, Archdeacon of Moray, and Canon of Ross, Edinburgh 1821, Bd. 1, S. XXX, XXXIX. Es könnte sein, daß sich die Caledonischen Wälder zur Zeit der Römer bis zum Hadrianswall erstreckten und daß ihr Name lokal, in der außergewöhnlich wilden und abgelegenen Gegend des oberen Annandale und Tweeddale, bewahrt wurde (vgl. Féil-sgríbhinn eóin mhic néill, S. 547; Modern Philology, XLIII, S. 48), die im Mittelalter auch als ›Der Wald‹ bekannt war; vgl. G.W.S. Barrow, Robert Bruce and the Community of the Realm of Scotland, London 1965, S. 20.

Interessanterweise stammt Boeces Familie wahrscheinlich aus Dumfriesshire; vgl. A. Cameron Smith, »The Dumfriesshire Origin of
Hector Boece«, in: Dumfriesshire and Galloway Natural History
and Antiquarian Society... Transactions, Dumfries 1946, XXIII,
S. 75–81

6 Vgl. die Karte des subrömischen Nordbritannien in: M.W. Barley
und R.P.C. Hanson (Hrsg.), Christianity in Britain, 300–700,
Leicester 1968, S. 115

7 Alexandre Micha, »Miscellaneous French Romances in Verse«, in:
R.S. Loomis (Hrsg.), Arthurian Literature in the Middle Ages,
Oxford 1959, S. 377–78

8 M.D. Legge, »Some Notes on the Roman de Fergus«, in: Dumfriesshire and Galloway Natural History and Antiquitarian Society-
... Transactions, Dumfries 1950, XXVII, S. 168–69

9 Vgl. John Robson (Hrsg.), Three Early English Metrical Romances,
London 1842, S. 67

10 Die Heldentaten der Vorläufer Don Quijotes werden von R.S.
Loomis beschrieben; vgl. sein »Arthurian Influence on Sport and
Spectacle«, in: Arthurian Literature in the Middle Ages, S. 553–59.
Eine verblüffende Parallele hierzu stellt die im zwölften Jahrhundert
unternommene Forschungsreise von Wace zum Brunnen von Mer-
lin in Barenton dar, wo er vergeblich »nach den Wundern suchte«.
Vgl. N.K. Chadwick, Early Britanny, Cardiff 1969, S. 300.

11 The New Statistical Account of Scotland, Edinburgh 1845, IV,
S. 104

12 Máire MacNeill, The Festival of Lughnasa; A Study of the Survival
of the Celtic Festival of the Beginning of the Harvest, Dublin 1962,
S. 67, 428. Das Gefühl, auf dem Gipfel eines Berges eins mit dem
Unendlichen zu sein, ist natürlich nicht auf »primitives« religiöses
Erleben beschränkt. Vgl. William James, The Varieties of Religious
Experience: A Study in Human Nature, London 1903, S. 66–67

13 John Rhŷs und J. Gwenogvryn Evans (Hrsg.), The Text of the
Mabinogion and other Welsh Tales from the Red Book of Hergest,
Oxford 1887, S. 132; A.W. Wade-Evans (Hrsg.), Vitae Sanctorum
Britanniae et Genealogiae, Cardiff 1944, S. 26. Zu dem folkloristi-
schen Bericht über den Plinlimmon siehe Sir John Rhŷs, Celtic
Folklore, Welsh and Manx, Oxford 1901, S. 391–92. In den schottischen Highlands wurde ein heiliges Gehölz neben einem Brunnen
mit Ehrfurcht und Scheu betrachtet (M. Martin, A Description of
the Western Highlands of Scotland, London 1703, S. 140–41), und
die Zufluchtsstätte eines Wahrsagers war für gewöhnlich »der wil-
deste Unterschlupf, der sich bei irgendeinem abgelegenen Wasser-
fall bot«; vgl. T.F. O'Rahilly, Early Irish History and Mythology,
Dublin 1957, S. 324

14 T.F. O'Rahilly, a.a.O., S. 322–23. Zu verschiedenen Versionen des
Heiligen Zentrums als Quelle von Flüssen siehe Mircea Eliade,
Patterns in Comparative Religion, London 1958, S. 282, 284–85,
293; zum Heiligen Berg siehe ebd. S. 99–102, 107–11. Die Heilige
Quelle wird normalerweise »von Ungeheuern bewacht. Sie findet
sich an Orten, die schwer zugänglich sind und einer Art von
Dämonen oder Gottheiten gehören« (ebd. S. 193). Im 16. Jahrhundert hat Buchanan die Quelle der drei großen Flüsse der Lowlands
in einem Berg vermerkt; vgl. James Aikman (Hrsg.), The History of

Scotland, Translated from the Latin of George Buchanan, Glasgow 1827, Bd. 1, S. 22

15 N.K. Chadwick, Early Britanny, Cardiff 1969, S. 292–332

16 Anne Ross, Pagan Celtic Britain – Studies in Iconography and Tradition, London 1967, S. 20–38; Sir James George Frazer, The Dying God, London 1923, S. 79, 80; Mircea Eliade, a. a. O., S. 202; A.B. Cook, Zeus – A Study in Ancient Religion, Cambridge 1914–40, Bd. 1, S. 76–77

17 R.S. Loomis, Arthurian Tradition and Chrétien de Troyes, New York 1949, S. 269–93. Der walisische Dichter Gwalchmai (12. Jahrh.) war der Ansicht, daß Arderydd sich in Lothian befinde oder daran angrenze; vgl. Rachel Bromwich (Hrsg.), Trioedd Ynys Prydein – The Welsh Triads, Cardiff 1961, S. 208–210

18 Vgl. The New Statistical Account of Scotland, IV, S. 106–7; Frederick A. Pottle, James Boswell – The Earlier Years 1740–1769, London 1966, S. 21–22

19 Auf den ersten Blick kann *in natione gewisseorum* nur »im Herrschaftsgebiet der Westsachsen« heißen; vgl. Rachel Bromwich »The Character of the Early Welsh Tradition«, in: N.K. Chadwick (Hrsg.), Studies in Early British History, Cambridge 1959, S. 109 und H.E. Walker, »Bede and the Gewissae – The Evolution of the Heptarchy and its Nomenclature«, in: The Cambridge Historical Review, Cambridge 1956, XII, S. 174–86.
Historisch betrachtet ist diese Deutung natürlich ein absurder Anachronismus. Obwohl natürlich Geoffrey jeder denkbare Fehler unterlaufen konnte, ist es wahrscheinlicher, daß er die allgemein bekannten Gewissae aus den Schriften von Bede mit irgendeinem Ortsnamen verwechselt hat, der in der *Historia Brittonum* mit Vortigern in Verbindung gebracht wird. Nach dem Debakel, das der Tyrann in Dinas Emrys erlebt hatte, floh er mit seinen Druiden an einen Ort namens Guunnessi: »et ipse cum magis suis ad sinistralem plagam pervenit et usque ad regionem, quae vocatur Guunnessi, adfuit et urbem ibi, quae vocatur suo nomine Cair Guorthigern, aedificavit.«
Es muß dieses ansonsten unbekannte Guunnessi sein, das Geoffrey durch das geläufige, aber hier nicht passende *Gewissae* ersetzte. Es bleibt bis heute unbekannt, wo Guunnessi lag, doch glaubte man im 9. Jahrhundert, es befände sich irgendwo in den Lowlands, *Y Gogledd;* vgl. Kenneth Jackson, »Nennius and the Twenty-Eight Cities of Britain«, in: Antiquity, Gloucester 1938, XII, S. 48. An anderer Stelle in der *Historia Brittonum* heißt es, daß sich Vortigerns »Herrschaft bis zum Wall erstreckte« (vgl. H.M. Chadwick, Early Scotland – The Picts, the Scots and the Welsh of Southern Scotland, Cambridge 1949, S. 149), was seine Fluchtroute erklären würde.
Die frühe walisische Überlieferung wußte um »das offene Land von Gwynnassed« *(lleutir Guynnassed),* das mit dem Norden Britanniens *(Priden)* verbunden war und in einem Vers auftaucht, der angrenzt an einen anderen Vers über das Grab Vortigerns. Vgl. Thomas Jones, »The Black Book of Carmarthen ›Stanzas of the Graves‹«, in: The Proceedings of the British Academy, London 1967, LIII, S. 124. Zu anderen möglichen Verbindungen mit dem Norden siehe Ifor Williams (Hrsg.), Canu Aneirin, Cardiff 1938, S. 367 und P.C.

Bartrum (Hrsg.), Early Welsh Genealogical Tracts, Cardiff 1966, S. 57.
Geoffrey selbst könnte aus einer Überlieferung gewußt haben, daß Guunnessi im Norden lag; dies ist seinen Hinweisen auf einen »Gunuasius rex orcadum« zu entnehmen; im Brut taucht er als »Guinwas urenhin Orc« auf. Vgl. Henry Lewis (Hrsg.), Brut Dingestow, Cardiff 1942, S. 153, 158. Eine Glosse in der *Historia Brittonum* siedelt Vortigerns Zufluchtsstätte im Norden in »Guasmoric iuxta Lugubalium« an, d. h. in der Nähe von Carlisle; vgl. Ferdinand Lot (Hrsg.), Nennius et l'Historia Brittonum, Paris 1934, Bd. 1, S. 183. Interessanterweise wurde dieses Guasmoric mit einem »piktischen König Rodric« verknüpft (siehe Edmund McClure, British Place-Names in their Historical Setting, London 1910, S. 137–39), mit dem vielleicht Rhydderch von Strathclyde gemeint ist.
Andererseits gibt es in Nordwales, nicht weit entfernt von »Vortigerns Tal« (Nant Gwrtheyrn), ein Gwynnys; vgl. Melville Richards, »Nennius's ›Regio Guunnessi‹«, in: Caernarvonshire Historical Society . . . Transactions, 1963, XXIV, S. 21–27. Die Anzeichen dafür, daß sich das ursprüngliche Guunnessi in Nordbritannien befand, sind jedoch so stark, daß dies folgendes nahelegt: Entweder handelt es sich hierbei um einen Zufall oder um ein anderes Beispiel für die Umsiedlung nordbritischer Geschichten nach Wales. Für Robert de Boron lag Merlins Zufluchtsstätte in den undurchdringlichen Wäldern Nordbritanniens, das bei ihm den Gattungsnamen »Norhombellande« trägt. Abschließend sollte man vielleicht noch anmerken, daß das nördliche Guunnessi im 9. Jahrhundert als ein Ort angesehen wurde, zu dem *magi* bei Gefahr aller Wahrscheinlichkeit nach Zuflucht suchten.

20 In der *Historia Regum Britanniae* scheint es, wenn überhaupt, nur wenige *erfundene* Namen (im Gegensatz zu eponymischen Schöpfungen) zu geben, wenn das Buch natürlich auch zahlreiche Falschschreibungen und Mißdeutungen enthält. Wie Stuart Pigott mit den Königslisten gezeigt hat, scheint Geoffrey so verfahren zu haben, daß er Namen aus vorhandenen Quellen gebrauchte und sie da, wo er sie in bestimmter Reihenfolge vorfand, in dieser Reihenfolge auch beließ. Prof. Pigott sieht in diesem »Festhalten an bedeutungslosen Namenslisten ein Anzeichen, vielleicht das einzige Anzeichen für ein historisches Bewußtsein«. Vgl. sein »The Sources of Geoffrey of Monmouth«, in: Antiquity, 1941, XV, S. 280–81

21 Vgl. E.K. Chambers, Arthur of Britain, London 1927, S. 221–32; Rev. J.A. Bennett, »Camelot«, in: Proceedings of the Somersetshire Archeological and Natural History Society, Taunton 1890, XXXVI, S. 2, 4; T.G. Jones, Welsh Folklore and Folk-Custom, London 1930, S. 87–89; A.B. Cook, Zeus – A Study in Ancient Religion, Cambridge 1914–40, S. 116. Der Arthur, der über die Halle der Toten im Innern des Berges wacht, war früher offensichtlich ein (oder ersetzte einen) Gott; vgl. Edwin Sidney Hartland, The Science of Fairy Tales: An Enquiry into Fairy Mythology, London 1891, S. 229

Kapitel VI Der letzte der Druiden? (S. 124 bis 150)

1 Vgl. die Beschreibung der Kapelle des Grünen Ritters, die offen-
sichtlich mit dem Motiv des Feenbrunnens verwandt ist. Siehe
J.R.R. Tolkien und E.W. Gordon (Hrsg.), Sir Gawain and the
Green Knight, Oxford 1930, S. 66–68. (Deutsch u.d.T. »Sir Gawain
und der Grüne Ritter«, übers. u. hrsg. von Manfred Markus,
Stgt. 1974). Die »Lage am Kopfende einer zackigen und zerklüfte-
ten Bergschlucht« war ihr traditionelles Charakteristikum. Vgl.
Jessie L. Weston, The Legend of Sir Gawain – Studies upon its
Original Scope and Significance, London 1897, S. 105

2 In Irland besaß Credé, die Tochter von Cairbre, wie der heilige
Kevin auch, einen magischen Apfelbaum. Vgl. Eugene O'Curry,
Lectures on the Manuscript Materials of Ancient Irish History,
Dublin 1861, S. 311; Standish H. O'Grady (Hrsg.), Silva Gadelica,
London 1892, Bd. 2, S. 121; Kuno Meyer, »The Irish Mirabilia in
the Norse ›Speculum Regale‹«, in: Ériu, Dublin 1908, IV, S. 9. In
Echtra Connla ißt der Held einen *magischen Apfel;* Maelduin fand
auf seiner Reise drei magische Äpfel; Conchobar besaß drei verzau-
berte Äpfel auf einem Silberstab; und Oisin sah auf seinem Weg ins
Land der Jugend eine Jungfrau, die einen goldenen Apfel trug. Vgl.
Kuno Meyer und Alfred Nutt, The Voyage of Bran Son of Febal,
London 1895, Bd. 1, S. 145, 150, 169, 204, 205; Whitley Stokes,
»Tidings of Conchobar mac Nessa«, in: Eriu, IV, S. 30. Die »äußer-
liche Seele« Cú Roís befand sich in einem goldenen Apfel in einem
Lachs (Thomas F. O'Rahilly, Early Irish History and Mythology,
Dublin 1957, S. 321); das ist interessanterweise vergleichbar mit
dem örtlichen Glauben in Aargau (Schweiz), wonach die »äußeren
Seelen« von Knaben mit dem Leben eines Apfelbaumes verbunden
seien. Vgl. J.G. Frazer, Balder the Beautiful: The Fire-Festivals of
Europe and the Doctrine of the External Soul, London 1930, Bd. 2,
S. 165.

Bei den Gedichten *Afallennau* und *Hoianau* sollte man die Neben-
einanderstellung von drei magischen Äpfeln und einer Schweine-
haut festhalten, um die sich die Söhne Tuirenns bemühten; und
auch das verzauberte, Äpfel verschlingende Schwein, das von Maelduin gefunden wurde. Vgl. H.M. Chadwick und N.K. Chadwick,
The Growth of Literature, Cambridge 1932, Bd. 1, S. 259; Myles
Dillon und N.K. Chadwick, The Celtic Realms, London 1967,
S. 266.

Äpfel wuchsen auf einer bestimmten Esche am Ufer des Wye. Vgl.
Theodor Mommsen (Hrsg.), Monumenta Germaniae Historica,
XIII, Chronica Minora, Bd. 3, Berlin 1894, S. 215; *Aballava* (neben
Carlisle) deutet vielleicht auf einen Obstgarten mit heiligem Bei-
klang hin. Vgl. A.L.F. Rivet und Colin Smith, The Place-Names of
Roman Britain, London 1979, S. 238, und Constance Bullock-
Davies, »Lanval and Avalon«, in: The Bulletin of the Board of
Celtic Studies, Cardiff 1969, XXIII, S. 133–42

3 Vgl. Kuno Meyer und Alfred Nutt, The Voyage of Bran Son of
Febal, London 1895, Bd. 1, S. 236–37

4 Vgl. J.G. Frazer, Folk-Lore in the Old Testament: Studies in
Comparative Religion, Legend and Law, London 1918, Bd. 1,
S. 46–48; ders. (Hrsg.), Apollodorus – The Library, London 1921,

Bd. 1, S. 218–20; und die Worte des Euripides zitiert von Jane Ellen Harrison in ihrem Buch Themis – A Study of the Social Origins of Greek Religion, Cambridge 1912, S. 432. In der Walhalla erhielten die altnordischen Götter ihre Jugend zurück, indem sie die magischen Äpfel von Idun aßen; vgl. Anthony Faulkes (Hrsg.), Snorri Sturluson: Edda, Prologue and Gylfaginning, Oxford 1982, S. 25. Diese Vorstellung ist vielleicht keltischen Ursprungs; vgl. E.O.G. Turville-Petre, Myth and Religion of the North – The Religion of Ancient Scandinavia, London 1964, S. 175, 186–87.

Man hat herausgefunden, daß ein Bronzeeimer in dem berühmten Schiff in der Grabstätte von Oseberg Äpfel enthielt; vgl. H.R. Ellis Davidson, Scandinavian Mythology, London 1982, S. 90–91

5 Jessie L. Weston, »The Apple Mystery in Arthurian Romance«, in: The Bulletin of the John Rylands Library, Manchester 1925, IX, S. 1–14; Alwyn und Brinley Rees, Celtic Heritage – Ancient Traditions in Ireland and Wales, London 1961, S. 90–91; Mary Williams, »Notes on Perlesvaus«, in Speculum, Cambridge, Mass. 1939, XIV, S. 200; Anne Ross, Pagan Celtic Britain – Studies in Iconography and Tradition, London 1967, S. 34, 38, 130, 214

6 Thomas Stephens hielt das *Afallennau* für eine »wahrscheinlich an den Baum der Freiheit gerichtete Botschaft«; vgl. ders., The Literature of the Kymry, London 1876, S. 236. Prof. Jarman legt nahe, daß die Apfelbäume in der Myrddin-Lyrik von den Bäumen herrühren, auf denen sich sein *alter ego* Suibhne niederließ, wenn er flog; dazu muß er aber erst die Tatsache wegerklären, daß dem Myrddin–Merlin an keiner Stelle die Gabe zugeschrieben wird, durch die Luft schweben zu können, und daß die Bäume, zu denen Suibhne auffliegt, gar keine Apfelbäume sind. Vgl. A.O.H. Jarman, »The Welsh Myrddin Poems«, in: R.S. Loomis (Hrsg.), Arthurian Literature in the Middle Ages, Oxford 1959, S. 27–28

7 Anne Ross, Pagan Celtic Britain – Studies in Iconography and Tradition, London 1967, S. 308–21, 352; T. Rice Holmes, Ancient Britain and the Invasions of Julius Caesar, Oxford 1907, S. 284; E. Anwyl, »The Value of the Mabinogion for the Study of Celtic Religion«, in: Transactions of the Third International Congress for the History of Religions, Oxford 1908, II, S. 239; ders., Celtic Religion in Pre-Christian Times, London 1906, S. 24–25, 30–31.

Die Schweine der Kelten waren »für ihre Größe, ihre Kampfeslust und Schnelligkeit bekannt«; vgl. J.J. Tierney, »The Celtic Ethnography of Posidonius«, in: Proceedings of the Royal Irish Academy, Dublin 1960, LX, S. 268. Zur anregenden Diskussion vgl. Próinséas ní Chatháin, »Swineherds, Seers and Druids«, in: Studia Celtica, Cardiff 1979–80, XIV/XV, S. 200–11. V. Gordon Childe, Prehistoric Communities of the British Isles, London 1940, S. 217; Kenneth Jackson, The Oldest Irish Tradition – A Window on the Iron Age, Cambridge 1964, S. 35.

O'Rahilly hat aufgezeigt, daß Schweinefleisch die hauptsächliche Nahrung in der keltischen Anderswelt darstellte (ders., Early Irish History and Mythology, Dublin 1957, S. 122–23), und für die nordische Walhalla gilt das gleiche; vgl. Anthony Faulkes (Hrsg.), Snorri Sturluson: Edda, Prologue and Gylfaginning, Oxford 1982, S. 32.

Das Zerlegen eines gebratenen Schweines war eine wohldurchdachte, rituelle Handlung; vgl. A. O'Sullivan, »Verses on Honorific Portions«, in: James Carney und David Greene (Hrsg.), Celtic Studies – Essays in memory of Angus Matheson, London 1968, S. 118–23. Sonderbarerweise hat Sir Walter Scott in seinem Roman Waverley (Kap. XIX) eine Abneigung der schottischen Highlands-bewohner gegen Schweinefleisch festgestellt. Dies könnte wirt-schaftliche Gründe gehabt haben. Vgl. S. Burt, Letters from a Gentleman in the North of Scotland to his Friend in London, London 1754, Bd. 1, S. 141–43, siehe aber auch Bd. 2, S. 343. Im teutonischen Norden (wo Eber der Fruchtbarkeitsgöttin Freyr geweiht waren, vgl. E.O.G. Turville-Petre, Myth and Religion of the North – The Religion of Ancient Scandinavia, London 1964, S. 166, 168, 175–76), wurde das Fleisch von Ebern in dem Glauben gegessen, daß derjenige, der es verzehrte, einen Teil der Macht des Gottes erlangte (vgl. Turville Petre, a.a.O., S. 255). Vgl. H.M. Chadwick, The Origin of the English Nation, Cambridge, 1907, S. 246. Zum heiligen Patrick und Schweinefleisch (immolaticum enim erat) siehe Whitley Stokes (Hrsg.), The Tripartite Life of St. Patrick, with Other Documents Relating to that Saint, London 1887, S. 495; Kathleen Mulchrone (Hrsg.), Bethu Phátraic: The Tripartite Life of Patrick, Dublin 1939, Bd. 1, S. 15. Vgl. das Stichwort Lupait in O'Davorens Wörterbuch (Whitley Stokes (Hrsg.), Three Irish Glossaries, London 1862, S. 103). Zu Stellen, die von Schweinen bevorzugt aufgesucht wurden, siehe W.B. Jones, Vestiges of the Gael in Gwynedd, London 1851, S. 41; J. Gwenogv-ryn Evans und John Rhŷs (Hrsg.), The Text of The Book of Llan Dâv, Oxford 1893, S. 80; A.W. Wade-Evans (Hrsg.), Vitae Sanc-torum Britanniae et Genealogiae, Cardiff 1944, S. 8, 44. Ein magi-scher Eber führte Manawyddan und Pryderi zu einem verzauberten Schloß; vgl. J. Gwenogvryn Evans (Hrsg.), The White Book Mabi-nogion, Pwllheli 1907, S. 34–35. Der clad na muice taucht in der irischen Fassung der Schriften Nennius' auf; vgl. A.G. van Hamel (Hrsg.), Lebor Bretnach – The Irish Version of the Historia Bri-tonum ascribed to Nennius, Dublin 1932, S. 32. Zu anderen göttli-chen Schweinen siehe John Rhŷs und J. Gwenogvryn Evans (Hrsg.), The Text of the Mabinogion and other Welsh Tales from the Red Book of Hergest, Oxford 1887, S. 134–41. Vgl. Arthurs Jagd nach einem weiteren göttlichen Schwein, Henwen (Rachel Bromwich [Hrsg.], Trioedd Ynys Prydein – The Welsh Triads, Cardiff 1961, S. 48, 49–50). Des weiteren vgl. Myles Dillon (Hrsg.), Irish Sagas, Dublin 1959, S. 90–91, 144; Gerard Murphy, The Ossianic Lore and Romantic Tales of Medieval Ireland, Dublin 1955, S. 49.

Die Tsuwo auf Formosa kannten die Legende um ein Schwein, das einen Fluß umleitete, um eine Flutwelle zu verhindern (vgl. Sir James George Frazer, Folk-Lore in the Old Testament-Studies in Comparative Religion, Legend and Law, London 1918, Bd. 1, S. 231), und der Glaube war wohl weit verbreitet, daß in primitiven Gesellschaften Grenzlinien von mythischen (totemischen) Unge-heuern gezogen worden waren (Richard B. Lee und Irven DeVore, Man the Hunter, Chicago 1968, s. 157). Zu Schweinen als Führer in die keltische Anderswelt siehe W.J. Gruffydd, Math vab Mathonwy, Cardiff 1928, S. 44, 78, 330–31; Proinsias MacCana,

Celtic Mythology, Feltham 1970, S. 50–55, 136. Es war der Magier Gwydion ab Don, der Schweine aus der Anderswelt holte; vgl. J. Gwenogvryn Evans (Hrsg.), The White Book Mabinogion, Pwllheli 1907, S. 42 und J. Gwenogvryn Evans (Hrsg.), Facsimile and Text of the Book of Taliesin, Llanbedrog 1910, S. 36. Schließlich wurde der Eber häufig von den Kelten als ein Hoheitszeichen oder Totem benützt. Tristan trug das Bildnis eines Ebers auf seinem Schild; vgl. J. Loth, Contribution à l'étude des Romans de la Table Ronde, Paris 1980, S. 59–60

8 George E. Mylonas, Eleusis and the Eleusinian Mysteries, Princeton 1961, S. 249–50, 201, 223; Sir James George Frazer, Spirits of the Corn and of the Wild, London 1925, Bd. 2, S. 19; Matti Kuusi, Keith Bosley und Michael Branch (Hrsg.), Finnish Folk Poetry Epic, Helsinki 1977, S. 269–70

9 Whitley Stokes (Hrsg.), Three Irish Glossaries, London 1862, S. 25; Thomas F. O'Rahilly, Early Irish History and Mythology, Dublin 1957, S. 325

10 Als Merlin den Wolf anredet, geschieht dies ohne vorherige Einleitung; es handelt sich offensichtlich um ein poetisches Exzerpt. Auch Suibhne Geilt verbringt seine Winter unter den Wölfen. Zu Merlins Wolf in bretonischen Sagen siehe die Abhandlung von Alexandre Micha, Étude sur le »Merlin« de Robert de Boron, Paris 1980, S. 191

11 Anne Ross, Pagan Celtic Britain – Studies in Iconography and Tradition, London 1967, S. 341–42. Zu keltischen Heiligen, die Wölfe als Haustiere hielten, siehe H. Idris Bell (Hrsg.), Vita Sancti Tathei and Buched Seint y Katrin, Bangor 1909, S. 12–14; P. Grosjean, »Vie de S. Rumon. Vie, Invention et Miracles de S. Nectan«, in: Analecta Bollandiana, Brüssel 1953, LXXI, S. 393–94; Canon G.H. Doble, The Saints of Cornwall, Oxford 1960–70, Bd. 4, S. 77–78. Die Koriaken in Sibirien betrachten den Wolf als einen mächtigen Herrn der Tundra (Ivar Paulson, Åke Kultkrantz und Karl Jettmar, Les Religions Arctiques et Finnoises, Paris 1965, S. 178), und es gibt Zeugnisse dafür, daß Wölfen bei den indoeuropäischen Völkern eine besondere Heiligkeit zugeschrieben wurde; vgl. Folke Ström, On the Sacral Origin of the Germanic Death Penalties, Stockholm 1942, S. 130–31. Lappländische Schamanen »liefen herum in der Gestalt von Wölfen und Bären«, und angeblich soll der »*saiva*« bzw. Hilfsgeist des Schamanen als ein Wolf erschienen sein«. Vgl. Louise Bäckman und Åke Hultkrantz, Studies in Lapp Shamanism, Stockholm 1978, S. 57

12 Anne Ross, Pagan Celtic Britain: Studies in Iconography and Tradition, London 1967, S. 127–67, 297–98, 310, 333, 338, 341, 353; Proinsias MacCana, Celtic Mythology, Feltham 1970, S. 44–48. Zu den Funktionen des (skandinavischen) Herrn des Waldes siehe Anna Birgitta Rooth, »The Conception of ›Rulers‹ in the South of Sweden«, in: Åke Hultkrantz (Hrsg.), The Supernatural Owners of Nature, Uppsala 1961, S. 117–22

13 William Henderson, Notes on the Folk Lore of the Northern Counties of England and the Borders, London 1866, S. 176, 214; T.D. Kendrick, The Druids – A Study in Keltic Prehistory, London 1927, S. 217; Eilert Ekwall, The Concise Oxford Dictionary of English Place-Names, Oxford 1936, S. 189

14 John Strachan and J.G. O'Keefe (Hrsg.), The Táin Bó Cúailnge from the Yellow Book of Lecan, Dublin 1912, S. 26–27; Whitley Stokes (Hrsg.), The Martyrology of Oengus the Culdee, London 1905, S. 72; ders. (Hrsg.), Lives of Saints from the Book of Lismore, Oxford 1890, S. 76, 123, 129; J. Gwenogvryn Evans und John Rhŷs (Hrsg.), The Text of the Book of Llan Dâv, Oxford 1893, S. 101–2; H. Idris Bell (Hrsg.), Vita Sancti Tathei and Buched Seint y Katrin, Bangor 1909, S. 3–5; A.W. Wade-Evans (Hrsg.), Vitae Sanctorum Britanniae et Genealogiae, Cardiff 1944, S. 204; Canon G.H. Doble, The Saints of Cornwall, Oxfort 1960–70, Bd. 3, S. 90–91, 97. Vgl. John MacQueen, »Roman and Celt in Southern Scotland«, in: Robert O'Driscoll (Hrsg.), The Celtic Consciousness, New Yok 1982, S. 187–88

15 Auch Lailoken ist Vegetarier: »Hic miserorum miserrimus hominum quomodo in hac Squalenti degit solitudine inter bestias ut bestia, nudus et profugus et herbarum tantum pabulo pastus. Sete et pili sunt feris ac bestiis termina naturalia herbarumque virecta. radices et folia, propria cibaria.«

16 Vgl. die Zusammenfassung von Kenneth Jackson, Studies in Early Celtic Nature Poetry, Cambridge 1935, S. 125–26

17 Bemerkenswert ist, daß die drei Söhne des Gilvaethwy durch Maths Zauberkünste in einen Wolf, einen Hirsch und ein Schwein verwandelt wurden; vgl. W.J. Gruffydd, Math vab Mathonwy, Cardiff 1928, S. 319–20. In der Lestoire de Merlin taucht Merlin als ein Hirsch verkleidet auf (Richard Bernheimer, Wild Men in the Middle Ages, Cambridge, Mass. 1952, S. 142; Timothy Husband, The Wild Man – Medieval Myth and Symbolism, New York 1980, S. 59–60), und an anderer Stelle findet er sich in einem Wald des nördlichen Britannien unverkennbar als ein Herr der Tiere: »une grande plante de bestes et un homme molt lait et molt hidos qui ces bestes gardoit«; vgl. Alexandre Micha (Hrsg.), Robert de Boron, Merlin, Roman du XIIIe Siècle, Paris 1980, S. 128. Zu Hirschen als Tiere aus der Anderswelt siehe Hans Peter Duerr, Traumzeit – Über die Grenze zwischen Wildnis und Zivilisation. Frankfurt/M 1978, S. 187 f.

18 Alfred Nutt, The Celtic Doctrine of Re-birth, London 1897, S. 285–301. Dreitägiges Fasten war üblich, bevor der Prophet seine Visionen hatte; vgl. James Carney, Studies in Early Irish Literature and History, Dublin 1955, S. 166–67. Nutt betrachtete die Geschichte von Tuan »wahrscheinlich als eine Schöpfung des späten 9. oder frühen 10. Jahrhunderts« und erklärte Tuans Darstellung der irischen Geschichte als »ersten Versuch, die durch das annalistische System aufgeworfenen Fragen rational zu beantworten«. Vgl. James Carney, a.a.O., S. 81

19 John Rhŷs, Lectures on the Origin and Growth of Religion as Illustrated by Celtic Heathendom, London 1888, S. 97–98

20 Charles Plummer und John Earle (Hrsg.), Two of the Saxon Chronicles Parallel, Oxford 1892, Bd. 1, S. 258. Die beste Studie über die Wilde Jagd stammt von Michael John Petry, Herne the Hunter – A Berkshire Legend, Reading 1972. Siehe auch William Henderson, Notes on the Folk-Lore of the Northern Counties of England and the Keltic Prehistory, London 1927; S. 97–106; R.L. Tongue, Somerset Folk-Lore, London 1965, S. 228; E.K. Cham-

bers, The Medieval Stage, Oxford 1903, Bd. 1, S. 264; Stith Thompson, The Folktale, New York 1967, S. 257; William Howitt, The Cult of Odin – An Essay in the Ancient Religion of the North, London 1899, S. 66; Donald J. Ward, »The Threefold Death – An Indo-European Trifunctional Sacrifice?«, in: Jaan Puhvel (Hrsg.), Myth and Law Among the Indo-Europeans, Berkeley 1970, S. 124; Folke Ström, On the Sacral Origin of the Germanic Death Penalties, Stockholm 1942, S. 161; E.K. Chambers, Arthur of Britain, London 1927, S. 227–28; Edwin Sidney Hartland, The Science of Fairy Tales – An Enquiry into Fairy Mythology, London 1891, S. 233–35; Hans Peter Duerr, Traumzeit – Über die Grenzen zwischen Wildnis und Zivilisation, Frankfurt 1978, S. 51 ff., 240 ff.

21 John Rhŷs, Lectures on the Origin and Growth of Religion as Illustrated by Celtic Heathendom, London 1888, S. 84, 537, 559–60; Brynley F. Roberts, »Rhai o Gerddi Ymddiddan Llyfr Du Caerfyrddin«, in: Rachel Bromwich und R. Brinley Jones (Hrsg.), Astudiaethau ar yr Hegerdd, Cardiff 1978, S. 312; The Cambro-Briton, London 1820, Bd. 1, S. 350; Anatole le Braz, La Légende de la Mort chez les Armoricains, Paris 1928, Bd. 2, S. 293–94; T. Gwynn Jones, Welsh Folklore and Folk-Customs, London 1930, S. 202–3. Vgl. Theo Brown, »The Black Dog«, in: Folklore, London 1958, LXIX, S. 175–92; Mary Williams, »A Welsh Version of the William Tell Legend«, ebd., 1961, LXXII, S. 318

22 Vgl. Jessie L. Weston, From Ritual to Romance, Cambridge 1920, S. 80

23 Geoffrey sagt, Merlin habe eine Herde von Rotwild und Ziegen in einer Reihe aufstellen lassen und sich dann auf den Weg gemacht, wobei »er die Reihen vor sich hertrieb«. Diese seltsame Anordnung könnte daher rühren, daß Geoffrey seine Quelle mißverstand, derzufolge Merlin die Hirsche *verfolgte*. Es ging die Sage, daß aus dem Donnerberg (dem Berg des Thor) in der Nähe von Mainz jeden Tag ein Trupp erschlagener Soldaten hervorkam; vgl. Edwin Sidney Hartland, The Science of Fairy Tales – An Enquiry into Fairy Mythology, London 1891, S. 216

24 Das Tierkleid des sibirischen Schamanen bedeutet seine Gleichsetzung mit dem Tier, ganz gleich, ob es sich um ein reales oder mythisches Tier handelt; vgl. Ivar Paulson, Åke Hultkrantz und Karl Jettmar, Les Religions Arctiques et Finnoises, Paris 1965, S. 132

25 John Rhŷs, Lectures on the Origin and Growth of Religion as Illustrated by Celtic Heathendom, London 1888, S. 248

26 J.S. Brewer, J.F. Dimock und G.F. Warner (Hrsg.), Giraldi Cambrensis Opera, London 1861–91, Bd. 6, S. 62, 124, 196, 216; H.M. Chadwick und N.K. Chadwick, The Growth of Literature, Cambridge 1933–40, Bd. 1, S. 111–13

27 Margareth Enid Griffiths, Early Vaticination in Welsh with English Parallels, Cardiff 1937, S. 85–107

28 Sir John Morris-Jones, »Taliesin«, in: Y Cymmrodor, London 1918, XVIII, S. 7; Ifor Williams, »The Poems of Llywarch Hên«, in: The Proceedings of the British Academy, London 1932, XVIII, S. 6; H.M. Chadwick und N.K. Chadwick, The Growth of Literature, Cambridge 1932–40, Bd. 1, S. 528, 529; Margareth Enid

Griffiths, Early Vaticination in Welsh with English Parallels, Cardiff 1937, S. 73–74

29 J.S. Brewer, J.F. Dimock und G.F. Warner (Hrsg.), Giraldi Cambrensis Opera, London 1861–91; Bd. 5, S. 401; Margareth Enid Griffiths, a.a.O., S. 104; H.M. Chadwick und N.K. Chadwick, a.a.O., S. 104. Die Chadwicks stellen einen Vergleich zu den Prophezeiungen des Musaios her, eines frühen thrakischen Dichters, die mutmaßlich, »wie die Myrddin-Gedichte, den politischen Erfordernissen des Tages angepaßt waren; vgl. H.M. Chadwick und N.K. Chadwick, a.a.O., S. 117. Auch bei den sibyllinischen Orakeln läßt sich feststellen, daß sie in christlicher Zeit auf den neuesten Stand der Dinge gebracht wurden; vgl. E.O. James, The Ancient Gods, London 1960, S. 250, und Evelyn Jamison, Admiral Eugenius of Sicily – His Life and Work, London 1957, S. 22–24. Im Jahr 1307 berichtete ein Engländer, daß die Schotten eine Prophezeiung Merlins, in der er den Sieg Bruces vorhersagte, zu Propagandazwecken benützten; vgl. G.W.S. Barrow, Robert Bruce and the Community of the Realm of Scotland, London 1965, S. 245. Prophezeiungen wurden natürlich auf der ganzen Welt dazu verwendet, zu Krieg und Rebellion aufzuwiegeln; vgl. Bryan R. Wilson, Magic and the Millennium – A Sociological Study of Religious Movements of Protest among Tribal and Third-World Peoples, London 1973, S. 226–36

30 Ifor Williams (Hrsg.), Armes Prydein o Lyfr Taliesin, Cardiff 1955, S. 1, 6

31 Das Gedicht Cyfoesi Myrddin a Gwenddydd y Chwaer enthält Hinweise auf die Schlacht von Arderydd, auf Rhydderch Hael, Gwenddolau, Urien Rheged und Maelgwn Gwynedd; vgl. J. Gwenogvryn Evans (Hrsg.), The Poetry in the Red Book of Hergest, Llanbedrog 1911, S. 1. Und in dem Gedicht Peiryan Vaban läßt man Myrddin interessanterweise einen Hinweis auf die Auseinandersetzung zwischen Rhydderch und Aedan geben; vgl. A.O.H. Jarman, »Peiryan Vaban«, in: The Bulletin of the Board of Celtic Studies, Cardiff 1952, XIV, S. 105, 106–7. Dieser Konflikt wird in der Myrddin-Sage nicht erwähnt, doch findet sich in einer der Triaden eine Anspielung darauf; vgl. Rachel Bromwich (Hrsg.), Trioedd Ynys Prydein – The Welsh Triads, Cardiff 1961, S. 147

32 Eugene O'Curry, Lectures on the Manuscript Materials of Ancient Irish History, Dublin 1861, S. 385–91, 620–22; Francis John Byrne, Irish Kings and High-Kings, London 1973, S. 54–55; H.M. Chadwick und N.K. Chadwick, a.a.O., S. 462–63; Gerard Murphy, »On the Dates of Two Sources Used in Thurneysen's Heldensage«, in: Ériu, Dublin 1952, XVI, S. 149–51

33 T.D. Kendrick, The Druids: A Study in Keltic Prehistory, London 1927, S. 212, 214–15, 218, 219, 220. Mrs. Chadwick stellt eine enge Verbindung »zwischen Prophezeiungen und politischer Propaganda« her; vgl. N.K. Chadwick, The Druids, Cardiff 1966, S. 46, 76, 79–80

34 Vgl. den Druiden Nemthes in dem Aufsatz von Kuno Meyer; ders., »Brinna Ferchertne«, in: Zeitschrift für Celtische Philologie, Halle 1901, III, S. 44. Zu anderen Beispielen siehe Myles Dillon und N.K. Chadwick, The Celtic Realms, London 1967, S. 244; Anne Ross, Pagan Celtic Britain – Studies in Iconography and Tradition, Lon-

don 1967, S. 336; Eugene O'Curry, Lectures on the Manuscript Materials of Ancient Irish History, Dublin 1861, S. 284; Whitley Stokes (Hrsg.), Lives of the Saints from the Book of Lismore, Oxford 1890, S. 35, 119–20; Kenneth Jackson, The Oldest Irish Tradition – A Window on the Iron Age, Cambridge 1964, S. 11, 23–24; H.M. Chadwick und N.K. Chadwick, The Growth of Literature, Cambridge 1932–40, Bd. 1, S. 464, 612; J.B. Bury, The Life of St. Patrick and his Place in History, London 1905, S. 79–80; Kuno Meyer, »The Expulsion of the Dessi«, in: Y Commrodor, 1901, XIV, S. 108; Cecile O'Rahilly (Hrsg.), The Stowe Version of Táin Bó Cuailnge, Dublin 1961, S. 142; J.W. James (Hrsg.), Rhigyfarch's Life of St. David, Cardiff 1967, S. 5; Chronica Minora, III, S. 181

35 J. Gwenogvryn Evans (Hrsg.), Facsimile and Text of the Book of Taliesin, Llanbedrog 1910, S. 18, 76; ders. (Hrsg.), The Poetry in the Red Book of Hergest, Llanbedrog 1911, S. 167. Zwei Gedichte aus dem 6. Jahrhundert erwähnen Wahrsager (sywedydyon); vgl. J. Gwenogvryn Evans (Hrsg.), Facsimile and Text of the Book of Taliesin, Llanbedrog 1910, S. 64 und ders. (Hrsg.), Facsimile and Text of the Book of Aneirin, Pwllheli 1908, S. 6. Sir Ifor Williams setzte diese mit »Druiden« oder »druidischen Barden« gleich; vgl. Sir Ifor Williams, Canu Taliesin gyda Rhagymadrodd a Nodiadau, Cardiff 1960, S. 99 und ders., Canu Aneirin gyda Rhagymadrodd a Nodiadau, Cardiff 1938, S. 131

36 E. Bachelier, »Les Druides en Gaule romaine«, in: Ogam, Rennes 1959, XI, S. 295–304. Offenes Heidentum lebte in Gallien und in Spanien bis ins 7. Jahrhundert fort; vgl. A.H.M. Jones, »The Western Church in the Fifth and Sixth Centuries«, in: M.W. Barley und R.P.C. Hanson (Hrsg.), Christianity in Britain, 300–700, Leicester 1968, S. 15, und E.A. Thompson, The Goths in Spain, Oxford 1969, S. 308–10. Im vierten Jahrhundert behauptete ein Priester im Tempel des Belenus in Bordeaux, ein Nachfahre der Druiden zu sein (T.D. Kendrick, The Druids: A Study in Keltic Prehistory, London 1927, S. 219–20), und man hat die Vermutung geäußert, daß es armorikanische Druiden waren, die die Revolten der *Bagaudae* in der Bretagne des 5. Jahrhunderts angestiftet haben; vgl. N.K. Chadwick, The Druids, Cardiff 1966, S. 99.
Im späten vierten Jahrhundert zerstörte der heilige Martin einen gewissen »templum« »in pago Aeduorum«; vgl. Karl Halm (Hrsg.), Sulpicii Severi Libri qui Supersunt, Corpus Scriptorum Ecclesiasticorum Latinorum, Wien 1866, Bd. 1, S. 121–25; H. Delehaye, »Saint Martin et Sulpice Sévère«, in: Analecta Bollandiana, Brüssel 1920, XXXVIII, S. 55–56), und Mrs. Chadwick merkt an, daß »wir gut daran tun, bevor wir solche Geschichte leichtfertig abtun, uns daran zu erinnern, daß dies eine Bastion des Druidentums gewesen war«; vgl. N.K. Chadwick, Poetry and Letters in Early Christian Gaul, London 1955, S. 101. Zu anderen Hinweisen auf die fortdauernde Stärke des Heidentums im späten und nachrömischen Gallien siehe N.K. Chadwick, Early Brittany, Cardiff 1969, S. 296–97; Simone-Antoinette Deyts, »The Sacred Source of the Seine«, in: Scientific American, New York, Juli 1971, S. 72–73

37 D.A. Binchy, »Patrick and His Biographers: Ancient and Modern«, in: Studia Hibernica, Dublin 1962, II, S. 48–49; Kathleen Hughes,

The Church in Early Irish Society, London 1966, S. 45–46; Ludwig Bieler (Hrsg.), The Irish Penitentials, Dublin 1963, S. 56, 428; James F. Kenney, The Sources for the Early History of Ireland, New York 1929, S. 170, 273; J.B. Bury, The Life of St. Patrick and his Place in History, London 1905, S. 167–68. Das Gedicht *Fáed Fíada* enthält die Anrufung »fri brichta ban ocus goband ocus druád« (Kathleen Mulchrone [Hrsg.], Bethu Phátraic – The Tripartite Life of Patrick, Dublin 1939, S. 50), und ein Jahrhundert später soll der heilige Columban in Tara auf Widerstand von Druiden gestoßen sein und Christus als »meinen Druiden« angerufen haben. Vgl. William Reeves (Hrsg.), The Life of St. Columba, Dublin 1857, S. 74, und Hugh Williams, Christianity in Early Britain, Oxford 1912, S. 50–51. Das Wort DRVVIDES taucht in einer Oghaminschrift aus dem 5. oder 6. Jahrhundert in der irischen Grafschaft Kildare auf. Vgl. R.A.S. Macalister (Hrsg.), Corpus Inscriptionum Insularum Celticarum, Dublin 1945, Bd. 1, S. 22–24; John Rhŷs, »Studies in Early Irish History«, in: The Proceedings of the British Academy, London 1903, I, S. 4–5; J.B. Bury, The Life of St. Patrick and his Place in History, London 1950, S. 305; T.D. Kendrick, The Druids: A Study in Keltic Prehistory, London 1927, S. 102–3

38 R.A.S. Macalister, a.a.O., S. 480–82; J.B. Bury, a.a.O., S. 11; T.D. Kendrick, a.a.O., S. 100

39 Die meisten Fachleute stimmen darin überein, daß der *magus* Broichan ein Druide war; vgl. William Reeves (Hrsg.), The Life of St. Columba, Dublin 1957, S. 73–74; J. Frazer, »The Question of the Picts«, in: Scottish Gaelic Studies, Oxford 1928, II, S. 191; W. Douglas Simpson, The Celtic Church in Scotland, Aberdeen 1935, S. 16; Anne Ross, Pagan Celtic Britain – Studies in Iconography and Tradition, London 1967, S. 57. Mrs. Chadwick hat dieser Auffassung widersprochen (Celtic Britain, London 1963, S. 100), obwohl sie ihn an früherer Stelle als den »Oberdruiden« am Hofe Bruides beschrieben hatte; vgl. H.M. Chadwick, Early Scotland – The Picts, the Scots and the Welsh of Southern Scotland, Cambridge 1949, S. VII, XVI

40 T.D. Kendrick, a.a.O., S. 87, 88, 105, 138, 147, 148

41 Barden, *ollamhs* und *fili* trugen zu beiden Seiten der Irischen See viel dazu bei, die druidischen Überlieferungen und Glaubensanschauungen zu bewahren; vgl. H.M. Chadwick und N.K. Chadwick, The Growth of Literature, Cambridge 1932–40, Bd. 1, S. 469–71, 492, 607, und James Carney, The Irish Bardic Poet, Dublin 1967, S. 8–12

Kapitel VII Das Gottkönigtum (S. 152 bis 170)

1 Rachel Bromwich (Hrsg.), Trioedd Ynys Prydein – The Welsh Triads, Cardiff 1961, S. 241. *Lug* heißt im Walisischen *Lleu*; vgl. W.J. Gruffyd, Math vab Mathonwy, Cardiff 1928, S. 60–62. Zu Lugs Ankunft bei den Túatha Dé siehe Elizabeth A. Gray (Hrsg.), Cath Maige Tuired – The Second Battle of Mag Tuired, Dublin 1982, S. 38, 40

2 Brauchbare Zusammenfassungen über den Mythos und die Verbreitung des Lug-Kultes finden sich bei John Rhŷs, Lectures on the

Origin and Growth of Religion as Illustrated by Celtic Heathendom, London 1888, S. 383–430; ders., »All around the Wrekin«, in: Y Commrodor, London 1908, XXI, S. 4–9; Marie-Louise Sjoestedt, Gods and Heroes of the Celts, London 1949, S. 42–45; Proinias MacCana, Celtic Mythology, Feltham 1970, S. 27–29; Antonio Tovar, »The God Lugus in Spain«, in: The Bulletin of the Board of Celtic Studies, Cardiff 1982, XXIX, S. 591–99

3 Egerton G.B. Philimore, »A Fragment fron Hengwrt MS. No. 202«, in: Y Commrodor, London 1886, VII, S. 112–21, 151–54

4 Vgl. die scharfsichtige Anmerkung von John Rhŷs, Lectures on the Origin and Growth of Religion as Illustrated by Celtic Heathendom, London 1888, S. 576–77

5 Arthur West Haddan und William Stubbs (Hrsg.), Councils and Ecclesiastical Documents Relating to Great Britain and Ireland, Oxford 1873, Bd. 2, Teil 1, S. 75

6 Kenneth Jackson, Language and History in Early Britain, Edinburgh 1953, S. 40. »Diese Vita enthält Material, das aus dem 6. Jahrhundert stammen muß, und geschrieben wurde sie wahrscheinlich im 7. Jahrhundert«; zitiert nach Kathleen Hughes, »Synodus II S. Patricii«, in: John O'Meara und Bernd Naumann (Hrsg.), Latin Script and Letters A.D. 400–900, Leiden 1976, S. 145

7 J. Loth, »La vie la plus ancienne de Saint Samson de Dol«, in: Revue Celtique, Paris 1914, XXXV, S. 285, 295. Zu der gesamten Episode siehe S. Baring-Gould und John Fisher, The lives of the British Saints, London 1913, Bd. 4, S. 156–58; F. Duine, Questions d'hagiographie et vie de S. Samson, Paris 1914, S. 30; Gilbert H. Doble, The Saints of Cornwall, Oxford 1970, Bd. 5, S. 87–96

8 Máire MacNeill, The Festival of Lughnasa – A Study of the Survival of the Celtic Festival of the Beginning of Harvest, Oxford 1962, S. 421. Von Höhlendecken tropfendes Wasser galt in weiten Kreisen als rituell rein; vgl. J. Eric S. Thompson, Maya History and Religion, Norman, Oklahoma 1972, S. 184

9 Máire MacNeill, a.a.O., S. 402–3, 423, 545–48

10 Ebd., S. 143, 254, 305, 319, 326, 328–29, 338, 341, 344–45, 619, 624

11 Ebd., S. 426

12 Ebd., S. 502–25

13 Vgl. J.E. Caerwyn Williams, »Gildas, Maelgwn and the Bards«, in: R.R. Davies u. a. (Hrsg.), Welsh Society and Nationhood – Historical Essays Presented to Glanmor Williams, Cardiff 1984, S. 29. Das Bild des ritu bacchantium taucht bei Gildas auf und stellt vielleicht eine gelehrtenhafte Entleihung dar; vgl. Neil Wright, »Did Gildas Read Orosius?«, in: Cambridge Medieval Celtic Studies, Cambridge 1985, IX, S. 33

14 Máire MacNeill, a.a.O., S. 381–85

15 J. Loth, »Remarques à L'Historia Brittonum dite de Nennius«, in: Revue Celtique, Paris 1932, XLIX, S. 160–61

16 Zu der komplexen Beziehung zwischen Gereint und Erec siehe Idris L. Foster, »Gereint, Owein and Peredur«, in: R.S. Loomis (Hrsg.), Arthurian Literature in the Middle Ages – A Collaborative History, Oxford 1959, S. 193–96

17 Máire MacNeill, a.a.O., S. 311–38

18 Eugene O'Curry, Lectures on the Manuscript Materials of Ancient Irish History, Dublin 1861, S. 385–91, 620–22. Vgl. Robert H.

Gartman, »Mael, Bloc, and Bluiccniu«, in: D.K. Wilgus (Hrsg.), Folklore International – Essays in traditional literature, belief, and custom in honor of Wayland Debs Hand, Hatboro, Pa. 1967, S. 67–70

19 R.S. Loomis, Arthurian Literature and Chrétien de Troyes, New York 1949, S. 171–75

20 T.F. O'Rahilly, »On the Origin of the Names *Erainn* and *Ériu*«, in: *Ériu*, Dublin 1943, XIV, S. 14–21. Vgl. Maartje Draak, »Some Aspects of Kingship in Pagan Ireland«, in: La Regalità Sacra – Contributi al Terna dell' VIII Congresso Internazionale di Storia delle Religioni, Leiden 1959, S. 651–63

21 K.A.H. Hidding, »The High God and the King as Symbols of Totality«, ebd., S. 54–62; D.A. Binchy, Celtic and Anglo-Saxon Kingship, Oxford 1970, S. 9–10; Mircea Eliade, A History of Religious Ideas, London 1979. Bd. 1, S. 75, 123–24

22 T.F. O'Rahilly, Early Irish History and Mythology, Dublin 1957, S. 284; Heinrich Wagner, »The Origin of the Celts in the Light of Linguistic Geography«, in: Transactions of the Philological Society, Oxford 1969, S. 245

23 William F. Skene, Celtic Scotland – A History of Ancient Alban, Edinburgh 1876, Bd. 1, S. 490–91; M. Martin, A Description of the Western Islands of Scotland, London 1703, S. 240–41. Vgl. R.R. Davies u. a. (Hrsg.), Welsh Society and Nationhood – Historical Essay Presented to Glanmor Williams, Cardiff 1984, S. 31–33. In einem Brief an mich gibt Dr. Rachel Bromwich einen bestechenden Hinweis: »Ich denke immer, man sollte die Liste von Conns königlichen Nachfolgern mit der Vision vergleichen, die Banquo in *Macbeth* hat, als ihm die Könige gezeigt werden, die von ihm abstammen – obwohl ich nicht glaube, daß jemand hierzu eine Quelle zitiert hat.« Eine andere Episode, die vielleicht auf einer keltischen Quelle beruht, ist das Selbstgespräch des mürrischen Pförtners.

24 Francis John Byrne, Irish Kings and High-Kings, London 1973, S. 54, 91, 104; Gerard Murphy, »On the Dates of Two Sources Used in Thurneysen's Heldensage«, in: *Ériu*, Dublin 1952, XVI, S. 149–50. Zur Auswahl des Königserben siehe D.A. Binchy, Celtic and Anglo-Saxon Kingship, Oxford 1970, S. 26, und zur Rolle des Oberdruiden siehe Proinsias Mac Cana, »Regnum and Sacerdotium – Notes on Irish Tradition«, in: The Proceedings of the British Academy, London 1979, LXV, S. 453, 456; R.R. Davies, a.a.O., S. 25–27

25 H.M. Chadwick und N.K. Chadwick, The Growth of Literature, Cambridge 1932–40, Bd. 1, S. 462–63. Ein weiteres Beispiel dafür, wie prophetische Enthüllungen im Zwiegespräch mit einer Priesterin stattfinden, bei James Carney, »The Earliest Bran Material«, in: John J. O'Meara und Bernd Naumann (Hrsg.), Latin Script and Letters A.D. 400–900, Leiden 1976, S. 182–83, 190

26 The Proceedings of the British Academy, LXV, S. 453, 456, 459; J.E. Caerwyn Williams, »The Court Poet in Medieval Ireland«, in: ebd., 1971, LVII, S. 40–46

*Kapitel VIII   Die Kämpfenden Drachen und das
Vaterlose Kind (S. 172 bis 202)*

1 Das Verständnis der *Historia Brittonum* ist durch eine Reihe von
   Beiträgen Dr. David Dumvilles revolutioniert worden – Arbeiten,
   die bald in der lang erwarteten Neuausgabe der Texte gipfeln
   werden. Dr. Dumville gelangt zu dem Schluß, daß »Nennius« ein
   »walisisches Gegenstück zu den frühen irischen Historikern war,
   die die Ereignisse synchronistisch darstellten,... einer, der eher mit
   der Schwierigkeit zu kämpfen hatte, daß zuwenig Material und
   nicht etwa zuviel vorhanden war«, und daß »die Implikationen
   seiner Methode die historiographische Brauchbarkeit seiner Arbeit
   völlig zunichte machen...«; vgl. David Dumville, »On the North
   British Sections of the *Historia Brittonum*«, in: The Welsh History
   Review, Cardiff 1976/77, VIII, S. 353–54. Siehe auch die kritischen
   Darlegungen in: ders., »Nennius« and the *Historia Brittonum*«, in:
   Studia Celtica, Cardiff 1975–6, X–XI, S. 78–95; »Some Aspects of
   the Chronology of the *Historia Brittonum*«, in: The Bulletin of the
   Board of Celtic Studies, Cardiff 1974, XXV, S. 439–45.
   Ich selbst neige dazu, die erstgenannte Schlußfolgerung gerne zu
   übernehmen, mich aber davor zu hüten, die zweite allzu eifrig zu
   bejahen. Daß »Nennius« ein enthusiastischer, aber inkompetenter
   Synchronist war, ist uns allen klar; welcher Art nun aber seine
   Quellen genau waren und welchen Wert sie besaßen, ist weniger
   leicht zu beurteilen. Um nur ein Beispiel anzuführen: Dr. Dumvilles Ablehnung der Historizität des Berichtes über Cuneddas Wanderung (ders., »Sub-Roman Britain: History and Legend«, in:
   History, London 1977, LXII, S. 181–83) scheint in mancher Hinsicht auf Annahmen zu beruhen, die genauso zweifelhaft sind wie
   die Annahmen der Gelehrten, die er zu widerlegen sucht. Er scheint
   einige schlagende Argumente zu ignorieren wie sie von Sir John
   Lloyd, A History of Wales from the Earliest Time to the Edwardian
   Conquest, London 1911, S. 118–19, vorgebracht werden. Was kann
   ein Skeptiker mit der Behauptung mittelalterlicher Chronisten
   anfangen, daß das Königreich Lotharingia tatsächlich nach einem
   historischen König Lothaire benannt wurde?!

2 Vgl. Brynley F. Roberts (Hrsg.), Cyfranc Lludd a Llefelys, Dublin
   1975, S. XVIII–XIX

3 A.G. van Hamel (Hrsg.), Lebor Bretnach: The Irish Version of the
   Historia Britonum Ascribed to Nennius, Dublin 1932, S. 53–61;
   N.K. Chadwick, »Intellectual Contacts between Britain and Gaul
   in the Fifth Century«, in: N.K. Chadwick (Hrsg.), Studies in Early
   British History, Cambridge 1959, S. 195; F. Lot, Nennius et L'Hi-
   storia Brittonum, Paris 1934, S. 89–90

4 Whitley Stokes (Hrsg.), The Tripartite Life of Patrick with other
   Documents Relating to that Saint, London 1887, S. 278–79. Die
   Prophezeiung erscheint in Irisch in Anmerkungen zu Fiaccs Hymne
   (vgl. ebd., S. 422) und in der *Vita Tripartita* (Kathleen Mulchrone
   (Hrsg.), Bethu Phátraic – The Tripartite Life of Patrick, Dublin
   1939, S. 21–22). Diese irischen Versionen übersetzen Muirchus
   magi mit *druide*, was richtig sein muß; vgl. William Reeves (Hrsg.),
   The Life of St. Columba, Dublin 1857, S. 73–74. Unter den Wissenschaftlern, die an die Echtheit des Verses glauben, sind u. a. Eugene

429

O'Curry, Lectures on the Manuscript Materials of Ancient Irish History, Dublin 1861, S. 397–98; J.B. Bury, The Life of St Patrick and his Place in History, London 1905, S. 79–80, 299, 352. Zurückhaltendere Ansichten äußern James F. Kenney, The Sources for the Early History of Ireland – An Introduction and Guide, New York, 1929, S. 344; Ludwig Bieler, St. Patrick and the Coming of Christianity, Dublin 1967, S. 6

5 H.M. Chadwick, The Origin of the English Nation, Cambridge 1907, S. 39. Könnte »angelo lucis« ein Wortspiel Gildas' für *angelo Lugis* sein?

6 J.B. Bury, History of the Later Roman Empire, London 1923, Bd. 1, S. 176–77. Es scheint keinen plausiblen Grund dafür zu geben, den Bericht des Zosimus zurückzuweisen; ich sage dies, ohne damit Stewart Irvin Oost nahetreten zu wollen. Vgl. ders., Galla Placidia Augusta – A Biographical Essay, Chicago 1968, S. 90–91. Vgl. das heidnische Opfer des römischen Generals Litorius bei der Belagerung von Toulouse im Jahr 439 (E.A. Thompson, A History of Attila and the Huns, Oxford 1948, S. 68)

7 Zu späteren Hinweisen auf ausländische Söldner im Gefolge walisischer Könige siehe Sir Ifor Williams, Lectures on Early Welsh Poetry, Dublin 1944, S. 30–31, 72–73; Rachel Bromwich (Hrsg.), The Beginnings of Welsh Poetry – Studies by Sir Ifor Williams, Cardiff 1980, S. 94–95. Zeugnisse dafür, daß Hengist vielleicht eher ein heimatloser Abenteurer als ein Britannien heimsuchender See-König war, bringt H.M. Chadwick, The Origin of the English Nation, Cambridge 1907, S. 52–53

8 Vgl. Thomas Jones, »The Black Book of Carmarthen ›Stanzas of the Graves‹«, in: The Proceedings of the British Academy, London 1967, LIII, S. 108; Rachel Bromwich, »Some Remarks on the Celtic Sources of ›Tristan‹«, in: The Transactions of the Honourable Society of Cymmrodorion, London 1955, S. 49; N.K. Chadwick (Hrsg.), Studies in Early British Church, Cambridge 1958, S. 23

9 H.W. Parke und D.E.W. Wormell, The Delphic Oracle, Oxford 1956, Bd. 1, S. 6; T. Rice Holmes (Hrsg.), C. Iuli Caesaris Commentarii – Rerum in Gallia Gestarum, Oxford 1914, S. 241–42; Anne Ross, »Chartres – The *Locus* of the Carnutes«, in: Studia Celtica, Cardiff 1979/80, XIV/XV, S. 260–69; Alwyn und Brinley Rees, Celtic Heritage – Ancient Tradition in Ireland and Wales, London 1961, S. 146–72: J. Loth, »L'Origine de la Légende d'Arthur fils d'Uther Pendragon«, in: Revue Celtique, Paris 1932, XLIX, S. 136; Françoise Le Roux, Les Druides, Paris 1961, S. 109–11

10 Brynley F. Roberts (Hrsg.), Cyfranc Lludd a Llefelys, Dublin 1975, S. XXXV–XXXVI, XXXVIII–XXXIX

11 H.N. Savory, »Excavations at Dinas Emrys, Beddgelert (Caern.), 1954–56«, in: Archeologica Cambrensis, Cardiff 1961, CIX, S. 54–55. Wie Dr. D.P. Kirby sagt, »scheint die lange Geschichte der Verbindungen zwischen Vortigern und seinen Zauberern und dem Jungen Ambrosius eher eine entstellte Volkssage heidnischen Ursprungs zu sein ... nicht unbedingt ursprünglich eine Geschichte aus Gwynedd«. Vgl. D.P. Kirby, »Vortigern«, in: The Bulletin of the Board of Celtic Studies, Cardiff 1968, XXIII, S. 55. Sagen über Gwrtheyrn (Vortigern) waren in Gwynedd und Powys schon seit

frühen Zeiten bekannt; vgl. Rachel Bromwich (Hrsg.), Trioedd Ynys Prydein – The Welsh Triads, 2. Auflage, Cardiff 1978, S. 554. Es ist nicht sicher, ob diese zu Anfang des Frühmittelalters aus Südbritannien »importiert« wurden oder ob sie sich auf einen anderen Gwrtheyrn beziehen; vgl. History, LXII, S. 187

12 Zu den britischen und irischen Traditionen, unter den Grundmauern eines Gebäudes ein Opfer zu bestatten, siehe Paul Grosjean (Hrsg.), »The Life of St. Columba from the Edinburgh MS.«, in: Scottish Gaelic Studies, Oxford 1928, II, S. 146; Whitley Stokes (Hrsg.), Three Irish Glossaries, London 1862, S. XLI–XLII; J. Vendryes, »Saint David et le roi Boia«, in: Revue Celtique, Paris 1928, XLV, S. 166.
Zu den archäologischen Zeugnissen siehe Donald Atkinson, The Romano-British Site on Lowbury Hill in Berkshire, Reading 1916, S. VII–VIII; Leslie Alcock, »Excavations at South Cadbury Castle, 1969: A Summary Report«, in: The Antiquaries Journal, London 1970, L, S. 16–17, 23–24, Tafel V; Anne Ross, »The Divine Hag of the Pagan Celts«, in: Venetia Newall (Hrsg.), The Witch Figure, London 1973, S. 158; Sir Ian Richmond, Hod Hill, London 1968, Bd. 2, S. 16, Tafeln 6, 7A. Zu dem Brauch an anderen Orten und seinen Begleiterscheinungen siehe S. Baring-Gould, Strange Survivals – Some Chapters in the History of Man, London 1892, S. 1–35; T. Rice Holmes, Ancient Britain and the Invasions of Julius Caesar, Oxford 1907, S. 293; S.R. Driver, Modern Research as illustrating the Bible, London 1909, S. 69–72; Sir James George Frazer, Folk-Lore in the Old Testament – Studies in Comparative Religion, Legend and Law, London 1918, Bd. 1, S. 421–22; Bd. 3, S. 13–15, 18; ders., Taboo and the Perils of the Soul, London 1927, S. 89–92; ders., Balder the Beautiful – The Fire Festivals of Europe and the Doctrine of the External Soul, London 1930, Bd. 1, S. 326–27; E.O. James, Sacrifice and Sacrament, London 1962, S. 95. Ein indischer Gelehrter warf einem britischen Ingenieur im Himalaya vor, daß er seine Straße nicht wenigstens durch die Andeutung eines Menschenopfers gesichert habe; vgl. Rudyard Kipling, Letters of Travel (1892–1913), London 1920, S. 186

13 Míchael Ó Duígeannaín, »On the Medieval Sources for the Legend of Cenn (Crom) Cróich of Mag Slécht«, in: Rev. John Ryan (Hrsg.), Féilsgríbhinn Eóin Mhic Néill, Dublin 1940, S. 296–306; vgl. T. Gwynn Jones, Welsh Folklore and Folk-Custom, London 1930, S. 93–94. Sir John Rhŷs scheint der erste gewesen zu sein, der die Geschichte erklärt hat; vgl. sein Lectures on The Origin and Growth of Religion as Illustrated by Celtic Heathendom, London 1888, S. 200–202

14 Vgl. Archeologia Cambrensis, CIX, S. 44–48, 54–56

15 Rachel Bromwich (Hrsg.), Trioedd Ynys Prydein – The Welsh Triads, 2. Auflage, Cardiff 1978, S. 24; Ifor Williams (Hrsg.), Cyfranc LLudd a Llefelys, Bangor 1910, S. 30; Brynley F. Roberts (Hrsg.), Cyfranc Lludd a Llefelys, Dublin 1975, S. XXXV–XXXVII. Das Adjektiv »feurig« bezieht sich möglicherweise auf eine Überlieferung, nach der Vortigern »per ignem missum de caelo« getötet wurde; vgl. Theodor Mommsen, »Historia Brittonum cum Additamentis Nennii«, in: Monumenta Germaniae Historica, XIII, Chronica Minora, Bd. 3, Berlin 1894, S. 191

16 J.E.B. Gover, Allen Mawer und F.M. Stenton, The Place-Names of Wiltshire, Cambridge 1939, S. 358–59

17 Sir John Rhŷs, Lectures on The Origin and Growth of Religion as illustrated by Celtic Heathendom, London 1888, 192–94. Ein Gebäude, das nach dreitägiger Bauzeit durch Zauberkraft zerstört wird, taucht in der *Vita Sancti Bernachii* auf; vgl. A.W. Wade-Evans (Hrsg.), Vitae Sanctorum Britanniae et Genealogiae, Cardiff 1944, S. 6. Jacob Hammer hat die These aufgestellt, daß Geoffreys Beschreibung des Baus von Stonehenge von biblischen Ausdrucksformen beeinflußt sei; vgl. Jacob Hammer, »Geoffrey of Monmouth's Use of the Bible in the ›Historia Regum Britanniae‹«, in: Bulletin of the John Rylands Library, Manchester 1947, XXX, S. 16

18 Stuart Piggott, »The Sources of Geoffrey of Monmouth: II. The Stonehenge Story«, in: Antiquity, Gloucester 1941, XV, S. 319

19 Für einen isländischen Dichter aus dem 11. Jahrhundert war der Himmel »das Sonnensegel«, vgl. Diana Edwards, »Christian and Pagan References in Eleventh-Century Norse Poetry – The Case of Arnórr Jarlaskáld«, in: Saga-Book of the Viking Society, London 1982–3, Bd. 21, S. 38. Vgl. Ivar Lissner, Man, God and Magic, London 1961, S. 168; Ivar Paulson, Åke Hultkrantz und Karl Jettmar, Les Religions Arctiques et Finnoises, Paris 1965, S. 39; Mircea Eliade, Le Chamanisme es les Techniques Archaiques de l'Extase, Paris 1951, S. 236. Sir Ifor Williams hat *tentorium* versuchsweise in *tentura* verbessert, »ein Vorhang«; vgl. ders., »Hen Chwedlau«, in: Transactions of the Honourable Society of Cymmrodorion, London 1948, S. 57–8. Dies erinnert vielleicht an den Vorhang, hinter den sich ein Eskimo-Schamane zurückzieht, wenn er seine Reise in die Anderswelt unternimmt; vgl. Nevill Drury, The Shaman and the Magicians, London 1982, S. 19

20 Ivar Paulson, Åke Hultkrantz und Karl Jettmar (Hrsg.), Les Religions Arctiques et Finnoises, Paris 1965, S. 43–44. Zum Erechtheion siehe Sir James George Frazer (Hrsg.), Apollodorus – The Library, London 1921, Bd. 2, S. 78–79; ders., The Dying God, London 1935, S. 87; A.B. Cook, Zeus: A Study in Ancient Religion, Cambridge 1914–40, Bd. 3, S. 764–76

21 Malcolm Smith, The British Amphibians and Reptiles, London 1969, S. 248–49

22 John Rhŷs, Lectures on the Origin and Growth of Religion as Illustrated by Celtic Heathendom, London 1888, S. 154–55

23 Rachel Bromwich (Hrsg.), Trioedd Ynys Prydein – The Welsh Triads, 2. Auflage, Cardiff 1978, S. 346; zum Kult um den Kopf siehe Anne Ross, Pagan Celtic Britain – Studies in Iconography and Tradition, London 1967, S. 126, 252

24 Henry Lewis, Yr Elfen Ladin yn yr Iaith Gymraeg, Cardiff 1943, S. 4, 21

25 John Rhŷs, a.a.O., S. 158, 161. Ein Gedicht in *The Black Book of Carmarthen* enthält einen Hinweis auf »die Herren von Emrys«, und Dr. Rachel Bromwich mutmaßt, daß *Emrys* hier »symbolisch, etwa in der Bedeutung ›die Herren Britanniens‹(?)« gebraucht wird; vgl. Rachel Bromwich, »Celtic Elements in Arthurian Romance – A General Survey«, in: P.B. Grout u. a. (Hrsg.), The Legend of Arthur in the Middle Ages, Cambridge 1983, S. 45, 231

26 Antiquity, XV, S. 318–19. Professor Piggott stellt auch eine ver-
blüffende Parallele zu der Geschichte vom Kopf des Bran in der
Erzählung *Branwen uerch Llyr* fest, wo das Haupt aus Irland geholt
und als Schutztalisman in Britannien begraben wird (ebd.,
S. 309–12). Zu dem Brauch siehe Sir James Frazer, The Dying God,
London 1923, S. 202–3. Über Geoffreys Zugang zu einer echten
Überlieferung von Stonehenge siehe ferner H.J. Fleure, »Archaeo-
logy and Folk Tradition«, in: The Proceedings of the British
Academy, London 1931, XVII, S. 12–13; Glyn E. Daniel, »Who
are the Welsh«, ebd., 1954, XL, S. 154; C.F. Arden-Close, »Time
and Memory«, in: W.F. Grimes (Hrsg.), Aspects of Archaelogy in
Britain and Beyond, London 1951, S. 29

27 Michael J. Curley, »A New Edition of John of Cornwall's *Prophe-
tia Merlini*«, in: Speculum, Cambridge, Mass. 1982, LVII, S. 236;
Thomas Jones, »The Black Book of Carmarthen ›Stanzas of the
Graves‹«, in: The Proceedings of the British Academy, London
1967, LIII, S. 136; J. Lloyd-Jones, Geirfa Barddoniaeth Gynnar
Gymraeg, Cardiff 1931–63, S. 474–75; Acton Griscom (Hrsg.), The
Historia Regum Britanniae of Geoffrey of Monmouth, New York
1929, S. 382.
Hugh Williams behauptete, Ambrosius und Merlin seien schon
»sehr früh, möglicherweise im 6. oder 7. Jahrhundert«, gleichgesetzt worden; vgl. ders., Christianity in Early Britain, Oxford 1912,
S. 338. Seine Beweisführung wirkt etwas konfus; Geoffreys
umständliche Art könnte jedoch etwas ähnliches nahelegen. Die
Feststellung, daß »Merlin ... Ambrosius genannt wurde« scheint
auf den ersten Blick dazu bestimmt, kritischen Einwänden zuvorzu-
kommen, daß der Vaterlose Knabe in Vortigerns Burg in der
Geschichte Nennius' Ambrosius hieß. Dann hätte Geoffrey aber die
einfältige Erklärung ganz sicher am richtigen Platz in seiner Erzählung eingefügt. Im Gegenteil zeigt er keine Angst davor, daß seine
Leser Nennius gegen ihn anführen könnten. Da, wo die Gleichsetzung erscheint, stiftet sie zusätzliche Verwirrung: sie erklärt dem
Leser, Merlin und Ambrosius sei ein und derselbe, nachdem kurz
zuvor von zwei verschiedenen Personen die Rede war!

28 Vgl. John Edwin Wood, Sun, Moon and Standing Stones, Oxford
1978. Zu möglichen Beispielen für keltische Observatorien siehe
Alwyn und Brinley Rees, Celtic Heritage – Ancient Tradition in
Ireland and Wales, London 1961, S. 149–50. Thomas Stephens
zufolge, der das Gedicht *Angar Kyvyndawd* zitiert, zählte die
walisische Überlieferung »die sieben mal zwanzig Steine von Stonehenge« auf; vgl. ders., The Literature of the Kymry, London 1876,
S. 224. In der Fassung des *Book of Taliesin* taucht diese Zahlenan-
gabe nicht auf.

29 Vgl. John Rhŷs, Lectures on the Origin and Growth of Religion as
Illustrated by Celtic Heathendom, London 1888, S. 152: »...wir
müssen alle Attribute Emrys' und Merlins einem einzigen Merlin
Emrys zuschreiben.« Man könnte nun einwenden, daß der Termi-
nus *Merlinus Ambrosius* geprägt wurde, um zwischen dem Merlin
der *Historia Regum Britanniae* und dem *Merlin Celidonius* der *Vita
Merlini* zu unterscheiden; so erklärte Giraldus Cambrensis die
offenkundige chronologische Diskrepanz. Vgl. A.O.H. Jarmann,
The Legend of Merlin, Cardiff 1960, S. 17. Obwohl wir keine

Gewißheit darüber haben, (nachträgliche Einschübe sind immer möglich), sieht es so aus, als ob die Verbindung der beiden Namen älter als Geoffrey ist. Der Vers in den walisischen »Stanzas of the Graves«, der »Myrddin Embrais« erwähnt, ist Teil einer Sammlung, die »bereits im 9. oder 10. Jahrhundert zusammengestellt worden ist«; vgl. The Proceedings of the British Academy, LIII, S. 100. John von Cornwall, der »Ambrosius Merlinus« erwähnt, verfaßte seine *Prophetia Merlini* wahrscheinlich in den Jahren 1153–54 (Speculum, LVII, S. 222–23), und diese Prophezeiungen gingen gewiß auf eigenständige keltische (vermutlich kornische) Überlieferungen zurück (ebd., S. 224–25; Brynley F. Roberts, »Geoffrey of Monmouth and Welsh Historical Tradition«, in: Nottingham Medieval Studies, Nottingham 1976, XX, S. 39–40). Es ist höchst unwahrscheinlich, daß John von der Existenz, ganz zu schweigen vom Inhalt von Geoffreys *Vita Merlini* Kenntnis hatte.

30 The Proceedings of the British Academy, LII, S. 136. Vgl. die erhellende Anmerkung von Dr. Patrick Sims-Williams, The Bulletin of the Board of Celtic Studies, Cardiff 1978–80, XXVIII, S. 90–93

31 J.W. James (Hrsg.), Rhigyfarch's Life of St. David, Cardiff 1967, S. 4–5. Vgl. D. Simon-Evans (Hrsg.), Buched Dewi – O Lawysgrif Llanstephan 27, Cardiff 1959, S. 3, 30–31. Vieles spricht dafür, daß das Motiv der jungfräulichen Geburt in Britannien aus dem einheimischen Heidentum kommt und ein ureigener Bestandteil der Merlinsage ist; vgl. T. Gwynn Jones, Welsh Folklore and Folk-Custom, London 1930, S. 24–25. Robert de Borons Bericht über Merlins Geburt als Resultat der Verbindung einer sterblichen Mutter und eines übernatürlichen Vaters ist nicht Geoffrey zu verdanken, sie beruht höchstwahrscheinlich auf einer unabhängigen Quelle. Es ist nicht wahrscheinlich, daß das hagiographische Motiv der jungfräulichen Geburt von der Geburt Christi herrührt – ein Vergleich, der sich später im Hinblick auf die mögliche Blasphemie als eine Quelle des Mißbehagens erweisen sollte. Die ursprüngliche Erzählung von der jungfräulichen Geburt des heiligen Kentigern wurde von seinem späteren Biographen Joceline als »in schockierender Weise blasphemisch und ketzerisch« angesehen, »und er versucht, sie zu bemänteln«. Vgl. Kenneth Jackson, »The Sources for the Life of St. Kentigern«, in: N.K. Chadwick (Hrsg.), Studies in Early British Church, Cambridge 1958, S. 275. Es war für einen Druiden üblich, den Lebenslauf eines neugeborenen Kindes vorherzusagen; vgl. Rev. Alexander Cameron (Hrsg.), Reliquiae Celticae – Texts, Papers, and Studies in Gaelic Literature and Philology, Inverness 1894, Bd. 2, S. 422

32 Cuchulain war der Sohn des Gottes Lug, von einer sterblichen Mutter empfangen; vgl. Alfred Nutt, The Celtic Doctrine of Rebirth, London 1879, S. 42. Lugs *alter ego*, Merkur, trug den berühmten *caduceus* mit den emblematischen, ineinander verschlungenen Schlangen. Könnten die Kämpfenden Drachen/Schlangen, die Merlin dem Vortigern enthüllte, ein mythisches Motiv widerspiegeln, das mit dem Gott verknüpft war, dessen Inkarnation er war? Vgl. Douglas Brooks-Davies, The Mercurian monarch – Magical politics from Spenser to Pope, Manchester 1983, S. 33–50. In Griechenland symbolisierten sie die Vermählung von Zeus und

Demeter; vgl. M.L. West, The Orphic Poems, Oxford 1983, S. 195, 220. Möglicherweise verkörperten sie den dualistischen Mythos der symbiotischen Einheit bzw. des symbiotischen Gegensatzes in der Schöpfung, mit ihren Licht- (göttlichen) und Schatten- (irdischen) Seiten. Im britischen Frühmittelalter könnten die verhaßten Sachsen gut in letztere Rolle gepaßt haben, und so könnte sich ein kosmogonischer Mythos in einen zeitgenössisch-politischen Mythos verwandelt haben.

33 Rachel Bromwich (Hrsg.), Trioedd Ynys Prydein – The Welsh Triads, Cardiff 1961, S. CXXX–CXXXV, 228, 229, 240–49; ebd., 2. Auflage, Cardiff 1978, S. 560; vgl. Mary Williams, »Notes on Perlesvaus«, in: Speculum, Cambridge, Mass. 1939, XIV, S. 201–2

34 John Rhŷs, Lectures on the Origin and Growth of Celtic Heathendom, London 1888, S. 160–61, 168. In ähnlicher Weise war der Oberdruide des Volkes von Nemed in Irland Mide, Eponym für die Provinz Meath. Er wachte über das heilige erste Feuer in Uisnech, dem *Omphalos* Irlands, das »die Wildheit … eine Zeitlang über die vier Teile Irlands verbreitete«. Vgl. Alwyn und Brinley Rees, Celtic Heritage – Ancient Tradition in Ireland and Wales, London 1961, S. 156

35 Myles Dillon und N.K. Chadwick, The Celtic Realms, London 1967, S. 135–36

36 Mircea Eliade, Patterns in Comparative Religion, London 1958, S. 371. Zu der besonderen Heiligkeit von Grenzlinien bei den Kelten siehe L. Fleuriot, »La Grande Inscription Celtibère de Botorrita«, in: Études Celtiques, Paris 1975, XIV, S. 405–42

37 G.E. Bentley (Hrsg.), William Blake's Writings, Oxford 1978, S. 470, 484; T. Rice Holmes (Hrsg.), C. Iulii Caesaris Commentarii, Oxford 1914, S. 241–42; John Strachan und J.G. O'Keefe (Hrsg.), The Táin Bó Cúailnge from the Yellow Book of Lecan, Dublin 1912, S. 4; T.D. Kendrick, The Druids – A Study in Keltic Prehistory, London 1927, S. 218. Vgl. Julius Pokorny, »The Origin of Druidism«, in: The Smithsonian Report for 1910, Washington 1911, S. 583–97; Stuart Piggott, »The Sources of Geoffrey of Monmouth: II. The Stonehenge Story«, in: Antiquity, Gloucester 1941, XV, S. 312–19.
Zu der Vorstellung von Britannien als einer »Feeninsel« siehe Peter J. Reynolds, »The Material Culture of the Pagan Celtic Period«, in: Robert O'Driscoll (Hrsg.), The Celtic Consciousness, New York 1982, S. 79; Theo Brown, »Westcountry Entrances to the Underworld«, in: H.R. Ellis Davidson (Hrsg.), The Journey to the Other World, Cambridge 1975, S. 91

38 R.S. Loomis, Arthurian Tradition and Chrétien de Troyes, New York 1949, S. 374–93

39 Gildas in der Übersetzung von A.W. Wade-Evans, Nennius's »History of the Britons« together with … »The Story of the Loss of Britain«, London 1938, S. 124. Die in einer Höhle in Derbyshire gefundene, nun im Britischen Museum befindliche, in ein Knochenstück eingeritzte, maskierte menschliche Figur läßt vermuten, daß schamanistische Wahrsage-Traditionen in Britannien bereits tausende von Jahrten alt waren, als Merlin lebte. Vgl. Stuart Piggott und Glyn E. Daniel (Hrsg.), A Picture of Ancient British Art, Cambridge 1951, S. 3, 12 und Tafel 1

Kapitel IX Das Rätsel von Stonehenge (S. 204 bis 224)

1 Mircea Eliade, Patterns in Comparative Religion, London 1958, S. 375–76; Alwyn und Brinley Rees, Celtic Heritage – Ancient Tradition in Ireland and Wales, London 1961, S. 160; Joan Halifax, Shaman – The wounded healer, London 1982, S. 30–31; E.O. James, The Tree of Life – An Archaeological Study, Leiden 1966, S. 12–13, 140, 142, 148; ders., Creation and Cosmology – A Historical and Comparative Enquiry, Leiden 1969, S. 15, 24–25; Eric Burrows, »Some Cosmological Patterns in Babylonian Religion«, in: S.H. Hooke (Hrsg.), The Labyrinth – Further Studies in the Relation between Myth and Ritual in the Ancient World, London 1935, S. 45–53; Jane Harrison, Themis: A Study of the Social Origins of Greek Religion, Cambridge 1912, S. 396–415; Paul Wheatley, The Pivot of the Four Quarters – A Preliminary Enquiry into the Origins and Character of the Ancient Chinese City, Edinburgh 1971, S. 259–60, 418–27; Henri Frankfort, Kingship and the Gods – A Study of Ancient Near Eastern Religion as the Integration of Society and Nature, Chicago 1948, S. 151–54; J. Eric S. Thompson, Maya History and Religion, Norman, Oklahoma 1972, S. 195; A.B. Cook, Zeus – A Study in Ancient Religion, Cambridge 1914–40, Bd. 2, S. 166–91

2 Eric Burrows, a.a.O., S. 59–66; Mircea Eliade, a.a.O., S. 231–35, 374–79; Paul Wheatley, a.a.O., S. 416–18, 428–36; A.B. Cook, a.a.O., Bd. 2, S. 45–113; Bd. 3, S. 1116–17

3 Colin Burgess, The Age of Stonehenge, London 1980, S. 328; Christopher Chippindale, Stonehenge Complete, London 1983, S. 266–68

4 Vgl. Paul Wheatley, a.a.O., S. 433–34, 440; A.M. Hocart, »The Life-Giving Myth«, in: S.H. Hooke, a.a.O., S. 266–67; Alwyn und Brinley Rees, a.a.O., S. 156. Mircea Eliade sieht in Stonehenge die »Aufwertung des heiligen Raumes als ›Zentrum der Welt‹, den privilegierten Ort, der eine Kommunikation mit dem Himmel und mit der Unterwelt zuläßt«. Vgl. ders., A History of Religious Ideas, London 1979, Bd. 1, S. 118

5 Mircea Eliade, Le Chamanisme et les Techniques Archaiques de l'Extase, Paris 1951, S. 179, 205, 227, 236–42, 330; ders., Patterns in Comparative Religion, London 1958, S. 298–300; Ivar Lissner, Man, God and Magic, London 1961, S. 266–68; H.M. Chadwick und N.K. Chadwick, The Growth of Literature, Cambridge 1940, Bd. 3, S. 144; Joan Halifax, a.a.O., S. 21–22. Zu einer »Himmelskarte« der Chukchee mit dem Polarstern als Dreh- und Angelpunkt vgl. Joan Halifax, a.a.O., S. 66. Es scheint eine weitverbreitete Tradition in der Alten Welt gewesen zu sein, eine »Reise zu einem riesigen Berg im Norden zu machen, um Weisheit zu erlangen (oder zu empfangen)«. Vgl. Jan Bremmer, The Early Greek Concept of the Soul, Princeton 1983, S. 38

6 Vgl. Gutorm Gjessing, »The Circumpolar Stone Age«, in: Antiquity, Newbury 1953, XXVII, S. 131–36; Stuart Piggott, Ancient Europe from the beginnings of Agriculture to Classical Antiquity, Edinburgh 1965, S. 35

7 J.D.P. Bolton legt überzeugend dar, daß Aristeas in Wirklichkeit nach Osten reiste (Aristeas of Proconnesus, Oxford 1962, S. 116), doch glaubte Aristeas selbst, er zöge in *nördliche* Richtung. Zu

griechischen Überlieferungen von hyperboreischen Sehern siehe Morton Smith, Clement of Alexandria and a Secret Gospel of Mark, Cambridge, Mass. 1973, S. 242; Mircea Eliade, Le Chamanisme et les Techniques Archaiques de l'Exstase, Paris 1951, S. 349. Und zu irischen Überlieferungen, wonach die magischen Künste aus dem Norden kamen, siehe Elizabeth A. Gray (Hrsg.), Cath Maige Tuired – The Second Battle of Mag Tuired, Dublin 1982, S. 24. Zu archäologischen Zeugnissen für das Überleben paläolithischer und mesolithischer Völkerschaften im nördlichen Europa siehe F.T. Wainwright (Hrsg.), The Problem of the Picts, Edinburgh 1956, S. 55; V. Gordon Childe, Scotland before the Scots, London 1946, S. 42; F.T. Wainwright (Hrsg.), The Northern Isles, London 1964, S. 24–25, 44–45. Die Theorien Pokornys sind zu Recht kritisiert worden, sein Argument, daß auf den britischen Inseln paläo-arktische Völkerschaften bis in die Bronzezeit und danach überlebten, hat jedoch einiges für sich. Vgl. Julius Pokorny, »The Pre-Celtic Inhabitants of Ireland«, in: Celtica, Dublin 1960, V, S. 228–40

8 Jon Carter Covell, Korea's Culture Roots, Seoul 1982, S. 25–30

9 Mircea Eliade, Patterns in Comparative Religion, London 1958, S. 233, 376

10 Die Prophezeiung wird in Gälisch von Thomas Pennant zitiert; vgl. ders., A Tour in Scotland, and Voyage to the Hebrides; MDCCLXXII, London 1776, Bd. 1, S. 284–85. Siehe Description of the Western Isles of Scotland, called Hybrides; by Mr. Donald Monro High Dean of the Isles ... in the year 1549, Edinburgh 1774, S. 20–21; F. Marian MacNeill, Iona – A History of the Island, Glasgow 1946, S. 62–63

11 W.F. Grimes (Hrsg.), Aspects of Archaeology in Britain and Beyond, London 1951, S. 292; vgl. R.J.C. Atkinson, Stonehenge and Avebury and Neighbouring Monuments, London 1959, S. 21; I.Ll. Foster und Glyn Daniel, Prehistoric and Early Wales, London 1965, S. 84–87; W.F. Grimes, »The Stone Circles and Related Monuments of Wales«, in: I.Ll. Foster und L. Alcock (Hrsg.), Culture and Environment – Essays in Honour of Cyril Fox, London 1963, S. 108–11; R.J.C. Atkinson, Stonehenge, London 1956, S. 98–110

12 Sir Cyril Fox, The Personality of Britain – Its Influence on Inhabitant and Invader in Prehistoric and Early Historic Times, Cardiff 1959, S. 44, 88; Michael Herity, »The Early Prehistoric Period Around the Irish Sea«, in: Donald Moore (Hrsg.), The Irish Sea Procince in Archaelogy and History, Cardiff 1970, S. 30–33

13 Paul Wheatley, The Pivot of the Four Quarters – A Preliminary Enquiry into the Origins and Character of the Ancient Chinese City, Edinburgh 1971, S. 431–32

14 M.E. Cunnington, An Introduction to the Archaeology of Wiltshire from the Earliest Times to Pagan Saxons, Devizes 1934, S. 60–63; R.J.C. Atkinson, Stonehenge and Avebury and Neighbouring Monuments, London 1959, S. 34

15 E.O. James, The Tree of Life – An Archaeological Study, Leiden 1966, S. 32, 140, 143, 148. Zu der »engen Verknüpfung von Menschenopfern und der *axis mundi*« siehe James L. Sauvé, »The Divine Victim – Aspects of Human Sacrifice in Viking Scandinavia and Vedic India«, in Jaan Puhvel (Hrsg.), Myth and Law Among

the Indo-Europeans – Studies in Indo-European Comparative Mythology, Los Angeles 1970, S. 181. Siehe ferner Matti Kuusi, Keith Bosley und Michael Branch (Hrsg.), Finnish Folk Poetry Epic, London 1977, S. 267; Anthony Faulkes (Hrsg.), Snorri Sturluson, Edda, Prologue and Gylfaginning, Oxford 1982, S. 17. Zu Darstellungen des Weltbaums siehe H.R. Ellis Davidson, Pagan Scandinavia, London 1967, Tafel 46; E.O.G. Turville-Petre, Myth and Religion of the North – The Religion of Ancient Scandinavia, London 1964, Tafel 39. Könnte Merlins »schöne und ausgelassene Buhle« die Hüterin des Waldes sein, die die Bewohner Estlands und die Finnen als »das junge Mädchen aus dem Wald« (Metsa-neitsi) kennen? Siehe Ivar Paulson, Åke Hultkrantz und Karl Jettmar, Les Religions Arctiques et Finnoises, Paris 1965, S. 178, 186–87. Zur Baumfrau der Jakuten siehe Mircea Eliade, Le Chamanisme et les Techniques Archaiques de l'Extase, Paris 1951, S. 247. Bei den heidnischen Lappen gab es eine »Bergjungfrau« (saivo-neide), die den Schamanen zur Ekstase erweckte und ihn mit »saivo-tjatse« stärkte, dem magischen und mächtigen Wasser, das vom heiligen Berg herabfließt. Siehe Rafael Karsten, The Religion of the Samek – Ancient Beliefs and Cults of the Scandinavian and Finnish Lapps, Leiden 1955, S. 60, 87. Blutopfer erhielten den Weltbaum am Leben; vgl. ebd., S. 97. Zum Baum des Lebens als Weltmittelpunkt, Quelle seherischer Inspiration und sexueller Fruchtbarkeit, auch zu seiner Annäherung an das Kreuz Jesu siehe Hans Peter Duerr, Traumzeit – Über die Grenze zwischen Wildnis und Zivilisation, Frankfurt 1978, Seite 224 ff. Der Glaube der Inselkelten an den Baum des Lebens wird von verschiedenen Quellen bestätigt; vgl. Charles Plummer (Hrsg.), Bethada Náem nErenn: Lives of Irish Saints, Oxford 1922, Bd. 1, S. 89 und Whitley Stokes (Hrsg.), Lives of Saints from the Book of Lismore, Oxford 1890, S. 128

16 E.O. James, The Tree of Life – An Archaeological Study, Leiden 1982, S. 62; A.B. Cook, Zeus – A Study in Ancient Religion, Cambridge 1914–40, Bd. 3, S. 910

17 R.J.C. Atkinson, Stonehenge, London 1956, S. 18, 62

18 Ebd., S. 45–46. Eine nordafrikanische Geschichte berichtet, wie ein bekannter Imam einen offensichtlich numinosen Ort besuchte: »Sie fanden eine Stelle, an der sich zwölf Steine und ein Baum befanden. Ihr Herz sagte ihnen unmißverständlich, daß hier der Ort war, wo jener Heilige sein Grab hatte. An dieser Stelle opferten sie ein Mutterschaf, sagten sie, und sein Blut erhob sich zum Himmel. Der Baum erbebte, und daraufhin wurden ihre Seelen ruhig. Vgl. H.T. Norris, Saharan Myth and Saga, Oxford 1972, S. 157

19 John Rhŷs, Lectures on the Origin and Growth of Religion as Illustrated by Celtic Heathendom, London 1888, S. 187–90; zu einer vollständigen Übersetzung der Geschichte siehe Standish H. O'Grady, Silva Gadelica, London 1892, Bd. 2, S. 301–2. Dieser legendäre Bericht wird durch archäologische Funde bestätigt. Ausgrabungen in Emain Macha (Navan) haben gezeigt, daß um 200 v. Chr. »etwas in der Art eines künstlichen Haines auf dem Hügel errichtet worden war; die Struktur der Anlage bestand aus Pfählen konzentrisch angeordnet, in deren Mitte sich ein riesiger hochaufragender Stamm befand«. Mr. Tómas Ó. Broin nimmt an, daß dieser Stamm eine axis mundi in Form eines Weltbaumes war und daß die

Ritter mit dem Roten Zweig (Curaid na Craebruaide) aus den Sagen von Ulster letztlich eine Gruppe von Eingeweihten des Kultes von Emain Macha darstellen. Vgl. ders., »›Craebruad‹ – The Spurious Tradition«, in: Éigse: A Journal of Irish Studies, Dublin 1973, XV, S. 103–13; Bernard Wailes, »The Irish ›Royal Sites‹ in History and Archaeology«, in: Cambridge Medieval Celtic Studies, Cambridge 1982, III, S. 8–10.

Im alten Irland wurden Brunnen als natürliche Eingänge zur Anderswelt angesehen; von ihrem Wasser glaubte man, es käme aus einem Meer unter der Erde geflossen. Vgl. James Carney, »The Earliest Bran Material«, in: John J. O'Meara und Bernd Naumann (Hrsg.), Latin Script and Letters A.D. 400–900, Leiden 1976, S. 185, 191–92. Zu einem ähnlichen Glauben bei den Lappen siehe Rafael Karsten, The Religion of the Samek – Ancient Beliefs and Cults of the Scandinavian and Finnish Lapps, Leiden 1955, S. 18

20 Anthony Faulkes (Hrsg.), Snorri Sturluson: Edda, Prologue and Gylfaginning, Oxford 1982, S. 17. Der *Prosaedda* nach war das Gjallahorn ein Trinkgefäß, doch in der *Völuspá* ist es ein Musikinstrument (galla = widerhallend) vgl. Sigurdur Nordal (Hrsg.), *Völuspá*, Durham 1980, S. 91. Diese Doppeldeutigkeit taucht in allen Fassungen des Motivs der heiligen Quelle in Verbindung mit Hörnern auf. Siehe auch Jaqueline Simpson, »Mímir: Two Myths or One?«, in: Saga-Book of the Viking Society, London 1962, XVI, S. 41–53

21 O.G.S. Crawford, Archaeology in the Field, London 1953, S. 77–81

22 Colm O Lochlainn, »Roadways in Ancient Ireland«, in: Eoin ua Riain (Hrsg.), Féil-sgríbhinn eóin mhic néill, Dublin 1940, S. 470

23 John Rhŷs, Celtic Folklore – Welsh and Manx, Oxford 1901, S. 295

24 Paul Wheatley, The Pivot of the Four Quarters – A Preliminary Enquiry into the Origins and Character of the Ancient Chinese City, Edinburgh 1971, S. 438–39

25 K.R. Maxwell-Hyslop, »The Assyrian ›Tree of Life‹: a Western Branch?«, in: J.V.S. Megaw (Hrsg.), To illustrate the monuments: Essays on archaeology presented to Stuart Piggott, London 1976, S. 263–76; A.F.J. Klijn, Seth in Jewish, Christian and Gnostic Literature, Leiden 1977, S. 44; Mircea Eliade, Le Chamanisme et les Techniques Archaiques de l'Extase, Paris 1951, S. 243; ders., Patterns in Comparative Religion, London 1958, S. 375, 377–79; S.H. Hooke (Hrsg.), The Labyrinth – Further Studies in the Relation between Myth and Ritual in the Ancient World, London 1935, S. 53–59; E.O. James, The Tree of Life: An Archaeological Study, Leiden 1966, S. 161–62; »der Tempel war dazu ausersehen, der *omphalos* zu werden, in dem alle Nationen unter seiner (Gottes) rechtmäßiger Herrschaft versammelt würden«; ders., The Worship of the Sky-God: A Comparative Study in Semitic and Indo-European Religion, London 1963, S. 64

Kapitel X Der Schamane vom Hart Fell und das Ritual der Erneuerung (S. 226 bis 266)

1 Sir Ifor Williams, Chwedl Taliesin, Cardiff 1957, S. 9. Bei dem »Propheten Johannes« handelt es sich vermutlich um Johannes den

Evangelisten. Zu einer wichtigen, kürzlich erschienenen Abhandlung über das *Hanes Taliesin* siehe Juliette Wood, »The Elphin Section of *Hanes Taliesin*«, in: Études Celtiques, Paris 1981, XVIII, S. 229–44. Eine aus dem 11. Jahrhundert stammende, Merlin zugeschriebene Prophezeiung aus *The Black Book of Carmarthen* endet mit dem eigentümlichen Zweizeiler: »Da ich es bin, Myrddin, nach Taliesin/Dessen Prophezeiung zutreffen wird.« Könnte dies ein weiteres Beispiel dafür sein, daß man Taliesin in die Myrddin-Sage hineingefädelt hat? Vgl. A.O.H. Jarman (Hrsg.), Ymddiddan Myrddin a Thaliesin, Cardiff 1951, S. 67; vgl. ferner R.S. Loomis, Wales and the Arthurian Legend, Cardiff 1956, S. 160

2 Ist es möglich, daß sich das rätselvolle Gedicht um Ysgolan aus *The Black Book of Carmarthen* auf Myrddin bezieht? In diesem Gedicht wird Ysgolan als ein Mann geschildert, dessen feindselige Haltung gegenüber der Kirche ihm eine einjährige Strafe einbrachte: angebunden an einen Pfahl in einem Fischwehr. Der Name *Ysgolan* geht auf eine verwandte Form des irischen *scal* zurück, eines Namens, den der Gott Lug in der irischen Geschichte *Baile in Scáil* trägt. Diese Geschichte enthält jene Prophezeiung, die der Myrddins im *Cyfoesi* so sehr ähnelt. Außerdem wird Ysgolan als *ysgodig*, »rasend«, beschrieben; dieses Wort ist ein Synonym zu Myrddins Epitheton *gwyllt*. Vgl. P.L. Henry, The Early English and Celtic Lyric, London 1966, S. 88–89; A.O.H. Jarman (Hrsg.), Llyfr Du Caerfyrddin, Cardiff 1982, S. LX; Donatien Laurent, »La gwerz de Skolan et la Légende de Merlin«, in: Ethnologie française, Bd. 1, S. 19–54. In der frühen Lyrik gibt es noch andere Hinweise auf einen erfolglosen Versuch (von seiten der Kirche?), die Werke des heidnischen Myrddin zu zensieren, und in diesem Fall könnte sein berühmter Tod auf dem Pfahl eines Fischwehres umfunktioniert worden sein zu einer Strafe, die man dem »rasenden« »Schwarzen« für sein unchristliches Betragen auferlegte. Eines der Verbrechen Ysgolans war es, daß »er einen Almanach im Wasser versenkte«, und Merlins irisches *alter ego* Suibhne Geilt wurde von einem Heiligen verflucht, weil er einen wunderschönen Psalter in einen See geworfen hatte.

3 J. Gwenogvryn Evans (Hrsg.), Facsimile and Text of the Book of Taliesin, Llanbedrog 1910, S. 23–27; die Übersetzung ins Englische stammt von Patrick K. Ford, The Mabinogi and other Medieval Welsh Tales, Los Angeles 1977, S. 184–87

4 Sir John Morris-Jones, »Taliesin«, in: Y Cymmrodor, London 1918, XXVIII, S. 281–82; William J. Watson, The History of the Celtic Place-Names of Scotland, Edinburgh 1926, S. 343–44; Ifor Williams (Hrsg.), Canu Taliesin, Cardiff 1960, S. XXVIII; Rachel Bromwich (Hrsg.), Trioedd Ynys Prydein – The Welsh Triads, 2. Auflage, Cardiff 1978, S. 540

5 Myrddins irisches *alter ego*, Suibhne Geilt, vernimmt an seiner Zufluchtsstätte in den Wäldern den »Jagdruf einer Menge am Rande des Forstes« und spricht die verschiedenen Bäume in einer Reihe von Versen an, wobei er jedem einzelnen von ihnen einen Namen gibt wie dies auch im *Cad Goddeu* der Fall ist. Vgl. J.G. O'Keefe (Hrsg.), Buile Suibhne ... The Adventures of Suibhne Geilt, London 1913, S. 62–68. Zu Baumschlachten in der keltischen Literatur siehe Sir John Rhŷs, »Notes on the Coligny Calendar together with

440

an Edition of the Reconstructed Calendar«, in: Proceedings of the British Academy, London 1910, IV, S. 139; Françoise Le Roux, Les Druides, Paris 1961, S. 69–71.
Man hat vermutet, daß einige der frühen walisischen Gestaltwechsel-Verse (aus dem 10. Jahrhundert?) zum großen Teil auf den ungewöhnlichen Erfindungsreichtum mittelalterlicher Dichter zurückgehen, die versuchten, »das Ansehen der traditionellen bardischen Ordnung zu fördern... indem sie Stil und Inhalt bewußt esoterisch gestalteten...« Vgl. Patrick Sims-Williams, »The Evidence for vernacular Irish literary influence on early mediaeval Welsh literature«, in: Dorothy Whitelock u. a. (Hrsg.), Ireland in Early Mediaeval Europe – Studies in Memory of Kathleen Hughes, Cambridge 1982, S. 243. Was nun *Cad Goddeu* betrifft, so könnte man dieses Gedicht mit einem Initiationsritus vergleichen, dem sich Cyprianus von Antiochia auf den Hängen des Olymp unterwarf.
»An dieser Heimstätte der Götter lehrte man ihn die Bedeutung musikalischer Noten und Klänge. Er hatte eine Vision von Baumstämmen und von Kräutern mit göttlicher Macht. Er erfuhr den Wechsel der Jahreszeiten und den Unterschied zwischen den einzelnen Tagen. Er vernahm Chöre von *daímones*, die sangen, sich bekriegten, im Hinterhalt lagen und sich gegenseitig täuschten. Er sah auch die Phalanx jedes einzelnen Gottes und jeder Göttin. Nach Sonnenuntergang nährte er sich von Früchten (nicht von Fleisch). Und so wurde er ganz allgemein in Vergehen und Werden der Kräuter, Bäume und Körper eingeweiht«. Vgl. A.B. Cook, Zeus – A Study in Ancient Religion, Cambridge 1914–40, Bd. 1, S. 110–111. Zu dem Glauben, daß Zeus die Menschen aus Bäumen schuf und daß sein Kult in einem Eichenhain angesiedelt war, siehe ders., S. 364–65, Bd. 3, S. 481. Diese Initiation, die »eine teilweise Ausbildung zum Seher« mit eingeschlossen haben könnte (John Ferguson, The Religions of the Roman Empire, London 1970), liest sich streckenweise wie eine Paraphrase des *Cad Goddeu* und läßt vermuten, daß das Gedicht vielleicht ähnliche Riten widerspiegelt – Riten, die ebenfalls auf einem heiligen Berg zelebriert wurden?

6 Der Schwarze Mann im *Owein* wird so genannt: »Oc wtwatr yw ar y koet hwnnw«. Vgl. John Rhŷs und J. Gwenogvryn Evans (Hrsg.), The Text of the Mabinogion and other Welsh Tales from the Red Book of Hergest, Oxford 1887, S. 166

7 Y Cymmrodor, XXVIII, S. 240–54; Sir Edward Anwyl, »Prolegomena to the Study of Old Welsh Poetry«, in: Transactions of the Honourable Society of Cymmrodorion, London 1903–4, S. 75

8 Y Cymmrodor, XXVIII, S. 242

9 Zu dem seherischen Umfeld der *awenyddion* siehe J. Gwyn Griffiths, »Giraldus Cambrensis *Descriptio Kambriae*, I, 16«, in: The Bulletin of the Board of Celtic Studies, Cardiff 1984, XXXI, S. 1–16. Sir Ifor Williams vermutet, daß die Gestaltwechsel-Verse »Nonsense-Verse« darstellen, die einer Taliesin-Saga aus dem 9. Jahrhundert entnommen sind, die den Kern des viel späteren *Hanes Taliesin* bildete. Dies hieße nun wirlich, das Pferd von hinten aufzuzäumen: haben die *awenyddion* ebenfalls aus dieser Saga zitiert? Vgl. die vorsichtige Einschätzung von Alwyn Rees, »Modern Evaluations of Celtic Narrative Tradition«, in: Proceedings of the Second International Congress of Celtic Studies, Car-

diff 1966, S. 51–52. Es könnte sein, daß hinter der Schwerverständlichkeit des *Cad Goddeu* und ähnlicher Verse Absicht steckte. Sigurdur Nordal kommt bei der vergleichbaren isländischen *Völuspá* zu dem Schluß: »Je schwerer sie zu verstehen ist, desto machtvoller zieht sie einen an. Die Menschen haben keinen Anreiz, die Tiefen von Werken auszuloten, die all ihre Schätze an der Oberfläche treiben lassen«. Vgl. ders., »Three Essays on *Völuspá*«, in: Saga-Book of the Viking Society, London 1970–71, XVIII, S. 79–80

10 H.M. Chadwick und N.K. Chadwick, The Growth of Literature, Cambridge 1932–40, Bd. 3, S. 850–51; Åke Hultkrantz, »Ecological and Phenomenological Aspects of Shamanism«, in: V. Diószegi und M. Hoppál (Hrsg.), Shamanism in Siberia, Budapest 1978, S. 30–31. Vgl. Mircea Eliade, Le Chamanisme et les Techniques Archaiques de l'Extase, Paris 1951, S. 17–22; Andreas Lommel, The World of the Early Hunters, London 1967, S. 69–74

11 André Leroi-Gourhan, The Art of Prehistoric Man, London 1968, S. 132–33, Tafel 57; J.G.D. Clark, »Star Carr, a Mesolithic Site in Yorkshire«, in: R.L.S. Bruce-Mitford (Hrsg.), Recent Archaeological Excavations in Britain, London 1956, S. 17–19, Tafel IIa. Man hat in mesolithischen Gräbern Geweihe gefunden, was auf einen eher rituellen als praktischen Zweck hindeutet. Andreas Lommel (a.a.O., S. 148–49) verfolgt die Spuren des Schamanismus bis in das Alpen-Paläolithikum vor 30 000 bis 50 000 Jahren zurück

12 Mircea Eliade, a.a.O., S. 29–30. Vgl. Andreas Lommel, a.a.O., S. 36–39; S.I. Vajnstejn, »The Tuvan (Soyot) Shaman's Drum and the Ceremony of its ›Enlivening‹«, in: V. Diószegi (Hrsg.), Popular Beliefs and Folklore Tradition in Siberia, Budapest 1968, S. 331–32; G.M. Vasilievich, »The Acquisition of Shamanistic Ability among the Evenki (Tungus)«, in: ebd., S. 345–46

13 John Rhŷs, Celtic Folklore, Welsh and Manx, Oxford 1901, S. 202–3. Diese Gestalt, »zu kolossal, als daß irgendein Haus sie beherbergen könnte«, die auf ihrem Berggipfel hockt, kann vielleicht mit dem gehörnten Gott Cernunnos gleichgesetzt werden. Vgl. John Rhŷs, Lectures on the Origin and Growth of Religion as Illustrated by Celtic Heathendom, London 1888, S. 250–51; J. Lloyd-Jones, Geirfa Barddoniaeth Gynnar Gymraeg, Cardiff 1931–63, S. 37; Anne Ross, Pagan Celtic Britain – Studies in Iconography and Tradition, London 1967, S. 137–38. Zu dem Tabu, den Namen einer Gottheit auszusprechen, siehe Sir James George Frazer, Taboo and the Perils of the Soul, London 1927, S. 387–91

14 M.J. Field, »Spirit Possession in Ghana«, in: John Beattie and John Middleton (Hrsg.), Spirit Mediumship and Society in Africa, London 1969, S. 4, 9; Mircea Eliade, a.a.O., S. 136

15 Die Chadwicks scheinen als einzige dies bemerkt zu haben (vgl. H.M. Chadwick und N.K. Chadwick, a.a.O., Bd. 3, S. 888–89), doch im Falle Suibhnes werden die Parallelen erörtert. Vgl. Brigit Beneš, »Spuren von Schamanismus in der Sage ›Buile Suibhne‹«, in: Zeitschrift für Celtische Philologie, Tübingen 1960/61, XXVIII, S. 309–34

16 Der »Hinweis auf Merlin im Roman *Fergus* ... scheint direkt aus der nordbritischen Überlieferung in der Gegend von Arthuret zu stammen«. Vgl. A.O.H. Jarman, »A Note on the Possible Welsh Derivation of *Viviane*«, in: Gallica – Essay presented to J. Hey-

wood Thomas by Colleagues, pupils and friends, Cardiff 1969,
S. 10. In Island glaubte man, Heerscharen von Seelen Verstorbener
beträten einen heiligen Berg (H.R. Ellis Davidson, Scandinavian
Mythology, London 1982, S. 42), und bei den Lappen »war das
Land der Verstorbenen identisch mit ›dem Land im Inneren des
Berges geworden‹«. Vgl. Rafael Karsten, The Religion of the Samek
– Ancient Beliefs and Cults of the Scandinavian and Finnish Lapps,
Leiden 1955, S. 107; Louise Bäckman und Åke Hultkrantz, Studies
in Lapp Shamanism, Stockholm 1978, S. 81

17 Mircea Eliade, Le Chamanisme et les Techniques Archaiques de
l'Extase, Paris 1951, S. 125–26, 134, 137, 144, 149–51, 153, 166,
262, 291, 395, 415–19; N.K. Chadwick, Poetry and Prophecy,
Cambridge 1942, S. 58; Andreas Lommel, The World of the Early
Hunters, London 1967, S. 111; Ivar Paulson, Åke Hultkrantz und
Karl Jettmar, Les Religions Arctiques et Finnoises, Paris 1965,
S. 132; Popular Beliefs in Siberia, S. 312, 324–25, 336; Ivar Lissner,
Man, God and Magic, London 1961, S. 272, 282–83; M. Ja. Zhor-
nickaya, »Dances of Yakut Shamans«, in: V. Diószegi und M.
Hoppál (Hrsg.), Shamanism in Siberia, Budapest 1978, S. 304; V.
A. Tugolukov, »Some Aspects of the Beliefs of the Tungus (Evenki
and Evens)«, ebd., S. 426. Der nordische Gott Loki flog in Freyas
gefiedertem Gewand nach Jötunheim; Freya selbst praktizierte
seidr, die Wahrsagerei. Vgl. C.J. Bleeker, The Sacred Bridge –
Researches into the Nature and Structure of Religion, Leiden 1963,
S. 107

18 P.L. Henry, The Early English and Celtic Lyric, London 1966,
S. 26–27, 137–49; Peter Gelling und Hilda Ellis Davidson, The
Chariot of the Sun and Other Rites and Symbols of the Northern
Bronze Age, London 1969, S. 175–76; Whitley Stokes (Hrsg.),
Three Irish Glossaries, London 1862, S. 45; Anne Ross, Pagan
Celtic Britain – Studies in Iconography and Tradition, London
1967, S. 262–63. Der entstellte Bericht im nordischen Speculum
Regale muß von dieser Vorstellung herrühren, und Suibhnes Epi-
theton geilt entspricht in gewisser Hinsicht dem Beinamen uolatiles.
Vgl. Kuno Meyer, »The Irish Mirabilia in the Norse ›Speculum
Regale‹«, in: Ériu, Dublin 1908, IV, S. 12; James Carney, »›Suibhne
Geilt‹ and ›The Children of Lir‹«, in: Éigse – A Journal of Irish
Studies, Dublin 1950, VI, S. 97–100

19 Arthur C.L. Brown, »The Esplumoir and Viviane«, in: Speculum,
Cambridge, Mass. 1945, XX, S. 426–32; R.S. Loomis, »The Esplu-
meor Merlin Again«, in: Bulletin Bibliographique de la Société
Internationale Arthurienne, Paris 1957, S. 79–83; Alexandre Micha,
Etude sur le »Merlin« de Robert de Boron, Genf 1980, S. 22; Pierre
le Gentil, »The Work of Robert de Boron and the Didot Perceval«,
in: R.S. Loomis (Hrsg.), Arthurian Literature in the Middle Ages:
A Collaborative History, Oxford 1959, S. 259, 261

20 Mircea Eliade, a.a.O., S. 47–50; J.G. Frazer, Totemism and
Exogamy: A Treatise on Certain Early Forms of Superstition and
Society, London 1935, Bd. 3, S. 373–467. Zum Fasten als Vorberei-
tung auf ekstatische oder prophetische Visionen in klassischen und
frühchristlichen Zeiten siehe Violet MacDermot, The Cult of the
Seer in the Ancient Middle East, London 1971, S. 12, 40–42, 96

21 Kathleen Mulchrone (Hrsg.), Bethu Phátraic – The Tripartite Life

of Patrick, Dublin 1939, S. 70–71; Whitley Stokes (Hrsg.), The Tripartite Life of Patrick with Other Documents Relating to that Saint, London 1887, S. 418; Theodor Mommsen (Hrsg.), »Historia Brittonum cum Additamentis Nennii«, in: Monumenta Germaniae Historica, XIII, Chronica Minora, Bd. 3, Berlin 1894, S. 191; S. Baring-Gould und John Fisher, The Lives of the British Saints, London 1907, Bd. 1, S. 17–21, Whitley Stokes (Hrsg.), The Martyrology of Oengus the Culdee, London 1905, S. 68

22 Von Lailoken heißt es, daß er zusätzlich »mit Lederriemen gebunden war... so daß der König kommen konnte, um Neues von ihm zu erfahren«. Kann sich hierin ein Brauch spiegeln, ähnlich dem der Schamanen der Kharty, die während ihrer prophetischen Zuckungen gebunden am Boden lagen? Vgl. J. Balázs, »The Hungarian Shaman's Technique of Trance Induction«, in: Popular Beliefs in Siberia, S. 59. Vgl. ferner A.A. Popov, »How Sereptic Djaruoskin of the Nganasans (Tavgi Samoyeds) Became a Shaman«, ebd., S. 139, und Andreas Lommel, The World of the Early Hunters, London 1967, S. 69. Eine Gestalt, in skandinavisches Rentierhorn eingeritzt und etwa von 6000 v. Chr., stellt eine schamanistische Figur dar, die »anscheinend gefesselt ist und schläft«. Vgl. Ellis Davidson, Scandinavian Mythology, S. 16 f

23 Ivar Lissner, Man, God and Magic, London 1961, S. 272–73; vgl. Mircea Eliade, a.a.O., S. 30, 97–102, 144, 149, 153, 167; B. Gunda, »Survivals of Totemism in the Hungarian táltos Tradition«, in: Popular Beliefs in Siberia, S. 42, 48; ebd., S. 202–3, 346, 400–401; G.N. Gracheva, »A Nganasan Shaman Costume«, in: V. Diószegi und M. Hoppál (Hrsg.), Shamanism in Siberia, Budapest 1978, S. 323; Sir James George Frazer, Folklore in the Old Testament – Studies in Comparative Religion, Legend and Law, London 1918, Bd. 1, S. 32–35

24 Mircea Eliade, Le Chamanisme et les Techniques Archaiques de l'Extase, Paris 1951, S. 403–4

25 Alfred Nutt, The Celtic Doctrine of Re-birth, London 1879, S. 295–99. Vgl. Thomas F. O'Rahilly, Early Irish History and Mythology, Dublin 1957, S. 323–25

26 G.M. Vasilievich, »Shamanistic Songs of the Evenki (Tungus)«, in: V. Diószegi, Popular Beliefs and Folklore Tradition in Siberia, Budapest 1968, S. 354–55; Andreas Lommel, a.a.O., S. 64, 68

27 Vgl. ebd., S. 49–52, 59–63; Mircea Eliade, a.a.O., S. 93–99; Ivar Paulson, Åke Hultkrantz und Karl Jettmar (Hrsg.), Les Religions Arctiques, S. 128; Åke Hultkrantz, »Ecological and Phenomenological Aspects of Shamanism«, in: V. Diószegi und M. Hoppál (Hrsg.), Shamanism in Siberia, Budapest 1978, S. 38–40, 337, 343; Nevill Drury, The Shaman and the Magician – Journeys between the worlds, London 1982, S. 20–21; H.M. Chadwick und N.K. Chadwick, The Growth of Literature, Cambridge 1932–40, Bd. 3, S. 199. Die Schamanen der Lappen konnten »in der Gestalt von Wölfen und Bären herumlaufen«, und offenbar ist »der saiva oder Hilfsgeist des Schamanen in Gestalt eines Wolfes erschienen«. Vgl. Louise Bäckman und Åke Hultkrantz, Studies in Lapp Shamanism, Stockholm 1978, S. 57

28 Mircea Eliade, a.a.O., S. 81, 115. Schweineopfer spielen im koreanischen Schamanismus eine besonders wichtige Rolle. Vgl. Taegon

Kim, Photographs of Shamanism in Korea, Seoul 1981, Tafel 4, 5, 6, 35, 36; Jung-Young Lee, Korean Shamanistic Rituals, Den Haag 1981, S. 29, 33, 51, 97, 145, Tafel 203. Zur Opferung eines heiligen Schweins im finnischen Volksbrauch siehe Matti Kuusi, Keith Bosley und Michael Branch (Hrsg.), Finnish Folk Poetry Epic, Helsinki 1977, S. 269–70. »Die Gottheit... wird nie weit von ihrem Kulttier entfernt gesehen. Sie kann in Gestalt ihres heiligen Hundes, Hirsches, Pferdes oder Vogels auftreten, je nachdem...« Von einer düsteren Gestalt aus der Anderswelt wird berichtet, daß »sie ein schwarzborstiges, versengtes Schwein auf ihrem Rücken trägt, das unaufhörlich quiekt...« Vgl. Anne Ross, »The Divine Hag of the Pagan Celts«, in: Venetia Newall (Hrsg.), The Witch Figure, London 1973, S. 140, 147

29 Mircea Eliade, a.a.O., S. 64, 73; V. Diószegi und M. Hoppál (Hrsg.), a.a.O., S. 385. Zur weitverbreiteten Praxis von Initiationsritualen, die Tod und Wiederauferstehung symbolisieren, siehe J.G. Frazer, Balder the Beautiful – The Fire-Festivals of Europe and the Doctrine of the External Soul, London 1930, Bd. 2, S. 225–78. Christus wurde vor seiner Wiederauferstehung natürlich in einem Grab bestattet.

30 »gan unben deôr diarchar.
dy ylodi y dan dayar...
Olochwyt kyuot a thauot llyfreu
awen heb arsôyt
achwdyl bun a hun breudwyt.«

Zitiert nach: J. Gwenogvryn Evans (Hrsg.), The Poetry in the Red Book of Hergest, Llanbedrog 1911, S. 4. Das Gedicht *Gwasgarddgerdd vyrddin yn y bedd* (ebd., S. 5; Egerton G.B. Phillimore, »A Fragment from Hengwrt MS. No. 202«, in: Y Cymmrodor, 1886, VII, S. 151–54) enthält die gleiche Andeutung einer rituellen Wiederauferstehung

31 Vgl. Andreas Lommel, The World of the Early Hunters, London 1967, S. 54–59; A.J. Joki, »Notes on Selkup Shamanism«, in: V. Diószegi und M. Hoppál (Hrsg.), Shamanism in Siberia, Budapest 1978, S. 379; Mircea Eliade, Le Chamisme et les Techniques Archaiques de l'Extase, Paris 1951, S. 47–49, 53–55, 62–67; ders., The Two and the One, London 1965, S. 140–45

32 Ivar Paulson, Åke Hultkrantz und Karl Jettmar, Les Religions Arctiques et Finnoises, Paris 1965, S. 178, 186–87; V. Diószegi (Hrsg.), Popular Beliefs and Folklore Tradition in Siberia, Budapest 1968, S. 343; Andreas Lommel, a.a.O., S. 61; Mircea Eliade, The Two and the One, London 1965, S. 247

33 Ivar Lissner, Man, God and Magic, London 1961, S. 267; Ivar Paulson, Åke Hultkrantz und Karl Jettmar, a.a.O., S. 39–43; V. Diószegi und M. Hoppál (Hrsg.), a.a.O., S. 32–33; Mircea Eliade, Le Chamanisme et les Techniques Archaiques de l'Extase, S. 244–48; B. Gunda, »Survivals of Totemism in the Hungarian *táltos* Tradition«, in: V. Diószegi (Hrsg.), a.a.O., S. 42

34 Jede Strophe des *Bedwenni* beginnt mit *»Gwin y bid vedwen«*, »gesegnet ist die Birke«; vgl. Margaret Enid Griffiths, Early Vaticination in Welsh with English Parallels, Cardiff 1937, S. 85. Zum »kräftig gewachsenen Birkenbaum« als »einer Sprosse der Leiter, die bei den Schamanen der Shor und anderer Völker Erde und

Himmel verbindet«, siehe V. Diószegi, »Pre-Islamic Shamanism of the Baraba Turks and some Ethnogenetic Conclusions«, in: V. Diószegi und M. Hoppál (Hrsg.), a.a.O., S. 117–18

35 E.O. James, Creation and Cosmology – A Historical and Comparative Inquiry, Leiden 1969, S. 28; Anthony Faulkes (Hrsg.), Snorri Sturluson, Edda – Prologue and Gylfaginning, Oxford 1982, S. 43–45; H.T. Norris, Sahara Myth and Saga, Oxford 1972, S. 10–11; Mircea Eliade, A History of Religious Ideas, London 1979, Bd. 1, S. 142–45

36 Ders., Patterns in Comparative Religion, London 1958, S. 398–407; E.O. James, a.a.O., S. 23–24; Henri Frankfort, Kingship and the Gods: A Study of Ancient Near Eastern Religion as the Integration of Society and Nature, Chicago 1948, S. 148–59, 313–33; C.J. Bleeker, Egyptian Festivals – Enactments of Religious Renewal, Leiden 1967, S. 39–40; S.G.F. Brandon, Creation Legends of the Ancient Near East, London 1963, S. 19–29; E.D. James, The Tree of Life – An Archeological Study, Leiden 1966, S. 145–47. Wie Geo Widengren vermerkt hat, spiegeln die sieben Tage, die der Schöpfung im Buch *Genesis* zugeschrieben werden, eher die aufeinanderfolgenden Tage des Rituals wider als die zeitliche Abfolge im Mythos. Das babylonische *Enuma Elish* ist auf *sieben* Tafeln erhalten. Vgl. Geo Widengren, »Early Hebrew Myths and their Interpretation«, in: S.H. Hooke (Hrsg.), Myth, Ritual and Kingship, Oxford 1958, S. 175

37 Alwyn und Brinley Rees, Celtic Heritage – Ancient Tradition in Ireland and Wales, London 1961, S. 168–72; Alfred Nutt, a.a.O., S. 183–86; Eoin MacNeill, Early Irish Laws and Institutions, Dublin 1936, S. 104–8; Máire MacNeill, The Festival of Lughnasa – A Study of the Survival of the Celtic Festival of the Beginning of Harvest, Oxford 1962, S. 339–44

38 Ebd., S. 101–5. Zur Einbeziehung heidnischer Motive in die hagiographische Literatur siehe Felim Ó Brian, »Saga Themes in Irish Hagiography«, in: Séamus Pender (Hrsg.), Féilscríbhinn Torna, Cork 1947, S. 33–42; D.A. Binchy, »A pre-Christian survival in mediaeval Irish hagiography«, in: Dorothy Whitelock u.a. (Hrsg.), Ireland in Early Mediaeval Europe – Studies in Memory of Kathleen Hughes, Cambridge 1982, S. 165–78

39 Zum Plinlimmon als einem Heiligen Zentrum vgl. Alwyn und Brinley Rees, a.a.O., S. 175, 177. Vgl. auch A.W. Wade-Evans (Hrsg.), Vitae Sanctorum Britanniae et Genealogiae, Cardiff 1944, S. 26; Rachel Bromwich (Hrsg.), Trioedd Ynys Prydein – The Welsh Triads, 2. Auflage, Cardiff 1978, S. 246–47; John O'Donovan (Hrsg.), leabhar na g'ceart, or The Book of Rights, Dublin 1847, S. LXI–IV; H. O'Neill Hencken, »A Gaming Board of the Viking Age«, in: Acta Archaeologica, Kopenhagen 1933, IV, S. 85–104; Alwyn und Brinley Rees, a.a.O., S. 154–56; Elizabeth A. Gray (Hrsg.), Cath Maige Tuired – The Second Battle of Mag Tuired, Naas 1982, S. 40, 93–94

40 John Rhŷs, Lectures on the Origin and Growth of Religion as Illustrated by Celtic Heathendom, London 1888, S. 398–403; W.J. Gruffydd, Math vab Mathonwy, Cardiff 1928, S. 60–61

41 Mircea Eliade, Myth and Reality, London 1964, S. 50–60; ders., The Quest – History and Meaning in Religion, Chicago 1969,

S. 140–41. Zum König als Oberhaupt der Schamanen im alten China siehe K.C. Chang, Art, Myth, and Ritual – The Path to Political Authority in Ancient China, Harvard 1983, S. 44–45. Gleichermaßen war »die Rolle des Königs als Wahrsager, Seher und Prophet« in Babylonien von entscheidender Bedeutung. »Dieser Aspekt des Königtums war in älteren Zeiten sehr wichtig; der König war ein Priester-König, ein Vermittler zwischen dem Volk und den Göttern, und indem er den Willen des Gottes herausfand und ihm gehorchte, sicherte er Frieden und Wohlstand...Daß Ziusudra eine Statue vom Gott des Schwindelgefühls anfertigte, legt nahe, daß er durch Ekstase mit der jenseitigen Welt zu kommunizieren vermochte und deswegen vor dem Schwindelgefühl, das einer ekstatischen Trance vorangeht und sie herbeiführt, Achtung empfand und diesen Zustand anstrebte.« Vgl. Thorkild Jacobsen, »The Eridu Genesis«, in: Journal of Biblical Literature, Chico, Californien 1981, C, S. 523

42 Vgl. E.O.G. Turville-Petre, Myth and Religion of the North – The Religion of Ancient Scandinavia, London 1964, S. 45; ders., Origins of Icelandic Literature, Oxford 1953, S. 55–64, 200–202; Sigurdur Nordal, »Three Essays on Völuspá«, in: Saga-Book of the Viking Society, London 1970–71, XVIII, S. 81

43 Vergil wurde im Mittelalter als Prophet angesehen; vgl. J. Lloyd-Jones, Geirfa Barddoniaeth Gynnar Gymraeg, Cardiff 1931–63, S. 505. J.J. Tierny, »The Celtic Ethnography of Posidonius«, in: Proceedings of the Royal Irish Academy, Dublin 1960, LX, S. 269; Brynley F. Roberts, »Geoffrey of Monmouth and Welsh Historical Tradition«, in: Nottingham Mediaeval Studies, Nottingham 1976, XX, S. 39–40; Michael J. Curley, »A New Edition of John of Cornwall's Prophetia Merlini«, in: Speculum, Cambridge, Mass. 1982, LVII, S. 224–29

44 Dr. Brinley F. Robert zeigt auf, daß für Geoffrey das übergreifende geschichtliche Thema ein »Mythos von Einheit, Verlust und Erneuerung« ist (vgl. ders., a.a.O., S. 36), und daß er dies aus keltischen Originalen ableitete. Man könnte annehmen, daß dieser Zyklus unter dem Einfluß des Christentums und dem Druck nationaler Erniedrigung eine frühere Vorstellung von kosmischer Erneuerung überlagerte. Susan M. Schwarz hebt hervor: »Sowohl in der Bibel als auch in der Historia Regum Britanniae wird das historische Moment von einem eschatologischen begleitet (»The Founding and Self-betrayal of Britain – An Augustinian Approach to Geoffrey of Monmouth's Historia Regum Britanniae«, in: Medievalia et Humanistica, Cambridge 1981, X, S. 49), und von Gildas könnte man dasselbe sagen. Obwohl sich beide Autoren auf die Bibel als Modell stark stützten, ist die Adaptation durch das Erbe der einheimischen Überlieferung des Gedichtes Armes Prydein vielleicht erleichtert worden. Entsprechend wurde der kanaanäische Mythos vom Kampf Gottes mit dem Drachen und dem Meer zu einem historischen Ereignis umgewandelt; vgl. John Day, God's conflict with the dragon and the sea – Echoes of a Canaanite myth in the Old Testament, Cambridge 1985, S. 88–140

45 J. Loth (Hrsg.), Les Mabinogion, Paris 1889, Bd. 2, S. 259–60

46 Anthony Faulkes, a.a.O., S. 13; Hugh G. Evelyn-White (Hrsg.), Hesiod – The Homeric Hymns and Homerica, London 1914, S. 13;

vgl. Edgar C. Polomé, »Some Comments on *Völuspá*, Stanzas 17–18«, in: ders. (Hrsg.), Old Norse Literature and Mythology – A Symposium, Austin 1969, S. 265–67: B. Sijmons (Hrsg.), Die Lieder der Edda, Halle 1888, Bd. 1, S. 3; Patrick K. Ford, The Mabinogi and other Mediaeval Welsh Tales, Los Angeles 1977, S. 183

47 L. Fleuriot, »Les Fragments du Texte Brittonique de la ›Prophetia Merlini‹«, in: Études Celtiques, Paris 1974, XIV, S. 56. Es ist möglich, daß Gildas' *De Excidio Britanniae,* dessen Titel eine Parallele zu dem *ormes brydein* darstellt, das in *Cyfoesi Myrddin a Gwenddydd ei Chwaer* erwähnt wird (vgl. Ifor Williams [Hrsg.], Armes Prydein o Lyfr Taliesin gyda Rhagymadrodd a Nodiadau, Cardiff 1955, S. XXXVIII–XLI), sich vielleicht an der einheimischen prophetischen Überlieferung orientiert hat, von der Gildas' Zeitgenosse Procopius anklingen läßt, es habe sie durchaus gegeben. »Hactenus cum regibus patriae non minus prophetarum oraculis quam nostris sermonibus disceptavimus«, wie er schreibt, wobei seine Quelle wohl eher christliche Propheten als einheimische heidnische Seher waren. Der Umstand, daß die fünf britischen Könige mit den Namen von wilden Tieren angeredet werden, spiegelt vielleicht auch Gebräuche keltischer Weissagung wider.
Robert W. Hanning legt in seiner scharfsinnigen Abhandlung über die frühe britische Historiographie nahe, daß es »aufgrund eines seltsamen Zufalls der Geschichte« so kam, daß die Historiker fünfhundert Jahre lang den Konzept-Rahmen akzeptierten, der ihnen von Gildas' *liber querulus* vorgegeben worden war (The Vision of History in Early Britain – From Gildas to Geoffrey of Monmouth, New York 1966, S. 61–62). Doch obwohl der Einfluß von Eusebius und Oriosius offenkundig ist – könnte es sich nicht so verhalten haben, daß das *De Excidio* als ein christianisiertes *ormes* für die Eingliederung in die einheimische Überlieferung psychologisch möglich und akzeptabel wurde?

Kapitel XI Die Reise in die Anderswelt und der Dreifache Tod (S. 268 bis 306)

1 P.L. Henry, The Early English and Celtic Lyric, London 1966, S. 84–85, 107; T.H. Parry-Williams, »Welsh Poetic Diction«, in: The Proceedings of the British Academy, London 1946, XXXII, S. 21; J. Lloyd-Jones, »The Court Poets of the Welsh Princess, ebd., XXXIV, S. 15

2 Sir John Morris-Jones, »Taliesin«, in: Y Cymmrodor, London 1918, XXVIII, S. 239; John Rhŷs, Celtic Folklore, Welsh and Manx, Oxford 1901, S. 645; T. Gwynn Jones, Welsh Folklore and Folk-Custom, London 1930, S. 15–16; R.S. Loomis, Wales and the Arthurian Legend, Cardiff 1956, S. 137; vgl. V. Spilsbury, »Traditional Material in Artus de Bretaigne«, in: P.B. Grout u. a. (Hrsg.), The Legend of Arthur in the Middle Ages, Cambridge 1983, S. 187–89. Zur Milchstraße als *Seelenpfad* (im Original deutsch) und Straße für die Wilde Jagd siehe A.B. Cook, Zeus – A Study in Ancient Religion, Cambridge 1914–40, Bd. 2, S. 36–54, 62–63, 483–84

3 Alwyn und Brinley Rees, Celtic Heritage – Ancient Tradition in Ireland and Wales, London 1961, S. 83–94, 156. Zur Heiligkeit von

Grenzen bei den Kelten siehe L. Fleuriot, »La Grande Inscription Celtibère de Botorrita«, in: Études Celtiques, Paris 1975, XIV, 405–42

4 Kuno Meyer und Alfred Nutt, The Voyage of Bran Son of Febal, London 1895, S. 29–33, 155

5 Carl Selmer (Hrsg.), Navigatio Sancti Brendani Abbatis from Early Latin Manuscripts, Notre Dame, Indiana 1959, S. 78–81

6 Alwyn und Brinley Rees, a.a.O., S. 297, 325. Zu den *immrama* im allgemeinen siehe James F. Kenney, The Sources for the Early History of Ireland – An Introduction and Guide, New York 1929, S. 409–12; David Dumville, »Echtrae and Immram – Some Problems of Definition«, in: Ériu, Dublin 1976, XXVII, S. 73–94; Proinsias MacCana, »The Sinless Otherworld of Immram Brain«, in: ebd., S. 95–115

7 Alwyn und Brinley Rees, a.a.O., S. 97–98; zu der Insel Skellig Michael siehe Liam de Paor, »A Survey of Sceilg Mhichíl«, in: The Journal of the Royal Society of Antiquaries of Ireland, Dublin 1955, LXXXV, S. 174–87. Zu einem ähnlichen Brauch bei buddhistischen Schamanen in Japan siehe Joan Halifax, Shaman – The wounded Healer, London 1982, S. 73. Die Seelenreise des Schamanen folgte oft erkennbarem örtlichen Gelände; vgl. H.M. Chadwick und N.K. Chadwick, The Growth of Literature, Cambridge 1932–40, Bd. 3, S. 207, 217 und Joan Halifax, a.a.O., S. 17–18 sowie die Schamanenkarte auf S. 68

8 Vgl. Buchedd Collen, gedruckt von S. Baring-Gould und John Fisher, The Lives of the British Saints, London 1913, Bd. 4, S. 377; Alwyn und Brinley Rees, a.a.O., S. 346; C.N. Deedes, »The Labyrinth«, in: S.H. Hooke (Hrsg.), The Labyrinth – Further Studies in the Relation between Myth and Ritual in the Ancient World, London 1935, S. 3–42; Philip Rahtz, Excavations on Glastonbury Tor, Somerset, 1964–66«, in: The Archaeological Journal, London 1971, CXXVII, S. 6–7; C. Kerényi, Dionysos – Archetypal Image of Indestructible Life, London 1976, S. 90–107; A. B. Cook, a.a.O., Bd. 1, S. 486–90

9 Zitiert von Alwyn und Brinley Rees, a.a.O., S. 304. Die Initiation im Mysterienkult des Mithras erfolgte auf ähnliche Weise in einer Höhle, die die »Welt-Höhle« darstellte. Vgl. Leroy A. Campbell, Mithraic Iconography and Ideology, Leiden 1968, S. 7

10 Vgl. Morton Smith, Clement of Alexandria and a Secret Gospel of Mark, Harvard 1973, S. 238; Mircea Eliade, Patterns in Comparative Religion, London 1958, S. 102–8

11 Vgl. J.R. Watson, Wordsworth's Vital Soul – The Sacred and Profane in Wordsworth's Poetry, London 1982, S. 56–60

12 G.N. Gracheva, »A Nganasan Shaman Costume«, in: V. Diószegi und M. Hoppál (Hrsg.), Shamanism in Siberia, Budapest 1978, S. 318

13 Zu Wordsworths Rolle als Prophet vgl. J.R. Watson, a.a.O., S. 93–96. In dem Zitat aus der *Vita Merlini* stammt die bildliche Darstellung von Geoffrey selbst, obwohl sie genau mit der bardischen und druidischen Überlieferung übereinstimmt. Julius Cäsar berichtete über die gallischen Druiden: »Sie beschäftigen sich viel mit den Sternen und ihren Bewegungen...«. Vgl. T. Rice Holmes (Hrsg.), C. Iuli Caesaris Commentarii, Oxford 1914, S. 243. Auch

im nachrömischen Britannien zeigten sich die walisischen Barden der Kosmologie sehr zugetan (vgl. die Zitate in Y Cymmrodor, XXVIII, S. 241–42), und daß sie die Gestirne von Berggipfeln aus studierten, wird durch den Brauch des Idris Gawr nahegelegt, der »auf dem Gipfel eines Berges saß«, um die Sterne zu beobachten«. Vgl. Rev. William Basil Jones, Vestiges of the Gael in Gwynedd, London 1851, S. 55–56. Man glaubte von jedem, der sich auf demselben Gipfel (Cader Idris) lagerte, daß »eine von zwei Möglichkeiten eintreten werde, entweder wird er einer der besten Dichter oder er verliert völlig den Verstand«. Vgl. Hugh Owen, »Peniarth MS. 118, fos. 829–837.«, in: Y Cymmrodor, 1917, XXVII, S. 125. Dies heißt vielleicht, daß erleuchtete Propheten (awenyddion) gelegentlich auf dem Steinhaufen auf dem Gipfel lagen, um den nächtlichen Himmel zu studieren. Der heilige Berach störte die Druidin Cainech, wie sie auf dem Gipfel eines Berges (in Glendalough) dem Teufel huldigte und druidische Künste praktizierte. Vgl. Charles Plummer (Hrsg.), Bethada Náem nÉrenn – Lives of Irish Saints, Oxford 1922, Bd. 1, S. 30

14 Der Kampf mit einem Bergwächter war eine der Prüfungen, die ein tungusischer Schamane während seiner seherischen Reise zu bestehen hatte. Vgl. G.M. Vasilievich, »Shamanistic Songs of the Evenki (Tungus)«, in: V. Diószegi (Hrsg.), Popular Beliefs and Folklore Tradition in Siberia, Den Haag 1968, S. 356

15 Vgl. Paul Piehler, The Visionary Landscape – A Study in Medieval Allegory, London 1971. Daß das nochmalige Durchlaufen einer archetypischen Reise eine wundertätige Bedeutung besaß, ist eine alte und weitverbreitete Vorstellung; man denke nur an den ägyptischen Juden, der etwa 55 n. Chr. seine Anhänger auf einen Angriff auf Jerusalem vorbereitete, indem er sie mit Ochsenkarren in die Wildnis ziehen ließ; eine Methode, die »wahrscheinlich dazu diente, die alten Erlebnisse der Israeliten aus der Zeit vor der Eroberung nochmals zu inszenieren«. Vgl. David E. Aune, Prophecy in Early Christianity and the Ancient Mediterranean World, Grand Rapids, Michigan 1983, S. 128–29

16 Kenneth Jackson, Studies in Early Celtic Nature Poetry, Cambridge 1935, S. 3; vgl. Thomas F. O'Rahilly, Early Irish History and Mythology, Dublin 1957, S. 525–26. Angesichts der Tatsache, daß die »Hütte« Attribute aus der Anderswelt aufweist, ist schwer einzusehen, wie die Professoren Jackson und Carney sie als gewöhnliche Wohnstätte, sei es ebenerdig oder in einem Baum, betrachten konnten. Vgl. Kenneth Jackson, a.a.O., S. 35, 97, 122–23; ders., »A Further Note on Suibhne Geilt and Merlin«, in: Éigse – A Journal of Irish Studies, Dublin 1951, VII, S. 115; James Carney, »›Suibhne Geilt‹ and ›The Children of Lir‹«, ebd., 1950, VI, S. 87–88. Zu »Seith guaew gowanon« siehe A.O.H. Jarman (Hrsg.), Ymddiddan Myrddin a Thaliesin, Cardiff 1951, S. 16.
In einer irischen Geschichte macht sich Goibniu (Gobban) daran, Speerspitzen herzustellen, die alle, die sie berühren, töten werden, selbst wenn die Schlacht sieben Jahre weitertoben sollte. Vgl. Elizabeth Cray (Hrsg.), Cath Maige Tuired – The Second Battle of Mag Tuired, Dublin 1982, S. 50

17 Kenneth Jackson, »The Motive of the Three-fold Death in the Story

of Suibhne Geilt«, in: Rev. John Ryan (Hrsg.), Féil-Sgribhinn Eóin mhic Néill, Dublin 1940, S. 536–44

18 Rachel Bromwich (Hrsg.), Trioedd Ynys Prydein – The Welsh Triads, Cardiff 1961, S. 473. Die einzige bekannte walisische Geschichte, die Merlin in direkte Verbindung mit der Geschichte vom Dreifachen Tod bringt, scheint einer französischen literarischen Quelle entlehnt zu sein. Vgl. Thomas Jones, »Chwedl Myrddin a'r farwolaeth driphlyg yng nghroniel Elis Gruffudd«, in: The Bulletin of the Board of Celtic Studies, Cardiff 1956, XV, S. 184–88. Es ist vielleicht auch von Bedeutung, daß der nordbritische Wahnsinnige Ealladhan in *Buile Suibhne* seinen eigenen Dreifachen Tod zu prophezeien scheint. Mit der Tatsache, daß Lailoken auf einem Pfahl in einem Fluß aufgespießt wurde, läßt sich vielleicht das Schicksal eines Schamamen der Lappen vergleichen, dessen Bauch von einem Rivalen aufgeschlitzt wurde, der sich »in einen spitzen Pfahl verwandelt und sich in einem See verborgen hatte«. Vgl. Rafael Karsten, The Religion of the Samek – Ancient Beliefs and Cults of the Scandinavian and Finnish Lapps, Leiden 1955, S. 74

19 Kenneth Jackson, »The Sources for the Life of St. Kentigern«, in: N.K. Chadwick (Hrsg.), Studies in the Early British Church, Cambridge 1958, S. 328–30; James Carney, Studies in Irish Literature and History, Dublin 1955, S. 393

20 Donald J. Ward, »The Threefold Death: An Indo-European Trifunctional Sacrifice?«, in: Jaan Puhvel (Hrsg.), Myth and Law Among the Indo-Europeans, Berkeley, Californien 1970, S. 126, 137–38

21 Vgl. Proinsias MacCana, Celtic Mythology, London 1970, S. 26; Jaan Puhvel, a.a.O., S. 134–35; Thomás Ó Concheanainn, »The Act of Wounding in the Death of Muirchertach mac Erca«, in: Éigse, 1973, XV, S. 141–144; Brian Ó Cuív, »The Motif of the Threefold Death«, ebd., S. 145–50; Francis John Byrne, Irish Kings and High-Kings, London 1973, S. 97–102; Alwyn und Brinley Rees, a.a.O., S. 333–41; Tomás Ó Cathasaigh (Hrsg.), The Heroic Biography of Cormac mac Airt, Dublin 1977, S. 48–49

22 W.J. Gruffyd, Math vab Mathonwy, Cardiff 1928, S. 301–3

23 Ebd., S. 311

24 James Carney, Éigse, VI, S. 94

25 Rachel Bromwich, a.a.O., S. 207–9

26 Mircea Eliade, Patterns in Comparative Religion, London 1958, S. 272, 276, 279

27 Kenneth Jackson behauptet, daß die heterogenen Elemente, die die Geschichte vom Tod Lleus enthält, aus weitverbreiteten volkstümlichen Erzählungen stammen und keinen Mythos verkörpern können; vgl. ders., The International Popular Tale and Early Welsh Tradition, Cardiff 1961, S. 106–13, 128. Diese beschränkte Sichtweise (vgl. Eric P. Hamp, »Mabinogi«, in: The Transactions of the Honourable Society of Cymmrodorion, London 1975, S. 249) ignoriert jedoch, in welchem Ausmaß Volkssagen oft Mythen widerspiegeln und manchmal tatsächlich den *detritus* eines zerfallenen Mythos verkörpern. Er führt z.B. auf den Seiten 117–18 die Geschichte an, die von Thor erzählt wird, dem man Ziegenfleisch als Nahrung gibt und gleichzeitig einschärft, keine Knochen zu

brechen, sondern sie unversehrt auf den Ziegenhäuten auszubreiten. Ein Knochen wird aber doch zerbrochen, und als die Ziegen am nächsten Morgen wieder zum Leben erweckt werden, sieht man eine von ihnen hinken. Die gleiche Geschichte ist in der *Historia Brittonum* und an anderer Stelle nachzulesen und existierte offenkundig in Form einer Wandersage.

Solch eine Volkssage entsprang aber zweifelsohne aus Mythos und Ritual. Die sibirischen Tungusen etwa verehren und töten Bären. Nach einem Festmahl werden strenge Vorsichtsmaßnahmen getroffen, damit die Seele des Bären keinen Schaden nimmt.

»Es ist höchst wichtig, die Knochen auf eine Seite zu tun, so daß das Skelett des Bären auf einen Baum oder eine Plattform hoch über dem Boden gelegt werden kann. *Es dürfen keine Knochen fehlen, da die Seele des Bären sonst nie zur Ruhe kommt.*« Vgl. Ivar Lissner, Man, God and Magic, London 1961, S. 157–58. Siehe auch Åke Hultkrantz, »Ecological and Phenomenological Aspects of Shamanism«, in: V. Diószegi und M. Hoppál (Hrsg.), Shamanism in Siberia, Budapest 1978, S. 39; Ivar Paulson, »The Preservation of Animal Bones in the Hunting Rites of Some North-Eurasian Peoples«, in: V. Diószegi (Hrsg.), Popular Beliefs and Folklore Tradition in Siberia, Den Haag 1968, S. 451–57

28 Thomas F. O'Rahilly, Early Irish History and Mythology, Dublin 1957, S. 60–61; R.S. Loomis, Arthurian Tradition and Chrétien de Troyes, New York 1949, S. 379–82; ders., »The Origin of the Grail Legends«, in: Arthurian Literature in the Middle Ages: A Collaborative History, Oxford 1959, S. 289

29 Peter Gelling und Hilda Ellis Davidson, The Chariot of the Sun, London 1969, S. 166

30 Anne Ross, Pagan Celtic Britain – Studies in Iconography and Tradition, London 1967, S. 278

31 Anthony Faulkes (Hrsg.), Snorri Sturluson, Edda – Prologue and Gylfaginning, Oxford 1982, S. 18; vgl. Einar ÓL. Sveinsson, »Svipdag's long Journey«, in: Béaloideas: The Journal of the Folklore of Ireland Society, Dublin 1975, XXXIX–XLI, S. 316. Heinrich Wagner vergleicht den im Baum hängenden Lleu mit einem Vers, der in ähnlicher Weise beschreibt, wie Niske, der Blitz-Gott der Mordvinier in seiner Eiche hängt; vgl. ders., »Studies in the Origins of Early Celtic Civilisation«, in: Zeitschrift für Celtische Philologie, Tübingen 1970, XXXI, S. 35–36. Zu dem Weltbaum der Tataren siehe H.M. Chadwick und N.K. Chadwick, The Growth of Literature, Cambridge 1932–40, S. 87–88. In Sibirien glaubt man, daß Schamanen von Adlern geboren werden; vgl. B. Gunda, »Survivals of Totemism in the Hungarian *táltos* Tradition«, in: V. Diószegi (Hrsg.), Popular Beliefs and Folklore Tradition in Siberia, Den Haag 1968, S. 47–48 und Joan Halifax, Shaman – The wounded Healer, London 1982, S. 19, 23

32 W.J. Gruffyd, Math vab Mathonwy, Cardiff 1928, S. 144. Von Lugs Vater Cian heißt es, er sei von einer Trinität von Göttern erschlagen worden. Der Geschichte *Oidheadh Chloinne Tuireann* zufolge besaß er die Gestalt eines Schweines, als man ihm einen Speer durch die Brust stieß. Als er wieder seine menschliche Gestalt annahm, wurde er unverzüglich zu Tode gesteinigt. Dies sieht nach einer anderen Version des Dreifachen Todes von Lug aus; die

Elemente des Speerstoßes und des Steinigens finden sich in den Lailoken-Episoden. Könnte es eine Zeit gegeben haben, da man Lugs Tod durch die rituelle Opferung eines Schweines gedachte? Wäre dies die Bedeutung des Schweines am Fuße von Lleus Baum? Das Schwein verschlingt alles, was an Lleu sterblich ist; es ist nicht schlüssig, ob Cian in der originalen Fassung zu einem *Schwein* wurde; vgl. Thomas F. O'Rahilly, Early Irish History and Mythology, Dublin 1957, S. 310–11

33 Anne Ross, a.a.O., S. 252; Zeitschrift für Celtische Philologie, XXXI, S. 24–25, 29–30; Proinsias MacCana, Celtic Mythology, London 1970, S. 29

34 E.O.G. Turville-Petre, Myth and Religion of the North – The Religion of Ancient Scandinavia, London 1964, S. 36, 42

35 Ebd., S. 279; H.M. Chadwick, The Cult of Othin – An Essay on the Ancient Religion of the North, London 1899, S. 73–80; Sigurdur Nordal (Hrsg.), Völuspá, Durham 1978, S. 37. Zu Snorris Beschreibung der Weltesche Yggdrasil siehe Anthony Faulkes, a.a.O., S. 17. Die Anspielungen auf Lugs Tod in einer irischen Sage sind bedeutungsvoll: nach einem Dindshenchas-Vers wurde er von einer Trinität getötet (wahrscheinlich drei Aspekten derselben Gottheit), und zwar in Uisnech, dem Heiligen Zentrum *(Omphalos)* von Irland. Vgl. Máire MacNeill, The Festival of Lughnasa – A Study of the Survival of the Celtic Festival of the Beginning of Harvest, Oxford 1962, S. 7, 322. Eindeutig verbirgt sich dahinter ein dreifacher Tod, und das Heilige Zentrum ist der Ort, an dem der Baum des Lebens seine Wurzeln in die Erde senkt.

36 Anthony Faulkes, a.a.O., S. 50. Vgl. die prachtvolle, mit Einlegearbeiten verzierte Speerspitze, die in dem Buch von H.R. Ellis Davidson abgebildet ist, Scandinavian Mythology, London 1982, S. 35. König Äthelstane bekam von Hugo Capet einen Speer, der als der Karls des Großen beschrieben wird, aufgrund seiner Attribute aber letztlich auf Odins Speer zurückgeht. Er wurde auch (wie der Speer des Lug in der Gralsburg) mit der Lanze gleichgesetzt, mit der Longinus Christus in die Seite stach (vgl. William A. Chaney, The Cult of Kingship in Anglo-Saxon England – The Transition from Paganism to Christianity, Manchester 1970, S. 145–46; Thomas D. Hill, »Longinus, Charlemagne, and Ódinn – William of Malmesbury, De Gestis Regum Anglorum II, 135«, in: Saga-Book of the Viking Society, London 1982–83, XXI, S. 80–84

37 Folke Ström, On the Sacral Origin of Germanic Death Penalties, Stockholm 1942, S. 146–50; H.M. Chadwick, a.a.O., S. 66–67. Die Leiche eines Menschen, der im ersten Jahrhundert v. Chr. geopfert worden war, wurde 1951 in Tollung (Dänemark) entdeckt; man hatte ihn gehängt und ertränkt; vgl. F.M. Bergounioux und Joseph Goetz, Prehistoric and Primitive Religions, London 1965, S. 54–55. Ein arabischer Reisender, der im 10. Jahrhundert nach Rußland kam, wurde Zeuge einer mehrfachen Opferung einer Sklavin anläßlich des Begräbnisses eines Fürsten der Waräger. Sie wurde erdrosselt und gleichzeitig mit einem Dolch erstochen. Möglicherweise ist noch eine dritte Todesart im Spiel, da man ihr einen Trank reichte, der sie so »geistesabwesend machte, daß sie nicht mehr sehen konnte, wohin sie ging«; vgl. H.M. Smyser, »Ibn Fadlan's Account of the Rus with Some Commentary and Some Allusions to Beo-

wulf«, in: Jess B. Bessinger Jr. und Robert P. Creed (Hrsg.), Medieval and Linguistic Studies in Honor of Francis Peabody Magoun, Jr., London 1965, S. 99–100. Vgl. R.I. Page, »Anglo-Saxon Runes and Magic«, in: The Journal of the British Archaeological Association, London 1964, XXVII, S. 16; H.M. Chadwick, a.a.O., S. 68–82; Folke Ström, a.a.O., S. 135–50; F.O.G. Turville-Petre, Myth and Religion of the North – The Religion of Ancient Scandinavia, London 1964, S. 42–50. Gerade die Schwelle zwischen Leben und Tod könnte außergewöhnliche magische Macht besitzen; vgl. Folke Ström, a.a.O., S. 245. Åke v. Ström stellt die These auf, daß Könige »als Schöpfer des neuen Jahres und als Bindeglied zwischen Zeit und Ewigkeit« geopfert wurden; vgl. ders., The King God and his Connection with Sacrifice in Old Norse Religion«, in: La Regalità Sacra: Contributi al Tema dell' VIII Congresso Internazionale di Storia delle Religioni (Roma, Aprile 1955), Leiden 1959, S. 702–15

38 Jaan Puhvel (Hrsg.), Myth and Law Among the Indo-Europeans, Berkeley 1970, S. 131, 141

39 James L. Sauvé, »The Divine Victim: Aspects of Human Sacrifice in Viking Scandinavia and Vedic India«, in: ebd., S. 177

40 Winfred P. Lehmann, »From Phonetic Facts to Syntactic Paradigms – The Noun in Early PIE«, in: Edgar C. Polomé (Hrsg.), The Indo-Europeans in the Fourth and Third Millennia, Ann Arbor 1982, S. 140–41; Marija Gimbutas, »Old Europe in the Fifth Millennium B.C. – The European Situation on the Arrival of the Indo-Europeans«, in: ebd., S. 19

41 Jaan Puhvel, »Indo-European Structure of the Baltic Pantheon«, in: Gerald James Larson (Hrsg.), Myth in Indo-European Antiquity, Berkeley 1974, S. 84–85; James L. Sauvé, in: Jaan Puhvel (Hrsg.), Myth and Law Among the Indo-Europeans, Berkeley 1970, S. 182–91; Jeannine E. Talley, »The Threefold Death in Finnish Lore«, in: ebd., S. 143–46

42 E.O. James, »The Tree of Life«, in: E.C.B. MacLaurin (Hrsg.), Essays in Honour of Griffiths Wheeler Thatcher 1863–1950, Sydney 1967, S. 118

43 Ebd., S. 108–11; S.H. Hooke, »The Myth and Ritual Pattern in Jewish and Christian Apocalyptic«, in: S.H. Hooke (Hrsg.), The Labyrinth: Further Studies in the Relation between Myth and Ritual in the Ancient World, London 1935, S. 228–29

44 E.O. James, The Tree of Life – An Archaeological Study, Leiden 1966, S. 161–62; E.C.B. Mac Laurin, a.a.O., S. 108–14; Mircea Eliade, Patterns in Comparative Religion, London 1958, S. 292–94, 375, 378–79; ders., The Two and the One, London 1962, S. 54–55; Geo. Widengren, Mesopotamian Elements in Manichaeism, Uppsala 1946, S. 124–29. Die Vorstellung vom Lebensbaum ist dem Menschen selbst eigen: »Seine Wurzeln sind im Himmel, in Gott, und auch in tiefsten Tiefen.« Zitiert nach Nicolas Berdjaew, The Destiny of Man, London 1937, S. 46. Es ist auch von Bedeutung, daß die Chronologie und die Familienfolge des Menschen immer wieder in Form eines Baumes dargestellt wird; vgl. C.R. Hallpike, The Foundations of Primitive Thought, Oxford 1979, S. 219–20; R. Howard Bloch, Etymologies and Genealogies – A Literary Anthropology of the French Middle Ages, Chicago 1983, S. 87–91

45 E.O.G. Turville-Petre, Myth and Religion of the North – The Religion of Ancient Scandinavia, London 1964, S. 48–49

46 Ebd., S. 49; vgl. S. 43–50; H.M. Chadwick, The Cult of Othin – An Essay on the Ancient Religions of the North, London 1899, S. 72–82

47 E.O.G. Turville-Petre, a.a.O., S. 42–43; H.R. Ellis Davidson, Scandinavian Mythology, London 1982, S. 111, 124; Mary R. Gerstein, »Germanic Warg – The Outlaw as Werwolf«, in: James Larson (Hrsg.), Myth in Indo-European Antiquity, Berkeley 1974; William A. Chaney, The Cult of Kingship in Anglo-Saxon England – The Transition from Paganism to Christianity, Manchester 1970, S. 51–52

48 Vgl. Jaan Puhvel (Hrsg.), Myth and Law Among the Indo-Europeans, Berkeley 1970, S. 183; Jeannine L. Talley, »Runes, Mandrakes and Gallows«, in: James Larson, a.a.O., S. 163–65, 167. Posidonius berichtet im 2. Jahrhundert v. Chr., daß die Gallier seiner Tage bei ihren Opfern »eine einzigartige Gottlosigkeit« an den Tag legten: Verbrecher wurden fünf Jahre lang in Gewahrsam gehalten und dann gekreuzigt; vgl. J.J. Tierney, »The Celtic Ethnography of Posidonius«, in: Proceedings of the Royal Irish Academy, Dublin 1960, LX, S. 229. In einer irischen Volkssage erscheint Cuchulain (der Sohn des Lug) als der an einem Baum »Aufgehängte Nackte Mann«, und an anderer Stelle wird er mit Christus gleichgesetzt; vgl. R.S. Loomis, Celtic Myth and Arthurian Romance, New York 1927, S. 18–21, 51, 135

49 Matthew Black und H.H. Rowley (Hrsg.), Peake's Commentary on the Bible, London 1962, S. 797

50 Sir James George Frazer, The Scapegoat, London 1925, S. 413. Es scheint bezeugt, daß man von Jesus annahm, er sei am dritten Tag in den Himmel aufgestiegen; vgl. Bruce M. Metzger, Historical and Literary Studies – Pagan, Jewish and Christian, Leiden 1968, S. 22

51 A.E. Harvey, Jesus and the Constraints of History, London 1982, S. 3–4, 11; S.G.F. Brandon, Jesus and the Zealots – A Study of the Political Factor in Primitive Christianity, Manchester 1967, S. 1

52 »Die außerordentliche Seltenheit des Motivs der Kreuzigung in mythischen Überlieferungen, selbst in hellenistischer und römischer Epoche, zeigt die tiefe Abneigung der literarischen Welt gegen diese grausamste aller Strafen.« Vgl. Martin Hengel, Crucifixion in the ancient world and the folly of the message of the cross, Philadelphia 1977, S. 14–15. Am ausgeprägtesten war diese Abneigung in Judäa; vgl. ebd., S. 85

53 J. Gwyn Griffiths (Hrsg.), Plutarch's De Iside et Osiride, Cardiff 1970, S. 55–56; vgl. Sir James George Frazer, The Dying God, London 1923, S. 5–6. C. Scott Littleton, The New Comparative Mythology – An Anthropological Assessment of the Theories of George Dumézil, Los Angeles 1966, S. 9–14. Ausgezeichnet die Abhandlung über die skandinavische Trinität, die über die Schöpfung wacht, von Edgar C. Polomé, »Some Comments on Völuspá, Stanzas 17–18«, in: ders. (Hrsg.), Old Norse Literature and Mythology – A Symposium, Austin 1969, S. 264–90.

In Irland wurde Lug von einer dreifaltigen Gottheit getötet (vgl. Máire MacNeill, The Festival of Lughnasa – A Study of the Survival of the Celtic Festival of the Beginning of Harvest, Oxford 1962,

S. 7, 322); spiegelte das Dreifache Opfer den Tod und die Wiederauferstehung eines Gottes unter seinen drei verschiedenen Aspekten wider? Zu Abhandlungen über die Bedeutung der Trinität siehe R.C. Zaehner, Concordant Discord – The Interdependence of Faiths, Oxford 1970, S. 413; C.G. Jung, »A Psychological Approach to the Trinity«, in: Psychology and Religion – West and East, New York 1958, S. 107–200; David L. Miller, »Between God and the Gods – Trinity«, in: Eranos Jahrbuch 1980, Frankfurt 1981, XLIX, S. 81–148. »Drei Prinzipien wirken in der Welt: Die Vorsehung, d.h. der kosmische Gott; die Freiheit, d.h. der menschliche Geist; und das Schicksal oder Geschick, d.h. die Natur, die verdichtete, gehärtete Folge der dunklen meonischen Freiheit« (Nicolas Berdjaew, The Destiny of Man, London 1937, S. 46). Die frühe christliche Überlieferung stellte die Dreifaltigkeit als unmittelbar an der Schöpfung des Menschen beteiligt dar; vgl. S.G.F. Brandon, Creation Legends of the Ancient Near East, London 1963, Tafel-VIII. Philon von Alexandria war der Ansicht, ein rechtwinkeliges Dreieck sei »die Quelle, der das Universum entspringt«; vgl. Violet MacDermot, The Cult of the Seer in the Ancient Middle East, London 1971, Bd. 1, S. 29

54 Michel Aubineau, »Une homélie grecque inédite sur la Transfiguration«, in: Analecta Bollandiana, Brüssel 1967, LXXXV, S. 423
55 C.G. Jung, Der Mensch und seine Symbole, Olten (Walter-Verlag AG) 1985, S. 73; Mircea Eliade, The Two and the One, London 1962, S. 210
56 Könige und Helden wurden als Inkarnationen Lugs angesehen; vgl. Heinrich Wagner, »The Origin of the Celts in the Light of Linguistic Geography«, in: Transactions of the Philological Society, Oxford 1969, S. 245. In Skandinavien war der Tod König Vikars als ein Menschenopfer gedacht, das man »als Odin-Ersatz« darbrachte; vgl. James L. Sauvé, »The Divine Victim: Aspects of Human Sacrifice in Viking Scandinavia and Vedic India«, in: Jaan Puhvel (Hrsg.), Myth and Law among the Indo-Europeans, Los Angeles 1970, S. 180–81
57 An anderer Stelle in The Book of Taliesin läßt man Taliesin behaupten, daß er »mit Lleu und Gwydion im Cad Goddeu war«: Bum ygkat godeu gan lleu a gôydyon«. Vgl. J. Gwenogvryn Evans (Hrsg.), Facsimile and Text of the Book of Taliesin, Llanbedrog 1910, S. 33. Tatsächlich wird Lleu im Text des Cad Goddeu nicht erwähnt; es sei denn, daß er als der Sprecher gedacht ist
58 The Proceedings of the British Academy, LIII, S. 137. annuab y lleian, »der Sohn der Nonne«, ist ein regelmäßig gebrauchter Euphemismus für Myrddin; vgl. Melville Richards, »Llwyn Lleiaf«, in: The Bulletin of the Board of Celtic Studies, Cardiff 1972–74, XXV, S. 272–73; Patrick Sims-Williams, »anfab«, »uneheliches Kind«: ein Geisterwort«, ebd., 1978–80, XXVIII, S. 90–93.
Zu lluagor siehe Rachel Bromwich, (Hrsg.), Trioedd Ynys Prydein – The Welsh Triads, Cardiff 1961, S. 98. Llew, »ein Löwe«, wird immer wieder versehentlich für Lleu gesetzt; vgl. John Rhŷs, Lectures on the Origin and Growth of Religion as Illustrated by Celtic Heathendom, S. 398–404; W.J. Gruffyd, Math vab Mathonwy, Cardiff 1928, S. 60–61. Im Afallennau und Hoianau heißt es von Myrddin, er habe seine prophetische Erleuchtung von

einem mysteriösen *hwimleian* erhalten: »der *hwimleian* prophezeit eine Geschichte«. A.O.H. Jarman übersetzt dies mit »bleicher Wanderer« und sieht darin den Hinweis auf einen Wahnsinnigen im Wald. Er zeigt auf überzeugende Art, wie mit dem Fußfassen der Merlinsage auf dem Kontinent aus dem *hwimleian* die Verführerin *Viviane* wurde, die Merlin in sein magisches Grab bannte. Vgl. A.O.H. Jarman, »Hwimleian, Chwibleian«, in: The Bulletin of the Board of Celtic Studies, 1955, XVI, S. 71–76; ders., »A Note on the Possible Welsh Derivation of Viviane«, in: Gallica – Essays presented to J. Heywood Thomas by colleagues, pupils and friends, Cardiff 1969, S. 1–12. Es ist eher wahrscheinlich, daß es sich bei dem »bleichen Wanderer« um eine Prophetin wie etwa Gwenddydd im *Cyfoesi* handelt; und in Anbetracht der einheimischen walisischen Überlieferung, nach der Merlin seine Tage in einem verzauberten »Gefängnis« beendete, darf man ebenfalls annehmen, daß die kontinentale Geschichte von *Viviane* nicht nur auf der Verstümmelung eines Namens beruhte, sondern wahrscheinlich einen Bericht enthielt, wie Merlin in ein magisches Grab, Gefängnis oder zu einer magischen Zufluchtsstätte in der Anderswelt hinabstieg.

59 Zeitschrift für Celtische Philologie, XXXI, S. 57
60 M.L. West, The Orphic Poems, Oxford 1983, S. 11–13. Zu Delphi als Weltnabel und zu der griechischen Vorstellung von der *axis mundi* siehe S. 146–47, 239, Die Frage, ob Orpheus tatsächlich gelebt hat, bleibt weiterhin offen; vgl. M.L. West, a.a.O., S. 263

Kapitel XII Der Trickster, der Wilde Mann und der Prophet (S. 308 bis 354)

1 Paul Radin, The Trickster – A Study in American Indian Mythology, London 1956, S. IX–X, 142, 166–68 (dt. u. d. T. Paul Radin, Karl Kerényi, C.G. Jung, Der göttliche Schelm, Zürich 1954); vgl. Stith Thompson, The Folktale, New York 1946, S. 319; Mary Douglas, Purity and Danger – An analysis of concepts of pollution and taboo, London 1966, S. 79–80. »In der Bewegung des Tricksters zwischen diesen beiden Welten, jener der Tiere und Wildnis und jener der klaren Ordnung des Hochgottes, nimmt die menschliche Welt Gestalt an als Frucht aus der Dialektik der Hierophanien; sie ist heilig, als gegebene wie auch als sich wandelnde, als soziales Unterfangen wie auch als göttliche Schöpfung…Kurzum, der Trickster ist das Abbild des Menschen, der einzeln und gemeinsam mit anderen die Bruchstücke seiner Erfahrung aufgreift und in ihnen eine Ordnung *entdeckt,* die eben wegen ihrer Ganzheit heilig ist«. Zitiert nach Robert D. Pelton, The Trickster in West Africa – A Study of Mythic Irony and Sared Delight, Los Angeles 1980, S. 255
2 Paul Radin, a.a.O., S. 63 (die Seitenangaben hier wie im Folgenden beziehen sich auf die englische Ausgabe)
3 Paul Radin, a.a.O., S. 52–53, 124
4 Alexandre Micha, »Étude sur le »Merlin« de Robert de Boron, Genf 1980, S. 184–85; Paul Radin, a.a.O., S. X, 139
5 Paul Radin, a.a.O., S. 17–18, 32–34
6 Richard Bernheimer, Wild Men in the Middle Ages, Cambridge, Mass. 1952, S. 1–13; Christopher McIntosh, »The Eternal Wild Man«, in: Country Life Annual, London 1972, S. 72–73

7 James B. Pritchard (Hrsg.), Ancient Near Eastern Texts Relating to the Old Testament, Princeton 1969, S. 72–98, 503–7. Zu einer scharfsichtigen Abhandlung über den Gegensatz zwischen Natur und Kultur siehe G.S. Kirk, Myth – Its Meaning and Functions in Ancient and other Cultures, Cambridge 1971, S. 132–52

8 S.G.F. Brandon, Creative Legends of the Ancient Near East, London 1963, S. 127–28; Jeffrey H. Tigay, The Evolution of the Gilgamesh Epic, Philadelphia 1982, S. 202–13; G. Komoróczy, »Berosos and the Mesopotamian Literature«, in: Acta Antiqua Academia Scientiarum Hungaricae, Budapest 1973, S. 140–42

9 Hayden White, »The Forms of Wilderness – Archaeology of an Idea«, in: Edward Dudley and Maximilian E. Novak (Hrsg.), The Wild Man Within, Pittsburgh 1972, S. 18–23

10 A.O.H. Jarman, The Legend of Merlin, Cardiff 1960, S. 12; Kenneth Jackson, »The Motive of the Threefold Death in the Story of Suibhne Geilt«, in: Rev. John Ryan (Hrsg.), Féil-sgríbhinn eóin mhic néill, Dublin 1940, S. 544; James Carney, »›Suibhne Geilt‹ and ›The Children of Lir‹«, in: Éigse – A Journal of Irish Studies, Dublin 1951, VII, S. 113; Richard Bernheimer, Wild Men in the Middle Ages, Cambridge, Mass. 1952, S. 13–14. Um Merlin als einen Wilden Mann darzustellen, müssen seine charakteristischen Wesenszüge, die den Symbolismus des Wilden Mannes an einen neuen Ort verweisen, als »Erfindung Geoffrey von Monmouths« erklärt werden. Vgl. Timothy Husband, The Wild Man: Medieval Myth and Symbolism, New York 1980, S. 61

11 Frances A. Yates, The Occult Philosophy in the Elizabethan Age, London 1979, S. 77–78, 107

12 Zu Wilden Männern in reiner und einfacher Form vgl. Nynniaw und Peibiaw, Kynedyr Wyllt and Owain in: J. Gwenogvryn Evans (Hrsg.), The White Book Mabinogion – Welsh Tales and Romances Reproduced from the Peniarth Manuscripts, Pwllheli 1907, S. 125–26, 240–41, 242. Llywarch Hên fristete sein Leben, indem er sich von Eicheln in einem Wald nährte; vgl. Ifor Williams, »The Poems of Llywarch Hên«, in: The Proceedings of the British Academy, London 1932, XVIII, S. 26. Aber Pádraig Ó Riains gelehrter Aufsatz »A Study of the Irish Legend of the Wild Man« (in: Éigse, 1972, XIV, S. 179–206) läßt keinen Zweifel daran, daß schamanistische Initiation ein Hauptaspekt bei den Wilden Männern Irlands war, und nicht der rohe Primitivismus des echten Wilden Mannes; vgl. S. 205). In Wales war ein Haarpelz das Zeichen eines »häßlichen« *(hagr)* »Teufels« *(cythraul);* vgl. Rachel Bromwich (Hrsg.), Trioedd Ynys Prydein – The Welsh Triads, Cardiff 1961, S. 463. Und »Häßlichkeit« war Merlins Attribut in der walisischen (ebd., S. 473) und französischen Literatur (»un home molt lait et molt hidos«). Der Haarpelz ist in diesem Kontext eher ein Anzeichen für das Dämonische als das Primitive.

13 Alexandre Micha, Étude sur le »Merlin« de Robert de Boron, Genf 1980, S. 180–83; vgl. R.K. Emmerson, Antichrist in the Middle Ages – A Study of Medieval Apocalypticism, Art, and Literature, Seattle 1981, S. 19–20, 81–82, 293–94

14 Vgl. Kenneth Jackson, »The Sources for the Life of St. Kentigern«, in: N.K. Chadwick (Hrsg.), Studies in Early British Church, Cambridge 1958, S. 328–29

15 *Leundonus* ist der Stammvater von *Leudonia*, d. h. der schottischen Provinz Lothian; vgl. W.J. Watson, The History of the Celtic Place-Names of Scotland, Edingurgh 1926, S. 101–3. Leudonus taucht in einigen der walisischen Genealogien auf, aber seine »eigene Genealogie wird nie angegeben« (H.M. Chadwick, Early Scotland – The Picts, the Scots and the Welsh of Southern Scotland, Cambridge 1949, S. 146); vermutlich weil sie nicht bekannt war. Geoffrey nennt ihn »loth« (vgl. Acton Griscom (Hrsg.), The Historia Regum Britanniae of Geoffrey of Monmouth, New York 1929, S. 444), ein Name, der in den verschiedenen Fassungen des *Brut* als »Lleu« wiedergegeben wird; vgl. Henry Lewis (Hrsg.), Brut Dingestow, Cardiff 1942, S. 152. *Lleu* kann natürlich als Bestandteil eines zusammengesetzten Namens auftauchen, da *Lleuddin* aber wahrscheinlich »Stadt des Lug« heißt (vgl. *Lugudunum* in: W.J. Gruffydd, Math vab Mathonwy, Cardiff 1928, S. 62), dürfte die Fassung im *Brut* richtig sein. Von *Lleuddin* kommt *Lleuddiniawn*, der walisische Name für die Grafschaften East Lothian, West Lothian und Midlothian, die sich im Süden bis zum Tweed erstrecken: »Gebiet der Festung des Lug«. Da die Kosmographie von Ravenna ein *Lugudunum* in Nordbritannien anführt, erscheint dies plausibel; vgl. A.L.F. Rivet und Colin Smith, The Place-Names of Roman Britain, London 1979, S. 401–2

16 Bishop A.P. Forbes (Hrsg.), Lives of S. Ninian and S. Kentigern, Edinburgh 1874, S. 243–52. Einige Bestandteile dieser Geschichte finden sich in einer anderen wieder, die von Ragallach erzählt wird, dem König von Connacht; vgl. Alwyn und Brinley Rees, Celtic Heritage: Ancient Tradition in Ireland and Wales, London 1961, S. 222. Könnte das Element des »Schweinehirten« mit dem »kleinen Schwein« verknüpft sein, das Myrddin im *Afallennau* anspricht? Zu einem artverwandten Beispiel, wie der Hagiograph seine legendären Quellen behandelt, vgl. John MacQueen, »Roman and Celt in Southern Scotland«, in: Robert O'Driscoll (Hrsg.), The Celtic Consciousness, New York 1982, S. 191–92

17 Bishop A.P. Forbes, a.a.O., S. 169. Kenneth Jackson hat gezeigt, daß *Munghu* nicht, wie Joceline glaubte, von *mwyn* (sanft) und *cu* (lieb, teuer) herrührt, sondern tatsächlich ein Diminuativ von Kentigerns britischem Namen, *Cunotegernos*, ist; vgl. N.K. Chadwick (Hrsg.), Studies in the Early British Church, Cambridge 1958, S. 300–303. Der springende Punkt hier ist nicht die wahre Bedeutung, sondern die allgemeine Erklärung des Namens, der im Kumbrischen und Gälischen so viel wie »Mein Lieber« hieße; ebd., S. 302. Juliette Wood hat die durchaus plausible Vermutung geäußert, daß Taliesin in der *Vita Merlini* die ursprüngliche Gestalt Kentigerns ersetzt hat; vgl. Juliette Wood, »Maelgwn Gwynedd – A Forgotten Welsh Hero«, in: Trivium, Lampeter 1984, XIX, S. 113. Dies könnte durch Geoffreys flüchtigen Hinweis auf den »Heiligen« bestätigt werden, den Rhydderch beschützt, zu dem aber in der *Vita Merlini* sonst keine Angaben gemacht werden; vgl. John J. Parry, »Celtic Tradition and the Vita Merlini«, in: The Philological Quarterly, 1925, IV, S. 206

18 Kenneth Jackson, Language and History in Early Britain, Edinburgh 1953, S. 40; vgl. Susan Pearce, The Kingdom of Dumnonia –

Studies in History and Tradition in South-Western Britain A.D. 350–1150, Padstow 1978, S. 188–89

19 Ifor Williams (Hrsg.), Armes Prydein o Lyfr Taliesin, Cardiff 1955, S. XXII, 67

20 Peter Salway, Roman Britain, Oxford 1981, S. 566

21 Joseph Loth hat auf überzeugende Weise Fawtiers Behauptung widerlegt, die Geschichte von der Geburt des heiligen Samson sei der Geschichte Annas, der Mutter der Jungfrau Maria, entlehnt; vgl. ders., »La vie la plus ancienne de Saint Samson de Dol«, in: Revue Celtique, Paris 1914, XXXV, S. 281–83

22 N.K. Chadwick, »Dreams in Early European Literature«, in: James Carney und David Greene (Hrsg.), Celtic Studies: Essays in memory of Angus Matheson, London 1968, S. 38, 39, 47; E.O.G. Turville-Petre, Nine Norse Studies, London 1972, S. 30–51. Im Heiligtum des Äskulap in Epidauros hatte Königin Andromache von Epirus ein Erlebnis gleich dem, das Anna in dem nordbritischen Tempel hatte; sie träumte, Gott zeige ihr einen schönen Knaben. Kurz darauf empfing sie einen Sohn; vgl. C. Kerényi, Asklepios – Archetypal Image of the Physician's Existence, New York 1959, S. 41. In der Geschichte von *Branwen verch Llyr* besteht die Belohnung aus einem Silberstab von der Größe eines Mannes

23 R.E.M. und T.V. Wheeler, Report on the Excavation of the Prehistoric Roman, and Post-Roman Site in Lidney Park, Gloucestershire, Oxford 1932, S. 49–52; M.J.T. Lewis, Temples in Roman Britain, Cambridge 1966, S. 89

24 Arthur West Haddan und William Stubbs (Hrsg.), Councils and Ecclesiastical Documents Relating to Great Britain and Ireland, Oxford 1873, Bd. 2, Teil 1, S. 75. A.W. Wade-Evans hat als Geburtsjahr des heiligen Samson etwa 480 angenommen, was zehn Jahre zu früh angesetzt sein dürfte; vgl. Welsh Christian Origins, Oxford 1934, S. 232

25 Heinrich Zimmer, The King and the Corpse, New York 1960, S. 197–98

26 I.A. Richmond und O.G.S. Crawford, »The British Section of the Ravenna Cosmography«, in: Archaeologia, London 1949, XCIII, S. 19; A.L.F. Rivet und Colin Smith, The Place-Names of Roman Britain, London 1979, S. 395–96; Ivan D. Margary, Roman Roads in Britain, London 1957, Bd. 2, S. 194; Eric Birley, »Maponus, the Epigraphic Evidence«, in: Dumfriesshire and Galloway Natural History and Antiquarian Society ... Transactions, Dumfries 1954, XXXI, S. 39–42. Es ist auch von Bedeutung, daß »der Schamane ... in erster Linie als Heiler tätig war, obwohl seine ekstatischen Fähigkeiten andere Aufgaben mit einschlossen«. Vgl. Louise Bäckman und Åke Hultkrantz, Studies in Lapp Shamanism, Stockholm 1978, S. 44

27 Edward Anwyl, Celtic Religion in Pre-Christian Times, London 1906, S. 40–41

28 F. Haverfield und George MacDonald, The Roman Occupation of Britain, Oxford 1924, S. 248; Thomas F. O'Rahilly, Early Irish History and Mythology, Dublin 1957, S. 52–53; vgl. aber auch die Abhandlung von Professor A.O.H. Jarman, »The Arthurian Allusions in the Black Book of Carmarthen«, in: P.B. Grout u. a. (Hrsg.), The Legend of Arthur in the Middle Ages, Cambridge

1983, S. 103. Rachel Bromwich (Hrsg.), Trioedd Ynys Prydein – The Welsh Triads, Cardiff 1961, S. 433–34, 458; Anne Ross, Pagan Celtic Britain – Studies in Iconography and Tradition, London 1967, S. 208–9, 230, 359–60, 369

29 Thomas Jones, »The Black Book of Carmarthen ›Stanzas of the Graves‹«, in: The Proceedings of the British Academy, London 1967, LIII, S. 137; vgl. John Rhŷs, Lectures on the Origin and Growth of Religion as Illustrated by Celtic Heathendom, London 1888, S. 404

30 R.G. Collingwood und J.N.L. Myres, Roman Britain and the English Settlements, Oxford 1937, S. 265. Zu dem Tabu, den Namen eines Gottes auszusprechen, siehe Sir James George Frazer, Taboo and the Perils of the Soul, London 1911, S. 387–91

31 J. Gwenogvryn Evans (Hrsg.), Poetry by Medieval Welsh Bards, Llanbedrog 1926, S. 196

32 Rachel Bromwich, a.a.O., S. 422–23, 459–60. Diesen Zeugnissen könnte man Sir John Rhŷs' Vorschlag anfügen, daß der Löwe *(llew)*, mit dem Owain in *Chwedyl Iarlles y Ffynnaun* verknüpft ist, eine frühere Verbindung mit Lleu darstellt; vgl. ders., a.a.O., S. 401–4

33 John MacQueen, »Maponus in Mediaeval Tradition«, in: Dumfriesshire and Galloway Natural History and Antiquarian Society- ...Transactions, XXXI, S. 54–55; vgl. S. 37–38; A.L.F. Rivet und Colin Smith, The Place-Names of Roman Britain, London 1979, S. 395–96. Man hat bislang keine anderen Überreste entdeckt, 1967 aber grub man eine kleine Platte aus rotem Sandstein aus dem nahegelegenen römischen Kastell in Birrens aus. Sie trägt die Inschrift CISVMVCI LO (CO) MAbOMI, was man als »(das Geschenk des) Cistumucus vom Ort des Mabonus« auslegt. Auf der Platte fand sich eine eingeschnittene Figur, möglicherweise eine heilige Schlange; vgl. The Journal of Roman Studies, London 1968, LVIII, S. 209, Tafel XIX, und Anthony Birley, The People of Roman Britain, London 1979, S. 112. Schlangen wurden traditionell mit dem Gedanken des Heilens verknüpft; vgl. C. Kerényi, Asklepios – Archetypal Image of the Physician's Existence, New York 1959, S. 10–15, 18–20, und Sir James George Frazer, Adonis, Attis, Osiris – Studies in the History of Oriental Religion, London 1914, Bd. 1, S. 80–82. Die Tafel von Birrens wurde vermutlich im Tempel von Lochmaben gekauft.

34 Vgl. D.A. Binchey, Celtic and Anglo-Saxon Kingship, Oxford 1970, S. 9, 11–14; ders., »A pre-Christian survival in mediaeval Irish hagiography«, in: Dorothy Whitelock u. a. (Hrsg.), Ireland in Early Mediaeval Europe – Studies in Memory of Kathleen Hughes, Cambridge 1982, S. 174. Zu *brenhin* und Brigantia siehe auch D. Ellis Evans, »Continental Celtic and Linguistic Reconstruction«, in: Gearóid Mac Eoin (Hrsg.), Proceedings of the Sixth International Congress of Celtic Studies, Dublin 1983, S. 46–47

35 Egerton Phillimore, »The Annales Cambriae and Old-Welsh Genealogies from Harleian MS. 3859«, in: Y Cymmrodor, 1888, IX, S. 169–70. Das Gedicht *Ymddiddan Myrddin a Thaliesin* gibt implizit zu verstehen, daß man Maelgwn und Myrddin für Zeitgenossen ansah; vgl. A.O.H. Jarman (Hrsg.), *Ymddiddan Myrddin a Thaliesin*, Cardiff 1951, S. 40–44

36 J. Lloyd-Jones, Geirfa Barddoniaeth Gynnar Gymraeg, Cardiff
1931–63, S. 745; Sir John Rhŷs, a.a.O., S. 543; E.O.G. Turville-
Petre, Myth and Religion of the North: The Religion of Ancient
Scandinavia, London 1964, S. 72–73, 188; Alwyn und Brinley Rees,
a.a.O., S. 143–44; L. Mándoki, »Two Asiatic Sidereal Names«, in:
V. Diószegi (Hrsg.), Popular Beliefs and Folklore Tradition in
Siberia, Den Haag 1968, S. 487–96. Im alten Babylonien wurden
Omen und Prophezeiungen aus den Bewegungen der Venus abge-
leitet; vgl. Erica Reiner und David Pingree (Hrsg.), Enūma Anu
Enlil; Tablet 63: The Venus Tablet of Ammisaduqa, Malibu 1975,
S. 29. Der verstorbene Prof. Thomas Jones hat eine späte Fassung
der Prophezeiung von Myrddin und Gwenddydd herausgegeben:
»The Story of Myrddin and the Five Dreams of Gwenddydd in the
Chronicle of Elis Gruffydd«, in: Études Celtiques, VIII, S. 315–45

37 Merlins irisches *alter ego*, Suibhne, besaß auch ein Observatorium;
vgl. James Carney, Studies in Irish Literature and History, Dublin
1955, S. 392. Die Myrddin-Gwenddydd-Antworten lassen an die
der delphischen Pythia denken; vgl. A.B. Cook, Zeus – A Study in
Ancient Religion, Cambridge 1914–40, Bd. 2, S. 207–10

38 Anne Ross, Pagan Celtic Britain – Studies in Iconography and
Tradition, London 1967, S. 363–64; W.J. Watson, The History of
the Celtic Place-Names of Scotland, Edinburgh 1926, S. 180–81

39 Bishop A.P. Forbes (Hrsg.), Lives of S. Ninian and S. Kentigern,
Edinburgh 1974, S. 212–18. Kenneth Jackson hat aufgezeigt, daß
vieles an Jocelines Werk spekulative Fiktion von der bei Hagiogra-
phien üblichen Art ist (in: N.K. Chadwick, Studies in the Early
British Church, S. 273–357) und lehnt es ab, Kentigerns Zeit im Exil
und seine Kirchengründung in Hoddom als historisch zu werten.
Die *Vita* enthält aber unverfälschte archaische Elemente (vgl. A.C.
Thomas, »The Evidence from North Britain«, in: M.W. Barley und
R.P.C. Hanson, Christianity in Britain, 300–700, Leicester 1968,
S. 109 f; ders., Christianity in Roman Britain to A.D. 500, London
1981, S. 210), und John Morris hat bemerkenswerte zeitgenössische
Zeugnisse für Kentigerns Tätigkeit als Bischof in Gallien um 560
zutage gefördert (»Dark Age Dates«, in: M.G. Jarret und B.
Dobson (Hrsg.), Britain and Rome – Essays Presented to Eric
Birley on his Sixtieth Birthday, Kendal 1965, S. 171, 184. Wie Prof.
E.G. Bowen hervorhebt, »deutet vieles darauf hin, ... daß St. Kentigern schon sehr früh mit Hoddom in Dumfriesshire in Verbindung gebracht wurde, eine Überlieferung, die möglicherweise zu
dieser Zeit durch eine neue Widmung wiederbelebt wurde«; vgl.
ders., Saints, Seaways and Settlements in the Celtic Lands, Cardiff
1969, S. 88–89

40 John Rhŷs, Celtic Britain, London 1884, S. 302

41 N.K. Chadwick (Hrsg.), Studies in the Early British Church,
Cambridge 1958, S. 275

42 A.O.H. Jarman, »Peiryan Vaban«, in: The Bulletin of the Board of
Celtic Studies, 1952, XIV, S. 104–8

43 Vgl. John MacQueen, »The Name Maponus«, in: Dumfriesshire
and Galloway Natural History and Antiquitarian Society ... Transactions, XXXI, S. 55–57

44 Dr. David Dumville hat die These aufgestellt, daß es keine paläogra-
phischen Zeugnisse für eine frühe walisische Lyrik vor dem Jahr

1100 gibt; vgl. ders., »Palaeographical Considerations in the Dating of Early Welsh Verse«, in: The Bulletin of the Board of Celtic Studies, 1977, XXVII, S. 246–51. Das Hauptargument für die Echtheit der Werke des *Cynfeirdd* beruht auf historischer Stimmigkeit und Geschlossenheit. Dieses Argument wurde zum ersten Mal von Sharon Turner im Jahr 1803 wirkungsvoll vorgebracht (vgl. die Zusammenfassung von Sir John Morris-Jones, »Taliesin«, in: Y Cymmrodor, 1918, XXVIII, S. 13–15) und hat auch fast zweihundert Jahre danach nichts von seinem Anspruch eingebüßt. Nach all den gründlichen Forschungsarbeiten von Sir Ifor Williams zur Taliesin-Dichtung kommt er zu dem wichtigen Schluß, daß der Urien der Verse keine Ausgeburt dichterischer Erfindung, sondern eine Gestalt aus Fleisch und Blut sei, was zur Gänze mit dem übereinstimmt, was aus den spärlichen historischen Berichten hervorgeht; vgl. Canu Taliesin, Cardiff 1960, S. XLIV–XLV.
Vgl. Dr. T.M. Charles-Edward: »Die meisten Argumente für oder gegen die Echtheit des Goddodin sind historisch bedingt«; zitiert nach: »The Authenticity of the Gododdin; an Historian's View«, in: Rachel Bromwich und R. Brinley Jones (Hrsg.), Astudiaethau ar yr Hengerdd, Cardiff 1978, S. 44

45 Charles Plummer (Hrsg.), Venerabilis Baedae Historiam Ecclesiasticam Gentis Anglorum..., Oxford 1896, Bd. 1, S. 65–66. Sowohl Mabon als auch seine Mutter Modron wurden im Volksempfinden »kanonisiert« und zu Personen, denen walisische Kirchen geweiht wurden; vgl. W.J. Gruffydd, Rhiannon – An Inquiry into the Origins of the First and the Third Branches of the Mabinogi, Cardiff 1953, S. 98

Epilog Das Orakel und die Quelle (S. 356 bis 390)

1 Diese Analyse verdankt vieles der wertvollen Abhandlung R. Howard Blochs, Etymologies and Genealogies – A Literary Anthropology of the French Middle Ages, Chicago 1983, S. 1–7, 14–18, 34–39, 62, 200–207, 212–15, 234

2 C.G. Jung, Zur Psychologie westlicher und östlicher Religion, Zürich 1963, S. 400

3 Ebd., S. 373, 401. Daß Gott *allein* im Universum war, bevor er den Menschen schuf, ist deshalb nicht unbedingt anzunehmen. Wie der Gnostiker Marcion argumentierte, kann der von seiner Schöpfung Umgebene nicht isoliert gewesen sein; vgl. Ugo Bianchi, »Marcion – Theologien biblique ou docteur gnostique?«, in: Studia Evangelica, 1968, V, S. 236. Zu Blakes Betrachtungsweise siehe James Olney, The Rhizome and the Flower – The Perennial Philosophy, Yeats and Jung, Los Angeles 1980, S. 52

4 C.G. Jung, Man and his Symbols, London 1964, S. 98–99

5 Paul Radin, Karl Kerényi, C.G. Jung, Der Göttliche Schelm, Zürich 1954, S. 109

6 Paul Radin, The Trickster: A Study in American Mythology, London 1956, S. 125–26

7 Vgl. Thomas Cole, Democritus and the Sources of Greek Anthropology, Western Reserve 1967, S. 1–10

8 Vgl. Martin Johnson, Time and Universe for the Scientific Conscience, Cambridge 1952, S. 27; C.G. Jung, Man and his Symbols, London 1964, S. 102–103; ders., The Structure and Dynamics of the Psyche, London 1960, S. 408–9; Rudolf Otto, The Idea of the Holy – An Inquiry into the Non-Rational Factor in the Idea of the Divine and its Relation to the Rational, Oxford 1926, S. 62, 67–68; William James, The Varieties of Religious Experience – A Study in Human Nature, London 1903, S. 242; Stewart R. Sutherland, God, Jesus and Belief – The Legacy of Theism, Oxford 1984, S. 6–11

9 W.K.C. Guthrie, A History of Greek Philosophy, Cambridge 1962, Bd. 1, S. 13. Im Gegensatz hierzu argumentiert Sir Karl Popper, daß es die Schöpfung des Geistes ist, die (in Einsteins Worten) das Universum daran hindert, »nur ... ein Kehrichthaufen zu sein«, vgl. Karl R. Popper und John C. Eccles, The Self and its Brain, Berlin 1981, S. 61

10 Vgl. Richard Swinburne, The Existence of God, Oxford 1979, S. 136–41; Hugo A. Meynell, The Intelligible Universe – A Cosmological Argument, London 1982, S. 68, 75–76, 118–19

11 C.G. Jung, The Structure and Dynamics of the Psyche, London 1960, S. 112–13, 210–12; Sigmund Freud, New Introductory Lectures on Psycho-Analysis, London 1946, S. 138–39

12 Godfrey Lienhardt, Divinity and Experience – The Religion of the Dinka, Oxford 1961, S. 33–41. Weiter südlich bewahren die Mandari einen ähnlichen Glauben, daß früher Erde und Himmel durch ein Seil verbunden waren, das später durchgeschnitten wurde, als die eigenständige Existenz des Menschen begann; vgl. Jean Buxton, Religion and Healing in Mandari, Oxford 1973, S. 22–23; vgl. Lucien Levy-Bruhl, Primitives and the Supernatural, London 1936, S. 36; G. Komoróczy, »The Separation of Sky and Earth«, in: Acta Antiqua Academiae Scientiarium Hungaricae, Budapest 1973, S. 21–45; Hans Peter Duerr, Traumzeit – Über die Grenze zwischen Wildnis und Zivilisation, Frankfurt a.M. 1978, S. 45. In der vedischen Kosmogonie war es Varuna, der Erde und Himmel trennte und sich selbst an hoher Stelle als der universelle König einsetzte (vgl. E.O. James, Creation and Cosmology – A Historical and Comparative Inquiry, Leiden 1969, S. 34), und um die Griechen glaubten, daß Himmel und Erde einst auf dem Olymp aufeinandertrafen, bis Zeus, durch die zunehmende Schlechtigkeit des Menschen enttäuscht, diese Stätte verließ (vgl. A.B. Cook, Zeus – A Study in Ancient Religion, Cambridge 1914–40, Bd. 2, S. 905)

13 Mircea Eliade, The Two and the One, London 1965, S. 158–59. In China »blickt der Taoismus zurück ... auf eine Zeit, als das, was er die Große Einheit nennt, noch ungebrochen war und der Mensch in ungetrübter Harmonie mit Vögeln und Tieren zusammenlebte ... sein Leben war noch vollkommen und ganz, denn es war Teil des ununterbrochenen Fließens aller natürlichen Dinge« (R.C. Zaehner, Concordant Discord: The Interdependence of Faiths, Oxford 1970, S. 215–36; D. Howard Smith, Chinese Religions, London 1968, S. 69–77). Zur psychologischen Bedeutung des Bedürfnisses nach einer Rückkehr *in illo tempore* siehe C.G. Jung, The Structure and Dynamics of the Psyche, London 1960, S. 380

14 Mircea Eliade, Patterns in Comparative Religion, London 1958, S. 374–79; ders., The Two and the One, London 1965, S. 146. Man

464

hat Eliade vorgeworfen, er übertreibe sein Eintreten für die Universalität des Verlangens nach »einer Flucht aus der profanen Zeit«; vgl. S.G.F. Brandon, History, Time and Deity – A Historical and Comparative Study of the Conception of Time in Religious Thought and Practice, Manchester 1965, S. 65–70; G.S. Kirk, Myth – Its Meaning and Functions in Ancient and Other Cultures, Cambridge 1971, S. 255, 257; John A. Saliba, a.a.O., S. 129–31. Doch wird Brandons Behauptung, daß »es keinen Hinweis auf einen sich wiederholenden Zyklus von Ereignissen [im alten Ägypten] gibt, keine ›eternal retour‹ zu einer uranfänglichen Situation, wie Eliade dies sieht«, nicht von den Zeugnissen bestätigt: »Es verlangte den alten Ägypter vor allem nach Erneuerung und Verjüngung des Lebens auf der Ebene des Kosmos, der Gemeinschaft und des Individuums... So hatten die alten ägyptischen Feste die Funktion von *Inszenierungen religiöser Erneuerung;* vgl. C.J. Bleeker, Egyptian Festivals: Enactments of Religious Renewal, Leiden 1967, S. 22

15 G.M. Vasilievich, »Shamanistic Songs of the Evenki (Tungus)«, in: V. Dioszegi (Hrsg.), Popular Beliefs and Folklore Tradition in Siberia, Den Haag 1968, S. 353, 360

16 André Leroi-Gourhan, The Art of Prehistoric Man in Western Europe, London 1968, S. 210–11, 366–67, Tafel 57; Johannes Maringer, The Gods of Prehistoric Man, London 1960, S. 74, 105–6. Tier-Attribute dienen dazu, die Spontaneität und den kosmischen Rhythmus wiederherzustellen, den sie nicht verloren haben; vgl. Mircea Eliade, Le Chamanisme et les Techniques Archaiques de l'Extase, Paris 1951, S. 403–4

17 Vgl. ders., Myth and Reality, London 1964, S. 26; ders., Le Chamanisme et les Techniques Archaiques de l'Extase, a.a.O., S. 76–79, 227, 438; ders., The Two and the One, a.a.O., S. 160–69; K.C. Chang, Art, Myth, and Ritual – The Path to Political Authority in Ancient China, Harvard 1983, S. 44–45. Die Aborigines glauben, daß der erste Medizinmann (Bundjil, Baiame, Nurundere, Dara mulun, Goin, Birugan) das Ritual für den »Besuch der Himmelswelt, nach einem tiefgreifenden Erlebnis von Tod und Wiederauferstehung«, festlegte; vgl. A.P. Elkin, Religion and Philosophy of the Australian Aborigines«, in: E.C.B. MacLaurin (Hrsg.), Essays in Honour of Griffiths Wheeler Thatcher 1863–1950, Sydney 1967, S. 32–33. In den »Galerien« ihrer Schutzhöhlen im Fels malen sie die Wandjina, Träumende Helden. Die Wandjina sind tatsächlich zu Malereien »geworden«, die beständig erneuert werden müssen, um ihre Macht aufrechtzuerhalten. »Wie um dem Bedürfnis des Menschen im Detail nachzukommen, malen diejenigen, die in jedem örtlichen Clan rituelle Autorität genießen, Muster an die Galeriewände, die die Totems des Clans verkörpern – Erzeugnisse der Natur und Gegenstände, deren reichliches Vorkommen erwünscht ist. Diese Galerien sind an geheimen Orten und werden nur von denen aufgesucht, die in das Wissen der Ritualkundigen eingeweiht sind« (S. 27). Vgl. William Henderson, Notes on the Folk Lore of the Northern Counties of England and the Borders, London 1866, S. 307

18 Raymond A. Moody, Jr., Life after Life – The investigation of a phenomenon – survival of bodily death, New York 1976, S. 62, 63,

75; Robert Crookall, »Out-of-the-body Experiences and Survivals«, in: Canon J.D. Pearce-Higgins und Rev. G. Stanley Whitby (Hrsg.), Life, Death and Psychical Research, London 1973, S.75; Mircea Eliade, The Two and the One, a.a.O., S.73, 183; C.G. Jung, The Structure and Dynamics of the Psyche, S.507–11

19 André Leroi-Gourhan, a.a.O., Tafel 74; Ivar Lissner, Man, God and Magic, London 1961, S.280–82; Johannes Maringer, a.a.O., S.61–62

20 Grahame Clark, The Stone Age Hunters, London 1967, S.64–66, 90; es gab »eine tief empfundene Gemeinschaft zwischen dem Menschen und den Tieren, die er für seine Nahrung jagte« (S.86)

21 Vgl. Joseph C. Birdsell, »Some Predictions for the Pleistocene Based on Equilibrium Systems among Recent Hunter-Gatherers«, in: Richard B. Lee und Irven DeVore (Hrsg.), Man the Hunter, Chicago 1968, S.233, 239

22 Ivar Lissner, a.a.O., S.160, 232, 249; Åke Hultkrantz, »The Owner of the Animals in the Religion of the North American Indians«, in: Åke Hultkrantz (Hrsg.), The Supernatural Owners of Nature, Stockholm 1961, S.54–55

23 Ivar Paulson, Åke Hultkrantz und Karl Jettmar, Les Religions Arctiques et Finnoises, Paris 1965, S.86–88, 274, 379

24 Emile Benviste, Le vocabulaire des institutions indo-européennes, Paris 1969, Bd.2, S.99–105; Heinrich Wagner, »Studies in the Origins of Early Celtic Civilisation«, in: Zeitschrift für Celtische Philologie, Tübingen 1970, XXXI, S.1–45; Fergus Kelly (Hrsg.), Audacht Morainn, Dublin 1976, S.XVII; Tomás Ó Cathasaigh (Hrsg.), The Heroic Biography of Cormac mac Airt, Dublin 1977, S.64–65. »Somit erkennen wir, daß dieser Glaube durch die Jahrhunderte im ethischen Bewußtsein des Menschen verwurzelt ist; er gehorcht Regeln, wie die Natur selbst dies tut, und dieser Gehorsam ist die Basis des notwendigen Zusammenhalts in der Natur und der menschlichen Gesellschaft, und die Moralität wird zu einer Angelegenheit des inneren Muß in Erwiderung auf das Wirken von *Rta* in der äußerlichen Natur. Und weil dem so ist, gibt es in der Natur Frieden und Harmonie. Auch der Mensch sollte, um in Frieden und Wohlstand zu leben, einige festgefügte Prinzipien beachten und sich eines anerkannten Verhaltensmodus bedienen; vgl. Sukumari Bhattacharji, The Indian Theogony – A Comparative Study of Indian Mythology from the Vedas to the Puranas, Cambridge 1970, S.30. Vgl. ebenso K.C. Chang, Art, Myth, and Ritual – The Path to Political Authority in Ancient China, Harvard 1983, S.33–35; David Carrasco, Quetzalcoatl and the Irony of Empire – Myths and Prophecies in the Aztec Tradition, Chicago 1982, S.164–65. »Die wesentliche religiöse Erkenntnis ist die, daß ein Zusammenhang besteht zwischen der Ordnung der Welt, der Schönheit der Welt und dem Sieg über das Böse. Weil Gott die Quelle der Ordnung ist, was sich in wissenschaftlichen Entdeckungen und in künstlerischen Visionen enthüllt; die moralische Ordnung ist ein Aspekt der allgemeinen Ordnung; sie ist die Grundlage und zugleich das Ziel, auf das Gott die Welt hinlenkt«; vgl. Hugo A. Meynell, God and the World, S.131

25 Mircea Eliade, Le Chamanisme et les Techniques Archaiques de l'Extase, a.a.O., S.426–29; Eugene Vinaver (Hrsg.), The Works of

Sir Thomas Malory, Oxford 1948, S. 91. Vgl. Kenneth Varty, »On Birds and Beasts, ›Death‹ and ›Resurrection‹, Renewal and Reunion in Chrétien's Romances«, in P.B. Grout u. a. (Hrsg.), The Legend of Arthur in the Middle Ages, Cambridge 1983, S. 206–8; C.J. Bleeker, The Sacred Bridge – Researches into the Nature and Structure of Religion, Leiden 1963, S. 180–89

26 Rudolf Otto, The Idea of the Holy – An Inquiry into the Non-Rational Factor in the Idea of the Divine and its Relation to the Rational, Oxford 1926, S. 7, 12–13; vgl. das Zitat von William James, The Varieties of Religious Experience – A Study in Human Nature, London 1903, S. 60–61

27 Mircea Eliade, The Two and the One, a.a.O., S. 122; Rudolf Otto, a.a.O., S. 70–71

28 Grahame Clark und Stuart Piggott, Prehistoric Societies, London 1965, S. 89

29 J.D. Bolton, Glory, Jest and Riddle, London 1973, S. 70; G.E. Bentley (Hrsg.), William Blake's Writings, Oxford 1978, S. 423. Vgl. Nicolas Berdjaew, The Destiny of Man, London 1937, S. 126–32

30 Andreas Lommel, Prehistoric and Primitive Man, London 1966, S. 19; Rachel Bromwich (Hrsg.), Trioedd Ynys Prydein – The Welsh Triads, Cardiff 1961, S. 473

31 Ernest de Selincourt (Hrsg.), The Prelude, or Growth of a Poet's Mind by William Wordsworth, Oxford 1926, S. 76–79; vgl. J.R. Watson, Wordsworth's Vital Soul – The Sacred and Profane in Wordsworth's Poetry, London 1982, S. 96, 102. Im *Phaedrus* führte Plato vier Kategorien von Wahnsinn an, allesamt Geschenke Gottes. Die ersten drei sind prophetische Inspiration, religiöse Inspiration und poetisches Genie; die vierte jedoch die Liebe, welche der unsterblichen Seele die Flügel verleiht, mit denen sie zum Himmel aufsteigt; vgl. J.A. Stewart (Hrsg.), The Myths of Plato, London 1905, S. 306. Vgl. die Ansicht William Blakes: »Wenn das Philosophische und Experimentelle nicht auch poetische oder prophetische Eigenschaften hätte, würden sie bald zum Grund der Dinge vorstoßen und zum Stillstand kommen, unfähig, etwas anderes zu tun, als immer wieder dieselben langweiligen Kreise zu ziehen« (G.E. Bentley, a.a.O., S. 13)

32 Zitiert nach George Mills Harper (Hrsg.), Yeats and the Occult, Kanada 1975, S. 102. Vgl. James Olney, The Rhizome and the Flower – The Perennial Philosophy – Yeats and Jung, Los Angeles 1980, S. 156: »Yeats und Jung waren beide treffliche Beispiele für einen Typus ... den man den »Schamanen« nennt.«

33 Vgl. Sir Ifor Williams, Lectures on Early Welsh Poetry, Dublin 1944, S. 7; Calvert Watkins, »Indo-European Metrics and Archaic Irish Verse«, in: Celtica, Dublin 1963, VI, S. 213–16; Zeitschrift für Celtische Philologie, XXXI, S. 46–57. Prof. Wagners Abhandlung ist von unschätzbarem Wert, doch beruht sein Versuch, den Aspekt der »Wildheit« von *Wotan* abzutrennen, auf zu vielen Abänderungen anerkannter Prämissen, um überzeugend zu sein. Vgl. das parallele griechische Wort *mantis*, »ein Seher«, desgleichen *mainomai*, »ich wüte« (ebd., S. 47)

34 Thomas O'Rahilly, Early Irish History and Mythology, Dublin 1957, S. 318–25. Ein irischer Vers enthält einen Bericht über einen

Druiden, der seine Seele *(fiss)* von seinem Körper löst und sie hoch hinauf in die Wolken schickt, wo sie »einen reinen Brunnen erreicht, der mit einem Haufen von hunderten von [der Anderswelt angehörenden] Frauen ausgestattet ist«; vgl. James Carney, »The Earliest Bran Material«, in: John J. O'Meara und Bernd Naumann (Hrsg.), Latin Script and Letters A.D. 400–900, Leiden 1976, S. 182, 184

35 Marie-Louise Sjoestedt, Gods and Heroes of the Celts, London 1949, S. 38–40; R.S. Loomis, Wales and the Arthurian Legend, Cardiff 1956, S. 135, 156–58; P.L. Henry, »The Caldron of Poesy«, in: Studia Celtica, Cardiff 1979/80, XIV–XV, S. 114–28; Liam Breatnach, »The Caldron of Poesy«, in: Ériu, Dublin 1981, XXXII, S. 45–93. Die Kogi der Sierra Nevada glauben, daß die Universelle Mutter neun Töchter besitzt, »von denen jede eine bestimmte Eigenschaft des Ackerbodens verkörpert«, und so der Reihe nach die neun Entwicklungsstufen des kosmischen Eies widerspiegeln; vgl. Mircea Eliade, The Quest – History and Meaning in Religion, Chicago 1969, S. 140

36 Zeitschrift für Celtische Philologie, XXXI, S. 56–57; vgl. Mircea Eliade, Le Chamanisme et les Techniques Archaiques de l'Extase, Paris 1951, S. 350–52. Zu dem keltischen Kopfkult siehe Anne Ross, Pagan Celtic Britain – Studies in Iconography and Tradition, London 1967, S. 61–126. In der indo-europäischen Mythologie »verleiht der Gotteskopf den Worten des Dichters ›Autorität‹, wodurch diese kosmische Realität erlangen«; vgl. Emile Benveniste, Le vocabulaire des institutions indo-européennes, Paris 1969, S. 35–42

37 E.O.G. Turville-Petre, Myth and Religion of the North, London 1964, S. 35–41; Mircea Eliade, a.a.O., S. 342–48

38 Proinsias MacCana, Celtic Mythology, Feltham 1970, S. 29

39 Hugh G. Evelyn-White (Hrsg.), Hesiod: The Homeric Hymns and Homerica, London 1914, S. 364, 366, 368–76, 396–98, 404. Vgl. auch Sir James George Frazer (Hrsg.), Apollodorus – The Library, London 1921, Bd. 2, S. 5–11. Zur Bedeutung des Motives des Viehdiebstahls in der indo-europäischen Mythologie siehe Leroy A. Campbell, Mithraic Iconography and Ideology, Leiden 1968, S. 250–52

40 Vgl. Mircea Eliade, Myth and Reality, London 1964, S. 26–28; Joan Halifax, Shaman: The wounded healer, London 1982, S. 29, 38. Zur schamanistischen Funktion gehört, Initianden zurück zu den Anfängen zu bringen; vgl. Nevill Drury, The Shaman and the Magician – Journeys between the worlds, London 1982, S. 9–10

41 Joseph L. Henderson, »Ancient myths and modern man«, in: C.G. Jung, Man and his Symbols, London 1964, S. 151; Paul Radin, The Trickster – A Study in American Indian Mythology, London 1956, S. 195, 196; vgl. Rudolf Otto, The Idea of the Holy – An Inquiry into the Non-Rational Factor in the Idea of the Divine and its Relation to the Rational, Oxford 1926, S. 202–3. Zu Odin und Loki als Trickster siehe H.R. Ellis Davidson, »Loki and Saxo's Hamlet«, in: Paul V.A. Williams (Hrsg.), The Fool and the Trickster – Studies in Honour of Enid Welsford, Cambridge 1979, S. 3–11

42 Hugh G. Evelyn-White, a.a.O., S. 404

43 Ivar Paulson, Åke Hultkrantz und Karl Jettmar, Les Religions Arctiques et Finnoises, Paris 1965, S. 75–76, 170–71

44 Beatrice Laura Goff, Symbols of Prehistoric Mesopotamia, Yale 1963, Abbildung 276. Zu einem ähnlichen Herrn der Tiere im minoischen Kreta siehe Martin P. Nilsson, The Minoan-Mycenean Religion and its Survival in Greek Religion, Lund 1968, S. 357–68, 513 (von C. Kerényi mit Dionysos gleichgesetzt; vgl. ders., Dionysos – Archetypal Image of Indestructible Life, London 1976, S. 81); James B. Pritchard (Hrsg.), Ancient Near Eastern Texts Relating to the Old Testament, Princeton 1969, S. 79

45 Hugh G. Evelyn-White, a.a.O., S. 443–47. Vgl. die Stele von Reims, deren Identifizierung umstritten ist; John Ferguson, The Religions of the Roman Empire, London 1970, Tafel 33

46 Joseph L. Henderson, a.a.O., S. 213–14

47 Hugh G. Evelyn-White, a.a.O., S. 444; Alexandre Micha (Hrsg.), Robert de Boron, Merlin – roman du XIIIᵉ siècle, Genf 1980, S. 51. »Der große Pan, der sich dem natürlichen Menschen des Altertums noch enthüllte, wurde dazu getrieben, in den tiefsten Tiefen der Natur Zuflucht zu suchen. Nun trennte ein Abgrund den natürlichen Menschen von dem Menschen, der den Pfad der Wiedergutmachung betreten hatte.« Zitiert nach Nicolas Berdjaew, The Meaning of History, London 1936, S. 115

48 F.M. Bergounioux und Joseph Goetz, Prehistoric and Primitive Religions, London 1965, S. 100; John Rhŷs, Lectures on the Origin and Growth of Religion as Illustrated by Celtic Heathendom, London 1888, S. 97–98. Seth war nicht nur der archetypische Trickster der ägyptischen Mythologie (vgl. H. te Velde, Seth, God of Confusion – A Study of his Role in Egyptian Mythology and Religion, Leiden 1977, S. 7, 56–57, 84), sondern wurde auch zur Personifizierung des Bösen (ebd., S. 11, 66–67) und zu einem Dämon des Todes (ebd., S. 93–94), d.h. der Teufel (ebd., S. 142–43). Zum Teufel als Herrn der Welt siehe Jeffrey Burton Russell, The Devil – Perceptions of Evil from Antiquity to Primitive Christianity, Cornell 1977, S. 169–70. C.G. Jung sah die Dualität im Wesen der Gottheit vorausgeahnt: »Jahwe ... ist in seiner Totalität alles; deswegen ist er, unter anderem, die totale Gerechtigkeit und deren völliges Gegenteil« (ders., Psychology and Religion. West and East, S. 372) – eine Vorstellung, die mit dem biblischen Zeugnis in Einklang steht; vgl. H.W.F. Saggs, The Encounter with the Divine in Mesopotamia and Israel, London 1978, S. 105–13; Jeffrey Burton Russell, a.a.O., S. 251

49 W.K.C. Guthrie, A History of Greek Philosophy, Cambridge 1962, S. 248–51; Jean Buxton, Religion and Healing in Mandari, Oxford 1973, S. 388. Im Mittelpunkt der Gnostik steht das Ringen um »le péché d'une entité divine, péché qui établit l'existence de ce monde et de l'homme«; vgl. Ugo Bianchi, »Perspectives de la récherche sur les origines du gnosticisme«, in: The Origins of Gnosticism, Leiden 1967, S. 7; ders., »Péché originel et péché ›antecédent‹«, in: Revue de l'histoire des religions, Paris 1960, CLXX, S. 117–26; ders., »L'orphisme a existé«, in: Mélanges d'histoire offerts à Henri-Charles Puech, Paris 1974, S. 136; vgl. C.J. Bleeker, The Sacred Bridge – Researches into the Nature and Structure of Religion, Leiden 1963, S. 138–40

50 Ugo Bianchi, »Seth, Osiris et l'ethnographie«, in: Revue de l'histoire des religions, 1971, CLXXI, S. 119–27; H.H. Rowley, The Old Testament and Modern Study – A Generation of Discovery and Research, Oxford 1951, S. 94; Ugo Bianchi, »Prometheus, der titanische Trickster«, in: Paideuma, Mitteilungen zur Kulturkunde, 1961, VII, S. 414–37; H.R. Ellis Davidson, Scandinavian Mythology, London 1982, S. 104–5, G.S. Kirk (Myth: Its Meaning and Function in Ancient and Other Cultures, Cambridge 1971, S. 207) weist auf Lokis Ähnlichkeit mit Prometheus hin. Seine Homosexualität, der Umstand, daß er Baldur erschlägt, bringen ihn auch in die Nähe zu Seth. Máire MacNeill, The Festival of Lughnasa – A Study of the Survival of the Celtic Festival of the Beginning of Harvest, Oxford 1962, S. 429; Ugo Bianchi, »Der demiurgische Trickster und die Religionsethnologie«, in: Paideuma, VII, S. 335–44

51 Paul Radin, a.a.O., S. 196, 203, 211 (dt. S. 206)

52 Jean Buxton, a.a.O., S. 23–26

53 Godfrey Lienhardt, Divinity and Experience: The Religion of the Dinka, Oxford 1961, S. 171–206

54 Hugh G. Evelyn-White, a.a.O., S. 116; Sir James George Frazer (Hrsg.), Apollodorus – The Library, London 1921, Bd. 1, S. 52. Der von Hesiod erwähnte Schaft ist auch als Pfosten oder Säule interpretiert worden, an die der Gott gebunden wurde, »ursprünglich vielleicht eine der Säulen des Himmels«. Zitiert nach Martin Hengel, Crucifixion – In the ancient world and the folly of the message of the cross, Philadelphia 1977, S. 11

55 Sir James George Frazer, Myths of the Origin of Fire, London 1930, S. 128–29; vgl. auch die parallele Geschichte auf S. 127–28

56 F.M. Bergounioux und Joseph Gertz, Prehistoric and Primitive Religions, London 1965, S. 133–34; Paul Radin, a.a.O., S. 166; Ivar Paulson, Åke Hultkrantz und Karl Jettmar, a.a.O., S. 359–60

57 Gösta Kocks Versuch, den Heilbringer auf einen »bloßen« »obersten Herrn der Tiere« zu reduzieren und seine himmlische Mission abzuleugnen, erscheint verfehlt; vgl. ders., »A Few Reflections Concerning the Heilbringer and the Guardian of the Animals«, in: Åke Hultkrantz (Hrsg.), The Supernatural Owners of Nature, Stockholm 1961, S. 65–71. Abgesehen von den in diesem Kapitel angeführten Zeugnissen, die auf das Gegenteil hinweisen, gibt es keinen Zweifel daran, daß sich die Rollen des Heilands und des Hüters der Tiere überschnitten (vor allem in der Gestalt des Tricksters); Christus und Orpheus »stimmen mit dem Archetypen des Menschen der Natur überein« in der Form eines, der die natürliche Ordnung und den guten Hirten in Einklang bringt; vgl. C.G. Jung, Man and his Symbols, London 1964, S. 143–45

58 So Äschylus, zitiert von J.D.P. Bolton, Aristeas of Proconnesus, Oxford 1962, S. 49. Der Ararat war das Zentrum, von dem aus sich die Welt in der Geschichte von Noah und der Flut ausbreitete.

59 Robert Hertz, Death and the Right Hand, Aberdeen 1960, S. 79–81

60 »Die Wildnis war der Ort, wo Johannes seiner geistlichen Berufung nachkam, für Jesus aber war sie ein Ort der Versuchung, nicht geistlicher Berufung. Um jener nachzukommen, wandte er der Wildnis den Rücken zu... und verkündete die Frohbotschaft von Gottes Königreich in der dichtbesiedelten und fruchtbaren Land-

schaft Galiläas«; vgl. F.F. Bruce, »The Date and Character of Mark«, in: Ernst Bammel und C.F.D. Moule (Hrsg.), Jesus and the Politics of His Day, Cambridge 1984, S. 74. »Wiederum führte ihn der Teufel auf einen sehr hohen Berg und zeigte ihm alle Reiche der Welt und ihre Herrlichkeit« (Matthäus 4, 8)

61 Paul Radin, a.a.O., S. 189; C.G. Jung, Man and his Symbols, London 1964, S. 113; Kurt Rudolph, Gnosis – The Nature and History of an Ancient Religion, Edinburgh 1983, S. 165, 168, 170

62 »Natürlich gibt es einige Schriften, die in ihrer Rechtschaffenheit so offensichtlich und damit so durchsichtig sind, daß sie ihre Selbstbestätigung in sich tragen; und ich denke, die Evangelien, wenn man sie nach ihren wesentlichen Absichten zerlegte, sollten als dieser Klasse zugehörig betrachtet werden«; zitiert nach Herbert Butterfield, Christianity and History, London 1949, S. 124–25. Vgl. A.E. Harveys meisterliches Buch Jesus and the Constraints of History, London 1982

63 C.G. Jung, Psychology and Religion – West and East, New York 1958, S. 409. So legt Prof. Carrasco nahe, daß das berühmte Zusammentreffen von Cortez und Montezuma im Jahr 1519 etwas von dem besaß, was er ein »mythisches Drama« nennt; vgl. auch S. 191–204. Im Mittelalter »wird die kollektive Erinnerung an Ereignisse, die wirklich stattgefunden haben, im Laufe der Zeit zu Mythen umgeformt; damit beraubt sie diese Ereignisse ihrer individuellen Merkmale und behält nur bei, was in die Form paßt, die der Mythos vorgibt; Ereignisse werden zu Kategorien reduziert und Individuen zu Archetypen«. Die Wiederaufführung des Mythos ›schnitt‹ die irdische Zeit ab und setzte stattdessen die mythische Zeit wieder ein«; vgl. A.J. Gurevich, Categories of Medieval Culture, London 1985, S. 98–99

64 Eine abstrakte Vorstellung von der Landeshoheit ebenso wie politischer Wirklichkeit. Vgl. das Lied Vnbeinyaeth Prydein in den Gesetzen von Hywel Dda (Melville Richards (Hrsg.), Cyfreithiau Hywel – O Lawysgrif Coleg yr Iesu Rhydychen LVII, Cardiff 1957, S. 15) und die Abhandlung von Brynley F. Roberts, »Geoffrey of Monmouth and Welsh Historical Tradition«, in: Nottingham Mediaeval Studies, Nottingham 1976, XX, S. 31–33

65 Proinsias MacCana, Celtic Mythology, Feltham 1970, S. 27–29. Vgl. die griechische Göttin Ananke, deren »Arme sich durch das Universum erstreckten und seine äußersten Enden berührten« und deren Spindel, die sich in ihrem Schoß dreht, eine kosmische Achse ist (West, a.a.O., S. 194–97); Otto J. Brendel, Symbolism of the Shere: A Contribution to the History of Earlier Greek Philosophy, Leiden 1977, S. 50–69

66 Vgl. Mary Douglas, Purity and Danger: An analysis of concepts of pollution and taboo, London 1966, S. 94–95

67 Rachel Bromwich (Hrsg.), Trioedd Ybys Prydein – The Welsh Triads, Cardiff 1961, S. 474; 2. Auflage, S. 560

REGISTER

Adler 289–291, 298, 384
Adomnanus, *Life of St Columba*
s. Heilige
Aedan mac Gabran, König 146,
167, 348 f.
Afallenau, Yr (Apfelbäume) 56–58,
62, 66, 108, 117, 124, 251, 349,
351, 390, 394–396, 401
Ainsworth, Harrison, *Windsor
Castle* 138
Aiwel Longar 383–386
Alclut, Dumbarton 109 f.
Ambrius 189
Ambrosius Aurelius 17–19, 118,
172, 176, 184–186, 189 f.,
193–197, 213 f., 216, 218, 320
Amesbury (Ambresgyrig), Wilt-
shire 18, 189, 211
Anderswelt 32, 93, 120, 122, 125,
191, 198 f., 208, 212, 220 f., 238,
245, 249, 252, 256, 262, 264,
267–306, 375–378, 389, 401, 403
Aneirin, Barde 6. Jh. 62, 70, 73
(s. auch *Book of Aneirin*)
Anglo-Saxon Chronicle 22, 137
Anna, Mutter des heiligen Sam-
son 330–333
Antichrist 321 f.
Apfel als Symbol 124 f.
Apfelbaum 58, 124, 128, 133,
140, 152, 165, 197, 222, 251 f.,
351 (s. auch *Afallenau*)
Apollo 198, 208, 380
Arawn, König der Anderswelt 79,
268
Arderydd, Schlacht von 12, 57 f.,
61, 64, 66, 83–104, 106, 109, 111,
143, 146, 149, 152, 195, 279, 288,
334, 342, 348 ff., 388, 395, 400 f.
Arianrhod, keltische Göttin 268,
303
Ariosto *Orlando Furioso* 38
Armes Prydein (Gedicht
10. Jh.) 142, 145 f., 149, 349
Artegal and Elidure s. Wordsworth, William
Arthur, König 8, 16, 20 f., 23, 26,
28, 30, 33 f., 36, 45, 50 f., 68, 73,
109 f., 112, 115, 125, 127, 169 f.,
173, 256 f., 303, 311, 320, 345,
353, 375 f.

Arthur's Seat 264
Artusepik 243, 329, 359 (s. auch
»Bretonischer Sagenkreis«)
Athelstane 21
Aurelian, Kaiser 147
Avalon 28, 200
Awenyddion (Wahrsager) 234–236,
252, 319, 347
Axis mundi s. Omphalos

Baile Chuind (»Conns Verzük-
kung«) 146, 168
Baile in Scáil (»Die Verzückung des
Gespenstes«) 146, 164–167,
258, 343, 404
Barden 79 f., 233, 236, 239, 242,
319
Baum s. »Weltbaum« und
»Schlacht der Bäume«
Baum des Lebens 206, 295, 365
Beckett, Thomas 143
Beda, *Historia Ecclesiastice Gentis
Anglorum* 22, 39
Bedwenni, Y (»Die Birken-
bäume«) 56
Bedwyr, Artusritter 115, 256
Berdjadiev, Nicholas 13
Birke 252 (s. auch *Bedwenni*)
The Black Book of Carmarthen,
eines der »Four Ancient Books
of Wales« 54, 56, 65 f., 89, 93,
250, 268, 281, 392
Black Stone of the Arrdu 240
Blaise, Priester und Magier 29,
35, 311
Blake, William, *Jerusalem* 200,
360, 373
Bloddeuedd 285–287
Boece, Hektor, Chronist 110, 115
The Book of Aneirin, eines der
»Four Ancient Books of Wa-
les« 54 f.
The Book of Taliesin, eines der
»Four Ancient Books of Wa-
les« 54 f., 64, 240, 246, 253,
303, 334, 338 f., 375
Bonedd Gwyr y Gogledd s. *Lineage
of the Men of the North*
Bran 124, 270 f.
Brauner Mann 380 f.
Brendan s. Heilige

472

Bretonischer Sagenkreis 15–48, 200
Brettspiel s. Gwyddbwyll
Brocéliande, Wald in der Bretagne 42, 117
Broichan, Druide 104
Brunnen s. Heiliger Brunnen
Brut, anglo-normann. Version der *Historia,* s. Wace
Brutus 17, 21, 23, 37
Buile Suibhne (Suibhnes Wahn) 61, 106, 251 f., 283
Burns, Robert 131

Cadam, William, *Britannia* 37
Cader Idris 239 f.
Cad Goddeu, walisisches Poem 230 f., 233, 253, 261–263, 303 f., 349
Cadrawd Calchvnydd, König 66
Cadwallader, König 16, 20 f.
Caeser, Julius 154, 186, 200
Cai, Artusritter 115, 256
Caledonien (Calidon, Celyddon), Wald 10, 50–52, 54, 58, 64, 94, 107–110, 114, 117, 124, 133, 139 f., 143, 149, 263 f., 288, 347, 350, 356, 388, 390, 394–396, 401, 403 f.
Cambrensis s. Giraldus
Camelot 41, 73
Camlann, Schlacht von 86, 125
Cammel, Charles Richard, *The Return of Arthur* 45
Carmarthen 26
Carlisle 112 f, 124, 153
Carwindlaw 95 f.
Caxton, William 36
Celyddon s. Caledonien
Cenn Cróich, Gott 188
Cernunnos, »Gott mit dem Geweih« 10, 116, 128, 130, 132 f., 136, 140, 240, 323, 327, 347, 352, 379 f., 389
Chrétien de Troyes 201;
Désiré 117, 119;
Erec 163;
Yvain 117, 122
Christus 10, 12, 198, 295, 296, 297 f., 301, 321–324, 346, 352, 357, 386–388
Cian, Vater des Gottes Lug 127
Cinuit s. Cynnwyd

Clas Merdin s. »Myrddins/Merlins Einfriedung«
Clerc, Guillaume le, *Fergus* 110–114, 117, 120, 139 f., 220, 241, 257–259, 264, 279
Clochmabenstane 120, 339, 346
Coed Celyddon 110, 172, 231, 402
Columban s. Heilige
Conn, König 155, 164–167, 200, 207, 223, 343
Cormac 271
Cú Chullain, irischer Held 103
Cuil Dremne, Schlacht von 104
Culhwch and Olwen, altwalis. Erzählung 115, 127, 232, 256, 338, 368
Cumhail 103
Cyfarwydd (Geschichtenerzähler) 163
Cyfoesi Myrddin a Gwenddydd ei Chwaer (»Die Unterhaltung zwischen Myrddin und seiner Schwester Gwenddydd«) 56, 146 f., 155, 169, 174, 342–344, 349, 401
Cynan Garwyn 81, 87
Cynan von Powys 80

Dadolwch Uryen »Loblied auf Urien« 80
Dagda, keltischer Göttervater 375
Dee, Dr. John 317
Delphi s. Omphalos
Dermot, irischer König 93
Désiré s. Chrétien de Troyes
Diarmait mac Cerbaill, irischer Sagenheld 104, 219–221, 341
Diarmait and Grainne 222
Didot-Perceval 243
Dinas Emrys, Snowdonia 178, 183, 187–189, 194
Dinogad 87, 102
Diviciacus, Druide 147
Domesday Book 86
Drachen, Die Kämpfenden 18, 171–201, 209
The Dream of Rhonabwy 257
Dreifacher Tod 267–306, 337, 345
Dreizehn Schätze 198, 201
Dreon 87, 100–102
Druide 10, 103 f., 123, 132, 145–149, 152, 155, 164, 168,

473

175f., 180f., 186, 191, 194, 200, 204, 236, 242, 244, 259, 262, 276, 303, 335, 341, 345, 353, 374, (s. auch Merlin als D.)
Duck, Stephen, Dichter 40
Dylan Eil Mor 230, 234

Ecclesiastical History of the English People s. Beda
Einstürzende Burg 187, 189f., 226
Embreis 176, 184, 193, 197, 204, 226
England's Propheticall Merline s. Lilly, William Enkidu 315f.
Enuma Elish, babylon. Schöpfungsepos 254
Erec s. Chrétien de Troyes
Eriu (Eire), Göttin 166
Erlösergott 301f., 387
Erzbischof von Canterbury 33
Excalibur, Zauberschwert 33

Faerie Queene s. Spenser, Edmund
Fal, heiliger Stein 164
Famous Tragedy of the Queen of Cornwall s. Hardy, Thomas
Fedelm, Prophetin 200
Fergus, s. Clerc, Guillaume le
Fidchell s. Gwyddbwyll-Spiel
The Fight of Castle Knoc 103
Forth 66, 231
Four Ancient Books of Wales 54, 55
Fraechnan, Druide 104

Galabes-Quelle 118, 186
Galahad, Sir 34
Gandalf 47
Ganieda, Gemahlin von König Rodarcus 50f., 59
Geoffrey of Monmouth, *Historia Regum Britanniae* 16, 20–23, 25f., 29f., 36f., 50, 53, 55, 118f., 142, 172–174, 178, 180, 183f., 189–193, 195, 209, 213, 215–218; *Vita Merlini* 50–55, 60, 62, 64, 106–109, 114, 116f., 128, 130, 132f., 142, 147, 195f., 226, 240, 246, 250, 256, 277, 282f., 317f., 351, 356, 368; *Prophetia Merlini* 261f.

Geraint the son of Erbin, walis. Epos 103, 162–165
Germanus 175, 177
Gildas, christl. Priester 77f., 89–92, 160, 179, 181, 184f., 195, 197, 200
Gilgamesch-Epos 314, 327, 379
Giraldus Cambrensis 142–144, 191, 234–236, 319
Gjallarhorn 221
Gobban (Gofannon), Gott 281
Gododdin, Gedicht 6. Jh. 70, 85, 142, 253, 334
Golgatha 224, 295f., 386
Gorlois, Herzog von Cornwall 19f.
Gottkönigtum 151–170
Gral, der heilige 28, 33, 44, 200f., 320, 358
Gronwy Pevr 285–287, 290, 304
Guedianus 158–161
Guendoloena 50, 130
Guennolos, König 50, 59
Gundestrup-Kessel 136, 284
Gwallawg von Elmet 80, 93f.
Gwasgargerdd Myrddin yn y Bedd (»Myrddins Gesang im Grabe«) 56
Gwenddolau ab Ceidio, König 57–59, 64–66, 69, 86–88, 93f., 99–103, 106, 115, 124, 144, 146, 148, 152–154, 257f., 343, 345f., 348, 388f., 395f., 404
Gwenddydd 57–59, 169, 342, 344, 395
Gwithian 161f.
Gwrgi 87, 101
Gwyddbwyll (Fidchell)-Spiel, magisches Schachbrett 115, 256f., 259f.
Gwydion, Zauberer 228, 230f., 261, 285–287, 290, 303, 334f.
Gwyllon 139, 400f.
Gwyllt 400f.

Hadrianswall 66, 68, 172
Hanes Taliesin s. Taliesin
Hardy, Thomas, *The Famous Tragedy of the Queen of Cornwall* 45; *Tess of the d'Ubervilles* 196
Hart Fell, Berg 99, 113f., 118, 121, 124, 139, 221, 231f., 241,

474

256–258, 263–265, 277, 304, 347, 389f., (s. auch Omphalos)
Haselbüsche bei heiliger Quelle 116, 221
Hávamál, altnordisches Gedicht 291f.
Heilbringer 382f., 387
Heilige
  Brendan 255, 256, 270f.
  Cadog 156; *Life* 115
  Columban 104, 146, 167, 271, 349; *Life* 144, 148
  David 156, 197; *Life* 86
  Dubricius 126
  Finnen von Moville 133
  Germanus 174
  Kentigern 59f., 61, 111, 141f., 282, 318, 326f., 342, 346f.; *Life* 59, 88f., 324, 339, 346, 351
  Patrick 126, 160, 173, 188, 190, 273; *Life* 181
  Samson 11, 156, 158–162, 164, 334, 382; *Life* 157, 330, 333f., 337, 340f.
  Teilo 156
Heilige Quelle 108, 116–119, 121f., 124
Heiliger Brunnen 219f., 280
Heiliger Stein Fal 164, 168
Heinrich II., König 23, 25, 143
Hengist, Anführer des Sachsenheeres 17f., 174, 177, 180, 182, 185, 196, 213
Hermes 361, 377–381
Herr der Tiere 237, 240, (s. auch Merlin u. Myrddin)
Herr des Waldes 136f., 314, 369f., 379f.
Historia Brittonum von Gildas 109
Historia Ecclesiastice Gentis Anglorum s. Beda
Historia Regum Britanniae s. Geoffrey of Monmouth
Hirsch 50, 128–132, 134, 152, 245, 247, 252, 370
Hirschgott s. Cernunnos
Hoddom 346, 352
Höhlenmalerei 366, 368
Hoianau, Gedicht aus »The Black Book of Carmarthen« 64, 66, 129, 169, 250, 349, 359, 390, 401

Hüter des Waldes s. »Herr des Waldes« und »Wilder Mann«

Igerna, Mutter des Arthur 19f., 30, 53, 311
Immram Brain (»Die Reise des Bran«) 270
Inkubus 18, 26
Iona s. Omphalos
Irminsul, heilige Säule 297
Jesus s. Christus
Joseph d'Arimathie s. Robert de Boron
Jung, Carl Gustav 11, 301, 359, 382, 387, 389
Jungfräuliche Geburt 197, 305, 322–325

Kentigern s. Heilige
Kessel 375f., (s. auch Gundestrup)
Killarausberg 19, 188–190, 214, 216
Krönungszeremonie 166, 169
Kyfranc Lludd a Llevelis (»Der Streit zwischen Lludd und Llevelys«) 177, 183, 186f., 193

Lailoken, Prophet, wahrscheinl. identisch mit Merlin/Myrddin und Suibhne Geilt 60–62, 111, 130, 227, 235, 239f., 245, 247, 282f., 288f., 302, 316–320, 322, 326f.
Lailoken, fragmentarische Handschrift 12. Jh. 139f., 142, 282, 284, 304, 316, 318, 324–326, 351
Laloecen 59f.
Lanzelot 32, 45
Lascaux s. Höhlenmalerei
Liber Beati Germani (»Das Buch vom gesegneten Germanus«) 174, 177, 182
Librarius s. Llyfrawr
Liddel 100, 111–113, 117, 120, 264
Life s. Heilige
Lilly, William, *England's Propheticall Merline* 40
Lludd 178, 187
Llyfrawr (Librarius) 330f., 334f., 341, 345, 358
Lleu Embreis 305 (s. auch Lug)

475

The Lineage of the Men of the North 65
Lochmaben 93, 339–341, 345 f., 352
Loki 382
Longtown 95–97, 120
Lothian, die schottischen »Lowlands« 119, 122
Lug (Lleu), Gott 10, 114, 127, 153–156, 164 f., 168–170, 198, 200 f., 222, 231, 253 f., 256–259, 265, 285–290, 292, 294–296, 298, 302 f., 305, 324, 326, 334 f., 337–340, 343–347, 352, 357, 376–379, 381 f., 386, 389
Lughnasa, Fest des Gottes Lug 114, 156, 159–162, 164 f., 253–256, 259, 264, 303
Lytel Tretys of the Byrth and Prophecyes of Merlin, A, s. Wynkyn de Worde

Mabinogion, Sagenkranz aus »The Red Book of Hergest« 55, 75, 256, 338
Mabon (Maponos), Gott 93, 198, 337–341, 349, 352
Mac Tail, Druide 103
Maelgwn of Gwyned, König 77 f., 227, 231, 343, 392 f.
Magi (Zauberer) 18, 147, 175, 180, 228, 323
Mag Rath, Schlacht von 61
Mag Slécht 183, 188
Malory, Sir Thomas, *Morte Darthur* 8, 32, 36, 45, 280, 312
Marduk, babylon. Gott 254
Marke, König 34, 41
Math vab Mathonwy (Math, Sohn des Mathonwy) 230, 285–291, 298, 303, 326, 338
Medb, Königin 200
Meldred, König 60, 245, 282
Menschenopfer 188, 218, 220, 222
Merkur 154, 361, 377 f.
Merlin (s. auch Myrddin, Lailoken und Suibhne Geilt)
als Beobachter der Gestirne 51 f., 195 f., 317
Dreifacher Tod 267–306
als Druide 9, 123–150
Fähigkeit zum Gestaltwechsel 30, 102, 226

als Herr der Tiere 132 f., 152, 201, 323
als Herr des Waldes 152
als Hirsch 246, 250, 252, 368
als Magier/Zauberer 32–34, 40
als Prophet 10 f., 26, 28, 34, 49–62, 105–122, 141 f., 153, 241, 252 f., 259, 311, 324
als Psychopompos 201, 252
als Schamane 226–266, 320
als Teufel 201
als Trickster/Schelm 34, 48, 201, 308–320, 324, 337, 347, 356 f., 382
als Vaterloses Kind 171–202, 204
als Wilder Mann 313–320, 324
Schwein als Begleittier 126, 128, 133, 140, 152 (s. auch »Oianau«)
Wolf als Begleittier 140, 250, 252
in Verbindung
zu Ambrosius 172, 184, 186, 190, 194 ff., 213 f., 216 ff., 320;
zur Anderswelt 32, 120, 122, 191, 198 f., 256, 280, 389, 401;
zu Cernunnos 10, 128, 130, 133, 140, 323, 352, 389;
zu Christus und Antichrist s. »Dreifacher Tod«;
zum Gottkönigtum 152–170;
zum Gott Lug 10, 153–161, 169, 285 ff., 298, 335–337, 357, 381, 389;
zu Stonehenge 19, 30, 172, 195, 204–224, 311

Mimirs Brunnen 219, 221, 376
Modron, Göttin 340 f., 344
Moffat 118, 121
Mog Ruith, Druide 242
Morken, König 342, 346
Morte Darthur s. Malory, Sir Thomas
Muirchu, *Life of St. Patrick* s. Heilige
Myrddin 56, 59, 62, 82, 87, 93 f, 104, 124, 126, 130, 142–146, 154, 169, 172, 193, 197, 199, 227, 232 f., 236, 239, 252, 326, 342, 344–347, 351, 392–394, 401, 404 (s. auch Merlin)
Anrufung an sein »kleines

Schwein« 126, 250, 397–400;
Seine Geschichte im *Afallenau* 125 f.;
Myrddin-Embreis 305;
Myrddin als Prophet 126, 128,
144, 265, 347;
Myrddin-Gedichte 61, 88, 106,
282, 317, 348 ff.
Myrddins Einfriedung (Clas Merdin) 197, 199, 201, 207, 226,
334

Nagel des Himmels 199, 208, 304
Nebel 103, 163, 165, (s. auch
»Schlachtennebel«)
Nikuljshin, N.P., Ethnologe 365
Nimue 34–36, 312 (s. auch Vi-
vien)
Ninive 206
Nordregion 63–82, 336, Karte 67
(s. auch I Gogledd)
Nostradamus 25
Nouquetran, Berg 110 f., 116,
222, 241, 257, 279
Nye, Robert, *Merlin* (1978), 46

Observatorium 51 f., 195 f., 317
Odin 10, 94, 138, 219, 260 f.,
290–298, 302 f., 376–378, 386
Of Arthour and of Merlin, engl.
Gedicht 13. Jh. 47, 190
Oianau, Yr, (»Grüße«) 56,
397–400
Omphalos, axis mundi, Nabel der
Welt 186, 191, 204 ff., 251,
294, 301, 320, 365, 386
Delphi 186, 193, 204, 208, 305
Eridu 204 f.
Hart Fell 259, 264, 305
Hierapolis 204
Iona 211 f.
Jerusalem 221
Nippur 204
Persepolis 221
Prescelly Mountains 212 f., 216
Stonehenge 193, 204, 216,
218–220, 222 f.
Uisnech 186, 190, 216, 288
Orakel 355–390
Orlando Furioso s. Ariosto
Orpheus 305, 373, 376
Otto, Rudolf, *Das Numinose* 371

Owain ab Urien 80, 93, 136, 240,
257, 325, 339 ff.
Oxford 178, 187

Pan 380 f.
Parzival 289
Peiryan Vaban (»Der gebieterische
Jüngling«) 56, 348–350
Peredur 87, 101 f.
Peredur, Epos 94
Phallus 309 f.
Plinius 132, 200
Plinlimmon 115, 256
Polarstern 199, 206, 208, 223
(s. auch Nagel des Himmels)
Powys, John Cowper, *Porius. A
Romance of the Dark Ages* 46
Prescelly Mountains 189, 211,
222 (s. auch »Omphalos«)
Procopius, byzant. Historiker 139, 152, 265, 389, 402
Prometheus 382, 384 ff.
Prophecy of Merlin, von John of
Cornwall 195
Prophetia Merlini, s. Geoffrey of
Monmouth
Prophezeiungen 13, 18, 25, 39,
56 f., 109–144, 146, 149, 152 f.,
165, 172, 180, 198, 235, 252 f.,
261, 265, 283, 332 f., 341, 343,
353, 374 f. (s. auch Merlin als
Prophet)
Prospero 317
Prydydd (walisisch: »Dichter«)
374
Pwyll, Prince of Dyfed, walis. Er-
zählung 79

Quelle s. Heilige Quelle

Radin, Paul, *Der göttliche
Schelm* 308, 360
Ragnarök 261
The Red Book of Hergest, eines der
»Four Ancient Books of Wa-
les« 54–56, 92, 177, 327
Rheged, Königreich 68, 231
Rhydderch Hael, König 57, 59,
61 f., 64, 69 f., 79, 88 f., 91,
107–109, 116, 124, 144, 148, 155,
219, 288, 295, 342 f., 346, 348 f.,
351, 388, 397 f.

Robert de Boron, *Joseph d'Arimathie* 28; *Merlin* 28–30, 32, 34, 46, 283f., 310, 321, 359, 381
Rodarcus, König 50, 59f.
Rowena 17

Samson s. Heilige
Schamanismus 10, 208f., 236–266, 272, 274, 279, 335, 365ff., 370, 373, 377f., 382, 404f. (s. auch Merlin als Schamane)
Besteigung des Weltbaumes 251ff.
Berufung (Initiation) des Schamanen 239–250, 324, 387
Fasten 241f.
Federkleid 242f.
prophetischer Wahnsinn 245
Tierhelfer 241, 247
Trommel 248f.
Verwandlung in ein Tier 245ff.
Schlacht der Bäume 263, 304
Schlachtennebel durch Zauberei 103f.
Schlange 176, 253, 256
Schwarzer Mann 240f.
Schwarzer Ritter 257
Schwein 127–129, 133, 152, 193, 249, 290, 397–400 (s. auch »Oianau«)

Scott, Walter 41, 96
Segais, Wunderquelle 116, 221 (s. auch Heilige Quellen)
Selbstopfer 293–297, 301f., 357, 384
Shakespeare, *König Heinrich IV.* 38; *König Lear* 39; *Macbeth* 228; *Die lustigen Weiber von Windsor* 138
Sibylle 266
Skene, W. F., Historiker 94–99, 120
Skoten 180
Snowdon, Berg in Nordwales 240, 276–279
Snowdonia 18, 24, 175, 178, 182, 187
Speer 289–292, 301, 304, 326, 384, 386
Spenser, Edmund 40, *The Faerie Queene* 317, 321, 361

Stanzas of the Graves, walisisches Gedicht 195
Stonehenge 19, 30, 172, 189f., 194f., 197, 204–224, 275f., 279, 311 (s. auch Omphalos)
Suibhne Geilt, Prophet, wahrscheinlich identisch mit Lailoken, Merlin/Myrddin 61f., 109, 130, 132f., 239, 241–243, 246, 281–283, 288, 302, 316f., 326, 402
Suite du Merlin 312
Süßapfelbaum s. *Afallenau*
Swift, Jonathan, *A Famous Prediction of Merlin* 40

Tacitus 23
Tadg, Druide 103
Tafelrunde 30, 320, 358
Taín Bó Cúailnge 104, 200
Taliesin (Telgesinus), Prophet u. Barde 6. Jh. 11, 51f., 59, 62, 68, 70, 73, 75, 80f., 86, 92, 226f., 231f., 303, 392–394; *Hanes Taliesin* 228, 303; *Book of Taliesin* 228
Tanz der Riesen 188–190, 213
Tara 165f., 181, 200, 207, 223, 341, 343
Teltown 164f.
Tennyson, Lord Alfred *Merlin and Vivien* 41
Tess of the d'Uberville s. Hardy, Thomas
Teufel 29, 136, 310f., 324, 352, 381, 387
Thor 289
Tintagel 8, 19, 28, 30, 32
Tolkien, J.R.R., *The Hobbit* 47
Trickster 10, 307–354, 361, 378, 382, 385, 387 (s. auch Merlin als T.)
Tricuria 158f., 162
Trinkhorn 165
Tristram, Sir 34
Tuan mac Cairill 133–135, 246f.
Túatha Dé Danann 103, 209, 257
Twrch Trwyth, legendärer Eber 127
Tŷ Gwydr (Glashaus) 198

Uisnech s. Omphalos
Ulfius, Sir 32f.

Urien of Rheged, König 70, 75,
79f., 91f., 340f., 342f.
Uther Pendragon 8, 17–20, 30,
32f., 51, 53, 170, 172, 311, 320,
358

Varuna, Hindu-Gott 294, 377f.
Vaterloses Kind 184, 193, 204,
217, 220, 222 (s. auch Merlin)
Velinas, Gott 294
Venus 345
Vita Merlini s. Geoffrey of Mon-
mouth
Vivien 41–43, 358 (s. auch
Nimue)
Völuspá (Die Prophezeiung der
Völva) 260f, 263
Vortigern, König 18, 24, 51, 53,
118, 172, 174–178, 180, 182–185,
187, 189, 209, 218, 222, 227, 311,
320, 358

Wace, *Brut,* anglo-normann. Ver-
sion der *Historia* 26, 28, 280
Wakdjunka, indian. Trickster 309
Weltbaum 207, 218–220,
222–224, 241, 251f., 290, 292,
294–297, 371, 386
Wheer, Sir Mortimer 332f.
White, T.H., *The Sword in the
Stone* 45
Wilde Jagd 137–139, 152, 201,
222, 240, 257, 264, 275, 280, 292,
320, 323

Wilder Mann 109, 133, 284,
313–320, 327 (s. auch Merlin)
Wilhelm von Ockam 266
Wolf 128f., 133, 152, 261
Woodhenge 217f.
Wordsworth, William 274f.,
278f., 373; *Arthegal and Eli-
dure* 41
Wotan s. Odin
Wynkin de Worde, *A Lytel Tretys
of the Byrth and Prophecyes of
Merlin* 37

Yeats, W.B. 374
Y Gogledd 110, 173, 256, 331,
333f., 336
Yggdrasil, nordischer Welt-
baum 221, 263, 289f., 292, 297
Ymddiddan Myrddin a Thaliesin
(»Unterhaltung zwischen Myrd-
din und Taliesin«) aus dem
»Black Book of Carmarthen«
56, 142, 250, 392–394, 401, 403f.
Ynglinga Saga 292
Young Lochinvar, Gedicht von
Walter Scott 96
Yvain Le Chevalier au Lion
s. Chrétien de Troyes

Zahl Drei 300f.
Zahl Neun 297f.
Zeus 379
Ziege 289
Zimmer, Heinrich, *Abenteuer und
Fahrten der Seele* 335